KB261903

벽초 홍명희와 『임꺽정』의 연구 자료

벽초 홍명희와 『임꺽정』의 연구 자료

벽초 홍명희와 『임꺽정』의 연구 자료

林熒澤 · 姜玲珠 編

사□계절

책 머리에

오늘날 벽초(碧初) 홍명희(洪命熹)는 한국 근대문학사상 기념비적인 역사소설 『임꺽정(林巨正)』의 작가로 널리 알려져 있다. 이와 아울러 그는 중국 상해에서 초기 해외 독립운동에 투신하고 향리 괴산에서 3·1 만세운동을 주도했으며, 신간회운동의 주역으로 활약하는 등 식민지시기 민족해방운동사에 커다란 족적을 남긴 점에서도 재평가되어야 할 인물이다.

그러나 벽초와 그의 『임꺽정』은 분단 이후 공개적인 출판이나 논의가 금지되어 있었던 까닭에 오랫동안 세인의 뇌리에서 잊혀지다시피 하였다. 그러던 중 1985년 사계절출판사가 『임꺽정』을 다시금 출판하여 비상한 반향을 일으키고, 뒤이어 월북문인들의 작품에 대한 해금조치가 이루어지면서 『임꺽정』에 대해서도 새로운 관심과 학문적 논의가 대두하기 시작하였다. 그러한 시대적 분위기 속에서 편자들은 벽초 탄생 100주년이자 『임꺽정』 연재 개시 60주년이 되던 1988년에 관련자료와 연구논문들을 모은 『벽초 홍명희 '임꺽정'의 재조명』을 펴낸 바 있다. 이 책은 월북문인들에 대한 연구붐이 일기 시작하던 초창기의 선구적인 시도로서 학계는 물론 일반 독자들 사이에서도 상당한 관심을 불러일으켰으며, 그 이후 『임꺽정』 연구자들에게 중요한 자료원이자 길잡이 역할을 했던 것으로 안다.

다만 그 책을 간행하던 당시는 벽초와 『임꺽정』에 대한 연구가 겨우 시작되던 단계였으므로, 관련자료를 남김없이 수집한 위에서 이를 풍부하게 제시하지는 못하였던 것이 사실이다. 게다가 출판·인쇄 과정에서 발생한 기술상의 오류가 적잖이 발견되었기에, 편자는 오랫동안 심적인 부담을 느끼면서 언젠가는 더욱 완벽한 자료집을 출간하리라 별러왔다. 그후 필자는 벽초의 생애에 관한 본격적인 연구를 진행하면서 관련자료들을 더욱 충실하게 수집할 수 있었다. 그러던 차 사계절출판사로부터 제의를 받고 『벽초 홍명희 '임꺽정'의 재조명』의 개정판을 내기 위한 작업에 착수한 것이다.

그런데 막상 작업을 추진해보니 초판을 부분적으로 수정·보완하는 것만으로는 만족스러운 개정이 이루어질 수 없음을 깨닫게 되었다. 이는 무엇보다도 필자가 그동안 연구과정에서 새로이 발굴한 벽초의 글들을 가급적 풍부하게 제시하고자 한 결과 책의 분량이 종전에 비해 방대해졌을 뿐 아니라, 책 전체의 구성이 크게 달라지지 않을 수 없었기 때문이다. 게다가 『벽초 홍명희 '임꺽정'의 재조명』이 간행된 이후 『임꺽정』에 관한 연구논문들이 상당수 발표되었으므로, 종전처럼 자료와 연구논문을 한권의 책으로 묶어내는 것은 불가능한 기획임이 드러났다. 그러한 이유로 논문들을 대부분 제외하고, 대폭 보완된 자료들을 중심으로 새로운 표제하에 이 책을 펴내게 된 것이다.

이 책은 크게 4부로 구성되어 있다.

제1부는 벽초 자신의 글들을 모은 것으로서, 거의 대부분이 종래 알려지지 않았던 희귀한 자료이다. 그중 제1장은 벽초의 「자서전」과 아울러 『임꺽정』 연재 당시의 '작가의 말'들을 수록한 것이다. 제2장은 그와 절친했던 신채호·한용운·문일평·여운형·최남선 등 당대의 저명인사들에 대해 쓴 단문을, 제3장은 벽초의 문필가로서의 면모를 보여주는 다양한 장르의 문학적인 글들을 모은 것이다. 제4장은 우리 시와 고전문학, 전래 풍속과 고어에 대한 벽초의 조예를 엿볼 수 있게 하는 칼럼들로 이루어져 있다. 제5장은 동경 유학시절부터 신간회운동기를 거쳐 해방정국에 이르기까지 사회운동과 당면 정세에 대한 벽초의 견해가 드러나 있는 글들을 모은 것이다.

제2부는 벽초를 중심으로 이루어진 대담 기사들과, 벽초에 대한 동시대인

들의 인물평, 그리고 『임꺽정』에 대한 당대의 논의들로 이루어져 있다.

제3부는 『임꺽정』 연재 60주년을 기념하여 기획된 좌담과, 벽초의 생애와 『임꺽정』의 문학사적 가치를 논한 필자의 논문을 한데 묶은 것이다.

제4부에는 『명종실록』과 『기재잡기』 등 『임꺽정』의 원천자료가 되는 각종 자료들을 번역, 수록하였다. 이러한 제2부 이하의 글들은 대부분 『벽초 홍명희 '임꺽정'의 재조명』에서 전재한 것이지만, 이번에 철저한 교열을 거쳐 완벽을 기했으며 필자의 논문에도 약간의 손질을 가하였다. 말미에 붙인 「홍명희 선생 연보」는 필자가 최근 수년간 진행해온 벽초 연구의 성과를 토대로 그의 생애 사적을 가급적 치밀하게 정리해본 것이다.

이 책은 대중 작업해서 손쉽게 책을 펴내는 우리나라 출판계의 관행과는 달리, 여러분들의 각별한 노고와 협조에 힘입어 간행될 수 있었다.

먼저 그간 꾸준히 독자의 호응을 받아온 『벽초 홍명희 '임꺽정'의 재조명』의 판을 살려 재판을 찍는 손쉬운 길을 마다하고, 제작비를 아끼지 않고 신간서를 편집·출판하는 데 열의를 보여준 사계절출판사에 감사드린다. 또한 사계의 권위자로서 『임꺽정』을 교열한 바 있는 정해렴 선생의 철저한 교정작업을 거쳐 이 책이 나올 수 있었음을 밝히며, 아울러 감사드린다. 아무쪼록 이 책의 출간을 계기로 벽초와 『임꺽정』에 관한 연구가 더욱 활발해지고, 한국 근현대사와 문학사에서 벽초의 존재가 재평가되기를 바라 마지않는다.

1996년 6월

강 영 주

<h1 style="text-align:center">초판(『벽초 홍명희 '임꺽정'의 재조명』) 머리말</h1>

　벽초 홍명희의 『임꺽정(林巨正)』은 우리의 신문학이 낳은 민족문학의 위대한 성과이다.

　우리의 신문학은 3·1 운동의 민족적 함성에 고취·발양되었던 바, 1920년대 중반으로 접어들면서 사회주의 사상의 영향을 받아서 소위 '프로문학'으로 전환하였다. 이 '프로문학' 또한 마땅히 신문학의 발전과정으로 파악되어야 할 것이다. 『임꺽정』은 '프로문학'이 문단을 풍미하던 시기에 신문 연재로 씌어지기 시작하여, 군국주의로 치달은 일제의 억압에 모든 문학의 경향이 좌절·굴곡·변질하는 과정을 꿋꿋이 견디며 장강대하로 이야기가 뻗어나갔다. 그러다가 일제의 억압이 막바지로 접어든 지점에서 대서사의 결말을 짓지 못한 채 절필이 되고 말았다.

　'프로문학' 단계에 이르기까지의 우리 신문학은 그 자체에 문제점을 안고 있었다. 신문학운동 초기의 문학경향을 살펴보면 반제·반봉건 의식이 내재되어 있었다 해도 그것이 개인적·감상적 저항의 차원을 맴돌았다. 비록 근대문학의 형식을 도입하였지만, 거기에 사회적 의미를 담지 못했던 것이다. 다음 '프로문학'으로 진로를 바꾸면서 사회적 의미, 즉 현실 내용을 획득할 수 있었다. 그러나 '계급문학'이 '민족문학'에 대척적으로 개념화됨으로써 민족의 생활교양이 용해된, 피가 흐르고 정감이 살아 움직이는 문학형상을 창출해낼 수는 없었다. 형식의 서구 편향성, 이에 기인한 신문학의 민족형식과의 괴리, 민족정서와의 이질감은 그 단계에서도 극복의 길을 찾지 못했다. 실로 이 문제점은 내내 해결하지 못한 채 도리어 강화되는 쪽으로 나가서 우리 현대문학에 일종의 고질병을 이루었다.

　『임꺽정』은 연재될 당시 어떤 반향을 일으켰던가? 이 책자에 뽑아서 실은 자료들이 증언한다. 독서 대중에게 비상한 감명을 주었으며, 좌경 우경을 막론하고 작가 지식인들이 다투어 이 작품에 찬사를 바쳤음을 자료들은 말하고 있다. 참으로 피부에 와 닿고 마음에 쏙 드는 우리의 소설을 모처럼 만났던 것이다. 좌우의 통일이 이 작품에서 가위 성공적으로 실천되었다 하겠다. 8·15 직후 새로운 민족문학의 건설을 힘차게 주장하던 단계에서 벽초가 가장 존경받는 작가로 추대된 사실 역시 무엇보다 이러한 『임꺽정』의 작품 성격 및 그 성과에 말미암은 것이리라.

저 해방의 환희와 활력으로 넘치던 민족문학 건설이 이내 중동무이 되어버린 일은 우리 모두 익히 아는 바다. 남북 분단이 초래한 모순은 이 『임꺽정』에도 짙게 반영되었다. 40년의 세월이 흘러간 지금까지, 그 악랄했던 일제의 사상탄압 속에서도 버젓이 신문에 날마다 실리고 책자로 공간되어, 범국민적으로 애독되고 좌우의 사상적 갈등을 넘어서 높이 평가받던 작품이 금서의 사슬에 묶여 아직도 풀려나지 못하고 있다.

어쨌건 『임꺽정』은 이제 문학사의 고전으로 들어가 있다. 이 작품은 민족의 유산으로서 국민 일반의 정신생활을 보다 건전하고 보다 풍부하게 가꾸는 데 이바지하도록 해야 할 터이지만, 그에 대해 본격적으로 탐구하고 심도 있는 해석을 가하는 문학사연구의 한 중요한 과제를 우리는 더 이상 방관할 수 없는 것이다. 바로 이를 위한 준비 작업으로 하나의 책자를 엮어보았다.

이 책은 『임꺽정』에 관련된 제반 기록들을 수합해서 묶어놓은 것이다. 성질이나 모양이 각약각색으로 잡다한 것들을 크게 '『임꺽정』론'·'홍명희론'·'『임꺽정』의 원천자료'의 세편으로 나누었다.

첫째편의 작품론에는, 작가 자신의 창작구상을 밝힌 글을 포함해서 작품에 대한 여러 논자들의 연구나 평론·단평에 해당하는 글들을 실었다. 근간에 발표된 글을 제1부로, 연재될 당시 및 8·15 이후에 발표된 글들을 제2부로 나누어 묶었다. 작품이해에 여러모로 길잡이가 되는 내용인 동시에 연구사적 의미를 아울러 갖는 것이다.

둘째편의 작가론 역시 2부로 구성되어 있다. 그 제1부에는 홍명희에 대한 소묘·인물평 및 자서전적인 글들이 들어갔으며, 제2부에는 홍명희와의 좌담 형식의 기록물이 들어갔다. 무릇 작품을 읽으면서 그 작가를 몰라서는 안 된다.『임꺽정』의 작가는 소설가라기보다 민족운동사에서 비중을 지녔던 인물이므로 그 작가에 대한 이해는 따로 중요한 의미를 갖게 될 것이다. 제2부의 좌담은 일제하로부터 8·15 이후 잡지·신문의 특별기획으로 마련된 것들인데, 홍명희의 당대 위치를 가늠해주며 그 자신의 생각 및 식견을 엿볼 수 있다.

셋째 부분의 자료편 역시 1부의 조선왕조실록의 임꺽정 관계기사와 2부의 야사 잡록 및 야담의 기록들로 엮어졌다.『임꺽정』은 풍부한 자료의 원천을 가지고 있다. 작품의 전체 구성에서 세부 정절(情節)에 이르기까지 자의적으로 황탄하게 조작하질 않고 사료적·문헌적·구비적 근거에 입각해서 창작한 것이다. 사실에 충실하면서도 고도의 상상력을 발휘하였다. 이는『임꺽정』의 역사소설로서의 특장이며, 또한 그것의 특색이 되고 있다. 여기서 하나 주목할 점은, 견문(見聞)기록으로부터 야담으로 발전했던 우리 문학사의 전통을 이어받은 사실이다. 그리하여 세계문학에서 독특한 역사소설의 양식을 창출하였다. 이 자료편에 망라된 문헌을 통해서 소설『임꺽정』형성의 배경과 그 미학적 묘미를 심층적으로 인식할 수 있겠거니와, 한편으로 민중저항의 역사를 알아보는 데도 참고됨이 적지 않을 것이다.

이상의 내용은 요컨대 『임꺽정』 연구의 자료에 불과하다. 본격적인 연구를 촉발하는 계기가 되었으면 한다. 이 책의 의미는 여기에 있지만 아무래도 그에 대한 학적 작업의 심화를 제공하지 못한 아쉬움이 없지 않다. 그 아쉬움을 다소나마 메꾸기 위해서 책 머리에 「한국 근대문학에 있어서 『임꺽정』의 위치」라는 제목의 좌담을 얹었다. 대개 이 작품에 대한 현단계에서의 인식을 종합한 것으로 여겨진다.

이 책의 첫째·둘째편은 강영주 교수가, 다음 셋째편은 임형택이 각각 담당하였다. 첫편의 제2부와 둘째편은 학위논문으로 「한국근대역사소설연구」라는 노작을 만들어낸 강교수의 연구과정 중의 낙수인데, 해묵은 신문 잡지에 파묻힌 기록을 하나하나 어렵게 찾아낸 것들이다. 셋째의 자료편은 원래 거의 모두 한문으로 씌어진 것을 독자들이 쉽게 접근할 수 있도록 우리말로 옮겨놓았다. 이미 번역이 나와 있는 경우 그것을 바탕으로 삼아 수정·윤문을 하였다. 민족문화추진회 국역본이 많이 이용되었음을 밝혀 감사의 뜻을 표한다. 번역 손질의 작업은 성균관대학교 대학원의 박사과정에서 한국 한문학을 전공하는 최석기 군의 손을 빌렸다. 그리고 권두좌담에서 고견을 아낌없이 털어놓으신 염무웅 교수, 반성완 교수, 최원식 교수께 경의를 드리며, 논문의 전재를 흔쾌히 허락하신 여러분들께도 이 자리를 빌려 고마운 뜻을 전한다.

올해는 벽초의 탄생 100주년이자 『임꺽정』 연재 60주년이 되는 해다. 지금에 즈음하여 기념하는 뜻으로 이 책자를 펴낸다.

1988년 8월 15일

임 형 택

제4장 조선의 역사 · 풍속 · 언어

제5장 사회운동론

제3부 『임꺽정』 연구

제1장 한국 근대문학에 있어서 『임꺽정』의 위치〔좌담〕

제2장 홍명희와 역사소설 『임꺽정』〔연구논문〕…강영주

제4부 『임꺽정』의 원천자료

제1장 임꺽정사건 관계 『명종실록』 기사

제2장 사건 및 등장인물의 逸話·傳記

제1부

홍명희의 저술

제1장 자전적 기록과 『임꺽정』

자 서 전

1. 서 언

나는 자서전을 지을 만한 자부심이 없는 사람이다. 어찌하여 자부심이 없이 자서전을 짓게 되었는가? 대답으로 한가지 약점을 자백할 것이 있다. 나는 고집을 세우지 못하는 약점을 가졌다. 어릴 때 악지는 말하지 말고라도 20 시절까지 좀처럼 남에게 지지 아니하던 내가 어느 틈에 이 약점을 가지게 되었는가? 고집을 악덕(惡德)으로 깨달아서 수양한 결과인가 하면 그렇지도 아니하다. 내가 세변(世變)을 겪게 된 뒤로 부지불식간에 성질이 변화되어 분경심(紛競心)이 줄어지고 자신력이 적어져서 이 약점이 생기기 시작한 것이다. 지금은 이 약점을 교정(矯正)하려고 다소 의식적 노력을 더하건만 20여 년의 굳은 버릇이 좀처럼 고쳐지지 아니하여 나날이 크고 작은 손(損)을 보고 지내는 중이다.

파인(巴人)이 자서전을 쓰라고 꾀일 때에 나는 사절하였다. 파인은 근기(根氣) 있는 사람이라 내놓은 말을 걷어치우지 아니하고 나를 성가시게 한다느니보다 자기가 성가신 것을 참고 꾀인 뒤에 조르고 조른 뒤에 우기어서 나는 마침내 사절할 용기를 잃고 자서전 명색을 짓겠다고 승낙하였다. 구경 말하자면 나의 가진 약점이 나에게 손(損)을 끼친 것이다. 손은 무슨 손인가? 투르게네프의 발견한 처세 비술(秘術)이 나의 약점을 숨기고 그 약점으로 남을 공격하는 것인데 이만 약점이라도 자백하게 되는 것부터 나에게 손이 아니고 무엇일까? 이것은 실없은 말이다. 이왕 승낙한 바에 자서전을 어떻게 지을까? 고심초사(苦心焦思)하느라고 정력과 시간을 함께 낭비하였다. 루소의 『참회록』을 본받아 과거를 적나라하게 고백할까? 최후 심판에 증거 서류로 제공할 것은 꿈에도 생각지 않은 일이지만 루소의 적나라도 철저하지 못하다거니 루소만한 결심도 없는 위인이 섣불리 붓질하다가는 남의 웃음거리만 될 뿐이고, 니체의 『엑체 호모』를 흉내내어 철인적(哲人的) 기염을 토할까? 알프스 고봉에서 고봉으로 뛰엄질할 주제가 아니니 황씨·뱀씨의 실례 하나를 더 할 뿐이다. 나는 크로포트킨의 『혁명가의 지난 생각』을 보았고 트로츠키의 『탈주기』를 보았고 편산(片山)의 『자서전』을 보았고 또 계(堺)·대삼(大杉) 등 인물의 『자서전』이 있다는 말을 들었다. 듣고 본 것을 생각할수록 자서전과 및 종류의 문자는 평범한 인물의 지을 것이 아니거니 하는 생각이 앞을 서서 자서전을 지을 용기가 없어졌다. 사절할 용기가 없어 짓기로 하고 지을 용기가 없어 짓지 못하고 헛되이 시일만 연타(延拖)하노라니 곤경이다.

할 수 없이 'Woud-be'라고 형용사부터 붙여놓고 자서전을 짓기 시작한다. 오늘날 나의 몸이 40여 년간 지나오는 길에 수다한 해피(解皮)를 머물렀으니 그 해피들 중에 크게 보이는 것만을 주워보려고 한다. 해피에 김을 넣으면 치기(稚氣) 있는 자랑이 나올 것이고 해피에 채질을 더하면 엄폐한 수치가 드러날 것이다만 초센 남작의 바람을 좇고자 하지 아니하니 헛김을 넣어서 남의 웃음을 살 리 없고 도리안 그레이의 화상을 칼질하려 아니하니 채질을 혹독히 하여 나의 고통을 더할 리 없을 터이다. 그리한즉 명색 자서전은 해피를 주웠다 놓았다 하며 졸렬한 그림같이 그리는 데 지나지 못할 것이니, 졸렬한 중에 더욱더 졸렬하게 될 것은 파인에게 손목을 잡히고 그리는 까닭이다.

2. 유·소년 시대

내가 세상에 난 뒤 세살 되던 해에 어머니가 돌아가고 증조부가 돌아가고 여섯살 되던 해에 할머니가 돌아갔다. 네살에 새어머니가 생기었으나 나는 증조모와 대고모 손에서 자라났다. 조모를 아랫방할머니라고 부르고 증조모를 안방할머니라고 불렀는데 훨씬 자란 뒤에 증조모가 안방을 내놓고 대방으로 옮기게 되어서 안방할머니란 칭호를 대방할머니라고 고치었다. 그러나 그때는 조모가 돌아간 뒤라 거처하는 방으로 할머니를 구별할 필요가 없었던 까닭에 그저 할머니라고 부르기를 많이 하였다. 대고모는 꼬까어머니라고 불렀으니 이 칭호는 내가 세살인가 네살 때에 대고모가 그 며느리 신부례 날 새옷 입은 것을 보고 꼬까옷 입었다고 지어낸 것이라고 한다. 그 뒤로 꼬까어머니 외에 대고모부를 꼬까아버지라고 부를 뿐 아니라 그 아들 내외까지 꼬까아저씨 꼬까아주머니라고 불렀었다. 꼬까어머니에게 가서 놀고 혹 자기도 하기는 육칠세 된 뒤의 일이지만 그전에는 안방할머니 앞을 떠나지 아니하였다. 나는 몰랐지만 나중에 말을 들으니 그때 증조모가 어미 없는 증손자를 기르느라고 애쓴 것은 이루 다 말할 수가 없었다. 젖 얻어 먹이는 것만도 여간 일이 아니었는데 어린 내가 몸이 약하고 병이 잦아서 밤잠을 편히 잔 날이 드물었다. 증조모가 만년까지도 잠이 들 때는 항상 보기에도 거북하게 고개를 뒤로 젖히는데 이것이 어린 나를 앞에 뉘고 잘 때 입김이 혹시 얼굴에 끼칠까 하여 고개를 뒤로 젖히기 시작한 것이 이내 버릇이 된 것이었다. 위의 아버지로부터 아래 우리 여러 형제가 모두 할머니 손때로 자라났건마는 내가 편벽되게 망극한 은혜를 입은 것은 나의 처지가 그렇게 한 것이다.

내가 다섯살 되던 해에 입학한다고 비로소 천자문을 배우기 시작하였다. 그전에도 조부가 종이쪽에 써주는 것으로 천지 일월(天地日月) 부모 형제(父母兄弟) 같은 글자는 벌써 알았었다. 그러나 원래 병이 잦은데다가 응석으로 자라서 공부는 성실할 까닭이 없었다. 여덟살 되던 해에 비로소 『소학』을 배우기 시작하고 글짓는다고 다섯 자 모아 말 만드는 것을 배웠다. 나에게 할머니와 꼬까어머니가 있는 까닭으로 어머니 없는 것이 슬픈 줄 모르던 것을 어머니 본집에서 어머니 따라온 사람이 나 혼자 있는 것을 보면 질금질금 울면서 어머니가 나를 나은 뒤에 산후탈이 병이 되어 삼년을 끌다 돌아갔다. 어머니가 돌아갈 임시에 어린 나에게 젖을 물리고 이애는 어미 얼굴도 모를 것이다 하고 말씀하였다. 여러 가지로 어머니의 말을 해 들리어서 나의 눈에서 어머니 생각하는 눈물이 떨어지기 시작하여 "蒼蠅年年生 吾母何不歸" 다섯 자를 모은 것이 말하자면 나의 한시(漢詩) 짓기 시작이다. 그러나 운(韻)을 달 줄 알고 고저(高低)를 볼 줄 짐작하기는 열한두살 된 뒤의 일이었다.

열서너너덧살 적인가 한다. 아버지가 선생님 외 몇분 어른과 같이 영설시(咏雪詩)를 짓는데 옆에 있던 나를 보고 너도 한 수 지어보라고 말씀하여 그때 지은 오율 두 연구(聯句)가 "何如花落後, 疑是月生初. 飄蕩爭侵夜, 虛明可映書."다. '書'자가 설시(雪詩)에 강운(强韻)이라고 말씀하던 아버지가 허명구(虛明句)가 좋다고 칭찬하여 나는 무상한 영광을 입은 것같이 생각하였다. 어릴 때부터 집안에 무서운 어른이 없이 자라던 나에게 아버지가 오직 하나 무서운 사람이었다. 나이 육칠년 위 되는 고모와 이년 저년 하고 싸우면 할머니나 꼬까어머니는 웃고 내버려둘 뿐이 아니라 고모가 나에게 손찌검할 때 나를 역성들어주지마는 아버지는 내가 잘했거나 못했거나 나를 볼 때 눈살이 곱지 못하였다. 그리하여 나는 아버지를 꺼리었다. 지금 생각하면 별로 신신치도 못한 시구를 내가 아직도 기억하고 있는 것은 난생 처음으로 아버지에게 칭찬을 받은 까닭이다.

내가 열한살 적 일에 두 가지 잊히지 않는 것이 있다. 한가지는 도적질에 혼이 난 것이요, 또 한가지는 소설에 맛을 들인 것이다. 도적질은 조부를 뫼시고 있는 사람의 집에서 훔친 것이니 지금도 그때 광경이 역력히 생각난다. 저녁 때 사랑 뒤로 작은집에를 놀러갔다가 돌아오려고 문을 나섰더니 그 사람이 담뱃대를 물고 자기 집 삽짝 밖에서 거닐다가 나를 보고 "아가 우리 집에 놀러오지 아니하나." 하고 불러서 그 사람의 집에 잠깐 들어가게 되었는데 그 사람이 이것저것 구경을 시키는 중에 샐쭉안경 하나를 구경시키었다. 그 샐쭉안경이 서울 집에서 막걸리 안주로 주는 것이나 그때 나는 처음 보는 것이라 탐이 났었다. 그 사람이 "아가 써보아라." 하고 씌워주기까지 하였으나 아주는 주지 아니하였다. 뒤에 생각하니 아마 아까워 주지 않은 것이 아니라 소용없다고 주지 않은 모양이었다. 그 사람이 조부에게 불리어가고 그 사람의 아들과 둘이 들어앉았다가 그 사람의 아들이 소변인지 대변인지 보러 나간 사이에 나는 안경을 훔쳐가지고 도망하여 나왔다. 그 사람의 아들이 뒤를 쫓아오며 "왜 우리 아버지 안경을 훔쳐가지고 가느냐!" 하고 소리를 지를 때 나는 혼이 났었다. 안경을 방안 모퉁이에 있는 이웃집 채마밭에 내던지고 서서 그 사람의 아들을 보고 "저 밭 속에 들어가서 찾아가거라." 하고 한달음에 집으로 돌아왔다. 할머니에게는 기이는 일이 없었건만 이 일만은 말하지 않은 줄로 기억한다. 그러나 이 일이 내게는 큰 교훈이 되어서 그 뒤로는 탐나는 물건을 보면 먼저 샐쭉안경이 생각나서 훔칠 엄두를 감히 내지 못하였다.

소설은 그해 정월 노는 때에 대고모부의 집에서 『삼국지』한 길을 빌려다 놓고 첫권서부터 두서너 권은 집안 노인 한 분과 같이 보았다느니보다 배웠고 그 다음 십여 권은 나 혼자서 보았다. 물론 개가 머루 먹듯한 것이라 모르는 것이 아는 것보다 더 많았지만 '趙子龍絆鎗上馬'를 신이 나게 보았었다. 이십 권 책을 건정으로 다 본 것은 닭의 귀신날이 지나서 다시 글을 배우기 시작한 뒤라 선생님에게 고만 보란 말을 들은 줄로 기억한다. 그뒤로는 길래 소설 보기에 반하여 『논어』『맹자』보다도 『동주열국지(東周列國誌)』『서한연의(西漢演義)』등속을 탐독하게 되었던 것이다. 그러나 우리 집에는 소설서류가 별로 없을 뿐이 아니라 어른 몰래 보는 까닭에 열네살에 서울 올라온 뒤에 친구들에게서 빌려다 본 것이 많았었다. 그때도 문리(文理) 부족한 나로서 『수호지』『서유기』더구나 『금병매』같은 것을 어떻게 보았던지 의자궐지(疑者闕之)도 정도가 있지 전문열지(全文閱之)에 무슨 맛이 있었던지 그래도 밥 먹을 줄 모르고 본 것이 장관의 일이다.

열세살에 장가들고 열네살에 서울로 올라와서 열다섯살에 중교의숙(中橋義塾)이란 학교에 다니게 되었다. 지금은 학교에 아니 다니는 것이 변이지만 그때는 학교에 다니는 것이 변이었다. 그런데 완고한 우리 가정에서 어찌하여 학교에 보내게 되었던가. 밖으로는 당시 중교의숙의 숙감(塾監)이 조부가 상업지 않게 여기는 사람이라 그가 조부를 권하고 안으로는 아버지가 시세(時勢)에 대한 안식(眼識)이 있는 터이라 조부에게 말씀하였던 것이다. 내가 매일 학교에 갈 때는 조부가 2전 5리 백동(白銅) 한 닢씩을 주는데 무엇에 쓰라는 말이 없었다. 이것이 나의 권연(卷煙) 같은 양식(糧食) 자본이었다. 그리하고 학교에서 돌아와서는 간간이 조부의 명령으로 그 앞에 가서 아이우에오(アイウエオ)를 외어 들리고 또 아라비아 숫자(亞剌比亞數字)를 써보이었다. 조부는 다 듣고 다 보고 나서 "그게 다 무엇인고" 하고 웃을 때가 많았고 혹시 맘에 불만한 일이 있으면 "메돝 잡으려다 집돝 놓치겠다. 글이나 읽을 걸

그러는가보다." 하고 시원치 않게 말씀할 때도 있었다. 하여튼지 나는 만 삼 년 동안 학교를 다니어서 일어과(日語科)를 졸업도 하고 그해 시골로 내려갔다. 그때 나의 나이 벌써 열여덟이었다.

3. 유 학

나의 고향은 충청도 괴산이니 협중(峽中)에 있는 작은 고을이다. 양반이 더러 살지마는 재상가(宰相家)로는 우리 집 한집뿐이었다. 내가 우물안 고기로 자라날 때 괴산 외에 더 좋은 곳이 없고 우리 집 외에 더 좋은 집이 없는 줄로 알았던 것이 나이가 많아지고 문견이 늘어갈수록 괴산과 우리 집이 차차로 전만 못하여서 서울서 학교를 마치고 내려올 때쯤은 우리 집도 우리 집이거니와 제일로 괴산이 갑갑하였다. 낮잠으로 날을 보내게 되니, 우리 아버지가 보기 답답하였던지 노느니 사전(四傳) 『춘추(春秋)』나 읽으라고 나를 달래어서 선뜻 시작하였다가 50여 권을 졸업하느라고 나중에는 『춘추』에 진저리가 났었다.

이때 우리 동리에 양잠의 이익을 일찍이 깨달은 사람이 있어서 일본 사람 내외를 양잠교사로 데려왔었다. 서울서도 일본 사람 구경하려면 진고개를 가야만 하던 때라 괴산 같은 시골 구석에서는 이 일본 사람 내외가 여편네와 아이들의 구경거리가 될 만큼 희귀한 손이었다. 우리 아버지가 나의 일본말 공정을 시험하여보려고 그 내외를 불러다놓고 따라다니는 통사를 제치고 인사하라고 말씀하였다. 내가 일어과(日語科)의 졸업생 명색이지만, 이때까지 별로 일본 사람과 대화해본 일이 없는 까닭에 일본말로 초면 인사는 처음 일이었다. 배운 문서가 있어서 초면이면 말한다고 "하지메데 오멘니 가가리마스" 하고, 다음에 성함이 누구시오 묻는다고 "꼬세이메이와 난또모오시마스까" 하였더니, 여편네는 무어라고 종알종알하며 절하는데 사나이는 말이 없이 웃기만 하였다. 나는 아버지 앞이라 서서 있고 그 내외는 꿇어앉았었다. 그뒤에 그 여편네에게 초면 인사하는 법을 배우다가 이때 광경을 말하며 서로 웃은 일까지 있었다. 그 일본 사람 내외가 양잠 일을 마치고 가게 되었을 때 아버지에게 말씀하고 집에 데려다두고 일어를 연습하였더니 불과 몇달이

아니 지나서 3년 배운 결과가 나타나서 일어로 어지간한 말은 서로 통하게
되었다.

　내가 시골 구석에서 자랐지만 어려서부터 어렴풋이라도 세계에 대한 지식
을 가지게 되었었으니 이것은 이마두(利馬竇 : 마테오 리치)의 곤여전도(坤輿
全圖) 병풍의 덕이었다. "조그만 땅이 왜국(倭國)이다." "큰 덩이가 중원(中原)
이다." 하고 붓장난으로 병풍에 먹칠할 때 우리 조선 이외에 여러 나라가 있
는 것을 알았었고 증조모에게 사명당(四溟堂) 이야기를 듣고 일가 어른의 저
작이라고 『해동명장전(海東名將傳)』을 건정으로나마 읽었을 때 왜국이 우리
조선의 이웃나라인 것을 알았었다. 이와 같이 어렸을 때부터 알게 된 일본이
요, 또 우연히 일어까지 배우게 되었지마는 일본은 가보고 싶은 맘이 별로
없었었는데 일본 사람 내외와 같이 지내게 된 뒤로 동경이 공부하기 좋다는
말을 귀에 젖게 들어서 갑갑한 괴산에 엎드려 있느니 동경에 가서 공부나
할까 하는 생각이 나기 시작하였다. 마침 얼마 뒤에 그 일본 사람이 양잠한
고치를 일본으로 팔러간다고 하여 따라갈 생각이 있었는데 공부를 간다면 아
버지부터 선선히 허락할는지 모르겠고 구경갔다 온다면 증조모까지도 구태여
말리지 아니할 것 같아서 구경간다고 거짓말하고 동경에 가서 떨어져 있어
보려고 속으로 작정하고 일본 사람에게만 미리 이 뜻을 통하여 두었다. 내딴
은 층층시하에 허락 맡기가 어려워서 꾀를 쓰려고 하였던 것인데 우리 아버
지가 잠깐 구경만 하고 오느니 몇해 동안 공부를 해보라고 말씀하고 시골
있어서 증조모의 허락도 아버지가 맡아주고 서울 와서 조부의 허락도 아버지
가 맡아주었다. 그리하여 나는 동경 유학길을 떠나게 되었었다.

　그때가 일로전쟁(日露戰爭) 끝나던 때라 외부(外部)는 없어졌지마는 의정부
(議政府) 총무국(總務局)에 외사과(外事課)인지 무엇이 있어서 호조(護照) 즉
여행권(旅行券)을 주었었다. 그때쯤도 일본 가는 것은 서양 가는 것과 달라서
호조 없어도 좋다고 하는 것을 매사 불여튼튼을 주장하는 조부가 호조까지
얻어주어서 백 가지에 한가지 거침될 것이 없었다. 나는 동행하는 일본 사람
의 지도를 좇아서 부산서 대판(大阪) 가는 윤선(輪船)을 탔다. 현해탄(玄海灘)
을 건너고 뇌호 내해(瀨戶內海)를 지나서 대판에 와서 하륙(下陸)하여 3, 4일
간 두류하고 그 다음에 바로 동경으로 왔었다.

처음에는 신교(新橋) 역전 어느 여관에 들어서 며칠 묵는 동안에 여관 주인의 아들이 소일거리로 묵은 잡지권을 갖다 주어서 단편소설——그때는 그것을 단편소설이라고 하는 줄도 몰랐지만——을 몇편 보았는데, 이때까지 보던 한문소설과 달라서 머리와 끝이 없는 것이 조금 맘에 서운하였지만 짧은 이야기도 상당히 재미있었다. 신교역(新橋驛) 여관에선 비용이 태과(太過)하여 본향구(本鄕區)에 있는 어느 여관 겸 하숙으로 옮기어와서 이 집에서 반년 넘어 있었고 그뒤로는 몇 동무와 같이 집을 얻어가지고 지내었다. 동행한 일본 사람이 현해를 건너온 뒤로 전에 없던 '기미'니 '고오꽁'이니 하는 홀한 언사를 써서 비위가 상하는데다가 윤선에서나 여관에서나 누구든지 붙들고 이야기한다는 것이 한국이 어떠하다, 한국 사람이 어떠하다, 우리의 있는 흉 없는 흉을 늘어놓으니, 옆에서 듣기 괴란한 때가 많아서 그 사람과 단둘이 있을 때 낯을 붉혀가며 말다툼한 일도 한두 번이 아니었다. 주위를 돌아보고 외로운 생각이 날 때에 고국을 그리는 정이 간절하지 않을 수 없었다. 본향(本鄕) 하숙에 옮겨온 뒤에 이 집에 당신과 같은 한국 사람들이 하숙하고 있다는 말을 하녀에게서 듣고 눈물겹도록 반가웠다. 그때 처음으로 만난 고국 사람이 호암(湖岩) 문일평(文一平) 군이요 문군 다음에 만난 친구가 춘원(春園) 이광수(李光洙) 군이다. 이군은 그때 이름이 보경(寶鏡)인데 14, 5세의 소년이었다.

그뒤에 차차로 고국 사람들을 많이 만나게 되어 공부하는 이야기를 물어본즉 대개 명치(明治)의 법과(法科)나 조도전(早稻田)의 정경과(政經科)를 다니라고 권하는 사람이 많았다. 그러나 나는 속성(速成)하려고 애쓸 필요가 없으므로 중학교부터 치러 올라가려고 작정하고 중학교에 입학할 준비를 시작하였다. 동경 안 허다한 중학교 중에 대성중학교(大成中學校)를 취하게 되기는 다른 까닭이 없지 않았지만 대개 하숙 주인이 대성 경영자와 동향관계가 있어서 학생을 소개할 수 있다고 말한 까닭이었다. 내가 일본에 가 햇수로 5년 공부하는 동안에 힘지게 교과서를 공부한 일이 있다고 하면 중학교 3년급 보결입학을 준비할 동안이 제일이 되고 3년급에 입학한 뒤 1학기 동안이 그 다음이 될 것이다. 준비할 동안에는 대성 경영자가 경영하는 동양상업학교(東洋商業學校) 예과를 다니면서 수학강습소(數學講習所)·영어강습소(英語講習

所)를 다니고 또 틈틈이 광물·식물의 개인교수를 받으러 다니었으니 실상 밥 먹고 잠자는 시간 이외에는 교과서에 몰두하였고 3년급 1학기 동안에는 학교가 무서워서 교과서를 열심으로 복습하였다.

3년 2학기말 휴가 동안에 우연히 고서점에 들어가서 이 책 저 책 뒤적거리다가 『순례기행(巡禮紀行)』『하처(何處)에』(正宗白鳥의 작품) 『청과집(靑果集)』 등 3책을 골라 산 일이 있으니 서점 주인이 신간이라고 가르쳐주는 것 중에서 서명(書名)이 맘에 드는 것을 고른 것이다. 이 세 권 책이 연줄이 되어 되지 못한 헌 책이 모이기 시작하였는데 내가 서적 선택에 다소 안목이 생기기까지는 표지의 의장(意匠), 제목의 자체(字體)와 같은 것도 일종의 선택 표준이 되었었다. 이 버릇이 나중까지 남아서 내용이 한번 볼 만한 책임에도 불구하고 표지가 맘에 들지 아니하여 보지 않고 만 책이 없지 아니하였다. 이 책 저 책 보는 동안에 나의 독서방법에는 일종 집착이 생기어서 보기 시작한 책은 끝까지 보고야 말았고 중간 질러 보아 관계 없는 책이라도 첫머리부터 시작한 후 결코 중간을 떠들치어 보지 아니하였고 책 한 권을 보기 시작한 뒤에는 그 책을 마치기까지 다른 책을 시작하지 아니하였다. 이 까닭에 재미있는 책은 재미있다고 한숨에 내처 보고 재미 없는 책은 얼른 재미 있는 것을 시작한다고 머리악 쓰고 빨리 보았다. 특별한 사고가 없는 한에는 한 권 책을 대개 하루나 이틀에 끝내고 3, 4일씩 걸린 것이 도리어 적었었다. 밤을 새우고 낮잠을 잔다고 또는 뒷간이 길다고 한 집에 있던 친구들이 조명을 지었으나, 이 두 가지가 다 독서에 필요한 수단이었다. 밤은 방해가 없는 까닭에 재미있는 소설을 단번에 읽기 좋고 뒷간은 방해꾼을 피하기 가장 쉬운 곳이다.

이대용(李大容) 군, 이해충(李海忠) 군, 하희원(河熙源) 군과 한 집에 있을 때에 이대용 군과 한방을 쓴 일이 있었다. 어느 날 낮에 루딘의 번역인 『부초(浮草)』를 사다두었다가 저녁에 첫머리 몇 페이지를 넘기었을 때 당시 유학생계의 쟁쟁한 인물 몇 사람이 이군을 찾아와서 나도 그 사람들을 아는 관계상 독서를 중지하지 않을 수 없었다. 책이 보고 싶어 좀이 쑤시는 판인데 그 인물들의 기염 경쟁은 그칠 줄을 몰랐다. 주인측 이군이 단아(端雅)한 사람인만큼 부수근청(俯首謹聽)하는 까닭에 기염의 도수가 오르고 내리지 아니하였다. 그 사람들보다도 이군이 미웠다. 참다 참다 못하여 한손에 양등(洋燈)을 들고 한손에 『부초』를 들고 뒷간으로 들어가서 조금 조금 하다가 『부초』 한 권을 다 마치고 한참 동안 오금이 붙어 고생하다가 나와서 본즉 기염 인물들은 다 돌아가고 이군이 자리 깔고 누워서 전무후무한 굉장한 뒤라고 조롱하였었다.

나의 독서가 난독(亂讀)·남독(濫讀)이라 종이 없었지마는 대개는 문예서류이고 그때의 일본문단이 자연주의 문예 전성 시기라 문예서류에도 대개는 자연주의 작품이었다. 그 결과는 육적(肉的) 사상 중독과 신경쇠약뿐이라고 말할 수 있었다. 대개 내가 처음에 작정한 대로 공부하지 못한 것은 다른 큰 원인이 있지마는 졸업시험을 치르지 아니하려고 5년 2학기말에 중학교를 고만둔 것은 신경쇠약이 유일한 원인이었다. 학교 교과서를 존중하지 아니하기는 3년급 2, 3학기 때부터 시작한 일이지만, 문예서류를 탐독할수록 교과서를 경멸하는 정도가 심하여서 그날그날 과정 책을 보에 싸느라고 손에 댈 뿐이었다. 처음에는 교과서 보지 않을 뿐이었지 학교에는 매일 출석하던 것이 밤잠을 잘못 자게 된 뒤로는 결석이 많아져서 출석 부정확한 자 퇴학시킨다는 교칙이 있다고 생도감에게 위하(威嚇)받은 일까지 있었다.

학교공부는 이와 같이 불성실하였지만 매학기 또는 매학년 시험성적은 번번이 좋았었다. 소위 시험공부로 며칠 동안만 애를 쓰면 이런 성적이 기적적으로 나타났었다. 나는 나의 시험성적을 기적적이라고 말한다. 고국에 있어서 중교의숙에 다닐 때 입학하던 해 첫학기 시험에 둘째가 되었을 뿐이지, 만 3년간 첫째 자리를 내놓은 일이 없었고 일본에 가서 동양상업(東洋商業) 예과 2년생 보결시험과 대성중학 3년생 보결시험으로부터 5년간 학기·학년 모든 시험에 첫째 아니면 둘째로 자리의 변동이 거의 없다시피 지났는데 사실 성적이 절등(絶等)하여 이러하였는가 하면 그렇지 아니하다. 몇몇번 시험 이외에는 성적이 대개 중 이상 밖에 되지 아니하되 석차는 항상 이렇게 좋았었다. 시험장에서 한번도 강적을 만나지 아니한 것도 기적적이라고 말할 수 있거니와 나의 성적이 좋지 못할 때 동급생의 성적이 일개(一槪)로 나보다도 더 좋지 못하고 동급의 성적이 좋을 때 나의 성적이 우월하여지는 것은 확실히 기적적이라고 말할 수 있었다. 대성 4년급 학년시험에 제1위 석차로 나를 압두한 관소(關沼) 모는 지금 의학박사로 상당히 명성이 있다 하나 엽엽치 못한 그 사람이 시험장에서 나의 적수 되기는 사실 좀 부족하였었다.

기적적이란 말을 증명하기 위하여 우스운 예를 들어보일 것이 있다. 동양상업 예과 2년에 보결입학할 때의 일이었다. 보결시험에 역사는 십자군의 원인 급 결과와 공자의 약전(略傳)과 두 문제이었는데 십자군은 정직하게 '와까리마센'이라고 하여놓고 공자는 "노창평향인(魯昌平鄕人) 운운"이라고 아는 대로 적었으니 한 문제는 불완전하게나마 한 셈이고 지리는 한국 13도 수부(首府)와 지나 동해안 중요 도시 10개를 열거하라는 두 문제이었는데 13도 수부는 나를 살리는 문제라 말할 것이 없고 지나 도시는 상해밖에 들은 것이 없어서 10분 1로 색책(塞責)하였으니 한 문제는 완전하게 한 셈이고, 박물(博物)은 십자과 식물화의 부분을 도형(圖形)으로 설명하라는 것과 극피동물(棘皮動物)의 특징을 열거하라는 두 문제이었는데 식물은 개인교수의 덕으로 무사 통과하였으나 동물은 배우지 못한 것이라 또 정직하게 '와까리마센'으로 셈을 닦고 일어서려고 한즉 돌아다니며 감시하던 선생이 특징을 모르거든 예라도 들라고 친절히 말하여 선생의 말을 존중히 하느라고 다시 앉기는 앉았으나 해삼 같은 알기 쉬운 예를 들 주제가 되지 못하여서 고슴도치가 극피(棘皮)라고 '하리네쓰미'를 예로 적었으니 역시 한 문제를 겨우 한 셈이다. 수학·영어·국어·한문 여러 가지 중에 한문 한가지는 비교적 좀 나았을 것이나 답안이 대개는 다 충분치 못하였다.

그러나 성적발표에 나의 이름이 1번에 올랐었으니 당시 수험자가 나까지 합하여 두 사람인데 그 한 사람이 나만도 못하였던 모양이다. 운명론자(運命論者) 같으면 1번 될 운명을 타고났다고 설명할 일이 아니랴? 교사가 사정을 두었거나 경쟁자가 실력이 부치었거나 나의 알지 못하는 이유로 구태여 설명할 것이 없는 일이고, 당시당시(當時當時) 의외의 좋은 성적에 놀라던 것을 표시하려면 기적적이란 말을 차용하지 않을 수 없다. 시험성적이 항상 기적적인 결과로 재자·수재이니 칭찬을 받게 되었으니, 그 칭찬은 멸시당하는 것과 같은 불쾌한 감정을 일으키는 칭찬이라 칭찬하는 것이 고맙지 못하였다.

고맙지 못한 칭찬도 칭찬이려니와 학교에서는 다소의 증오(憎惡)를 받지 않을 수 없었다. 못난이 영어 선생 한 분이 교수시간에 너희들이 저 한국인만 못하다는 것은 일본 남자의 수치라고 학생 면학(勉學)한답시고 나에 대한 증오심을 격동시킨 일이 있었고, 올곧지 못한 지리·역사 주임선생이 아무개는 한국의 총리대신감이라고 한국을 경멸하는 구기(口氣)로 말한 일이 있어서 같은 학생 중의 증오심이 풍부한 자는 나를 모욕하려는 의사로 '총리'라고 별명지어 부르기까지 되었었다. 성적 좋은 것이 나에게는 일종 고통의 종자라 좋기를 바라지 않게 되었건만 부모의 맘을 위로할 것으로 보더라도 낙제는 면하여야 한다고 생각한 까닭에 시험공부만은 폐할 수가 없었다. 평균점 70, 80에도 석차가 첫째 둘째가 되었은즉 동급생의 저열(低劣)은 덮어줄 수가 없는 일이었다. 고(苦)의 반면에 낙(樂)이 있다. 고통의 종자인 성적이 우리 아버지의 사랑을 돋우었다. 3년에서 1번으로 4년에 승급하였을 때 만조보(萬朝報)에서 각 학교 우등생을 소개하는 틈에 나의 사진이 게재되었었다. 대성 경영자가 호들갑스럽게 나를 칭찬한 것 같았다. 그때 우리 아버지는 태인 군수(泰仁郡守)로 있었는데 아버지의 편지를 보니 만조보 독자인 일본인 순사가 4호 제목의 작은 기사를 발견하고 아버지께 보이어 드린 모양이었다. 우리 아버지가 신문의 흐린 사진이나마 보고 보고 좋아하여 나중에 자세한 편지와 같이 자기의 사진 한장을 보내주었었다. 이것은 나의 종생 잊히지 아니할 자랑의 하나이다.

<삼천리 제1·2호, 1929. 6월·9월>

『林巨正傳』 머리말씀

자, 임꺽정이의 이야기를 붓으로 쓰기 시작하겠습니다. 쓴다 쓴다 하고 질 감스럽게 쓰지 않고 끌어오던 이야기를 지금부터야 쓰기 시작합니다. 각설, 명종대왕 시절에 경기도 양주땅 백정의 아들 임꺽정이란 장사가 있어…….

이야기 시초를 이렇게 멋없이 꺼내는 것은 이왕에 유명한 소설 권이나 보아두었던 보람이 아닙니다.『수호지』지은 사람처럼 일백단팔마왕이 묻힌 복마전(伏魔殿)을 어림없이 파젖히는 엄청난 재주는 없을망정『삼국지』같이 천하대세 합구필분(合久必分)이요, 분구필합(分久必合)이라고 별로 신통할 것 없는 말쯤이야 이야기 머리에 없으려면 없을 수 있겠지요.

이야기를 쓴다고 선성만 내고 끌어오는 동안에 이야기 머리에 무슨 말을 없을까, 달리 말하면, 곧 이야기 시초를 어떻게 꺼낼까 두고두고 많이 생각하였습니다. 십여 세 아이 적부터 이야기듣기, 소설보기를 좋아하던 것과 삼십지년 할 일이 많은 몸으로 고담 부스러기 가지고 소설 비슷이 써내게 되는 것을 연락을 맺어 생각하고 에라 한번 들떼놓고 인과관계를 의론하여 이야기 머리에 없으리라 벼르다가 중간에 생각을 돌리어 그럴 것이 없이 문학이란 것을 보는 법이 예와 이제가 다르다고 옛사람이 일신 정력을 들여 모아놓은 그 깨끗하고 거룩하던 상아탑이 여지없이 무너지고 그 속에 있던 뮤즈란 귀신의 자취가 간 곳 없이 사라졌다는 것을 그럴싸하게 꾸며가지고 이야기 시초로 꺼내보리라 맘을 먹었습니다.

그러나 이 생각 저 생각이 모두 신신치 아니한 까닭에 생각을 통히 고치어 숫제 먼저 이야기가 생긴 시대를 약간 설명하여 이것으로 이야기의 제일 첫머리 말씀을 삼으리라 작정하였습니다.

한양 개국한 후에 태조 7년, 정종 2년, 태종 18년, 세종 32년, 문종 2년, 단종 3년, 세조 13년, 예종 1년을 지나 성종대왕이 즉위하셨습니다. 성종은 영명한 임금이라 재위 25년간 별로 실덕이 없으셨지만, 한가지 흠절이 폐비사건입니다. 이 폐비사건도 물론 성종대왕의 실덕은 아니겠지요만 태평성대의 흠절이라면 흠절이 될 만합니다. 폐비사건은 다른 일이 아니라 곧 왕비 윤씨를 폐위서인(廢位庶人)하였다가 나중에 사약까지 한 사건인데, 그 윤씨라는 왕비가 투기가 심하고 너무도 방자하여 어느 때는 대왕의 얼굴을 할퀴어 생채기 낸 일까지 있었더랍니다. 대왕은 그래도 참으실 만큼 참으셨지만, 대왕의 어머님 되시는 인수대비(仁粹大妃) 한씨께서 윤씨를 대단 괘씸히 여기셔서 대왕께 말씀하여 구경 폐비와 사약 전교(傳敎)가 내리게 되었답니다.

성종대왕 뒤에 임금 된 연산주(燕山主)는 폐비 윤씨의 소생인데 동궁으로 있을 때부터 임금 노릇 잘못할 싹수가 보이든지 성종대왕이 극히 사랑하시던 신하 문정공 손순효(文貞公孫舜孝)가 용상 가까이 엎드려 용상을 가리키며 이 자리가 아깝다고까지 말씀을 아뢴 일이 있었답니다. 이 연산주가 임금 노릇한 동안이 12년인데 즉위 4년인 무오년에 간신(奸臣) 유자광(柳子光)의 무고(誣告)를 믿어 큰 옥사를 일으키고 즉위 10년인 갑자년에 폐비사건으로 또 큰 옥사를 일으켜서 유명한 조신(朝臣)들을 마냥 죽이고 산 사람을 죽일 뿐이 아니라 이왕 죽은 사람은 두벌 죽음을 시키는데 부관참시(剖棺斬屍)라고 관을 파다가 송장의 목을 베기, 쇄골표풍(碎骨飄風)이라고 뼈를 갈아 바람에 날리기, 별별 형벌을 하고 파가저택(破家瀦澤)이라고 집을 헐어 웅덩이를 만든 것이 열 집 스무 집이 아니고, 가장 경한 사람이라야 2천리 3천리에 귀양살이를 보냈더랍니다. 이렇게 두 번 큰 옥사로 유명한 신하들을 죽이고 귀양 보낼 뿐 아니라 각 고을의 얼굴이 반반한 계집 또는 계집아이를 서울로 뽑아올려 기생 명색으로 궐내에 드나드는 것이 만 명 이상이 되었는데, 기생의 칭호를 운평(運平)이라고 하고 궐내에 가까이 도는 운평을 흥청(興淸)이라고 하고 상관이 있는 흥청을 천과흥청(天科興淸)이라고 하여 운평·흥청과 악수(樂手)들을 살리느라고 종실·대관(宗室大官)의 집을 빼앗고 운평·흥청 들을 먹여살리고 몸치장시키느라고 민간 재물을 강탈하고, 이것도 부족하여 종실·대관의 처첩을 빼앗아 갖은 음란한 짓을 다하였답니다.

연산주는 이러한 할 짓, 못할 짓 다한 까닭에 임금 자리에서 쫓겨나고 그 뒤에 중종대왕이 등극하였습니다. 중종대왕 39년간에는 남곤(南袞)·심정(沈

貞) 같은 간신의 모함으로 조광조(趙光祖) 이외 여러 명사를 죽이고 귀양 보낸 유명한 기묘사화(己卯士禍)가 있었습니다. 즉위 39년 갑진 11월에 중종이 승하하시고 인종이 즉위하니 인종은 성덕이 있던 임금이시랍니다. 수 양제(隋煬帝), 금 해릉(金海陵) 같은 임금도 그 당시 신하들은 요순이라고 칭송하여 임금치고 요순 소리 아니 들은 임금이 없겠지요마는, 이 인종대왕이야말로 참말 요순이라고 칭송할 만한 임금이더랍니다.

인종대왕은 그 계모 되는 문정왕후(文定王后) 윤씨의 형제 윤원로(尹元老)·윤원형(尹元衡)이 내전(內殿)에 자주 드나드는 통에 즉위 1년이 못 되어 의외로 승하하셨는데, 이때 국상 난 지 며칠 안에 팔도가 울음빛이었었답니다. 인종대왕 뒤에 문정왕후 소생이신 명종대왕이 즉위하셨습니다. 명종 초년에는 문정왕후가 정사를 알음하여 윤원로·원형의 세력이 같이 충천하다가 형제간에 세력다툼이 생겨서 원로는 아우의 음해와 족질(族姪)의 공격으로 사약까지 받게 되고 원형이만이 문정왕후 상사 나던 을축년까지 혼자 세력을 잡았었습니다.

이야기의 머리 말씀을 한 회에 마치려고 인종·명종 때 일을 조금 자세히 설명하여야 할 것도 다 못하고 바로 본이야기로 접어들려고 합니다.

<조선일보 1928. 11. 21, 연재 제1회>

『林巨正傳』에 대하여

신문사에서 선전하여 주는 모양으로 알렉산더 뒤마의 『암굴왕(岩窟王)』같이 나의 소설이 파란곡절이 많고 또 기발하여 만인의 흥미를 끌 수 있는 것인지? 내가 생각할 때에 조선일보의 이러한 선전이 도리어 몸 괴롭기도 합니다마는 좌우간 내가 임꺽정(林巨正)이라는 인물에 대하여 흥미를 느껴온 지는 이미 오래였습니다.

임꺽정이란 옛날 봉건사회에서 가장 학대받던 백정계급(白丁階級)의 한 인물이 아니었습니까. 그가 가슴에 차 넘치는 계급적 ○○의 불길을 품고 그때 사회에 대하여 ○○를 든 것만 하여도 얼마나 장한 쾌거였습니까.

더구나 그는 싸우는 방법을 잘 알았습니다. 그것은 자기 혼자가 진두에 나선 것이 아니고 저와 같은 처지에 있는 백정의 단합을 먼저 꾀하였던 것입니다.

원래 특수 민중이란 저희들끼리 단결할 가능성이 많은 것이외다. 백정도 그러하거니와 체장사라거나 독립협회 때 활약하던 보부상(褓負商)이라거나 모두 보면 저희들끼리 손을 맞잡고 의식적으로 외계에 대하여 대항하여오는 것입니다. 이 필연적 심리를 잘 이용하여 백정들의 단합을 꾀한 뒤 자기가 앞장서서 통쾌하게 의적(義賊) 모양으로 활약한 것이 임꺽정이었습니다. 그러이러한 인물은 현대에 재현시켜도 능히 용납할 사람이 아니었으리까.

다만 그분의 사적(史蹟)이 그렇게 소상(昭詳)하게 남아 있지 아니하여 상상으로 스토리를 이어나가야 될 경우가 많습니다마는 역사적 사실인 바에는 그 연대에 치중하여 거의 연대순에 가깝게 사건 전개에 지금까지 노력하여왔습니다. 그래서 위선 120회까지는 임꺽정을 싸고도는 그때 사회의 분위기를 전하기에 소비하였는데 이제부터는 정말 임꺽정이가 나타나게 됩니다. 그래서 7형제가 도적질하러 가는 장면이 가장 긴장하게 되어질 줄 압니다.

　물론 이 소설을 구상하고 표현할 때에는 광범한 각층의 인물을 독자로 하는 신문소설이니만치 용어 등에도 격별(格別)히 주의하여 대중이 읽도록 쓰느라고 하였으나 얼마나 성공하였을는지 스스로 의심하고 있습니다. 아마 이 소설은 400회 가까이 가야 하고 싶은 말을 다 하고 끝을 맺을 것 같습니다.

<삼천리 창간호, 1929. 6>

『林巨正傳』

義兄弟篇 연재에 앞서

내가 처음 『임꺽정전』을 쓸 때에 복안을 세운 것이 있었습니다. 첫편은 꺽정의 결지의 내력, 둘째편은 꺽정의 초년 일, 셋째편은 꺽정의 시대와 환경, 넷째편은 꺽정의 동무들, 다섯째편은 꺽정이 동무들과 같이 화적질하던 일, 끝편은 꺽정의 후손의 하락 도합 여섯편을 쓰되 편편이 따로 떼면 한 단편으로 볼 수 있도록 쓰려는 것이었습니다. 그러나 손이 마음과 같지 못하여 복안대로 잘 되지 않는 까닭에 되나마나 거의 염치 불고하고 횟수 채움으로 써나가다가 그나마 셋째편을 채 끝마치지 못하고 이내 중단하여버리게 되었습니다.

사오 년 동안이 지난 오늘날 이것을 다시 계속하여 쓴다면 불가불 넷째편부터 쓸 터인데, 워낙 복안을 편마다 따로 뗄 수 있게 세운 까닭으로 설혹 전편을 통히 모르는 독자에게라도 사건의 맥락(脈絡)이 혼란할 경우는 없을 줄로 믿습니다. 그래도 계속은 계속이라 전에 나온 인물들 중 다시 나올 인물이 많이 있습니다. 지금 내가 계속하여 짓기에 필요하여 적어놓은 인물 쪽지를 대강 여기에 옮기어 적으려 합니다.

돌이 : 꺽정의 아비, 풍병 든 노인.

운총이 : 꺽정의 안해.

섭섭이 : 꺽정의 손위 누이 애기 어머니, 과부.

백손이 : 꺽정의 아들, 운총이가 백두산에서 낳아가지고 온 아이.

팔삭동이 : 꺽정의 이복동생, 절름발이, 반실이.

황천왕동이 : 꺽정의 처남, 걸음 재기로 유명한 사람.

이봉학이 : 꺽정의 아이 적 동접, 명궁(名弓), 전라감영 비장.

박유복이 : 꺽정의 아이 적 동접, 그의 아버지는 황해도 강령 농군인데 기

묘년(1519) 조정암(趙靜菴) 옥사가 난 뒤에 동무 농군 두 사람과 같이 밭을 매다가 나라에서 조정암 같은 재상을 죽여서 날세가 가문다고 나라 원망한 탓으로 동무 농군 한 사람에게 고발을 당하여 서울에 잡혀와서 맞아죽고 그의 어머니가 유복자로 낳은 아들.

배돌석이 : 경상도 김해 사람. 돌팔매 잘 치는 사람, 을묘년(1555) 왜란에 방어사(防禦使) 김경석(金景錫)의 부하로 영암(靈巖) 출전 중에 꺽정이와 봉학이를 만난 사람.

박연중이 : 김덕순의 처 유모의 아들. 장사로 이름 있던 사람. 기묘 옥사 중에 김덕순과 같이 망명하였다가 이내 황해도 평산 운달산에서 화적 괴수 노릇한 사람.

생불 스님 : 경기도 죽산 칠장사 중. 속인 성명은 양주팔. 본래 함흥 고리 백정인데 이장곤의 연줄로 서울 와서 동소문 안에서 갖바치 노릇한 사람.

윤원형 : 왕대비 동기, 당시 권세 있던 사람.

정난정이 : 윤원형의 첩으로 정경부인 바친 여자.

이외에도 다시 나올 인물이 있을지 모르나 별로 큰 관계가 없는 까닭에 여기 적힌 사람만 기억에 남겨두면 독자에게나 작자에게나 다같이 족하리라고 생각합니다.

위에도 말씀하였거니와 셋째편이 끝을 마무르지 못한 것이라 구일(舊日) 독자로서 이야기의 앞뒤 등을 대시려면, 을묘왜란 중에 이봉학이 그의 주장(主將)인 방어사 남치근(南致勤)의 퇴진령(退陣令)을 거스르다가 군전 효수(軍前梟首)를 당하게 되었던 일과 당시 전주 부윤으로 영암 수성장(靈巖守城將)이던 이윤경(李潤慶)이 봉학의 재주를 아끼어 꺽정이와 협력하여 봉학의 목숨을 살려낸 일과 또 왜란이 평정된 뒤 이윤경이 전라 감사로 승직되어 갈 때 봉학이를 비장으로 데리고 간 일은 알아두시는 것이 좋을 줄 압니다.

또 끝으로 붙이어 말씀하여 둘 것이 있습니다. 이왕 쓴 세 편은 사실 누락된 것을 보충하고 사실이 착오된 것을 교정하고 쓸데없이 늘어놓았던 이야기를 깎고 줄이어 책을 만들려고 합니다. 그러면 혹 처음 복안과 같은 물건이 될는지요.

〈조선일보 1932. 11. 30〉

『林巨正傳』을 쓰면서

長篇小說과 作者心境

그동안 감옥 등지로 돌아다니느라고 처음에 생각하였던 『임꺽정전(林巨正傳)』의 플롯을 거개(擧皆) 잊어버렸기에 이번 조선일보에 속편(續篇)을 쓸 때에는 또다시 구상을 하느라고 애썼습니다.

『임꺽정전』은 생각건대 여러 번 중단되어서 독자 제씨에게 미안하였습니다. 처음은 내가 옥에 가느라고, 그 다음은 신문사가 휴간이 되느라고.

그러나 이제부터는 또다시 그러한 중단이 되는 일이 없이 끝까지 마쳐질 줄 아옵니다. 지금까지 쓴 것이 160여 회인바 앞으로 약 반년 즉 180회 가량만 더 쓰면 다 될 줄 아옵니다.

나는 『임꺽정전』을 6편에 나누었습니다. 이것은 가령 첫편은 그의 유년시대, 그 다음은 그때의 사회의 분위기를 전하기에, 이러한 뜻으로 계선(界線)을 그은 것인바 지금 쓰는 것이 제4편으로 이제부터야 정말 활동의 본무대에 들어섰다 할 수 있어서, 임꺽정의 7형제가 도적하러 가는 대목에 이르렀습니다.

임꺽정은 400년 전 사람, 양주(楊州)에서 났지요. 그때 시절에 화적(火賊)이 가장 성하기는 황해도였는데, 그렇지만 임꺽정이 도적질 잘하고 돈 잘 쓰는 의적(義賊)이란 말이 팔도에 퍼지자, 각처에서 기운 있고 도적질 잘하는 놈들이 저마다 "내가 임꺽정이노라." 하고 나서서 한동안은 충청도, 지리산과 강원도 어디와, 또 전라도 등 다섯 곳에서 한꺼번에 임꺽정이 다섯이 났다고 합니다.

말하자면 서소승(鼠小僧)과 같이 인기 있던 사람이었지요.

그때 시절에 사람이 잘나면 화적질밖에 실상 하잘 것이 없었지요. 더구나 천민이라고 남이 모두 손가락질하는 백정계급에 속한 자이리요. 백정을 벼슬을 줍니까, 백정을 돈 모으게 합니까. 아무 바라볼 것이 없게 되니까, 체력이나 지략이 남에게 뛰어난 자면 도적놈밖에 될 것이 없었지요.

이시애(李施愛)나 홍경래(洪景來)와도 임꺽정은 이러한 의미에서 공통되는 어떤 점을 가지고 있다 할 것입니다.

임꺽정의 사기(史紀)는 극히 단편 단편(短片短片)으로 떨어져 있는 것밖에 없어서 대개는 나의 복안으로 사건을 꾸미어가지고 나갑니다. 다만 나는 이 소설을 처음 쓰기 시작할 때에 한가지 결심한 것이 있지요.

그것은 조선문학이라 하면 예전 것은 거지반 지나문학(支那文學)의 영향을 많이 받아서 사건이나 담기어진 정조(情調)들이 우리와 유리된 점이 많았고, 그리고 최근의 문학은 또 구미문학의 영향을 많이 받아서 양취(洋臭)가 있는 터인데 『임꺽정』만은 사건이나 인물이나 묘사로나 정조로나 모두 남에게서는 옷 한벌 빌려 입지 않고 순조선 거로 만들려고 하였습니다. '조선 정조(朝鮮情調)에 일관된 작품' 이것이 나의 목표였습니다.

<삼천리 제5권 9호, 1933. 9>

『林巨正傳』의 本傳

火賊篇 연재에 앞서

『임꺽정』을 쓰기 시작한 뒤 5, 6년에 이제야 비로소 '화적 임꺽정(火賊林巨正)'을 쓰게 되었습니다. '화적 임꺽정'이 사람 임꺽정의 본전(本傳)이요, 소설 임꺽정의 주제목(主題目)입니다. 임꺽정이가 청석동(靑石洞)서 자모산성(慈母山城)으로 옮기고 또 구월산성(九月山城)으로 옮기었다가 구월산성에서 망한 것이 사실(史實)이므로 화적 임꺽정을 청석편(靑石篇)·자모편(慈母篇)·구월편(九月篇) 세 편에 나누어 쓰겠습니다.

사상(史上)에 숨었던 인물 임꺽정을 얼마큼이나 살려내게 되는지 작자부터 작자의 붓을 믿지 못하나 진력하여 쓰면 다소 보람은 없지 아니할 듯합니다. 화적 임꺽정이 끝난 뒤에도 임꺽정의 아들 백손(白孫)의 유락(流落)된 것을 짤름하게 써서 붙이려고 생각하므로 한참 장차게 쓰게 될 것입니다. 앞으로 2, 3년 더 나갈는지 모릅니다.

그동안 독자들이 싫증이나 안 내시면 작자에게 이만 다행이 없습니다.

<조선일보 1934. 9. 8>

제2장 타인에 대한 인물평 · 서문 · 발문 · 弔辭

六堂 께

申圭植 선생 돌아가신 소식을 듣고

이번 예관(晩觀) 형님 돌아가신 데 대하여 애사(哀詞) 같은 것을 한편 지어 보라 하시나 나는 지금 글을 지을 수 없습니다.

내일 박을 잡지에 대기가 어려워 못 짓겠다 함이 아니올시다. 적을 말이 없을 것 같지도 않습니다마는 내가 글을 짓도록 정신을 차릴 수가 없습니다.

나는 그 형님 돌아가셨다는 소식을 듣고 글을 짓기에는 사이가 너무 가깝습니다.

엊그저께 밤에 어디를 갔다오다가 중학다릿목에서 어떤 사람이 내 앞에 서서 가던 사람을 보고 인사를 하자마자 아무개가 죽었다데 합디다. 나는 깜짝 놀랐습니다. 그 사람이 신문사에 기별이 왔더라고 말합디다. 나는 한참을 땅에 붙은 듯이 섰다가 간신히 정신을 차려서 집으로 향하여 왔습니다.

지금껏 환하던 전등빛이 안개 속에 잠긴 것같이 희미합디다. 길에 오고 가는 사람이 모두 딴 세상 사람같이 보입디다.

그 사람이 잘못 듣고 전하는 말인가 혹 동명 가진 다른 사람의 말인가 여러 가지로 의심을 하면서 집에 오니까 S씨가 상해서 이러이러한 전보가 왔더라고 말을 일러두고 갔습디다. 그제는 길에서 의심하던 것까지 헛된 일임을 알았습니다.

얼마 아니 되어서 S씨가 또 왔습디다. 우리는 둘이 다 아무 말도 못하고 입술만 깨물고 한참 바라다보았습니다.

　내가 시골 있을 때에 이 형님이 병환이 위중하다는 소문을 듣고 궁금하고 갑갑하여 L씨에게 진적한 소식을 알아달라고 부탁하였습니다. 서울 온 후에 L씨를 만나서 다소 소식을 듣고 그 조카를 만나서 더 자세한 소식을 들었습니다. 그 병환이 심상치 않은 줄을 알았습니다. 그러나 누가 이렇게 허무하게 통부 전보가 올 줄은 생각이나 하였으리까. 참말로 꿈 같은 일이외다.

　요전에 위당(爲堂)과 같이 희언체로 한시(漢詩) 한 수 지은 것이 있습니다.

　　바닷가 하늘이 어찌나 쓸쓸하든지
　　옛이별에 아직도 마음 서글퍼
　　이따금 님의 명성 들려오면
　　멀리서 전하시는 소식으로 여기네

　　풍진 세상이 만남을 가로막아도
　　꿈에서도 분명 서로를 그리나니
　　염량 세태 따위야 말할 것이나 되리
　　님 향한 근심 걱정 이루 헤아리기 어려워라

　　태양이 한 줄기 붉은 빛을 뿜어도
　　천 겹 안개가 가로막아 캄캄하네
　　언제나 거센 바람 힘차게 불어
　　만리 창공에 붕새가 나래를 펴리

　　하늘의 뜻은 정해져 있지 않은 법
　　민중의 힘도 호전되는 기색 있으니
　　세상을 흘겨본 눈 시원스레 뜨시고
　　희비(喜悲)를 일시에 얻으시기를

海天何寥闊,　昔別心尙惻.
有時聲名至,　迢迢當信息.
風塵阻相見,　夢寐明相憶.
聚散何足道,　憂虞浩難測.
一道日射紅,　千重霧遮黑.
何時風力厚,　萬里負大翼.
天應無定意,　衆亦有起色.
願把睥睨爽,　悲喜一時得.

위당 글은 이러하던 것 같습니다.

이 분은 당세에 큰 뜻을 품어
수염과 눈썹에도 시름이 어리었네
큰 바다는 넓어서 끝이 없는데
돌 날라다 메우는 일 쉬지 않으시네[1]

한번 만나 그 의기에 감동되어
10년을 서로 길이 그리워했네
근자에 들으니 몹시 상심한 탓에
피 토하며 병이 위독하시다고

서자호(西子湖)[2]의 달님도
비통한 듯 빛을 잃어버리고
새들은 더욱 슬피 울며
상처가 심한데도 나래를 펴네

---

1) 『산해경(山海經)』에 동해에 빠져 죽은 염제(炎帝)의 딸이 새가 되어 돌을 물어다 바다를 메웠다는 고사가 있음. 함석전해(銜石塡海)는 목표를 이루기 위해 굳세게 꾸준히 노력한다는 뜻임.
2) 중국 항주(杭州)에 있는 아름다운 서호(西湖)의 다른 이름.

붉은 이 마음 북돋우시어
유쾌한 기색을 보충하시었으면
산호는 밤새도록 빛을 발하나니
일시에 채취될 날이 있으리

若人志當世,　鬚眉映愍惻.
瀛海浩無涯,　銜石不自息.
一見感意氣,　十載長相憶.
頃聞纏至恫,　嘔血病不測.
西子湖上月,　爲之變慘黑.
飛飛聲彌哀,　創重猶矯翼.
勵此寸衷丹,　庶補缺愉色.
珊瑚連夜光,　採掇一時得.

언제든지 한번 다시 만나면…… 또는 만나려니 하였더니 이제는 영원히 길이 갈렸습니다그려. 생각할수록 참말 같지 않습니다.

대체 나를 사랑하고 내가 사모하는 어른이 이 세상보다 저 세상에 많은데 이 세상에서 또 한분이 줄다니 나에게는 무엇이라고 말할 수 없는 아픔이올시다.

생각하니 분합니다. 다시 한번 못 만난 것도 분하고요. 숨겨서 누운 찬 신체를 뜨거운 눈물로 씻지 못함도 분합니다. 돌아가는 이가 긴 한을 머금어 눈을 감지 못하였을 것이 뼈가 저리게 분합니다.

이런 되지 못한 것을 쓰는 데도 그 근심 많은 흘보기 눈이 눈에 어른거려 글씨가 잘 안 보입니다. 그만 그치겠습니다.

<東明 1921. 10. 1>

어학에 능한 金奎植 박사

밖에 있는 이 생각

김규식(金奎植) 씨라니 지금 상해 있는 김박사 말씀이지요. 지금은 혹 무어라고 고쳤는지 모르나 전에 별호(別號)가 만호(晩湖)이었었지. 만호 말씀을 하는 데는 나보다 더 적당한 사람이 있을 듯합니다. 그 사람이 누구냐. 그건 내가 모릅니다. 아마 그전 정동교당 관계자나 또는 그전 경신학교 관계자 중에서 물색하여보시면 적당한 사람이 있을 것입니다. 그렇게 네 말대로 물색하고 싶어도 대관절 시간이 없으니 아쉬운 대로 좀 말하라 하시면 굳이 사양하지는 아니하겠습니다. 만호와 나 사이는 교정(交情)이 너무 깊어서 말씀하기 어려운 것이 있을 지경도 아니고, 그렇다고 교분이 아주 없어서 그 사람을 모르는 터도 아니니까 어떻게 생각하면 도리어 말씀하기에 적당하달는지도 모르지요.

김규식 씨라고 하면 이름 들어 알 만한 사람이면 누구나 그 영어 잘하는 것을 칭도(稱道)합니다. 성인(聖人)이라야 성인을 안다니 우리는 건정으로 칭도나 하지요마는, 다른 영어 잘한다는 사람들도 그의 구음(口音) 좋은 것을 탄복하는 이가 많습니다. 대체 만호의 어학 재주는 남이 미치지 못할 것이 있습니다. 법어(法語)는 미국서 학교 다닐 때 조금 배웠던 모양인데 전에 자기 말이 조금만 힘쓰면 강의 듣기는 무난할 정도라고 하더니, 연전에 파리 갔을 때 적지 않이 닦달이 되었을 터이니까 법어도 상당히 할 것이고, 한어(漢語)는 우리가 상해서 같이 지낼 때 벌써 곧잘 하였으니까 지금은 능란할 것이고, 장가구(張家口)에 있는 서양 사람 회사에 잠깐 가서 있는 동안 노어(露語)에 소양을 얻었었고, 배운 사이 없이 일어(日語)는 잘합니다. 만호가 남에게 어학을 가르칠 때는 자기 요량만 하고 화를 곧잘 내는 모양입디다. 지금 어느 상보(商普) 교사로 있는 친구가 틈틈이 영어 좀 배우다가 만호에게

화받이 노릇하는 것을 나도 목도(目覩)한 일이 있습니다.

그가 갑갑하여 화내는 것이 옆에서 보기에도 무리하다고 할 만하나 당하는 친구는 물론 억울하였을 것이지요. 배우는 사람이 억울할 지경까지 갑갑증 내는 것이 만호 자기가 어학에 천재가 있는 까닭입니다.

그의 언변(言辯)은 어떠냐고 말씀입니까. 그가 연설하는 것을 몇번밖에 듣지 못하여서 거연(遽然)히 말씀하기는 어려우나 웅변(雄辯)이라고는 하기 어렵겠지요. 그의 두뇌가 명석한 까닭에 변설의 조리가 정연해서 거의 물 부어 샐 틈이 없습디다. 그가 공적 활동무대에 나선 뒤로 연달(練達)이 적지 않이 되었을 터이니까. 지금은 전과 어떠한지. 대체로 말씀하면 말재주는 늘었을지 모르나 목소리야 커졌을라구요. 그가 웅변가가 되자면 데모스테네스처럼 큰 물가에서 소리를 질러서 목소리를 키울 필요가 있습니다. 자기도 항상 음량 적은 것을 한사(恨事)같이 말합디다.

도대체 그가 어떠한 인물이냐. 그것은 그의 어학 재주라든지 그의 언변 재주처럼 간단하게 대답할 수 없습니다. 대개만 말해라. 대개만 말하기가 더 어렵습니다. 바다 모르는 사람이 바다가 어떠하냐 물을 때 가없는 호수와 비슷하다고 대답하듯이, 어렴풋하게라도 말하라고 우기시지만, 가없는 호수라고 말하여 바다 넓이는 추측할 수 있을는지 모르나 이것만 가지고 바다 기세를 상상할 수 있습니까. 더구나 바다 정신을 영회(領會)할 수 있습니까. 상상 못하고 영회 못하는 것이 있어도 좋으니 말해보라고.

이것은 막 억지십니다그려. 글쎄 그 인물이 어떻다고 말할까. 그를 예전 군주(君主)의 자격으로 비하면 수성(守成)하는 명군(明君) 되기는 넉넉할지 모르나 창업(創業)하는 영주(英主) 되기가 부족하다고나 말할까요. 이 사회를 일대 회사로 보고 그의 성원될 자격을 의론하면 경영주보다 서기(書記)가 됨직하다고나 말할까요. 가없는 호수로 바다를 가리키느니보다 더 어이없는 말입니다. 망언(妄言)이라고 할 것이겠지요. 망언이 죄라 하면 억지로 말하게 하신 이가 죄를 나누어가야 합니다. 망언(妄言)·희언(戲言)은 다 고만두고, 들으니까 만호가 공사(公事)에 분주하다가 기이한 병을 얻어서 혹이 하나 생겼다는데, 해외에 있는 우리 사람들이 '독립혹'이라고 이름지었다고 합니다. 나는 용모 단려(端麗)한 만호와는 다소 교정(交情)이 있지만 혹부리 김박사는

아직까지 면분(面分)이 없습니다. 금일 김박사가 전일 만호와 얼마나 다른가
만나보고 싶은 생각이 때때로 간절합니다.

<개벽 1925. 8>

六堂 『百八煩惱』 跋文

　육당(六堂)과 나는 20년 전부터 서로 사귄 친구다. 성격과 재질에는 차이가 없지 아니하지만 사상이 서로 통하고 취미가 서로 합하여 가로에 어깨 겯고 거닐며 세태를 같이 탄식도 하고 서실(書室)에 배를 깔고 엎드려 서적을 같이 평론도 하였었다. 내가 남의 집에 가서 자기 시작한 것이 육당의 집에서 잔 것이며, 육당이 북촌길에 발들여놓기 시작한 것이 내 집에 온 것이었었다. 이와 같이 교분이 깊던 우리 두 사람이 세변(世變)을 겪은 뒤에 서로 흩어져서 오랫동안 서로 만나지 못하였고 서로 만나지 못하는 동안에 두 사람 사이에 있던 차이는 두드러지게 드러났다. 그러나 통하던 것이 막히지는 아니하였고 합하던 것이 떨어지지는 아니하였다. 지금이라도 육당의 일을 말하여 그 장단득실을 바르게 판단함에는 근년 육당의 주위에 모였다 헤졌다 하는 사람들보다 내가 나으리라고 자신하니, 이것은 다름이 아니라 우리 두 사람이 집안에서 곱게 자란 채로 적어도 깊이 세상에 물들기 전에 사귄 까닭이다.

　육당은 선지식(善知識)이라 불법(佛法)을 위하여 광장설상(廣長舌相)을 보일 때도 없지 아니하나 미타(彌陀)의 상광(祥光)에 섭취되어 피토(彼土)에 왕생함은 자기의 말로 원할 뿐이고, 중생의 의진(衣塵)이 퇴적하여 현세에 집착함은 남이 보기에 심하니, 이것은 다름이 아니라 육당이 번뇌장을 제하지 못한 까닭인가 한다. 대개 육당이 사랑으로 인하여 번뇌가 생기고 번뇌로 인하여 시조(時調)도 짓는 듯하니 그 시조 108편 뽑은 것을 백팔번뇌(百八煩惱)라 함은 적당한 이름이다. 그러므로 나는 그 이름 지을 당시에 좋다고 말하였다. 『백팔번뇌』 108편의 기조는 님을 사랑함이니, 대체 육당의 님이 누구인가? 이것이 문제이다. 육당이 스스로 말하지 아니하므로 여러 사람의 추측이 가지각색일 것이다. 육당과 친한 사람은 대개 알려니와 육당은 부부간에 금슬의 낙이 있는 것이 사실인 것과 같이 그 사랑이 시조에 오르도록 애틋할 것 없는 것도 사실이라 할 것이니, 육당의 부인이 육당의 님이 아니며, 육당이 근년에 자못 풍류가 있음을 자랑하듯이 말하나 졸한 서생 규모는 안으로 더욱 굳은 까닭에 오불수단(誤拂手段)으로라도 육당의 일고를 얻은 여성은 아직 1인도 없을 것이니 한빈유녀(漢濱遊女)가 육당의 님이 아니다. 그러면 육당의 님은 경환선자(警幻仙子)와 같은 미인을 공중누각에 감추어둔 것이 아닌가 추측한다. 그러나 이것도 사실이 아니나. 육당은 님이 있다. 애틋하게 사랑하는 님이 있다. 12, 3세 때에 사랑의 싹이 돋은 뒤로부터 나이 들면 들수록 더욱이 연연하여 차마 잊지 못하는 님이 있다. 그 님이 있지 아니하더라면 육당은 염불 삼매로 정토를 흔구(欣求)하여 필경 불퇴에 이르고 말았을지도 모를 것이다.

　육당의 님은 구경 누구인가? 나는 그를 짐작한다. 그 님의 이름은 '조선'인가 한다. 이 이름이 육당의 입에서 떠날 때가 없건마는 듣는 사람은 대개 그 님의 이름으로 부르는 것을 깨닫지 못한다. 『백팔번뇌』에는 '님'이란 말이 많아서 특히 그 님이 문제가 될는지 모르나 그 님을 사랑하는 기조를 가지기는 육당의 다른 작품이 『백팔번뇌』와 다르지 아니하니, 근래 저작으로만 보더라도 「단군론(壇君論)」은 물론 그러하니 다시 말할 필요도 없거니와 『심춘순례(尋春巡禮)』가 그렇지 아니한가, 『백두근참(白頭覲參)』이 그렇지 아니한가. 대개 육당의 저작으론 하나도 그렇지 아니한 것이 없을 것이다. 저작마다 다른 것은 표현 형식일 뿐이니, 예로 말하여 「단군론」이 그 사랑의 원위(原委)를 장황히 서술한 서사시(敍事詩)라 하면 『백팔번뇌』가 그 사랑의 발작(發作)을 단적으로 표백(表白)한 서정시(抒情詩)라 할 것이 다를 뿐이다. 기조는 고자(瞽者)도 알 만큼 일반이다. 그러하면 내 말과 같이 육당의 님의 이름이 '조선'이라 하면 육당을 허깨비와 씨름하는 장사와 같이 말할 사람이 없지 아니할 것이나 사랑은 그 길을 밟은 사람이라야 말할 자격이 있다 하니, 엄정하게 말하면 육당과 같은 경험을 가진 사람이라야 육당의 사랑을 비판하여 말할 수 있을 것이 아니랴. 또 사랑의 나라에는 사랑 그것을 사랑하는 사람도 있다 하니, 이로 보면 육당의 사랑은 훌륭한 구체적 대상이 아니랴. 그러나 『백팔번뇌』의 시조가 자연한 리듬의 높이 울려나옴은 적고 괴로운 생각의 깊이 파고듦이 많은 것은 육당의 천분(天分)에도 관계가 없지 않다 하려니와 대개 그 사랑의 대상이 명모호치(明眸皓齒)가 아닌 까닭인가 한다.

육당은 근년에 드문 시조작가이다. "개소리 쇠소리 하노매라." 작가들과 동일(同日)하여 말하지 못할 작가이다. 시조라는 조선 고유 시형을 다시 살리다시피 한 것이 말하자면 육당의 노력이다. 육당은 시조를 우리의 것이라 하여 매우 숭상하나 시형으로 보아서는 그다지 숭상할 가치가 있을 것이 아니다. 나는 이런 의미로 일본의 하이꾸(俳句)를 싫어하고, 일본의 와카(和歌)와 한시의 절구(絶句)와 및 파사(波斯 : 페르시아)의 루바이야트를 즐겨하지 아니하고, 우리의 시조를 숭상하지 아니한다. 일본의 하이꾸는 악착한 일종 시형으로 거의 대표라 할 만하니, 그 악착함이 도립(稻粒)으로 조각한 불상(佛像)과 흡사하다. 우리의 시조는 일본의 하이꾸에 비할 것이 아니나 그 악착한 정도는 구경 오십보 백보의 차라 숭상하는 육당이라도 나의 숭상하지 아니함을 무리하다고 말하지 아니할 것이다. 악착한 예술품이 작자와 감상자에게 각각 일종 특별한 흥미를 주는 것은 별개 문제라 악착한 형식을 취치 않는 나도 이것은 부인하지 아니한다. 시조형식이 악착하든지 아니하든지 악착함으로 흥미가 있든지 없든지 육당이 그의 님 '조선'에 대하여 사랑하는 정념(情念)을 표현함에는 다시 둘이 없는 좋은 형식이라 할 것이다.

근일 육당의 사람에 대하여 세간의 훼예(毁譽)가 불일(不一)하여 어느 때는 우상으로 여기어 숭배하려던 자가 어느 때는 해물(害物)로 여기어 배제하려고 한다. 그러나 육당은 우상도 아니고 해물도 아니고 사람이다. 장처 있는 동시에 단처가 있는 사람이다. 육당이 자기 개인에 대한 훼예는 유연(猶然)히 웃어버리지 못할 사람이 아니나 한번 그의 님 '조선'에 대하여 해를 끼치는 것이라 생각하면 수화(水火)를 헤아리지 아니하도록 정이 격하여 언동이 과한 지경에까지 미치고 뉘우치지도 아니한다. 이것은 육당이 그의 님 '조선'을 남달리 사랑하는 사람인 까닭이다. 사상가의 육당, 언론가의 육당, 문장가의 육당은 말하지 말고 학자의 육당도 이 사랑으로 말미암아 끝까지 냉정한 과학자적 태도를 유지하지 못함으로써 그 귀중한 연구에 폐해를 끼침이 없지 아니하다. 나의 말을 듣고서 『백팔번뇌』를 보면 아직 육당을 보지 못한 사람이라도 거의 육당의 진면목을 눈앞에 방불히 그려볼 수 있을 것이다.

1926년 11월 일

<『百八煩惱』, 東光社 1926. 12>

哭 丹 齋

　단재(丹齋)가 죽다니, 죽고 사는 것이 어떠한 큰일인데 기별도 미리 안 하고 슬그머니 죽는 법이 있는가. 죽지 못한다. 죽지 못한다. 나만 사람이라도 단재가 지기(知己)로 허(許)하고 사랑하는 터이니 죽지 못한다 말리면 죽을 리 만무하다. 그런데 죽다니 무슨 소린고. 세상 사람들이 다 죽었다고 떠들더라도 나는 죽지 않았거니 믿고 싶다. 만나볼 수 있는 곳에 있었어도 보지 못하고 지냈으니, 만나볼 수 없는 곳으로 가서 다시 보지 못하려니 생각하면 고만이나 신문의 보도와 수범(秀凡)의 통기(通寄)가 나에게는 다 부질없은 일이다. 단재와 나 사이에 서신 왕복도 끊긴 지가 오래지만 인제는 아주 영원히 끊기게 된 것이 전과 다를 뿐이다. 나에게 온 단재 서신이 적지 않을 터이나 모두 분실되고 지금 남아 있는 것이 서너 장에 불과한데 그중의 한 장은 지금부터 7년 전 내가 옥중(獄中)에 있을 때 온 것을 2년 후에 옥에서 나와서 본 것이다. 나에게 온 이 최후 서신을 다시 펴놓고 읽어보니 이러한 구절이 있다.

　제(弟)는 불원간 아마 10년 역소(役所)로 향하여 발정(發程)할 것입니다. 이 세상에서 다시 면목(面目)으로 상봉하게 될는지가 의문입니다.

　이금(而今)에 가장 애석(愛惜)하는 양개(兩個)의 복고(腹藁) 「대가야천국고(大加耶遷國考)」 「정인홍공약전(鄭仁弘公略傳)」이 있으나 이것들은 제와 한가지로 지중(地中)의 물(物)이 되고 말는지도 모르겠습니다.

　이것이 정녕(丁寧)한 유서(遺書)가 아니고 무엇인가. 이렇게 7년이나 전에 미리미리 기별하여 준 것을 보고도 이제 와서 비로소 죽지 못한다, 죽지 않았거니 믿고 싶다 말하는 내가 실성(失性)한 사람이 아닌가. 단재가 죽었다는데 나만 사람은 얼마든지 실성하여도 좋다. 그 서신에 또 이러한 구절도 있다.

　　형에게 "한마디 말을 올리라"고 이 붓이 뜹니다. 그러나 억지로 참습니다. 참자니 가슴이 아픕니다마는 말하련즉 뼈가 저립니다. 그래서 아픈 가슴을 들키어쥐고 운명(運命)의 정한 길로 갑니다.

　　영원히 가슴에 품고 간 '한마디 말'은 무슨 말일까. 이 말은 정녕코 나 개인에게보다도 우리들에게 부치고 싶은 말일 것이다. 나의 추측이 틀려도 틀리는 대중이 멀지 아니하리라. 서신이 영원히 끊기게 된 오늘날 심상(尋常)한 왕복이 분실된 것도 아깝거든, 우리들에게 공개하여 좋을 서신 여러 장이 분실된 것은 아깝다 어떻다 말할 수도 없다. 지금 나의 생각나는 것 중에 나더러 모사(某社)에서 퇴사(退社)하라고 권고하는 서신에는 우리의 처신을 가르친 말이 있었고, 자기가 신간회(新幹會) 발기인 됨을 허락하는 서신에는 우리에게 우도(友道)를 가르친 말이 있었다. 이러한 서신을 다시 누구에게서 받아볼까. 살아서 귀신이 되는 사람이 허다한데 단재는 살아서도 사람이고 죽어서도 사람이다. 이러한 사람이 한줌 재가 되다니, 신체는 재가 되더라도 심복(心腹)이야 철석(鐵石)과 같거든 재가 될 리 있을까. 그 기개(氣槪) 그 학식(學識)을 무슨 불이 태워서 재가 될까. 모두가 거짓말 같고 정말 같지 아니하다. 단재더러 말 한마디 물어보았으면 내 속이 시원하겠다. 간 곳이 멀지 않거든 나의 부르는 소리를 들으라, 단재! 단재!

<조선일보 1936. 2. 28>

沈熏 『常綠樹』 序

심훈(沈熏) 군은 나의 동생과 같은 친구라 얕잡아보는 눈은 전에 익었고, 욕심껏 바라는 맘은 앞을 죄므로, 그의 작품에 대하여 이때까지 한번도 탐탁하게 칭찬한 적이 없다. 남들이 칭찬하는 건 내가 받는 듯이나 기쁘되, 나는 칭찬하고 싶지 아니하니, 이것은 우리들의 정분이 여타(與他) 자별한 까닭이다. 심군이 전번 『영원(永遠)의 미소(微笑)』를 출판할 때, 나에게 서를 부탁하기에 나는 닫는 말에 채질하는 말꾼이 될지언정 입술 위에 전(廛) 벌리는 여리꾼은 되지 아니하리라 생각하고, 붓을 들기 시작하였으나, 그때 마침 가간사(家間事)로 심신이 분요(紛擾)하여 붓길이 잘 터지지 아니하므로, 하릴없이 초초(草草)히 붓을 놀리었더니 책이 출판된 뒤에 다시 본즉 소위 서(序)란 것이 당초에 글도 되지 않았거니와 글의 정분(情分)이 조금도 드러나지 아니하여 불쾌하기 짝이 없었다. 그러므로 『영원의 미소』 서에 실패한 것을, 이번 『상록수』 서로 보충하려고 맘을 먹고 여러 차례 붓을 들었다 놓았다 하며 생각을 굴리었다.

남들 같으면 『상록수』를 "장편소설의 고봉(高峰)이라." "농촌소설의 백미(白眉)라."고 항용 어투의 찬사나 진열(陳列)하겠지만, 이것은 우리의 정분이 허락치 아니한다. 이리저리 궁리하는 중에 문득 생각하니, 『상록수』가 신문지상에 발표될 때 작자의 말에 "소생은 일개의 문학청년으로 늙겠소이다."라고 한 말이 있었다. 심군이 현재 조선문단 기성작가 중에 결코 작은 존재가 아니건만, 자처하기를 문학청년으로 한다 하니, 이것이 자대(自大)하지 않는 겸사일까, 또는 조로(早老)하지 않는 자랑일까.

아니다. 아니다! 심군이 장진 대성(長進大成)할 것을 자기(自期)하고 발분 노력할 것을 공약한 말이다. 심군의 다방면인 작품 중, 소설로는 전번 『직녀성(織女星)』이, 그전 『영원의 미소』보다 진경(進境)이 있고, 이번 『상록수』가 전번 『직녀성』보다 현저한 진경이 있는 것만 보더라도, 대성하려는 노력의 자취를 넉넉히 알 수 있다. 그러나 이 앞으로 또 어떠한 새 진경이 있어서 괄목상대(刮目相對)하게 될 것인가. 나는 미리 궁금하고 초조하다. 초조하도록 궁금한 나머지에 나대로 곰곰 생각하여 본즉, 농촌 문제가 조선에 있어 현재 및 장래의 가장 큰 문제인데, 심군이 이미 이에 착수한 바엔 농민생활을 구차한 이상으로 꾸미지 말고, 엄정하게 현실대로 그리고, 겉으로 스치지 말고 속속들이 파서 농민들이 스스로 해결하지 못할 모순을 등에 지고 엎드러지며 고꾸라지는 현상을 가능한 대로 여실히 표현하면 그 작품이 조선문단의 귀중한 유업(遺業)으로 먼 장래에까지 전하게 될 것이 정한 일이다.

고인(古人)의 서로 면려(勉勵)하던 뜻을 본받아서, 심군을 위하여 생각한 것이, 되지 않은 생각이나마 혹시 만일이라도 심군에게 유조(有助)할까 하여, 서로 적으면서도 내가 한갓 나이만 일일지장(一日之長)이 있는 것을 못내 부끄러워한다.

1936년 7월

<『상록수』, 한성도서주식회사, 1936>

上海時代의 丹齋

　단재(丹齋)는 사학가(史學家)로 한학자(漢學者)로 신문기자로 또 무엇으로 무엇으로 다방면에 명성이 높은 사람이지만, 그가 후반생 30년 동안을 해외에 나가 지낸 까닭에 지금 역내(域內)에는 지구(知舊)가 그리 많지 못합니다. 나의 생각나는 대로 손꼽아 쳐보면 경부(耕夫) 신백우(申伯雨), 우창(于蒼) 신석우(申錫雨), 곡명(穀明) 변영만(卞榮晩), 춘강(春岡) 서세충(徐世忠), 호암(湖岩) 문일평(文一平), 위당(爲堂) 정인보(鄭寅普), 해광(海光) 최윤동(崔胤東), 월봉(月峰) 한기악(韓基岳), 심암(心庵) 박돈서(朴敦緒), 성우(成友) 홍증식(洪璔植). 이외에도 더러 있겠지만 언뜻 생각나지 않습니다.

　나는 24, 5년 전에 중국 상해에서 단재를 처음 만났습니다. 단재가 노령(露領) 해삼위(海蔘威)에서 고 이종호(李鍾浩) 씨의 경영하던 신문을 주재(主宰)하다가 이씨의 자금이 핍절(乏絶)되었던지 신문을 내지 못하게 되고 의식조차 어렵게 된 것을 고 신규식(申圭植) 씨(晲觀)가 듣고 굶든 먹든 와서 같이 지내자고 상해로 데려왔습니다. 이때 예관(晲觀)이 상해 조선인 중의 주인 격이었습니다. 상해에서 몇달 동안 단재와 상종하는 중에 그의 학식이 우월한 것도 알고 그의 문장이 서리(犀利)한 것도 알고 그의 일척(一隻) 사안(史眼)이 초군절륜(超群絶倫)한 것도 짐작하였으나 그의 인물은 잘 몰랐었습니다. 그뒤에 내가 남양군도에 가서 3년간 방랑하고 고토(故土)로 돌아오는 길에 상해를 거쳐 북경에 들리었다가 단재를 다시 만났습니다. 북경서 달포 동안 단재와 교유하는 중에 비로소 그의 인물을 잘 알았습니다. 단재가 의론(議論)에 억양(抑揚)하고 행동에 교계(較計)가 적으나 억양이 과한 데 정열이 있어 좋고 교계가 적은 데 속기가 없어 좋았습니다. 단재가 고집 세고 괴벽(怪癖)스럽다고 흉보듯 변보듯 말하는 사람도 없지 않았으나 단재의 인물을 잘 알면 고집이 맘에 거슬리지 않고 괴벽이 눈에 거칠지 않았을 것입니다.

단재 거처하던 방의 종이창인가 벽종이인가를 놀러오는 손들이 무심결에
기대다가 한두 번 미어뜨리었더니 단재가 그곳에 '좌차자견자(坐此者犬子)'라
고 써붙이었다고 말들 합디다. 내가 단재더러 이것을 이야기하며 둘이 같이
웃은 일도 있었고, 고 임남정(林嵐正) 씨가 맡아 기른 단재의 질녀를 출가시
키려고 할 때 단재는 북경서 기별을 듣고 임씨가 질녀를 매끽(賣喫)한다고
분노하여 노자를 변통하여 가지고 질녀를 데리러 들어갔는데 그 질녀가 임씨
의 이설(利說)을 청종(聽從)하고 삼촌의 엄명을 거역한 까닭에 단재는 질녀더
러 이제부터 너는 나의 질녀가 아니고 나는 너의 삼촌이 아니다. 골육(骨肉)
이라도 이렇게 끊어버린다 하고 손가락 한마디를 끊고 혼자 도로 나왔다고
말들 합디다. 내가 단재더러 이것을 물어보고 둘이 같이 탄식한 일도 있었습
니다.

　단재의 우거하던 석등암(石燈庵) 옆채 캉(炕) 위에 단둘이 붙어앉아서 간담
을 토로하고 고금을 의론하던 것이 마치 어제런 듯 생각나는데 근 20년 서로
만나지 못한 끝에 생리(生離)가 사별(死別)이 되었습니다. 내가 단재와 사귄 시
일은 짧으나 사귄 정의는 깊어서 나의 50반생에 중심으로 경앙(景仰)하는 친구
가 단재이었습니다.

<朝光 2권 3호, 1936. 4>

哭 湖 岩

호암(湖岩:文一平)이 세상을 떠났다. 우리의 좋은 친구 호암을 이제는 다시 보지 못하겠다. 슬프다. 아, 슬프다. 슬픔이 속에서 우러나와서 억제할 수 없구나. 우리는 좋은 친구를 여의어서 슬프지만 호암이야 요란한 세상을 떠나서 편안하려니, 답답한 세상을 떠나서 시원하려니 무엇이 슬프랴. 그러나 과연 편안한가, 과연 시원한가. 무당의 넋두리라도 한번 듣고 싶다. 아서라, 넋두리는 들어서 무엇하랴. 내 사설이나 늘어놓아서 억제할 수 없는 슬픔을 적이 눅여보리라.

호암은 나와 나이 동갑이요, 20전 친구다. 동경(東京)서 서로 만났고 상해(上海)서 같이 지냈고 서울 와서 모인 뒤 20년 동안 늘 상종하였다.

호암이 물정(物情)은 어두우나 내심은 상명하고 신경은 약하나 지조는 굳었었다. 사람이 영리하지도 못하고 명민하지도 못하나 독실(篤實)한 것은 제배(儕輩)간에 뛰어났었다. 영리하고 명민한 친구들은 거지반 퇴전(退轉)하거나 타락하는데 독실한 호암은 일생 꾸준히 향상 일로를 밟아왔었다. 그 고상한 인격은 말할 것 없고 그 심수(深邃)한 사학(史學)이며 그 아순(雅馴)한 문장이 다 독실한 데서 나온 것이다.

호암이 조도전대학(早稻田大學) 학생시절에 어떤 사람의 욕설 한마디로 말미암아서 학업을 폐하고 주야 독한 술로 신경을 마비시킨 결과 약한 신경이 더욱 약하여져서 하마 폐인으로 일생을 마칠 뻔한 일이 있었다. 내가 상해서 같이 지내는 동안 어느 날 호암의 하소연을 듣고 그 신경의 약함을 가엾게 여기고 그 맘의 깨끗함을 우러러보았었다. 호암은 도산검수(刀山劍樹)에 들어갈지라도 그 지조가 변치 아니할 것을 믿었었다. 망녕된 사람의 욕설 한마디에 호암의 일생이 비참하게 될 뻔한 것을 자세히 이야기하면 세상 사람에게 정문일침(頂門一針)이 될 만하나 지금 이야기하기 부질없어 고만두고 이 다음에 호암 전기(傳記) 저자에게나 잘 적으라고 부탁하려 한다.

호암 같은 좋은 친구가 이렇게 덧없이 세상을 떠날 줄 알았더면 1년 365일 매일 심방하여도 좋았을 것인데, 근년에 호암이 병으로 누울 때가 많고 나 역시 병치레하고 엎드려서 서로 만나는 것이 희활(稀闊)하였다. 만나는 것은 희활하여도 맘은 항상 든든하더니, 든든한 맘이 지금 졸지에 없어졌다. 호암이 아직 문안에서 살거니, 아니 더 널리 조선 안에서 살거니, 그런데 서로 만나지 못하거니 생각하면 맘이 다시 든든하여질 법도 하건만, 천리(千里)라도 쫓아가서 만나보고 싶을 때 든든할 수 없겠지. 지금 우선 만나보고 싶은데 만나볼 길이 없으니 어이하면 좋을까. 가만 있거라. 호암의 4대 화합한 육신(肉身)은 세상을 떠났을지라도 부모미생전(父母未生前) 본면목(本面目)이야 세상을 떠날 리 없겠지. 호암의 본면목이 평일 좋아하던 『삼국사기(三國史記)』나 『고려사(高麗史)』에 박혀 있을까. 죽은 문자 속에 없으면 평일 사랑하던 압록강 물에 잠겨 있거나 삼각산(三角山) 돌에 새겨 있을까. 나는 찾아보리라, 나는 찾아보리라.

<조선일보 1939. 4. 8>

湖岩의 遺著에 대하여

호암(湖岩)이 이 세상을 버린 뒤 어느덧 1년이 지났다. 이 1년 동안에 호암의 전집(全集) 3책과 사화집(史話集) 1책이 유저(遺著)로 출판되고 유저에 대한 세인의 찬양이 자자(藉藉)하였다. 호암은 조선사학자(朝鮮史學者)라 그 유저 중의 논문과 수필이 거반 다 조선사에 관계 있는 문자이나 학술적 논문은 적고 단편적 수필이 많으니, 이것은 호암의 저술이 대개 문필(文筆)로 호구(糊口)하는 동안 색책(塞責)하듯 쓴 것이요, 학자로 연구결과를 발표한 것이 아닌 까닭이다.

호암이 일찍이 학문에 뜻을 두고 그 뜻을 일생 꾸준히 버리지 않고 시간과 물질이 여유 곧 있으면 연구를 자자(孳孳)히 하였으니, 발표하여 좋을 복고(腹藁)가 많았으련만, 학자적 양심은 강하고 매명술(賣名術)은 졸(拙)하여 항상 연구의 철저치 못한 것만 한(恨)하고 조급한 발표는 우습게 여기다가 조선사 중 가장 연구 깊은 중세사와 최근세사의 풍부한 지식도 다 정리하여 발표하지 못하고 마침내 이 세상을 버리었다.

우리 연배 중에 조선사를 연구하는 사람이 수가 원래 많지도 못하였지만 그중의 바른 견지(見地)로 연구한 조선사를 저술할 만한 사람은 참으로 새벽하늘의 별보다 더 드물었다. 나의 본 바론 전에 천분(天分) 탁월한 무애(無涯 : 申采浩)가 있었고 후에 연구 독실한 호암이 있었다. 그런데 무애의 탁월한 것이 사학계(史學界)에 약간 문제를 제출하는 데 그치고 호암의 독실한 것이 문헌상의 약간 재료를 정리하는 데 그치었으니 이 어찌 통한(痛恨)할 일이 아니랴. 나는 무애 저서에 뿌리던 쓰라린 눈물을 또다시 호암 유저에 뿌리지 아니치 못하였다. 무애는 말할 나위도 없고 호암 역시 학구(學究)생활로 안온(安穩)한 일생을 보내게 되지 못한 것이 생각할수록 못내 통한한 일이다.

호암 저술에 색책(塞責)하듯 쓴 글이 많은 건 사실이로되 호암은 천성이 무슨 일이고 색책으로 건듯건듯 할 줄을 모르는 사람이라 비록 쓰기 즐기지 않는 글이라도 한번 쓰기 시작하면 자구(字句) 퇴고(推敲)에까지 전심력(全心力)을 다 들이었었다. 호암의 글을 세인은 대개 아순(雅醇)하다거나 간결하다고 평한다. 호암의 글이 금수(錦繡)와 같이 미려(靡麗)하지 못하고 춘화(春花)와 같이 번화하지 못하니, 아순하다, 간결하다 하는 것이 족히 적평(適評)이 됨직하다. 그러나 호암의 글의 놀라운 곳은 아순·간결한 것이 아니요, 글과 사람과 일치하여 그 사이에 틈이 없는 것이다.

손에 익은 글자를 늘어놓아서 글이라 하고 입에 발린 말을 옮겨적어서 글이라 하여 사람은 사람대로 글은 글대로 각각 다르고 심하면 사람과 글 사이가 천리 만리 되도록 서로 배치하는 예도 종종 있는데 호암의 글은 글자를 늘어놓거나 말을 옮겨적지 않고 사람을 그려낸 듯하여 그 글을 보면 마치 그 사람을 대한 것과 같다. 그러므로 호암의 유저는 곧 유상(遺像)과 다름이 없다. 호암의 글을 많이 보고 익히 아는 나로서 그 유저를 볼 때에 새삼스럽게 놀라움을 깨달았다.

당(唐) 시인의 시에 "천추만세명(千秋萬歲名) 적막신후사(寂寞身後事)"란 구가 있다. 그렇다. 이 세상의 이름이 저 세상에 무슨 일이 있으랴. 구주(歐洲) 문인의 공상이나 이 세상의 기억이 저 세상의 수면(睡眠)을 깨운다니, 이 세상에서 떠드는 이름이 저 세상의 고이 든 잠이나 깨울 거리가 될까, 무슨 일이 있으랴. 적막이란 것이 이 세상에서 보는 바로 가장 잘 형용한 말이다. 호암이 조선사학계에 위대한 공적을 끼쳐서 이름이 천추 만세에 떨치게 되었더라도 저 세상에서 알음이 있으면 적막을 느끼려니, 하물며 기념적 출판에 대한 일시적 찬양이야 더 말할 것이 있으랴.

호암의 주년기(週年忌)에 추사도석(追思悼惜)하는 사람의 회합이 당연히 있을 것인데 없어서 추도하는 정을 속에만 품고 있게 되었던 차에 본보 학예부에서 추도하는 글 한 편을 써보내라 하기에 처음에 나는 앉은 자리에서 백 편이라도 쓸 듯이 바로 붓을 잡았었다. 그러나 백 가지 감회가 머릿속에서만 소용돌고 붓끝에는 한줄 글도 써지지 아니하여 잡았던 붓을 하릴없이 다시 놓았다. 호암에 대한 여러 가지 기억으로 한 편 읽어보기도 하고 또 나의 답답한 회포를 호암에게 하소하듯 한 편 읽어보기도 하였으나 다 마음에 차지 아니하여 나중에 와서 호암 유저에 대한 감상(感想)을 솔직이 써서 내 속에 품은 정이 남달리 깊은 것을 보이려고 마음을 먹었다. 그러나 글이 마음 먹은 대로 수월히 되지 아니하여 초고를 내었다 찢었다 하는 중에 호암의 기일(忌日)이 지나갔다. 내가 망우(亡友)에 대한 정성이 부족하여 짧은 글에 많은 일자를 허비하였다고 학예부 여러 친구는 말말고, 우선 호암의 영윤(令胤)이 책망하면 나는 발명할 말이 없다. 이만 글 한 편이나마 내가 쓰려고 시종 정성들인 것을 호암은 다 알리라. 호암이 과연 아는지 모르는지 알 길 없으나 나 스스로 그렇게 믿을 따름이다.

<조선일보 1940. 4. 16>

祝 萬海兄 六十一壽

황하(黃河)의 흐린 강물 날로 도도하여
천년을 기다려도 한번 맑기 어렵구나
어찌 홀로 마니주(摩尼珠)로 수원(水源)을 비출 뿐이랴[1]
격류 중의 지주(砥柱)[2]처럼 우뚝 솟았어라

黃河濁水日滔滔,　千載俟淸難一遭.
豈獨摩尼源可照,　中流砥柱屹然高.

<1939>

---

1) 범어(梵語)로 보주(寶珠) 즉 염주를 마니주라 한다. 두보(杜甫)가 승려 여구(閭邱)에게 지어준 시에 "오직 마니주가 있어/ 흐린 강물의 근원을 밝힐 만하네(惟有摩尼珠, 可照濁水源.)"라는 시구가 있다.
2) 지주는 황하 중류에 있는 산인데, 격류 한가운데에 기둥처럼 우뚝 솟았다고 하여 그와 같이 명명되었다. 중임을 맡아 위국(危局)을 지탱하는 사람이나 그 역량을 가리켜 지주중류(砥柱中流)라 한다.

洪起文『조선문법연구』序

　　나와 기문(起文)은 나이 15, 6세밖에 틀리지 않는 망발로 형제와 같은 부자(父子)다. 기문이 난 때 선고(先考) 하서(下書) 첫머리에 "차왈무지(借曰無知) 역기포자(亦旣抱子)"란 구절이 있던 것을 지금도 기억한다. 내가 경술합방(庚戌合邦) 후 부상(父喪) 3년을 겨우 마치고 중국에 나갈 때 기문은 불과 10세 소아로 아직 방향이 없었고 내가 6, 7년간 표랑생활을 하다가 다시 고국에 돌아왔을 때 기문은 이미 성관(成冠)하여 어른이 되고 역사(歷史)·수학(數學)·어학(語學) 등 신학문을 자자(孜孜)히 독학하였었다. 그중에 우리 국어에 특별 관심을 가지는 듯 그동안 연구한 국문법(國文法)이라고 양지쪽 공책에 가득 적은 것을 나에게 갖다 보이는데 나는 이때나 그때나 국문법에 대하여 별반 지식이 없는 까닭에 그 연구방법의 옳고 그른 것을 비판하여 지도하진 못하고 다만 아들이 학문길에 더욱이 우리 국어연구에 뜻 두는 것만 마음에 대견히 여길 뿐이었었다. 이것도 벌써 30년 전 일이다.

　　지금 기문의 나이는 50줄에 들었고 국문법에는 일가견이 서서 학자 귀한 우리 학계에 저대로 존재를 주장할 만한 모양이다. 향일(向日)에 출판한 『정음발달사(正音發達史)』는 확실히 가치 있는 저술로 알건만 수제(手製) 공책에 적은 『국문법연구』를 볼 때와 같이 대견한 마음이 나지 않고 아깝게 여기는 생각이 간절하였다. 그건 다름이 아니라 기문이 20세 후에도 세고(世故)와 가루(家累)에 부대끼고 쪼들리지 않고 20세 전과 같이 학문길에 온전히 정력을 경주하였던들 그 성취가 오늘 보는 바에 그치지 아니하였을 것이 분명한 까닭이다.

　　그러나 내가 들으니 영국인 에드먼드 고쓰는 호머의 2대 서사시(敍事詩)를 번역하려고 70노인이 희랍어를 배우기 시작하여 마침내 명역(名譯)을 뒤에 남겼다고 한다. 구미인 특히 영국인에 이런 일이 많은 듯 브라이쓰 경이 80

여세 고령에 『근대민주정치(近代民主政治)』란 대저를 저술한 것도 역시 동일한
예다. 우리도 앞으로 영국인을 배워서 과거의 조로증을 근치하여야 할 터이니,
그러면 나도 분발할 여일(餘日)이 아직 많거니 하물며 기문이랴. 나는 기문의
내두(來頭)에 대하여 더 기대하는 마음이 또한 간절하다. 기문의 『국문법』이 발
간된단 말을 듣고 아비의 직책을 다 못한 자책하는 마음과 아들의 천분(天分)
을 높이 값치는 우자(愚者)의 마음으로 이 글을 적어서 서(序)로 준다.

해방 후 2년 정해 2월 일

<『조선문법연구』, 서울신문사, 1947>

哭 夢 陽

길고 짧음 재면서 서로 낫네 다투지만
풀숲에 솟은 나무처럼 그대는 우뚝했어라
얼굴은 가슴에서 우러난 봄바람 띠었고
웅변은 혀끝에서 강물이 쏟아지는 듯했지

명성은 우레같이 3천리를 흔들었으되
세상살이는 물거품처럼 떠돈 육십 년이라
이런 분을 마침내 어쩌자고 죽인단 말고
애닯도다 좌익 우익 다투다가 함께 망하는 꼴1)

較長差短互爭先,　如木出林君卓然.
面帶春風胸次起,　辯傾河水舌端懸.
名聲雷振三千里,　世路漚浮六十年.
戕賊斯人竟何事,　可哀蠻觸兩難全.

<서울신문, 1947. 8. 5>

---

1) 만씨(蠻氏)는 달팽이의 오른쪽 뿔에 자리잡고 있는 소국(小國)이고 촉씨(觸氏)는 그
　 왼쪽 뿔에 자리잡고 있는 소국인데, 서로 영토를 다투다가 수만 명이 죽었다는 고사
　 가 『장자(莊子)』에 있다.

제3장 문학론·수필·시·번역

사 랑

이 산문시는 파란(波蘭) 문사 안드레이 니에모예프스키 씨가 고국산하를 바라보고 강개한 회포를 이기지 못하여 지은 것이다.

연전에 일인 장곡천 이엽정(長谷川二葉亭) 씨가 파란(波蘭:폴란드) 사람 빌스스키 씨의 부탁을 받아 일본 지사(志士)에게 소개코자 번역한 것이다.

장곡천 씨의 연숙(鍊熟)한 붓으로도 원문의 묘한 맛을 다 전치 못하여 마음에 맞지 못하므로 미정고(未定稿)로 발표한 것이다. 나는 이것을 애독한 지 수년이 되었으나 지금도 읽으면 심장이 잦은 마치질하듯 뛰노는 것은 더하면 더하지 덜하지는 아니하니 무슨 일인지?

제군 중에 이 산문시를(大意라도) 나의 중역(重譯)에서 얻어 아시는 분이 계시면 나의 뜻을 달하였다 하리라.

깊이 고요한 언제든지 잊지 못할 저른 노래같이 어린 때는 지나갔네. 지금 와서 그 곡조를 잡으려 하여도 잡을 길이 바이 없네. 다만 근심 많은 이 생애 한모룽이에서 때때로 그 곡조가 그쳤다 났다 할 뿐일세. 이것을 듣고 정에 못 이겨 소리지르기를 몇번 하였느뇨? 어린 때야말로 나와 행복이 한몸이 되었었네. 내가 몸이면 행복은 그 몸 살리는 혼백이었에라.

그 어린 때가 지나가서 이 내 몸을 비추던 봄날빛이 사라지고 이 내 속에 감추었던 행복은 빼앗겼네. 다른 사람 사이에서 다른 사람으로 자라나는 이 내 몸은 여기저기 있는 소년들이 생기가 팔팔 나서 자유천지에 희희낙락히 지내는 것을 보더라도 낯에 나타내는 것은 다만 경멸 두 자, "나는 저 놈들과 달라." 아아, 이러한 말로 제가 저를 위로하였네.

얼른 하여 청년 되어 사람들이 나쌀 먹어 겨우 알 만한 일을 거지반 다 알았으나, 배 주리고 헐벗는 일, 한푼 없이 가난한 일, 창자를 끊는 듯한 고생, 몸을 버려 의(義)를 이룰 마음, 또 창피한 곤욕을 참는 불쌍한 일들 — 다 알지 않으면 좋을 일 뿐이었네. 청춘의 피는 바귀 같나, 이 세상의 고락이 나뉘는 자취를 보고 부질없이 마음을 요동하기도 하였으나 나는 한 소리에 이 약한 마음을 물리치고 한줄 곧은 길로 나서서 동지 여러 사람과 같이 즐겨 세상의 웃음바탕이 되었네.

좀도적놈처럼 발자취 소리없이 몰래 와서 사람에게 달려드는 것은 나이라는 것이라 어느 틈에 나도 중년이 되었네. 중년의 노성(老成)한 마음이 되어서는 제가 제 지식이 천박하던 일을 웃고 내가 내 낯에 침 뱉어 이 몸을 백 가지 천 가지나 되는 의무란 멍에에다 매어버렸네. 이렇게 되어서는 무슨 일이든지 결정되어 의심할 여지가 없어지고 그 대신 앞길에 희망 없고 닳고닳은 이 내 마음 냉담할 때 한껏 냉담치도 못하고 열중할 때 한껏 열중치도 못하네. 기억은 찬 재 되고 과거를 생각하는 마음조차 없어지고 다만 당장 천근 같은 짐을 두 어깨에 짊어져서 뼈가 휘려 할 뿐이나 무엇인지 귀에 와서 지껄이는 말이 "너는 장정이다 참아라." 하는구나. 아아 이것이 나를 장려하는 소리냐? 나를 조소하는 소리냐?

잠 아니 오는 하룻밤을 꼭 새우고 오늘 식전에는 신기가 좋지 못하구나. 거울 보고 머리에 빗질하니 빗살에 감긴 흰털 —— 아아 벌써, 백발이 나, 아직 한참때에 —— 지금부터 이래서는 늙고보면 어찌 될까? 누구 위하여 이러한 고생? 조급한 마음에 몸을 조조(燥燥)히 굴며 얻은 것이 이 젊은 몸에 이 흰털이로구나. 왜 왜 이리도 바삐 노인이 되려느냐?

눈을 들어 동산 보고 들을 바라보면 아아, 다, 그러나 이것 때문이라고 나는 이것이 사랑스러워 못 견디겠네. 그리하고 본즉 오래오래 잊어버린 것같이 되었던 옛날 곡조 —— 생각나고 잊지 못할 춘풍(春風) 같은 행복이 가득히 찬 곡조가 가늘게 마음속에 들리는구나.

이 소리야말로 가버린 몇십년 전 어린 때의 도로 울리는 소리로구나.

그러나 어린 때에는 이같이 국토를 사랑치 아니하였네 무슨 연고?

지금 사랑스러운 것은 어렸을 적 그것과는 다르다. 지금 것은 행복 소리가 아니다. 말아도 마지 못할 운명으로, 마음이 화석(化石)같이 되지 아니한 사람이면 누구든지 지르지 않고 못 배겨 지르는 소리라. 만일에 사랑스럽다는 이 소리가 곧 사형선고가 되어 머리가 몸에서 내려져서 혼백이 영(永) 떠나간대도 누가 이 소리를 아니 지르랴?

<少年 1910. 8 >

신흥문예의 운동

1

근년에 이르러서 '신흥문예'라는 명제를 빈빈(頻頻)히 듣게 되었다. 그리고 문단에는 이 새로운 명제에 합당하는——작품까지는 갖지 못하였으나——적어도 한개의 새로운 기운이 움직이게 되었다. 그리하여 지금 그 신흥 기운은 구체적으로 문단에 있어서, 조직적인 운동을 일으키고자 하는 경향이 농후한 것을 부정치 못하는 것이 사실이다. 그러면 재래의 문예에 대하여 일어난 이른바 신흥문예라는 것은 어떠한 내용을 가진 것을 가리켜 말하는 것인가.

문예사상(文藝史上)에 있어서 고대의 궁정문학(宮廷文學)이, 또는 종교문학이, 문예부흥으로 인하여 쇠멸하고 새로이 개인주의적 문학이 그와 대체되었을 때, 그것을 가리켜 신흥문예라고 이름하였던 것을 우리들은 알고 있다. 알고 있을 뿐만이 아니라 그것을 신흥문예라고 이름한 것은 지당하다고까지 생각하고 있다. 문예상에 있어서 이 사실(史實)을 지금 조금 더 부연하여 말할 것 같으면, 고대의 문학적 온갖 작품은 거개 일국의 왕족이 아니면, 비실재적의 신——즉 신화한 인격을 제재로 한 작품에 불외(不外)하였다. 그러나 개인정신의 폭발인 근 100년에 궁한 문예부흥의 기운이, 이 궁정문학 또는 종교문학을 파쇄하였다 할 것이다. 문예작품 중에 일개의 농부를 혹은 일개의 상인을 제재로 한 창작이 나타나기는 실로 근대의 자연주의문학이 발흥(勃興)한 이후의 사실이니, 이러한 의미에 있어서 근대의 자연주의문학은 중세기의 종교문학에 대하여 한개의 신흥문학이었던 것이다.

그러나 자연주의의 문학은, 비참한 생활 속에서 신음하는 농부를 그린다 하여도, 그것은 다만 비참한 상태 그 물건을 그림에 더 지나지 못하였고 조금 나아가서 거기에서 작자의 태도를 본다 하여도 그것은 그 비참한 상태에 향한 연민, 혹은 동정에 더 지나지 못하며, 극도의 압제하에서 불합리한 제도하에서 횡포한 착취를 당하는 계급을 그린다 하여도 그 계급에 대한 동정——우월감으로 더불어 오는 동정에서 더 지나지 못하는 것이 사실이었다. 이것을 개칭(概稱)하여 유산계급문학이라 한다. 오늘에 있어서 유산계급문학이 세계문단의 주인 격으로 있는 이상에 새로이 일어나게 된 신흥문예라는 것은 실로 이 유산계급문학에 대항하여 일어난 문예가 아니면 안 될 것이다. 그리고 이것은 문예상의 단 한개의 견지를 가지고서 말함에 불과한 것이다.

2

태고에 있어서, 우리들이 상상할 수 없는 태고에 있어서도 어떤 지대의 종족들에게 예술이라는 것이 있었다는 것은 메타피지크의 가정이 아니라 유적(遺蹟)으로써 증명할 수 있는 것이니, 그 시대 그 종족들이 가졌던 예술은 직접 그들의 생활이었던 것을 우리는 알 수 있다. 한조각 도기의 파편에 남아 있는 도안 혹은 모양이 직접 그들의 생활 그것이었으며, 가장 원시적인 악기(樂器) 파편이라도 그들에게 있어서는 생활과 분리할 수 없는 생활의 필요품이었던 것이니, 즉 그들은 생활을 위하여 초목(草木)·조수(鳥獸)의 모양을 그리고 생활의 환희를 배가하기 위하여 춤을 추고 악기를 울리었던 것이다. 예술의 기원이 실용본능에 인하였던지 유희본능에 인하였던지 그것은 오히려 논의상의 중심점이 아니고 다만 그 양자를 공인하고서 얻은 결론, 즉 원시예술은 그 기원은 나변(那邊)에 있든간에 생활에서 떠나지 아니하였었다는 것만이 이 소론의 출발점인 것이다.

그러나 생활에서 떠나지 아니하였던 원시예술은 예술 자체의 발전에 짝하여 생활에서 분리되어가지고 따로 독립하여버리었으니 이것이 이른바 예술을 위하여 예술 그 물건이다. 생활이라 함은 실재를 가리켜 말함이요, 비실재적의 몽환경(夢幻境)을 가리켜 말함이 아니니, 종교에 있어서 신과 같음은 전설 속에 있는 히로인과 다름이 없다. 그리하여 실재를 떠난 생활이 없고 생활을 떠난 인생이 없으며, 인생을 떠난 예술이라는 것은 존재할 이유가 없는 것이다. 그것은 실재를 떠난 예술이라는 것이 있을 수가 없는 까닭이다. 예술을 위한 예술이라 함은 일개의 패러독스에 불과하다.

금일의 문학의 대부분은 왕고(往古)의 그것과 같은 생활에서 떨어내어서 놓고 볼 수 없는 그러한 것이 못 되었다. 이미 금일의 문학은 생활을 배반한 지 오래다. 시험삼아서, 일개의 창작가의 창작과 그의 생활과를 비교하여보라. 우리들은 그의 생활과 문학과의 사이에서 하등의 일치점을 발견하지 못히는 것이 사실이다.

이러한 의미에서 새로이 일어나게 된 신흥문예 그것은 이 생활에서 분리된 문학에 대항하여 서게 되는 생활과 디렉트한 관계를 가진 문학이어야만 할 것이다. 생활을 떠난 문예는 생활의 문예는 아닌 까닭이며 그리고 인생은 실재하는 생활의 권외에 있는 것이 아닌 까닭이다. 이것도 역시 한개 견지이다.

3

문학은 어느 때든지 그 시대의 시대사조를 중심으로 하고서 형성되는 것이 사실이니 문예를 가지고서 시대의 반향이라고 말하는 연고가 이곳에 있다. 그리하여 이것은 석기시대의 신화문학(神話文學)에서 보는 것도 좋겠으며, 중세기대의 종교문학에서 보는 것도 좋겠으며, 그리고 또한 산업혁명 이후로 금일까지의 자본주의사회의 문학에서 그 실증을 찾아보는 것도 좋겠다.

석기시대의 인민들은 태양을 숭배하였으며 심하면 사갈(蛇蝎)까지도 숭배하였었다. 그 시대의 인민의 사상이라고 이름지을 만한 모체인 감정 그것은 신화 속에 궤배(跪拜)하였었으니 그 시대의 문예가 그것을 핵심으로 하고서 탄생되었던 것이며, 중세기대의 인민이 헤브라이즘에 갇히어서 법왕의 위광(威光) 아래에 굴복하였을 때에 그들의 감정 내지 사상이 종교적 아닌 것이 없었으니 그 시대의 문예가 그것을 핵심으로 하고서 출발되었던 것이 사실이다. 그리하여 산업혁명을 받은 후 세계가 자본주의 문명의 도가니 속에 들게 되자 그곳에 처한 인민의 사상이 기계문명의 구가요, 매모니즘이요, 부르조아 예찬이었으니 이 시대의 문예가 이것을 중심사상으로 하고서 생산된 것이 사실이다.

그러나 한개의 중심사상이 영겁(永劫) 무궁하게 그 위치를 보지(保持)하리라고 누가 감히 보증하겠는가. 세계를 들어서 새로운 계급의 발흥은 바야흐로 대홍수를 일으키게 되었으니 금일의 시대사조는 사회변혁, 계급타파, 대항, 해방 등의 사상이니, 이 시대의 문예가 이것을 중심사상으로 하고서 새로이 출발할 것은 당연한 일이다. 사회변혁, 계급타파의 사상은 한입으로 말하면 경제사상의 발현이니 이것을 중심사상으로 한 문예가 맑스·엥겔스로부터 계통받은 사회주의 경제사상을 다분히 가질 것은 물론이다. 그리고 이것은 구계급보다도 신흥계급에서만 볼 수 있는 현상이라 함이 옳겠다.

4

좋다! 그러면 이른바 신흥문학은 유산계급문학에 대항한 문학일 것이며, 생활을 떠난 문예에 대항한 생활의 문학일 것이며, 구계급에 대항한 신흥계급의 사회변혁의 문학일 것이다. 그러면 프롤레타리아문예는 즉 신흥문예의 별명이 아닌가.

그리하여 지금 이 신흥문예는 조선의 문예계에 있어서 새로운 기운을 진작하고 있다. 그리고 역사적 필연을 가진 신흥계급이 계급전에 있어서 반드시 이길 것이나 마찬가지로 문단세력에 있어서도 신흥문예가 그 주조(主潮)를 잡을 것은 멀지 않은 장래일 것이라 한다. 그리하여 이 신흥문예운동이 구체적으로 문단의 위에 현현(顯現)할 때 거기에는 온갖 종류의 장애와 압박이 있을 것은 각오해야만 한다. 그리고 더구나 그것이 절대적으로 모방적·퇴폐적이어서는 안 될 것도 물론이다. 창작으로, 논전으로 부딪는 곳에 불똥이 일게 되지 않으면 안 될 것이다. 그리고 한개의 공통되는 의미에 있어서 그것이 프롤레타리아 제1선 운동과도 악수할 성질의 것임을 기억하여야 할 것이라 한다.

조선의 신흥문예운동은 과연 어떻게 될 것인가. 나는 지금 그 전도에 대하여서 이 이상의 말을 하지 않고자 하는 바이다.

12월 10일

<문예운동 창간호, 1926. 1>

『신소설』 창간사

　지구는 움직인다. 완고한 승려가 지동설(地動說)을 반항한다고 움직이던 지구가 정지할 리 없었다. 세상은 변한다. 영구 진리를 세우려던 역대 철학자들의 노력은 오히려 그 자신의 역사로써 그것을 거부하고 말았다. 물체의 속성을 한갓 연장으로 보지 말라! 공간을 떠나 물체를 생각지 못하는 것과 같이 시간을 떠나 물체를 생각지 못할 것이다. 로마시의 옛 성벽을 바라보며 어찌 황금 로마의 왕사(往事)만을 추억하랴? 넘어가는 저녁해 아래 청년 남녀의 뜨거운 애정인들 벌써 죽은 자취가 아니랴? 예수의 천상 제국도 그와 다름이 없이 이야기의 하나이다. 나폴레옹의 지상 제국만이 옛이야기가 아니다. 아니 테니슨의 무덤도 피트의 무덤과 같이 풀빛이 푸르를 것이다.

　예술의 상아탑은 깨진 지 오래다. 지금의 예술은 의복이나 음식의 원료와 함께 시장의 가격을 따라 매매되는 것이다. 만일 시장에 나온 한 상품이라면 수요·공급의 법칙을 아니 받지 못한다. 그러므로 항상 수요와 동요를 따라 공급자의 명예와 지위가 흔들리지 아니치 못한다. 포우프에 대한 당시인의 수요가 너무나 적은 것을 한탄하던 바이런이 한 세기가 못 지나서 자기가 다시 포우프의 길을 밟을 줄 설마 뜻하였으랴?

　오직 포우프와 바이런뿐이 아니다. 모든 예술가는 시대적 수요에 살고 시대적 수요에 죽는다.

　더구나 우리 사회는 분열의 사회요 원만한 사회가 아니며, 모순의 사회요 통일한 사회가 아니다. 이러한 사회에서 나오는 예술은 이러한 사회의 특질을 포함치 아니치 못한다. 묻노라! 누가 말하기를, 예술은 사회적 모순을 초월한다고 하더냐? 『거북전』은 봉건적 충의(忠義)를 장려하고 『춘향전(春香傳)』은 동양적 정렬(貞烈)을 고조하였다. 미미한 조선의 소설가도 양반계급의 이익을 대변하기 위하여 성심(誠心)만은 충분하였다. 막연히 사회적 모순을 엄폐하고 사회적 모순을 한각(閑却)하느니보다는 차라리 내 견지를 명백(明白)함이 대담치 않을까? 예술가도 한개의 사람이다. 사람의 사회를 벗어난 신이 아니요 또는 짐승이 아니다.

조선에도 근년에 이르러 시인이 나고 문인이 나고 소설가가 났다. 그중에는 상당한 수재도 없지 않다. 그러나 조선 사람도 예술을 수요하느냐? 예술을 수요한다면 어떠한 예술을 수요하느냐? 우리는 이 두 가지 문제를 먼저 생각지 아니할 수 없다. 왜 그러냐 하면 우리는 영구와 초월을 이해치 못한다. 오직 현하의 조선을 대상으로 예술을 표현하는 까닭이다. 조그만 집착과 오만을 버리라! 그리고 냉정히 세계 대세 아래 조선의 앞길을 전망하라! 지금의 조선 사람은 예술을 수요한다 하더라도 이백(李白)·두보(杜甫)가 아니요 한유(韓愈)·유종원(柳宗元)이 아닌 것같이 셰익스피어도 아니요 괴테도 아니요 또는 센케비치도 아니다.

그러나 사람은 예술가로서기보다 먼저 사람으로서 분한 일이 있으면 먼저 분하고 다음에 시가 나오며, 슬프고 아프고 독이 날 때도 다 마찬가지다. 투르게네프의 말에 극도의 자극에는 예술이 없다고 한다. 그것도 역시 예술가로의 자격이 사람의 자격보다 뒤떨어지는 것을 증명하는 것이다. 사람이 분이 나나 독이 나나 한갓 시로의 표현을 만족한다면 그것은 시인이 아니다. 정신병자다. 우리는 예술로 살기보다 사람으로 살아야 하겠다. 우리는 어디까지 우리의 생활을 본위로 예술을 창조하여야 하겠다. 아니 예술은 구경(究竟) 우리 생활의 한 도구다. 우리는 그 도구를 가지고 우리의 진영(陣營)을 개척하자.

<신소설 창간호, 1929. 12>

大톨스토이의 인물과 작품

1

러시아 작가로 세계에 알려진 백작 톨스토이가 하나가 아니다. 레프 니콜라에비치 톨스토이보다 전에 알렉세이 콘스탄치노비치 톨스토이가 있었고 후에 알렉세이 니콜라에비치 톨스토이가 있다. 레프를 전후의 알렉세이와 혼동할 사람은 없겠지만 구별하는 것이 더 좋을 것 같아서 세계적 대예술가·대종교가라는 '대'자를 레프에 붙이어 대톨스토이라고 한다.

대톨스토이가 80여세 늙은 노인으로 집을 버리고 도망하여 어느 수도원(修道院)에 있는 누이 마리아를 마지막 보려고 가는 길에 갑자기 병이 나서 아스타포보란 조그만 촌 정거장에 눕게 되었다. 이 소식이 세상에 알려지자 구호하러 오는 사람에 문병하러 오는 사람에 통신자료 얻으러 오는 사람에 러시아 사람과 다른 나라 사람이 물밀듯 들이밀려서 아스타포보 정거장의 복잡한 것이 공전절후(空前絶後)하다고 하였다. 전화·전신선을 새로 더 가설하였다는 한 일만 미루어서도 그 복잡한 광경을 대개 상상할 수가 있었다. 대톨스토이는 역장실에 누워서 "이 세상에는 구원의 손이 뻗치기를 기다리는 사람이 허다한데 왜 이렇게 많이 내 옆에들 와서 있느냐?"는 말을 최후로 남기고 마침내 이 세상을 떠났다고 각국 신문에서 호외로 부음(訃音)을 전하였다. 동경 각 신문 지면에 두옹(杜翁)이란 대소 활자가 연일 나열되던 것이 생각하면 어제 일만 같은데 그동안 벌써 25년 세월이 흘러갔구나.

25년 동안에 이 세상은 많이 변하였다. 온 세상이 다 변하는 중에 러시아는 특별히 사회와 국가가 근본으로부터 변하여서 모든 사물이 새 테이블 위에서 새 평가를 받게 된 까닭에 가치가 전도(顚倒)된 것이 많다. 예를 들어 말하면, 전에 특대받던 종교가들이 지금 멸시를 받게 되었고, 전에 러시아의 자랑이던 세계적 작가들이 반동자(反動者) 낙인을 받고 러시아에서 쫓겨나서 지금 생사 존몰(存沒)을 모르게 된 사람이 여럿이다. 그런데 대톨스토이는 새 평가에도 위대한 것을 잃지 않아서 야스나야 폴라나 주택이 러시아의 국보로 편입되었다 하고 미망인 소피아가 소비에트 정부에서 연금을 받았다고 한다. 레프 톨스토이가 이렇게 위대하던가. 그 위대한 것을 다시금 생각할 때도 없지 아니하다. 대톨스토이 생시에 그 저서와 각국 번역과 그에 관한 출판물이 넉넉히 작은 도서관이 될 만하다 하였고 그의 원고의 귀한 것이 4절 16면 1매에 요금이 보통 1천 2, 300루블리였고 아메리카합중국 어느 신문에서는 1어(語) 5전으로 요금을 계산하기까지 하였다. 이러한 원고 요금은 당(唐)나라 황보식(皇甫湜)이란 사람이 배도(裴度)의 대작(代作)으로 어느 절 비문(碑文) 하나를 짓고 글자 한 자에 비단 한 필씩 청구하여 받은 예외 일을 젖혀놓고는 세계에 다시 없는 일일 것이다. 지금 소비에트 러시아문단의 지도자인 막심 고리키가 제정시대 당국자에게 체포를 당하였을 때 이탈리아에서 외교 문제를 삼았었는데 그때 말들이 고리키니까 일이 더 크지 않았지 만일 레프 톨스토이를 체포하면 이탈리아 외의 다른 나라들이 외교 문제를 일으킬 것은 고사하고 러시아 국내에 반란이 나리라고 하였었다. 레프 톨스토이의 위대한 것을 말하자 하여도 가지가지 많겠지만 생각나는 대로 이만 하고 그치겠다.

2

"톨스토이 일생을 통하여 그의 심적생활에는 2개 독립한 조류가 흘렀었다. 그것은 날카로운 관조력(觀照力)과 및 명상력(瞑想力)이다. 그가 한번 눈을 뜨면 자연이나 인생이나 생(生)이나 사(死)나 조금도 흐린 구석 없이 그 투철한 리얼리즘 앞에 드러나고, 한번 그가 눈을 감기만 하면 천백 개 꿈이 일시에 떠올랐다. 요컨대 그의 심중에는 2개의 인격이 평행으로 존재하였다. 두 인격이 서로 범(犯)치 않고 완전히 발달하여 갈 수 있도록 그의 성격은 위대하였다."

이것은 로맹 롤랑의 말이라 한다. 톨스토이 심중에 2개 인격이 있는 것을 간파한 것은 투철한 안식(眼識)이나 2개 인격이 평행으로 존재하여 서로 범치 않고 완전히 발달하였다고 논단한 것은 논법이 모호한 것 같다. 톨스토이가 50 이후에는 예술가란 칭호부터 듣기 싫어하고 창작도 전과 같이 힘쓰지 아니하였다. 노년까지도 별로 감쇠하지 아니한 그의 예술적 천품으로 만일 창작에 전심하였더면 『전쟁과 평화』나 『안나 카레니나』에 등대갈 만한 대작이 더 나왔을지 모를 것인데 『부활(復活)』 이외에 큰 작품이 나오지 못한 것은 종교가적 인격이 예술가적 인격을 압도한 까닭이 아닐까. 그러면 종교가로는 대성이 되었는가. 톨스토이가 예수교를 신앙하되 동정녀(童貞女) 수태(受胎), 기적, 부활, 승천 같은 것을 모두 상식으로 해석하고 사후의 영혼도 믿지 아니하였다. 종교 신앙에도 취사선택하는 버릇을 가지게 된 것은 예술가적 인격이 종교가적 인격을 견제한 까닭이 아닐까. 톨스토이가 세계의 대문호인 동시에 19세기의 예언자라고 하니 2개 인격이 완전히 발달되었다고 말할 수 있을 듯하나 그렇다고 2개 인격이 서로 범치 않았다고는 말하기가 어려울 줄 안다.

톨스토이는 탁월한 예술적 천품과 예민한 종교적 양심을 함께 타고난 인물인데 그의 전반생은 천품이 예술가로 내몰았고 후반생은 양심이 종교가를 만들었다. 각성기(覺醒期)라고 하는 52세를 전후반생의 분기점으로 볼 수 있다. 그러나 실상은 예술가적 인격과 종교가적 인격이 톨스토이 일생을 통하여 상극이 되어서 내외생활에 많은 모순이 나타나고 또 많은 모순을 만들어 내었다. 보통 사람 같으면 보지 못하거나 작게 볼 모순을 톨스토이는 탁월한 천품으로 능히 보고 또 뚜렷이 크게 보고, 보통 사람 같으면 자기를 기만하거나 자포자기할 것인데 톨스토이는 예민한 양심으로 모순을 극복하려고 노력하고 분투하였다. 80 노령까지 노력 분투하는 데 그의 성격의 위대한 것이 드러났다고 할 것이다.

3

톨스토이가 예술가로 예술의 가치를 무시하고 또 반항정신이 풍부한 사람으로 무저항주의를 주창한 것도 그의 모순의 일례이나 이러한 모순보다도 계급과 재산에 대한 사상과 실생활의 모순이 톨스토이 일생에 번뇌·고민의 종자가 되었다. 그가 35, 6세경에 퀘트란 사람의 집에서 문단선배요 또 자기의 후원자인 투르게네프와 만나서 담화하는 중에 투르게네프가 딸이 자선심이 많아서 노동자의 의복을 지어준다고 딸자랑하는 것을 그는 비단옷 입은 계집아이가 노동자 누더기옷을 꿰매는 데 위선(僞善)이 들어 있다고 면박하다가 뺨을 맞고 쌈을 하게 되었는데 그 당장 쌈은 주인 풰트가 말리고 나중 결투는 대수(對手) 투르게네프가 피하여서 다행히 두 문호(文豪)가 하나도 상하지 아니하였었다. 톨스토이가 귀족지주로 농부들과 같이 풀도 깎고 밭도 매고 할 때 어찌 자기비판이 없었을 것이랴. 메레즈코프스키가 사람과 예술가로 톨스토이와 도스토예프스키란 저서 중에 도스토예프스키는 돈을 좋아하건만 재산이 모이지 아니하였고 톨스토이는 돈을 싫어하면서 재산을 모았다고 사마라현에 있는 톨스토이 마장(馬場)의 말 필수까지 열거하여가며 의연히 기평(譏評)하였다. 톨스토이가 문단후배에게 기평을 받을 뿐 아니라 시정 악소(惡少)에게 위선자란 후욕(詬辱)까지 들을 때 어찌 자기반성이 없었을 것이랴. 그는 53세 이후에 저작권을 포기하고 사유재산이 죄악이라 하여 전부 재산을 포기하려 하였으나 이에 대해서는 그의 부인 소피아가 대반대라 구차한 방법으로 재산의 권리를 처자에게 물려주고 자기는 처자에게 기식(寄食)하는 셈을 잡았었다. 그러나 구차한 방법에 파탄이 많아서 재산에 대한 부부 충돌이 그치지 아니하여 소피아 부인은 연못물에 빠져 자살하려 한 일까지 있었고, 톨스토이는 만 82세에 집을 도망하여 나와서 객사(客死)까지 하게 되었다.

대체 톨스토이가 종교가로 안심입명(安心立命)을 하지 못할 인물인 것은 사소한 일로도 짐작할 것이 있으니, 그가 인생에 대하여 회의가 심할 때 돌발적 자살을 예방하느라고 끄나풀·주머니칼도 실내에 두지 않았다 하고, 그가 생년월일이 1828년 8월 28일(舊露曆)이라고 28이란 수에 몹시 애착하여 작품의 탈고(脫稿)나 출판을 28일로 정한 것은 차치하고 최후로 집을 도망하여 나가는 날까지 28일을 선택하였다. 이러한 인물의 성과를 불교도(佛敎徒)더러 말하라면 한껏하여 나한과(羅漢果)나 얻으면 얻었지 일초직입여래지(一超直入如來地)는 가망(可望) 밖이라 할 것이다.

톨스토이의 교의(敎義)가 인도 정치운동에 왕청된 영향을 끼친 것만 보더라도 종교가 톨스토이가 세계적인 것은 부인할 수 없으나 톨스토이에 대한 새 평가는 예술가에 있고 종교가에 있지 아니한 모양이다.

4

야스나야 폴랴나는 톨스토이 어머니가 친정에서 가지고 온 농장이니, 톨스토이가 여기서 나고 여기서 신가정을 만들고 또 여기서 죽기 전까지 내처 살았다. 톨스토이의 위대한 것을 생각하면 "야스나야 폴랴나야, 너는 러시아 중에서 자은 땅이 아니다." 말할 만하다. 크리미아 전쟁 끝난 뒤에 톨스토이가 성페테르부르그 신사·숙녀 틈에서 세월을 보내지 않고 야스나야 폴랴나에 와서 농민을 위하여 일하게 된 것이 무슨 까닭인가 설명하는 데 그의 천성에 평민적 경향 있는 것만 가지고 설명이 될 수 있을까. 톨스토이 집안이 러시아 귀족 중 굴지의 명문이라 하여도 세력 없는 모스코 귀족이라 성페테르부르그 귀족사회에서 그가 예기한 대우를 받지 못하여 불만을 느낀 것도 한가지 설명 자료가 됨직하고, 그보다도 아니 무엇보다도 제일 필요한 설명 자료는 농노(農奴)를 해방한 60년대 전후 러시아 사회적 경향이니, 톨스토이는 농민에 대한 죄과를 회개한 귀족 지주의 한 사람으로 "농민 중으로 농민 중으로" 떠들던 70년대 이상주의적 운동에 먼저 투신한 것이다. 톨스토이 내적 생활에 대파란이 일어난 각성기 정신 상태를 설명하는 데도 그때가 소위 반동 시대니 환멸 시대니 하는 80년대인 것을 기억하는 것이 필요할 줄로 생각한다.

시대와 환경을 떼어놓고 인물을 말하는 것은 철없는 일이라 지금 내가 톨스토이의 인물을 그 시대 그 환경을 통하여 보고 구체적으로 말하고 싶은 욕심은 많으나 역량도 미치지 못하고 여가조차 없어서 톨스토이에 관한 서적에서 떨어진 위룽튀룽한 기억만 가지고 톨스토이란 인물의 영자(影子), 그나마 한 조각을 말하고 능사(能事) 필한 것으로 친다.

예술가 톨스토이를 문학사적 계통으로 보면 푸시킨·고골리의 영향을 받은 작가이나 고골리는 러시아 사회를 소극적 태도로 관찰하였고, 톨스토이는 푸시킨과 같이 적극적 태도를 가졌으되 푸시킨도 멀리 따르지 못하도록 러시아 국민 이상(理想)에 가장 가까이 접촉하였다 한다. 19세기 러시아 3대 작가란 투르게네프·톨스토이·도스토예프스키를 치는 것인데 투르게네프는 톨스토이를 자기 제배(儕輩) 이상으로 쳐서 러시아 전국의 가장 위대한 작가라고 칭도(稱道)하였었다.

주옥 같은 문장으로 자연을 묘사하고 여성을 묘사하는 데는 투르게네프가 제일이었고, 작자가 작중 인물과 같이 고민하고 분개하고 저주하는 것은 도스토예프스키의 독천장(獨擅場)이었다. 톨스토이는 하벨록 엘리스의 말과 같이 여하한 사건이든지 똑같이 보고 여하한 물건이든지 놓치지 아니하였다. 어떤 사물이고 다 동일한 냉정과 안이(安易)와 간결로써 묘사하였다. 톨스토이가 러시아 정신의 표현도 되고, 러시아 양심의 대표자도 되고, 또 무슨 거울이란 평을 받도록 민중 운동의 기록원도 되었다. 톨스토이 후계자로 지목을 받던 사실주의(寫實主義) 대가 쿠프린이 100년 이내 러시아 사회에는 톨스토이 작품 중에 섭취되지 않은 신사물(新事物)을 찾기 어려우리라고까지 말한 것을 보면, 톨스토이의 예술가로 활동한 자취가 얼마나 널리 박힌 것을 짐작할 수가 있다.

5

톨스토이의 작품은 소설·희곡·논문·소화(小話) 등등이 있어서 양으로도 어느 대가에 비하든지 지지 아니할 만하다. 영국 데포우의 작품 300여 종에 오직 『로빈슨 크루소』가 아이들 손에 잡혀서 전하는 것을 보면 작품의 양이란 족히 들어 말할 것이 못 되지만 톨스토이의 작품으로 말하면 소설 이외에도 세계문학의 귀중한 유산 될 것이 많이 있으니 양이 많은 것이 더욱 좋다 하겠다. 소설 이외에 희곡으로 『산송장』『어둠의 힘』 같은 좋은 작품이 있고 논문으로 종교·예술·인생·성욕(性慾) 등에 대한 볼 만한 작품이 있으나 그의 작품의 대두리는 소설인데 소설에는 『전쟁과 평화』『안나 카레니나』 2대 작품 외에 『크로이체르 소나타』『부활』 등 장편이 있다. 『카자크』『나의 유년시대』『나의 소년시대』『세바스토폴리』 같은 초기작품은 익명으로 세상에 발표하였었는데 투르게네프 같은 구안자(具眼者)가 그의 무명씨 작품에서 대예술가의 소질을 발견하고 떠들어서 『세바스토폴리』 작자가 세바스토폴리 포대에 있는 포병 사관 톨스토이인 줄 세상이 다 알게 되었었다. 톨스토이가 세바스토폴리 포위 중에 들어 있을 때 포루(砲壘)에 나서면 용감하게 전쟁하고 식탁에 앉으면 유쾌하게 담소하고 그리하고 밤저녁 같은 때 틈틈이 창작의 붓을 잡았다고 한다.

톨스토이가 34세에 18세 된 소피아와 결혼하여 수염이 창대 같은 남편과 얼굴이 달덩이 같은 안해가 재미있게 가정생활을 하는 중에 2대 작품이 세상에 나오게 되었다. 『전쟁과 평화』는 세계문학 중 최대 장편이니, 톨스토이가 6년간 고심하여 구성한 작품이다. 톨스토이의 고심도 고심이려니와 소피아 부인의 숨은 노력이 굉장하다. 그 원고를 소피아 부인이 성서(精書)하였는데, 일껏 정서하여놓으면 톨스토이가 남이 잘 알아보지 못하도록 새까맣게 고쳐서 다시 정서하고 또다시 정서하여 세계에 다시 없는 장편소설을 첫머리서부터 끝까지 정서한 것이 무릇 7차라 하니, 이러한 충실한 내조자는 세상에 드물 줄 안다. 소피아 부인은 남편의 종교사상을 잘 이해하여 주지 않았을 뿐이지 양처(良妻)의 모범이 될 만하고 또 남편의 훈도를 받아서 문학적 견식이 상당하였다. 안드레예프에 대한 공개장(公開狀) 같은 것을 보더라도 그 견식이 톨스토이 부인으로 부끄럽지 아니한 것을 알 수 있다. 톨스토이 창작 중의 제일 열작(劣作)이 그 자녀라고 말한 사람이 있는 것같이 여러 자녀들 중에는 셋째딸 알렉산드로브나(?)와 끝에 아들 일리아가 그 아버지를 좋아하였을 뿐이고 그 나머지는 모두 그 아버지를 장하게 알지 아니하였다 한다. 소피아 부인 칭도(稱道) 끝에 말이 외례로 흘렀다.

『전쟁과 평화』가 나온 뒤 2년 만에 『안나 카레니나』가 나왔는데 이때가 톨스토이의 문학적 생활이 거의 절정에 달한 시기다. 십자훈장을 세바스토폴리 전쟁에서는 못 얻고 세계 문단에서 얻었다고 치기(稚氣) 있는 자랑까지 하던 톨스토이가 후년에 와서는 그런 작품 내놓은 것을 부끄럽게 여기어서 할 수만 있으면 모두 불질러 없이하고 싶다고까지 하였다. 교분이 오래 끊기었다가 다시 이어진 투르게네프가 파리에서 죽을 때 톨스토이에게 유서를 보내서 아까운 천품을 썩이지 말고 러시아 국민과 세계 인류를 위하여 문학적 활동을 계속하라고 간절히 권하는 것을 톨스토이는 다만 일소(一笑)에 붙이게 되었었다.

6

톨스토이의 사상이 전환된 뒤로 예술적 천품은 거의 두고 썩이다시피 하였으나 그 놀라운 천품이 아주 썩기는커녕 좀처럼 줄지도 아니하여 70 이후에 『부활』 같은 유명한 작품을 지었다. 『부활』은 연극으로 활동사진으로 널리 선전되어서 여주인공의 이름 카추샤가 거리 아이들 노래에까지 오르게 되었다. 널리 선전된 작품인 것만큼 혹시 알아두어서 상식 보탬 될 사람이 있을까 같지 않은 노파심으로 말마디나 허비하려 한다.

톨스토이가 그의 친구 코니(?)란 법관에게 법정 경험담으로 카추샤의 타락한 경로와 근사한 사건을 이야기 듣고 흥미를 느끼어서 소설을 쓰기 시작하게 되었고 소설이 완편(完篇)되더라도 세상에 발표할 생각은 그의 염두에 없었는데 두호몰이란 종교운동 단체가 반동시대 대표적 반동정치가 포베드노스체프 손에 국외 방축을 당하여 전단체가 캐나다로 이주할 때 여비를 장만하여주려고 그가 소설을 완편하여 세상에 발표하게 되었다. 발표하는 데는 저작권 포기가 문제되어서 소설이 끝나기까지 선심(善心)으로 전재(轉載)하지 말라는 공개 편지를 같이 발표하기로 하고 어느 잡지사(?)에 내맡겨서 게재하게 하였다. 그 잡지사에서 처음 한번 게재하는 대가로 몇만 루블 금액을 제공하였다던가.

『부활』은 톨스토이의 종교와 교훈의 결정(結晶)이라 예술적 성경이란 평도 있고 19세기 대설교(大說敎)란 평도 있다. 대개 종교거나 교훈이거나 또는 다른 무엇이거나 발표하는 형식만 예술에서 빌려가면 곧 예술이 되는가. 그렇지 못하다. 이런 종류의 작품은 작중 인물이란 것이 모두 괴뢰로 객관적 실재성이 없고 작중 사건이란 것이 모두 조작으로 자연적 발전성이 없다. 루소의 소설 『에밀』을 보라. 페스탈로치의 소설 『주정꾼의 안해』를 보라. 소설로 읽을 재미가 있나 없나. 『에밀』은 오히려도 낫지만 『주정꾼의 안해』는 한번 끝까지 내려 읽기도 상당한 노력이다.

그런데 『부활』은 어떠한가. 손에 들면 놓기 싫은 사람이 많으리라. 인물묘사에 편심(偏心)이 보이지 않고, 심리해부에 수단이 능란하고, 사회제도의 결점, 특별히 재판제도, 감옥제도의 결점에 대한 철저한 비판이 정세(精細)한 묘사 뒤에 숨겨서 인물활동이 자연스럽고 사건 발전에 억지가 없다. 주인공 네플류도프만은 작자의 분신으로 30여세 완강한 육체에 70 노인 각성한 정신을 주입하여 만들어놓은 까닭에 로맹 롤랑이 충분한 객관적 실재성이 없다고 비평하였다 한다. 로맹 롤랑이 아니라도 그렇게 비평할 사람이 많을 것이다. 주인공 가진 흠 외에 흠을 찾자면 편말에 붙은 종교적 결론이 화사첨족(畵蛇添足)과 같이 당치 않은 군더더기다. 『부활』은 이런 흠을 가지고도 세계문학 중 보옥 같은 작품이다. 『전쟁과 평화』나 『안나 카레니나』에서보다 『부활』에서 톨스토이의 예술적 천품이 놀라운 것을 알았다는 사람이 있으면 이 사람은 가히 더불어 소설을 말할 만하다.

감옥생활에 체험이 많은 크로포트킨이 아메리카합중국 감옥을 두번째 구경하였을 때 제도의 개선된 점이 많아서 나중 알아본즉 『부활』의 영향이더라고. 이것은 이 소설의 공효(功效)의 일단이라 끝으로 붙이어 말하여둔다.

7

지금으로부터 약 30년 전에 프랑스 어느 신문사에서 독자들에게 당대 세계적 위인 열 사람을 투표시켰는데 그때 수위(首位)에 오른 사람이 러시아의 톨스토이였다.

세계적 위인이라고 떠드는 톨스토이건만 당시 동경에 있는 조선인 유학생 몇백 명 중에는 톨스토이의 이름을 아는 사람도 몇 사람이 못 되었다. 톨스토이의 작품을 단 한권이라도 본 사람은 드물기가 새벽 하늘의 별과 같아서 나의 아는 범위로는 3, 4인에 불과하였다. 나는 덕부노화(德富蘆花)의 『순례기행』으로 톨스토이란 인물이 러시아 시골 야스나야 폴랴나에 있는 줄을 알고 『19세기 예언자』(작자 씨명은 잊었다)란 책에서 카알라일, 러스킨과 같이 톨스토이가 신복음(新福音)을 창도(唱道)하는 사람인 줄을 알고 그 문학적 작품이란 것이 모두 예수교 냄새가 나려니 지레짐작하였다. 그의 작품 번역된 것으로 「바보 이반」 『나의 유년시대』인가 『나의 소년시대』 「두 노인」 「납촉(蠟燭)」 「사랑 있는 곳에 신이 있다」 「사람은 얼마나 넓은 토지가 필요한가」 시시한 작품을 얻어 보고 『인도주의(人道主義)』는 내가 무슨 맘으로 사서 보는데, 보다가 말다가 하여 지지하게 끝을 내고 『나의 종교』는 남의 책을 빌려 보는데 책 임자의 권으로 보았다. 그 책 임자는 나의 동창생으로 전학하여 춘원(春園)의 동창생이 된 사람이다. 이 사람은 예수교를 믿던 사람이요, 나는 예수교를 공연히 싫어하던 때라 이 사람과 이야기하다가 말이 예수교에 미치면 장곡천성야(長谷川誠也)의 반기독교론이나 가등홍지(加藤弘智)의 우리 국체(國體)와 기독교 같은 것을 방망이삼아서 공격하느라고 알지도 못하는 포이에르바흐, 스트라우스까지 떠메고 교리를 반대도 하고 기독을 안드레란 희랍 소년의 아들이라고 성자(聖子)를 헐어 말하기도 하였다. 이 사람이 나를 주의 길로 휘어넣을 의사가 있었던지 강도양천(鋼島梁川)의 『병간록(病間錄)』 『회광록(回光錄)』 같은 것을 가지고와서 빌려주며 읽어보라고 지성으로 권하여 권에 못 이겨서 읽고 반항할 거리를 찾느라고 읽었다. 『나의 참회』도 이때 읽은 듯하나 기억이 분명치 못하다. 톨스토이가 그때 나에게는 글짓는 복음사(福音師)로 눈에 비치는데다가 순순(諄諄)히 후생(後生)을 훈도(訓導)하는 태도가 비위에 받지 아니하여 철없이 생각하기를, 서양 사람은 예수를 신앙하는 까닭에 저의 멋대로 세계적 위인을 만들어 떠들고 일본 사람은 서양을 숭배하는 까닭에 덩달아서 세계적 위인으로 받아 소개하거니 하였다.

그러나 그의 대작을 하나도 본 것이 없어서 속으로는 미안한 맘이 없지 못하였다. 그리하다가 내전노암(內田魯庵)의 번역으로 『부활』이 나오게 되어서 첫권은 빨리 사 보고 둘째권은 기다려 사서 보았다. 『부활』을 본 뒤에 톨스토이에 대한 생각이 조금 달라지는 듯 『안나 카레니나』와 『전쟁과 평화』를 얼른 보고 싶은 맘이 났었다. 이중역(二重譯)이거나 삼중역이거나 번역이 나오기만 턱이 떨어지도록 바라고 있는 신세에 바라다 못하여 『안나 카레니나』의 영역(英譯)을 사가지고 영화사전(英和辭典)과 대가리 쌈하느라고 골머리를 알아보기도 하고 내외출판협회 사람더러 『전쟁과 평화』 같은 작품을 번역하라고 청하여보기도 하였다.

8

톨스토이가 처음에 거처 모르게 도망하고 나중에 조그만 촌 정거장에서 죽게 되자 동경 각 신문·잡지에 톨스토이에 관한 기사가 많이 나고 조선광문회(朝鮮光文會)의 『소년(少年)』 잡지까지 추도호(追悼號)를 냈었다. 톨스토이 사전·사후에 나는 그의 작품의 일본역이 있는 줄 안 것은 거진 다 구하여 보았다. 『간이성서』까지 톨스토이의 작품이라고 사서 보았으니 다른 작품은 말할 것도 없다. 톨스토이 유고 중에서 발표된 『하지 무라트』도 일본역이 나오기가 무섭게 사다가 한참에 다 내려 보았다. 작품으로는 대단치 않으나 망하여가는 코카서스 민족의 자취를 뒤에 전하여주려고 한 용심(用心)이 무던타 할 것이다. 일본 작가들에도 이만 용심을 가진 사람이 있었으면 대만 번족(蕃族) 목단사(牧丹社)의 흘단(紇丹)이 같은 사람이 벌써 한 소설의 주인공이 되었을지 모른다.

톨스토이에 대한 나의 생각이 처음과는 대단히 달라져서 복음사로만 여기지는 않게 되었으나 예술가로 종교가 된 것을 무슨 변절이나 한 것처럼 생각하여 맘에 마땅치 못하였다. 문예를 좋아하는 청년으로 그의 『예술은 무엇이냐』를 내려 볼 때 그런 생각이 더욱 깊었다. 그러면 톨스토이의 작품을 왜 사고 보고 하였느냐. 러시아문학을 연구하여 볼 맘이 있어서 러시아 작가의 작품으로 일본 번역된 것을 모두 사서 모으는 중에 톨스토이도 사서 모으게 된 것이다. 내가 귀국한 뒤 러시아말을 배운답시고 거의 1년 세월을 낭비한 것도 문학을 연구할 맘이었고 해삼위(블라지보스톡) 원동신문사(遠東新聞社) 특파원과 서로 알게 된 것을 연줄삼아서 그리 가려고 경영한 것도 문학을 연구할 맘이었다. 동경서 러시아작품의 번역된 것을 모을 때 신문·잡지에 게재된 일이 있다는 말만 듣고 구하여 보지 못한 단편 작품도 더러 있었지만 명치(明治) 43, 4년(1910~11)경까지 활자로 박여진 러시아작품의 일본역은 나만큼 알뜰히 모아 가진 사람이 드물었으리라고 생각한다. 러시아 작가 이외에는 프랑스 작가 중 모파상의 것을 일일이 모았을 뿐이고 앵글로색슨 문학작품은 간혹 보기만 하였지 모을 맘을 먹은 일이 없었다. 이것은 당시 일본문단의 대세가 부지중 나를 좌우한 것이다.

본지만지한 『안나 카레니나』는 17, 8년 전에 한번 잘 보았고 보기를 원하던 『전쟁과 평화』는 12, 3년 전에야 비로소 보게 되었는데 그나마 다른 사정으로 흥미없이 보고 말았다.

이번 11월 20일(舊露曆 11월 7일) 톨스토이 사후 25주년 기념에 여러 신문 기념을 놓고보니 25년 전 일이 어제런 듯 생각나며 작게 생사 취산(生死聚散)과 크게 흥망성쇠에 느낌이 많았다. 느낌으로 맘이 산란한 중에 든든한 것은 25년간 우리 조선 사람의 진보한 자취가 뚜렷한 것이다. 추도호 서명한 글들 중에 그 사람의 조예를 엿볼 만한 내용 충실한 글이 여러 편 있었다. 든든한 맘 외에 또 한가지 욕심으로 바라는 맘은 우리 조선에도 얼른 톨스토이 같은 인물이 나서 조선 사람의 생활과 이상을 작품으로 표현하여주었으면 하는 것이다. 과학은 만인의 길이라 천품이 그다지 문제되지 않으나 예술은 과학과 달라서 첫째 천품에 달렸으므로 나는 장래 나올 사람에게 바라는 맘이 두텁다.

<조선일보 1935. 11. 23~12. 4>

문학에 반영된 전쟁

특히 大戰後의 경향

1. 序言

희랍 시인 헤시오도스가 인류 종족의 타락을 읊은 시가 있는데 그 시 내용에 태고 황금종족시대에는 인류가 완전한 평화와 행복을 누리었고 그 뒤 백은(白銀)종족시대에는 마법 살인과 복수 전쟁이 간혹 생기었고 또 그 뒤 청동종족시대에 와서는 전쟁이 발생하여 황금시대의 평화와 행복이 완전히 파괴되었다고 시인은 청동시대를 미워하였다. 이것은 시인의 상상이다. 그러나 시인의 상상이 때로는 학자의 연구보다 정확히 사물의 본질을 포착하는 수도 없지 아니하니, 전쟁의 기원을 인류사회의 기원과 같이 잡은 학자가 허다한 것을 보라. 인류사회 초기에 금황시대 있은 것을 상상한 고대 시인이 탁월하지 아니한가. 고대전쟁 연구의 권위자인 홉스티는 그 저서 『전쟁의 국가기원에 대한 관계』 중에 야만종족이 모든 점에 평화적인 무수한 예증을 열거하고 인류의 야만시대에는 전쟁이 없었고 한껏 개인간 복수가 있었을 뿐이라고 단언하였다. 모건의 명저 『고대사회(古代社會)』를 보더라도 인류가 생산수단을 사유(私有)하기 시작한 미개시대 후기에 전쟁이 비로소 발생한 것이 의심 없다. 전쟁을 인류의 야만성 발작이라고 본질적으로 평화적인 야만인·미개인을 무멸(誣蔑)하지 말라. 전쟁이 문명과 같이 시작되고 문명과 같이 진보된 것이니, 말하라면 문명성 발휘라고나 할까. "세계가 너무 비문명적인 까닭에 전쟁이 나는 것이 아니고 그와 반대로 세계가 고도로 문명한 까닭에 무비(無比)한 잔인·파괴의 전쟁이 난다."고 스코트 늬아링의 말이 조금도 비꼬아서 한 말이 아니다.

2. 전쟁은 문명의 산물, 層一層 심해진 戰禍

오늘날 세계역사가 대개 전쟁과 변란(變亂)의 역사인 줄은 누구나 다 알지만 아래와 같은 계산을 보면 더욱 분명히 알 수 있다. 기원전 1496년부터 기원 1861년까지 3,357년간에 전쟁 연수가 3,130년이니, 즉 평화 1년에 전쟁 13년 9개월 비(比)라고 『모스코 까제트』지에서 산출하였다 하고, 19세기 말부터 세계대전 말까지 40년간(1878년~1918년) 발생한 전쟁 수가 52라고 메클레쓰란 사람이 기록하였다 하고, 또 바벨이란 사람의 산출한 것으로 기원전 1500년부터 기원 1860년까지 3,360년간에 체결된 강화조약 수가 무려 8천 이상인데 조약마다 영구히 효력이 있을 줄 기대하였건만 실상 평균 2년간 지속하지 못하였다고 한다.

전쟁과 전쟁 사이에 잠시 휴식이 있다. 인류는 그것을 영구한 평화다, 다시 전쟁이 없다 생각한다. 인류는 진정한 심안(心眼)으로 진리를 인식하려고 하지 않고 또 인식할 필요도 느끼지 않는다. 그 낙관과는 아무 관계 없이 전쟁이 또 시작된다. 그러면 인류는 여전히 또 부르짖는다. "이 전쟁 뒤에야말로 정의와 평화가 지배하게 되리라……고. 결국 말하자면 어느 전쟁이든지 다 최후의 전쟁이다." 이것은 게오로그 브란데스가 세계대전을 최후 전쟁으로 생각하는 낙관자들을 조소한 말이다.

미개시대의 전쟁 목적은 가축약탈이요 또 공물(貢物)강징일 뿐이라 전쟁이 풍우같이 경과하면 뒤는 무사태평이던 것이 문명시대가 되며부터 종족이 노예로 잡혀가고 또 토지가 영토로 들어가 전쟁의 화가 전쟁기간에 그치지 않게 되었다. 노예제도와 봉건제도 아래 일어난 전쟁도 미개시대 전쟁에 비하면 파괴적이요 비인도적이었지만 그래도 아직 정도가 미미하였는데, 자본주의제도가 구제도를 대신한 뒤로 무기가 발달되고 전쟁기술이 진보되고 전쟁의 화가 점점 참혹하여져서 현대에 와서는 파괴적이니 비인도적이니 말할 나위조차 없게 되었다.

공중의 항공기, 육상의 탱크, 해저의 잠수정 같은 괴물이 인명을 살해하는 현대 전쟁을 알렉산더나 시저나 또는 나폴레옹 같은 호전적 인물이 다시 살아와서 본다면 자기들이 아이들 장난같이 전쟁한 것을 부끄러워하는 동시에 자기들은 가장 인도적으로 전쟁한 것을 자랑할 것이다.

독일의 유명한 독약학자(毒藥學者) 레빈의 말이, 세계대전 당시에 100여 종에 불과하던 독가스가 지금은 대략 1천 종에 달하는데 그중의 25종은 이때까지 알려진 모든 마스크를 침투할 수 있고 또 극히 미량의 농도도 절대로 치명적이라고 한다. 항공기술의 진보와 화학병기의 발달로 전투원·비전투원의 구별이 소멸되어서 장래에 제2 세계대전이 난다면 그때는 여러 교전국의 출전 군인이나 전후(戰後) 평민이나 다같이 전화(戰火)의 세례를 면치 못하게 될 것이라 세계인류가 지금 전쟁참화의 예감으로 전율하는 중이다. 세계 인류의 대다수는 전쟁이 없기를 바란다. 그러나 전쟁이 안 날 수 없다. 왜 그러냐. 전쟁은 현대문명과 등이 맞붙은 쌍둥이로 이것을 떼어버리려면 현대문명에 대수술을 베푸는 외에 별 도리가 없는 까닭이다. 위대한 목내이(木乃伊 : 미라)가 대기 중에서 해체되는 날이면 브란데스 같은 사람도 인제는 참말 최후 전쟁이라고 부르짖게 될는지, 세계인류는 아직도 더 시련을 받아야 할 터이다.

3. 작품에 나온 전쟁 — 汗牛充棟의 다수

세계역사란 것이 전쟁과 변란의 역사인즉 세계문예에 전쟁 반영된 것이 양으로 굉장할 것은 어림으로도 짐작할 수 있거니와 사실로도 그러하다. 문예의 제재(題材)로 남녀간 애정갈등 외에는 전쟁과 변란이 가장 많으니, 전쟁문예라 특칭(特稱)할 것은 말하지 말고 보통 문예작품에도 다소간 부분을 차지한 것이 이루 헤아릴 수 없이 많다.

'문예에 반영된 전쟁'이란 막연한 제목을 주고 무엇을 어떻게 쓰란 말인가. 문예 위에 지역이나 연대의 제한을 붙이거나 그렇지 아니하면 전쟁을 세계대전이라든지 일·노전쟁(日露戰爭)이라든지 분명히 박아야 할 제목이 아닌가. 문예에 제한을 붙이지 않고 전쟁에 명칭을 박지 않은 것이 아마 우리 조선문예에 반영된 전쟁을 적어보란 뜻인가보다.

압록강에 이르르니 천심은 허둥지둥 아득하고

석양빛을 대하니 임금의 심사 부끄럽고 쓸쓸하리
　　天心錯莫臨江水，　廟算凌凄對夕暉.(李好閔 龍灣詩)

외로운 신하의 의리 무거우나 마음으로 드러냄 없고
성스러운 임금님 은혜는 깊고 죽음은 역시 가볍구나
　　孤臣義重心無作，　聖王恩深死亦輕.(吳達濟 瀋陽詩)

이런 한시구는 들추어도 소용이 없고 동국명장전(東國名將傳) 같은 전기(傳記)를 추려 적는 것은 제목 내어준 사람의 소망이 아니러니, 구소설 하고 생각하여보니 『사명전(四溟傳)』과 『박씨전(朴氏傳)』 같은 당시 사람의 의분이 발로된 소설도 혹 있으나 작품으로 족히 들어 말할 만한 가치가 없고, 그외에는 대개 다 천박한 이상주의(理想主義)소설로 주인공이 출전 성공하려고 전쟁이 나되 천편일률로 허무맹랑한 전쟁이라 이것을 제목에 맞도록 적을 도리가 없다. 생각다 못하여 제목 내어준 사람에게 제의(題意)를 물어본즉 대전 후 전쟁문학의 특징을 적으면 된다 한다. 세계대전 이후 전쟁문학이 가장 현저히 과거의 것과 다른 점은 곧 반전문학(反戰文學)이 발생한 것이다. 영웅·명장·용사에 대한 찬송가이던 과거의 전쟁문학을 대전이 청산시키었다. 일장공성만골고(一將功成萬骨枯)에 ‘만골’이 무슨 죄냐. 여기에 전쟁의 성인(成因)을 살피게 된다. 반전문학을 적으려면 전쟁의 성인을 먼저 적는 것이 순서일 듯하기에 순서를 차리다가 제한된 지수(紙數)의 태반을 허비하였다. 태반은 고사하고 전부를 다 허비하고라도 끝에 가서 “이리하여 세계대전 이후에 반전문학이 발생하였다.” 한마디로 결론하면 제목 내어준 사람은 외제(外題)라고 책망하지 못하리라.

4. 大戰後로 왕성한 反戰文學의 조류

알버트 쉰쓰의 저서 『전시(戰時) 불란서문학』 중에 1914년으로부터 1918년까지의 불란서 전쟁문학을 3기로 나누었는데 제1기 문학은 개전 직후 이상한 충동과 강렬한 감정이 나타난 것이요, 제2기 문학은 대개 전쟁의 기록이요,

제3기 문학은 참담한 전화(戰禍)의 표리(表裡)를 관조(觀照) 반성한 것이라 하였다. 제1기 문학이란 모두 애국문학이요, 제3기 문학이란 대개 반전문학 또는 반전 색채를 가진 문학이다. 이것은 불란서문학뿐 아니라 독일문학도 마찬가지다. 아니 독일문학에 더 잘 반영되었다. 대전 초에는 독일문학 중 애국심·호전심(好戰心)이 발로된 시가 수가 대전 제1년에만 150만이나 되었다 하고 독일의 지명한 사상가·문학가 93명이 서명하고 "우리나라가 어찌하여 전쟁을 하지 않을 수 없는가?"라는 선언으로 독일의 군국주의(軍國主義)를 옹호하였었는데 대전 중 및 대전 후에는 반전문학이 성하여 불란서 기타 제국보다 유명한 작품이 훨씬 많았다. 예를 들면 하인리히 만의 『애국자』, 베른하르트 켈러만의 『11월 9일』, 에른스트 톨러의 『절름발이』, 에른스트 끌레서의 『1902년급』, 루드비히 렌의 『전쟁』, 에리히 레마르크의 『서부전선에 이상 없다』 등등이다. 『서부전선에 이상 없다』는 것은 1929년에 발표되며 곧 세계를 풍미한 소설이니, 이 저술은 비난도 아니고 참회도 아니다. 더구나 모험은 당초에 아니다. 어째 그러냐 하면, 죽음을 면대(面對)한 사람 앞에는 죽음이 결코 모험이 아닌 까닭에, "내가 이야기해 들리려는 사람은 어린 사람들이다. 그들은 비록 포탄을 받지 않았더라도 전쟁으로 파괴를 당한 사람들이니" 저자의 서언만 보더라도 이 소설이 진정한 반전문학이 아닌 것은 짐작할 수 있다. 이 소설은 평화주의자와 군국주의자에게 다같이 환영받았고 또 대전전선에서 반제국주의의 대표적 걸작 『포화(砲火)』를 저작한 앙리 바르뷔스에게 "이 작품은 상당히 사회의 주목을 끌었으나 새로운 맛이 있는 작품이라고는 할 수 없다. 그보다는 13년 전에 나온 오스트리아 작가 안드레아스 라스코의 『전쟁하는 사람들』이야말로 예술적 가치가 우월하다. 그것은 보다 더 완성되고, 보다 더 힘이 있고, 보다 더 명백하였다. ……"는 비평을 받았다. 반전 색채를 띤 것만은 말살치 못할 사실이다.

반전문학으로 불란서에도 롤랑, 마르티네, 뒤아멜, 바르뷔스 등의 작품이 있으나 독일에 비하면 소수이고 그외 제국에도 없지 아니하나 전쟁을 가장 절실히 반영시킨 문학이 독일과 불란서의 문학이라 독일작품을 예로 들고 불란서 작가들을 이름만 적고 이외 제국은 약하였다.

반전문학 작품이 초기에는 인도적 색채가 많던 것이 점차로 좌익적 경향이 농후하여지고 작년 6월에는 38개국 작가·사상가 들이 파리에 모여서 문화 옹호 국제회의를 열고 그 끝에 국제작가협회를 조직하고 광의(廣義)의 파시즘과에 대하여 문명을 위협하는 모든 위험에 대하여 문화 방면에서 항쟁한다고 하여 좌익분자 아닌 작가들도 모두 그리로 기울어지게 되었다. 파시즘이 증장(增長)할수록 제2대전이 절박할수록 그 위험을 방지하려고 국제협회 작가들이 맹렬히 활동할 것이니, 그들의 문학이 앞으로 더욱 성하여 갈 것은 거의 의심 없는 일이다.

세계인류가 아득한 옛날에 잃어버린 평화와 행복을 다시 찾는 날이 있다면 이는 전쟁이 그 자체에 사(死)의 선고를 내릴 것이니, 오늘날 그들의 반전문학을 그 전쟁의 전초부대로 보아도 좋을까.

<조선일보 1936. 1. 4>

문학청년들의 갈 길

나는 지금 조선의 현상으로 보아서 다른 문화면이 응고(凝固)되어 있으니 생동하는 맥으로 발달할 것은 오직 문학밖에 없다고 생각합니다. 과거의 문학사(文學史)를 보아도 문학 이외의 다른 문화적 활동으로 정치적 불안정이나 변동의 시기는 문학의 모태가 될 수 없으나 이런 변혁의 리듬을 들을 전이나 안정한 후에는 문학활동이 활발하여지는 것을 봅니다. 그러면 지금의 조선문학가로서 기성작가는 이미 시험 끝난 것이고 미래만이 아니라 현재에서도 내가 청년문학가에 기대하는 것은 큰 것입니다. 이 현실을 꿰뚫고 빛날 만한 위대한 혼이 하루바삐 나기를 고대하고 있지요. 그런데 이 문학이라는 것은 과학과 달라서 과학 방면의 학문이나 기술은 누구나 어떤 정도까지 연마하는 중에 대가도 될 수 있다고 생각합니다. 그러나 문학은 가까운 일본 내시 문학을 보아노 반드시 높은 학부(學府)를 나온 이가 아닙니다. 이러한 것은 즉 문학 그것이 다른 과학보다 소질 여하에 있기 때문입니다. 위대한 혼, 위대한 천재일 때 그는 학적 교양보다 자기 속에 전개되는 세계와 현실 생활에서 예민한 피부로 흡수하고 생활로 세워나가는 것을 봅니다. 고리키를 보아도 그는 변변히 공부도 못하였으나 그 늙을 줄 모르는 순진한 혼은 위대한 문학자로서 넉넉하였습니다. 나도 조선에서 이러한 천재를 바라고 있습니다.

조선의 문학청년은 아직 과거의 전통이 형식으로 제약하여 자유스런 지반(地盤)에 장해될 것이 없으니, 도리어 좋은 경우에 있다고 생각합니다. 혹 언어에 불편을 느끼는 것도 있으나 그외에는 넓은 천지가 불모지(不毛地) 그대로 신인을 기다리고 있습니다. 나는 형식으로서 사건을 중심으로 한 역사소설들을 보나 그것은 사건 흥미에 맞추려는 데 불과하고 독특한 혼에서 흘러나오는 독특한 내용과 형식이 있어야겠다고 생각합니다. 일시 관심되던 프로

문학도 이러한 산 혼에서 우러나오는 문학이 아니면 문학적으로 실패할 것은 정한 일입니다.

　우리는 외부의 사상적 척도 그것보다 먼저 순진하게 참되고 죽지 않는 정열로 번민하고 생산하는 문학에서 다시 출발하는 데 이 앞에 올 조선문학의 산 길이 있다고 생각합니다. 이러한 의미에서 나는 현대 청년문학가에서 한 없는 희망과 기대를 가집니다.

<朝光 1937. 1>

눈물 섞인 노래

독립만세!
독립만세!
천둥인 듯
산천이 다 울린다
지동인 듯
땅덩이가 흔들린다
이것이 꿈인가?
생시라도 꿈만 같다.

아이도 뛰며 만세
어른도 뛰며 만세
개짖는 소리 닭우는 소리까지
만세 만세
산천도 빛이 나고
초목도 빛이 나고
해까지도 새빛이 난 듯
유난히 명랑하다.

이러한 큰 경사
생 외에 처음이라
마음 속속들이
기쁨이 가득한데
눈에서는

눈물이 쏟아진다
억제하려 하니
더욱더욱 쏟아진다.

천대 학대 속에
마음과 몸이 함께 늙어
조만한 슬픈 일엔
한방울 안 나오도록
눈물이 말랐더니
눈물에 보가 있어
오랫동안 막혔다가
갑자기 터졌는가?

우리들 적(敵)의 손에 잡혀갈 때
깨끗한 몸 더럽히지 않으시려
멀리 멀리 가신 님이
이젠 다시 오시려나
어느 곳에 가 계신지
이날을 아시는지
소식이나 통할 길이 있으면
이다지 애닯으랴.

어제까지 두 손목에
매어 있던 쇠사슬이
가뭇없이 없어졌다
요술인 듯 신기하다
오래 묶여 야윈 손목
가볍게 높이 치어들고
우리 님 하늘 위에 계시거든

쇠사슬 없어진 것 굽어보소서.

님께 받은 귀한 피가
핏줄 속에 흐르므로
이 피를 더럽힐까
남에 없이 조심되고
남에 없이 근심되어
염통 한조각이나마
적(敵)에게 빼앗기지 않으려고
구구히 애를 썼아외다.

국민의무(國民義務) 다하라고
분부하신 님의 말씀
해와 같고 달과 같이
내 앞길을 비춰준다
아름다운 님의 이름
더 거룩히는 못할지라도
님을 찾아가 보입는 날
꾸중이나 듣지 않고자.

<『해방기념시집』, 중앙문화협회, 1945>

제1회 전국 문학자대회 인사말씀

세상 사람들이 간혹 우리 조선을 가리켜서 동양의 발칸이라고 말합니다. 발칸은 열강세력 소장(消長)의 경쟁이요, 열강세력 충돌의 발화점(發火點)입니다. 우리 조선 문제가 중일전쟁(中日戰爭)의 큰 원인이 되고 또 아일전쟁(俄日戰爭)의 큰 원인이 된 것을 보면 그런 말도 하염즉합니다. 우리 국토는 그 말과 같이 전쟁을 일으키기 가장 쉬운 지리적 관계를 가졌는지 모르나 우리 민족은 그와 정반대로 전쟁을 가장 싫어하는 전통적 성격을 가졌습니다. 우리 민족은 자고로 평화를 사랑하는 민족입니다. 이것은 우리 역사가 증명합니다.

우리가 전통적으로 평화를 사랑하는 민족인데 게다가 운명적으로 세계의 한 약소민족이니 앞으로 강대한 제민족 틈에 끼어서서 존재의 가치를 주장하려면 문화적 방면 활동으로 세계 문화재단에 기부를 상당히 하여야 할 것입니다. 나는 이 점에 문학자에 대한 기대가 큽니다. 그리고 또 우리가 앞으로 수행할 중대한 임무가 한두 가지가 아니나 그중의 가장 중대한 임무는 우리의 문화 정도를 선진 제민족의 수준에까지 하루라도 빨리 향상시키는 것입니다. 나는 이 점에 문학자동맹 활동에 대한 기대가 또한 큽니다.

내가 개인 사정으로 오늘 대회에 참석하지 못하는 대신에 우리 문학자와 및 문학자동맹에 대하여 충심으로 기대하는 바를 간단히 피력하여 인사 말씀으로 부칩니다.

<『건설기의 조선문학』, 홍구 편, 조선문학가동맹, 1946>

제4장 조선의 역사·풍속·언어

學窓散話*

1. 正　音

◇ 세계에 완전한 문자(文字)가 있다 하면 그 곧 우리의 정음(正音)을 이름이며, 세계에 기묘(奇妙)한 문자가 있다 하면 그 역시 우리의 정음을 가리킴이다. 백 가지 천 가지 모든 것이 남만 못한 우리도 오직 문자 하나는 남에게 자랑하고 남음이 있다. 괴이한 설형자(楔形字)와 잡란(雜亂)한 한자(漢字)는 본디 동일(同日)하여 말할 것이 아니요, 비록 로마자로도 우리 정음에 비교하면 손색이 적지 아니하다. 첫째 글자의 성음(聲音)을 보라. 우리 것이 저것보다 얼마나 갖추어 있으며, 둘째 글자의 조직을 보라. 우리 것이 저것보다 얼마나 정제한가. 불행히 우리의 힘이 약하고 뜻이 얇아 그 가치를 발휘치 못하였을망정 세계문자 중 으뜸됨은 잃지 않는다.

◇ 그러나 이처럼 완전하고 이처럼 기묘한 문자가 어느 곳으로부터 생기었는가. 우리로 그 원인을 상세히 탐구함이 헛되고 필요 없는 일이라 못할 것이다. 정음에 대하여 세종대왕의 고심과 근로는 아무라도 의심치 못하겠지만 정음이 그의 창작이냐 아니냐 이 문제에 이르러는 의론이 자못 분분하다. 혹은 정음이 고대에 고유하던 것이라 하여 세종은 약간 개작에 지나지 못함을 설명하며 혹은 외국을 모방한 것이라 하여 세종은 일부 수식에 지나지

---

* 이 글들은 홍명희의 저서 『학창산화(學窓散話)』(조선도서주식회사, 1926) 중 조선의 역사·풍속·언어에 관한 항목을 발췌한 것이다.

못함을 주장한다.

◇ 그러나 과연 정음이 고대에 고유하던 것인가. 그 설명을 들으면 우리보다 문화가 낮았던 아이누 족속으로도 고대에 문자를 가졌으니 우리인들 문자가 어찌 없었으랴. 이것이 한 이유며, 우리와 동족인 발해(渤海)도 고대문자가 있었던 모양이니 우리라고 어찌 문자가 없었으랴. 이것이 한 이유며, 근대 어느 지방에서 한개 비석(碑石)을 발굴하였는데 알 수 없는 글자로 새기어 있었다. 그 곧 우리의 고대문자가 아닌가, 이 역시 한가지 이유다. 그러나 이런 이유로 고대문자의 존재를 증명하기는 충분할지 모르나 정음이 곧 고대문자의 개작이라 독단키 어려우며 설사 고대문자가 존재하였었다 하더라도 고려 이후로는 사용한 자취가 없으니 정음과는 아무 연결이 없을 것이다.

◇ 그러면 아니 외국문자를 모방한 것인가. 외국문자를 모방하였다면 어느 나라 문자를 모방한 것인가. 혹은 범문(梵文)으로도 말하며 혹은 몽문(蒙文)으로도 말하며 또 혹은 중국 전문(篆文)으로도 말하니 어느 말을 준신(準信)할 것인가. 고인의 기록은 이미 쇠잔하고 후인의 추측만 어지러우니 자연 질정하기 어렵다. 그러나 범문과 몽문과 및 전문이 모두 우리 정음과 관계 있는 듯하다. 중국 음운학(音韻學)은 범문으로 얻은 것이요 황찬(黃瓚)은 중국서 상당하던 음운학자니 정음과 범문이 관계가 없지 않을 것이며, 원(元)으로 인연하여 우리나라에 몽문 수입된 것이 분명하고 또 몽문을 볼 때 그 조직이 정음과 많이 유사하니 정음과 몽문 관계도 헤아릴 수 있으며, 아마 글자의 형체는 중국 전문에서 취한 모양이니, 정인지(鄭麟趾)의 서(序)와 홍양호(洪良浩)의 해석으로 알 수 있는 것이다.

◇ 이로 보면 세 가지 문자 중에서 그 장처를 가리고 단점을 버리어 정음을 이룬 것이니, 그러므로 그만치 완전하며 그만치 기묘하지 않을 수 없다. 그러나 외국문자를 모아 대성함은 있을망정 보고 모방함은 아니며, 여러 문자에 참작하여 정화(精華)를 뽑았을지언정 결코 부분을 수식(修飾)함에 그침은 아니며, 그 대성함과 그 정화를 뽑음이 있다 하더라도 범문이 곧 정음이 아니요, 몽문이 곧 정음이 아니요, 정음은 독특한 정음이니 세종대왕과 및 제 학사의 창작이 아니라 하기 어렵다.

2. 국제어

◇ 인류가 여러 가지 언어(言語)를 가지게 된 것은 인류의 일대 불행이다. 언어가 각기 다르므로 다 같은 인류라는 따뜻한 정의(情意)가 조격(阻隔)되어 인류는 받지 않아도 좋은 화해(禍害)를 받은 것이 적지 아니하다. 만일 인류가 상부상조하는 정신으로 인문(人文) 발전에 노력하였더면 현금 세계문명의 계선(界線)은 수백년 전에 경과하였을 것이 분명한 일이다. 인문이 이렇게 일찍이 발전하지 못한 것은 복잡한 원인이 있으나 인류 언어의 구구히 같지 않음이 그중에 가장 큰 것이며, 현금 인도나 중국이 방대한 국토와 유족한 천부(天富)를 가지고도 국가로 약한 것은 복잡한 원인이 있으나 국민 언어의 구구히 같지 않음이 그중에 가장 큰 것이다. 그러므로 일 국민은 물론이요 전세계 인류에 공통한 언어가 필요하다. 대개 이 필요가 생기기는 바벨탑이 미처 준공하기 전 일이라 할 것이다.

◇ 2천여 년 전 선지자 세파니아(Cefaniah)는 공통어의 실현을 예언하였다 하고 또 2천여 년 전 대학자인 아리스토틀(Aristotle)은 공통어의 가능을 창론(唱論)하였다 한다. 1650년경 토마스 어큐하트(Thomas Urquhart)가 일종 구체안을 발표한 후 지금까지 270여 년간에 약 200종 국제어가 발생하였다. 그러나 초기 국제어는 대개 공통기법(Pazigratis)이요 공통언어가 아니니, 부표(符標)와 같은 실용적 아닌 것이 성공할 리 없으므로 수다한 고안이 모두 실패하게 된 것이다. 이중에 재미있는 것으로는 숫자어(數字語)와 음부어(音符語)라 할 것이다. 숫자어는 숫자와 문자를 혼용하거나 또는 숫자와 수학상 부호만 이용하여 언어와 유사하게 만든 것이니, 예를 들어 말하면 "내가 너를 사랑한다."는 말이 티메리오(Tiemerio)라는 숫자어로는 1 — 80 — 17이 된다 하고, 음부어는 도·레·미·파·솔·라·시 7종 음부를 이용하여 언어와 유사하게 만든 것이니, 예를 들어 말하면 "나는 사랑하지 않는다."는 말이 솔레솔(Solresol)이라는 음부로는 도레, 도, 밀라시(Dore do milasi)가 된다 한다.

◇ 1880년 독일인 마르틴 슐라이어(M. Schleyer)가 창제한 볼라퓨크(Volapuk)는 국제어로 일시 세력이 있었으나 그 언어조직이 불완전하고 창제자 인격이

불원만(不圓滿)하므로 일시에 몰락하였으니 'vol'은 영어의 'world'를 줄인 것이요 'puk'는 영어의 'speak'를 줄인 것이라 한다. 에스페란토(Esperanto)가 처음 발생하였을 때 볼라퓨크의 실패한 여파를 받아서 세인의 조소가 심하였고 에스페란토가 적이 세력을 얻은 뒤에 불란서인 보프론(Beaufront)·쿠투라(Couturat) 등이 이도(Ido)라는 것으로 에스페란토를 개량한다고 자칭하였었다. 그러나 이도의 개량은 개악이 분명하므로 일시 속았던 사람도 나중에는 이를 돌보지 않게 되었다. 에스페란토 발생 이전에 백여 종 국제어가 있었고 에스페란토 발생 이후에도 근 백종 국제어가 생겼으나 모두 성적의 볼 것이 없고 에스페란토는 전에 볼라퓨크의 해독을 받고 후에 이도의 타격을 입었으나 오늘날은 국제어란 말을 에스페란토가 홀로 가지게 되어 인류 대불행의 한 원인을 제거할 희망이 생기었으니 이는 언어의 자체가 우월하고 창조자 인격이 숭고한 까닭이다. 에스페란토는 세인의 아는 바와 같이 자멘호프 박사가 창조하여 1887년에 처음 발표한 것이다.

3. 횡서 문제

◇ 영문을 쓰다가 한자를 쓰든지 한자를 쓰다가 영문을 쓰든지 그때 불편함이 적지 않으니 그는 영문과 한자 사이에 쓰는 방법이 다른 까닭이다. 대개 문자를 종서문자(縱書文字)와 횡서문자(橫書文字)로 대별하면, 종서는 몽고·만주·일본 등 문자를 예로 들 것이니, 한자도 종서 부분으로 분류될 것이요, 횡서는 구미 열국문자와 아라비아문자를 예로 들 것이다. 우리 문자는 자체로 보면 종횡이 혼합하였으니 '고구'의 종서와 '가거'의 횡서가 병존하여 어느 부분으로 구별하기 어려운 것이다.

◇ 우리 문자의 종횡 혼합은 그 원인이 어디 있는지 말이 도무지 없으나 지금 추측으로 말하면 한자의 영향을 받아서 자체(字體)에 미관이 있게 한 것이요, 그외에 별다른 이유는 없을 것 같다. 그 결과로 오늘날 우리 문자에 미관이 나타나지 않음은 아니나 혼합한 폐가 없지 아니하니, 실제 사용의 손실이 그 대가로 온 것이다. 첫째 필사(筆寫)에 불편함이니, 물론 그 불편함이 영문과 한자를 섞바꾸어 쓰느니보다는 차이가 있겠지만 종서나 횡서로 한갓

지게 쓰는 것만 못하기는 설명을 기다리지 않으며, 둘째 인쇄에 곤란함이니, 우리 문자가 만일 종서나 횡서로 되었다면 주자(鑄字)의 간편함이 영문보다 오히려 나으련만 지금같이 초성과 중성의 합음을 따로 만들게 되며 초·중성과 종성의 합음을 따로 만들게 되며, 다시 합성 초·종성과 합성 중성을 다 각각 따로 만들게 되어 그 복잡한 품과 산란한 모양이 한자의 다음을 이루게 되었다.

◇ 필사에 불편함은 오히려 대단치 않다 하겠지만 인쇄 능률의 지속(遲速)은 곧 문명 발전에 더디고 속함이니 결단코 경홀(輕忽)히 여기지 못할 것이다. 만일 사소한 형용의 아름다움만 주장코 실용상 손실을 구하지 않는다면 그는 어리석은 사람이라 더불어 말할 바가 아니요, 만일 고인의 자취를 깨뜨리기가 아까워 주저한다면 그는 우리의 환경을 스스로 이해치 못함이다. 옛것 둘을 버리고 새것 하나를 주우라 하더라도 우리로는 나아가는 것밖에 수 없으니 자체의 조직쯤을 개량함에는 두번 생각할 여가조차 없을 것이다.

◇ 그러면 문제는 횡서나 종서 양자 중 어느 것 하나를 채택함에 이른다. 누구든 말하기를, 우리 문자가 비록 종횡 혼합이나 전체 문을 보아 종서라 할 것이니, 이왕이면 자체 조직을 종으로 함이 가하다 한다. 그러나 우리의 채택은 다만 장을 취코 단을 버림에 있을 것이요 다른 것을 의론할 필요가 없다. 횡서·종서의 장단 비교는 일본에 로마자 채용을 선전하는 일파가 있어서 변론을 상세히 하였었다. 만일 우리 중에도 그 말을 들은 이가 있으면 횡이 종보다 우월함을 의심하지 않을 것이며, 우리 문자 자체로 보아도 횡이 종보다 적당하다 할 것이다.

◇ 우리 문자가 횡서나 종서로 되면 두 폐단이 따라 없어질 것이니, 하나는 한자의 폐지요 다른 하나는 어려운 종성의 처치다. 어려운 종성은 ㅍ·ㄿ·ㅌ·ㄾ 등을 이름이니 그는 자연 어려움을 모르게 될 것이며, 한자도 전과 같이 혼용하기 쉽지 못할 것이다. 그러나 그 실행이 한자를 폐지키보다 더 힘들지 알지 못하며, 그 쓰는 방법을 어려운 종성보다 더 어렵다 할지 알지 못한다. 하여간 전래적 습관을 고침에는 잠깐 고통이 없지 않으며 새 물건을 비롯함에는 반드시 장애가 있다. 오직 그 고통을 참고 장애를 헤침에 장래의 행복이 있는 것이다.

4. 한자 문제

◇ 우리의 문화는 원래 고유한 것도 없지 않았으나 남의 것을 수입함이 많았고 그 수입은 대개 한자의 소개로 말미암았으니, 우리가 동방 제족 중 선진 지위를 얻음은 한자의 은혜가 적지 않았었다. 그러므로 그 세력이 우리 문자를 압도하여 사전(史傳)이 거기 있으며 문학(文學)이 거기 있으며 심상 서찰까지 그를 사용하였었다. 금일에 이르러 생각하면 한자가 알기 용이치 않고 쓰기 난편(難便)하나 고시(古時) 선진의 명예를 기억하고 그 은혜를 잊어서는 온당치 못하다. 그러나 고시 은혜만 생각하고 금일 폐해를 무시함은 더욱 온당치 못하니, 전자는 오히려 왕사(往事)를 의론함에 그치나 후자는 현재와 장래에 관계 있는 까닭이다. 하물며 그 폐를 들고 그 해를 밝힘이 자체의 결점을 인연함이니 결코 그 은혜를 잊음이 아니다.

◇ 문자의 발달한 역사를 보면 대개 다섯 종류로 구분할 수 있으니 ①은 회화자(繪畫字) ②는 상형자(象形字) ③은 의자(意字) ④는 음절자(音節字) ⑤는 단음자(單音字)다. 회화자와 상형자는 자의와 같이 회화나 상형으로 된 것이니 원시적 문자요, 의자는 한자 같은 것이요, 음절자는 몽고자 같은 것이요, 단음자는 로마자로 예를 들 것이다. 1천 4, 5백밖에 못 되는 몽고자도 로마자에 비하여 용이치 않기 이를 길 없으니 10여 만 한자의 난편함은 말할 것 없다. 그 자체까지 획의 수선함이 극하고 형용의 복잡함이 심하여 익히 아는 사람으로도 왕왕 혼란함을 면치 못한다. 영문의 철자가 어려움을 가리켜 어떤 영인(英人)은 말하기를, 내가 만일 영인이 아니었던들 철자를 강(講)하기에 두뇌가 깨졌으리라 하였다. 그러나 영문 철자를 한자에 비하면 동일에 논할 바 아니다.

◇ 다시 일보 내용으로 들어가보면 (1) 한 글자에 음을 정할 수 없으니 설(說)을 '세'니 '열'이니 하며, 만(萬)을 '믁'이니 하여 1자에 2음 3음은 보통이요, 벽자(辟字) 같은 것은 십삼경(十三經)으로만 말하여도 음이 여덟이라 하며, (2) 한마디 말에 글자를 정할 수 없으니 복희(伏羲)가 넷이라 허유(許由)가 둘이라 떠듦은 고유명사니 고사하고 위사(委蛇) 같은 말은 '위이(逶迤)'니 '위

사(蛇蛇)'니 하여 다르게 쓰는 것이 스물세 가지라 하며, (3) 글자의 의의를 해석키 극난(極難)하니 고석 한문이 백화(白話)로 성립됨은 청유(淸儒)의 확신하던 바다. 그러므로 초사(楚辭)·사서(四書)가 다르니 지방적 토화(土話) 관계요, 선진(先秦)·서한(西漢)이 틀리니 시대변천을 인연함이거늘 완고한 고문가(古文家)는 지방과 시대를 혼동하여 글자 의의가 서로 부동한 것을 병용하는 것이다.

◇ 내용적 결점을 비록 제외하고 그 자수와 자체만으로도 사람의 정력 모손(耗損)함을 알 것이며, 문화 발전상 장애됨을 모르지 않을 것이다. 일본 신문사 주자(鑄字) 케이스가 구미인을 놀랬다 하며 전마책(電碼冊)을 들고 탄식하는 중국인이 구미인의 웃음거리가 된다. 옛것의 굳음이 중국만 못하고 새것이 일본에 뒤진 우리도 생각이 없지 못할 것이다. 그러나 중국서 한자 폐지를 의론하며 일본서 한자 제한을 실행하건만 우리는 아직도 벽자(僻字)·고자(古字) 1, 2개를 가져 자랑삼는 이 드물지 않다. 우리는 모든 것을 건설하여야 할 것이니 정력을 아낄 필요 있으며, 우리는 남의 뒤를 좇으니 전진함이 급속하지 않으면 안 될 것이다. 과거에 집착함은 장래를 사려치 않음이니 우리의 한자 문제는 폐지되기 전 계속할 것이다.

5. 어원과 史實

◇ 우리말의 어원(語源)을 소구(溯究)하면 사실(史實)로 말미암아 생긴 말이 적지 아니하다. 그러나 곡학구(曲學究)의 곡해(曲解)가 또한 적지 아니하니 이는 주의할 바이다. 예를 들어 말하면, 여아(女兒)를 가승아(嫁僧兒)라 한자로 쓰고 이것을 고려조 악습에 나온 것이라 하니 곡해로 상당하고, 남자를 사나해(似那海)라 한자로 쓰고 신라 때에 이나해(李那海)라는 사람이 있어서 수부귀다남자(壽富貴多男子)에 오복(五福)이 겸전하므로 남자를 낳으면 나해(那海)와 같으라고 하여 '사나해'라 한다 하니 이런 것은 곡해로 최상이 될 만하다. 이것을 국가적 사업으로 편찬한 『문헌비고(文獻備考)』에서 발견할 때는 누구든지 아연함을 금치 못할 것이다. 지금 곡해가 아니고 확실히 사실에서 나온 말인 듯한 것을 몇개 예로 들어볼 터인데 의외의 곡해가 있을지 모른다. 그

러므로 맘에 수상한 것은 단언함을 피하려고 하니, 이런 일에는 심신(審愼)하는 것이 도리인 줄로 아는 까닭이다.

◇ '화냥'이란 말은 '화랭이'와 같고 '화랭이'는 신라 때 화랑을 악의(惡意)로 통용한 것이 거의 의심없다고 할 만하고, '고리다' '구리다'는 말이 신라 때 고구려를 미워하던 증적(證跡)이라고 하니, 고구려를 하구려(下句麗)라고 하여 모욕하던 세상 일이라 혹 그러할는지도 모르겠다. 그러나 시대가 멀수록 의심스러운 정도가 더 심하니 최근 500년간 사실로 어원이 된 것을 적어 보겠다.

◇ "장만(張晩)이 볼만이요 이괄(李适)이 꽹과리라."는 것과 "흥(興)이야 항(恒)이야." 같은 것은 그 당시 악평이나 훼방이 지금까지 전하는 것이니 어원으로 말할 것도 없고, 연산조 때 채홍사(採紅使)·채청사(採靑使)를 8도에 늘어놓아 미녀자를 선발하여 연방원(聯芳院)·함방원(含芳院)·진향원(趁香院)·취홍원(聚紅院) 같은 집에 가득히 채워놓고 음락(淫樂)을 방사(放肆)히 할 때 창녀 300을 흥청(興淸)·운평(運平)·속홍(續紅) 3종 명목으로 나누었었는데 흥청 중에는 천과홍청(天科興淸)이니 지과홍청(地科興淸)이니 하는 세별(細別)이 있었다. 이 홍청에 참예한 여자의 행동으로 홍청거린다는 말이 생긴 것은 사실이다.

◇ 홍귀달(洪貴達)이라는 재상이 말을 잘 타지 못하여 말을 타야만 할 경우에는 못생긴 말을 골라서 타던 까닭으로 열마(劣馬)·노마(駑馬)를 귀달마(貴達馬)라고 하는 말이 생겼다 하고, 임진란에 홍의장군(紅衣將軍) 곽재우(郭再祐)를 영호(嶺湖)지방에서 신명(神明)같이 알았었다. 강동 어린아이들이 장료(張遼)의 이름을 듣고 울음을 그치듯이 영남지방 아이들이 곽재우 온다는 말에 울음을 그쳤다. 적아(敵我)의 구별은 다르나 무서운 사람으로 알기는 일반이다. 곽재우가 곽쥐로 와전(訛傳)되어 지금도 아이들을 공동(恐動)할 때는 "곽쥐 온다."는 말이 지각없는 어머니 입에서 흔히 나온다고 한다. 곽쥐를 혹은 오곽쥐라고 하는 까닭에 이것은 곽재우가 아니라 곽재우의 부친 곽월(郭越)의 5형제가 모두 주자변(走字邊) 항렬이므로 '오곽주(五郭走)'라는 말이라고 하나 이는 너무 천착(穿鑿)한 말이다.

◇ 취충(臭蟲)은 비충(蟹蟲)이니 이를 우리말로 '빈대'라 함은 어원의 출처

를 찾을 곳이 막연하다. 중국에 사행(使行)으로 갔던 사람이 일부러 죽통(竹筒)에 넣어 수입하였는데 귀국한 후에 잊었던 것을 생각하고 그 죽통을 내어 보니 공죽통(空竹筒)이라 이를 보고 '빈대'라고 말한 데서 이름이 생겼다 하나 이는 일시 소견(消遣)할 이야깃거리밖에 아니 될 것이다.

6. 史話 三則

◇ 온돌(溫突) : 우리 조선 가옥의 온돌제도는 인조조 이후로 전국에 보편(普遍)되었다. 그전에는 한절(寒節)이라도 큰 병풍과 두터운 자리로 마루 위에서 거처하고 노인과 병자를 위하여 혹 온돌 한두 간을 설치하였을 뿐이었다고 한다.

◇ 인조조 때 서울 사산(四山)에 송엽(松葉)이 퇴적하여 화재가 잦으므로 김자점(金自點)이 꾀를 내어 인조께 품(稟)하고 오부 인민에게 명령하여 모두 온돌을 설치하게 하였다. 따뜻하고 배부른 것을 좋아하는 것은 사람의 상정(常情)이라 오부의 받은 명령을 일국이 봉행하게 되어 송엽을 처치하려던 것이 송목(松木)까지 처치하게 되었다.

◇ 온돌제도가 일반으로 행한 후에는 큰 폐해가 두 가지 생겼으니 하나는 울창하던 산림이 차차로 동탁(童濯)하게 된 것이요, 또 하나는 건장하던 국민이 차차로 취약하게 된 것이다.

◇ 전일에는 서울 안에 있는 구가고택(舊家故宅)에서 왕석(往昔) 습속의 자취를 살필 수 있었으니 큰 집이건만 지금 소위 방이란 것의 수가 적고 마루가 대중없다 할 만큼 많았었다. 그러나 오늘날은 그 자취도 찾을 곳이 없다.

◇ 여관(旅館) : 김자점(金自點)이는 당시 역신(逆臣)으로 몰렸을 뿐 아니라 임경업(林慶業) 장군을 모해한 까닭에 송(宋)나라 적신(賊臣) 진회(秦檜)에 비하는 사람이 있다. 이 김자점이가 권병(權柄)을 잡았을 때 두 가지 시설한 것이 있으니 하나는 온돌제도를 보편케 한 것이요 하나는 여관제도를 개량한 것이다.

◇ 그전에는 여관이란 것이 없고 각 연로(沿路)에 원(院)이 있고 원에는 원주(院主)가 있어서 여객이 숙박하면 시수(柴水)만 공급할 뿐이요 양식과 및

모든 제구는 여객이 가지고 다니었었으니 아라비아의 풍속과 비슷하였었다.

◇ 각도 유민(流民) 중에서 사람을 택하여 이 원을 맡아가지고 음식까지 여객에게 공급하게 한 것이 김자점이의 개시한 일이라 한다. 처음에는 음식을 실비로 공급하던 것이 뒤에 차차로 영업으로 변하고 그 이가 후하므로 이 업에 종사하는 사람이 저절로 많아졌다. 그러나 그 발달이 지지하여 근년까지 도회지에 있는 여관으로도 침구 같은 것을 설비한 여관이 없었다. 도회지에 있는 것이 이러하였으니 편비(偏鄙)한 지방에 있는 것에는 물론 여객의 불편이 한두 가지 아니었다.

◇ 백의(白衣) : 우리나라 의복제도는 역대로 중국의 영향을 받아서 변하여 온 것이니 신라 진덕왕(眞德王) 때에 남자 의복을 당제(唐制)로 변개하고 문무왕(文武王) 때에 여자 의상도 당제로 개혁하였다 하고 고려조에는 신라 제도와 많이 같았으나 중엽 이후에 원제(元制)를 모방하고 말엽에 이르러 명제(明制)를 습용(襲用)한 것이 많다고 한다.

◇ 의복에 백색을 숭상하는 관습은 최근에 와서 심하였다 하나 역사상으로 보면 전래한 지 자못 오래다 할 것이다. 『한서(漢書)』에 변진의복결청(弁辰衣服潔淸)이라 하니 결청(潔淸)이란 영용사(影容詞)를 붙이자면 백색이라야 적당하다 할 것이요, 『송사(宋史)』에 고려사녀복상소(高麗士女服尙素)라 하고 동월(董越) 「조선부(朝鮮賦)」에 의개소백이포루다추(衣皆素白而布縷多麤)라 하였다. 그러나 이것은 보통 인민의 복색 말이요, 왕공 귀인은 금수(錦繡) 오채(五采)를 입었었는데 그 의복의 색채로 관등(官等)의 존비를 알게 한 일이 있고 서민은 강자색(絳紫色) 의복을 입지 못하게 금한 일도 있다.

◇ 주인 이하 모든 계급이 보통으로 백색을 상복하기는 정조(正祖) 때부터 시작한 일이니, 이는 정조가 부친 장조(莊祖)를 사모하시는 맘이 많으셔서 종신 거상하신 것처럼 색채 의복을 입으시지 않은 까닭이라 한다. 상중의 순백은 우리의 전래하는 구속(舊俗)이다.

< 『學窓散話』, 조선도서주식회사, 1926 >

養疴雜錄

1. 음 력

우리 조선에서 예전부터 쓰는 음력(陰曆)은 실상 순음력(純陰曆)이 아니고 음력·양력이 뒤섞인 음양력이다. 순음력은 아라비아·인도 및 남양(南洋) 등지의 회회교인(回回敎人)들이 쓰는 마호멧력(曆) 같은 것이니, 달[月]의 황도(黃道) 주행(周行)만을 추산하여 만든 책력이므로 입춘(立春)이니 우수(雨水)니 하는 24절후도 없다. 신라·고려 천유여 년간 중국에서 반급(頒給)하는 책력을 쓰고 별로 추산하지 않던 것을 세종 때 비로소 관상감(觀象監) 관원을 시켜 추산법을 세우게 하였는데, 이때 역법은 명나라 대통력법(大統曆法)에서 더 지나지 못하여 일식(日食)·월식(月食) 같은 것도 왕왕이 부합치 아니하였다. 대통력이란 명 태조 홍무(洪武) 원년(1368)에 만든 책력이니, 원나라 곽수경(郭守敬)이 만든 수시력(授時曆)과 대동소이한 것이다.

인조 22년(명 숭정 16년, 1644)에 희동감(熙東監) 제조 김육(金堉)이 중국으로 사신 갔던 길에 서양인 탕약망(湯若望, 아담 샬)의 새 역법 만든 것이 전대 역법보다 훨씬 정밀하였단 말을 듣고 그 역법에 관한 서적을 사가지고 돌아와서 인조에게 품(稟)하고 관상감 관원을 시켜 연구하게 하였다. 그 역법은 독일인 탕약망(J. Adam Schall), 이태리인 라아곡(羅雅谷, J. Rho), 명인(明人) 서노단(徐老段) 등이 합력하여 만든 숭정력(崇禎曆)이니, 청(淸) 순치(順治) 이후 시헌력(時憲曆)이라고 칭한 것이다.

관상감 관원 김상범(金尙范) 등이 김육의 사온 서적을 가지고 연구한 지 10여 년 만에 문로(門路)를 얻어 그 역법으로 추산을 능히 하게 되어서 효종 4년(청 順治 10년, 1653)에 영관상감사(領觀象監事) 김육이 효종께 아뢰고 서양 역법을 시행하게 하였다. 이것이 곧 음력·양력이 뒤섞인 시헌력이다.

시헌력에 전후 2종이 있으니, 전 시헌력은 즉 탕약망 등이 만든 것이요, 후 시헌력은 청 건륭(乾隆) 초년에 포도아인(葡萄牙人 : 포르투갈인) 서응덕(徐應德, A. Pereya), 청인 명안도(明安圖) 등이 만든 것인데 후의 것이 전의 것보다 더 정밀하여 절후·일월식 등 추산에 소호 차착(少毫差錯)이 없었다.

금일 조선민력(朝鮮民曆)의 구력(舊曆)은 시헌력의 끼친 자취라 할 것인데 이를 장차 없이한단 말이 있다. 이중과세가 폐풍(弊風)이라 책력에부터 음력을 없애는 것이 좋다고 말하는 사람이 많으나 단순히 구관습에 젖어서 음력을 아끼는 사람도 있을 것이요, 또 아녀자들 피리춘추(皮裏春秋)일망정 두굿기는 맘이 없지 못하여 아직 음력을 좋이 여기는 사람도 있을 것이다.(1936. 2. 13)

2. 만 세

만세(萬歲)는 중국 진·한(秦漢) 이후로 제왕의 운조(運祚) 장구함을 축수하는 말이 되어서 한 상서령(尚書令) 한릉(韓稜)이 "예무인신 칭만세지제(禮無人臣 稱萬歲之制)"라고 말하였고, 근세 중국인이 황제를 '만세야(萬歲爺)'라고까지 칭하였다. 한 무제(武帝) 시에 숭산신(嵩山神)이 '만세'를 삼호(三呼)하였다는 것은 '만세'에 관한 고사로 유명하니, 『한서』 무제본기(武帝本紀)에 "짐이 화산(華山)을 섬기는 일로 중악에 이르러 몸소 숭산 정상에 올랐는데 어사·숭속이 묘(廟) 곁에 있었다. 사졸(史卒)들이 모두 세번 '만세'라고 부르는 소리를 들었다.(朕用事華山 至于中嶽 親登嵩高 御史乘屬在廟傍 史卒咸聞呼萬歲者三)"라고 한 것이다. 이로부터 '숭호(嵩呼)' '호숭(呼嵩)' 또는 '산호(山呼)'란 문자가 생기었다. 『원사(元史)』 예악지(禮樂志)에 정조수하의절(正朝受賀儀節)이 적히어 있는데 찬(贊)이 '산호(山呼)' 하고 창하면 여럿이 '만세' 하고 응하고 찬이 재산호(再山呼) 하고 창하면 여럿이 '만만세' 하고 응하였다 한다. 우리 조선에서는 건양(建陽:1896) 이후 일시 중국을 본떠서 '만만세'란 말도 써 보았으나 석일(昔日) 문헌에 '아왕만수(我王萬壽)'란 말이 적히고, 금일 무녀(巫女) 노래에 '얼하 만슈'란 말이 전하니, 아마도 전에 만수(萬壽)를 만세(萬歲)와 같이 썼던가 싶다. 만수는 만세와 뜻도 같고 음도 비슷하다.

만세를 지금 남용하여 필부필부(匹夫匹婦)를 축수(祝壽)할 때도 부르고 또 다시 전용하여 희사(喜事)·경사(慶事)에 환호할 때도 부른다. 만세가 서양말의 비바트(Vivat)와도 같고 또 후라(Hurra)와도 같게 되었다. 중국인도 우리와 같이 일본서 배워서 청말(淸末)부터 만세를 남용하기 시작하였으나 전용은 조선이 가장 심하였다.

만세를 남용 또는 전용하기는 일본에서 비롯하였으나 일본에서도 처음에는 그렇지 아니하였다. 명치(明治) 초년 상야(上野) 행행(幸行) 때에 유신 훈신(維新勳臣)들이 모든 절차를 작정하는데 연로(沿路)에 도열(堵列)하는 신민(臣民)더러 어떠한 방법으로 지영지송(祇迎祇送)하라면 좋으랴. 전래 구습으로 토하좌(土下座)하고 부복하라 하랴, 서양식으로 거수(擧手)하고 환호하라 하랴. 의론이 분분한 끝에 거수 환호케 하기로 정하였으나 거수 환호한다고 그저 '와' 소리지를 법이 없으니 무슨 소리로 환호하게 하랴. 훈신들이 한학자(漢學者) 구미 모(久米某?)에게 문의하게 되어서 구미 모가 한무고사(漢武故事)를 인증하고 '만세'를 부르게 하라고 대답하였다 한다. 아악(雅樂)에 만세곡(萬歲曲)도 있었고 즉위식·조하식(朝賀式)에 쓰는 만세번(萬歲幡)도 있었으나 신민이 '만세'로 환호하기는 이때가 처음이라 한다. 그뒤에 서양 제국과 교제가 빈번하게 되어 영송(迎送)과 연향(宴享)에 '비바트'와 '후라' 격으로 만세를 불러서 지금과 같은 남용·전용의 길이 열리었다. 그러나 이것이 중국 진·한 이전의 용법이다.(1936. 2. 14)

3. 子와 姬

'자(子)'는 남자의 존칭이요 '희(姬)'는 여자의 미칭이다. '희'가 여자의 이름에 붙기는 주(周)나라 희에서 비롯하였으나 후에 여자의 미칭이 되었으므로 여자의 이름을 무슨 '희'라고 짓는 것은 옳다 하려니와 '자'는 은(殷)나라 성(姓)으로 남자 이름에 붙었을 뿐이라 여자의 이름을 무슨 '자'라고 짓는 것은 남자의 존칭을 오용(誤用)함이니 불가하다.

송(宋) 나벽(羅璧)의 저 『지견(識遣)』에 '자'와 '희'에 관한 2조가 있으니 아래와 같다.

자(子)는 남자의 통칭이다. 공자는 대성이요, 맹자는 대현이나 관례가 다만 '자'로 칭했다. 공자를 한나라에서 부자라고 부른 것은 형병(邢昺)의 『효경소』에, 공자는 일찍이 노국의 대부가 되었다. 그래서 제자들이 관직을 이어 불러서 그를 높임으로써 다른 사람과 구별하였다. 뒷날 스승을 높이는 자가 이에 따라 부자라고 불렀다. 근래 주문공이 주돈이(周敦頤)·정호(程顥)·정이(程頤)를 칭하되 특히 자주자(子周子)·자정자(子程子)라 하여 성(姓) 위에 자를 반복해서 붙였다. 살피건대 공양전에 자공양자(子公羊子)·자사마자(子司馬子)를 풀이하여 성씨 위에 자를 더하는 것은 그가 스승임을 밝히는 것이다. 만일 스승이 아니고 다만 덕이 있는 분이면 성씨 위에 자를 올리지 않았을 것이다. 주자는 주·정(周程)을 스승으로 높인 것이다.[1]

『좌전』에 진평공이 동성(同姓) 4인으로 빈어(嬪御)를 삼았다. 정자산(鄭子産)이 숙향(叔向)에게 말하기를 "지금 임금은 네 희(姬)가 있다."고 한 것은 대개 동성을 구별하지 않은 추함을 가리킨 것이고, 여자를 망녕되이 희라고 한 것은 아니다. 『한사』의 여러 희에 박희(薄姬)·애희(愛姬)라고 한 것을 풀이한 자가 그 주성(周姓)임을 분간하지 않은 것이다. 신찬에 이르기를 한의 내관(內官)이라고 하였다. 안사고(顏師古)는 한 내관에 희직(姬職)이 없다고 하였다. 희는 주성이니, 중국(衆國)의 여자보다 귀하다. 그러므로 부인을 아름답게 부를 때 모두 희라 칭했다. 송 대관(大觀) 사이에 공주의 칭호를 바꾸어 제희(帝姬)라고 부른 것은 귀하게 여긴 것이다. 세간에 으레 첩을 지목하는 말에 희를 쓰니 어찌 도리어 천하게 되었는가.[2]

---

1) 子者 男子之通稱 孔子大聖 孟子大賢 例只稱子 孔子 漢號夫子者 邢昺孝經疏云 孔子 嘗爲魯國大夫 故弟子連官稱尊之 以別餘人也. 後之尊師者 因例曰夫子. 近時 朱文公 稱周程 特曰子周子子程子 復於姓上繫子 按公羊傳 子公羊子子司馬子. 釋云 加子姓上 明其爲師也. 若非師而但有德子者. 不以子冠氏上 朱子於周程 蓋尊師之.

2) 『左傳』晉平公以同姓四人備嬪御 鄭子産言於叔向曰 今君內實有四姬焉 蓋指其不別同姓之醜 非以女妄爲姬也. 漢史曰諸姬·薄姬·愛姬 釋者不辨蓋其爲周姓 臣瓚曰 漢內官也 惟顏師古謂漢內官無姬職 姬者 周姓 貴於衆國之女 故婦人美號皆稱姬 宋大觀間 公主易號曰帝姬 貴之也. 世例以目妾 豈反賤乎.

나씨(羅氏)의 적은 것이 대체는 옳으나 다소 변박할 것이 없지 아니하다. 첫째 부자(夫子)란 말의 어원을 형병(邢昺)의 경소(經疏)대로 경신(輕信)한 것이 불가하니, '부자'의 '부(夫)'자를 대부(大夫)의 '부'자로 설명함이 군색함은 고사하고 공부자의 예로 제자(弟子)의 스승 칭호는 되려니와 어찌하여 부인의 지아비 칭호가 되었는가. 부인이 지아비를 부자(夫子)라 함은 부군(夫君)과 같은 말이라 하여 스승 칭호의 '부자'와 달리 설명할 터인가. 대개 부자의 '부(夫)'자가 아무개를 부기씨(夫己氏)라 하고 그 사람을 부부(夫夫)라 하는 '부'자와 다름이 없을지니, 부자는 그 '양반'이란 말쯤으로 보아 좋을 것이다. 그 다음에 안공양전(按公羊傳)이라 하고 자침자(子沈子)·자북궁자(子北宮子) 같은 예를 두고 적지 않고 자공양자(子公羊子)를 적은 것이 부당하다. 그러나 자공양자도 두찬(杜撰)은 아니다. 또 그 다음에 주성(周姓)의 희(姬)가 한번 굴러 여자의 미칭이 되고 두번 굴러 첩(妾)이란 말과 같이 되어서 중첩(衆妾)을 '희'라고 한다는 것이 한문제기(漢文帝紀) 주(註)에도 있으니 제희(帝姬)와 같이 귀히는 쓰되 희첩(姬妾)과 같이 천히는 못 쓸 줄로 말한 것이 불통(不通)이다.

여자 이름에 자(子)를 붙이는 것은 일본의 관습이니, 예전에는 존귀한 부녀에게 한하여 붙이던 것인데 지금은 안 붙인 여자 이름이 희귀하도록 보통으로 붙이게 되었다. 남자의 존칭이 여자의 존칭으로 변하였다가 또다시 여자의 통칭으로 변한 것이다. 우리가 일본 관습을 본받아서 여자 이름에 '자'를 붙이는 것은 흡사 '부정(否定)'의 음을 일본 오독(誤讀)을 좇아서 '비덩'이라고 읽는 것과 같다.

여자 이름에 '희'를 붙이는 것도 중국 식자 중에 비소(鼻笑)하는 사람이 있으니, '자'를 붙이는 것은 그들이 비소할 나위조차 없을 것이다.(1936. 2. 15)

4. 성 씨

중국 고대에는 성(姓)과 씨(氏)가 서로 달라서 둘이 있었다. 성은 소생(所生)을 표명하는 것이니, 혼인의 구별이 되고 씨는 귀천의 구별로 생긴 것이니 성의 지계(支系)라 하였다. 예를 들어 보이면 맹손(孟孫)·숙손(叔孫)·계손(季

孫) 등이 씨는 서로 다르나 성은 다같이 희성(姬姓)이었다. 씨란 귀천의 구별이므로 천한 자는 본래 씨가 없고 씨가 있는 귀한 자라도 죄로 인하여 씨를 빼앗기는 일이 있었으니 『좌전(左傳)』의 추명망씨(墜命亡氏)라 한 것이 이것을 이름이다. 다시 말하면, 씨는 씨족 내의 칭호이었고 성은 씨족 전체의 칭호이었던 것이다. 여생위성(女生爲姓)이라 하고 고성(古姓)에는 요(姚)·사(姒)·희(姬)·강(姜)·규(嬀)·길(姞)과 같은 여부(女部) 글자가 많으니 이것이 태고 모계시대의 흔적일까. 후세에 내려와서 성과 씨가 합하여 하나가 되어서 성씨 두 자를 구별없이 혼용하게 되었으되 부인칭씨(婦人稱氏)라고 부인에게는 씨를 사용하는 것이 고례(古禮)라 한다.

일본은 상고에 대반(大伴)·물부(物部)·소아(蘇我)와 같은 성이 있고 그뒤에 원(源)·평(平)·등(藤)·귤(橘)과 같은 사성(賜姓)이 있고 또 그 자손이 번연(繁衍)하여 각지로 분산한 뒤에 각기 지명으로 '묘자(苗字)'란 것을 만들어 가지게 되어서 북조(北條)·족리(足利)·직전(織田)·덕천(德川)과 같이 온전히 지명만 취하기도 하고 근등(近藤)·원등(遠藤)·좌등(佐藤)·이등(伊藤)과 같이 성과 지명을 반반으로 취하기도 하였다 한다. 성과 묘자의 구별은 중국의 성씨 구별과 흡사하니 예를 들면 풍신씨(豊臣氏)는 성을 평(平)이라 하고 덕천씨(德川氏)는 성을 원(源)이라 하였다. 풍신수길(豊臣秀吉)과 같이 미천한 출신으로 귀가(貴家) 자손인 양 성을 모칭한 자도 적지 아니할 것이로되 대개 서민들은 근대까지 묘자(苗字)도 변변히 가지지 못하였었다.

우리 조선은 일찍 중국의 영향을 받아서 삼국시대에 중국식 성씨가 생기기 시작하였으나 신라 말 고려 초까지도 왕공·귀족에 한하였던 모양이고 고려 중엽 이후에 서민도 모두 성씨를 가지게 된 것 같다. 그리고 노예·백정 같은 천인계급이 성씨를 가진 것은 가장 근세의 일인 듯하다. 이의현(李宜顯) 『도곡집(陶谷集)』에 우리 조선의 현성(顯姓)·희성(稀姓)·벽성(僻姓)·복성(複姓) 합하여 298성을 열록한 것이 있는데 이것을 명(明)나라 오침(吳沈)의 저서 『천가성(千家姓)』 1968성에 비하면 7분 1이 채 못 된다. 그러나 우리의 희벽(稀僻)한 성 중에 중국에도 없는 성이 있으니 『자휘(字彙)』에 '嫭'음이 저(咀), '妙'음이 뉴(紐)는 다 성이니 고려에 있다 하였고 『운회(韻會)』에 ○씨(苜氏)·목씨(木氏)는 다 성이니 백제에 있다 하였다. 이외에 『경주선생안(慶州先生

案)』에 있는 ○씨(硃氏)와 『제보(諸譜)』에 있는 군(仝)씨·鳶(귁)씨·乁(별)씨 같은 것도 중국에 없는 성들이다. 우리의 성씨에 관한 저서는 성종 때 남원군(南原君) 양성지(梁誠之)가 어명으로 『해동성씨록(海東姓氏錄)』을 찬진(撰進)한 것이 시초일 것이나 그후에 홍여하(洪汝河)의 『해동성원(海東姓苑)』과 조중운(趙仲耘)의 『씨족원류(氏族源流)』와 정시술(丁時述)의 『제성보(諸姓譜)』와 같은 저명한 저서도 있고 또 『동국세보(東國世譜)』『문음무보(文蔭武譜)』『잠영보(簪纓譜)』 같은 저자 미상의 저서도 많아서 성보학(姓譜學)의 자료가 되었었다. 우리 조선의 성관(姓貫:本)의 세별(細別)과 성보(姓譜)의 구비(具備)는 성씨 발생지 중국도 멀리 따르지 못한 것이니 청출어람이청어람(靑出於藍而靑於藍)이라 할까.(1936. 2. 16)

5. 양 반

1

양반(兩班)이라는 칭호는 동서 양반(文武官을 동서 양반이라고 한 것은 중국 五代史에 있다.)에서 나온 것이니 정포은서(鄭圃隱書)에 "이른바 참양반이란 동서(東西) 양반(文班·武班)의 정직에 참여함으로써(所謂眞兩班 以其參東西兩班之正職)"라 한 것이 양반 칭호의 출처를 밝힌 말이다.3) 충효쌍전왈양(忠孝雙全曰兩)이요 문질빈빈왈반(文質彬彬曰班)이라 양반이라고 칭하였단 말이 있으나 이 따위 부회(附會)는 일소에 붙이어 좋다. 대개 양반은 처음에 관직 있는 사람의 통칭으로 예전 중국의 사대부(士大夫)란 말과 같은 것이 나중에 관직 유무에 상관 없는 계급의 명칭으로 지금 일본의 사족이란 말과 비슷하

---

3) 정포은 글 "崔鄲之母族 亦眞兩班也. 余聞之三寸李敬之判書"란 말이 있을 뿐이고 "鄭圃隱 所謂眞兩班, 以其參東西兩班之正職"이란 것은 후인의 말인 것을 포은의 말로 적은 것이 착오이기에 정정하고, 양반이란 말이 적힌 고문헌으로 『고려사』에 "辛禑籍諸道兩班百姓爲兵 無事則力農 有事則徵發"이란 것이 있고, 董越 「朝鮮賦」 주에 "先世嘗兼文武官者 謂之兩班 止許讀書 不習技藝"란 것이 있으므로 정오 끝에 붙여 적어둔다.(이는 원래 「양아잡록」 신문 연재의 마지막 회분의 끝에 부기되어 있었던 것인데 독자의 편의를 위해 이곳에 옮겨놓았다. ― 편자)

게 된 것이다.

양반계급의 뿌리는 멀리 경주에까지 뻗치었을 것이나 송도(松都)에서 싹이 트고 한양(漢陽)에서 자라서 꽃이 피었다. 한양 500여 년 역사를 잘 알려면 양반연구를 잘할 필요가 있다. 양반이 이제 와서는 자랑거리도 아니고 욕거리도 아니고 오직 연구거리다. 나에게 가일(暇日)이 많으면 양반을 한번 과학적 방법으로 연구하여 보고 싶은 맘이 없지 아니하다.

내가 일찍이 양반계급의 역사를 4기로 나누어본 일이 있으니 고려조 말부터 선조(宣祖) 때 동서 당론이 나기까지 약 200년간을 제1기 또는 전기로 잡고, 선조 때부터 영조 때 인위적 혼돈개벽(混沌開闢)이 생기고 또 어필 탕평비(御筆蕩平碑)가 서기까지 167년간을 제2기 또는 중기로 잡고, 영조 때부터 갑오경장(甲午更張)까지 1백 5, 60년간을 제3기 또는 후기로 잡고, 갑오 이후를 제4기 또는 말기로 잡았다. 제1기에는 타계급과의 구별도 비교적 엄격치 않고 자기계급 내의 인원도 아직 많지 않아서 안으로 번식하는 외에 밖으로 포용까지 하였다. 이것은 발달시기라 할 것이고, 제2기에는 양반 수효는 연하여 많아지고 관직 수효는 늘어도 한이 있어서 정권쟁탈이 시작되어 서로 배제하고 서로 살육하였다. 이것은 당쟁시기라 할 것이고, 제3기에는 산야(山野)에 물러난 자는 당론에 맘을 썩이고 조정에 나선 자는 환욕(宦慾)에 눈이 어두워서 사풍(士風)과 관기(官紀)가 다같이 타락하였다. 이것은 퇴패시기라 할 것이고, 제4기는 곧 말기니 구문화의 붕괴와 외세력의 압박이 서로 종착(綜錯)한 중에 선진 국가의 사회제도가 수입되어서 양반계급은 사해(死骸)가 되고 말았다.

양반의 열자잔손(劣子殘孫)들이 아직도 노론(老論)·소론(少論)이니 남인(南人)·북인(北人)이니 편색(偏色)을 가른다 하니 양반은 없어졌어도 편색은 남아 있는가. 피지부존(皮之不存)에 모장안부(毛將安附)오. 과거의 양반은 훌륭한 연구대상이 되지만 현재의 열자잔손은 한껏 소설 제재밖에 될 것이 없다. 그러나 조선식 동키호테는 심사(心事) 비열하고 의지 박약한 무리라 세르반테스 같은 수완 있는 작가가 소설화하여도 뒷세상에 전할 만한 작품이 될 성싶지 아니하다.(1936. 2. 20)

양반에 대하여 되지 않게 적은 것을 집의 아이가 보고 양반계급 역사를 4기로 나눈 것이 일후의 참고자료가 되겠으니 그 근거를 명확히 적어달라고 청하기에 그리하마 허락하였다. 지금 복중(腹中)에 미성서(未成書)로 있는 '양반계급 사적연구(兩班階級 史的硏究)'를 저서로 발표하기 전에는 단편적임을 면키 어려우므로 그 근거 됨직한 사실(史實)을 약간 선택하여 문답식으로 간략히 적는다.

문 : 양반계급 발달 초기에 타계급과의 구별이 엄격치 않은 실례가 어떤 것인가?

답 : 그런 실례는 상고(詳考)하면 허다할 것이나 우선 생각나는 대로 적어 보면, 중종 때 석평(碩枰)이 천인(賤人)의 아들로 벼슬이 경재(卿宰)에 올랐고 명종 때 강문우(姜文佑)가 천인으로 속량(贖良)하며 곧 등과(登科)하였고 또 선조 때 서기(徐起)가 노자(奴子)로 조신(朝紳)과 교유하고 나중에 다사(多士)의 사부(師傅)가 되었다. 이런 것이 모두 후세에는 없는 예다. 금은 회뢰(賄賂)로 과환(科宦)을 절취하고 족보 협잡으로 반명(班名)을 도득(圖得)한 자는 후세에 많으나 이것은 예외로 칠 것이다. 그리고 한미한 가문이나 빈천한 처지에서 유명한 인물이 굴기(崛起)하여 비로소 양반계급에 참예하게 된 성이 많은데 각성의 그런 인물이 선조 이후에도 더러 있지만 대개는 선조 이전 또는 선조 때에 많이 있었다.

문 : 선조 이전에도 정권쟁탈로 사화란 것이 나지 않았는가?

답 : 선조 이전의 사화와 선조 이후의 당쟁과는 성질이 판이하다. 무오사화(戊午士禍)·갑자사화(甲子士禍)·기묘사화(己卯士禍)·을사사화(乙巳士禍)는 사화라 칭하여 좋지만 그 이후의 사화란 것은 당화(黨禍)라 칭함이 옳을 것이다. 상세한 비교 설명은 고만두고 일언으로 폐지(蔽之)하면 사화는 일시적 좌절 단련이니 계급성장 중 현상이고 당화는 반영구적 분열 알력이니 계급성장 후 현상이다.

문 : 선조 때 양반 수효가 갑자기 증가하여 당쟁이 발생하게 되었는가, 또 선조 이후 역대 당쟁의 근저를 모두 정권쟁탈로 돌리는 것이 착견(錯見)이

아닐까.

답 : 벼슬자리는 한이 있고 벼슬하려는 사람은 수가 없으면 개중에 알력이 아니 생길 수 없다. 이것이 선조 이전부터 필지(必至)의 형세로 내려오다가 선조 때 당론(黨論)으로 터진 것이다. 당론을 일시 감정 문제로 발생한 것같이 보는 사람은 피상자들이다. 인조 때 최지천(崔遲川 : 鳴吉) 상소 중에 "낭천(郎薦)이 시작되자 이조와 병조의 전관(銓官)이 그 직분을 잃었다. 이조와 병조의 낭관은 낭청(郎廳)에서 직접 천거하는데 당하관의 청망(淸望)의 제배(除拜)가 모두 낭관의 손에서 나오게 되었으니, 이 전랑의 권한은 편벽된 전횡이다. 매번 낭천할 때면 연소의 명류들이 서로 헐뜯고 서로 배척하여 반드시 싸우는 지경이 되었으니 이 곧 당론의 뿌리가 된 것이다."4)라는 어구가 있고, 숙종 때 김북헌(金北軒 : 春澤) 「노산취필(蘆山醉筆)」 중에 "근래 노소의 진퇴는 임금의 뜻이 이로써 붕당을 타파하려는 계책을 삼은 것인데 진퇴할 즈음 시비가 구구하여 남아 참여하는 자가 거의 없고 싸우는 바는 오직 전랑의 자리이다. 이미 얻은 후에는 사사로움을 좇고 공적인 일을 멸시함이 피차 다를 것이 없다. 내가 보기에 붕당은 더욱 파할 수 없고 그 폐단은 더욱 고질이 되었다."5)란 구절이 있다. 벼슬을 내는 벼슬자리 전관(銓官)이란 것이 당쟁의 중요 목표가 된 것을 보면 그 근저가 정권쟁탈에 있는 것은 엄폐 못할 사실이라 할 것이다.(1936. 2. 22)

3

문 : 어찌하여 영조 탕평정치(蕩平政治) 이후를 양반계급 퇴패기로 잡았는가?

답 : 탕평 이후에 다소 기골(氣骨) 있고 염치 차리는 소위 준론자(峻論者)들은 산야로 물러가고 영록(榮祿)을 탐하여 의위(依違)하고 종순(從順)하는 탕평론자가 조정에 들어섰다. 이 결과로 양반 중에서 과환(科宦)을 구하지 않는

---

4) 郎薦作而兩銓失其職 吏兵郎官 郎廳自薦 而堂下淸望除拜 皆出郎官之手 以此銓郎之權偏專 每當郎薦時 年少名流 互相吹噓 互相排軋 視爲必爭之地 此乃黨論根柢也.

5) 近來老少之進退 想聖意以此爲破朋黨之計 而進退之際 區區是非 與存者無幾 而所爭者只銓地 旣得之後 循私蔑公 彼此無異 愚見朋黨愈不可破 而其弊愈痼矣.

자가 과환 구하는 자를 우습게 보는 현상이 생기고 소위 청족(淸族)이니 환족(宦族)이니 하여 청족은 가장 좋은 양반인 체하였다. 그러나 선음(先蔭)으로 조용(調用)되기를 기대하고 누워 있는 시례가(詩禮家) 자손과 은일(隱逸)로 징용(徵用)되기를 유기(覬覦)하고 꿇어앉는 성리설(性理說) 학자들이 차차로 많아졌다. 조정암(趙靜菴:光祖)이 탁행천(卓行薦)으로 6품직 제수되었을 때 불쾌히 여겨 말하되, 지금은 예와 달라서 과거 계제를 밟는 것이 마땅하니 허예(虛譽)로 출세하는 것을 내가 심히 부끄러이 여긴다고 하고 그 해에 곧 알성과(謁聖科)에 응시하여 등과(登科)하였었다. 정암의 입신이 얼마나 광명정대하여 치국평천하로 학문의 최대 목적을 삼는다는 양반의 입신하는 것이 당연히 이러할 것이니, 은일이나 남행(南行)은 좋게 여기되 문과(무과는 거론할 것도 없고)는 좋지 않게 여기던 것이 양반계급의 퇴패현상이 아니고 무엇이랴. 향곡(鄕曲)에는 무단(武斷)하는 토호(土豪)가 많이 생기고 조정에는 전횡(專橫)하는 세도(世道)가 대대로 생긴 것도 이 시기거니와 각지에 민요(民擾)가 많이 난 것이 이 시기다. 순조 이후로 민요가 자주 났는데 철종 임술년(1862)에는 특히 심하여 경상도·전라도에는 민요 안 난 골이 드물도록 많이 났고 함경도 함흥, 경기도 광주, 충청도 회덕·공주 등지에서도 민요가 나서 전국이 소연하였다. 이것이 갑오 동학란(甲午東學亂)의 전구(前驅)다. 대체 민요란 백성이 살 수 없어 일으킨 폭동이니 이것이 양반계급의 지배를 전복할 힘은 없는 것이로되 그 지배에 대하여 한 조종(弔鐘)인 것만은 틀림이 없다.

　문 : 퇴패기에 실사구시(實事求是)하는 학자가 많이 난 것은 무슨 까닭인가?

　답 : 노론 중심으로 정국이 안정되며부터 남인(南人)은 길이 실세되어서 불평만만(不平滿滿)하였다. 학문이나 저술이나 천주교 신봉이나 다같이 불평에서 나온 것이 아니랴. 득세한 양반보다 실세한 양반에 그런 학자가 많이 나고 실세한 양반 중에도 타색(他色)보다 남인에 그런 학자가 많이 난 것을 보면 불평이 중요한 원인이 되었다고 보아서 좋을 것이다. 양반계급의 자기반성도 이 시기 일이라 말마디를 허비하고 싶으나 고만두고 양반계급 지배시대의 희한한 문자나 하나 적고 끝을 막겠다.

　우리나라는 본디 명분을 중히 여겨 양반의 무리는 비록 쓰러져 굶어죽는 한

이 있더라도 팔짱을 끼고 편히 앉아서 지내며 쟁기를 잡지 않는다. 간혹 성실하게 일하고 부지런히 실업에 종사하여 몸소 천한 일을 달갑게 여기는 자가 있으면, 모두들 나무라고 조소하여 노예처럼 대하니, 놀고 먹는 백성이 많고 생업에 종사하는 자는 적었다. 재물이 어찌 궁핍하지 않겠으며 백성이 어찌 가난하지 않겠는가. 마땅히 법조문을 엄히 세워 그 사민에 속하지 않고 놀고 먹는 자는 관이 항상 형벌을 가하여 세상의 지탄을 받게 해야 한다. 재주와 학식이 있으면 농민과 상인의 자식이라도 조정에 앉도록 해도 참람하지 않으며, 재주와 학식이 없으면 공경의 자제라도 가마꾼이 되더라도 원망할 것이 없다. 상하가 힘써 함께 그 직책을 수행하고 그 근면함과 태만함을 살펴 상벌을 밝게 시행해야 한다.[6]

이것은 홍담헌(洪湛軒 : 大容) 『임하경륜(林下經綸)』의 한 구절이다.(1936. 2. 23)

6. 嫡庶(適庶)

적자(嫡子)란 정처(正妻) 소생 장자니 장자 1인 이외는 다 서자(庶子)다. 서자의 원의(原義)는 중자(衆子)와 같건만 우리 조선에서 오로지 첩의 소생만을 서자라고 칭하여 서자 해석이 기해예론(己亥禮論 : 효종 승하 후 자의대비 복제에 대하여 서인 일파는 1년설을 주장하고 남인 일파는 3년설을 주장한 것)에 시비거리가 되기까지 하였다. 처의 소생과 첩의 소생을 적서로 구분하고 서를 천대하되 세계에 유례가 없도록 참혹히 하여 서는 계급적 권리를 누리지 못하고 심하면 혈통적 윤기(倫紀)까지 펴지 못하였다. 골육간의 귀천 현수(懸殊)함이 반상(班常)의 계급 다름이나 진배없었다. '모이자귀(母以子貴)'란 말은 있으되 '자이모천(子以母賤)'이란 말은 없는데 한갓 모계가 천하다고 이렇게 천대할 법이 있을까.

---

6) 我國素重名分 兩班之屬 雖顚連窮餓 拱手安坐 不執耒耟 或有務實勤業 躬甘卑賤者 群譏衆笑 視若奴隷 遊民多而生之者少矣 財安得不窮 而民安得不貧也. 當嚴立科條 其不係四民而遊衣遊食者 官有常刑 爲世大戮 有才有學 則農賈之子 坐於廊廟 而不以爲僭 無才無學 則公卿之子 歸於輿儓 而不以爲恨 上下戮力 共修其職 考其勤慢 明施賞罰.

서의 천대받게 된 원인을 캐어보면 모계 천한 것보다 사환(仕宦) 막힌 것
이 중대하였다. 대지 양반이란 사환에서 발생 성장하고 사환으로 부패타락한
계급이라 차라리 골육을 버릴지언정 사환은 차마 버리지 못하였던 것이다.
적서간 자녀가 통히 없어야 양자(養子)를 허하는 것이 국법인데 그 국법을
치지불고(置之不顧)하는 자가 허다하므로 영조 때 "적자가 없는 자는 서자로
써 이어받게 하기를 법전에 따라 시행하라.(無適子者 以庶子爲嗣 依法典施
行.)"는 신칙까지 있었건만 끝끝내 서자를 두고 양자하는 것이 성풍(成風)하
였다. 이것만 보더라도 양반이 사환을 골육보다 더 소중히 여긴 것을 알 수
있다.

  태종 때 우대언(右代言 : 右承旨) 서선(徐選)의 계청으로 "서얼 자손은 현직
(顯職)에 서용(敍用)하지 말라.(庶孽子孫 勿敍顯職.)"는 전교가 내려서 현직(顯
職)이 막히고 성종 때 강희맹(姜希孟)·안경(安璥) 등이 편찬한 『경국대전(經
國大典)』에 "서얼 자손은 문무과와 생원·진사과를 보는 것을 허용하지 말
라.(庶孽子孫 勿許文武生進.)"란 명문(明文)이 박히어서 현직 외에 대소 과거
까지 막히었다. 『경국대전』 반포 당시에는 '서얼 자손(庶孽子孫)'이란 자여손
(子與孫)뿐이요, 증손 이하는 빠진 줄로 해석하던 것을 그뒤에 강희맹이 『경
국대전』을 주해(註解)할 때 자자손손(子子孫孫)이란 말을 첨입하였다. 명종 때
각성 서족(各姓庶族)들이 상소하여 원정(寃情)을 사뢴 결과 양첩(良妾)의 손
이하에는 과거를 허하였었으나 그나마 잠시 시행한 후 곧 폐지하게 되었었고
중종·선조·인조·숙종·영조·정조·순조(翼宗 대리시) 제조(諸朝)에서 서
류 소통(庶類疏通)을 힘써서 사환길이 다소 열리었었으나 고습(錮習)이 좀처
럼 깨어지지 아니하였다. 영조는 소통을 특별히 힘쓴 군주라 "주군(州郡)의
수령은 문벌·지벌에 구애받지 말고 임명(州牧之任 勿拘門地)"하라, "청직·
현직을 허통(許通淸顯)"하라, "태학에서는 연령의 질서를, 향학에서도 또한 이
를 준수하여 실행(太學序齒 鄕學亦以此遵行)"하라, 정녕한 하교가 누누이 내
리었었다. 영조 승하 때에 각성 서족의 집에서 부인·유자(孺子) 들까지 체읍
(涕泣)하였다 하고, 영조 기신(忌辰)에 대구(大邱)의 서족 사인들이 연년이 달
성(達城) 산중에 들어가서 통곡하여 그곳에 읍궁대(泣弓臺)란 명칭이 생기었
다 한다. 억울하므로 감격(感激)이 더욱 깊었던 것이다.

적서에 관하여 적을 만한 것이 허다하나 모두 할애하고 서의 속용 명칭이나 끝에 붙이겠다. 좌족(左族)이란 사도(邪道)를 좌도(左道)라 강직(降職)을 좌천(左遷)이라 하는 것과 같이 존우비좌(尊右卑左)에서 나온 말이고, 일명(一名)이란 영조 때 증광과(增廣科)에 허통일명(許通一名)한 이후 생긴 말이라 하고, 초림(椒林)이란 후추의 맛으로 서얼의 얼음(孼音)을 비유한 은어라 하고, 한다리 짧다는 건 모계를 비유한 말이고, 넉점박이란 서(庶)자 밑에 넉점을 가지고 만든 말이다.(1936. 2. 21)

7. 노　인

"보수적 국민은 노인을 대단히 존중한다." "동양 제국은 대개 보수적 사상이 강하므로 급격히 진보하는 오늘날 자칫하면 퇴화(退化)하려는 경향이 있다. 쓸데없이 고대만 존중하고 현대사회에서도 노인에게만 주의를 많이 하는 것이 일대 이유다."

고도평삼랑(高島平三郎) 저 『아동심리학(兒童心理學)』 서론 중에서 이런 말을 본 것같이 기억한다.

노인을 대단 존중하는 것이 동양의 공통 관습이라 할지라도 전날 우리 조선은 특히 심하여 노인 외에 사람이 없다 할 만큼 노인의 세상이었다. 소년도 사람이고 청년도 사람이건만 소년은 '노인의 노리개'에 불과하고 청년은 '노인의 지팡이'에 불과하였다. 소년에게 노인의 지각이 들어서 조숙(早熟)하게 되고 청년에게 노인의 기습이 옮아서 조로(早老)하게 되므로 천진스러운 소년과 활발스러운 청년은 보기 어렵고 나이 많지 않은 엄엄(奄奄)한 노인은 흔히 볼 수 있었다. 쉬흔에 쉬지근하고 마흔에 매지근하다고 여력방강(膂力方彊)하여 경영 사방할 나이에 벌써 노인으로 자처하는 사람도 없지 아니하였다.

중국에도 연령 40 내외 노인의 예가 고래로 있었다. 맹자(孟子)는 생년이 주 열왕(周烈王) 4년(기원전 372)이라 하고 양혜왕(梁惠王)을 가 본 것이 주 현왕(周顯王) 33년(기원전 336)이라 하니 불과 37세밖에 안 된 젊은 사람이 '수(叟)'라고 노(老) 대접을 받은 모양이고 도연명(陶淵明)은 동진(東晋) 애제

(哀帝) 흥녕(興寧) 3년(365년)생으로 동진 안제(安帝) 의희(義熙) 원년(405년) 41
세에 「귀거래사(歸去來辭)」를 지었다는데 우형우내부기시(寓形宇內復幾時)가
노인의 구기(口氣)고, 한퇴지(韓退之)는 당 대종(代宗 : 世宗) 대력(大曆) 3년
(768년)에 나고 그 조카 십이랑(十二郎 : 老成)은 당 덕종(德宗) 정원(貞元) 19
년(803년)에 죽었다 하니 이때 퇴지의 나이 36세인데 「제십이랑문(祭十二郎
文)」 중에 "나는 금년부터 창창한 머리가 혹 변해서 희어지고, 흔들리던 이가
혹 빠져 달아났다. 모발과 혈기가 날로 쇠하고, 지기는 날로 쇠미하니 얼마
안 있으면 너를 따라 죽게 되지 않으랴.(吾自今年來 蒼蒼者 或化而爲白矣 動
搖者 或脫而落矣 毛血日益衰 志氣日益微 幾何不從汝而死也.)"란 문구가 있다.
'혹' 두 자가 조금 구하지 않는 건 아니로되, 대체가 일박서산(日薄西山)한 노
인의 글이다. 이런 것을 자깝스럽다 할까 망측스럽다 할까.

　근년에 우리 조선 사람 사회에서 환갑 노인은 노인 값에 못 간다고 말들
한다. 조로가 없어진 편으로 보든지 또는 수한(壽限)이 느는 편으로 보든지
좋은 현상이다. 오십왈애(五十曰艾)요 육십왈기(六十曰耆)요, 칠십왈노(七十曰
老)요, 팔십구십왈모(八十九十曰耄)요 백년왈기(百年曰期)라 하니 한자 원의(原
義)로 보더라도 70 이후에 비로소 노인이라고 함이 마땅하다.(1936. 2. 26)

<조선일보 1936. 2. 13~26>

溫故瑣錄

1. 祕密稧

우리 조선의 계(稧)란 것이 화랑(花郎)제도의 여습(餘習)인지 또는 고대사회의 유풍(遺風)인지 거연(遽然)히 단언하기 어려우나 '계'란 명칭이 비록 한자(漢字)라도 계 자체가 한토(漢土)에서 전래한 것이 아님은 단언하여 무방하다. 계(稧)자를 중국에서는(晉代 이후) '禊'자에 통용하고 조선에서는 '契'자와 혼용하였는데 중국의 '稧(禊)'는 조선의 '稧(契)'와 의의가 전혀 달라서 소위 불제불상(祓除不祥)한다는 연중행사에 불과한 것이었다.

조선의 '계'는 사회경제 발달의 관계도 중요하거니와 그 종류가 이루 매거하기 어렵도록 번다하였다. 종류가 번다하므로 그중에 괴상한 '계'도 더러 있었다.

전하는 말에 따르면, 중종(中宗) 때 서울의 부귀한 집 젊은 과부들이 청운계(靑雲稧)를 만들고, 빈천한 집 과부들이 백운계(白雲稧)를 만들어 재물을 내어 잔치를 베풀었는데 비록 과부가 아니라도 또한 그 계에 들어 왕래하였다. 한 남자가 저녁 무렵에 노파에게 꾐을 받아 그 곗집 어두운 방에 들어 음란한 짓을 했는데 뒤에 보니 그 처였다. 이 때문에 금지하도록 하여 계가 깨졌다고 한다.[1]

이것은 『송남잡지(松南雜識)』(趙在三 저)에 적혀 있고,

---

1) 諺傳 中廟世 京中富貴家靑年寡婦 爲靑雲稧 貧賤家寡婦 爲白雲稧 出財設讌 雖非寡婦 亦入其稧往來 有一男子 暮夜爲老嫗所誘 入稧家暗室行淫 後見乃其妻 是以有禁破稧云.

덕산(德山) 땅에 구사계(求仕契)가 있었다. 계원들이 각기 미곡을 내어 그것을 방출 식리하여 물화가 축적되었다. 매번 도목(都目) 때를 당하여 수백 포의 곡식을 계원 두 사람에게 주어 스스로 벼슬을 구하게 했다. 그들은 그것을 가지고 서울에서 뇌물을 써서 벼슬을 얻어가지고 오지 않는 자가 없었다. 언제나 도목 때가 가까워지면 임기가 차서 옮겨야 하는 것 같았다. 그런 가운데 한 사람이 백사(白沙) 이항복(李恒福)이 전관(銓官)을 할 때 벼슬을 얻었다. 그런데 백사는 재화와 결탁하지 않는 사람이라, 백사의 조카가 덕산의 수령이 되어 그 일을 듣고 백사에게 어느 곳 어느 누구를 어떻게 알고 벼슬을 주었느냐고 물었다. 백사가 대답하기를, 나는 그를 알지 못하고 한음(漢陰) 이덕형(李德馨)이 내게 추천하였다고 했다. 대개 계인이 뇌물을 한음의 누이동생에게 주어 한음에게 청탁이 들어가게 한 것이다. 백사는 오직 한음이 자기를 속이지 않을 줄만 알았고, 한음이 그 누이동생에게 속았다는 것을 알지 못했던 것이다. 돌고 돌아서 일이 잘못된 것이 이와 같았다.[2]

이것은 『공사문견록(公私聞見錄)』(鄭載崙 저)에 적혀 있다. 과부계·구사계 같은 괴상한 계에도 사회의 결함을 찾을 수 있고 시대의 반영을 살필 수 있으나 양반계급을 적시(敵視)하던 검계(劍稧)·살주계(殺主稧) 같은 비밀한 계들은 조선사회 계급사를 연구하는 학자의 심상히 보지 못할 것이라 자료로 혹 학자에게 일조가 될까 하여 『화해휘편(華海彙編)』(李源順 輯)에 있는 비밀계 기록을 옮기어 적되 원문이 불분명하거나 무조리한 곳은 혹 첨주(添註) 혹 정정(訂正)하고 괄호로 표한다.

時有倭書(宣祖 辛卯) 騷屑日甚 避亂轎擔之出東南門者相連續 無賴之徒 相聚作契 或曰殺掠契 或曰鬨動契 或曰劍契 或夜登南山 吹角若聚兵狀 或聚重興洞 若

---

2) 德山地有求仕契 契員各出米穀 斂散聚息 積貨充物 每値都目之時 除出屢百包穀 給契
員兩人 使自求仕 其人持以賂京 無不得官而歸 每都目殆同任滿應遷 其中一人得官於
白沙掌銓時 而白沙非貨結者 白沙之姪擢男宰德山 聞其事 問白沙曰 某地某甲何以見
知而除官 曰非我知之 漢陰薦于我也 蓋契人納賂於漢陰之妹氏 轉請漢陰也 白沙惟知
漢陰之不我欺 而不知漢陰之見欺於其妹氏 轉轉相誤如此.

習陣狀 或追奪避亂人貨物 間有殺害人命 又有殺主契(至肅宗朝) 睦來善之奴 亦入之 來善卽捕殺之 捕廳譏捕七八人 得其契冊 其約條 一. 殺戮兩班 一. 婦女劫奪 一. 財貨掠取 其徒背佩菖蒲劍 右捕將申汝哲多所寬縱 左捕將李仁夏究治頗嚴 賊黨掛榜於南大門及臺諫家曰 吾輩若不能殺(若不盡死) 則終當割刃於腹中(仁夏腹中) 廣州有寡婦避亂行路上 七賊挽下劫奸 就捕則其一寡婦之擘四寸而劍契黨也(廣州有一寡婦騎馬避亂 路上七賊挽下欲劫奸 寡婦之庶四寸入劍契黨者亦在其中 寡婦哀乞得免?) 交河深岳村人大會 有一人曰 亂離將作 吾輩可得兩班爲妻 有名開川者大言曰 吾聞兩班(兩班婦女)之隱甚好 今可得矣 其里兩班私笞五十 聞者恨不與廣賊同斬 廣賊捉訊時 請簡紛紜 寡婦日就官門呼泣 賊誅而寡婦亦自縊死 劍契至英廟朝猶作梗 捕將張鵬翼治之 其黨皆以劍痕爲別 故凡身有劍痕者 皆殺之 遂息.

임진년에 대가 파천(大駕播遷)한 것은 4월 회일(晦日)이요, 왜병 입경(入京)한 것은 5월 초3일인데 4일간에 경성(京城)은 벌써 수라장이 되었었으니 『서애집(西厓集)』(柳成龍 저)에 아래와 같은 기록이 있다.

임금이 도성을 떠나자, 난민들이 먼저 장례원과 형조를 불태웠다. 대개 이 두 관아는 공사(公私) 노비문서가 보관되어 있는 곳이다. 또 내탕고에 들어가 돈과 비단을 약탈했고 경복궁·창덕궁·창경궁을 불태워 하나도 남기지 않았다. 역대 보물과 완호품 및 문무루·홍문관 소장 서적, 『승정원일기』가 모두 불탔다. 또 임해군·홍여순(洪汝諄)의 집도 불탔다. 모두 왜적이 이르기를 기다리지 않고서 우리 백성들에 의해 불탄 것이다.[3]

노비문서 있는 관부에부터 먼저 충화(衝火)한 것을 보아 그때 난민이란 것이 주장 비밀계 계원이었던가 추측한다.

〈조선일보 1936. 4. 18〉

---

3) 車駕出城 亂民先焚掌隸院刑曹 蓋以二局公私奴婢文書所在也. 又入內帑庫 搶掠金帛 焚景福宮·昌德宮·昌慶宮 無一遺者 歷代寶玩及文武樓 弘文館所藏書籍 承政院日記 皆灰燼 又焚臨海君·洪汝諄家 皆不待賊至 而爲我民所焚.

2. 長 者

옛날 조선에서 부자(富者)를 장자(長者)라고 칭하였었다. 한문(漢文)에는 연고(年高)한 자, 근후(謹厚)한 자 또는 현귀(顯貴)한 자를 장자라고 하였을 뿐이지 부자를 장자라고 한 예가 없고 오직 한역 불경(佛經)에 장자는 십덕(十德)이 구비한 사람이요 십덕은 성귀(姓貴)·위고(位高)·대부(大富)·위맹(威猛)·지심(智深)·연고(年高)·행정(行淨)·예비(禮備)·상탄(上歎)·하귀(下歸)라 하였으니, 아마 나려(羅麗)시대의 승도(僧徒)가 10덕 중 1덕으로 부자를 장자라고 남칭하여 속인들도 본받아 쓰게 된 듯하다. 그러나 장자 남칭이 조선뿐만은 아니니, 일본도 이언(俚言)의 "장자 3대 계속 못한다."는 것이 부자 누대 상전(相傳)하기 어렵단 말이고 또 현대 부호를 백만장자니 천만장자니 하는 것이 항다반으로 쓰는 말이다.

한양조 성종(成宗) 때에 출장입상(出將入相)하던 윤필상(尹弼商)이 부명(富名)이 당세에 높이 났었는데 조신(曺伸)의 『소문쇄록(謏聞瑣錄)』에 아래와 같은 기록이 있다.

옛날에는 나라의 부(富)를 물으면 말의 수로 대답했다고 한다. 중국인은 으레껏 동전 금은의 다소로 빈부를 비교했다. 우리 동방은 금은이 나지 않아 본조에서는 전법(錢法)이 행해지지 않고 단지 면포를 화폐로 삼았다. 면포 35척이 한 필이고 50필이 한 동이니 많이 축적한 자라야 천 동이었다. 요즘 재상 윤파평(尹坡平)과 상인 심금손(沈金孫)은 쌓아둔 면포가 무려 천여 동이라 하는데, 갑자·병인 연간에 모두 큰 화(禍)를 만났다.[4]

파평(坡平)이란 윤필상의 군호(君號)요, 갑자·병인이란 연산주(燕山主) 재위시다. 『동계부담(東溪裒譚)』에는 『소문쇄록』과 반대되는 기록이 있으니 아

---

4) 古云 問國之富 數馬以對 中國人例以銅錢金銀多少較貧富 吾東方不産金銀 本朝不行
   錢法 只以綿布爲貨 綿布三十五尺爲一匹 五十匹爲一同 居積者多不過千同 近世宰相
   尹坡平及商賈沈金孫 積綿布無慮千餘同 甲子丙寅年間並遭奇禍.

래와 같다.

　　윤필상은 젊은 나이에 과거에 올라 출장입상(出將入相)을 하였다. 자제들은
전토를 경영하고자 하였으나 부인 성씨는 꾸짖어 금하여, 끝내 조그만 땅도 없
었다. 그러나 외면의 규모는 비록 당시의 거부 심금손(沈金孫)도 그보다 더하지
못했다. 연산군이 이를 듣고 그 재산을 빼앗고자 하여 필상을 진원(珍原)에 귀
양 보내고 그 집의 재산을 전부 옮겨다가 침전 옆에 벌여놓도록 했다. 상목(常
木) 천 동에 불과하고 다른 재화는 없었다. 연산군이 노하여 "윤파평의 집이
어찌 이처럼 빈약한가."라고 하였다. 을사년에 개가를 금한 것은 실로 필상의
건의에 의한 것인데, 자손이 쇠퇴하고 백년을 떨치지 못한 것이 아마도 그 재
앙을 받았기 때문인가 한다. 성종 때는 전(錢)이 없어 상목으로 대신 썼는데,
상목 1필은 2척쯤이니, 1필은 10문의 돈에 상당하였다. 상목 천 동은 불과 3,
40냥이다.[5]

　　『동계부담』이 『소문쇄록』보다 상세하나 저자가 미상하여 윤필상과 거의
동시대 사람인 조신의 기록만큼 미덥지 못하고 상목 1필을 10문전(文錢:1전)
으로 환산하더라도 1동(50필)이면 5냥이요 1천 동이면 5천냥이니, 3, 40냥이란
부당한 회계라. 아마 3, 40냥의 '十'자는 '千'자의 오사(誤寫)인 듯하다. 『경국
대전(經國大典)』 형전(刑典)의 태 10, 면포 7척 대전문(代錢文) 7전, 장(杖) 60,
면포 1필 7척 대전문 4냥 2전, 도(徒) 1년, 면포 2필 대전문 7냥, 유(流) 2천리,
면포 8필 대전문 28냥, 교(絞 : 교수형) 면포 14필, 수전문 49냥 등 수속정액
(收贖定額)을 참작하여보면, 윤필상의 자산이 적지 아니한 것을 알 수 있다. 그
러나 그 자산이 과연 만 냥 이상으로 칠 수가 있었는지 그는 미심한 일이다.
　　심금손(沈金孫)과 같이 장자로 성명이 남아 전하는 사람에 충주 김개(金漑)
는 이름이 상감 귀에까지 젖었었고 남원 황진동(黃晋同)은 호남 제일로 이름

---

5) 尹弼商早年登科 出入將相 子弟欲營田土 夫人成氏呵禁之 終無立錐之地 而外面規模
　　雖當世巨富沈金孫無以過也. 燕山聞之 欲籍其産 以罪竄弼商於珍原 而盡輸家資 俾列
　　於寢殿之側 不過常木千同 他貨無有 燕山怒曰 尹坡平家豈如是薄略乎 乙巳改嫁之禁
　　實由弼商之建請 子孫衰替 百年不振 抑或其貽殃歟 成宗時無錢 以常木 代錢用之 常
　　木一疋 二尺許故 一疋與十文錢 可以相當 常木千同 不過三四十兩而已.

이 높았었고 서울 김근행(金謹行)은 소심 근신(小心謹愼)하기로 이름이 났었
다. 이외에 효종 때 변모(卞某)와 숙종 때 유파(劉婆)가 모두 서울 안의 유명
한 장자이었다고 한다.

조선 장자의 만 냥 자산이 병자란 이후에 비로소 생겼다고 전래하는 말을
들었더니 임상원(任相元:顯宗時人) 『교거쇄편(郊居瑣編)』에 증거될 만한 기록
이 있다.

우리나라 습속은 재화를 일으키는 것을 잘하지 못했는데 전폐(錢幣)는 선조
이래 비로소 크게 행해졌다. 대개 중국 사람과 교제하고 중국과 무역한 때문이
다. 지금은 옛날에 비해 더욱 성하니 남으로 일본을 통하고 북으로 연경에 장
사하여 상인・역관의 무리가 크게 치부하였다. 예전에는 재산이 천금에 이르면
부자라고 했지만 지금은 재산이 만금을 넘는 사람도 있다. 이 또한 풍속의 변
함이다.6)

근세에 이르러서는 거관임직자(居官任職者)들이 국재(國財)를 절취하고 민
산(民産)을 박탈하여 자산이 만 냥의 10배도 되고 100배도 되었었다. 탐관오
리가 어느 대에 없으리요만 양반 중에 대장자(大長者)・소장자가 배출하게
된 것은 양반계급 지배의 말기 일이다.

<조선일보 1936. 4. 21>

---

6) 東俗不善興貨 錢幣自宣祖朝以來 始大行焉 蓋交際華人 市貿中國故也 卽今比曩日尤
  盛 南通日本 北賈燕京 商譯之徒攀緣 多致豊殖 古者資至千金者 謂之富矣 今卽資逾
  萬金者有焉 是亦俗之變也.

이조 정치제도와 양반사상의 전모

1

500년간 조선의 역사는 곧 양반계급의 역사인지라 먼저 양반계급의 특질을 과학적으로 구명치 않고서는 그 역사를 이해하기 어렵다. 역사적 사실을 사실 그대로 알려고 하는 데 있어서도 그것은 필요하거니와 그 역사의 시종을 체계 있이 파지(把持)하려는 데 있어서는 더욱이 필요하리라고 생각한다. 그러나 나는 그러한 견해만을 가지고 있을 뿐이요 아직 그러한 연구를 하여본 일은 없다. 위선 상식적으로 양반에 대한 몇가지 더듬어 보이기에 그치겠다.

본래 양반이란 말은 고려 때 생긴 것으로서 애초에는 문무(文武)의 양반(兩班)을 가리키던 말이니, 『고려사(高麗史)』에서 쓰고 있는 양반은 대개가 그러한 의미로 해석된다. 설사 그중에는 한 계급의 칭호로써 썼다고 하더라도 오늘날 우리로서는 그것을 분간하여낼 길이 없다. 그러므로 나는 둔촌(遁村)에게 보낸 포은(圃隱)의 "최단(崔鄲)의 딸의 모족(母族)은 참으로 양반이다. 내가 들으니 삼촌 이경지(李敬之)는 판서이다.(崔鄲之女之母族 眞兩班也. 余聞之三寸李敬之判書)"라는 단찰(短札)을 가져 계급적 칭호로서의 양반이 기록되어 있는 최고(最古)의 문헌이라고 본다. 이 단찰은 최씨 딸의 모족(母族)의 지벌(地閥)을 조사하여 달라는 둔촌의 부탁을 대답한 것인 듯한데, 모족이 참양반이라는 그 어의로 보아서 문무 양반의 의미가 아니요 양반계급의 의미임이 분명하다. 물론 신라의 골품(骨品) 내지 두품(頭品)제도가 고려에까지 어느 정도로 잔존하여 있다가 양반계급이 발생하매 함께 거기 합류된 것만은 사실이다. 그것은 지금까지도 삼한의 고족(古族)들이 좋은 양반으로 일컬어지는 것만 보아서도 알 수가 있는 일이다. 그러나 양반이란 신라의 골품 내지 두품제도와는 전연 다른 계급제도다. 양반은 여말로부터 발생되기 시작하여 한양조 이후 완성된 것이다.

양반의 사상이라면 누구나 그 곧 유자(儒者)의 사상이요 또 얼른 본다면 그 곧 유자의 사상임이 틀림없으되, 양반사상의 핵심은 유자의 교훈보다 관벌(官閥)주의에 놓여 있다는 것을 주의해야 한다. 유자의 교훈이 양반의 관벌주의를 구성하여 주었다고도 보지 못할 것은 아니겠지마는 양반의 지도정신은 유자의 관벌주의적 경향을 더 일층 확충하였다고 볼 것이다. 이미 설명한 바와 같이 양반이란 그 말부터도 관원의 총칭으로부터 나온 것일 뿐이 아니라 양반정치의 부산물인 근세의 당쟁도 그들이 표면상 떠드는 모든 대의명분(大義名分)을 떠나 실상 이·병(吏兵) 양전(兩銓)의 쟁탈에다가 중요한 목표를 두었었다.

그것은 단순한 나의 추측만이 아니요, 일찍이 북헌(北軒) 김춘택(金春澤)도 『노산취필(蘆山醉筆)』에 스스로 폭로하여놓은 바다. 그러므로 양반의 사상과 유자(儒者)의 사상을 세밀히 분석하여 볼 때에는 자연히 일종의 차이를 가지게 되는 것이니 인의예지(仁義禮智)를 유자나 양반이나 다 함께 숭상하는 중에도 그 치중하는 곳이 다르다. 유자더러 어느 곳에 치중하려고 묻는다면 그것은 인(仁)이라고 보겠지만 양반은 인보다 예와 의에 치중하고 있었다. 수신제가(修身齊家)에 있어서는 예절이요 조단(朝端)에 서서는 의리가 양반들의 상투어다. 그들의 상투어로 미루어서도 예절과 의리가 얼마나 중시되었던지 알 수 있다. 물론 인을 떠난 예와 의는 유자의 사상으로서 비판하더라도 허례(虛禮)와 허의(虛義)로 돌아가기 쉽다. 양반의 예절과 의리도 많은 경우에 있어 형식에 흐르고 말았다. 그러나 양반사상의 핵심이 관료주의에 놓여 있다는 것을 인식할 때 그것은 도리어 필연한 형세다. 즉 의리는 그들의 목표를 세우기 위하여 또 그와 같이 예절은 그들의 위의를 보호키 위하여 필요한 이외 아무것도 아닌 까닭이다.

만일 무사(武士)정신을 한말로써 표현한다면 '충(忠)'이 되는 것같이 양반사상을 한말로써 표현한다면 예의다. 양반계급도 충효(忠孝)를 높게 보지 않는 것은 아니로되 그보다도 예의가 제일의적(第一義的)이리라고 본다.

양반계급의 특징을 꼽으라면 대개 네 가지쯤 칠 수가 있다. 첫째는 소양(素養), 둘째는 범절(凡節), 셋째는 행세(行世), 넷째는 지조(志操)니, 다시 그 네 가지를 세분하여 설명하여보겠다.

(1) 소양 : 양반은 지식을 농단(壟斷)하여 가지고 있던 계급인즉 학문을 중요하게 볼 것은 사실이니, 일반 한문지식 이외 독특한 학문을 요구케 된다. 양반 전체의 계보를 연구하는 보학(譜學)을 위시하여 내외 관직의 소임을 연구하는 관방(官榜)과 성례(成例)된 의례(儀禮)와 행사를 연구하는 고사(古事) 등이 곧 그러한 학문이다.

(2) 범절 : 윤기(倫紀)를 항상 내세우는 양반들에게 있어서는 봉선목족(奉先睦族)도 중요한 요소가 안 될 수 없다. 봉선적 목족에 성의를 표시하는 것을 범절이라고 한다.

(3) 행세 : 애경상문(哀慶相問)으로부터 보통 교제에 이르기까지 촌호(寸毫)라도 남의 자의(訾疑)를 받지 않는 것도 양반 인격의 중요한 요소다. 그와 같이 자의를 받지 않는 것을 행세라고 한다.

(4) 지조 : 첫째 그들은 빈한을 견디고 재화를 천히 아는 것이 한가지의 지조니, 양반이 땅을 사고 돈을 만지는 것은 후세에 이르러 타락한 행동이며, 둘째 곤고(困苦)를 감심(甘心)하여 비열(卑劣)을 피하는 것이 또 한가지의 지조니, 관벌주의와는 모순됨에 불구코 권문세가(權門勢家)에 출입하는 것을 탐탁하게 여기지 않으며, 셋째 자중자대(自重自大)하여 경조부박을 경계하는 것이 또 한가지의 지조니, 일거수일투족(一擧手一投足)이라도 정중한 태도를 가져야 하며, 넷째 대의를 위하여 목숨을 던질지언정 몸을 더럽히지 않는 것이 지조 중에도 가장 높은 지조니, 조선서는 절사(節死)와 순사(殉死)를 가장 높이 여기어왔다.

그러나 그 특징을 장처라 보려면 장처로 보겠지마는 다시 한번 돌이키어 단처로 보려면 단처로 못 볼 것도 아니니, 그러한 특징으로 말미암아서 양반 정치는 진취적이 아니라 퇴영적이요, 행동적이 아니라 형식적이며, 이용후생적(利用厚生的)이 아니라 번문욕례적(繁文辱禮的)이다. 그러한 계급으로서는 한번 기울어진 이상 다시 재흥할 기력을 가질 수는 없는 것으로 반드시 외래의 힘이 아니라고 하더라도 이미 자체의 붕괴를 수습치 못하기에 이르렀었다. 그러나 그 이외에도 양반정치의 가장 큰 결함이 두 가지가 있으니, 하나는 사대주의(事大主義)요, 또 하나는 숭문천무(崇文賤武)의 정신이다. 이 두 가지에 대하여 좀더 그 발전 경로를 이야기하고 싶으나 다음 기회로 미루어 둔다.

<조선일보 1938. 1. 3~5, 口述>

언문소설과 明·淸 소설의 관계

　조선소설이라면 이조(李朝)에 들어와서 비로소 본격적인 구색을 갖춘 것이다. 그런데 조선소설이 지나소설과 어떠한 관계를 가졌나 하면 실상 우리 문학 장르 중에서 제일 많이 영향받은 것이 소설인데 첫째 조선소설을 두 부류로 나눈다면 그 하나는 지나소설에서 번역 또는 번안한 것인데, 한두 개의 예만 들더라도 『현씨양웅쌍린기(玄氏兩雄雙麟記)』니 『수매청심록(壽梅淸心錄)』이니 하는 일례의 작품은 바로 지나소설을 번역·번안한 것이고 『홍길동전(洪吉童傳)』이니 『박씨전(朴氏傳)』이니 『금방울전(金鈴傳)』이니 하는 것이 우리 창작소설이라고 볼 수 있는데, 이러한 것을 전부 모으면, 확실한 숫자까지는 모른다고 하더라도 적어도 3, 4백 종은 넘으리라고 생각한다.

　그러니까 처음 번역이나 번안은 말할 것도 없지마는 명색이 창작소설이라는 것도 지명·관명, 심지어는 내용까지 지나적인 것이 많다. 그래서 일부에서는 조선소설이 조선의 정치나 궁정비사(宮廷秘史)에 관한 내용이 시휘(時諱)에 저촉되는 때문에 일부러 무대를 지나에 빌려온 것이라고 하는 말도 있으나 그것은 『사씨남정기(謝氏南征記)』같이 정치적 사실을 취급하면서 시휘 때문에, 가령 사씨는 중전(中殿)에 비하고 여씨(呂氏)는 장희빈(張禧嬪)에 비해서 만든 것이라고 할 수 있지마는 다른 작품은 모두 반유희(半遊戲)로 쓴 것이니까 무어 시휘 때문에 무대를 지나에 가서 빌려온 것이라고 말할 수는 없을 것이다.

　그런데 지나도 그렇지마는 조선서는 소설을 쓴다는 것을 그다지 대단치 않게 여기니까 소설마다 작자가 미상한데 미상한 그대로나마 소설을 읽어보면 작자들의 지식 수준이 퍽 낮았다는 것을 상상할 수가 있다. 가령 이것은 딴 이야기지마는 선배 중에서 허종(許琮) 같은 이는 지나에서 사신이 와서 부사(副使)와 이야기를 하는데 촉중(蜀中)으로 들어가는 노순(路順)을 이야기하다가 허종이 촉중으로 들어가는 수로(水路)는 어디어디로 가고 육로로 가면 어떻게 간다고 했더니마는 마침 그 부사가 촉중에 갔다온 사람이라 허종이 지나 지리에 소상한 데 격절 탄상(擊節嘆賞)하면서, 독서 10만 권을 하지 않고야 어찌 이에 미치겠느냐고 했다는 일화도 있는데, 우리 소설을 보면 무대를 중국에 빌려왔다고 해도 지리적으로 하나도 맞는 것이 없고 역사적 사실로도 차오(差誤)되는 것이 많으니, 그 작자들의 지식 수준이란 빤한 것이다. 가령 지나소설에 있어서 『수호지(水滸誌)』 같은 성격창조나 『서유기(西遊記)』 같이 스케일이 크다거나 『금병매(金瓶梅)』같이 묘사수법이 사실적(寫實的)인 것은 거의 세계 수준에 오르지마는 조선소설을 그러한 수준으로 본다면 치졸하기 짝이 없어서, 조선소설이란 천편일률로 저급한 이상주의에 떨어졌으니, 기껏 가야 권선징악적인 데 지나지 못하는 것이다.

그런데 조선 창작소설로서 가장 상승(上乘)에 속한다고 할 수 있는 것이라면 다소 독창적이라는 의미에서 『구운몽(九雲夢)』을 칠 수가 있는데 『구운몽』 말이 났으니, 이 작자에 대해서 잠깐 이야기해야 할 것은, 세상에서 흔히 『구운몽』을 김춘택(金春澤)의 작품이라고 말하는 것은 터무니없는 말이다. 김춘택이 『구운몽』의 작자란 말을 듣는 것은 언문(諺文)으로 된 『구운몽』을 김춘택이 한문(漢文)으로 번역한 것이 와전(訛傳)된 때문인데, 실상 김춘택의 번역한 『구운몽』 서문에는 자기 종조(從祖) 김만중(金萬重)이 지은 것을 번역한 것이라고 명기(明記)한만큼 『구운몽』의 작자가 김만중이라는 것은 거의 의심할 여지가 없는데 김만중이 『구운몽』을 지었다는 데는 또 이러한 에피소드가 있다.

김만중의 어머니가 소설을 좋아하는데 마침 김만중이 지나를 간다니까 그 어머니가 올 때 재미나는 소설을 좀 구해가지고 오라고 했던 바 김만중이 갔다오는데 그만 그 부탁을 잊어버리고 압록강을 건너서야 비로소 깨달아서 거기서부터 『구운몽』을 자기가 지어서 그 어머니에게 갖다 드렸더니마는 다 읽고 나서 재미는 있다마는 네가 지어도 그만치는 짓겠다고 했다는 말이 있다.

그래 그런지 『구운몽』을 보면 결구(結構)가 초초(草草)해서 마치 『수호지』의 설자(楔子) 하나 떼어다놓은 것 같기도 한 데가 있다. 이렇게 보면 조선소설의 예술적 가치는 지나소설에 비해서 같이 말할 나위도 못 되지마는 그

래도 그 영향을 받은 것은 거의 전폭적이다. 가령 국초(菊初) 이인직(李人稙)
이를 신소설(新小說)의 개조(開祖)라고 하지마는 『치악산(雉岳山)』이나 『귀의
성』 같은 것을 내어놓고는 단편들은 『금고기관(今古奇觀)』을 번안한 것이 많
으니까 다른 게야 더 말할 필요조차도 없는 것이다.

<조선일보 1939. 1. 1>

제5장 사회운동론

一塊熱血

　내가 일찍이 듣건대 우리 선조(宣祖) 즉위 후 5년(1572)에 원로 이준경(李浚慶)이 유차(遺箚)를 올려서 4개조 충언(忠言)을 바치니, 그 제4조는 곧 '붕당의 격파(破朋黨之私)' 1건이라. 임금께서 읽고 나서 크게 놀라셔서 시임대신(時任大臣)에게 그 유차를 내려 보게 하시고 "조정 신하 가운데 누가 붕당(朋黨)을 만들려고 하는가?" 하문하시니, 이에 의론이 비등하여 "이준경은 사림(士林)의 화를 빚어 일으키고자 한 자라 그 관작을 추탈(追奪)함이 옳다."고 하는 자가 많았고, 유신(儒臣) 이이(李珥)는 "사람이 장차 죽으려 할 때는 그 말이 선하다 하였는데, 이준경이 죽으려 함에 그 말이 악하다."고 매도해 배척하였다 한다.

　우리들은 눈으로 보지 못하여 그때에 동서(東西) 분쟁의 조짐이 명확하였는지 알지 못하므로 동고(東皐 : 이준경의 호) 연보에 "이준경이 동서 분당(分黨)을 간파(看破)하였다." 하고, 『청야만집(淸野謾輯)』에 "이준경이 그 맹아(萌芽)를 간파함이 아니라." 함은 누가 옳고 누가 그름을 용이히 판단키 어렵고, 또 내가 이에 판정할 필요도 없도다. 이제 내가 기술하고자 하는 일은 동서 분쟁과 같은 소소한 당쟁도 아니요, 맹아가 명확함은 고사하고 지엽(枝葉)이 분명한 사실이라 내가 감히 취약한 수완으로 무딘 붓을 놀림은 정위(精衛)새가 바다를 메꾸고자 하며, 일교(一膠 : 미상. 소량의 물을 뜻하는 듯. 『장자』 소요유에 소량의 물에는 술잔 정도의 배도 달라붙는다는 말이 있다. ─편자 주)로 하수(河水)를 맑히고자 함과 동일하나 협소한 가슴속에 열혈(熱血)이 비등하여 큰 소리로 부르짖음이로다.

대저 우리 대한 동포가 오늘날과 같은 참담한 경우에 이르렀음은 어떠한 원인이 있는가? 이를 깨달아 알아내고자 할진대 과거 역사에게 문의할 것이며, 이제 우리나라 수백년 역사책을 훑어보면 당쟁(黨爭)이 사실(史實)의 일대 뿌리도 꼬투리가 됨은 한눈에 분명하다. 그런즉 과거 당쟁이 어찌 오늘날 우리 동포로 하여금 이 경우에 이르게 한 일대 원인이 아니리요.

과거 당쟁이 음험하고 참악(慘惡)하여 시체를 파헤치며 뼈를 잘라내는 참극을 연출함이 한두 번이 아니나, 이 당쟁은 실로 우리 대한 민족의 하나의 소소한 부분에 불과하였으니, 이 소소한 부분의 당쟁도 오늘날 우리 동포에게 작지 아니한 해독을 끼쳤도다.

오늘날 우리 대한 동포가 어떠한 참담한 경우에 처하였는가. 밖으로 강한 이웃의 호시(虎視)가 탐탐(耽耽)하고 안으로 민지(民智)의 발달이 아득하여 우리 몇천만 단군(檀君) 후예가 애처로운 지경에 점차 빠지는도다.

인민은 국가의 일대 원소(原素)이거늘, 한국 인민은 2대심(二大心)이 결핍하니 단합심과 독립심이요, 2대심이 특별히 많으니 고식심(姑息心)과 의뢰심이다. 한말로 평판하면, 한국 사람은 대개 자기의 관(棺)을 자기가 덮고자 하는 자이다. 한국 사람이 정신을 차려 분발하여 이 큰 병을 스스로 다스리지 아니하면 한국이 시멸(澌滅)치 아니치 못하리로다.

이는 한 외국인이 우리 한국인을 꾸짖은 말이다. 이 몇마디는 우리들의 귀에 거슬릴 뿐 아니라 우리들의 살갗을 깎는 듯하도다. 그러나 우리 한국인이 내성자구(內省自疚)하여 그 병이 없으면 이 말이 망언(妄言)이고 그 병이 있으면 이 말이 약석(藥石)이다. 실로 우리 한국인에게는 유익무해(有益無害)한 언사로다. 우리의 친애하는 동포시여, 각자 속으로 반성하사 만일 그 병이 있으시거든 불민한 내가 다음에 역술(譯述)하는 미의(微意)가 헛되게 마시기를 감히 바라는 바다.

독립은 국가의 생명이거늘 우리나라는 생명을 잃어버렸도다. 아아, 이 현상에 대하여 방성대곡(放聲大哭)할 수도 있고 홀연 눈을 감고자 함도 예사다.

그러나 우리들이 어찌 비관의 구덩이에 빠져들어 팔짱을 끼고 하늘만 의지하리요. 하물며 하늘이 스스로 돕는 사람을 돕는 것은 일대 진리라. 우리들이 이 비운(否運)을 만회할 방책이 있으며, 방책은 어디에 있는가. 이는 지혜로운 자를 기다리지 않고도 알 수 있으리로다. 곧 우리 겨레 몇천만이 단합 공력(共力)하여 우리 국가를 위하여 활동함이니, 우리 겨레 몇천만이 낱낱이 국사에 대해서는 희생됨을 마다하지 않고 우리 국가를 독립 번창케 할 의무가 있음을 염두에 잊지 아니하면 어떤 일인들 이루지 못하리요. 개인의 정신이 미치는 바에 금석(金石)도 꿰뚫을 수 있거늘 몇천만 생명, 하나로 정신이 이르는 바에는 그 공효가 과연 어떠할까.

우리들이 우리나라 현 상황에 대하여 희망하고 믿는 바 위에 말한 것과 같거늘, 오늘날 우리 한반도에 하나의 열이 타올라 그 형세는 큰 파도가 산을 덮치는 것과 다름없고, 그 해로움은 성홍열(猩紅熱)의 수억배로다. 이 열이 무슨 열인가. 지방열(地方熱)이 이것이다. 이 열이 치솟으니 각 지방에 간격이 생기고 간격이 생기니 단합은 고사하고 서로 남처럼 보지 아니하는가. 심하여서는 서로 적으로 보지 아니하는가.

이와 같이 오늘날 분당(分黨)은 실로 지난날의 당쟁과 다른 점이 있어 우리 한민족의 크고 큰 부분을 포함한지라 반도 민족의 대부분이 문호를 각기 세우고 당쟁의 참상을 연출하면 그때 반도 일은 가히 미루어 알 것이다. 우리들의 희망하고 믿는 바 한 헛된 그림자를 포착함에 불과하리로다. 아아, 우리들이 실로 방성대곡할 일은 우리나라 현상에 있지 않고 여기에 있으며, 홀연 눈을 감고자 할 일도 우리나라 현상에 있지 않고 이것에 있다 하노라. 아아, 우리 몇천만 동포여.

이제 이 열이 출현한 원인을 탐구하건대, 혹은 남을 하토(下土) 우맹(愚氓)으로 하대하는 누습이 그대로 남아 지난날의 세력을 유지코자 하고 혹 외겁심(畏怯心)이 많은 자는 남의 새로 나오는 기염(氣焰)을 물러나 피하고 시기하며 저에게 욕을 당할 것이 멀지 않았다 하여 귀태(鬼胎 : 악귀의 심보)를 품음이요, 혹은 과거 수백년 남의 능욕(凌辱)을 받고 혹은 과거 수백년 정권에 참여치 못하여 유감이 골수에 젖어들어 크게 설치(雪恥)를 행하고자 함이라.

아아, 그 원인을 설파하자면 실로 소소한 일에 불과하도다.

회상할지어다, 우리 동포여. 이런 무리는 모두 다 단군 자손이다. 단군의 혼령이 하늘에 있어서 이들 무리의 행사(行事)를 내려다보시면 골육(骨肉)끼리 서로 다툼이 방휼지쟁(蚌鷸之爭)과 같아서 세전(世傳)의 가업까지 어부의 손에 들어가게 되니, 이런 무리 누군들 불초한 자손이 아니라 하시리요.

두번 생각할지어다, 우리 동포여. 이런 무리는 모두 다 만물 중에 가장 귀하다고 자칭하는 인류라. 단군 고택(故宅)에 화염이 곧 치솟는데 불을 꺼서 위급을 구할 사상은 조금도 없고 아이들 놀음과 같은 일로 서로간에 힐난하여 불 속에 고려장을 앉아 기다리니 일시의 편안에 젖은 당상(堂上)의 제비는 불꽃이 장차 이르나 알지 못하거니와 알고도 달게 받고자 하는 이런 무리는 냉정한 눈으로 곁에서 구경하는 자가 제비나 참새에도 비교하지 못할 민족이라 침뱉고 욕하리라.

혹은 각 지방 사람이 서로 발언하되, 타지방 사람이 없어도 국가를 중흥하리라 하나 이는 우매하고 무지한 밥주머니(飯囊) 같은 어리석은 논리요, 상식이 있는 자의 혀끝에서 굴러떨어진 언론은 아니로다. 내가 기탄없이 이를 단언함은 그 어리석음을 폭로하여 남음이 없을 것이다. 천근의 쇳덩이는 개인이 죽을 힘을 다해도 한번 들기 어려우나 뭇사람이 힘을 합하면 한개 조그만 돌과 같이 가지고 놀 수 있으리니 이의 당연함은 우리들이 날마다 목격하는 사실로 증명키 어렵지 않도다.

단합할지어다, 우리 동포여. 단합할지어다, 애국으로 공동 목적을 삼고 서로 밀어내지 말고 서로 붙들고 도울지어다. 오늘에도 시기가 이미 늦었으니 맹열히 돌아보고 반성하여 청사(靑史)를 더럽게 말지어다. 우리의 아들 손자들로 하여금 잡초 가시밭에 버려진 동타(銅駝)를 가리키고 비통케 말지어다.

<大韓興學報 창간호, 1909. 3>

一塊熱血

　余가 嘗聞컨대 我 宣祖 卽位後 五年에 元老 李浚慶이 遺箚를 上하여 四個 條 忠言을 進하니 其 第四條는 卽 '破朋黨之私' 一件이라. 乙覽이 畢하시매 大驚하사 時任大臣에게 其 遺箚를 下示하시고 朝臣 中에 誰가 朋黨을 成코자 하는고 下問하시니 於是에 議論이 沸騰하여 浚慶은 士林의 禍를 釀起코자 한 者라 其 官爵을 追奪함이 可하다 하는 者가 多數히 있고 儒臣 李珥는 '人之 將死 其言也善 浚慶之將死 其言也惡'이라 罵斥하였다 하느니라.

　吾輩는 目覩치 못하여 其時에 東西分爭의 兆徵이 明確하였는지 不知하므 로 東皐年譜에 浚慶이 東西分黨을 觀破하였다 靑野謾輯에 浚慶이 其 萌芽를 觀破함이 아니라 함은 孰是孰非를 容易히 判斷키 難하고 又 余가 玆에 判定 할 必要도 無하도다. 今에 余가 記코자 하는 事는 東西分爭과 如한 小小黨爭 도 아니요 萌芽가 明確함은 姑捨하고 枝葉이 分明한 事實이라 余가 敢히 脆 弱한 手腕으로 禿毫를 弄함은 精衛가 海를 塡코자 하며 一膠로 河를 淸코자 함과 同一하나 狹小한 胸腔에 熱血이 沸騰하여 大聲疾呼함이로다.

　大抵 我 韓同胞가 今日과 如한 慘憺한 境遇에 至함은 如何한 原因이 有한 고. 此를 了解코자 할진대 過去 歷史에게 問議할지며 今에 我朝 屢百載 史編 을 飜閱하면 黨爭이 史實의 一大 根蒂임은 一目瞭然할지라. 然한즉 過去 黨 爭이 어찌 今日 我 同胞로 此 境遇에 至케 한 一大 原因이 아니리요.

　過去 黨爭이 陰險하고 慘惡하여 屍를 飜하며 骨을 剟하는 慘劇을 演出함 이 一再가 아니나 此 黨爭은 實로 我 韓民族의 一 小小部分에 不過하였나니 此 小小部分의 黨爭도 今日 我 同胞에게 不小한 毒禍를 遺하였도다.

　今日 我 韓同胞가 如何한 慘憺한 境遇에 處하였는가. 外로 强隣의 虎視가 耽耽하여 內로 民智의 發達이 杳杳하여 我 幾千萬 檀君 後裔가 哀境에 漸瀕

하는도다.

人民은 國家의 一大 原素어늘 韓國 人民은 二大心이 缺乏하니 團合心과 獨立心이요 二大心이 特多하니 姑息心과 依賴心이라. 一言으로 評判하면 韓人은 大槪 自己의 棺을 自己가 蓋코자 하는 者라. 韓人이 勵精奮發하여 此 大病을 自治하지 아니하면 韓國이 澌滅치 아니치 못하리로다.

右는 一 外人이 我 韓人을 罵斥한 言辭라 此 數語는 吾輩의 耳에 逆할 뿐 아니라 吾輩의 膚를 削하는 듯하도다. 然이나 我 韓人이 內省自疚하여 厥疾이 無하면 此言이 妄言이고 厥疾이 有하면 此言이 藥石이라 實로 我 韓人에게는 有益無害한 言辭로다. 我의 親愛하는 同胞시여 各自 內省하사 萬一 厥疾이 有하시거든 不敏한 余가 右에 譯述하는 微意로 虛에 歸케 마시기를 敢히 企望하나이다.

獨立은 國家의 生命이어늘 我國은 生命을 見失하였도다. 嗚呼라 此 現狀에 對하여 放聲大哭함도 可하고 溢然無知코자 함도 例事라. 然이나 吾輩가 어찌 悲觀의 坑塹에 陷入하여 手를 拱하고 天만 恃하리요. 況天이 自助하는 人을 助함은 一大 眞理라 吾輩가 此 否運을 挽回할 方策이 有하오며 方策은 何에 在한고. 此는 智者를 俟치 아니코 知할 지로다. 卽 我 種族 幾千萬이 團合共力하여 我 國家를 爲하여 活動함이니 我 種族 幾千萬이 個個히 國事에 對하여는 犧牲됨을 辭치 아니코 我 國家를 獨立繁昌케 할 義務가 有함을 念頭에 忘치 아니하면 何事를 成치 못하리요. 個人의 精神이 到하는 바에 金石도 可透라 하거늘 幾千萬 生命 一團體의 精神이 到하는 바에는 其 功效가 果是 何如할까.

吾輩가 我邦 現狀에 對하여 希望하고 信恃함은 右와 如하거늘 今日 我 韓 半島에 一熱이 燃盛하여 其勢는 鯨濤의 懷襄함과 無異하고 其害는 猩紅熱의 幾億倍로다. 此熱이 何熱인고 地方熱이 是라. 此熱이 熾盛하니 各地方에 間隔이 生하고 間隔이 生하니 團合은 姑捨하고 서로 越視치 아니하는지 甚하여 서로 敵視치 아니할는지.

右와 如히 今日 分黨은 實로 昔年 黨爭과 有異하여 我 韓民族의 大大部分

을 包含한지라. 半島 民族의 大部分이 門戶를 各立하고 黨爭의 慘狀을 演하면 其時의 半島事는 可히 推知할지라. 吾輩의 希望하고 信恃함은 一個 虛影을 捕捉함에 不過하리로다. 嗚呼라 吾輩는 實로 放聲大哭할 事는 我國 現狀에 不在하고 此에 在하며 溢然無知코자 할 事도 我國 現狀에 不在하고 此에 在하다 하노라. 嗟홉다 我 幾千萬 同胞여.

今에 此熱이 出現한 原因을 探求하건대 或은 他를 下土愚氓으로 下待하는 陋習이 尙存하여 往日의 勢力을 維持코자 하고 或 畏怯心이 多한 者는 他의 新進氣焰을 退避하고 猜忌하며 彼에게 見辱함이 不遠하였다 하여 鬼胎를 懷함이요. 或은 過去 屢百年 他의 凌辱을 受하고 或은 過去 屢百年 政權에 參與치 못하여 遺憾이 骨髓에 浸漬하여 一大 雪恥를 行코자 함이라.

嗟呼라 其 原因을 說破하면 實로 小小事에 不過하도다.

回思할지어다 我 同胞여. 若輩가 俱是 檀君子孫이라 檀君의 靈이 天에 在하사 若輩의 行事를 俯瞰하시면 骨肉의 相爭함이 蚌鷸의 相持함과 如하여 世傳家業까지 漁翁의 手에 入케 되니 若輩의 誰를 不肖子孫이 아니라 하시리요.

再思할지어다 我 同胞여. 若輩는 俱是 萬物의 最貴라 自稱하는 人類라 檀君 故宅에 火炎이 將熾하는데 火를 滅하여 急을 救할 思想은 少無하고 兒戲와 等한 事로 互相詰難하여 火裏 高麗葬을 坐待하니 呴呴히 相哺하는 堂上燕은 火炎의 將至나 不知커니와 知코도 甘受코자 하는 若輩는 冷眼으로 傍觀하는 者가 燕雀에도 比치 못할 民族이라 唾罵하리로다.

或 各地方人이 互相發言하되 他地方人이 無하여도 國家를 中興하리라 하나 此는 愚昧無知한 飯囊 等의 愚論이요 常識이 有한 者의 舌端에서 轉落한 言論은 아니로다. 余가 忌彈없이 此를 斷言함은 其 愚駭함을 暴露하여 遺함이 無할지니라. 千斤의 鐵塊를 個人의 死力으로도 一擧키 難하나 衆人이 合力하면 一個 小石과 如히 飜弄함도 得할지니 此의 當然함은 吾人의 日日 目擊하는 事實로 證明키 不難하도다.

團合할지어다 我 同胞여. 團合할지어다 愛國으로 共同目的을 삼고 서로 排擠치 말고 서로 扶助할지어다. 今日에도 時期가 已晩하였으니 猛然히 回省하여 靑史를 汚케 말지어다. 若子若孫으로 荊棘의 銅駝를 指코 悲慟케 말지어다.

<大韓興學報 창간호, 1909. 3>

新幹會의 사명

　　한편에는 계급운동의 방향이 정치적으로 약진하여 새 정당이 세넷씩 나타
났고 한편에는 국민정부의 성세(聲勢)가 국제적으로 등양(騰揚)되어 새 소식
이 나날로 들리니 우리의 동서 이웃에서 생긴 또는 생기는 중대한 정치적
변동이 어찌 우리에게 영향을 끼치지 아니하랴. 목하 우리 민중(民衆)의 정치
적 의식도 이로써 더욱 급격히 각성되기 시작하니, 우리들의 정치적 의식은
곧 민족적 운동의 전제가 될 것이다. 장차 일어날, 일어나지 않고 마지아니
할, 우리의 민족적 운동은 어떠한 목표를 세우고 나가게 될 것일까. 대개 세
우지 아니하면 아니 될 목표는 오직 하나일 것이나 바르게 그 목표로 나가
고 아니 나가는 것은 우리들의 노력 여하로 결정될 것이다. 제국주의 아래
압박을 당하는 민중은 ×××××를 배척하는 것이 당연 이상 당연한 일이지
만 ××××× 유혹에 방임하면 배척은커녕 도리어 구가(謳歌)도 하게 된다
하고 사회에서 선각자로 자처하는 소위 지식계급 인물 중에 개인적 비열한
심계(心計)로 민족적 정당한 진로를 방해할 자도 없기 쉽지 않으니 만일 불
초(不肖)한 인물이 부당하게 민중을 지도한다 하면 운동이 당치도 않은 길로
나갈는지 모를 일이라 우리의 민족적 운동으로 그 길을 그르치지 않고 나가
게 하는 것은 곧 우리들의 당연히 노력할 일이다.

　　우리의 민족적 운동이 바른 길로 바르게 나가도 구경(究竟) 성공은 많이
국제적 과정에 관계가 있으므로 우리의 노력만이 조건될 것은 아니겠으나 국
제적 과정이 아무리 우리에게 유리하더라도 우리의 노력이 아니면 성공은 가
망이 없고 또 설혹 노력 없는 성공이 있다 하여도 그것이 우리에게 탐탁치
못할 것은 정한 일이다. 그러므로 우리들은 우리의 경우가 허락하는 대로 과
학적 조직——일시적이 아니요 계속적인 또는 개인적이 아니요 단체적인
——행동으로 노력하여야 할 것이니 새로 발기(發起)된 신간회(新幹會)의 사

명이 여기 있을 것이다.

나는 신간회 발기인의 한 사람이라 신간회가 일시라도 속히 장성(長成)하여 그 사명을 다하게 되기를 깊이 바라는 까닭에 신간회의 장래를 위하여 미리 다소 고찰을 더하여 우리들의 서로 면려(勉勵)할 바를 밝히어두고자 한다. 대체 신간회의 나갈 길은 민족운동만으로 보면 가장 왼편 길이나 사회주의운동까지 겸치어 생각하면 중간 길이 될 것이다. 중간 길이라고 반드시 평탄한 길이란 법이 없을 뿐 아니라 이 중간 길은 도리어 험할 것이 사실이요, 또 이 길의 첫머리는 갈래가 많을 것도 같다. 곧 구체적으로 말하면 구경 성공 실현 불가능을 구실삼거나 소위 계급적 진행을 표방하는 기회주의자들까지도 처음에는 겉으로 신간회와 유사한 단체를 조직하여 신간회의 길을 민중 앞에 혼란케 할 시기가 없지 않을 것 같다. 그러나 기회주의자들의 길은 얼마 가지 않아서 앞이 막힐 것이요 신간회의 길은 앞이 막히지 않을 것이니 조금이라도 앞을 내다보는 사람이면 갈래 잡기에는 그다지 힘이 들지 아니할 것이다.

우리의 길이 비록 앞이 막히지 아니할 길이라도 이미 험한 길인 바에 신간회로써 능히 목적지까지 도달케 함에는 나는 오직 회원될 사람——특히 회원의 전위분자 될 사람의 철 같은 확신과 불 같은 열성이 있기를 믿는다. 신간회가 앞으로 나가면 나갈수록 밖에서 오는 분열정책이 회유와 압박으로 내부의 통일을 방해하여 그 전진력을 모손(耗損)시키는 까닭에 더구나 험한 길에 갖은 곤란을 당하게 될 것이니 이 갖은 곤란을 극복함에는 회유·압박·십자포화(十字砲火) 아래에서 의연(毅然)히 앞으로 나갈 용사들이 나타나야 할 것이다. 이 용사들은 곧 철 같은 확신으로 굳세게 노력을 할 사람들이니, 나는 우리 민족 중에서 이러한 종류의 용사들이 많이 나타날 것을 굳게 믿는 동시에 신간회의 장래를 위하여 서로서로 면려(勉勵)하려고 한다.

<현대평론 창간호, 1927. 1>

槿友會에 희망

◇ 오스트랄리아 북방에 사는 어느 식인종은 주린 창자를 채울 것이 없으면 저의 안해를 통으로 구워서 뜯어먹는 일이 있다고 합디다. 소위 문명한 민족들의 사회에서도 여자가 간접으로 남자의 식료품이 되는 일이 종종 있습디다. 일종 자리제구로 알거나 그렇지 아니하면 일종 장난감으로 여기는 것은 식료품으로 치는 것보다 무엇 나을 것 있습니까.

◇ 답지 않게 상강을 세웠던 동양 몇나라는 고사하고 여존남비라고 동양 사람이 흉보듯 변보듯 말하는 구미 여러 나라에도 여자의 지위가 아무래도 남자만 못한 듯합디다. 요 근래 새로 발견되었다는 몽고지방 여자국은 사실 있다면 예외의 예외 사실이라고 할 것입니다.

◇ 상식으로 말하는 사람들은 남자 혼자만이 사람이 아니고 여자도 사람이다 말합디다. 그러나 과학자의 말은 남녀를 합하여서만 사람이란 뜻이 완전하게 된다 합디다. 남자가 여자에게 첩노릇이나 종노릇한다는 여자국도 불완전한 인류사회라고 하겠지만, 여자가 직접·간접 식료품이나 자리제구 또는 장난감 노릇하는 사회도 완전한 인류사회는 아니겠지요. 완전한 합리적 인류사회에는 여자가 남자와 같이 정치적·문화적으로 활동할 균일한 기회를 가질 것입니다. 그렇다고 남자가 아이 배게 되리라는 것은 물론 아닙니다.

◇ 우리 조선은 현금 세계 선진국에 비하여 후진이라 모든 것이 남에게 뒤진 중에 여성운동 같은 것은 더욱이 뒤진 것의 하나입니다. 지금 우리 조선에는 크룹스카야(Krupskaya)가 구우즈(Olympe de Gouges)나 크라프트(울스톤크라프트 : mary Wollstonecraft ― 편자 주)와 함께 활동하게 된 판입니다. 여권 선언의 구우즈나 여권 주장의 크라프트가 크룹스카야와 함께 여성운동의 전위 분자가 될 것이 현재 조선의 사정입니다. 이 여성운동의 전위분자가 가질

이론은 딴 것 없을 것입니다. 간단히 말하면, 우리 민족운동의 이론이 세계
무산계급운동의 일부분인 것과 같이 우리 여성운동의 이론이 조선 민족운동
의 일부분이 될 것입니다. 여러 가지 의미로 우리는 새로 탄생한 근우회에
대하여 많은 바람을 가지게 됩니다.

<동아일보 1927. 5. 29>

청춘을 어찌 보낼까

—— 우리 조선 청년의 생활 내용은 남에 없이 고담(枯淡)하고 공소(空疎)하다. 그 원인은 일부소학(一部小學), 양반조신(兩班操身), 사람을 따라 가지가지 원인(遠因)·근인(近因)이 있을 것이나 일반적으로는 장자(長者)의 간섭·유린(蹂躪)이 심한 것을 최대 근인이라 할 것이다. 간섭·유린이 청년들에게 고통이 될 것은 정한 일이라 청년들이 고통을 면할 수단으로 '후레자식 구락부' 같은 것을 모으면 어떠할까. 이것이 일종 묘안이 아닐까?

이상은 23, 4년 전에 실없은 생각을 적은 것이요,

—— 같은 현재 생활에 3종 구별이 있다.

미래의 희망으로 생활 내용을 삼는 것, 현재의 경영으로 생활 내용을 삼는 것, 과거의 기억으로 생활 내용을 삼는 것.

사람의 일생을 청년·중년·노년의 3기로 개별(槪別)하고 3종 구별을 배치하면 청년은 미래, 중년은 현재, 노년은 과거다.

이것은 보편적 사실이나 특수한 예외가 있다.

청년으로서 득성(得姓) 후 기십대의 관품 존비(官品尊卑)나 서로 비교하고 명조(名祖)의 자랑이나 서로 교환하는 중에 어느덧 중년이 된다면 이 청년은 미래보다 많이 과거로 생활 내용을 삼은 자요, 노인으로서 『토정비결(土亭秘訣)』로 1년의 앞을 믿고 사주팔자(四柱八字)로 일생의 앞을 믿고 그리하고 『정감록(鄭鑑錄)』으로 해도진인(海島眞人)의 소식을 손꼽아 기다린다면 이 노인은 과거보다 많이 미래로 생활 내용을 삼는 자이다.

노인이 이와 같은 미래로 생활하는 것도 좋지 못하지만 청년이 그와 같은 과거로 생활하는 것은 좋지 못한 정도의 일이 아니다. 망국의 현상이다.

이상은 14, 5년 전에 일기쪽으로 적은 것이다.

개벽사 청오(靑吾 : 車相瓚) 형이 청춘을 어찌 보낼까? 문제로 나의 의견을 물으매 나는 대답하고 싶지 않은 점이 있어서 고만두겠다고 거절하였더니 청오의 말이 대답하기 곤란할 것은 미리 짐작 못하지 아니하나 잡지간행에 문제되지 않을 정도로 적어 대답하라고 우기는데 내가 우김성이 부족하여 마침내 처음 거절을 교소(緻消)치 아니치 못하였다. 지금 옛 붓장난과 묵은 일기 쪽을 옮겨적는 것은 과거의 미숙한 것을 공표하고자 함이 아니라 현재의 개연(慨然)한 맘이 나의 청춘시기를 회고케 하여 붓이 잠깐 이에 미친 것이다.

청춘을 인생의 가장 좋은 시기라 함이 항용 듣는 말이다. 그러나 같은 봄철이라도 광경이 땅을 따라 서로 다르지 아니한가.『부활(復活)』첫머리에 시가지에도 봄이 온다고 적은 것을 생각한다. 시가의 봄이 벌써 산야의 봄과 다르거니 사막은 어떠하며 빙원(氷原)은 어떠할까? 사막이나 빙원에도 봄의 흔적이 아주 없지는 않겠지만 백화난만(百花爛熳)한 화원과야 비교할 줄이 있겠는가. 인생의 가장 좋은 시기라 함은 화원 같은 경우를 두고 하는 말이지 사막 같은 생애에야 당치 않은 말이 아니랴? 지금 소야곡(小夜曲)이란 화제(畫題)로 소녀 앉은 창 아래에 수금(竪琴) 들고 섰는 청년을 그린다고 하라. 그 정경이 보기 싫지 않을 것이나 만일 그 청년이 자기 나라의 옷으로 양복을 입은 사람이 아니요, 주의(周衣) 자락을 날리는 사람이라면 부랑자로 보일 것이고, 또 앵화(櫻花)라는 소품 제목으로 앵화 사이에서 젊은 남녀가 달콤하게 속살거리는 것을 그린다고 하라. 처소부터 강호천(江戶川)이 아닌 창경원(昌慶苑)이요, 그 남녀가 산앵화혼을 가진 사람이 아니요, 큰 고통 작은 고통을 짊어지고 나가는 사람이라면 파락호로 보일 것이다.

나는 우리 청년 남녀간에 삼각 사각 내지 다각의 연애 소문이 나는 것을 들을 때 애석하는 맘이 없지 아니하고 더욱이 장래 유위한 청년 남녀가 연애에 매두몰신(埋頭沒身)한다는 말을 들을 때는 송구한 맘을 금치 못한다. 그 청년 남녀의 연애의 힘이 능히 사막 같은 경우를 화원으로 변할 것이 아닐 바에 당사자들에게 한갓 괴로움을 더할 뿐일 것이다. 나는 심하게 생각하여 우리 경우에서 정조 매매 행위는 고사하고 화(和)이니 강(强)이니 하는 불법 행위도 용이히 용인할 수 있으나 많은 시간과 많은 심력을 허비하는 연애만은 용인하기 어렵지 아니한가? 생각하는 때도 없지 아니하다. 그러나 사막에

도 봄 흔적이 없지 아니한 것과 같이 우리 청년 남녀에게도 연애가 없지 아
니하다면 그 연애는 반드시 그 사람의 모든 활동력을 증장(增長)하여야 한다.
만일에 활동력을 모손(耗損)할 뿐이라 하면 그 연애는 저주를 면치 못할 연
애요, 그 사람은 증오를 면치 못할 사람이다.

  나는 중년의 사람이라 생각이 완고한가? 나도 사막같이 오직 적막한 과거
의 청춘시기를 회고할 때 일종 담박한 애수가 없지 아니하다. 이 애수를 느
끼는 까닭에 청년 남녀의 일은 아무쪼록 관후하게 생각하려는 사람이라 무의
식적으로 나오는 생각은 모르되 의식적으로는 완고한 생각을 가지지 아니한
다. 또 일변으로 생각하면 우리는 경우의 탓으로 중년·청년의 구별이 남과
같지 아니하여 청년이 벌써 중년·노년의 생각을 가지게 되는 것이 사실이
다. 전날 파란의 어느 청년시인이 우리네는 어린아이 적부터 알지 않아도 좋
은 일까지 알게 되었다. 지금 젊으나젊은 나이에 빗살에 뜯기어 나오는 흰털
이 무슨 일이냐. 눈을 들어 산하를 바라보니 나의 흰털은 너의 까닭인가 하
는 뜻으로 지은 시가 있다. 이 시나 적어 청오의 물음을 대답하려 하였더니
20여년 전에 나의 졸한 중역이 『소년(少年)』 지상에 발표된 것이었었건만 원
문이나 역문이 지금 나의 손에 없어서 전편 대의도 완전히 말하지 못하고
그친다.

<別乾坤 21호, 1929. 6>

정치인의 자기비판

과거를 돌아볼 때 우리 정치인들에게 자기비판이 부족한 것을 통감한다. 독선적 경향이 너무나 많다. 정치란 산 물건이고 부절(不絶)히 움직이는 물건인지라 머릿속에서 만들어진 이론만 가지고 정치를 해나갈 수는 없다. 정치인들이 현실의 동태를 똑바로 인식하여 그 이론을 보족(補足)하며 수정하는 것은 결코 그들의 변절(變節)도 무정견(無定見)도 아니고 도리어 반드시 실행하지 않으면 안 되는 의무요 책임인 것이다. 더구나 우리 정치인들이 국제사정에 소매(素昧)하고 정치적 경험이 없는 까닭에 작년 8·15 이래 많은 과오를 범하게 된 것이 어느 점으로는 불가피하였던만큼 솔직한 자기비판을 한다면 민중이 지지를 아끼지 않았을 것이요, 완전독립의 길도 빨리 올 수 있었다. 자기의 고집을 못 버리고 독선에 흘러버린 까닭에 마침내 자기를 지지하는 자는 그 어떠한 자라도 두호(斗護)하여주고 상대편은 그 어떠한 작은 과오라도 용서치 아니하여 마침내 우리의 국가건설에 있어 철두철미하게 관철되어야 할 혁명원칙이 손상된 바 작다고 할 수 없다. 맑은 샘의 힘이 점차로 줄어가고 흐린 물결이 거칠어가도 모두 책(責)을 외부의 세력에 돌리고 민중의 무지한 탓이라 하면 현상을 타개할 길이 없다. 우리 힘으로 일정(日政)을 구축(驅逐)하지 못한 대신 우리 힘으로 완전독립만은 기필코 수행하자는 열성이 우리에게는 적다. 정치인의 애국적 성심(誠心)이 없어서 그리 됨이 아니고 그들의 자기비판이 부족하여 세부득이 외력(外力) 의존에 치우쳐버린 것이다.

선결 문제는 정치인들이 철저한 자기비판을 하는 것이다. 지공무사(至公無私)하게 나아가면 민중도 따라나갈 것이고 민족통일도 완전독립도 쉽게 달성될 것은 틀림없다.

<자유신문 1946. 10. 9>

통일이냐 분열이냐

1

우리는 지금 통일이냐 분열이냐 하는 민족적 일대 위기에 도달한 것입니다. 우리에게는 통일 없는 독립이 있을 수 없고 분열된 독립이 또한 성립할 수 없는 것이건만 이것이 독립이요 이것이 독립의 길이라고 길라잡이 소임을 자청하는 편이 있습니다. 아니 이것을 우리에게 강요하려는 공기가 작금 정세로는 매우 농후해졌습니다. 미국 대표는 국제연합 소총회 석상에서 이것을 강렬히 주장하고 있습니다. 우리를 일본 제국주의의 철쇄로부터 해방시켜 준 미국이거늘 조선 독립 문제에 대한 그 본의를 우리는 의심코자 하지 아니합니다. 의심하지 않을 뿐 아니라 그 절대한 원조를 기대하는 바이며 영구히 우방국임을 또한 확신하는 바입니다. 그러나 미국엔 미국으로서의 대(對)세계 정책이 있습니다. 오늘의 그 세계정책은 소련에 대항하는 데 그 중점이 놓여 있습니다. 이 현상은 더 길게 말할 필요조차 없는 것이거니와 전세계의 미·소 접촉점마다의 대립은 모두 이 한마디로 설명되는 것입니다. 그런데 미국의 대세계 정책은 소련의 대세계 정책이 그렇듯이 우리의 민족적 이해(利害)와 반드시 일치되는 것은 아닌 것입니다. 우리의 독립 문제에서 파생한 남북 조선의 단독(單獨) 조처 문제는 그 가장 적실한 예인 것입니다. 미국의 입장으로서는 우리 강토와 남북을 분열시키더라도 소련에 대항하면 그 외교적 목적을 달성할 성산(成算)이 있을지 몰라도 우리의 입장으로서는 소련에 대항하는 것보다 통일된 독립국가를 가지는 것이 더 크고도 절실한 문제인 것입니다. 이와 똑같은 말은 소련의 비협력적 태도에 대하여서도 말할 수 있는 것입니다. 미·소 어느 나라임을 막론하고 자기들의 세계정책과 우리 문제는 반드시 이해가 일치되는 것이 아님이 분명한 일입니다.

민족의 총의는 통일정부 수립에 있거늘 국내 일부에서는 외국정책을 그대로 맹종하려 하니 해방조선의 일대 불상사가 아닐 수 없습니다. 원래 우리 민족을 오늘과 같은 극렬적 분열로 인도한 것은 미·소 두 나라요 국토를 분단한 것도 물론 이 두 나라가 저지른 일일 뿐이고, 우리 민족 자체로 말하면 사상적 대립이 있단들 오늘과 같은 상태로 발전하지는 않았을 것이 분명한 일이며, 더구나 국토의 분단과 같은 것은 생각조차 할 수 없는 일입니다. 우리 민족이 열렬히 바라고 있는 것은 다만 통일된 독립일 뿐입니다. 그러므로 진정한 민족적 총의는 통일정부 수립에 있는 것입니다. 그런데 단독 조처에 대하여는 한가지 실로 중대한 환상을 가지는 사람들이 있음을 우리는 가장 섭섭히 생각하는 바입니다. 이것이 곧 독립이라고 생각하는 사람이야 단한 사람인들 있을 수 없는 일이지만 적어도 이것이 독립으로 나아가는 길이 되지나 않을까 의문을 붙이는 사람이 없지 아니한 듯합니다. 그러나 이런 방향으로 우리 문제를 인도하는 것은 미국의 대소 외교정책은 될지언정 우리의 독립을 실현시키는 방향은 확실히 아닌 것입니다.

2

남부만의 단독 조처가 미국의 대소 강경외교정책선에서 빚어지는 것임이 틀림이 없거든 그 정부는 벌써 우리의 입장이 아니고 딴 나라의 필요에서 딴 나라의 정책을 수행하지 않으면 안 될 것이 자명한 일이며 이런 정부에 자주권이 없을 것도 또한 명백한 것입니다. 여기에 외국군대가 주둔하고 외국세력이 정책을 좌우하면 이 정부가 대체 무엇이 될 것입니까. 그러나 비참한 사태는 여기에 그치는 것이 아니고 북부에도 똑같은 필요에서 똑같은 정권이 설 것이니 이렇게 되는 날 미·소 국경은 바로 우리 38선이 되는 것입니다. 우리 강토 안에는 두 나라가 서는 것이요 이 두 나라는 가장 긴장된 공기에 싸여 부절(不絶)히 충돌할 것이니 이것이 어찌 독립하는 길이겠습니까. 다만 중국의 현상과 희랍의 불평을 우리에게 옮겨놓는 데 불과한 것입니다. 그렇거늘 남부만의 단정(單政)에 대하여 작은 기대라도 가진다고 하면 그것은 완전히 자기기만에 지나지 못하는 것이요 민중을 우롱하는 이외의 아무것도 아닐 것입니다. 여기에 약간의 기대라도 가진다면 그것은 오직 환상일 따름입니다.

그런데 이런 환상을 북돋우는 데는 다른 한가지 환상이 또 딸려 있다는 것을 우리는 경홀(輕忽)히 볼 수 없습니다. 그 환상이 무엇이냐. 이른바 민생 문제의 해결이 그것입니다. 이런 정권의 수립으로서 명색 자치정부의 관료는 생길지 몰라도 민생 문제의 해결이란 바랄 수 없습니다. 나의 보는 바로는 이 민생 문제 해결이란 원래 어려운 문제 중에도 가장 어려운 문제로서 이 것은 정치 문제의 해결이 없이는 절대로 해결될 수 없는 것입니다. 미국의 원조를 말하는 사람이 있습니다. 미국의 원조에는 기대를 가져 마땅할 것입 니다. 그러나 우리는 남의 원조를 받기 위하여는 그 원조를 받을 만한 준비 와 계획이 있어야 합니다. 즉 산업건설에 대한 충분한 계획이 서야 할 것입 니다. 북조선을 제외하고 대체 어떻게 산업건설을 할 수 있겠습니까. 어떻게 그것을 계획인들 할 수 있겠습니까. 충분한 계획이 없는 데 대한 원조는 일 시의 구조가 되는 것이 10중 10일 것입니다. 후진국가로서의 우리가 남을 따 라가려면 실로 비상한 계획과 결의를 가지지 않으면 안될 것이어든 하물며 남에게서 단순히 구조를 받는다는 것은 독립국가로 발전할 산업국가의 바른 출발이 될 수는 없는 것입니다.

우리는 어떤 점에서라도 단선(單選)에 의한 단정(單政)에 동의할 수는 없는 것입니다. 그것은 확실히 독립을 막는 길이며 독립국가로서의 발전의 토대를 뒤집어놓는 것이기 때문입니다. 대체에 있어 단선에 의한 단정을 주장하는 사람은 미·소 전쟁에서 독립을 주워보려는 것인데 우리 민족의 운명을 개척 하는 방법에 있어 이보다 더 위험한 것은 없는 것입니다. 우리 부자 형제간 의 살육전이 먼저 일어난다는 사실도 억울한 일이거니와 미·소 전쟁의 결과 에서 오는 소득이 대체 무엇이겠는가를 생각한다면 실로 그 결과로 오는 우 리 운명을 다시 생각지 않을 수 없습니다. 세계정세의 진전을 돌아 살필 때 가능하다면 우리는 최후의 순간에 이르기까지 있는 바 성력(誠力)을 다하여 평화유지에 기여해야 할 것입니다. 가능하다면 세계 문제의 평화적 해결에 전력을 다해야 할 것입니다. 여기서만 우리의 완전 자주 통일 독립이 가능하 기 때문입니다.

우리는 한결같이 해방 2개년여를 두고 미·소 협조에서 우리 독립이 실현되기를 고대하고 있었던 것이 사실입니다. 그러나 우리의 기대와는 반대로 미·소는 대립 일로로 달음질치고 있습니다. 미소공위(美蘇共委)가 연 2차 실패하고 난 뒤 국제연합으로서도 우리 독립 문제를 해결지을 수 없음이 오늘의 결과로 드러난 것입니다.

그러면 우리는 이 단계에서 과연 어느 길을 취하여 독립의 목적을 달할 것인가. 우리는 점령 양대국에 향하여 세계 공약인 조선 독립의 실현을 요구하는 길로 나아갈 수밖에 다른 도리는 없는 것입니다. 양국의 이해 충돌로 말미암아 우리 민족이 희생될 수는 없는 것입니다. 우리는 민족자결원칙에 의하여 우리 독립을 보장시키는 수밖에 이제 다른 방법은 없는 것입니다. 우리에게 만일 미·소 전쟁의 전초전을 맡을 만한 용기가 있다고 하면 그 용기는 응당 민족자결원칙을 보장시키는 운동으로 발전되지 않으면 무의미한 것이 되고 말 것입니다. 생각건대 이 민족자결원칙이란 오늘에 와서 비로소 우리에게 요청되는 것이 아니라 자초(自初)부터 한 민족의 해방을 위하여는 이것이 절대 필수조건이었던 것입니다. 우리는 전민족이 한데 뭉쳐서 이 원칙의 확실한 보장을 요구해야 할 것이었습니다. 우리가 이 원칙을 보장시키기 위하여 얼마나 힘을 합할 수 있느냐 하는 것은 오로지 우리 민족적 역량에 달린 일이거니와 우리는 무슨 방법으로나 금후 이런 방향에서 강력한 민족 통일운동을 함께 전개하지 않으면 안 될 것입니다.

지금에 와서 생각할 때 한 민족의 해방이란 결코 용이한 것이 아님을 더욱 절실히 느끼는 바이거니와 쉽게 독립을 해보려고 한다든지 거족적인 일대 노력이 없이 어떻게 남의 등에 업히어서 투기적인 방법으로 독립을 낚아보려고 하는 생각은 이제부터 완전히 청산해야 할 것입니다. 우리에겐 오직 분투 노력이 필요할 뿐이요, 그 결과에서만 목적하는 진정한 독립이 와질 것이라는 것을 깊이 생각지 않으면 안 될 것입니다. 독립하는 길은 민족자결원칙을 보장시키는 데 있고 이것을 보장시키는 것은 거족적인 일치한 노력 즉 민족 통일에 의한 거대한 힘이 아니면 능치 못할 것입니다. 민족통일을 말하면 곧 북부 조선만 말하는 사람이 있습니다. 과연 그러합니다. 그러나 북부 조선이라고 추수주의자(追隨主義者)만 있는 것은 아닐 것입니다. 남이라 북이라 할 것 없이 이 추수주의자들이 진실로 조선의 입장으로 돌아오고 진정한 민족적 양심으로 돌아올 때 우리의 힘은 배가될 것입니다. 민족의 힘은 커질 것입니다. 그러나 일부에 추수주의자가 있다고 민족 문제를 포기할 수도 없는 것이요 비관할 필요도 없는 것입니다.

일부에서 쉬운 방법으로 독립을 건져보려고 하거나 또 이 기회 저 기회에서 재빠르게 이것을 이용하려고 하는 추수주의 때문에 민족적인 피해를 당하고 있는 것이 사실이건만 그러나 이 나라 민중은 결코 추수주의에 휩쓸리지도 아니하고 기회를 잡으려고 애쓰지도 아니하고 다만 묵묵히 우리 문제는 우리 손에서 풀어져야 한다는 가장 기본적인 신념에 살고 있는 것입니다. 그들은 일시의 세력에 휘둘리기는 하지만 예나 지금이나 어느 길이 과연 독립하는 길인지를 확실히 알고 있는 것입니다. 우리는 이런 민중들과 함께 꾸준히 언제까지나 확실한 독립운동을 전개시킬 것뿐입니다. 이 길이 내가 보는 바로는 가장 확실한 것이요 또한 가장 속(速)한 길이라고 믿는 바입니다. 미·소 양국은 당연히 민족자결원칙에 의하여 즉 우리 문제를 우리 손으로 풀도록 그 기회를 부여해야 할 것임을 거듭 강조하는 바이며 동포 제위와 함께 진정한 독립운동으로 일로 매진할 것을 맹서하는 바입니다.

<개벽 77호, 1948. 3>

제2부

홍명희와 『임꺽정』에 관한 당대의 자료

제1장 홍명희와의 대담

淸貧樂道하는 당대 處士 홍명희 씨를 찾아

"歸去來兮 歸去來兮 田園將蕪 胡不歸……"를 부르짖으면서 재관(在官) 1년에 모든 것을 폐리(廢履)같이 집어던지고 향촌에 돌아와 오류촌(五柳村)을 건설하고 한운야학(閑雲野鶴)에 조경모독(朝耕暮讀)을 벗삼아 일생을 바치던 만고의 그 이름. 희귀한 도연명(陶淵明)의 유토피아 경을 부질없이 머릿속에 그리면서, 나는 '거진이진(居塵離塵)'의 은사생활로 청빈낙도하시는 홍명희(洪命憙) 씨를 찾아 가벼운 발자국을 옮겨놓은 때는 바로 '우수'도 지나 양기(陽氣)가 떠도는 따스한 이른봄의 어느 날이었다.

"대인(大人)은 은어시(隱於市)"라는 옛사람의 말과 같이 이 어른 역시 한적한 전원의 자연 속을 택하지 않으시고 '은어시(隱於市)'하심을 볼 때, 또한 '대인(大人)'임에는 틀림이 없으려니 생각하면서 나는 저절로 고개를 두어 번 끄덕이며 미소를 빙그레 띠어보았다.

한동안까지는 반도 사회 문화선 위에서 지극히 무거운 짐을 지시고 동분서주 다단한 세파 속에서 지내시던 이 어른이 왜 근자에는 이다지도 시정에 있으면서 세사를 다만 바라만 보시는 처사(處士)의 생활을 하시는지? 이런 궁금한 생각도 일편 가지면서 동막하리(東幕下里)로 늘 계시다는 댁을 찾았었다.

서화병풍(書畵屛風) 쭉 두른 속에 은은하게 정좌하신 이 어른의 윤기 도는 넓은 이마에는 50 평생의 허다한 세사를 세세히 경륜하신 거룩하신 어른임을 먼저 말하고 있는 듯하다.

한편 벽에 오세창(吳世昌) 씨의 글씨가 두 쪽으로 걸려져 있고 책상 위에는 거무죽죽한 고서들이 가득히 쌓여져 있다. 그런가 하면 또 그 옆에는 발자크의 소설전집이 나란히 놓여져 있음을 볼 수 있었다.

나는 어떤 유명한 학자의 서재실 속에 들어선 듯한 그러한 분위기 가운데에 사로잡히고 말았다.

곧 이 어른한테서 그의 인생관, 예술관, 독서, 최근의 심경 등을 차례로 묻기로 하였다.

독서와 취미

기자　선생은 최근 어떤 종류의 서적을 많이 보십니까?

홍명희　무슨 전문적으로 연구한다거나 하는 것이 없고 그저 손에 쥐는 대로 읽게 되니까…… 별로이 이렇다고 할 만한 책이라고는 없어요. 저기 발자크 전집이 있지요마는 얼마 전에 그것은 다 읽어보았지요. 지금 동서양을 물론하고 모두들 부르조아 작가의 최고봉으로 쳐서 고전문학의 재음미니 뭐니…… 해서 러시아에서도 굉장히들 떠드는 모양입디다마는——더구나 작년 1년 동안은 신병으로 해서 여기저기로 돌아다녔고 또 신문에 소설이라고 쓰는 관계로 도무지 독서할 틈이라고는 별로 없어요.

기　『임꺽정전』은 언제쯤이면 끝이 납니까?

홍　금후 1년 이내로는 끝이 나겠지요.

기　그 소설이 끝나시면 계속해서 소설을 쓰시겠습니까?

홍　현재 보는 한에 있어서는 별로이 다른 일도 없고 하니 자연히 그 방면으로나 기울어지게 되겠지요. 나는 이제 소설을 쓰기 시작한다면 인제 역사소설을 그만두고 지금 젊은 작가들처럼 현실을 그려내는 창작을 해보려고 하지요. 그리고 독서를 한다면 외국 사람의 작품은 되도록 원서로 읽어보고 싶어요. 역(譯)으로서는 도저히 그 참맛을 모르게 되니까요. 그래서 이제부터라도 독어나 불어나 노어나 한가지쯤 어학공부를 하고 싶은 생각이 있어요.

50이 되는 나이에 무슨 어학공부가 되겠느냐고 혹 어떤 사람은 웃을는지도 모르지만, 서양 어떤 문학가는 희랍예술을 연구하기 위하여 60이 지나서 비로소 희랍어를 배우기 시작해서 크게 성공한 사람에 비하면 나도 아직은 넉넉하지요. 동양, 더구나 우리 조선에는 조로증이 많아서 그러하지마는…….

기 선생이 매일 간서(看書)나 집필하시는 이외의 여가에는 아무런 취미도 없으십니까?

홍 취미라는 것은 통 없지요. 이렇게 시외에 좀 떨어져서 내가 있으니까 그 전날에 자주 사귀던 친우들이 간혹 찾아오면 담화로나 소일하고 그렇지 않으면 마포 강가로 나가서 산보나 고기잡이나 더러 하게 되지요.

기 선생이 낚시질을 좋아하십니까?

홍 아니지요. 너무 심심하면 간혹 하게 되지요. 낚시질 이야기가 났으니 말인데, 바로 ○○사변이 일어난 뒤의 일인데, 그때 서울에 와 있던 나는 서울에 그냥 있어야 별일도 없고 해서 내 고향 충주(忠州)로 한동안 내려가서 있으면서 심심도 하고 해서 강가에 나가서 낚시질을 하면서 소일한 일이 있었지요. 그랬더니 그때 서울에서 같이 사귀던 어느 동무 하나가 내게로 편지해 오기를 거진이진(居塵離塵)이라고 써서 은사(隱士)나 된 것처럼 하던 일이 생각키우는구려! 허허…….

최근의 심경, 인생관

기 선생이 한동안까지는 오산고보(五山高普) 교장으로도 계셨고 시대일보(時代日報) 때는 사장으로도 계셨고 얼마 전에는 신간회(新幹會)의 부회장으로 계시는 등 실로 우리 사회에서 선생의 자리는 누구나 다 알게끔 되었던데, 근자에 와서는 그야말로 '은어시(隱於市)'하시는 몸이 되시어 통 '두문불출(杜門不出)'하시니 세상에서는 말하기를 선생을 '은사' '처사'니 청빈낙도로 한일월(閑日月)을 보내시느니 하는 말이 전해지는데 선생은 어떻게 생각하십니까?

홍 허허…… 내가 무슨 '청빈낙도'하며 '처사'나 '은사'가 될 리가 있어요! 모든 세사에 골쌀을 늘 찌푸리고, 가난과 모든 불평 가운데서 우울한 날을 그날그날 보내는 몸인데! 다만 그 전날에는 모든 사회정세, 객관적 정세가 나로 하여금 그러한 자리에 나서게 만들었었고 오늘날에 와서는 또한 객관적 정세가 나로 하여금 이렇게 만들었을 뿐이지요! 사람이란 제아무리 뭐라 하더라도 모든 주위 환경의 지배를 받게 되는 것이니까…… 더구나 나라는 인간은 지금 시체말로 한다면 소부르조아, 인텔리겐차임에 틀림이 없는 몸이니까 모든 세사가 나를 이렇게 만들었다고 하면 그만이겠지요. 그러나 내가 세사를 멀리한다고, 도무지 세계 정세를 모르거나 우리 사회의 형편을 잊고 그야말로 '은사'의 생활을 하려는 사람은 아니니까. 바로 지난해 여름 일인데, 신병으로 금강산 어떤 조용한 선원(禪院)에 수삭(數朔) 가 있었는데, 그곳 승들은 나에게 늘상 말하기를, 차라리 속세의 범사를 잊고 영영 승이 되어서 참선(參禪)이나 하자는 것을 굳이 뿌리친 사람인데, '은사'가 당한 말이오? '처사'는 더욱이 아니지요.

　기　지난날 힘있게 일하시던 그 시절이 다시금 그리운 때는 없으십니까?

　홍　허허…… 노상 없을 수야 있소! 그러나 지금은 그렇게 한 자리에 모여 앉는 기회조차 통 없으니 그 전날에 자주 사귀던 우인이라고는 도무지 만나볼 수 없구려! 허헌(許憲)이 같은 사람은 함경도 어디 가서 광산을 한다 하며, 조병옥(趙炳玉) 같은 사람은 멀리 가서 무슨 상업을 한다 하며, 또 누구누구는 어디 가서 무엇을 한다는 둥 그야말로 전날에 같이 손목 잡던 사람들은 산산이 모두들 제 갈 길을 가게 되니 두문불출 안 하면 그래 누구를 어디 가서 만나본단 말이오—— 세사란 모두 제 될 대로 되어지는 것을! 일찍이 괴테는 "어떠한 석상에서든지 발견할 수 있는 자처럼 미련한 자는 없다." 하는 말을 하였거니와 나는 이렇게 나갈래야 나갈 데도 없어 그냥 가만히 방안에 하루종일 들어앉아 있으니, 괴테 같은 사람한테서 욕일랑은 안 먹겠지요! 허허…… 지금은 다만 묵은 책, 새 책을 뒤적이며 붓대를 잡아 마음속을 털어놓는 것이 오직 나의 할 일이겠지요! 그러다가도, 어느 동무, 어떤 기관에서 와서 손목을 이끌어 나오라고 하면 또 전날과 같이 일어서기도 하련만…… 이 사회가 부를 때면 주저하지는 않겠어요! 허나 내 원래 전날도 그러했거니와 무슨 문화단체 같은 데는 나가겠으나 다른 방면으로는 내 기질, 내 힘이 모자라는 것을 어떡하오! 거 세상 일이란 되는 대로 따라갈 수밖에 없지요. 워낙 인제 내 기운도 줄어드는 것이 사실이니까……

그 부드럽고 학자적인 이 어른의 말씀 가운데서는 그 전날에 무수한 청년 자제를 거느리던 인자한 분위기가 아직도 소리없이 흐르는 듯하다.

아무리 붓대를 안 잡는다 하더라도 늘 머리 앞에다 원고지와 붓을 놓고 계시다는 이 어른의 귀(貴)여운 시간을 너무 많이 허비하는가 봐 이어 자리를 일어서 대문 밖으로 나서니 어느새 해는 서편에 기울어졌고 마포 강가에서 불어오는 이른봄 저녁바람은 아직도 매우 쌀쌀하다.

나는 이 어른의 건강과 앞날의 보다 새로운 소식을 마음속으로 빌면서 바쁜 발자국을 옮겨놓았다.

<삼천리 72호, 1936. 4>

조선문학의 전통과 고전

1

지금 우리 예술계는 전반적으로 재검토를 요할 만한 침체의 관두(關頭)에 이른 것 같다. 전체적으로 아무런 통일된 경향이나 목표도 없이 저미한 분위기 속에서 허덕이는 현상이다. 이렇게 침체한 현상에서 대가들은 과연 무엇을 생각하며 중견들은 또한 어떠한 지향성(志向性)을 가지고 있는가? 우선 이것을 탐색함으로써 국면 타개의 일책이 될까 하여 먼저 벽초(碧初)·현민(玄民 : 兪鎭午) 양씨의 대담을 들어 옮기기로 하였으나 기사 중 일절 문책(文責)은 기자에게 있음을 부기한다.

— 일 기자

유진오 조선문학의 전통이라든지 고전에 대해서 선생께 말씀을 물어달라고 하는 것이 신문사의 청인데, 첫째 향가(鄕歌)의 조선문학사상에 있어서 지위가 어떠할까요?

홍명희 글쎄 요새 모두 향가 연구하는 사람도 생기고 하더군요.

유 가령 일본문학의 『만엽집(萬葉集)』 같은 데 비하면?

홍 향가라면 분량이 여간 빈약해야 말이지요. 그래도 『삼대목(三代目)』이나마 남았던들 들 만한 것이 있었을는지 모르지만……

유 그래도 친다면 『만엽집』 같은 것과 같아질 수 있지 않을까요?

홍 그야 그렇지. 어느 나라 문학이든지 발단의 시초는 시가형식에서부터 시작하는 것이니까. 서양은 의학서적도 시가형식으로 된 것이 있다고 합디다마는 그와 비슷한 것을 동양에서 본다면 약성가(藥性歌) 같은 것이 적당하지요. 모두 외기 쉽게 만드느라고. 그러나 향가래야 몇 수 못 되니까 『만엽집』
에 비하더라도 분량으로는 여간 빈약하지 않지만 같은 유(類)는 유이지요.

유 시대도 비슷하지 않습니까?

홍 그럴걸요, 『만엽집』이나 향가 비슷한 것으로는 유구(琉球) 지방에 『오
모로초지(オモロ草紙)』라는 것이 있더군요.

유 유구어로 되었습니까?

홍 가명(假名)으로 되고 게다가 『만엽집』같이 해설을 했으니까 원본은 아
니지요.

유 원본은 못 보셨습니까?

홍 못 보았습니다. 하여간 『만엽집』은 그만두고라도 향가란 원원이 수효
가 얼마 안 되니까 가령 오래 되었고 얼마 안 된다고 해서 신룡(神龍)의 편
린(片鱗)과 같이 귀하게 여길는지는 몰라도 문학의 연구대상으로는 얼마나한
가치가 있을는지 모르겠습니다.

유 그래도 조선문학의 발단은 향가이겠지요?

홍 그렇겠지요.

유 향가 이후의 조선문학으로서는 역시 시조를 그 계통으로 치시겠지요.

홍 시조는 향가 계통으로 보겠지요.

유 그리고 시조는 한문학이 들어온 뒤에도 죽 계속되지 않았습니까?

홍 그렇지요. 이조까지 내려왔으니까. 그러고 향가 말이 났으니 말이지
"동경 달 밝은 밤에……"라는 향가는 소창진평(小倉進平) 씨보다도 위당(爲堂
: 鄭寅普 씨―記者 註) 같은 이가 먼저 해독한 것입니다. 그래서 그때도 서로
이야기한 말이지마는 향가라고 해도 몇 수 안 되는 가운데 제일 쉬운 것 하
나밖에 해독하지 못하는 것은 창피하지 않느냐고까지 한 일이 있습니다.

유 전체적으로 해독한 이는 소창진평 씨가 아닐까요.

홍 또 한 사람이 있기는 하답디다마는 그렇겠지요. 위당 같은 이도 많이
해독했지마는 대체로 향가 해독, 『악학궤범(樂學軌範)』에 있는 가사를 해독해
보아도 잘 맞지 않는데 그보다도 더 오랜 향가를 현대어로 해독하는 것이
너무 영절스럽게 떨어지는 것이 도리어 낭패지요.

유 도리어 의심스럽다는 말씀이지요.

홍 그렇지요.

유 그런데 『만엽집』 이후에 한문학이 들어갔다고 하더라도 화가(和歌)나 『원씨물어(源氏物語)』 같은 것을 보더라도 그 독특한 경향으로 발달을 해왔는데 조선은 향가 이후에 시조가 있어도 역시 한문적이지 뭐 조선적이라고 할 만한 독특한 특색이 없는데 가령 그래도 무슨 조선 독특한 특색은 없을까요.

홍 그것은 우리 문자가 없은 한탄이지요. 더구나 나중에는 표현방식까지 한문을 모방했으니까. 『일본외사(日本外史)』나 『신황정통기(神皇正統記)』 같은 것은 말하자면 일본식 한문인데. 그러나 우리 문학사를 쓴다면 하여간 우리 말로 쓰여진 문학 이외에 한문으로 쓰여진 문학에서 비록 표현하는 기교는 부족하다고 하더라도 중국 것과는 다른 것은 역시 조선문학사의 일부문으로 둘 수 있을 테지. 그야 심장적구(尋章摘句)만 한 것은 모르지만 연암(燕巖 : 朴趾源, 『熱河日記』 저자―記者 註)만 하면 자기 할 말을 마음대로 다 했으니까. 영재(寧齋 : 李建昌―記者 註) 같은 분은 연암은 고문(古文) 규범(規範)에 덜 맞는다고 했지만 거기에는 조선 정조가 있거든.

유 그 외에는…….

홍 『악학궤범』 첫머리에 있는 가요 그리고 요새 많이 말하는 가사(歌詞), 시조는 가사 속에 들든지 따로 치든지. 그리고 극(劇) 방면에 있어서는 요새 봉산탈춤을 새로 하기도 합디다마는 그 필본(筆本)이라야 별로 볼 만한 것이 없고 또 본래 대개가 그때그때 임시로 만든 것이랬을 게니까.

2

유 그러면 조선문학사는 우리말로 쓰인 문학과 한문으로 쓰인 문학의 두 부류로 칠 수 있다는 말씀입니까?

홍 문학사라면 첫째 운문과 산문으로 나누어야 할 것이지마는 우리말에는 운이 없으니까 하여간 향가・가사・시조 같은 것을 운문류로 치고 극(劇) 방면은 아까 말과 같이 영성(零星)하고 소설에 들어오면 동양소설로는 당인(唐人)의 소설이 시초인데 그건 모두 야담(野談)이나 고담(古談)같이 된 것이지. 그러나 원(元)・명(明)・청(淸)에 들어오면 이제 본격적 소설이라고 볼 수 있는데 하여간 『수호지』 하나만 하더라도 성격소설로는 세계적이니까.

유 우리 것으로는 고려 이전에는 없겠지요.

홍 없지. 이조 초기까지도 없었으니까. 그런데 중국은 그야말로 유교의 본국이건마는 원·명·청 삼조(三朝)에 다 소설이 있는데 우리는 그런 것이 없는 것을 보면 소설이란 것을 천시를 해서 글자나 하는 사람은 그런 것은 손을 대지 않는 것으로 알았던 때문이겠지. 그러나 우리 소설이 있다면 그건 대개 숙종 이후인데 그 뒤로는 분량으로는 퍽 많습니다.

유 『춘향전』도 처음에는 노래로 된 것을 적은 것이겠지요?

홍 그렇지요. 노래를 적는데 여러 사람이 적으니까 모두 각 본이 다르지. 그런데 소설이 분량은 많아도 거개가 다 중국 것을 번역한 것이고 또 내용이란 것도 그저 천박한 이상주의지 뭐…….

유 권선징악적인…….

홍 채 권선징악도 못 되지. 그저 조선소설의 내용이란 천편일률로 꼭 같으니까. 가령 어떤 부부가 자식이 없어서 산천에 불공을 해서 아들을 낳아, 그러면 그 아들이 자라는 동안 부모를 잃거나 무슨 풍파를 겪어 출가를 해, 그 다음에 돌아다니다가 도사를 만나 술법을 배워, 그러면 난리가 나 배웠던 술법으로 난리를 평정하고 출장입상(出將入相)을 하는데 또 그런 배우자를 하나 만들어 두었다가 내외가 되어서 백자천손(百子千孫)으로 벌어진다는 것이 판에 박은 듯이 꼭 같으니 그게야 세상 욕심으로는 그런 것도 있겠지마는 원 현실로서야 그렇게…….

유 조선소설의 내용이 빈약하더라도 그래도 좀 특색 있는 것을 찾는다면.

홍 그렇지『춘향전』『박씨전』『금방울전』같은 것『장화홍련전』도 칠 수가 있고.

유 요새 문학에 있어서의 전통이라는 말이 유행하다시피 하는데 향가나 시조라든지 또는 한문학도 중국 것과 다른 것이 있다고 하셨는데 이러한 데서 말하자면 조선적이라고 할까요 뭐 전통 될 만한 것은 무엇이겠습니까?

홍 건 향가를 연구해봐야 알겠지요. 소설은 인제 말한 것같이 별로 볼 것이 없고.

유 그러면 한문학에서 무엇이 다를까요?

홍　글쎄, 뭐 하여간 한문에도 이전에 최치원(崔致遠)·이제현(李齊賢)·김부식(金富軾) 같은 분이 있었지마는 이조에 들어와서는 계곡(谿谷 : 張維)·택당(澤堂 : 李植)·농암(農巖 : 金昌協 ― 이상 記者 註)·연암(燕巖) 같은 분들이 주소문학(註疏文學)에서 벗어나 고문 법도(古文法度)에 이르렀던 것이지. 그런데 고문(古文)이라는 것은 자(字)에 자법(字法)이니 구(句)에 구법(句法)이니 편(篇)에 편법(篇法)이니 하는 것이 있으니까 수사학적으로 보면 현대로서도 배울 점이 있을는지 모르지만 내용이야 보잘것이 없지.

유　요새 일본문학의 전통이라고 해서『사비(さび : 閑寂)』니 또는『모노노아와레(もののあわれ : 무상)』네 하는 이도 있고 어떤 이는『만엽집』의 웅대한 것이 일본문학의 전통이라고 하는 이도 있어서 모두 각인각설인데 우리도 문학적 감각에 있어서 뭐 그러한 독특한 것이 없을까요?

홍　글쎄 모르지.

유　아니 아주 없습니까? 아주 생각지 않습니까?

홍　잘 모르는 것을 억지로 말할 게야 뭐 있나?

유　왜 요새 어떤 사람은 풍류(風流)라는 말을 하는 이도 있지 않아요.(기자를 돌아보면서)

기자　무상이라고 하는 이도 있지 않아요.

홍　불교의 영향을 받았으니까 그럴는지도 모르지.

유　글쎄요, 독특한 것이라고 해도 결국은 그 시대 그 시대의 영향에 따라서 다를 것은 사실이겠지요마는…….

홍　가령 예술 전반으로 보면 석굴암 같은 것이 조선 사람의 손으로 되었다니까 그런 건 모르겠지마는 문학이란 재료가 너무 빈약하니까 억지로 떼다 붙인다면 무엇이 있을는지 모르지마는 도리어 창피할 지경이지 뭐.

유　사실 일본문화의 독특한 점이라는 것도 결국은 세계적 문화의 영향에 따라 된 것이므로 인류 공통적인 것이라고 하는 이도 있더군요.

홍　그럴 테지.

3

유　선생께서 젊으셨을 때는 조선문학의 건설에 대한 의욕이라든지 그런 것이 계셨을 텐데 그때 일을 반성해 보신다면…….

　　홍　조선문학의 건설이라는 게 다 뭐요, 그때는 그런 생각도 없었지.

　　유　그러면 자기 문학에 대해서 무슨 목적이나 주장 같은 것이 있었겠지요.

　　홍　나는 그것도 없었어. 그저 남의 것을 읽는 것만 좋아했지.

　　유　춘원(春園 : 李光洙 씨 ― 記者 註) 같으신 이는 그래도 뭐 있었던 모양이던데요.

　　홍　아마 춘원도 없었을 겝니다. 바로 말하면 막연하게 창작욕이라고 할까 그런 것은 있었겠지마는.

　　유　작자는 무관심했어도 결국은 그런 것이 나타나지 않습니까?

　　홍　그야 비평가로서 보면 그러하겠지. 그러니까 비평가와 작가는 본래 동등의 지위에 있는 것이지. 그것은 비평가의 창작이니까.

　　유　저희들은 그래도 어떠한 것을 창작하겠다는 것이 있는데요. 가령 선생의 『임꺽정전』 같은 것이라도…….

　　홍　그렇다면 그건 다 신사상의 덕택이지.

　　유　그러나 선생의 『임꺽정전』으로 말씀하더라도 하고많은 인물 중에서 하필 그 사람을 끌온다는 것은…….

　　홍　(웃으면서) 인제는 모두 임꺽정의 이야기를 합디다마는 기왕이면 남들이 잘 모르니까 끌온 것이고 또 그쯤 가 놓으면 거기 나오는 인물들에게 대해서 시비가 없으니까. 그러나 그 작품에 대해서 나대로 무슨 생각이 있었다면 그건 막연하게나마 조선 정조나 그려볼까 한 것이지요. 하여간 한말로 한다면 조선의 자랑거리라는 것은 땅속에 있다고밖에 말할 수 없습니다.

　　유　유물이란 말씀입니까?

　　홍　글쎄, 하여간 덮어놓고 조선 것이라고 해서 자랑하는 것은 좋지 못합니다.

　　유　사실 저같이 젊은 사람들은 외국 것만 배워왔으니 조선 것으로 가치 있는 것이 있더라도 잘 모릅니다. 외국 것을 배운 눈으로서 조선 것의 가치 있는 것을 새로 보기도 하고 했으면 좋겠는데요.

　　홍　건 물론 좋은 현상이지마는 그러면 자연 환멸과 낙담하는 것이 많을 겝니다. 그러나 모든 방면에 권위가 없으니까 그것을 파괴한다거나 부정하려는 데카당이 없고 자유자재하게 건설의 일로(一路)밖에 없는 것은 도리어 좋지 뭐, 더구나 문화적으로는.

유　전승될 것이 없으니까 자수성가란 셈입니까.

홍　그럴걸. 그래도 뭐 있기야 하겠지.

유　그게 무엇이겠습니까?

홍　가령 연암 「호질문(虎叱文)」에 명처야취(命妻夜炊)라는 것 같은 것은 조선밖에 없는 것이라고 해서 「호질문」이 연암 작이라고 증명하는 데 쓰이는 말이지마는 그런 유는 얼마라도 있을 테지.

유　지금 신진이 선생 젊으셨을 때와 어떻습니까?

홍　다 나아졌지. 그때야 조선문학이고 뭐고 있었나요. 물론 지금도 문단이 소조(蕭條)하기는 하지마는 그때보다야 나아졌지요. 그런데 여러분도 다 하는 일이지마는 기량 작가를 비평하는 것은 좋은 일이야. 더구나 그것이 의식적(意識的)일 때는 더 좋은 일이지. 그러나 지금 우리 문단에서 이름 있는 작가라도 외국문단에 비해서 이류 작가측에 갈 만한 이도 드물지 않을까?

유　사실 그렇습니다. 전체적으로 수준이 낮으니까 한두 사람이 뛰어나기도 어렵습니다.

홍　첫째 작가의 정력이 생활상으로 소비되는 것이 많고 또는 외국 같은 데는 벌써 표현방식이 정돈되어 있으니까 기반이 서 있지마는 우리 작가야 어디…….

유　사실 언어부터 배워야 하니까요.

홍　언어라기론 말의 색향(色香)에 대해서 표현의 묘미를 알자면, 그러니까 작가에게 부담이 과대하지.

유　선생께서 초기에 많이 보신 작가는 누구십니까?

홍　처음에 집에서 글을 읽을 때는 『논어』니 『대학』이니 하는 것은 안 읽고 『수호지』니 『서유기』니 하는 것을 아는 대로 모르는 대로 내려 읽었지요. 그러나 학교 다니러 동경 갔을 때는 맨처음에 덕부노화(德富蘆花)의 『순례기행(巡禮紀行)』과 진산청과(眞山靑果)의 『청과집(靑果集)』을 헌책집에서 사서 읽었는데 그건 누가 가르쳐서 산 것도 아니고 어찌해서 책 모양이 마음에 들었거나 그래서 사 읽은 것이지. 그 다음에는 아주 남독(濫讀)이었는데 명치

시대 작가로는 하목수석(夏目漱石)의 작품은 거의 다 읽었습니다.

유 그가 동경 조일(朝日)에 있을 때입니까?

홍 들어가지는 않고 『나는 고양이다(吾輩は猫である)』를 발표할 때입니다. 도기등촌(島崎藤村)·전산화대(田山花袋). 번역으로는 삼구외(森鷗外)의 것도 읽었으나 등촌(藤村)의 『약채집(若菜集)』만은 읽다가 재미가 없어서 집어치웠습니다.

유 태서(泰西) 것으로는…….

홍 러시아 작품을 제일 많이 읽었습니다. 그때는 장곡천이엽정(長谷川二葉亭)씨 번역을 통해 읽었는데 내 있을 때 번역된 작품은 하나도 안 빼고 다 읽었습니다. 그저 헌 책이나 새 책이나 할 것 없이 전부 주워모으고 책을 빌리러 돌아다니기도 하고.

유 작가로서는 누구를…….

홍 도스토예프스키가 제일 크지. 소련서는 톨스토이를 높이 평가한다더구만. 그건 사회적 이론으로 하는 말이고 문학적으로 도스토예프스키가 톨스토이보다 훨씬 높지. 하여간 그것은 읽고 나면 얼떨떨하거든.

유 도스토예프스키를 좋아하신단 걸 보니 저와도 어디 공통되는 점이 있는 것 같아서 기쁩니다.

〈조선일보 1937. 7. 16~18〉

이조문학 기타

벽초 홍명희 선생은 방금 담요 위에 비스듬히 앉으셔서 무슨 한서(漢書)를 읽으시다가 반가이 맞아주신다. 작은 청동화로에 연한 불이 반짝이고 참대나무 한 그루 맞은편에 조용히 푸르르다.

모윤숙(毛允淑) 선생님 말씀을 오늘 좀 듣게 된 것은 참 영광으로 생각합니다.

홍명희 천만에 무슨 말씀드릴 것이 풍부해야지요.(선생은 동양학자풍의 위신을 가지셨으나 대단히 친절하시고 겸손하시어 두터운 안심을 느끼게 한다.)

모 요새 『임꺽정전』을 계속하신다는데 퍽 바쁘시겠습니다.

홍 무어 그걸 다시 안 쓰려고 했는데 하도 재촉을 너무 해서 다시 써볼까 하지요마는 그게 소설이 아니라 강담(講談)식으로 시작했던 것입니다.

모 무슨 식이시든지 그 소설을 읽으면 조선적 향토성을 많이 발견하게 되니까 여간 반가운 감을 주는 게 아니예요.

홍 글쎄 그게 그전에 안재홍(安在鴻) 씨 등이 조선일보에 계실 땐데 한 달에 생활비로 얼마씩 주마고 해요, 그런데 그냥 줄 수는 없으니 그 대신 글을 무어든지 쓰라고 하는군요. 그래서 그때는 생활이 좀 궁한 때라 그걸 쓰기 시작한 겝니다.

모 조선 역사 · 문학에 대해서 선생님께선 많은 연구가 계실 듯한데 좀 들려주셔요.

홍 조선 역사 · 문학이라고 체계 있게 연구할 만한 재료가 없지요.

모 이조 때에 와서 그 무슨 문학으로 특기할 만한 일이 없을까요?

홍　이조 때에야 무슨 특기할 만한 문학이 있었다고 생각되지 않는데요.

모　이두문학(吏讀文學)이란 문자를 붙일 수 있을까요?

홍　허허, 이두문학이란 말이 어데 있습니까? 문학이라고까지 붙여줄 만한 가치성이 없습니다.

모　저는 거기 대핸 통 모르니까 여쭤보는 것이예요. 무식하다고 웃으시지 마시고 가르쳐주십시오.

홍　이두문(吏讀文)이란 건 있었습니다. 아랫사람들이 위엣사람들께 향해서 하는 말이나 글을 의미하는 것이지요. 예를 들면 편지 같은 것을 쓸 때 상백시(上白是)라든지 상서(上書)라는 것 따위지요.

모　그러니까 아랫사람들이 윗사람들께 대한 공경과 예의를 표한 문이 즉 제가 무식하게 말한 이두문학 종류에 들겠군요. 호호.

홍　허허, 그렇다고 해두십시오.

모　그러면 그때에는 낮은 계급에 있는 백성들이 감정 표현하기 위해 쓴 문이로군요.

홍　암, 그렇겠지요.

모　이조 때 와서 궁중에서는 어떤 문학이 성했다고 보십니까?

홍　그때엔 『수호지』가 가장 많이 궁중에서 인기를 가졌다고 봅니다.

모　원문 『수호지』시지요.

홍　번역된 것도 있었지요.

모　세종대왕 이후엔 아마 차차 언문문학이 그 싹을 텄으리라고 봅니다.

홍　그렇지요. 원문 중국소설을 언문으로 번역하기도 하고 번안도 했습니다.

모　궁녀들의 문학 취미는 대개 어떠했는지요?

홍　궁녀들은 대개 옛날 시조를 읊을 정도에 그치고 그때만 해도 여자의 글을 별로 발표해주지 않았으니까 혹시 좋은 작품이 있어도 남모르게 깔고 있다 없어져버렸겠지요.

모　언문이 생긴 다음엔 여자들이 많이 소설 같은 것을 읽기 시작했다고 보는데요.

홍　언문 난 후로는 여자들이 활로를 얻은 셈이지요. 옛날 허난설헌(許蘭雪軒)이니 황진이(黃眞伊) 같은 이는 그 특출한 천재가 있었으니까 말하자면 어떻게 숨길 수 없어 발로된 것이겠지요.

모 조선서는 옛날엔 글짓는 여자라면 으레 기생이나 남의 소실들밖에 없
어요. 어디 옳은 가문에 태어난 여자야 별로 생심이나 했었나요?

홍 법이 무섭지요. 전통적으로 여자에게 향한 대우가 천박했으니까요.

모 그럼 이조 때 언문으로 된 창작물은 무엇입니까?

홍 그때 조선말로 된 작품은 『치악산(雉岳山)』 같은 것이 있었습니다. 그
보다도 김춘택(金春澤 : 『구운몽』과 『사씨남정기』의 漢譯者. 작자는 金萬重임
—편자 주)씨의 『구운몽(九雲夢)』 『몽련기(夢蓮記)』 『사씨남정기(謝氏南征記)』
같은 것은 그때에 있어선 빛나는 작품이었지요.

모 그게 중국소설 번역이 아니고 창작입니까?

홍 암, 창작이지요.

모 『춘향전』 같은 것은 어떻게 보십니까?

홍 나는 별로 거기 그렇게 신통한 감을 못 가집니다. 작자도 알 수 없고.
그래도 조선문학의 역사적 근거를 찾으려면 신라 향가 때로 가야지요. 신라
향가는 마치 『만엽집』 비슷하지요. 민요 같은 것도 그때 것이 오히려 심각할
까 합니다.

모 선생님은 영문학에 대한 연구도 깊으시다 하는 말을 들었습니다.

홍 천만엣 말씀입니다. 그저 조곰씩 들어 알지요 무얼 압니까?

모 그렇지 않아요. 선생님 좋아하시는 외국 시인도 있을 줄 압니다.

홍 하이네의 소곡집 같은 것을 읽어보면 어딘가 진보적인 성격이 보이는
데가 있어요.

모 하이네도 그렇지만 제 생각엔 오히려 진보적 기운이 농후하기는 바이
런이 더하지 않을까요? 바이런은 문학에서뿐만 아니라 자기 실생활의 종말이
그러하니까요.

홍 하이네의 시는 더러 조선식 시조식으로 번역했으면 재미있겠더군요.

모 톨스토이 같은 이는 어떠십니까?

홍 나는 그이를 예술가라기보다 도를 전한 사람으로 봅니다. 50 이전의
작품이나 혹시 예술적 가치가 있을지 몰라도, 50 이후에는 오입이지요.

모 호호, 그런 것도 오입이라구 합니까?

홍 아니 웃으실 게 아니라, 그가 행한 문학의 길이 그렇단 말이지요. 사실『부활』같은 것도 예술작품이라기보다 윤리와 도덕에 관한 방향으로 움직여 나간 데가 많지요. 그이가 썼으니『부활』이 평가가 높았지, 스토리로 보면 그런 평이한 스토리는 다시 없지요.

모 선생님은 작가로서 사회적 의무거나 도덕적 의무를 느끼시지 않으셔요?

홍 아이 참. 의무를 느껴가지고야 어찌 예술작품을 완성합니까? 먼저 정서가 주가 되어야지요?

모 아니야요. 아무리 정서 본위라 하더라도 인류라든지 사회를 향상하게 할 작품을 써야 하지 않아요. 그러려면 먼저 작가의 교양 정도가 높아야 하지 않아요. 작가의 성격이 선화하고 미화하기 전에야 어찌 대중의 양심을 움직일 작품이 나올 수 있을까요?

홍 그러나 저 생긴 대로 제 생각나는 대로 쓰는 것이 작품이지 "이렇게 해야 되겠다" 해가지고 쓰면 그 작품이 비록 문자적으로는 도덕적이고 선적이라 하더라도 독자가 신용하지 않지요.

모 그럼요. 나쁜 성격 가진 사람이 쓴 작품에 만약 그 작품 내용에까지라도 악의 요소가 포함되었다면 보는 사람도 악화되지 않아요?

홍 문학이 종교나 수신이 아니라니까요. 작품으로 독자의 의식을 강제하여서야 되나? 아무리 악한 작품이라도 보는 사람의 비판이 서면 그만일 것이고, 또 그렇게 해독을 끼칠 작품이란 것은 애초부터 예술품으로 빚어지기는 어려울 것입니다.

모 선생님도 어서『임꺽정전』을 끝막으시고 현대소설에 붓을 좀 대보십시오.

홍 그렇지 않아도 현대소설을 하나 써보려고 계획 중입니다.

모 그런데 소설을 쓰시면 인생사회를 그리려니까 남녀 문제가 나올 텐데 어떻게 하십니까?

홍 글쎄, 현대 여성을 통 모르니까 답답하더군요. 그래서 간접적 지식을 얻으려고 모윤숙 씨 연애론도 읽고, 허허 다른 분들의 소설도 읽지요.

모 아유, 그래도 직접적으로 기회가 오신다면 환영하실지도 모르지요 뭐.

홍   웬걸 기회가 오겠습니까? 그러고 아주 인젠 열이 다 말랐어요. 늙었는
데 무어, 허허.

모   그런데요, 선생님! 선생님은 소설 쓰시거든 제발 여자를 너무 천박하
게 취급하지 마셔요. 흔히는 여자들의 일면만 보는 것 같애요.

홍   조선 남자들이란 여자를 성적 견지에서만 보아내려온 습관이 있어서
그렇습니다.

모   그러니까 선생님은 이제 한번 여자를 옳게 보시고 현대 작품을 창작
해 보셔요.

홍   허허, 이것 참, 현대 여성을 통 알아야지요? 참 저는 사막에서 살아온
셈이지요? 결국 이제는 여성을 알 기회도 없고 해서 그저 간접적으로 지식을
구해가지고 쓰는 수밖에 없지요.

모   춘원 선생 같은 이는 소설 속에 현대 여성을 많이 취급하는데요.

홍   그 사람도 웬 친한 현대 여성이야 있겠소? 그저 간접적으로 듣고 알
아서 쓰는 게지요.

모   시조형에 현대 조선어를 넣어가지고 짓는 것은 어찌 생각하십니까?

홍   그건 말하자면 비단보에 흙 싸놓은 셈이지요.

모   선생님 추우신데 오랫동안 얘기를 들려주셔서 감사합니다.

<삼천리문학 창간호, 1938. 1>

洪碧初·玄幾堂 대담

사회 : 이원조

동경유학과 교우

이원조 동경서 지내실 때 두 분이 서로 아셨던가요.

홍명희 못 만났어. 여기 나와 있다가 만났지. 그때 기당(幾堂 : 玄相允 씨의 호)은 평양 대성학교(大成學校)에 있었고 나는 동경의 대성학교에 다닐 때지.

현상윤 벽초(碧初 : 洪命憙 씨의 호)는 나보다 한 시대 위니까 동경서야 만날 수 없지.

이 연세는 어떻게 되십니까?

현 몇이시오?

홍 나? 쉰넷이야.

현 나는 마흔아홉이니까 선배지.

이 그때 누구누구 계셨습니까?

홍 육당(六堂 : 崔南善)이 있었고, 처음 알기는 호암(湖岩 : 文一平)이지. 호암하고 나하고 이보경(李寶鏡 : 李光洙 씨의 初名)하고 같은 하숙에 있었는데 이보경은 4년 아래구 호암은 동갑이었지. 살았으면 쉰넷이니까.

이 그때 공부 경향은 어땠습니까, 역시 문학청년이 많았습니까?

홍 문학청년은 없었어. 대개는 법률 공부를 해서 관리나 하려고 했으니까.

현 그때 벽초는 가인(假人)이라고 했겠다.

홍 응, 그때 바이런의 시집을 보다가 '카인'편이 하도 좋아서 가인이라고 했었는데 그뒤 중국을 가보니까 '假人'이 중국음으로는 '짜ー렌'이 된단 말야. '짜―렌'이라고 하면 내가 지은 본의와는 틀리니까 '可人'이라고 고쳤지. '可人'은 '커―렌'이니까 카인과 음이 근사하거든.

이 벽초라군? 어째서 하셨습니까.

홍 상해에 있다가 남양으로 갈 때 윤홍렬(尹洪烈)이가 『성경』 한권을 주면서 읽으라고 해. 그런데 남양엘 가보니까 영어와 마래어(馬來語)가 필요하더군. 그래 이왕이면 영어 『성경』으로 공부를 하겠다고 영어 성경을 한권 샀지. 상해에서 가져온 조선말 성경과 대조하면서 읽는데 그래도 알 수가 없어서 우드의 코멘터리(註釋本)를 가지고 읽었지. 『성경』을 보니까 카인이란 구경(究竟) 고연놈이야. 그래 재미가 없어서 '가인(可人)'이라는 것을 집어치웠지.

벽초(碧初)가 된 것은 전에 열두서너살 적부터 자(字)모듬들을 했는데 나도 호가 있어야겠다고 해서 인초(仁樵)라고 했었지. 그런데 어느 때 선친께 이것을 들키게 됐는데 선친 말씀이 '인초'는 좋지 않으니 차라리 벽초(碧樵)라고 하는 게 어떠냐고 하시더군. 벽양(碧陽)은 내가 살던 괴산(槐山)의 고호(古號)니까. 벽초라는 '초(樵)'자가 싫어서 '초(初)'자로 바꿨지. 그러니까 '碧'자는 선친께 받은 것이지.

이 현선생께서는 동경 계실 때 교우관계는 어떠셨습니까.

현 나는 벽초보다는 한 시대 변한 때지. 최린(崔麟)이니 최석하(崔錫夏)니, 상호(尙灝)・민세(民世) 같은 이들이지. 문학을 좋아하긴 벽초・고주(孤舟:李光洙의 初號)・문일평(文一平)・최남선(崔南善) 들일걸. 최남선이 아마 제일 좋아했을 거요.

그때 조선삼재(朝鮮三才)라고 벽초・최남선・이광수를 쳤지. 또 서울을 오니까 장안팔재(長安八才)라고 해서 정구창(鄭求昌)・변영만(卞榮晩)・벽초(碧初)・정인보(鄭寅普) 등이 평판이 있었고.

홍 그때는 자칭 영웅들이 많은 시대라 24영웅이니 하는 것이 있었는데 재사라 하는 것은 이 사람들이 일종의 모멸로 붙인 것이지. 저것들이 재사라고.

현 독서가로는 벽초・호암이 제일이었을걸.

이 (벽초 선생을 향해서) 제가 언제 둘째 자제(洪起武)가 가지고 있는 전에 쓰신 노트를 가만히 보았는데요. 시도 있고 문학청년적인 것이 다분히 있더군요.

홍　남양 있을 때 쓴 것인데 노트가 아니라 그때는 내 진실한 고백을 써 보려고 했던 것이지만 어디 됩디까. 루소의 『참회록』에도 거짓말이 있다고 하는데 되겠소. 그래 얼마 쓰다가 그만두었지.

이　독서 범위는 어떠셨습니까.

홍　모르지.

현　문학서류를 제일 많이 읽었을걸.

홍　여기 있을 때 당판(唐版) 소설 나부랭이를 주워 읽었었지. 소설은 경서 읽는 것과 달라서 대개 주섬주섬 주워 읽어도 되니까. 열한살 때 『삼국지』를 읽었는데 첫권은 어른하고 같이 읽고 둘째권부터는 나 혼자 읽었어. 문리(文理) 아는 것만 읽어내려갔지.

현　나도 『삼국지』는 열두살에 읽었어.

홍　우리 집에는 소설이라고 『서상기(西廂記)』밖에 없었으니까, 다른 데서 얻어봤지. 『삼국지』도 얻어다 본 게고. 그뒤에 동경엘 가서 여관에 있으려니까 그 집 젊은 주인이 잡지를 갖다 주고 읽으라고 한단 말야. 읽어보니 지나소설과는 식이 달라도 퍽 재미가 있더군. 그래 잡지들 이것저것 읽다가 중학교 입학시험도 끝나고 마침 정초로 노는 때 고서점에 가서 산 것이 『진산청과집(眞山靑果集)』하고 『덕부노화집(德富蘆花集)』, 정종백조(正宗白鳥)의 『어디에(何處へ)』이었어. 그때 막 발간된 때지. 이것이 문학서를 읽은 출발인데 그뒤부터는 그 책에 있는 광고를 보고 그것이 새끼쳐서 소경 파밭매기로 읽어나갔지. 그때가 자연주의가 한참 성하는 때야. 그래 내 독서과정을 보면 자연주의에서 낭만주의로 거꾸로 치올라갔지. 일본문학도 자연주의에서 낭만주의로 갔으니까 내가 읽은 것과 일본문학사와 꼭 같게 된 셈이야.

이　현선생 계실 때는 학생생활이 틀이 잡혔을 때죠.

현　대정 원년(1915)에 갔으니까. 그전에는 유학생이 400명 가량 되다가 나 나올 임시해서는 600명이나 됐었죠. ……벽초는 중학교는 왜 안 마쳤소? 그때 톨스토이의 영향이 대단했었으니까 실력만 있으면 그만이라고 해서 그랬나?

홍　왜 졸업장이 없어?(평소 성적이 좋다고 해서 나중에 졸업장을 주었다고 한다.) 나는 톨스토이는 안 읽었는데.

이　그때 학생들의 기질은 어땠습니까?

현　사람들이 퍽 정성스러웠죠. 그러다가 어느 시기 전후부터 달라진 것 같아요. 물론 처음에는 협잡패들이 많았지만. ……그때는 정성스럽고 참되려고 했는데 그뒤에는 정성이 적어지고 교만하고 젠 척하고 하더니 요새 학생들을 보면 철이 없고 어린애 같아요, 무지각하더군요.

이　전에는 선생이나 선배에 대해서는 퍽 존경의 마음을 가졌었는데요. 요새는 그런 것이 없는 것 같지 않습니까? 그 원인이 어디 있겠에요.

현　20년 전에는 구도덕에 힘이 있어서 어른 대접 같은 것도 거기에서 나온 것이지만 이즈음은 구도덕의 힘은 없어지고, 거기에 대신할 만한 새로운 도덕의 힘이 서지 않은 탓이겠지요.

이　그때 한문(漢文) 세력들은 상당했지요?

현　벽초 시대엔 그랬겠지만 나 있을 땐 장덕수(張德秀)·김성수(金性洙)·최두선(崔斗善)·송진우(宋鎭禹) 같은 이들이니까 한문의 힘이래야 별것 없었죠.

홍　호암이 참 진실한 사람이었지. 동경 온 것도 선생질을 하다가 조도전(早稻田) 사학과로 왔으니까. 사학과를 중지한 것은 남의 중상이 있어서 거기에 화가 나서 공부를 중지하고 상해로 뛰어왔지. 성질이 급한 사람이니까. 중상한 놈 죽인다고 상해로 온 것이지.

이　호암 선생은 그때는 지내시기가 족하실 때죠.

홍　그렇지는 않았어. 상해서 대공화보(大共和報)에 번역도 해주고 했지. 그래 우리가 가서 가끔 뺏어 먹고 했거든. 가세는 기울어지던 때지만, 우리들에게 요리 낼 정도는 됐지. 한때 호암·나·단재(丹齋 : 申采浩)·위당(鄭寅普)·소앙(蘇卬 : 趙鏞殷)·민세(民世 : 安在鴻) 들이 서로 몰려다녔지.

이　좀 우스운 말씀입니다만 그분들 중에서 어느 분이 뛰어났었습니까.

홍　글쎄…… 단재가 어느 방면으로든지 제일 났었지. 나이도 많고.

이　호암의 사학연구는 동경서부터 시작했습니까?

홍　그렇지, 조도전대학 사학과에 있었으니까.

이　그런데 단재의 사학적 공적이란 무엇일까요.

현　고대조선사에 대한 개척이겠지.

홍　단재가 나중에는 역사학이란 것을 알고자도 했고 심지어 번역된 책이나마 서양역사학이란 것을 보았으면 했지마는 처음에는 역사에 대해서 억단(抑斷)도 많았어. 내가 북경을 가니까 그때 단재가 석등암(石燈菴)이란 암자에 있을 땐데 단재란 사람이 본래 성미가 고집쟁이야. 번연히 옳은 것이라도 자기 말과 다르면 그예 그르다고 부등부등 우기지. 그런데 내가 가니까 삼한통일사(三韓統一史)란 것을 지었는데 이것은 어떻게 돼서 지었는가 하면, 그때 신승우란 사람이 있어. 그 사람은 나이는 우리 선배지만 내한테도 배운 일이 있었고 단재한테는 조카뻘인데, 한번 언젠가 단재를 해냈다나. 만날 책이나 보고 아무것도 안 하면 뭐하느냐고. 그러니까 졸리다 못해 역사라고 지은 것이 삼한통일사란 것인데 두 권 책으로 된 것을 내놓고 좀 보라기에 보니까 첨에 단군조선(檀君朝鮮)이 있고 그 다음에 기자(箕子)는 쑥 빠지고 진국(辰國)이 나오는데 진왕 제1세는 아주 불세출의 영웅으로 만들었단 말이야. 그래 이 진왕이 누구냐 물으니까 단재 말이 요절이지. 아니 그때 삼한을 통일하자면 그러한 영웅이 아니고서야 되겠느냐고. 그래 아니 그러면 이게야 그저 상상이나 억측이지 역사란 것이 어디 그러냐고 하니까, 글쎄 그럴까 하더니마는 필경은 그 원고를 불살라버렸어. 그런데 단재가 다른 데는 그렇게 고집쟁이면서 역사에 대해서는 제법 아량이 있는 것이 장관이지.

　현　그래도 나중에는 훨씬 더 고증학적이 아니었소?

　이　만년에 조선일보에 연재되던 조선사는 사료나 고증서목이 퍽 풍부하고 정확하지 않았습니까.

　홍　그래도 그것도 미정고이지. 본래 그 원고가 나오기를 그 아들의 학비에나 보탤까 하고, 박누구라든가 하는 사람에게 부탁을 해서 원고를 내보내서 조선일보에 났는데 원고료는 한푼도 못 받고 그 밑에 원고를 그 박모라는 사람이 가졌다는 말을 듣고, 몽양(夢陽 : 呂運亨)이 중앙일보 있을 때 그 원고를 싣겠다고 얻으러 가니까 먼저 200원인가 얼마를 달라더라나. 그래서 어찌어찌해 그 원고를 찾지 못했는데 이들은 그 박씨가 어디로 간지 모른데. 이건 내 일주(一洲 : 金振宇 씨)한테 들었어.

　이　고사에 있어 이두(吏讀) 해독이란 것도 단재의 창견(創見)이 아닙니까?

　홍　창견이지. 그보다도 나중에 죽을 무렵에 내한테 한 편지도 있지마는 「전후삼한고(前後三韓考)」란 것을 새로 쓰겠노라고 했는데 삼한을 전후에 있었다고 보는 것도 탁견이지. 그러니까 하여간 내가 겪어본 사람 중에는 우리 또래 중에 재주 있는 사람도 많으나 그 재주가 나보다 낫고 내가 못 따라갈 따름이지, 그저 능재(能才)라고밖에 생각되지 않는데, 단재는 천재라고 할 만하단 말이야. 아무튼 천재적 안광(眼光)이 있으니까. 그리고 발명적 천재로는 윤신영(尹愼榮)이고.

현 윤신영이는 또 왜.(웃으면서)

홍 아니 발명으로는 천재지, 다른 데 났으면 에디슨도 될 수 있지.

숙·영 이후 신학파의 정체

이 그런데 영정간의 실사구시학(實事求是學)이란 것이 그 이름부터도 말이 있는 모양이나 그야 어떻든간에 학풍이 일변한 것만은 사실이니까, 그것이 그때 학문적 정황으로 보아서 단순히 청조 고증학(考證學)의 영향으로 볼 것인가 그렇지 않으면 자기 내부적 필연성으로 그러한 학풍이 일어난 것인가 어떻게 보십니까?

홍 이름은 실학(實學)이라니 또 아주 박학(樸學)이라니 하기도 했지마는 하여간 거기 대해서 나는 이렇게 생각해. 첫째 성리학(性理學)이란 것이 일왈(一曰) 주자(朱子) 이왈(二曰) 주자 하니까 겉으로 드러내놓고 반대하지는 못해도, 거기 대한 약간의 반감과 둘째는 정치권 외에 떨어진 사람들, 그러니까 그 학파에 색목(色目)으로 보면 남인(南人)이 많지. 그래서 일어난 학풍이야.

현 나도 확실히 그렇게 압니다. 이론 유학에 대한 반감이지요. 사실, 이론 유학이란 직접 인민에게 무슨 상관이 있습니까. 그러니까 경제학이지요.

이 그러나 청조 고증학이란 고경심정(古經審定)을 목적으로 한 것이지만 우리 실학이란 강역(疆域)·치제(治制)·병혁(兵革)·경륜(經綸) 이런 방면으로 집중되었으니까 청조 고증학과는 근본적으로 성격이 다르지 않습니까.

홍 물론 다르지. 그러나 청조 고증학도 송학에 대해서 불신과 반대이니까.

현 그렇지요. 목적론적으로는 다르지요.

이 그러면 실학의 시초는 잠곡(潛谷 : 金堉)이나 소재(疎齋:李頤命)로 잡을 수 있을까요.

현 아니지요. 반계(磻溪 : 柳馨遠)가 있는데, 반계는 인조조고 소재는 숙종

조이니까.

　홍　그렇지. 그 다음에 성호(星湖)가 있고.

　현　성호는 반계한테서 직접 영향은 받지 않은 것 같아.

　이　그러나 영정간의 이 학파는 거의 전부가 성호와 관계 있지 않습니까. 그리고 일설로는 이 실학이 세종 문화의 복귀운동이라고도 보는데 어떨까요.

　홍　그렇게도 볼 수 있지.

　현　하여간 이론 유학에 대한 반동이야.

　홍　그런데 하나 우스운 것이 있지. 시계는 실상 서서(瑞西) 사람이 아라사 사람보다 한 100년 먼저 발명했건만 아라사 사람이 시계를 발명했다고 떠들듯이 김석문(金錫文)의 삼환부공설(三丸浮空說)이 있다지만 담헌(湛軒) 지전설(地轉說)도 소전위일일(小轉爲一日) 대전위일년(大轉爲一年)이라고서 서양 사람이 지구 둥근 것만 알고 도는 줄은 몰랐다고 우습게 여기면서 지전설은 우리가 처음 발명한 것처럼 굴었지만 그건 우리가 몰라 그렇지 코페르니쿠스 지동설에 비하면 얼마나 뒤떨어져. 우스운 일이지. 그러나 뒤졌건 어쨌건 우리는 우리대로 발견한 것이니까 가치는 인정해야지.

　이　그러니까 그때 교통이라든지 여러 가지 관계로 보아서 실학이 방법론으로는 다소간 청조 고증학의 영향을 받은 것만은 사실이겠지요.

　홍　그렇겠지. 그런데 이런 게 하나 있어요. 조선사상계의 지배자란 것은 유림이란 것인데 유림의 소굴이라고 할까, 하여간 그 의거하는 것이 처음에는 향교(鄕校)라고 친다면 향교는 적어도 여말까지 올라갈 수 있고 그 담에 서원(書院)이란 것, 이것은 주세붕(周世鵬)이 풍기(豊基)에다가 소수서원(紹修書院) 지은 것이 처음이라고 하니 그렇다면 중종조부터인데 이렇게 해서 향교나 서원을 중심으로 해서 성립된 유림이란 것이 조선의 사상계를 지배해 왔거든. 그러니까 항상 무슨 새로운 사상이 나올 때마다 신구가 충돌하는 것은 어디나 있는 일이지만 조선처럼 유림이 뿌리박혀서, 말하자면 구세력으로 내려온 것도 드물 게야. 우선 보지, 언젠가 동아일보에서 「가명인두상(假名人頭上)에 가일봉(加一棒)」이란 글을 실었다가 영남서 들고나서 필경은 필자가 밀려났지. 아니 여기 기당(현상윤 씨)도 언젠가 퇴계(退溪)를 잘못 말했다고 영남서 말썽이 생겼다더구만. 하여간 그러니까 실학도 그렇게 일어났건만 조선사상계를 지배하지 못한 것만은 사실이야.

현 글쎄 말이오. 내가 졸업논문에 『조선유학사(朝鮮儒學史)』란 것을 썼는데 나는 이렇게 봅니다. 조선 유학을 네 단계로 본다면, 첫째를 문장 유학(文章儒學) 점필재(佔畢齋 : 金宗直)를 중심으로 해서 그 문인들의 문장 숭상하던 때, 다음으로 실천 유학 정암(靜菴 : 趙光祖)의 영기발발해서 자기네 학문을 직접 사군택민(事君澤民)하는 실천수단으로 옮기려던 때, 그 다음에 퇴계 중심으로 일어난 이론 유학, 그 다음은 순전히 당쟁 유학이지마는. 이렇게 본다면 조선사상사에 있어서 정암과 퇴계는 양대 대립된 존재로서 그 두 시대에 사풍(士風)이 전연 다른 것이 있습니다. 정암 때는 정암부터 그렇지만, 모두 젊지 않습니까. 그러나 그네들은 그 공부를 가지고 직접 사군택민하는 데 실천을 하려 했지만 퇴계 이후부터는 심(心)·성(性)·정(情) 토론만 했지 어디 직접 정치에 공헌한 것이 무엇인가요.

홍 그야 퇴계로 말하면, 그 중씨(仲氏:溫溪) 때문에 화가(禍家)에 있었고 또 자기 소질을 돌아보아 득위행공(得位行公)하는 것보다 학문에 대한 열망이 더했겠지만, 하여간 조선 유학에 있어 제일 깊은 학자인 것만은 사실이야.

현 그야 퇴계는 글자 그대로 물러만 가서 겸양이라든지 독선기신(獨善其身)하는 것은 좋지만 정암 때에 비해서 사풍이 변했다는 것은 조선사상사에서 중대한 일입니다.

홍 독선기신은 어디 유자의 실천이 아닌가?

현 그 다음에 말년에 와서 유교가 어째서 그렇게 타락했을까, 매우 유감된 일이오. 그처럼 유교를 숭상하고 참 우문지치(右文之治)를 했는데도 말년에 와서 그렇게 타락된 것은 여간 유감엣 일이 아니지요.

당쟁의 근본 원인

이 그야 여조(麗朝)의 불교는 안 그렇습니까. 그런데 아까 당쟁 말씀이 났으니 말씀입니다마는 이 당쟁의 근본적 원인은 무엇일까요.

홍 나는 그렇게 보는데, 그저 벼슬자리는 적고 벼슬할 양반 수효는 많고 그래서 벼슬자리 쌈이야.

현 나는 그렇게 안 봅니다. 유학 자체가 되기를, 유학을 숭상하는 데서는 당쟁이 없을 수가 없어요. 왜 그러냐 하면, 유학이란 것이 수기정심(修己正心)하는 개인 공부로는 좋으나, 사회를 다스린다든지 이런 데는 재미가 적어도 첫째 『주역(周易)』에서 음양을 갈라놓고 음은 소인(小人)이요 양은 군자(君子)라고 봅니다. 그러니까 군자란 말을 듣는 사람은 좋지만 소인이란 말을 듣는 사람은 여간 굴욕이 아니거든요. 그러니까 청류(淸流)·탁류(濁流)가 생기고 이래서 모든 사람이 그저 군자와 소인으로 대별이 딱 되어서 서로 시기하고 공격하니까, 옛날 상소(上疏) 같은 것을 보시오. 그저 만날 친군자(親君子)·원소인(遠小人)이지. 그러므로 유학을 숭상하는 데서는 언제나 당쟁이 없을 수 없어요. 보시오, 한(漢)나라가 그렇지요 당(唐)이 그렇지요 송·명 어느 것 할 것 없이 유학을 중심사상으로 한 데서는 당쟁이 없는 데가 없에요.

　이　그야 어느 나라 정치사든지 오서독스와 리액션이란 것은 다 있지 않습니까?

　현　그래도 예수교에서는 사람의 장점과 단점을 분간하지마는 유학은 덮어놓고 군자와 소인을 갈라가지고 그저 친군자·원소인이니 당쟁이 안 생기겠습니까, 어때요?(벽초를 보며)

　홍　일리는 있으나 지나 사상에서 한·당(漢唐)이 어디 다 유학만 했나?

　현　그래도 당나라 한퇴지(韓退之) 같은 이야.

　홍　글쎄, 하여간 당쟁의 핵심은 벼슬자리 적고 양반이 다수한 것이 핵심이야. 내 그 확증으로는 북헌(北軒 : 金春澤)이란 이가 그 다 당쟁의 효장(驍將)인데 그가 그랬어. 당쟁은 그저 이·병판(吏兵判) 양전 쟁탈(兩銓爭奪)이 핵심이라고. 그러니 양반이 확립되기 전에는 양반 이외에도 인물 본위로 채용도 했지만 그것이 확립되고 나서는 전부 배제했거든. 그러니까 기묘(己卯)나 을사(乙巳)사화 같은 것은 인제 한 말이 맞겠지만 동서 분당은 세력다툼이야.

　현　그야 그렇지.

　홍　그러니까 겉으로는 대의명분을 내세우지만 속으로는 세력쌈인데 한쪽은 다 옳고 한쪽은 다 나쁜가. 서로 옳고 그른 것이 다 있는데 그까짓 거 뭐 얘깃거리도 안 되지만 당쟁에 대해서 선입견은 못쓸 게야.

담배가 들어온 경로

이　조선에 담배는 언제부터 시작됐습니까?

현　연산(燕山 : 기록자가 光海를 연산으로 잘못 기록한 것 같다.—편자주) 무오(戊午)라지?

홍　연산 무오에 금지부득(禁之不得)이라고 했으니 그전에 있었겠지.

이　계곡(谿谷 : 張維)이 금연을 못해서 청음(淸陰 : 金尙憲)이 계곡을 징치해야 금연이 되겠다고 상소를 했다지요.

홍　선원(仙源 : 金尙容, 장유의 妻父)이 볼기를 때렸단 말도 있고. 농암(農巖 : 金昌協)도 정관재(靜觀齋 : 李端相, 김창협의 처부)한테 종아리를 맞았다는데 한번 처가엘 가니 죽을 내왔는데 농암은 마침 무엇을 먹고 갔던 때라 잘 안 먹었더니마는 선비 자식이 죽이라고 안 먹어서, 뭣에 쓰느냐고 때려서 애매하게 맞았다는 게지.

현　지촌(芝村 : 李喜朝)은 농암과 남매가 서로 바뀌었습디다그려.

홍　그런데 오늘 저녁 얘기만 하더라도 난 이런 생각이 나요. 인제 우리 사상사 중에 어느 때는 선배가 없는 것이 좋았단 말이야. 우선 걸그치는 것이 없으니까. 그러나 요즈음 와서는 자기반성의 기회가 돌아오면서 민속이니 민요니 이러한 지나간 민간문화의 채굴이 버썩 흥왕해지면서 도리어 선배 없는 것이 허전도 하고, 섭섭도 한 모양이지. 그러니까 알고는 싶은데 알 길은 없어서 마치 유전국남(柳田國男)이란 사람의 말함같이 눈의 채집과 귀의 채집을 하는 데는 나쌀이나 먹은 사람들이 좀더 아니까 우리 같은 사람도 여기 와서 저녁이라도 얻어먹게 되는데 지금 남아 있는 것은 그래도 알 수 있지마는 제도라는 것은 자꾸 변하는 것이니 알 수가 없거든. 그러니까 우리가 제법 무엇을 하나 완성한다거나 수립한다는 것은 역량 부족이니까 그저 해석이나 완성은 후인에게 맡기고 그 밑절미로 수집하고 채집해서 남겨두었으면 좋겠어. 가령 정치제도 변환이라든지 경제·풍속 하다못해 의복·음식이라도 우리 손으로 채집할 수 있는 것은 하는 것이 필요한데 누가 한 5만원쯤 내면, 한 사람에게 500원씩 주고 채집하고 연구시켜 팜플렛 한권씩 만들어내도 백 가지는 채집할 수 있고 그것을 팔아보지 설마 반이야 안 나갈라고.

현   그러면 자유탐색이나 자유연구는 어떨꼬?

홍   그야 그 사람의 전문이나 취미에 따라 맡기지마는 조건으로서 다른 것은 불비하더라도 증거만은 꼭꼭 확실하게 대도록 하고.

현   의견은 퍽 좋은 의견입니다.

<朝光 70호, 1941. 8>

碧初 洪命憙 선생을 둘러싼 文學談議

출석자 : 李泰俊 · 李源朝 · 金南天

작가와 기질 문제

이원조 대체 지금 문학사적 견지로 보면 최근 조선문학을 3기로 나눌 수 있고 초창기부터 금일까지 활약하신 분, 다시 말하면 우리 문학을 창조하신 분이 세 분 계신데 그 세 분 중에서 금일까지 문학을 지켜오신 분으로는 벽초 선생 한 분이 남아 계실 뿐입니다. 그리고 벽초 선생에서부터 30대의 저희들에게 이르기까지의 중간 기간은 비어 있다고도 볼 수 있습니다. 물론 김동인(金東仁) 씨나 박종화(朴鍾和) 씨 같은 분이 현재까지 꾸준히 작품활동을 해오시지만 그 몇분을 빼놓으면 공허한 감이 없지 않습니다. 지금 우리들 3, 40대의 사람들이 가령 앞으로 조선문학사를 쓴다면 이광수(李光洙) 같은 이는 어떻게 되겠습니까?

벽초 조선문학사에서 최남선(崔南善) · 이광수 두 사람을 무시할 수는 없을 테지.

김남천 역사적인 사실이니까!

이태준 문학 업적으로야 무시할 수 없겠지요. 그러나 그들의 작품과 사람과의 관계를 어떻게 취급하느냐가 문제일 것입니다.

벽초 작가와 작품과의 거리 문제는 앞으로 많이 토의되어야 할 문제인 줄로 아오.

이태준 선생님께 술을 따르면서 생각나시는 분이 만해(萬海 : 韓龍雲) 선생님이십니다.

벽초 만해가 생존해 계셨더라면 좋았을 텐데.

이원조 만해 선생께서 벽초 선생을 흉보시던 얘기를 선생님께 공개하겠습니다. 만해 선생께서 조선일보에 연재소설을 쓰시던 땐데 하루는 소설 관계로 만해 선생을 찾아갔었더니 그 선생 말씀이 벽초가 『임꺽정』을 쓰다가 중단했다가 하는 것은 정력이 부족한 탓이라고 하시더군요.(일동 笑)

벽초 그 점은 만해가 옳게 보았어. 사실로 정력이 부족한 탓이었으니까. 정력이 부족하다고 지적한 것을 부인할 배짱은 없는걸.

이태준 제가 생각하기에는 정력이 부족한 탓이라고는 볼 수 없습니다. 글을 거칠게 쓰지 않으려고 애쓰셨기 때문과 또 소설 내용에 있어서 인물과 인물과의 관계를 정밀하게 검토해 쓰시려니까 자연 붓이 더디게 되는 게지, 그걸 정력 부족으로 볼 수 없을 줄 압니다.

벽초 아니 그렇지 않아. 글짓는 사람으로서는 퇴고(推敲)가 필요하겠지만 나 같은 사람은 아무렇게 써도 좋을 글자 한 자에도 공연히 신경질이어서 시간만 허비하거든. 일종의 병적이라고 할 수 있겠지. 불란서의 도테 같은 작가는 그 점이 유난스러운 작가인데 그분은 제 저서가 제본이 다 된 뒤에도 글자 한 자라도 잘못된 것이 있으면 그 책들은 모두 내버리고 새로 만들게 했다니까. 그러기에 도테는 일생을 두고 원고료를 온전히 받아본 일이 없다더군. 고료를 받기는 받지만 책 고치는 데 죄다 몰아넣어버렸대. 그러니 그게 일종 병적이 아니고 무엇이겠소.

이태준 비교적 수월하게 쓸 수 있는 것이 신문소설의 원고일 것입니다. 그렇지만 아무리 신문소설이라도 쭉쭉 써나가는 것을 보면 용하게 생각되던데요.

벽초 가만 보면 글은 두고두고 깎는다고 해서 반드시 잘 된다고는 할 수 없더군. 내 경험으로 보더라도 처음에 썼던 것이 불만해서 다시 고쳐보고 다시 고쳐보고 하지만 나중에 보면 공연한 애만 썼지 고친 것이 맨처음 것만 못하거든. 그런 점으로 보면 나같이 글 쓰는 데 애쓰는 사람은 사실로 정력도 부족하려니와 일종 병적이라고 자인 아니할 수 없어.

이태준 그렇다고 해서 일필휘지 격으로 써갈기고 퇴고 안 하는 사람을 정력적이라고는 할 수 없지 않습니까? 제가 『임꺽정』에서 배운 것은 정력적

인 것보다도 묘사의 정밀성이었습니다. 하나하나를 정밀하게 묘사해 나간 것
은 일필휘지로서야 도저히 이룰 수 없는 일이 아닐까 생각했어요.

이원조 일필휘지고 게다가 정밀하기까지 했으면 더욱 좋겠지.

『임꺽정』과 조선 정서

이태준 그렇게 두 가지가 다 양전할 수는 없겠죠. 양전하지 못할 바에는
『임꺽정』처럼 정밀한 묘사의 편을 취할밖에.

벽초 『임꺽정』에야 묘사다운 묘사가 있나 어디.

이태준 겸사시겠지요.

벽초 문학작품으로는 저급이지.

이원조 『임꺽정』을 읽고 있으면 『삼국지』나 『수호지』 같은 중국소설을
읽는 감이 없지 않습니다. 더구나 구주문학의 영향을 많이 받아온 저희들에
게는.

벽초 그 점은 작자로서도 동감이야.

이태준 어디 묘사가 있느냐는 점.

벽초 여천(黎泉 : 李源朝)이 『임꺽정』을 중국소설 같다 했는데 우리는 중
국과 그리고 일본을 거쳐 구주문학에 많은 영향을 받아온 것은 사실이겠지.
나는 『임꺽정』을 쓸 때 될 수 있는 대로 조선적인 정조를 잃지 않으려고 노
력했소. 그래서 경치 같은 것 한 대목 쓰는 데도 고대의 조선 정취를 나타내
려고 로맨틱하게 그리려고 했지. 또 한편으로 말하면 플로베르같이 자연주의
식 정밀한 묘사로 역사소설을 지을 역량이 없는 까닭이오.

이원조 그러나 실상 작품에 나타난 것은 반대 결과여서 어느 편이냐 하
면 로맨틱하기보다 더 많이 리얼리스틱했던데요.

김남천 제가 전에 소설론을 전개하면서 그런 얘기를 한 일이 있지만, 가
령 이광수와 벽초 선생 두 분을 놓고보면 이광수는 아이디얼리스트지만 벽초
선생은 리얼리스트라고 한 적이 있었습니다. 말하자면 이광수의 소설 방법은
주관적이고 이상주의적인 데 반하여 벽초 선생의 방법은 사실주의적 방법이
라고…….

이태준 그렇지. 벽초 선생께서 아까 경치를 낭만적으로 그리려고 했다 하

셨는데 그렇다면 그것은 벽초 선생이 낭만적이기보다 조선 정서가 낭만적이요 애수적이었지, 작자인 벽초 선생 자신은 어디까지든지 리얼리스트지.

김남천 그래 이광수 같은 분은 관념주의자인 때문에 목전의 현실이 머릿속의 관념과 부합될 때에는 그래도 쓸 만한 작품을 만들 수 있지만 그렇지 못한 경우에는 주관을 가지고 현실을 왜곡하고 재단하려 드니까 작품은 얼토당토않은 설교에 떨어지고 말게 되지.

벽초 작자와 작품과의 문제는 금후에도 충분히 토의해야 할 중대한 문제겠지. 이러나저러나 방응모(方應謨) 씨와 홍순필(洪淳泌) 씨가 자꾸만 『임꺽정』을 끝내라 조르지만 임꺽정이가 독립 후인 오늘날도 내 뒤를 따라다닌대서야.(일동 笑) 슈베르트의 미완성 교향악처럼 『임꺽정』도 그만하고 미완성인대로 내버려두었으면 좋겠어!

이태준 왜 미완성으로 내버려둡니까?

이원조 의무적으로 쓰실 필요는 없겠지만!

이태준 구상하실 때 목표가 있었을 게 아닙니까!

벽초 플랜이야 있었지. 있기는 있었지만 하도 오래 돼서 다 잊어버렸는걸!(일동 笑)

이태준 그래도 미완성대로 내버려두는 건 아깝습니다.

벽초 그래서 사방에서 공격을 받지.

김남천 선생님의 작품으론 단편은 없으십니까!

벽초 없소. 내가 무슨 문학활동을 한 일이 있나. 실상은 오늘 밤 이런 문학적인 회합에는 참여할 자격이 없지.(일동 笑)

이태준 『임꺽정』도 『임꺽정』이지만 앞으로 단편을 쓰실 의사는 없으십니까?

소설적 역사와 역사소설

벽초 나는 전에 이런 생각을 한 일이 있소. 역사소설을 단편으로 써보면 어떨까. 즉 역사적 사실에서 테마를 잡아서 단편을 쓰되 시대 순서로 써모으면 역사소설이라느니보다 소설 형식의 역사가 되려니, 일면으로는 민중적 역사도 되려니 생각했었소. 근세 500년 역사에서 예를 들어 말하면 선죽교(善竹

橋), 함흥차사(咸興差使), 난이난(難而難), 육신(六臣) 등 재료는 얼마든지 있을 테지만 그런 것을 하나하나 기록해가면 그것은 궁정기록으로만 그칠 게 아니라 나아가서는 민중의 역사가 될 테지. 그래서 그런 것을 취재해서 단편을 써볼 생각이 있었소.

이태준　그 플랜은 버리지 마십시오.

이원조　역사문학은 그래야만 할 것입니다. 종래로는 역사문학이라면 무턱대고 영웅주의로 나가기가 일쑤였는데 그것은 잘못이라고 생각합니다. 그래서야 어디 역사의 전면목을 나타낼 수 있습니까. 그 점은 역사문학의 금후의 과제가 아닐까 합니다.

벽초　이제부터의 역사문학을 지금까지의 역사문학과는 보는 방도가 달라야겠지.

이원조　특히 궁정 비사만을 써가지고 그것으로 역사문학연하는 것은 배격해야 할 것입니다.

벽초　궁정 비사는 민중과는 아무런 인연도 없는 것이니까, 그런 것은 배격해도 좋겠지.

이원조　그런 역사문학을 민중은 벌써 요구치도 않을 것입니다.

벽초　요구는 않을지 모르나 팔리기야 잘 팔릴걸. 그런데 문학자로서 언제나 잊어서는 안 될 것은 문학자가 민중을 지도한다는 긍지를 가져야 할 것이오. 군중에게 영합한다든가 혹은 어떤 세력에 아부한다든가 해서는 진정한 문학작품이 나올 수 없을 게요.

이원조　문학이 정치를 도와나가는 것은 좋으나 그 때문에 문학의 독자성을 잃어서는 안 되리라 생각하는데…….

벽초　문학이 독자성을 잃으면 벌써 문학이 아닐 테지.

작품 『황진이』 비판

벽초　여기 황진이의 작자인 상허(尙虛 : 李泰俊 씨)가 앉아 계시지만 황진이는 만해(한용운 씨)와 내가 서로 쓰겠다고 다투다가 결국 상허한테로 넘어갔소. 만해가 썼다면 현학적 견지에서 썼을 테지만.

김남천　선생님은 무슨 생각에서 황진이를 쓰시려고 하셨습니까?

벽초　내가 황진이에게 흥미를 느낀 것은 만석중과 황진이와의 관계가 아나톨 프랑스의 타이스와 비슷했기 때문이었는데 그 관계를 그린 점으로 상허의 것은 좀 불만이야.

이태준　실상은 제가 쓰려고 쓴 게 아니라 벽초 선생을 찾아가지고 써줍사고 했는데 그때 아마『임꺽정』집필 중으로 못 쓰시겠다고 했고 사에선 조르고 해서 내가 그야말로 작문을 한 겁니다.

이원조　벽초 선생께는 문학상 반역자적인 일면이 있다고 보았습니다. 임꺽정의 반역적인 성격이 미화된 것 같은 점은 확실히 문학에 있어서 반역자를 추앙하였다고 보는데 그 유래된 점은…….

벽초　글쎄, 내게 반역적인 기질이 있는 게지.(일동 笑)

김남천　그게 바로 리얼리스트의 다른 일면입니다. 그런데 만해 선생의 소설을 선생님은 어떻게 보십니까?

벽초　글쎄, 만해야 소설보다 시가 좋지.

김남천　『님의 침묵』이 그분의 가장 큰 업적이라고 보는데?

벽초　그래, 소설은 시만 못해. 그렇지만 만해 자신은 그렇게 알지 않던걸.(일동 笑)

이원조　상허의『황진이』는 너무나 미화되었다고 보는데!

이태준　사실 만석중의 타락한 것은 역사적 자료도 없고 또 근거 없이 타락할 이유도 없다고 생각하는데 서화담을 유교관계로 내세우기 위해서 만석중을 일부러 친 것이 아닌가 생각되더군.

고전문학과 계승 문제

이태준　지금 교육계에서 우선 문제되는 것은 조선의 고전문학입니다. 고전 중에서『한중록』이니『사씨남정기』니 하는 작품들을 아무 비판도 없이 다만 문장만으로 가르치는데 무슨 모험은 없겠습니까?

벽초　우리 과거의 소설은 대부분이 중국소설의 번안이나 번역이고 천편일률의 저급 이상 소설인데 그중의『사씨남정기』같은 것은 특색 있는 작품이지. 말하자면『엉클 톰스 캐빈』과 같은 작품이야.

이태준　저도 학교에 있어본 경험이 있습니다만 학생들은 읽어줘서 곧 이해할 수 있는 것보다는 더 많이 선생의 주해를 요하는 것이라야 가르칠 맛이 나는데 그런 점으로 선생들이 고전에만 지나치게 치중하는 것은 사실 교단 폐단이라고 할까요, 그게 없지 않습니다.

벽초 원래 학자는 쉬운 것을 어렵게 표현하는 버릇이 있다니까.(일동 笑) 그렇지만 이제부터의 학자의 자격은 옛날과는 반대로 어려운 것을 쉽게 표현할 수 있는 사람이래야 할걸. 가르치는 점에 있어서도.

김남천 이번에 어느 학교 입학시험 문제에 「정읍사(井邑詞)」를 출제한 일이 있다는데 그건 너무 우심한 예구.

이원조 글쎄 그랬다구…….

벽초 그 시험은 양주동(梁柱東) 씨더러 보랄 걸 그랬지.(일동 笑)

이원조 제나라 고전이 있으면 물론 좋은 일이지만 고전이 없다고 해서 그 불행을 감추기 위해서 억지로 고전 아닌 것을 고전으로 만들 필요는 없다고 생각합니다.

이태준 만든다고 고전이 되나?

벽초 고전이 없다면 불행이긴 하지만 없으면 없는 대로 지내지 꾸며서야 될라구.

김남천 과거에 일본서는 민족성의 우월감을 고취하기 위해서 문학적으로는 떨어지는 작품이라도 『태평기(太平記)』니 『고사기(古事記)』니 하는 것을 마구 내세워서 고전이라고 했는데 조선서도 억지로 꾸미면 그렇게 되겠지.

이원조 일본의 『만엽집』이나 『고사기』에 대등할 고전은 무엇입니까?

벽초 우리 고전은 대개 다 없어졌어. 『삼대목(三代目)』이 남아 전했다면 『만엽집』만 못지 않았을 테구 『유기(留記)』가 남아 전했다면 『고사기』만 못지 않았을 테지. 지금 우리가 좋은 고전을 갖지 못한 까닭에 학술적 저작에도 영향이 적지 않아. 중국의 곽말약(郭沫若)은 중국 고대사회사를 만드는 데 『시전』과 『주역』 같은 고전의 덕을 많이 보았고 백남운(白南雲) 씨는 우리 고대사회사를 쓰는 데 곽말약보다 애는 더 많이 쓴 모양이나 효과로 보면 곽보다 떨어져. 모건의 카테고리를 가지고 쓰기는 둘이 다 마찬가지지만 백 씨는 고전자료가 없기 때문에 애를 많이 썼어도 그만한 효과를 얻지 못한 것이 아닐까. 그러나 없는 것은 없는 대로 지내는 수밖에 없지, 별수 있나.

이원조 고전이 고전적 가치를 발휘하자면 새로운 문학의 원천이 되어야만 할 것은 말할 것도 없을 줄 압니다. 그런데 담헌(湛軒) 『연행록(燕行錄)』같은 것을 주석해보면 문장은 대단히 유창해서 읽기는 좋으나 현대인에게는 조금도 어필하는 점이 없어요. 그래서 결국은 골동 취미에 떨어지게 되고 맙니다. 일본의 조선글에 대한 정치적 강압이 심할 때에는 그 압력에 대한 반동으로 우리 문학을 지켜나갈 때에는 그런 것도 선전할 가치가 있었겠지만 오늘에 와서는 문학적 감흥을 주지 못하는 작품은 좀 생각할 문제가 아닐까 합니다.

벽초 『연행록』은 우리 국문으로 그런 기행문이 있었다는 점에 가치가 있지 않을까.

이원조 『조천록(朝天錄)』은 종류로도 수백 종이 있다는데요? 『연행록』은 번역이 아니고 처음부터 우리글로 쓰여진 기행문이란 것이 특색이지요. 어쨌든 고전은 정당히 비판해서 살릴 것은 살려가야 할 겁니다.

벽초 장래 문교부에서 문화에 대한 대책이 있을 테지. 고대문화로서 보존할 것 보존하고 또 신문화 수입도 해야 하고.

이태준 그런 것을 국가기구로 해야 할 것입니다.

이원조 이를테면 아카데미…….

한자 폐지 문제

이태준 어휘 많기로는 조선말이 세계에서 으뜸이라는데 선생님 생각은 어떠십니까?

벽초 확실히 어휘야 많지. 그러나 심리묘사 같은 것을 하자면 말의 부족을 절실히 느끼게 되든걸. 그것은 있는 말을 우리가 충분히 활용하지 못하는 죄도 많으니까 일후에는 잠자고 있는 말을 캐내는 것도 문학자의 임무겠지. 그리고 부족한 말은 한문의 힘을 많이 빌려와야 할걸. 한자 폐지론이 벌써 논의되고 있다지만 한자를 폐지하자면 상당한 준비가 있어야 할걸. 그렇게 경경히 논의할 문제가 아니야. 나는 지금 당장 한자를 없애자고는 하지 않지만 한자는 구경 폐지해야 할 줄로 믿는 사람이야.

이태준 폐지보다 한자 수효를 제한하면 어떻겠습니까?

벽초 아니, 제한이니 할 것 없이 아예 폐지해야 해. 폐지해도 좋을 만큼 준비만 하면 고만이거든.

이태준 우리가 일상 사용하는 한자 수라는 것이 불과 7, 8백 자인데 그것쯤이 중학생이나 전문 학생에게 부치는 부담은 아닐 줄 생각하는데요.

벽초 처음 얼마 동안은 한문 술어 같은 것은 한글로 쓰고 나서 그 밑에 괄호를 치고 한자를 달다가 차츰 없애지. 가령 직접이니 간접이니 하는 술어는 한자를 달지 않더라도 누구나 다 알아듣듯이 되잖우?

김남천 그러자면 시일이 꽤 오래겠죠.

이태준 그렇지만 함축 있는 단어 같은 것은 좀 곤란할 것입니다. 예를 들면 관념적이라는 단어 같은 것 그런 함축적인 것은 교양 없는 사람은 못 알아들을 것이 아닙니까?

벽초 함축과 뉘앙스는 한글로써도 쓰면 쓰는 대로 다시 생기지.

이태준 제한은 필요하겠지요.

벽초 제한은 폐지의 전제래야 해.

김남천 한자를 곧 폐지하면 퍽 곤란하겠는데요.

벽초 우리야 그렇겠지. 우리는 한자를 통해서 배웠으니깐. 그렇지만 처음부터 한글로 배웠다면 꼭 마찬가질 게요. 아까도 관념적이란 단어를 예로 들었지만 관념이라는 한자 술어도 가르칠 때에 한자로 가르치지 말고 한글로 가르치면서 뜻만 바로 알으켰으면 되지. 물론 한자 폐지에는 상당한 준비 기간이 필요는 하겠지만 폐지는 해야 해. 우리글로 넉넉히 표현할 수 있는데 굳이 한자를 차용할 게 뭐겠소?

언어와 현학적인 언어학자

이태준 아직도 어떤 한글 선생님은 비행기를 '날틀' 학교를 '배움집' 품사를 '품씨'라는 말을 쓰는데 그 점은 어떻겠습니까?

벽초 날틀이니 배움집이니 하는 것으로 우리말과 우리 민족정신을 고취하려는 것은 그릇된 생각이겠어. 비행기라는 말과 학교라는 말이 있는데 왜 하필 새것을 지어내서 머리를 혼란케 하겠소. 그건 타기해야 할 사이비 애국자나 할 일이오. 그런 노력은 딴 데로 돌리는 게 좋겠지.

이원조　그것도 아까 말한 고전 문제와 마찬가지로 8·15 이전까지는 의의가 있었지만 우리글을 맘대로 사용할 수 있는 자유를 가진 오늘에 이르러서는 고집할 게 아니겠지요. 그리고 한자를 사용한다 해서 한문과 아무런 관계 없는 단어, 예를 들면 남편이니 생각이니 하는 아데지 같은 것은 얼른 없애버려야 할 것입니다. 심한 예로는 생긴다는 것을 '生起인다'라고도 쓰는데 그런 것은 더 말할 것도 없고요.

이태준　8·15 이전에는 민족운동을 고취시키기 위해 확실히 필요했겠지만 8·15 이후에는 무의미한 일인 줄 압니다. 더구나 전국민의 기초교육에 있어서 그런 혼동을 일으킨대서야 중대한 문제라고 하겠습니다.

김남천　교육자가 개인의 기호로 그런 태도로 나간대서야 안 될 말이지.

횡서에 대한 토의

이원조　한글 횡서 문제에 대해서 선생님은 어떻게 생각하십니까?

벽초　횡서 문제에 대해서는 나는 전부터 지론이 횡서파요. 우리 한글을 몽고·여진 문자와 같이 종서도 하지 않고 아라비아(右에서 左로) 문자나 서양 알파벳(좌에서 우로)같이 횡서도 하지 않고 종횡 철자법을 겸용하여 자체(字體) 구성(構成)하게 된 것은 한자의 영향일 것이오. 한글도 구주 제국의 문자처럼 간단할 수 있는 것을 번거롭게 한 셈이오.

이원조　횡서로 하자면 자체를 갈아야 하지 않습니까?

벽초　그렇지. 고쳐야겠지. 횡서 자체 시험안도 벌써 여러 가지 있지 않소. 내가 본 것만도 상해에서 민필호(閔泌鎬) 군이 만든 것, 노령한교(露領韓僑) 누구가 만들었다는 것, 본국 최현배(崔鉉培) 씨의 것이 여러 가진데 다 일리가 있더군. 우리는 현재까지 내려온 그대로 쓰는 것이 편하기는 하나 먼 장래를 생각하면 고칠 것은 으레 고쳐야지. 한자 폐지 준비위원회가 생겨서 한자 폐지 준비도 해야 하고 국문 정리위원회가 생겨서 국문 정리에 대한 연구도 해야 하고.

김남천　지금 쓰고 있는 글자를 그대로 횡서한다면 도리어 쓰기가 어렵지 않을까요?

이원조　현재 있는 자체 그대로는 오히려 혼동되니까 횡서를 하자면 글자를 분해해야겠지.

　김남천　분해를 한다면 가령 '찬'자를 요새 일부에서 가로 쓸 때 'ㅊㅏㄴ'으로 쓰듯 그렇게 한다는 말이지?

　이태준　모음·자음을 따로따로 독립시켜 쓰게 되겠군요?

　벽초　옳지. 그래서 영어식으로 한 단어마다 떼구. 횡서로 하면 문화 발달에 큰 도움이 될 것이오.

　이원조　일본문자는 횡서로도 쓰기 쉽지만 한글은 받침이 많아서…….

　이태준　풀어서 횡서로 쓰자면 한자는 없애버려야겠군.

　벽초　우리가 살아 있는 동안에 실현하도록 해얄 텐데.

　이원조　건 선생님 욕심이십니다.(일동 笑)

　이태준　한자를 섞어서는 안 될까요.

　벽초　상허는 한자에 꽤 애착을 느끼시는가보오.(일동 笑)

　이원조　일본문학이 명치 이후에 급속도로 발전된 것은 『고사기』나 『만엽집』 같은 것이 한자 병용으로 된 때문이 아닐까요?

　벽초　병용?

　김남천　가명(假名 : 가나)만 쓰지 않고 한자를 병용한 것이 급속히 발전한 원동력같이 보이는데요?

　이태준　가명만 쓰는 것보다 한자를 쓰기 때문에 능률이 높아져서…….

　이원조　더구나 문학에 있어서요.

　벽초　일본의 『고사기』나 『만엽집』 같은 것은 한자를 사용했지만 실상 데니오하로 쓰였을 뿐이니 한문 아닌 한문이라고나 할까.

계몽운동과 작가의 임무

　김남천　선생님은 농민문학에 대해서 어떻게 생각하십니까?

　벽초　금후에 있어서 조선 작가들의 중요한 임무는 대중을 계몽하는 계몽적 작품을 많이 써야 할 줄 아오. 대중을 계몽하자면 문학을 통하는 것이 가장 효과적인 첩경이니까. 시골 가서 가만히 농민대중의 생활을 살펴보니 그의 생활 내용은 미신과 인습 두 가지뿐인 것 같습디다. 못 하나 박는 데도 손을 가리고 문 하나 다는 데도 상문방을 보고. 누가 앓으면 약국에 가기보다 먼저 무당집으로 가거나 경쟁이게로 가고. 어쨌든 농민의 일거일동이 미신과 인습 아닌 것이 없어. 그 미신과 인습을 타파하자면 과학사상을 보급시키는 것이 제일이고 과학사상을 보급시키는 데는 문학작품을 매개로 하는 것이 제일일 게요. 정면으로 나서서 미신을 타파해라, 인습을 벗어나라 하고 군호만 부른데서는 오히려 반감만 살는지 모르지. 작품으로 그들의 생활을 취급해 가면서 생활을 통해서 개선하도록 해얄 게야.

김남천 그렇지요. 국민의 문화 수준을 높이자면 일반 대중의 지적 수준을 높여야니까 그런 의미에서 과학사상 보급은 대단히 긴급한 문제일 것입니다.

벽초 과학사상 보급에 초점을 둔 계몽운동을 전개해야겠지. 과학계에도 체육계의 손기정 같은 인물이 나면 좋기는 좋지만 우리는 한 사람의 위대한 인물이 나기를 기다리기보다 오히려 일반 대중에게 과학사상이 보급되기를 바라고 또 그러도록 노력해야겠지.

이원조 과학사상을 보급하자면 정치적으로는 봉건사상과 싸워야 할 겁니다.

벽초 조선 작가의 당면 과제는 봉건적 잔재를 제거하는 새로운 아동문학과 농민문학을 수립하는 것일 거요. 지식인을 상대로 한 지식인을 취급한 소설은 당분간 없어도 좋아. 일본의 하목수석(夏目漱石)의 『고양이(猫)』 같은 소설을 딴은 읽으면 재미는 있지만 소위 여유파 지식인의 유희작품이지 별것 있소. 이런 작품은 없어도 좋단 말이야. 『묘』의 결점이 어디 있을까? 여천(이원조 씨를 바라보며)은 어떻게 생각하오?

이원조 대답할 길을 미리 열어주셔서.(일동 笑)

벽초 현학벽이야.

김남천 하목(夏目)의 『초침(草枕)』도 역시 현학적이지.

이태준 『초침』은 현학적이면서도 정취는 있지.

이원조 문학 본질로 보아 유머라는 것이 다분히 현학적이 아닐까요.

이태준 그렇지만 현학에 도취해서는 안 되겠지.

이원조 어쨌든 하목수석(夏目漱石)은 박학이야. 그런데 내가 조선 작가에게 바라고 싶은 것은 스케일이 커주었으면 하는 점이죠. 작가의 기질은 바꿀 수 없겠지만 애써 스케일을 크게 하려고 노력하도록 해서……

벽초 그렇게 억지로 스케일을 크게 할 필요가 있을까? 스케일은 작아도 좋으니 좋은 작품만 쓰면 좋겠지.

이원조 기질도 바꾸려면 바꿀 수 있을 테니 외국 작가들처럼 스케일 큰 작품이 나왔으면 하는데요.

벽초 국민이 원체 커야 스케일도 클 텐데 소설을 억지로 꾸며서는 안 될걸.

이원조 소설의 아기자기한 흥미만 추구하지 말고 다소 서툴러도 좋고 거칠어도 좋으니 틀을 크게 잡아가지고.

벽초 사람도 덜된 사람이 커보이는 법이야.(일동 笑)

이태준 스케일 문제는 우리가 반성할 주요한 문제의 하나겠지요.

작품과 작자와의 거리 문제

김남천 작가의 성실이라는 것도 문제되어야 할 줄 아는데.

이원조 중요한 과제지. 이제부터 앞으로는 성실한 문학자만이 성공할 것이오. 문학자는 항상 자기를 반성해 가면서 자기의 세계관을 갖는 동시에 문학자로서의 모럴이 있어야 할 거야. 모럴 없는 작가에게서는 우리는 아무것도 기대할 수 없을 줄 압니다.

벽초 그것은 문학 부문뿐 아니라 생활 전부의 문제지.

이원조 특히 학문에 있어서는 피차에 경계해야 할 줄 압니다.

벽초 작자와 작품과의 거리가 멀어서야 참된 작품이 나올 수 없지. 그 거리가 가까워지자면 그 작가의 신시얼리티에 달린 것이니까. 「8·15」의 작자가 여기 앉아 계시지만 「8·15」를 쓴다는 소식을 듣고 나는 너무 빠르지 않을까 하고 생각했소. 작가는 군중 속의 한 사람으로서 그 광경을 볼 게 아니라, 언제나 관조적인 태도로 검토하고 비판해야 할 것인데 상당한 시간이 경과해야만 검토하고 비판하도록 작자의 머리가 냉정해질 것 아니오. 「8·15」는 정녕코 실패하리라고 생각하는데.(일동 笑)

김남천 요는 현실의 물결 속에 앉아서 작자가 그 물결에 휩쓸리지 않고 얼마나 냉정하고 비판적인 관찰을 할 수 있는가가 문제이겠지요.

이원조 작품과 작가와의 거리가 일치되지 않아서…… 사실은 있어도 작가가 그 사실 속에 뛰어들어서 행동하는 실천이 없기 때문에 공소하기가 쉽지. 과거의 프로문학에 있어서도 이론은 있었지만 프로문학을 창조할 만한 실천이 없었기 때문에 문학으로서는 실패였다는 것은 우리가 오늘날 재비판할 필요가 있을 줄 압니다.

벽초 작가는 행동적인 실천보다도 작품을 통해서 실천할 수도 있겠지.

이원조 그야 그렇겠지만 작품 이전의 실천이라고 할까. 어쨌든 세계관은 가졌지만 그 세계관에 부합하는 생활이 없었기 때문에 거기서 작가와 작품의 거리가 멀어지는 것이라고 생각합니다.

김남천 작가가 작품을 쓰는 데는 실천하지 않더라도 상상력과 체험을 살려서 쓰는 것인데 문제는 체험의 중량에 있겠지. 같은 사선(死線)을 넘으면서도 위대한 체험을 얻는 이도 있는 반면에 아무것도 정신적으로 습득하지 못하는 자도 많으니까.

벽초 체험 이전의 중요한 요소로 정신적인 준비도 있어야 하고.

김남천 8월 15일 이후에 새로운 사상이나 세계관을 가져야겠다는 의미에서는 나는 아무런 새로운 정신적 준비도 필요치 않았습니다.

벽초 글쎄, 내가 말한 정신적 준비라는 것은 그런 의미가 아니라…….

김남천 「8·15」를 8월 15일 직후에 쓴다고 현상을 그르치지는 않는다고 생각해요.

벽초 현상을 그르친다기보다 8·15 이후의 생활다운 생활이 아직 없다고 볼 수 있으니 문제는 거기에 있겠지.

김남천 저도 물론 대작이 되리라고 기대하고 있진 않습니다.

벽초 하긴 「8·15」가 신문소설이니까 신문소설로서는 재미나게 꾸며나갈 수 있을 테지.

이태준 신문소설은 자연히 본격소설과는 다를 것입니다. 신문소설과 본격적인 장편과를 혼동하지 말도록 해야겠죠.

이원조 신문소설이야말로 문학이 상품화한 극도의 전형적인 형태라고 말할 수 있습니다. 이제부터 우리는 상품화하는 타락에서 문학을 구해내어야 할 테니까 신문사나 신문소설 집필자나가 모두 발분(發奮)해야 할 테지.

김남천 서양서도 예전에는 신문에다 연재를 했다지만 톨스토이나 그런 분은 신문소설도 순문학으로 고집할 수 있었는지 모르나 문제는 역시 신문 기업의 완전한 상업적 성격에 달렸다고 볼 수 있을 거야.

벽초 장편이면 장편을 끝까지 다 써놓고 연재했으면 어떨까?

이태준 신문소설이면 결국 독자를 도외시할 수 없겠지요.

벽초 나는 소설도 못 쓰고 시도 못 쓰면서 남의 작품을 말하는 것은 우스운 일이지만 독자의 한 사람으로 보면 신문소설의 대개가 전체의 결구(結構)부터가 저급 독자에게 영합하려고 하는 것이 보이는데 그것은 소설로서 타락이 아닐까?

이태준 선생님의 『임꺽정』은…….

벽초 『임꺽정』은 그게 무슨 소설다운 소설이오. 아무튼 내가 『임꺽정』과 함께 10여 년을 살아오기는 왔소만…….(일동 笑)

시조는 비현대적인 형태

이태준 선생님은 시조 문제를 어떻게 생각하십니까? 시조는 일본에 있어서의 화가(和歌)와 형태가 같다고 할 수 있고 일본서는 화가(和歌)가 일반 국민에게 여간 보편되지 않았는데.

벽초 글쎄, 나는 시조를 그리 중하게 보지 않소. 근래에 와서 시조를 부흥시키기 시작한 사람이 최남선인데 그것이 일본의 화가 숭상하는 것을 본뜬 것이 아닐까. 시조가 과거에는 시상(詩想)을 표현하는 형식이었지만 그 형식이 현대에는 적합치 않소.

이태준 시조하시는 분들은 어떻게 생각하시는지 모르지만 저희가 보기에는 그 형태가 아름다워서 환경을 읊고 사색을 노래하는 노래로서는 좋다고 보는데요. 옛시조 같은 것도 작자와 작자의 운명을 알고 나서 읽으면 충분히 애송할 가치가 있다고 봅니다. 그런 의미로 문학 장르는 아니라 해도 지식인들이 애송하는 노래로서 보존해나가는 것이 좋지 않을까요?

이원조 시조는 귀족적 형식이야.

김남천 귀족들의 문학 유희로군그래.

이태준 문학 전문가 아닌 사람들의 문학적 유희로도 시조는 계속해나갈 필요가 있지 않을까요?

김남천 이 자리에 시조하시는 분이 한 분도 안 계셔서…… 이원조 씨 시조 이따금 짓지 않소.

이원조 내가 무슨 시조를…….

벽초 자기가 시조를 못 지어서 마구 내리까는지도 모르지.(일동 笑)

이원조 그렇지만 농민을 계몽하듯이 대정치가나 대상인들을 문학적으로 계몽하는 계몽운동에도 필요할는지 모르지.

김남천 대정치가와 대상인에게 문학 계몽운동?(일동 笑)

신인 양성과 출판기관의 임무

김남천 우리도 우리지만 앞으로는 신인에 대한 기대도 적지 않은데?

벽초 신인의 기대는 지금 당장 욕심을 채울 수는 없는 일이니 그건 문화 보급과 아울러 생각할 문제겠지. 문화기관이 왕성해지고 문화가 보급되면 신인은 절로 쏟아져나올 게니까.

벽초 신인에의 기대도 계몽운동을 통하는 수밖에 없을 거야.

김남천 파묻혀 있는 아까운 창조력과 재질이 계몽운동에 의하여 계발이 되어야 할 텐데.

이원조 하루바삐 농사짓는 사람들이 문학작품을 쓸 수 있는 날이 와야 할 터인데. 땅을 파는 사람들 중에도 문학적인 소질이 풍부한 사람이 많을 터이니 그 사람들을 살려내도록 해야지.

김남천 러시아 모양으로.

벽초 지금도 농군들과 접촉해보면 그네들은 문학이 어떤 것인지를 모르면서도 문학적인 표현이 풍부한 데는 놀랐는걸.

이원조 그 현상은 정치에도 나타났다고 봅니다.

벽초 농군들이 문학적인 표현을 하는 실례를 하나 들어본다면, 언젠가 시골서 농사꾼들이 가래질하는 구경을 하고 있었는데 그때 흙이 눈에 뛰어들어가니까 그들이 말하기를 “놀란 흙이 눈에 뛰어들었다.”고 하거든. 그 얼마나 고급 표현이오? 그리고 빛깔을 말할 때에 분홍빛을 “웃는 듯한 분홍빛”이라고 하는 것 같은 것도 그렇고. “웃는 듯한 분홍빛”이라는 말을 듣고 나서 가만히 생각해보니간 딴은 빛깔에서 웃는 빛깔은 분홍빛밖에 없거든. 그런 것은 한두 가지 실례에 지나지 않지만 조선 농사꾼들의 대화 속에는 참말 문학적인 표현이 많더군요.

김남천 지금까지 이름이 알려지지 않은 사람으로 그동안 공부만 하고 있
다가 이런 기회에 나올 신인은 없을까?

이태준 그런 사람은 없을 겁니다.

김남천 발표할 기회가 없어서 숨어 있다가…….

이태준 그렇진 않을 거야. 아무리 발표기관이 없었다고 해도 실력 있는
사람은 어떡허든지 뚫고나오니까.

이원조 그렇지. 실력만 있다면 발표기관은 문제 아니겠지.

이태준 신인을 양성하려면 출판기관을 통하는 수밖에 없으니까, 출판사업
에 나선 분들은 그 점에도 적극적으로 노력해주셨으면 합니다.

<大潮 창간호, 1946. 1>

洪命憙·薛義植 대담기

S 기자

제6회의 상대자는 민주통일당(民主統一黨) 당수라기보다도 벽초(碧初) 홍명희 씨. 화동(花洞)시대의 동아(東亞)에서 '풍진(風塵)을 동고(同苦)'하신 분. 경술 대변(庚戌大變)에 음독하신 홍지사(洪志士)의 아드님이시요, 준재(俊才)로 일컫는 홍기문(洪起文) 씨의 아버님. 방년은 60세인데 머리의 외피는 80 이상의 귀족적 노경(老境)이다. 머리의 외피라고 구태여 꼬집음은 외피 하의 머리가 원래부터 평민적으로 소장(少壯)임을 말하려 함이니, 말하자면 진보에 근사하다. 이럼으로 하여서 부자간에 담배도 권하고 자시고 하는 비봉건적이다.(9월 12일 小梧生)

벽초 선생, 거리로 나오긴 나왔어도 역시 있는 곳을 알리고 싶지 않음인가? 문간에 그럼직한 간판도 화살표도 없다. 조선일보 빌딩을 뒤로 돌아간 곳에 있다는 것을 미리 듣고 왔으나 '어느 노선'을 택해얄지 몰라 잠시 어리둥절했다. 뒷문턱에서 목을 길게 빼 휘휘 둘러보니 이건! 문 뒤 아무도 눈에 안 띔직한 곳에 "민주통일당 사무실은 2층"이라는 손바닥만한 종이조각이 은신(隱身)하고 있지 않은가. 문간에서부터 겸허할 셈인지 모르거니와 좀 악취미다.

2층 방 입구에야 비로소 멋진 필치의 '民主統一黨' 패쪽이 둘씩이나 문짝에 기다랗게 붙어 있다. 응접실에도 사람이 많고, 사무실에도 사람이 많고……옳거니, 오늘이 바로 5당 대표 공동성명을 발표한 후 정말 통일당을 만들기 위하여 여기 각 대표들이 모여 구체적 토의를 하기로 된 날이었던 모양이다. 회장(?)실을 들여다보니까 모두 점잖으신 어른들이 여기저기 앉아서 담론이 풍발(風發). 그 속에서 몹시 시원 깨끗하게 된 분이 하나 또박…또박… 이쪽으로 걸어나오신다. 이분이 홍명희(洪命憙) 씨다.

응접실이라기보다는 정거장 저대실(佇待室) 같은 느낌의 어수선한 방 한모롱이에 자리를 정하고 대진(對陣). 기자는 우선 완전무결한 홍선생 대머리에 경의를 표하기로 했다. 사장은 안경을 벗어 책상머리에 놓고

"신당의 당수가 되신다구?"

하고 뚜껑을 열었다.

"아냐, 준비위원회장 격이지, 당수가 무슨……."

"법리적으로 따지면야 그렇지만…… 하여간 이번은 '벼락감투'가 아니라 정말로 감투를 쓰셨으니 좋은 소식이외다."

"아니래도 그래, 결당(結黨) 사무의 책임을 내가 졌달 뿐이지 그런게 아니라니깐……."

그렇거니, 안 그렇거니…… 기자가 머리를 들고 방안을 살피니까 두 분의 대담 방청은 기자 한 사람만이 아니다.

"근데 그 공동성명은 너무 막연해서 못쓰겠습디다. 되레 어느 신문의 성명 우두머리 기사가 좀더 뚜렷하더군. 도대체 당지(黨旨)가 무어죠?"

우리 선생은 성급히 신당의 성격을 구명해보겠다는 배짱이신 모양. 당수(?) 선생께서는 서슴지 않고, 현단계의 조선에서는 이념의 차이라는 게 있을 수 없고 오직 독립의 전취에 전목적이 있는 게니깐 이 길로 매진할 뿐이라고 조용히 미소를 섞어가며 결의 표명을 하신다. 어느 틈엔가 말쑥한 러키 스트라이크 한 갑이 손에 들렸다. 가만히 파라핀 종이를 들치고 담배를 꺼내어 권하거니, 자시거니, 썩 비쌀 듯한 상아 파이프. 모락모락 푸른 연기가 향불처럼 서려 올라가고.

"역시 민통당의 입각점을 지켜나가는가요?"

"그렇게는 안 되고 요샛말로 이를테면 발전적 해소가 되는 셈이지요."

"세상에서는 '신선당'이니 '선비당'이니 하던데…… 그 무슨 뜻입니까?"

벽초 선생은 더부룩하게 내려덮은 윗수염을 들리적하고 흰니를 드러내 보인다. 해학미를 느끼게 하는 가벼운 미소다.

"건 세상 사람들이 하는 소리지, 내가 어디 지은 건가?"

사장은 시치미를 떼고 '선비당'이라는 말이 결코 나쁠 게 없다고 한바탕 실증적으로 역설을 했다. 말을 이어서

"앞으로의 정치는 무엇보다 과학적이래야 하는데 그런 의미에서 선비라는 것은 과학과 통할 수도 있고……."

"건 소오의 호의적 해석이고……."

"아니지요. 진정한 선비래야 정치를 할 수 있다고 봅니다."

소오가 굳이 우겨도 벽초는 그대로 넘어가지 않는다.

"아니야! 선비라는 게 원래 봉건적인데 과학하고 통할 수 있다? 거리가 먼 걸, 그 다 욕하는 소리지요. 호의라면 동정자구……."

'선비'라는 어감이 그닥 좋게 느껴지지 않는 모양인가. 그러나 벽초 홍선생의 차림차림은 '선비' 그대로다. 눈길같이 새하얀 조선옷에 조끼를 입으시고 옥색 대님을 얌전하게 매시고…… 기자의 얼굴이 비칠까 싶게 빛나는 갸름한 구두가 항상 고요히 테이블 밑에서 기자를 감시하듯 쳐다본다.

우리 사장은 체면이 없다. 불쑥 고개를 내밀고 홍선생의 저고리를 유심히 들여다보며 "그게 조선 무명이군요." 하고 물었다. 벽초 선생은 대번에 '유자 신상의, 자모수중봉이라'고 읊조리는 것이다. 물론 동문서답은 아닐 텐데 그 무슨 소린가고 눈을 휘둥그렇게 떴다. 밖에서는 전차·자동차의 굉음이 쉴 사이 없이 귀청을 쑤시듯 방안으로 엄습하고, 방에서는 때아닌 한시가 나오고, 기자는 아닌게아니라 좀 얼떨떨했다. 이윽고 벽초 선생은 주를 달아 "우리 어머니가 손수 짜셨으니까 '游子身上衣, 慈母手中縫'이 아니오." 하고 또 더부룩한 윗수염을 들치적하고 흰니를 드러내 보였다. 아직도 홍선생 자당께서 생존해 계시다는 것은 희귀한 노릇이요 희귀한 소식이다.

"고향이 어디지요?"

"충청도(괴산)."

"괴산 황엽초(黃葉草)라구 담배 명산지군요."

"충주가 명산지지. 괴산도 한몫 보지만."

"그런데 그 단추 좋군요!"

사장의 눈이 카메라처럼 이번에는 조끼 단추로 이동했다. 그제서야 기자도 주의해 보니까 좀 검은 기운이 있는 호박색인데 장마당에서 구르는 따위 단

추가 결코 아니다. 계씨(季氏)가 남양서 선물로 가져왔다는 '대모'다. 그러니까 눈에 뜨일밖에.

　홍위원장은 담배를 또 하나 꺼내 물었다. 그리고 정당론 일석.
　──정당이라는 건 본래 그 사회의 성숙 여하에 달려서 ○○○○○○○○○○ 몹시 발달한 사회에서는 노동자당과 자본가당 둘만이 있을 수도 있지만 조선과 같은 곳은 그렇지 못하여 여러 가지의 정당이 속출하는 형편이라는 것, 공산주의자의 구경(究竟)의 목적은 무계급 사회 건설에 있는 것이지만 현 단계의 조선 현실을 무시코 이들이 맹진(盲進)하는 것은 비과학적이라는 것, 그러므로 본당은 중립당이라고는 하되 조선 민족의 현 순간에서 취할 바 정당한 길을 걸어가려는 것 등. 구두점도 피리어드도 없는 벽초 위원장의 긴 문장을 그대로 연상케 하는 능란하고 풍성한 말솜씨가 연달아 한참 계속되었다.
　듣던 이는 지치지 않고 일침을 넣었다.
　"물론 어느 정도의 성산(成算)이야 있겠지만, 민전(民戰) 계열을 무시하고 나아가서는 안 될걸요. 서로 문호가 열려야지……."
　"그야 민전이건 독촉(獨促)이건 독립에 이로울 일이라면야……."
　협력하겠다는 눈친가? 우리 선생은 짐짓 포회 일단을 피력하여 가로되,
　"얼마 기럭지의 진본지 알 수 없거니와 좌는 좀더 양심적으로 나갔으면 좋겠고, 우는 좀더 진보적이었으면 좋겠습니다. 좌우를 물론하고 진보적이고 양심적이라면 벌써 좌우의 문제가 없어지고 말 것 아닙니까."
　그러니까 신당만은 진보 또 양심적이 되어달라는 부탁인 모양. '당수' 선생은 달게 들으시는 양 러키 스트라이크의 파라핀 종이를 ○○○○○리고 머리를 드는데, 은근히 자기(自期)하는 빛이 넓은 이마에 펀뜻 사라졌다.

　"지금쯤 임꺽정이가 나왔으면 좋겠는데, 그래 임꺽정이는 아주 쑥 들어가고 말았소?"
　사장의 질문에 기자도 동감이다. "지금 나오면 파쇼게." 하는 민통당 홍위원장의 대답은 빛나가 위트(機智)가 아닐 수 없다. 그리고 보니 홍명희 씨는 아무래도 정당 당수이기보다는 소설가 벽초가 십상 알맞는 규격이 아닐까.

"사실 말이지 60 평생에 내 남긴 업적이라곤 『임꺽정』밖에 아무것도 없는
게 사실이긴 헌데……"
역시 미련이 계시긴 한 모양이다. 미련은 소오(小梧)도 매한가지다.
"내 평소에 조선 삼국지가 꼭 하나 생겨지기를 바라는데…… 이걸 쓸 사
람은 선생밖에는 없다고 생각해 왔는데…… 기대했던 춘원도 안 쓰고 빙허
(憑虛)는 작고하고……"
벽초는 언하(言下)에
"『삼국지』 없어 낭패될 거 없지." 그러면 이 정당만은 없어선 크게 낭패될
것이 분명하다.
"그래도 '꺽정이' 하나만은 완성시켜야."
"미완성 교향악이야!"
설마 홍선생이 슈베르트를 본뜨기야 할라구.
"허기는 조선 정조(情操)를 잃어버리지 말자는 의도 아래서 착수해본 것이
었더랬는데…… 그래서 용어 선택도 조심해서 하고 했지만 본래 밥 얻어먹는
그릇에 지나지 않았구 하니까……"
그러면서 러키 스트라이크를 또 한개, 이제는 밥 얻어 자실 그릇이 딴 곳
에 있다는 시사(示唆)이신가. 기자는 펀뜻 머리가 유난히 크고 빛나는 홍선생
얼굴 모습에서 위쪽은 둥그렇게 크고 아래쪽은 조그맣게 매달린 호로병 바가
지를 연상하였다. 조선 정조 그윽한 호로병 바가지를…… 그러고 보니 벽초
선생은 어느 모로나 조선적이었다. 그러나 불행히도 내 눈을 찌른 것은 선생
의 양말이었다. 그것은 진한 연두 빛깔의 미국제 양말이 아닌가?

벽초 선생은 기자를 흘낏 바라보고 선생의 머리를 쓰다듬으며
"이 머리 말이요, 이게 스물두서너살부터 지기 시작한 대머리요."
이쪽에서 묻기도 전에 미리 다짐을 두듯 대머리 기원론을 말씀하신다.
"지금은 보다시피 뒤에만 조금 남았지만 본대 없는 것을 탄하지 않고 조
금이라도 남은 것을 사(謝)하는 심경이니까."
동양적 체념을 토로하셨다.
"감옥엘 가도 다른 데는 흠이 없는데 꼭 이놈의 머리가……"

"아니 감옥엘 또 들어가실 의향이신……?"

"아니 아니, 그렇단 말이지."

황급히 부인하신다.

"참 과거에 감옥살이한 사람이 지금도 역시 감옥살이한다는 건 정말 슬픈 일이지요."

하고 우리 선생은 화제를 얼토당토않은 데로 끌고간다.

"귀당에서는 집권하면 그렇게는 안 할 작정입니까?"

"누가 아나. 똥 누러 갈 때와 올 때가 생각이 다르니깐……."

이것이 인지상정(人之常情)이래서야…….

"나는 정말이지, 우리 대통령과 꼭 한번 말씨름해 보구서야 기자 노릇을 고만둘 생각인데……."

만년 신문기자인 소오의 소원이다.

"그 다 소오(小梧)의 애상(哀想)이구…… 그만 신문기자 고만둬요. 대통령은 아직도 먼 걸 가지고, 어서 그 역사 공부로나 돌아가시우."

"그럼 홍선생도 『임꺽정』이로 돌아가시겠소?"

"그게 왜 내 밥벌이였지 취미였나."

우리 사장은 안경을 다시 걸치고 자리를 일어섰다. 뒤에 앉았던 사람이 따라나오며

"이렇게 손수 다니시구, 참 무던하시외다."

하고 인사를 하니까 홍당수도 따라나오며

"그게 다 소오의 애상이라는가 그래."

한마디 또 첨부하였다.

<새한민보 1권 8호, 1947. 9. 중순>

洪命憙・薛貞植 대담기

아직도 쌀쌀한 춘한(春寒)이 봉급 생활인의 꺼진 등에 시린 어느 날 오전 열한 시 즈음하여, 기자는 속기자를 대동하고 홍명희·설정식 양씨 대담 처소인 인사동 홍명희 선생 댁을 방문하니 영식 기무(起武) 씨가 반겨 맞아 사랑방인 듯싶은 서재로 우리를 인도하여 주신다.

간반이나 될까 병풍으로 둘러막은 이 안채 협실은 주인을 제하고 객이 세 사람만 앉고 보면 서로 숙친한 사이가 아니라도 무릎에 무릎을 포갤 수밖에 도리가 없으리만큼 협착한 방이다.

대당수의 거처로는 실로 내객이 도리어 민망할 지경이나 두루 한번 다시 안두(案頭)에 한서(漢書)·양서(洋書)며 그 위에 놓인 확대경하며, 한매(寒梅) 이미 꽃을 지운 향긋한 구석마다 고루 티끌 하나 없이 깨끗한 것을 보면, 역시 가난한 나라의 선비의 살림살이로는 이만하면 족하다고도 하겠다.

문호의 안하(案下)라 미리 섭복(懾服)한 것은 꼭 아니로되 두루 좁기도 하여 한구석에 국궁하고 있노라니 환력을 금년에 맞이하신다는 선생이 늦은 조반을 치르시고 들어오시는데 대당수로는 너무도 범연하고 대문호로는 너무도 평범하시다.

우리의 일행이 된 대담의 상대자 설정식 씨를 위시하여 일동은 기립에 가까운 초면 행례. 어서들 앉으시라고 노대가는 시인의 낮은 인사를 높이 받으시며 천식 기운이 잦으시나 그대로 윤화(潤和)한 음성으로 원래(遠來)의 노(勞)를 치하하시고 기자의 사회도 있기 전에 위선

"필요가 있어야만 찾아주시는구먼."

하시고 해학으로 일행을 안심시키신다.

설정식 씨 죄당만사(罪當萬死)까지는 몰라도 저윽이 황송스러운 표정일 뿐 대

답이 없다. 노선생은 원숙하신 소설가라 인생의 기미를 통찰하시는 데 누(漏) 있을 리 없어 곧 화제를 돌리어

"잘 압니다. 예전 계동 사실 때 선고장(先考丈) 찾아가 뵈일 때마다 봤지요. 그땐 소학교 다니실 때였지 아마."

하니 시인은 그뿐 아니라

"사실 숭사동(崇四洞) 사실 때 저도 뵈인 적이 있습니다."

하고 보니 초면인 줄 알았던 두 분은 서로 길이 끊인 사이에 모습을 잊었을 뿐 분명한 구면인 것을 기자는 알았다.

대담 이전에 두 분은 벌써 대화를 시작한 것이다. 우정(偶丁) 선생이라는 분 이야기가 나오고 시인의 선고장(先考丈) 이야기가 나오더니

"발표하시는 시는 늘 읽었지요. 신문을 보고 또 설아무개라니까 읽어볼 수밖에 —— 그런데 호는 무엇이라고 하시는지 ——"

하고 묻는 말에 시인은

"선친께서 오원(梧園)이라고 주셨지만 제 주제에 무슨 호를 쓸 게제도 못 되고 혹 이름을 피할 필요가 있으면 하향(何鄕)이라고 붙여도 봅니다."

하고 무호(無號) 시인은 고백한다.

이대로 대화를 내버려두어서는 기자 소기의 목적에서 괴리되어갈 우려 다분히 있는지라 체면 불고하고 내의(來意)를 표명할 수밖에.

기자 미리 여쭌 바와 같이 사실 오늘 두 분 선생님을 모시려고 한 것은 두 분께 문학 내지 문화에 관한 말씀을 듣고자 하는 것입니다.

지난 세대와 신세대의 대조라고 할는지 일치라고 할는지 여하간 일반 독서인의 참고가 될 말씀을 많이 하여주시면 고맙겠습니다. 위선 홍선생님께 특히 여쭙고 싶은 것은 조선의 신문화운동의 전말(顚末)이온데 선생께서 직접 문학을 시작하시던 이야기부터 들려주시면 고맙겠습니다.

신문화운동의 내력과 동경 유학시대

홍명희 신문화운동이라는 것이 글쎄 언제부터 시작되었다고 할까. 신문학이라는 건 대체 육당(六堂)·춘원(春園)이 글을 쓴 때부터겠지요. 나는 그때 문학이라는 걸 별로 모르고 있은 셈이지요. 내가 남양(南洋) 그렇지 신가파

(新嘉坡)에 가서 한 삼년 있을 때 춘원이 아마 매일신보에 『무정(無情)』을 썼지. 하니까 신문학의 시작이란 그리 오랜 일이 아니여. 그리고 그후에 염상섭(廉想涉)의 「삼대(三代)」가 나왔고 그외에도 한두 개 작품들이 있었지만 대단할 건 없었고 박종화(朴鍾和)·나빈(羅彬)·김기진(金基鎭) 그밖에 여러 사람들이 『백조(白潮)』라든가 하는 잡지에 썼고 나빈은 조선(朝鮮 : 조선도서주식회사 — 편자 주) 편집부에 같이 있었지요. 그래 만나면 문학 얘기도 하고 그랬지.

기자　그전 동경유학 당시 이야기부터 하여주십시오.

홍　동경에 가서 나는 중학교 3년급에 편입을 했지. 육당(六堂) 같은 사람은 관비(官費)로 갔지만 난 사비생(私費生)이야. 유학생들이 대개 전문부(專門部) 아니면 대학에를 들어가드구만서두 난 일본말을 철저하게 배우고 신학문을 기초부터 시작하기 위해서 중학으로 들어갔지요. 갈 땐 그저 우리 아버지가 법률을 배워가지고 오라고 하시는데 나도 물론 문학을 할 생각은 없었고 차라리 법률보다는 자연과학 공부를 해보려고 했지요. 내게는 자연과학이 재미있었거든요. 중학에 들어가서 교과서를 보니까 나오는 이야기가 모두 미지의 세계거든. 그런 미지의 세계에 대한 동경이 심했지요. 그러나 아버지께서는 문학은 물론 반대시었지만 그까짓 자연과학은 또 배워서 무얼 하느냐 하시기도 하여 자연과학 공부도 제대로 되질 못했어.

일본서는 그때 한창 자연주의문학이 성할 땐데 그뒤에 곧 사회주의운동이 시작되어서 문학에도 그 영향이 상당히 있었지만 역시 작가로는 전산화대(田山花袋)·도기등촌(島崎藤村) 같은 사람들이 활약했지요.

우리가 문학작품을 읽기 시작한 것은 나는 원래 중국소설 같은 것을 좋아했으니까 자연 아무거고 재미로 읽게 되는데 외국 것은 물론 번역을 통해서 읽었고 일본 것은 소설이 제일 보기 쉬우니까 자꾸 읽었지요.

그때 처음 동경 가서 신교(新橋) 어떤 여관에 들었는데 심심하길래 젊은 주인녀석더러 무슨 책이 있거든 좀 빌려달라고 했더니 잡지 나부랭이 대여섯 권 갖다주더구만. 거기 소설 같은 것도 있고 한데 어지간히 알아보겠더군. 이게 문학작품 읽은 시초요.

그때 우입(牛込) 시래정(矢來町)에 책사가 하나 있었지요. 거길 자주 다니다가 그 주인하고 친해졌는데 그 군이 발매금지(發賣禁止)가 된 책을 곧잘 구해주더구먼. 그때 발매금지가 되는 책에는 두 가지 종류가 있었는데 한가지는 사상서류(思想書類)요 또 하나는 풍기문란으로 발매금지되는 것이 있어서 내가 찾는 것에는 풍기문란에 걸린 소설도 물론 있었지. 그리고 사상서류도 구해 봤는데 그때 얻어본 책 중에는 크로포트킨의 『빵의 약탈』이라는 책도 있었지요. 그리고 『몰리에르 전집』 세 권으로 된 것이 나왔는데 그 둘째 권도 아마 발매금지가 되었었지. 한데 그것도 그 군이 구해주었어요.

설정식   그러니까 그때 선생님은 벌써 사상적으로 한걸음 앞섰었군요. 크로포트킨을 읽으신 걸 보면.

홍   나는 그때 사회주의니 뭐 그런 것은 몰랐었지요.

설   그때 일본 사상계의 동향은 어떠했습니까?

홍   사상은 뭐…… 내가 있는 동안에 금정(金町) 적기사건(赤旗事件)이니 그런 것이 있었고 산구의삼(山口義三)이라는 주의자가 감옥에 들어갔다 나와서 환영받은 일이 있었고…… 마침 그때 일로전쟁이 막 끝났을 땐데 덕부노화(德富蘆花)가 아라사에 갔다와서 기행문을 발표해서 물의를 일으킨 일이 있었고 했었는데 그는 자연주의 작가로서 칭찬을 받았었지.

그때 내가 읽은 것 중에는 진산청과(眞山靑果)도 있어서 그때 주로 내 독서의 흥미는 러시아 작품들인데 번역된 것은 모조리 다 읽어보았지요.

암만해도 명랑하고 경쾌한 불란서문학 같은 것보다는 침통하고 사색적인 러시아 작품이 내 기질에 맞아요. 거기에는 예술의 맛보다도 인생의 맛이 더 들어 있으니까.

설   그게 어느 때쯤 일입니까?

홍   명치 42년쯤 일이지요. 한창 하목수석(夏目漱石)이가 등장할 때였지요. 그의 작품은 여유파(餘裕派)라는 소리를 듣고 했지. 그 사람의 작품은 대개 새로운 도덕에 대한 탐구라고 할까 그런 거지요. 그가 그때는 동대(東大) 영문학 강사로 있었는데 대학이 재미없어서였는지 모르지마는 동경조일신문(東京朝日新聞)에서 오라고 그랬는데 그 조건이라는 것은 작품을 쓰고 싶을 때에 자기 신문에 우선적으로 써달라는 거지. 해서 신문사로 갔지요. 『호도도기스』에 연재한 『나는 고양이다』가 문자대로 낙양의 지가를 높였기 때문에 신문사에서 초빙한 거지요. 그후에 영국에 유학 갔고 그의 「문학론(文學論)」 꼭

대기에도 있지마는 하여간 일본문학에 종전에 없던 신국면을 열었지요. 그때 대학 동료가 하목(夏目)이더러 대학교수로 있으면서 신문에 나가는 것은 수치라고 하니 하목의 말이 "대학에 대해서는 수치인지 모르나 나에게는 영광이다."라고 했고 "그러면 다음에 박사학위를 얻을 생각은 말라."고 하니까 "나는 박사 같은 건 원치도 않는다."고 해서 더 인기가 굉장했지요. 하여간 그때의 일본문단의 독보(獨步)였지요.

설　자기 자신 문학에 있어서는 개인주의라고 아마 선언했지요.

홍　그래. 고집이 센 개인주의자지.

설　그때 상전만년(上田萬年)이가 문부성에 시학관(視學官)인가 무언가로 있었지요.

홍　전문국장(專門局長)으로 있었지.

설　그 사람이 많이 이해해 주었더군요. 런던에 갔을 때 미쳤다는 풍설(風說)이 있을 때 하목이를 옹호한 게 상전(上田)이라는 얘기가 있더군요.

홍　미쳤다는 소리도 듣게 되었지. 하여간 재미있는 사람이지.

설　만나보셨습니까?

홍　가서 한번 찾아가고 싶은 생각도 있었지요. 하목이가 그때 우입(牛込)에 있었는데 온통들 떠드니까 —— 저 이원조(李源朝)가 나온 법정대학 교수 누군가를, 풍도여지웅(豊島與志雄)이라고 기억하는데 —— 하목이를 찾아다니는 사람들 중에는 지금 내가 기억나는 문학자만 해도 너무들 많았고 또 너무들 그렇게 떠드니까 찾아가고 싶은 생각이 없어지더군.

설　아까 러시아 작품을 많이 읽으셨다고 하셨는데 어떤 동기로 그 방면에 특별한 관심을 가지셨던가요?

홍　러시아 작가라 해도 나는 톨스토이에 대해서는 불만이었지요. 왜 그런고 하니, 그때는 『전쟁과 평화』 『안나 카레니나』 또 『부활(復活)』 등은 번역되지 않았고 초기작 『코사크』 『세바스토폴리』니 하는 것들만 본 탓도 있겠지마는 이것들도 대개 설교에 가까운 게고 해서 톨스토이는 재미없거든. 처음에 젊은 사람들이 보면 꼭 어떤 노인이나 선생이 설교하는 것 같아서……　그리고 도스토예프스키의 것으로는 『죄와 벌』과 『백치』가 번역되었는데 참 좋더군. 무슨 별 동기가 있나? 아까 말한 대로 내 기질에 맞으니까 읽었지.

나중에 보니까 『톨스토이 전집』『도스토예프스키 전집』이 번역되더구만.

설 다른 동학들의 경향은 어떠했습니까?

홍 대개 그때 가 있던 사람들은 역사니 정치니 하는 것을 했는데 돈들이 없으니까 책도 잘 사보지 못하고 그래도 내가 나은 편이지. 우리 아버지가 25원씩 보내주셔서 다른 낭비는 안 하니까 책 사볼 여유가 비교적 많았고 또 따로 집에서 50원 100원 타올 수도 있었으니깐.

설 중학교 끝내시고 어느 대학에 가셨습니까.

홍 그만이죠. 중학 졸업이자 일한합방이 나 나는 중학교 졸업하고서 남방으로 갔지요.

설 문학은 꾸준히 버리시지 않으셨던가요.

홍 문학은 그만두었습니다. 도대체 공부하려는 마음이 꺾여졌지요. 그래 다시 중국으로 방랑하고 돌아다녔지만 그래도 가끔 좋은 책이 있으면 사보고 했지요. 지금 기억에 그때 문학 공부하는 사람들이 이론투쟁을 많이 한 것 같군. 조도전대학(早稻田大學) 같은 데서는 미국 사람이 —— 이름은 잊었는데 —— 와서 문학이론을 가르치곤 했으니까.

순수 시비와 문학론

설 그때 선생님은 어떤 문학이론을 가지고 계셨습니까?

홍 무슨 이론이 있을 게 있나요.

설 문학이론에 관심을 가지고 있었더라는 것은 대단 흥미있는 일이군요. 요즈음 우리 문단에서도 이론 문제는 늘 좋은 시비거리의 하나입니다. 한데 이론은 알기 쉬운 진리가 제일 좋은 것일 겐데 아직 알기 힘든 이론을 하는 사람이 많습니다. 이를테면 순수문학이니 하는 것을 주장하는 사람이 있고.

홍 그런 사람이 있어요? 순수문학이니 무어니 하는 게 무슨 조선에서 문제가 될까요.

설 문제가 되니까 문제입니다.

홍 지금?

설 네.

홍 그것은 세계적으로 이미 해결된 문제인데, 아마 조선에는 조그마한 분파가 남았는 게로군. 뭐야 오스카 와일드가 있을 때에나 문제될 것이지 지금은 그런 소리 할 시대가 아니야. 그런 시대는 다 지나갔어. 지금은 조선문학이나 있을래면 있을 수 있지.

설 동감이올시다.

홍 말하자면 문학을 정치에 예속시켜서는 안 된다는 말이겠는데 누가 문학을 정치에 예속시키겠다는 말을 하나? 예속 문제라야 말이지. 문학인들 시대를 어떻게 안 따라갈 수가 있을까? 소련 같은 전례를 보면 —— 요새는 소련의 근대 작품을 구해 보지 못했지마는 —— 거기에는 자연히 언뜻 보면 문학도 다 정치의 일부로 보이는 점이 있기도 한가 보아. 그렇지마는 그것도 필연한 시대적 산물이지. 그런데 정치라는 것은 광범위로 해석한다면 문학하는 사람이 그것을 어떻게 떠날 수가 있을까. 말하자면 인생을 떠나서 문학이 있을 수 없는 것 모양으로 말이오.

설 아이들이 "난 살림살이는 모르겠다. 밥은 네가 지어라 나는 먹기만 하겠다." 하는 것과 같지요.

홍 문학은 문학을 통해서 도달하는 길이 있을 뿐이지 살림살이를 떠나서야 있을 수 없겠지.

설 외는 거꾸로 먹어도 제 멋이라는 격으로 자기네 흥겨워하는 것을 따라가며 막는 것도 도로(徒勞)일는지 모르나 그러기에 저는 문제를 쉽게 염치 문제로 돌리고 싶습니다. 이 남조선(南朝鮮) 사태를 직시하고 앉아서 제 집이 저도 모르는 사이에 이번(二番) 삼번(三番) 저당으로 넘어가고 있는 줄도 모르고 술을 부어가며 아름다운 꽃이여 나비여 하며 음풍영월(吟風詠月)을 하고 그것을 또 염려체(艶麗體)로 그려놓고만 앉아 있을 작정이라면 이건 단순히 염치가 있느냐 없느냐 하는 것으로 귀결을 짓기만 하여도 족할 줄 압니다.

그렇지도 않고 언족이식비(言足而飾非)로 문학·문화의 고고(孤高) 존엄을 운위하되 언필칭 대의명분을 찾는 것은 뜻은 좋되 웃음거리. 이야기마따나 금계랍이 학질에 좋다고 과다하게 먹고 치명상을 입는 것이나 다를 게 없는 것인 줄 압니다. 물론 문학의 고고한 본연(本然)도 좋고 글러도 내 민족 옳아도 내 민족이라는 따위 감상적 민족주의도 좋지만 눈물겨운 것만으로 천하는 다스려지는 것은 아니겠지요. 제 마당 안만 깨끗하게 쓸어놓고 유연견남산

(悠然見南山)하는 것도 좋겠지만 바로 대문 밖에 골목마다 산더미 같은 쓰레기는 자비로운 외국인더러 쓸어달랄 작정인지.

그 다음에 남아 있는 그들의 골패쪽은 네가 한술 떴으니 나는 두술 떠야 되겠다는 치기 만만한 고집·복수, 일테면 너희들이 말하는 민주주의·민족문화 이론이라는 것은 사실 그뒤에 위험천만한 괴물이 숨어 있는 게니 불가근(不可近)이요, 또 너희놈들 엊그제 창씨(創氏)하고 하던 놈들이 뭘 누구더러 친일파라고 하며, 팜플렛쪽 몇권 읽다 어느새 천하삼추(天下三秋)를 안다고 하느냐 하는 것인데 이거야말로 소인의 심사(心思)요 후후(煦煦)한 것으로 인(仁)을 삼고 혈혈(孑孑)한 것으로 의(義)를 삼는 사람들, 소아(小我)를 고집하고 아만(我慢)에 집착하는 것인 줄 압니다. 그네들의 말대로 하자면 팜플렛도 읽지 말고 가만히 앉아서 영원히 무지·무능한 게 제일 훌륭할 게고 가만히 앉아서 하늘에서 오는 영특한 신계(神啓)나 기다리는 것이 문학자의 최대 사명일 겁니다.

그러나저러나 개개인으로만 그러면 좋을 터인데 이러한 소심익익(小心翼翼)한 사상을 갖다가 민족이라는 데다가 견강부회하는 데는 독선주의라고만 무시할 수도 없습니다.

민족문화 수립이란 이렇게 먹고 싶으면 먹고 마시고 싶으면 마시고 토하고 싶으면 토하는 것의 축적으로 될 것이 아니라 좀더 일관한 고행(苦行)으로 쌓아야 될 일종 취사선택이 어느 정도 엄밀해야 될 극기(克己)의 누적이 되어야 할 줄 아는데요.

민족문학 수립 문제

홍 대체 그렇습니다. 민족문학 내지 민족문화 수립이라는 것은 중대한 문제인데 나는 이렇게 생각합니다. 우리가 말하는 민족이라는 것은 가령 파시스트라든가 나치스라든가, 그들이 자기네 국가에서 생각하고 행동한 것과는 의미가 근본적으로 다르다고 생각합니다. 우리는 지금 우리 민족문학을 강요하는 것보다도 문학전통을 계승하는 데 치중해야 될 줄 압니다. 과거의 민족문화 중에서 좋은 것을 계승해야 되겠는데 여기에 대해서야 누가 반대할 사람이 있겠어요?

민족문학이라는 것을 어떤 사람들은 일종의 배타사상으로 자기 것만을 고집하는 것으로 아는 모양인데 이렇게 하여서야 나치스나 파시스트의 민족사상과 다른 것이 무엇이겠소?

설 민족문화 계승은 어떤 방법으로 하여야 되겠습니까?

홍 글쎄, 민족문화 계승을 어떻게 해야 옳겠는지 너무도 문제가 광범위하니까 곤란하고, 또 작게 범위를 좁히고 보면 가령 문학유산 하더라도 문학작품이 하도 빈약하니까…….

설 역사에 통사·정사가 우선 서야 되겠고 그게 서자면 그 통사나 정사를 만드는 것을 뒷받침할 역사철학 방법론이 먼저 확립이 되어야 할 것과 마찬가지로 문화유산 계승 문제를 생각할 때에도 위선 근본적인 문화방법론이 서야 되지 않을까요.

홍 정사(正史)가 서야 되지요.

설 서야 될 텐데 가령 지금 남조선 문교 당국의 역사교육 방침이라고 할까, 방법을 보면 위선 홍익인간(弘益人間)을 경강(經綱)으로 내세우는데, 역사라는 것이 저희 생각에는 우리가 모을 수 있는 모든 재료, 일테면 정확한 기록, 금석문이라든가 발굴된 화석·유골이라든가 하는 것을 오늘 과학지식을 농원시켜서 알 수 있는 때까지 귀납을 하여 가지고 과학적인 실마리를 찾아내어야 될 것이 아닙니까. 그렇지 않고 김부식(金富軾)이나 사마천(司馬遷)이가 혼자 앉아 그야말로 '사삼궐문(史三闕文)'까지 채워넣어 가면서 되는 대로 만들어놓은 역사 같은 것을 되풀이하는 격으로 아닌밤에 홍두깨 내밀듯 홍익인간(弘益人間)을 내어놓는 것은 새 신화(神話)를 신화(神話)를 위해서 만드는 것이라면 모르되 백지에 가까운 아이들 머리에 이런 사상을 넣어주는 것은 좀 어떨까 합니다.

홍 '홍익인간'이 무슨 해가 있나?

설 물론 그 말이나 뜻은 좋습니다. 그러나 문제는 그것이 연역(演繹)해 가지고 오는 그뒤의 것은 해가 대단한 것인 줄 믿습니다. 다시 바꾸어 말씀드리면 단군설화를 신화에까지만 그쳐두는 것은 좋지만 즉 서양 희랍신화의 제우스가 신화로 따로 끝이 나고 마는 것같이 생각한다면 모르겠지만 그렇지 않다면 역사는 전후에 동강이가 나버리고 마는 긴 삽화에 지나지 못하고 말지 않을까요. 천조대신(天照大神)하고 다를 것이 무엇인지 모르겠습니다. 찰스 디킨즈라는 영국 작가가 아이들 보이 영국사를 쓴 게 있는데 첫 꼭대기를 보면 "우리 조상은 원래 허리에 가죽을 감고 사냥해 먹고 살던 야만이었다."라고 시작했습디다. 우리가 아이들에게 실사구시(實事求是)의 정신을 넣어주고 과학정신을 함양해주려면 이렇게 사실을 있는 대로 일러주는 것이 옳지 않을는지요.

홍 그러나 '홍익인간'이라는 도장을 새겨서 자꾸 찍어내어놓는다고 그대로 듣나?

설 아니 지금 당장 사진을 찍어 팔기도 하지 않습니까.

홍 걱정할 게 없어요. 전설은 전설이고 역사는 역사니까. 또 홍익인간이란 그 문구에 너무 구애할 것도 없지요.

설 구애할 건 없지요. 그러나 원래 그 사상은 불교적인 것인데 문자로만 본다면 대체 조선에 한자가 수입된 것이 고구려 소수림왕 때니 이런 문자를 후일의 사가가 제조하여서 단군신화에 맞추는 것은 견강부회니 이것도 학문상 태도로는 과학적이라고는 할 수 없지요.

문화유산 계승 문제

홍 아까 문화유산 계승 문제가 나왔지만 우리 문화유산이 통틀어 말하면 한문화(漢文化) 연장의 감이 불무(不無)하고 보니 사실 순 우리말로 된 문학유산이라는 것은 실로 한심한 것이지요. 그러나 앞으로 우리가 어떠한 문학을 창조하느냐 하는 문제가 과거의 유산을 계승하는 문제보다 더 큰 문제겠지요.

설 그러면 새로운 문학건설은 어떻게 하였으면 좋을까요. 일테면 소설을 쓰려는 사람이 있을 경우에 그는 어떠한 창작태도를 취해야 될 것인가요.

홍 그것은 무어 그렇게 공식적으로 생각할 필요가 있을까?

설 그러나 기성국가, 질서 잡힌 사회라면 문학과 같은 상층 정신활동은 어느 정도 자유롭게 방임하여도 좋을는지 모르지마는 조선 같은 후진국가, 낙후사회에 있어서는 모든 것이 거의 초창기에 처해 있는데 아무 정신적 예비가 없이 될까요.

홍 설정식이더러 말하라면 대번 문학가동맹을 들고 나오겠지.(웃음)

설 문학가동맹이 무얼 잘못한 것 있습니까.

홍 잘못이야 없지. 나도 동맹에는 관계도 깊고 또 아는 친구도 많지만 이제 이야기한 홍익인간이나 민족주의에 대하여 너무 반발하는 것 같은 점이 있는 것 아닌가.

설 동맹에서 그런 쓸데없는 반발을 하는 일은 없다고 생각합니다. 우리가 주장하는 것은 그야말로 진정한 민주주의 민족문학인데 이것을 위하여 봉건과 일제 잔재를 소탕하고 파쇼적인 국수주의를 배격하여 민족문학을 건설함으로써 세계문학과 연결을 가지려고 할 따름입니다.

홍 그 잔재를 소탕한다는 것은 이론적으로는 좋소. 그러나 구체적으로 그 숙청이라는 것도 어떤 개인개인이 문제될 때 그 기준을 어디다 세우느냐 하는 것은 어려운 문제이고 하니, 실천에 있어서는 너무 모를 낼 것이 아니라 그저 시간이 해결하여 주는 것을 기다리는 것이 좋겠지요. 숙청될 것은 시간이 귀결지을 것입니다. 앞으로 서로 좋은 작품을 쓰는 데 전력을 다하는 것이 문학건설하는 데 가장 중요한 일이겠지요. 주의나 개념이 앞서고 창작력이 빈약한 것은…….

설 물론 주의나 개념이 앞서는 것은 좋지 않지요. 그러나 새로운 생명을 북돋기 위해선 그 생명을 누르는 썩은 것을 시급히 없앨 필요가 있지 않을까요. 그저 시간이 해결해주기를 기다린다는 것은 윤리학이 아닐까요.

홍 그렇다고 억지로 되는 것이 있나요. 예를 들면 일제시대 우리가 조선독립을 열망하는 사상을 숨기려고 애써가면서 작품을 써도 독립사상이 저절로 우러나와서 형상화가 잘 되었는데 어떤 사람이 일부러 "나는 이렇게 독립사상을 가졌다."고 여보란 듯이 작품을 쓰면 그런 작품은 대개 십중팔구 실패야. 요새도 마찬가지겠지. 신문학을 말하는 사람들이 그것을 소설 형식이나 다른 형식으로 써서 내어놓으려고 하기 때문에 작품의 가치가 떨어지는 것이 아닐까요.

설 말하자면 생각이 앞서고 역량이 그것을 따르지 못한다는 말씀이지요.

홍 그 사상이 사상으로서는 다 좋지. 그러나 그 사상이 작자의 골육을 통해서 나오지 않은 사상이라면 창작이 될 수 없는 법이지요. 8·15 이후에 나온 작품은 많이 보지 못해 잘 모르지만 갑작스레 공산주의자가 된 사람이 많다는 인상을 주어. 정말 공산주의자가 되는 것은 좋지만 내가 공산주의자로다고 내세우는 것이 드러나는 작품을 남조(濫造)하는 작가는 못마땅해요. 그러나 그렇다고 해서 사상성이 없는 예술을 위한 예술이 옳다는 것은 아닙니다. 예술과 사상이 혼연한 일체가 된 작품을 만들기 위하여 한편 예술하며 한편 사상하는 것이 우리 문학가의 임무겠지요.

오스카 와일드 같은 예술지상주의자는 지금 있을 수 없는 일이지요.

설 와일드는 심지어 자연이 도리어 예술을 모방해야 된다고까지 하였지요.

홍 좋은 시대에 났었던들 나도 문학에 전심할 수 있었을 것을, 나라도 없는 놈이 어느 하가에 문학을 골똘히 할 수도 없고 해서 못 하고 말았는데 앞으로라도 사회가 제대로 바로잡히면 나도 좋은 작품이나 하나 써보고 싶소.

설 진정하게 문학하는 사람이 내남간에 문학을 버릴 수야 있나요.

임꺽정 이야기

홍 참, 나는 그래도 문학 덕에 10여 년을 먹고 살았지요. 지금도 친구들이 그『임꺽정전』을 어서 계속해서 쓰라고들 하지만 워낙 밥 얻어먹으려는 계획하에 전설 나부랑이를 모아다가 어떻게 꾸며놓은 것이니 무어 문학작품이라고 할 게 되어야지요. 작품이 "남이야 못생겼다고 해도 내 자식이니 귀엽다."고 하는 격으로 내 마음에나 귀여운 생각이 있어야 될 텐데 하도 불만하니까…….

설 자기에게 만족한 작품이라는 게 자고로 어디 많이 있었습니까. 지금 말씀이 생계로『임꺽정』을 쓰셨다고 하지만 참으로 빚에 몰려가면서 총총하게 쓴 작품이 제일 좋다고 하더군요.

홍 하긴 나도 생활 문제나 기타 모든 문제가 해결되면 다시 작품제작에 손을 대볼까도 합니다.

설 해결되겠지요. 이번에 완결되어서 나오는『임꺽정전』은 저희가 크게 기대를 가지고 있습니다.

홍 『임꺽정전』은 사실 아라사문학 읽은 덕이지요.

설 그것 재미있는 말씀인데요.

홍 『임꺽정전』은 저 러시아 자연주의 작가 쿠프린의 '……'담(譚)이라는 것이 있지 않아요. 그게 장편소설인데 토막토막 끊어놓으면 모두 단편이란 말야. 그러니까 이건 단편소설이자 곧 장편소설로도 재미가 있단 말야. 그래서 『임꺽정전』의 힌트를 얻었지요.

설 사실 저도 그런 것을 하나 구상 중입니다. 그런데 러시아소설을 원본으로 보셨는가요.

홍 웬걸, 번역으로 보았지요. 노어(露語)는 배우다 말았지요. 내 외국어는 형편없지. 일본말이 그래도 제일 나았어. 그것은 잊어버리려도 안 잊어버려져.(웃음)

설 그거 재미있는 말씀이올시다. 제 생각에는 타민족의 정복이 가능하다면 문화 정복밖에 가능하지 않은 줄로 압니다. 그런 점으로 우리가 우리도 모르는 사이에 정복까지는 몰라도 일본문화의 영향을 상당히 받았지요. 이야기가 딴 데로 갔습니다만 이번에 새로 작품을 쓰신다면 어떤 것을 구상하고 계십니까?

홍 전부터 삼부작 하나를 써보려고 했습니다. 이것도 러시아 작품을 읽고 생각한 건데 메레주코프스키의 삼부작 육의 세계, 영의 세계, 영육 합치를 가지고 쓴 소설 있지 않아요. 그런 것을 하나 써보고 싶은데 내야 물론 역량이 부족하니까 그렇게 큰 작품은 쓸 수 없겠지만 하여간 한번 쓰면 한국 끄트머리, 일제시대 그리고 새 조선이라는 테두리를 가지고 써보았으면 좋겠어요. 한국 끄트머리는 양반사회의 부패상, 이것은 내가 제일 누구보다도 자신이 있지요. 나 자신이 몸소 겪어보기도 했으니까. 그리고 일제시대 40년 동안 신음 시대의 모든 강압과 반항, 친일파의 준동을 테마로 하고 끄트머리로 새 조선을 하나 썼으면 좋겠는데 —— 지금 같아서는 다 꿈 같은 얘기지요. 또 하나 쓰고 싶은 것은 이조 500년사를 소설로 그려보고 싶은데 이것을 단순하게 종래 역사소설같이 군주정치 중심의 산만한 기록으로만 하지 말고 좀더 모든 사건의 배경·조건·시대상을 살려서, 이를테면 어떠한 사건은 어떠한 사회적 조건 때문에 필연적으로 일어날 수밖에 없었다는 것을 한번 형상화해보고 싶습니다. 그리고 그 제목은 어떻게 할 게냐 하면 가령 개국(開國)시대를 그린다면 '선죽교'라고 그것을 그냥 한 사건으로 취재를 해서 정몽주가 태조의 집에서 오는 길에 선죽교에서 맞아죽었다 이렇게만 할 것이 아니라 그 죽게 된 원인을 좀더 널리 그때의 사회적 인과관계에서 찾아보도록 하려는 겁니다. 역사를 역사대로만 해석해서야 무슨 재미가 있나요. 내가 어떻게 보고 어떻게 해석한다는 다른 점이 있어야지. 그렇지 않고 부연만 해놓는다면 『삼국지연의』나 무엇이 다른 것이 있겠소.

나더러 사육신 같은 것을 쓰라고 한다면 세조라는 이 입장에만 설 것이 아니라 그 밖에 서서 세조는 그렇게 해서 떨어질 수밖에 없었다는 점을 한번 밝혀보고 싶거든요.

설   작품 소재의 소이연(所以然)을 사회사적 견지에서 구상화시켜 보시겠다는 말씀이군요.

홍   사회사는 곧 역사니까.

설   그렇게 되면 그때에는 역사가가 도리어 문학작품을 역사 참고재료로 쓰게쯤 될는지 모르죠.

홍   그렇게 될는지도 모르죠. 이 담에 그런 거 한번 시험해 보시오.

설   저희 같은 역량으로야 할 수 있습니까. 역사도 잘 모르고 또 아직 역사소설 써보고 싶은 생각도 별로 없고요. 제 어리석은 생각엔 작가로서 역사소설을 시작하는 것은 의욕이나 소재가 고갈되었을 때 일종 안이하게 도피하는 것 같더군요. 사실은 제가 지금 『해방(解放)』이라는 것을 쓰기 시작했는데 붓이 선선하게 나가질 않습니다. 제2 해방이나 된 뒤에 쓰기 시작했으면 좋았을걸. 기왕 쓰기 시작하였으니 변두리만이라도 울려볼까는 합니다만······.

홍   그래요. 요전에 남천(南天)더러 『8·15』는 아직 쓸 때가 아니니 쓰지 않는 게 좋다고도 한 일이 있지만 사실 작가가 제3자의 위치에 설 수 있는 여유가 아직 없고 지금 한 속에서 장차 어떻게 될 것도 모르고 휩쓸리면서 쓰기는 어려운 일이죠. 지금은 그저 노트나 만들어놨다가 나중에 여유가 생긴 후에 쓰는 것이 좋겠지요. 즉 말하자면 『8·15』는 요즈음쯤 쓰기 시작해도 좋겠지. 너무 일찍 시작했어.

설   좋은 말씀입니다. 지금 조선문학의 질량을 어떻게 보십니까?

홍   작품들을 통관(通觀)하면 대체로 정신적 준비가 결여된 것 같군요. 임화(林和) 시집 있지 않아요. 그런데 내 보기엔 그 사람 시는 해방 전 것이 해방 후 것보다 난 것 같애. 해방 후 것은 어딘지 모르게 저절로 우러나오는 것이 아니고 억지로 무엇을 보이기 위해서 만들어 논 것 같단 말야.

설 글쎄요, 그럴까요. 선생님도 아직 순수론을 좀 지지하시는군요. 제 보기엔 임화란 친구가 해방 이후에 노래한 것이 직접 자기가 체험한 것을 즉음직영(卽吟直詠)한 것 같은데 어떻게 우리가 길거리 아우성을 못 들었다 하고 잉크냄새 싱싱한 불길한 신문보도를 못 본 체할 수가 있을까요.

홍 그야 물론 방안에 가만히 앉아 있을 수야 없지요. 뛰어나가는 것은 정당합니다. 또 뛰어나갈 수밖에 없고. 그러나 가두에 나가고 싶지 않을 때에는 나가지 않아도 좋겠지요. 요컨대 내 말은 '체'하는 게 안 되었다는 말이오.

설 혹 그런 건 좀 있을는지 모르죠. 하지만 그 '체'할 수밖에 없이 부득이한 문학자의 오뇌(懊惱)는 있어도 마땅하겠지요. 좋은 일이라면 좀 무리를 하여서라도 노력하는 것이 우리 의무가 아닐는지요.

홍 옳은 뜻으로 노력하는 것은 물론 좋으나, 그것이 기계적으로 되면 탈이죠.

설 그야 그렇죠.

홍 그러나저러나 임화가 그래도 조선서는 제일류 시인이겠죠.

설 물론 그렇습니다.

홍 박승걸(朴勝杰) 시집 읽어보셨소?

설 보았습니다.

홍 어때요. 그 사람이 내 친구의 아들인데 좋은 시인 되겠습디까?

설 뼛속에 시가 있으면 자연 좋은 시인이 되겠지요.

앞으로 作家의 心的 태도는 어떠해야 하나

홍 나도 그 서문에 "골리무시 막음시(骨裏無詩莫吟詩)"라고 했지.

그런데 참, 좀 토론(討論)을 해봤으면 좋겠지만 워낙 설정식 씨는 주의가 다르고 사상이 다르니까 이야기가 돼야지.

설 천만에 말씀이올시다. 저는 문학도이지 무슨 주의자가 아닙니다.

홍 주의자 말이 났으니 말이지 나더러 누가 글을 쓰라면 한번 쓰려고도 했지만, 8·15 이전에 내가 공산주의자가 못 된 것은 내 양심 문제였고 공산주의가 무엇인지도 모르면서야 공산당원이 될 수가 있나요. 그것은 챙피해서

할 수 없는 일이지. 그런데 8·15 이후에는 또 반감이 생겨서 공산당원이 못 돼요. 그래서 우리는 공산당원 되기는 영 틀렸소. 그러니까 공산주의자가 나 같은 사람을 보면 구식이라고 또 완고하다고 나무라겠지만 그래도 내가 비교적 이해를 가지는 편이죠. 그러나 요컨대 우리의 주의·주장의 표준은 그가 혁명가적 양심과 민족적 양심을 가졌는가 안 가졌는가 하는 것으로 귀정지을 수밖에 없지.

설 간단히 말하면 숫자를 따져서 그 양심 소재를 밝혀볼 수도 있지 않을 까요. 아닌말로 칸트가 『실천이성비판』에서 "너의 격률(格律)이 동시에 제삼자의 격률이 될 수 있는 것을 가지고 행동을 하라."고 한 그것이 오늘날 와 서는 민족적 양심에 해당한다면 설혹 내 개인이 간직한 양심이 있다고 하더라도 절대 다수의 양심이 숫자적으로 절대일 때에는 조그마한 내 개인의 양심 같은 것은 버리는 것이 옳지 않을까요.

홍 그렇다고 개인의 양심이 무조건하고 다수자의 양심에 추종해서는 안 되겠지. 우리는 원래 역사적으로 압박과 굴욕을 받아온 까닭에 무의식중에 우리에게는 굴종하는 정신적 습관이 형성되어 있습니다. 이것은 또 딴 이야 기지만 『정감록(鄭鑑錄)』이 조선에 있는 이유가 무언고 하니 일종의 굴종사상의 표시인데, 한마디로 하면 모든 압박 비운(非運)은 운명 소치로 무가내하 (無可奈何)라 내 집 식구나 보존하고 편한 곳이나 찾아볼 수밖에 없다 하는 패배주의가 골수에 배었거든요. 그러니까 이 점을 우리가 맹성(猛省)하고 교정해야죠. 미국 사람들이 우리를 비현실적 이상주의자라고 하는데 정치도 별거없이 현실인 바에 현실을 차근차근히 구명하는 게 우리 도리지요. 최후의 승리는 사실뿐이니까. 문학이나 정치나간에……

설 그 말씀을 한걸음 더 제가 더 부연한다면 사실(事實)을 사실화하기 위하여서는 절대로 문학은 시류(時流)에 굴종을 하여서는 안 되겠다는 말씀이 되지 않을까요.

홍 그렇지요. 그러기에 나는 문학작품에 반항정신이 풍만한 것을 높이 평가합니다. 반항정신이 있는 사람이라면 그 작품엔 반드시 그런 무엇이 들어 있고 따라서 가치 있는 작품이 될 것입니다.

설 우리들 지금 처지에서는 동감이올시다.

홍　그렇다고 덮어놓고 기개만 보이는 일이 있어서는 안 되겠지요.

설　무병신음(無病呻吟)이란 문학에서 제일 타기받을 정신이니까요.

홍　그리고 또 한가지, 이것은 문학의 윤리성이라고나 할까. 어쨌든 문학이란 결국 언어를 구상화(具象化)할 수 있는 능력이 있는 사람들이 하는 노릇인데 언어의 선택이란 상당히 중요하다고 보는데 이것을 등한시하는 경향이 있을 뿐 아니라, 심지어 욕설 같은 것을 함부로 벌여놓는 일이 있는데 이것은 아까 염치 문제라고 했지만 이야말로 문학의 체면 문제라고 생각합니다.

설　그야 물론 삼가야지요. 비극의 요령이, 나는 울지 않고 관객을 울리는 것에 있다는 것을 다 아는 사람들이 쓸데없는 욕설을 퍼부어 효과를 죽여서는 안 될 거요. 또 죽이는 사람이 있다면 아직 문학수업이 미숙한 탓이겠지요.

홍　인텔리는 대체로 자기 속이 깨끗하니까 세상도 제 속만 같은 줄 알고 방언(放言)을 삼가지 않는 수가 많지 않은가? 그러나저러나 인텔리겐차라는 것이 조선 같은 데서는 아직도 그 맡은 구실이 많은 거요. 다른 선진 제국에서는 지금 인텔리가 그리 대단한 구실을 하고 있다고 말할 수 없는데…….

인텔리겐차의 운명은 봉건사상이나 자본주의가 멸망하는 것과 같이 망하고 마는 것이 아닐까요. 그러나 조선 같은 후진 사회에서는 아직도 인텔리는 중책을 가지고 있는 줄 압니다.

설　그렇습니다. 그러나 만일 인텔리겐차의 특성을 정신 기술의 일종 권위화된 것으로 생각한다면, 서구에서는 인텔리겐차가 몰락할 수밖에 없는 운명에 있다는 것은 글쎄 보는 관점에 달렸겠지만 차라리 서구에서의 인텔리겐차라는 것은 분화가 극도로 된 것에 정비례하여서 그 권위화되었던 것이 희박하게 되고 분산된 것이 오늘의 현상이 아닐까 합니다. 만일 인텔리겐차를 일종의 정신적 귀족으로 본다면 그야 물론 자본주의와 함께 몰락하고 말 것이겠지요. 그러나 장래의 사회에 있어서도 지적 기술의 소유는 역시 편재(偏在)할 수밖에 없지 않을까요. 조선 같은 낙후 사회에서는 인텔리겐차층은 아직도 성숙하여 가는 도정에 있다고 봅니다. 따라서 그들의 사회구성상 위치라는 것은 가장 특수하며 그들의 끼치는 공헌이라는 것은 산술로 따질 수 없으리만큼 큰 것이라고 봅니다. 미국같이 자본주의가 극도로 발달하여 노동분화가 고도에 달한 국가에서 만일 제가 '학생운동'이라는 말을 한다면 전혀 무슨 소린지 못 알아들을 것입니다.

그러나 조선이나 중국 같은 데서는 '학생운동'이라는 것이 곧 사회운동의 일익을 부담하고 있는 것이 사실인 것만 보더라도 인텔리겐차라는 정신 기술의 축적 부대는 비록 행동성을 결여하고 있다고는 하더라도 어떤 때는 행동 이상의 것을 다하고도 있다고 생각합니다.

기자 여러 가지로 고마운 말씀을 많이 들려주셔서 감사합니다.

<신세대 23호, 1948년 5월>

제2장 홍명희에 대한 인물평

文人印象互記 : 홍명희 군

梁 建 植

벽초(碧初) 홍명희(洪命熹) 군을 어느 때인가 처음 만나보고는 나는 얼마큼 놀랐다. 말하면 미견기인(未見其人)에 선문기성(先聞其聲)으로 가인(假人 : 그때 호를 가인, 그후에 또 可人으로 고쳤다.)의 이름을 듣기는 벌써 꽤 오래여서 다소 그 인물에 대하여 주의도 하고 인상도 해보다가 모두가 다 나의 예기(豫期)에 틀린 까닭이다.

'동경 유학생 중 삼재자(三才子)의 1인?' 퍽 경박하게 들리는 말이다. 그러나 재자(才子)라는 홍군은 나에게 한 단아한 선비로구나 하는 느낌을 먼저 주었다. 보통 중키에 약질로 생긴 사람이 조금 이마에 대머리가 진 갸름한 얼굴에 총명한 듯하고도 공겸(恭謙)하고 한아(閑雅)하고도 친절하며 그리고 상글상글 웃으면서도 수줍어하는 태도로 나의 눈앞에 나타날 때에 이를 한문식으로 평하여 여옥기인(如玉其人)이라 할는지 세간에서 흔히 보는 문사(文士)와는 같지가 아니하였다. 학자·문인 이 두 가지의 특징을 겸해 가진 풍모(豐貌)에 조숙한 문인의 내로라 하는 경조한 기풍은 아니 보였었다.

학자·문인의 두 가지 특징을 겸해 가졌다니 말이지, 용모로도 그러하거니와 오늘날 조선문단의 다독가로 말을 하면 아마 홍군으로 첫손가락을 꼽아야 할 것이다. 종래 군의 독서의 범위는 다른 사람의 말을 듣든지 나의 본 바로 하든지 좀 보태는 말 같지마는 동서에 긍(亘)하고 고금에 통하며 또 그 부지런도 놀랄 만하다. 그러기에 근일에도 쏟아져나오는 내외 여러 잡지의 된 글

안 된 글 할 것 없이 거의 다 한번씩 읽지 않고는 마지않지.

그런데 홍군이 이와 같이 많이 보는 대신에 좀체로 붓을 들지는 아니한다. 아니 아주 안 드는 패다. 원체 박람(博覽)을 하여서 그러한지는 모르거니와 이것이 일면 군의 지조를 말함이다. 혹 무슨 글을 그 감식(鑑識)이 있이 비평하는 것을 듣는다든지, 또 군의 지은 단간잔편(短簡殘篇)을 어쩌다가 어디 보면 결코 짓지 못하는 솜씨는 아니다. 도리어 현금의 작가를 웃을 것이다. 군은 시도 짓는다, 문도 짓는다.(이 짓는단 말을 오해해서는 안 된다.) 하지만 안 짓는 까닭으로 일부 인사는 그 역량을 의심한다. 그러나 이것이 오늘날 조선문단에 있어서 불행한 일인지 아닌지는 모른다.

많이 짓고 또는 쓰는 역량을 가지고도 다만 가만히 있는 것을 보면 군이 오늘날 조선의 각 사회를 너무 비관함이 아닌가 한다. 아닌게아니라 그 말하는 것을 보면 절망? 끝에 점차로 염세주의로 들어가는 경향이 보인다. 그러면서도 쉬지 않고 신사상을 연구한다는 말을 들으면 군이 무슨 광명의 길을 찾는 것이 아닌가 한다. 그리고 이것이 또 군의 특색일 것이다.

아무러튼지 군으로 말하면 난봉애와 난작가(亂作家)가 많은 오늘날 조선문단의 한 '일품(逸品)'이요 동시에 그것으로 세간의 상당한 경의를 받을 만한 사람으로 안다. 혹 어느 사람은 말하기를, 군은 문예비평가 노릇을 하였으면 똑 좋겠다 한다. 그러나 군이 금후에 작가가 될지 비평가가 될지 안될지 지금 이는 보증할 수 없는 노릇이다.(白華)

<개벽, 1924. 2>

옥중의 인물들 : 홍명희

고향은 충북 괴산이요 양반의 가정에 나서 아직도 양반의 태(態)를 벗지 못했다. 학자요, 세상의 신임이 두터운 사람이니, 이마는 벗어졌고 성격은 유약(柔弱)하여 과단성이 부족하다. 연전(延專)의 교수로도 있었고 조선일보(동아일보의 오류임 — 편자 주)의 편집국장, 시대일보(時代日報)의 사장으로 또는 신간회(新幹會)의 중진으로 각 방면의 노력이 많았다. 원래는 화요계(火曜系)의 인물이었으나 중간에 그와 이반(離反)하여 자기의 그룹을 만들고 그의 영수격이었다. 사회주의의 연구가 깊은 사람으로 자타가 일시는 그를 사회주의자로 인정하였었으나 화요에서 이반하여 자기의 그룹이 이루어진 후의 그의 태도는 민족주의적이었다. 그는 학자이고 연구가 문학이며 현대 조선에서 재사(才士)로의 이름이 높다. 그의 명철한 뇌흉은 사색적이요, 그 위에 다독(多讀)이어서 학자로의 기대가 많다. 광주학생사건 당시에 허헌(許憲) 등과 같이 방금 서대문형무소에서 복역 중이요 가정의 일화(逸話)로서는 부자간에 담배도 마주 피우고 술도 같이 먹는다는 것이 한 이야깃거리였다.

<혜성 제1권 6호, 1931. 9>

아들로서 본 아버지

洪　起　文

　연전 어느 잡지에서 아들로서 본 아버지라는 제목 아래 내 이름을 박고 짤막한 글을 실은 일이 있었다. 그것은 실상 내 글이 아니건마는 그 잡지를 편집하시던 분의 호의를 생각하여 그냥 덮어두었다. 그러나 그 이후 나는 언제든지 한번 아버지에게 대한 것을 쓰고 싶었다. 편집형이 이 글을 쓰라고 부탁할 때 거절하지 않은 것도 그 까닭이다. 자기 부형을 누구나 칭찬하고 싶은 것은 인정이라 나는 그 점을 생각하여 특히 조심하였다. 될 수 있으면 어려서부터 지금까지 내 머리에 비치어온 아버지를 그대로 정확히 쓰려고 하였건마는 이런 글에 익지 못한 나로서 꼭 뜻대로 되었다고는 자신(自信)하지 못한다.

1. 아버지에 대한 동경

　내가 서너살 되었을 적에 우리 아버지는 동경으로 유학을 가시었다가 여덟살 되는 해 봄에 집으로 돌아오시고 다시 열살 되었을 때 중국으로 나가시었다가 열여섯살 되는 해 여름에 귀국하시게 되었다. 동경서 유학하시는 그동안에는 몇번 왔다갔다 하시었겠지마는 도무지 생각나지 않고, 중국으로 가시기까지 3년간만은 꼭 모시고 있었을 것이지마는 자주 서울을 올라 다니시는 까닭에 그 역시 많이는 떨어져서 지내었다. 그래서 어린 머리에 비치었던 아버지의 기억은 대단히 모호할 뿐만 아니라 가끔밖에 뵈입지 못하는 그 아버지에게도 늘 걱정이나 듣고 매나 맞고 해서 결코 좋은 아버지로는 기억되지 않는다. 그도 그럴 것이 우리 아버지가 열여섯에 나를 낳으셨다고 하니 나이로서도 아들을 귀여워하기 어렵거니와 층층 시하(層層侍下)의 구식 가정에서 설사 아들을 귀여워하실 줄 알기로니 툭 터놓고 어루만지거나 쓰다듬기 거북하였을 것이다. 더구나 연상약(年相若)한 고모가 두 분, 숙부가 두 분, 종조가 한 분, 대고모가 한 분으로 나까지 일곱 아이가 들끓고 자라는 중에 내가 누구와 싸움만 한다면 우리 아버지는 무조건 저편이 되어 나를 구박하시지 않나? 또 우리 아버지 방에 길로 쌓인 책 속에는 알록달록한 그림들이 많건만도 그 책을 몰래 뒤적거리다가 발각되는 날이면 고만 뒷덜미를 잡히어 쫓겨나오지를 않나?

'고조할머니도 나를 귀여하고 증조할아버지도 나를 귀여하고 할머니 어머니도 나를 귀여하고 온 집안 식구가 나를 위해주는데 아버지만이 왜 나를 미워할꼬.'

이것이 어린 나의 적지 않은 의문거리였다.

"애비가 설마 너를 미워 그러겠니? 괜히 그러지."

유난히 넓고 두꺼운 귀를 가지신 우리 고조할머니, 그 귀와 같이 순후하신 우리 고조할머니는 내가 아버지에게 걱정을 듣거나 매를 맞았을 때마다 나를 무릎 위에 앉혀놓으시고 내 등을 문지르시면서 이렇게 말씀하시지마는 한갓 이런 말씀으로써는 내 의문을 풀어주지 못하였다.

하여튼 좋지 않게 생각되는 아버지가 중국으로 가시건 서양으로 가시건 오히려 시원할지언정 섭섭할 이치가 조금도 없다. 서울로 올라가신 줄 알았던 아버지에게서 영영 고토를 작별하고 타국으로 나가노라고 편지가 오자 고조할머니도 우시고 증조할아버지도 우시고 온 집안이 난가(亂家)가 되었어도 나만은 아무렇지 않았었던 듯하다. 그러나 나이를 먹을수록 어쩐지 모르게 아버지가 그리웠다. 모두들 아버지를 칭찬하는 것도 기쁘고 남들이 나더러 아버지의 모습을 닮았다고 말하는 것도 기쁘고 심지어 너의 아버지의 아들로서 공부를 잘 안 해서야 쓰겠느냐고 책망하는 것까지 기뻤다.

우리 아버지를 제일 많이 칭찬하는 어른은 우리 고조할머니와 우리 어머니다. 그 두 분은 나만 데리고 앉으시면 두고두고 해내려온 이야기를 되풀이해 가면서 아버지의 칭찬을 해 들리었다. 그러나 고조할머니는 밤낮해야 너의 아범이 어려서 클 때 어떻게 셈이 바르고 어떻게 영악하였는지 모른다는 이야기뿐이요, 어머니는 그 역시 열세살 먹은 어린 신랑이 어떻게 점잖고 비범하였던지 외가집 상하(上下)가 깜짝들 놀래었다는 이야기뿐이다. 그렇게 국한(局限)된 제목을 가지고는 아버지를 알고 싶어하는 나의 어린 정열(情熱)을 만족시키지 못할 것이 사실이다. 그때 우리 집에는 나에게 증대고모부(曾大姑母夫)뻘 되시는 어른 한 분이 자주 왕래하시었는데 그 어른의 성이 김씨요 일찍이 교관(敎官) 벼슬을 지내셨기 때문에 김교관댁 할아버지라고 불렀다. 본래는 대고모부를 할아버지라고 부르지 않지마는 그 내외분이 우리 아버지를 기르다시피 하여 우리 아버지가 어려서 '꼬까아버지' '꼬까어머니'라고까지 불렀던 까닭에 나 역시 할아버지라고 부른 것이다. 그런데 김교관댁 할아버지도 우리 아버지를 칭찬 잘하시는 분 중의 하나다. 더구나 유식하고도 이야기를 잘 하시어서 그 어른의 칭찬은 고조할머니나 어머니의 칭찬보다도 더 한층 나의 흥미를 끌었다.

"너의 어른이야 참 비상한 재화(才華)시그려. 여남은살 때 우공(禹貢)을 일곱 번 읽어서 곧 외었으니까."

"그뿐이냐? 여섯살 때인가 일곱살 때인가 천자를 갓 떼고 나서 '蒼蠅年年生 吾母何不還'이란 시를 지었거든."

그 어른의 칭찬을 전부 다 기록치는 못하나 대개 이런 종류의 말씀이다. 그중 한 토막의 한시(漢詩)는 우리 아버지를 낳으신 할머니가 일찍 돌아가시고 지금 할머니가 들어오셨는데 우리 아버지가 여닐곱살 때 이른봄 따뜻한 햇볕에 다시 날아드는 파리를 보고 돌아가신 어머니를 생각하여 자모듬으로 지은 것이라고 한다.

그러지 않아도 뵈입고 싶은 아버지요 알고 싶은 아버지요 닮고 싶은 아버지인데다가 오십 명 권구에 말썽이 많고 빠지는 재산에 집안이 흔들려서 아버지가 더욱 깊이 그리웠다. 아버지처럼 재주는 없으나마 아버지처럼 크게 되어서 아버지를 모시러 가려고 열서너살의 어린 나이로도 밤을 새워서 한문 공부를 하였다.

2. 아버지에 대한 숭앙심

내 개인으로서 느낌 많은 그 사실을 이러니저러니 말하고 싶지 않았으나 아무래도 말하지 않을 수 없다. 더구나 이십 전후 우리 부자의 관계를 적으려고 하매 그 사실을 빼놓으려야 빼놔지지 않는다.

본래 우리 아버지는 할아버지의 최후로 말미암아서 가정에나 사회에나 마음을 붙이시지 못하고 외국으로 나가버리신 것이다. 구식으로 따지어 삼년상(三年喪)이나 마치자고 3년 동안을 참고 기다리셨는지도 모른다. 그렇게 나가신 우리 아버지도 만주로 상해로 남양으로 7, 8년 왼갖 풍상(風霜)을 다 겪으며 돌아다니시는 동안 몸도 피곤하고 마음도 고달프셨다. 어머니같이 키워주신 늙은 증조모(나에게는 고조할머니)도 생전에 한번 뵈일 겸 아우들(나의 숙부)이나 아들들(나와 내 아우)도 가르칠 겸 조선땅을 다시 밟으시게 되었다. 그러나 그때 벌써 우리 고조할머니는 돌아가셔서서 3년이 차가던 때요 오직 남은 것이 우리들의 교육 문제다. 내가 한문으로 습작(習作)한 기(記)·서(序)·기행(紀行) 등을 가져오라고 하셔서 일일이 읽어보면서 이것저것 고쳐도 주시고 일러도 주시는 아버지의 낯빛은 지금 돌이켜 생각해도 퍽 유쾌하시던 것 같다. 나는 아버지의 옆을 잠시도 떠나지 않았다. 공연히 오는 손님들이 민주스러워서 증조할아버지나 할머니께서 여쭈신다고 핑계해 가지고 그들을 쫓기까지 하였다.

겨우 『세설신어(世說新語)』나 『사물유취(事物類聚)』 권을 보아가지고 지절대던 그 당시 나에게는 아버지의 입으로부터 나오는 말씀 말씀이 모두 다 기이하고 괴상하고 놀라웠다. 철학이 어떠하고 문학이 어떠하고 세계 사정(世界事情)이 어떠하고 조선문화가 어떠하고 가지가지의 그 사실도 놀랍거니와 왕양하여 끝이 없는 우리 아버지의 학문도 놀라웠다. 그뿐이 아니라 때로는 우리 할아버지를 뒤이어 우리들은 남달리 자존심이 있어야 하고 인내력이 있어야 한다고 힘지게 일러주시었다. 또는 가끔가끔 눈물까지 머금어가시면서 할아버지의 생전을 이야기하여주시었다.

감촉(感觸)이 빠를 15, 6세 때 더구나 숭앙(崇仰)하는 아버지의 훈도(訓導)는 얼마 못 되는 뼛속을 깊이 배어들지 않을 수 없다. 남몰래 제 손으로 제 몸을 때리고 꼬집어 참을성이 있나 없나를 시험해가며 스스로 만족하고 스스로 낙담한 적도 한두 번만이 아니다.

그전에 우리 아버지가 가지고 계시던 책은 중국으로 떠나시면서 어떤 친구에게 다 갖다가 맡기시었기 때문으로 집에는 세전지물(世傳之物)인 한문책 이외 더 다른 책이 없었는데 아버지가 중국서 돌아오실 때 다시 큰 버들고리로 두 개나 가득히 책을 사가지고 오셨다. 그 책을 지금 다 기억하지는 못하나 그중에는 오이켄, 베르그송 등의 저서도 있고 타골의 시집도 있고 페스탈로치의 책도 있고 니체의 『짜라투스트라』도 있어서 나는 볼 줄을 모르면서도 공연히 끼고 돌아다니었다.

"일본말도 모르는 주제에 제가 그런 책을 보니 아나?"

아버지의 가벼운 꾸중은 실상 꾸중이 아니다.

"자식이 둔하지는 않은 게야. 그래도 제법 무엇을 보고 아는 꼴이."

어머니더러 은근히 자랑하시는 아버지의 말씀을 자는 체 엿듣고 내 용기는 백배나 올라갔다.

그러나 그렇게 지낸 것도 일 년이 채 못 된다. 그 이듬해 봄이 되자 기미년 사건(己未年事件)이 일어나서 아버지는 고만 옥중의 몸이 되시었다. 나이 근 이십에 처음으로 아버지의 정을 알 만하자 또 고만 떠나게 되니 남보고는 아버지의 일을 일컫하나마 마음속으로는 몹시 괴로웠다. 유난스럽게도 춥던 기미년 겨울 옥중에 계신 아버지의 병보(病報)를 듣고 면회하러 갔다가 졸도까지 하고 돌아와서 도리어 아버지의 심려를 끼친 일이 지금까지 잊히지 않는다.

일년 반이 지난 후 아버지는 옥에서 나오셨으나 살림이 아주 치패하여 집안 형편이 말이 못 되었다. 그런 중 엎친 데 덮친다고 끝으로 숙부 두 분이 해를 격하여 돌아가고 새로 낳았던 어린 아우조차 돌이 갓 지나서 죽어버리었다. 초년 이후 고생으로 일관한 우리 아버지건마는 참말로 절박한 고생의 역사는 이때로부터 시작되었다고 보아도 좋다. 글로 적어서는 한갓 과장으로 오해될 것이라 차라리 나는 이 마디를 빼버리려고 한다. 그렇게 구덥 속에서 고생하시는 아버지를 하직하고 나는 열아홉살 때 다행히 어떤 어른의 보조를 얻어 중국으로 유학을 갔다. 보내시는 아버지야 오히려 한 근심을 덜으신 듯 시원하시었겠지마는 떠나가는 나는 그 얼마나 죄송하고도 언짢았던지 모른다.

3. 아버지에 대한 회의

나는 중국으로 갈 때까지도 이 세상에서 우리 아버지보다 더 높은 인격과 더 깊은 학식이 없으리라고 굳게 믿었다. 그래서 우리 아버지의 행동과 말씀을 예수교도들의 성경(聖經)처럼 위하여 잊어버릴까 겁하고 본받으려 고심(苦心)하였다. 그러나 중국서 지내는 동안 나는 차차로 모든 선배들에 대하여 회의가 생기기 시작하는 동시 우리 아버지에 대한 신념도 전만 아주 못하게 되었다. 우리 아버지의 어려운 곳은 자꾸 작아만 보이고 오직 우리 아버지의 단처(短處)와 흠점(欠點)은 그 반비례로 커지는 것 같았다.

그때 중국에는 손중산(孫中山) 일파와 맑스주의자가 합류하여 국민당(國民黨)의 기세가 바야흐로 높아 갈 때다. 나는 처음에 손중산을 사모하여 국민당 사람과 사귄 것이 손중산조차 하찮게 보이어 부지중 맑스주의 편으로 기울어지고 말았다. 본래 내가 조선 있을 때부터도 우리 아버지는 벌써 맑스주의를 공부해야 된다고 그렇게 고생하시는 중에도 원서(原書)를 얻어다가 읽으시고 하상조(河上肇)·산천균(山川均) 등의 책을 사오시었다.

내가 스물한살 때 학비를 대어주던 어른이 작고하자 증조할아버지의 병환조차 위중하여 부득이 집으로 돌아왔다. 그때 와보니 우리 아버지는 동아일보사에 계시었다. 그 이듬해 증조할아버지가 돌아가신 후 나는 다시 다른 사람의 후원을 얻어가지고 동경으로 떠났다. 그때는 우리 아버지가 벌써 동아일보사를 나오시어서 여러 친구들과 함께 시대일보를 경영하고 계시었다. 그러나 신문사에 다니실 때라고 해서 살림은 결코 윤택하여지지 못하였을 뿐이 아니라 시대일보로 오신 뒤는 오히려 한층 더 심한 편이었다. 심지어 셋집조차 쫓겨나서 두어 달이나 30명 권솔이 고모댁 대고모댁으로 흩어져 지내다가 내가 동경으로 건너가기 바로 얼마 전에야 다시 셋집을 정하고 앉았었다. 그런데도 아버지의 고생을 생각하는 내 마음은 전과 아주 달라졌다. 부산까지 바래주고 돌아서시는 아버지의 쓸쓸한 뒷모양을 바라뵈입고도 뱃속에 들어와서는 편안히 잠들어버리고 말았다.

중국서부터도 공부답게 공부를 못 하였지마는 동경 가서는 더 망측하였다. 그래도 처음 몇달은 도서관에도 다니고 책사도 돌고 하였지마는 그 다음에는 청년동맹(靑年同盟)에 입회를 한다, 일월회(一月會)에 입회를 한다, 그만 청년 정객(政客)?이 되는 바람에 회하러 다니느라고 책을 잡을 틈이 없었다. 그러나 그렇게 틈없이 바쁜 중에도 한 달에 7, 8번 내지 10여 번씩 아버지께 상서(上書)하기를 잊지 않았었다. 그 상서는 무슨 문안을 여쭙자는 것보다도 전혀 내 자랑과 아버지의 공격을 하기 위한 것이다.

그 당시 아버지는 시대일보 사장으로 계시었으나 실상 차함(借啣) 일체로서 누가 신문사를 어떻게 쥐고 흔드는지 누가 아버지를 어떻게 말썽삼는지 도무지 알은 체하지 않으셨고 또 그때 아버지는 화요회(火曜會)의 회원으로 계시었으나 그 역시 그 회의 내용을 별로 알지 못하셨다. 그런데다가 없는 살림에 아우나 아들들 고생하는 것만이 애처로워 흔히 당신의 의견을 세우시지 않고 아랫사람들을 쫓아가시었다. 이와 같이 공(公)으로나 사(私)로나 그 당시 아버지는 의지(意志)의 인물로 표현되지 못하였다. 남들도 오직 그 점을 들어서 아버지를 헐뜯었거니와 나도 그 점을 들어서 아버지를 공격하였던 것이다. 그러나 나는 공격할망정 남의 공격은 듣기가 싫다. 거기서 나는 일종의 고민까지를 느끼고 지냈다.

그러다가 화요회도 없어지고 시대일보도 깨진 뒤 아버지는 여러 사람을 모아가지고 새로이 신간회(新幹會)를 만드시는 동시 그 회를 위하여 활동하시었다. 나는 동경서 돌아와서 아버지를 도와가지고 신간회로 쫓아는 다니게 되나마 아버지께 대한 신념이 더 올라가지는 못하였다.

4. 아버지에 대한 재비판

신념이 더 올라가기는커녕 오히려 애정의 거리조차 멀어진 적이 있지 않았든가? 아니, 어째서? 내가 내 안해와 연애를 하게 되자 온 집안에서 환영하여 주지 않는데 아버지가 다른 어른들처럼 적극적으로 방해하시지는 않으나마 역시 탐탁하게 여기시는 편은 아니었다. 그러지 않아도 쏠리는 정이 있어 편벽되기 쉬운데다가 역경(逆境)에 대한 반항이 그 편벽된 정을 더 일층 굳세게 하여 집안에 대한 애착도 엷아지고 마침내 아버지에게 대한 정도 줄어들지 않을 수 없었던 것이다. 그래서 신간회 사건으로 아버지가 두번째 감옥에 가시어 4년이나 계시는 동안 나는 아버지를 위하여 아무것도 한 것이 없다. 작은아버지께서 사식비(私食費)를 주선하느라고 애가 마르시고 동경 있는 아우가 노동해 번 돈으로 책을 사서 차입하는데도 나는 면회나마 자주 가지 못하여 걱정의 하서(下書)까지 받았다.

물론 그때의 내가 병도 있었고 돈의 여유도 없었지마는 솔직하게 고백하여 정의 부족이요 성의의 부족이다. 하기 휴가(夏期休暇)로 돌아온 아우에게 저저히 책망을 당하고 얼굴이 붉어져 본 일도 있다.

그러나 아버지께 대한 나의 정이 어떻게 변하든지 내게 대한 아버지의 사랑만은 조금도 다름이 없다. 옥중에 계신 아버지는 늘 내 병을 걱정하셔서 내가 면회를 갈 때는 물론, 작은아버지나 어머니께서 면회를 갈 때도 맨먼저 내 병부터 물으시더라고 한다. "文才何可易, 不止得虛名. 臨事誠爲貴, 有才須有誠." 이것은 우리 아버지가 옥중에서 나를 주신 시(詩)다. 비록 스무 자의 오언절구요, 더구나 극히 평범한 내용이지마는 거기서도 나에게 대한 우리 아버지의 사랑은 넘쳐흐르는 것을 볼 수 있다. 설사 이해 없는 사랑이라도 지극한 사랑 앞에는 고개가 숙으려든 하물며 사랑이 이해를 함께 함이랴? 나를 사랑하는 아버지라느니보다도 나에게 지식을 넣어주시고 나에게 사상을 북돋아주시고 또 나에게 의지를 길러주신 그런 아버지가 아니냐? 나는 나의 불초(不肖)를 뉘우칠 수밖에 없다. 최근의 뉘우침이 너무나 늦음을 애달파한다.

그뿐이 아니라, 나는 연래로 변변치 못하나마 30여 년의 경험과 공부를 가져 모든 인물을 새로이 보게 되고 우리 아버지까지도 새로이 보입게 되었는데 그 결과로 나는 우리 아버지가 과연 놀라운 이라는 것을 발견하였다. 그렇다고 아버지의 사랑에 감격하여 내가 갑자기 옛날의 숭앙심(崇仰心) 그대로 돌아가는 것은 아니니, 아무 비판이 없는 옛날의 그 숭앙심은 오늘날 나에게 있어 자장가나 다름이 없는 것이라 내 구구히 그 자장가를 가져서는 우리 아버지께 드리고자 않는다.

우리 아버지의 읽으신 책이 얼마나 된다든지 기억력이 어떠시다든지 하는 등은 새삼스러이 말할 것도 없다. 친히 모시고 지내는 그 아들로서는 좀더 놀라운 점을 들 수도 없지 않지마는 결코 학식으로써만 놀라운 우리 아버지가 아니다. 아버지는 2, 30년 동안 육체적 또는 정신적으로 가진 곤고(困苦)

와 갖은 고초(苦楚)를 다 겪어오시면서도 한결같은 생활의 체계가 서 있어서 여기저기 유혹인들 많지 않으랴마는 그 체계에서 벗어지는 곳에 한 걸음도 내디디지를 않았으며 또 아버지는 연세로 이미 50이 가깝고 사회적 지위나 학식이나 모두 다 그만하니 벌써 체가 잡히고 담이 쌓이어 다른 것을 용납할 수도 없고 구태여 하려고도 안 하련마는 항상 새롭게 가려는 노력 아래 도리어 후진 청년들에게서 배우려고 애쓴다. 오늘날 조선사회를 돌아볼 때 우리 아버지의 제배로서 같은 길을 출발한 이는 많되 지금까지 그 길을 걷는 이는 몇이 못 되고 몇이 못 되는 그중에서도 혹은 무엇 혹은 무엇 다 각각 호신부(護身符)로 몸을 가리어 대세와 등지려고 하는 이가 태반이다. 위선 이 두 가지만을 생각해보라. 말이 쉽지 행하기가 어찌 쉬우랴?

내가 우리 아버지를 놀랍다고 하는 것도 한갓 아들로서의 편견은 아니다. 놀랍다는 형용사가 오히려 아들로서의 겸사일는지도 모른다. 그러나 우리 아버지는 신체가 본래 허약하며 그 곤고와 고초를 이기기에 힘드시고 또 나이조차 점점 늙어가시어 재래의 생활과 습관이 이미 굳어지매 행동이 갑자기 새롭기도 어렵다. 그는 곧 우리 아버지의 일생을 통하여 두 가지의 큰 모순으로서 우리 아버지 스스로 그 자신을 반성하실 때도 자못 섭섭함을 금치 못할 모순이다. 총괄해 말한다면, 우리 아버지는 용감하게 나아가지는 못하나 날카롭게 보고 굳게 지키는 분이다. 거기 우리 아버지의 흠점과 단처도 있지마는 놀라운 점도 있다. 요 전자 톨스토이의 사후 25주년 기념에 우리 아버지는 조그만 논문을 쓰시다가 25년 동안 세상의 많은 변천을 지적하셨지만 25년 전이나 오늘이나 오직 우리 아버지의 고생만은 조금도 변함이 없다. 아니 앞으로 다시 25년이 지난 뒤 전번의 25년보다 더 많은 변천이 있다손 치더라도 우리 아버지만은 지금의 우리 아버지 그대로 변함이 없으리라고 믿는다. 날카롭게만 본다고 어찌 굳게 지킬 수 있으리? 아마도 자기 아버지에 대하여 또 자기 과거에 대하여 나아가서는 진리에 대하여 남달리 풍부한 양심을 소유함이리라.

현재는 말할 것 없고 역사로 보아도 이와 같이 크고도 빛나는 양심은 그렇게 많지 못하였다. 어떠한 사회에 있어서도 이 양심만은 칭송되지 않을 리 없다.

<조광 2권 5호, 1936. 5>

홍명희론

朴 學 甫

1

조선에서 세칭 삼천재(三天才)의 1인인 벽초(碧初) 홍명희(洪命熹) 씨! 이분은 분명히 조선이 가진 보배다. 공자(孔子)는 안연(顔淵)을 가리켜 "一簞食와 一瓢飮으로 在陋巷을 人不堪其憂어늘 回也不改其樂"이라 하여 극구 찬양한 일이 있다. 한데 홍씨도 실로 안연의 생활에 못지 않았다. 조선의 삼천재의 두 사람이 왜노(倭奴)의 마수에 다같이 넘어가서 지금은 세상에서 그를 찾는 사람이 거의 없는 형편이나 우리 홍씨는 여기저기서 고문이라 위원장이라 홍씨 자신이 원치 않는 명예직이 소낙비 쏟아지듯 쏟아진다. 세도인(世道人)이란 이런 것일까 하는 것이 아마 홍씨의 탄식일 것이다.

홍씨는 원래 전형적인 학자요 전형적인 귀족 타입이요, 또 전형적인 장자풍(長者風)이 있는 분이다. 그러나 홍씨는 한번도 학자연한 일이 없고 귀족연한 일이 없고 또 거드름을 피는 분이 아니다. 조선에서 중노인측에 가장 진보적인 분이 누구냐 하면 홍씨를 첫손가락으로 꼽지 않을 수 없다. 홍씨는 사세상한(四世相韓)의 장량(張良)의 명문은 아니라 하더라도 조선에 있어 누구 못지않은 당당한 명문의 분이다. 그러나 일찍이 명문의 티와 교만한 티를 엿볼 수 없다. 그야말로 겸허와 관후와 인덕과 애무로 늘 후진을 대한다. 누구나 홍씨 앞에 나아가면 모르는 중에 저절로 머리가 숙어진다. 이런 연배의 분 중에 가장 먼저 봉건적 잔재를 털어버린 분이 있다면 나는 서슴지 않고 홍씨를 제일로 든다.

그러면 홍씨가 남에 못지 않은 가벌(家閥)의 명문 출신이면서도 교만이란 조금도 없고 그 겸허란 어디서 나온 걸까. 또는 가면으로 그러는 것이 아닐까 의심하는 사람도 있으나 홍씨는 절대로 그렇지 않다. 홍씨에게는 가면과 허위는 없다. 홍씨는 다소 적극적이 못 되는 겸양이 지나치게 많은 분이데. 이 겸양이라는 것은 때로는 약한 성격을 보여주는 것이다.

홍명희 씨가 만약에 부귀와 영달을 누리려고 하면 삼천재의 두 사람의 공명(功名)을 지나쳤을 것이다. 하나 홍씨에게는 철천지 원한이 있다. 홍씨의 춘부장은 한일합방이 되는 것을 보고 자결하신 분이다. 이것은 홍씨의 가슴에 큰 못이 박여졌다. 조선 천하가 다 왜노의 수하(手下)가 되더라도 홍씨만은 고절(孤節)을 지킬 것이 절대적이다. 또 홍씨에게는 청백한 전통이 역시 적빈여세(赤貧如洗)이었던 것이다. 여기에 백절불굴! 홍씨가 오늘의 빛나는 젊은 사람의 존앙(尊仰)하는 인물이 되었거니와 홍씨의 가난이란 세상이 다 아는 일이다. 이 가난을 틈타서 적인(敵人)의 마수가 늘 움직이었던 것이다. 왜노의 마수가 닿을 곳은 아니었다. 엄연한 존재에는 왜노도 대할 때는 홍씨에게 범접을 못한 것이다. 그는 신간회 민중운동자 사건 이후 아무런 단체에도 발을 붙이지 않았다. 다시 말하면 홍씨는 이때부터 단체생활과 발을 끊은 것이다. 이 단체생활은 홍씨로 하여금 저들 왜노에 구실을 주어 얽어맺기에 좋은 재료가 되기 때문이다.

2

홍명희 씨는 어느 모로 보나 우리들의 지도자적 성격을 가지고 있으나 아무 데나 홍씨는 참가하지 않는다. 이것이 홍씨가 가진 바 특이한 성격인데, 한말로 말하면 홍씨에게는 야심과 패기가 적다. 아주 없다고 해도 과언이 아닐 만큼 홍씨는 야심과 패기가 적다. 춘추가 거의 이순(耳順)이 되어 그런지는 모르나 이 역시 야심과 패기는 적은 편인 것이다. 준재(俊才)의 두 아드님을 두어 이 두 아드님이 도리어 춘부장의 패기를 돋우어 드리는 형편인 것이다. 금일 조선 정계에 있어 홍씨가 진출한다면 남만 못지 않은 수완과 역량을 부릴 분이다. 그러나 은인자중(隱忍自重) 좀처럼 출마를 하지 않고 도리어 남의 추대에 이러쿵저러쿵 되어 기어이 자신에 대한 성명까지도 발표하는 데 이르게 된 것이다. 홍씨의 성명은 도리어 아니하느니만 못한 것을 필자는 느끼고 있거니와 성명이란 그 성질이 남의 잘못을 드러내고 나의 결백을 드러내는 것으로, 홍씨가 성명을 아니 내더라도 홍씨의 성격을 아는 사람은 그것을 잘 알고 있는만큼 홍씨의 승낙도 없이 마구 넣었으리라는 것을 죄다 잘 알고 있을 정도이다. 하기야 오죽 홍씨가 견디기 괴로워 저런 '성명'을 내었는가 하는 느낌을 금치 못했으나 도리어 '성명'을 내지 않은 편이 나았을 듯한 감을 주고 있다. '성명'을 가지고 인물론을 쓰는 바 아니니 그것은 고사시(姑舍是)하거니와 홍씨는 기실 조선에 있어 좌도 아니요 우도 아닌 중간적인 존재로 좌우에서 다 이용(?)하려는 그런 심산을 가졌기 때문에 홍씨가 늘 등장하게 되는 것이다.

　따라서 조선에서 민족통일자를 구한다면 홍씨만한 인물이 없는 것이다. 또 홍씨만한 중로측의 민주주의자도 없는 것이다. 이리하여 우리 홍씨를 진보적인 진영에서 이용(?)하려고 한다. 하나 홍씨는 홍씨대로 성격의 한계가 있다. 홍씨가 유물사관(唯物史觀)의 세계와 자본론의 학설도 잘 알고 있다. 하나 홍씨가 공산주의자냐 하면 결코 공산주의자는 아닌 것이다. 공산주의의 학설은 조선에 있어 누구보다도 못지 않게 통효(通曉)할 것이다. 하나 공산주의자는 되기 싫어하는 분이다. 또 하물며 공산당원이랴. 하나 그렇다고 하여 국수주의적인 어느 노신사와 같은 분은 아닌 것이다. 엄정하게 말하면 민족주의의 좌익이라고 할 수 있는 분으로 민족주의의 좌익 속에도 또 구분할 수 있다면 우익에 가까운 분인 것이다. 민세(民世) 안재홍(安在鴻) 씨를 민족주의의 좌익 속에 우익이라 하면, 홍씨는 좌익인 것이다. 하나 두 분이 다 진보적이요, 아울러 공산주의나 기타 학설에 있어 그 장점만을 취해다 쓰려고 하는 것은 두 분이 다 공통된 의상(意想)일 것이다. 홍씨는 이 점에 있어서는 도리어 공산주의인 편이 많을는지 모른다. 홍씨의 성격은 안씨보다 적극적이지는 못하나 도리어 사상상으로는 일보 전진해 있는지도 모른다. 홍씨의 성격은 사상상에 있어서는 『임꺽정』 같은 대적을 훌륭한 의적으로 규정하고 표현하고 있으나 기실 행동에 있어서는 조선의 단아한 선비의 범주를 넘지 못하고 있는 것이다. 이것은 양반이란 전통이 그렇게 된 것이라고 하는 사람이 있으나 역시 안씨도 누구만 못지않은 양반으로 이는 역시 성격이 가져오는 미묘한 점인 것이다. 홍씨는 행동에 있어서는 분명히 소극적인 것이다.

3

　지금의 조선에 있어 가장 처세에 곤란한 사람은 홍명희 씨 같은 분일 것이다. 이런 세대에는 좌냐 우냐 하는 것을 확연히 요구할 때 좌도 아니요 우도 아닌 중간적인 존재는 매우 곤란한 것이다. 우에서도 끌려 하고 좌에서도 끌려고 하는 것이다. 하나 좌에서 끌려 하다가 아니 끌리면 우라고 공격하는 것이요 우에서 끌려다가 아니 끌리면 좌라고 공격하는 것이다. 이러한 곤란은 누구나 중간에 선 사람으로서 다같이 느끼는 비애로서 홍씨는 이 비애를 다분히 느낄 것이다. 하나 이 역시 홍씨의 성격으로 우익의 천하가 되더라도 홍씨는 이 한계만은 지키고 있을 것이다. 하나 결코 우익만의 천하가 되지는 않을 것이라고 보매 이 운명은 홍씨 자신이 타고난 성격의 운명일는지 모른다.

　또 한가지 홍씨의 비애는 지금쯤은 학구적인 곳에 들어 좀더 많이 이 세상에 공헌하고 후진을 위하여 길을 열어주고자 함일 것이다. 하나 금전의 여유와 건강의 자신이 없는 분이라 금전은 생래(生來)로 없는 분이니 누가 도와주지 않는 한 그것을 해결할 수 없는 일이고 또 건강에 있어서도 홍씨는 건강을 퍽 유의하고 지내오는 분인 고로 그만한 건강이라도 유지해오고 또 지탱하는 것이다. 또한 홍씨에게 있어 사업이나 학문에 있어 야심이 적고 패기가 적다고 하는 것도 이런 건강 문제가 한개의 중요한 원인일는지도 모르는 것이다. 역시 건강한 신체의 소유자가 야심도 많고 패기도 많은 것은 속일 수 없는 사실일 것이다. 홍씨에게 건강과 금전의 여유가 있다면 좀더 많은 공헌이 우리 사회에 있을 것은 불을 보는 것보다 더 명료하다. 나는 홍씨에게 건강과 금전의 여유가 많아지기를 바라서 마지않는 사람의 하나이거니와 또한 홍씨에게 건강과 금전의 여유가 없더라도 우리 사회에 공헌을 아끼지 말기를 바라서 마지않는다. 홍씨의 두 분 아드님이 노래(老來)의 홍씨를 잘 받들 것으로 이것은 나의 두우(杜憂)로 될는지도 모를 것이다. 홍씨에게 있어 첫째로는 문학에 있어 『임꺽정』전 같은 불후의 작을 또 한개나 두개쯤은 보태주었으면 하는 것과 『학창산화(學窓散話)』 같은 작은 책자라도 더 많이 이 세상에 남겨놓았으면 이 얼마나 후생들에게 유익할는지 모르는 것이다. 따라서 정계에서 홍씨를 끌어내려 하지 말고 홍씨를 학계에서 좀더 많이 추대하는 편이 여간 나을 것 같지 않은 것이다.

4

홍명희 씨는 불우한 반생을 지낸 분이다. 아니 반생 이상을 지낸 분이다. 지금부터는 일생의 숙망인 조국의 광복을 볼 것이고 한개의 염원은 멀리 남양에 가 있는 계씨(季氏)의 귀국일 것이다. 세상에는 그렇듯 패트런이 많건마는 홍씨에게는 패트런 한 사람도 없다. 그저 있다면 계초(啓礎) 방응모(方應謨) 씨 정도의 후원자인 것이다. 듬뿍 5, 6백만 원이거나, 적어도 백만 원 정도의 후원자가 홍씨에게 있다면 큰일도 노상 못할 분도 아닌 것이다. 조선에는 재벌도 없지마는 재산을 가지고 있는 사람의 성질이 사업보다는 호의호식하고 젊은 여자를 첩으로 하면 족하다는 데 떨어지고 마는 저열한 부류의 재산 가진 사람이 많은만큼 이렇다 할 사업도 없고 홍씨 같은 인재가 후진에게 남겨줄 아무런 사업에도 가담되어 있지 않고 싸움을 싸우는 데 이용(?)하려는 데까지 이르고 이것을 참다 못하여 홍씨 자신이 성명을 내는 데 이르기까지 하게 하고 있는 것이다. 실로 이것은 우리 사회를 위해서나 홍씨를 위해서나 통한사가 아닐 수 없는 것이다.

이제는 홍씨는 가만히 있더라도 조선이 자리만 잡히면 지도자적 인물로 모시어 갈 것은 기정 사실같이 보이는 일로 홍씨에게는 좀더 건강에 유의하고 사업에 패기가 그 사이 배양되기를 바라서 마지않는 바인 것이다. 홍씨에게는 학문적인 곳에 그 성가와 아울러 역량은 거의 무궁하다고 할 수 있는 것으로 앞날의 학계를 짊어질 분은 나 보기에는 누구보다도 제일인자라고 생각하건마는 기실 소지(小智)가 대지(大智)를 가리는 격으로 국립대학(경성대학) 같은 곳에 홍씨는 기실 빠지고 있는 것이다.

여기에도 홍씨의 불우한 일면이 있다고 할 수 있는 것으로 이것은 역시 홍씨의 적극적인 면이 부족한 것이 그리 되는 것이 아닐까 한다. 그는 왜냐하면 홍씨는 일생에 있어 남과 교제니 운동이니를 모르는 분인 것이다. 바꾸어 말하면, 이분에게는 모략이 없는 것이다. 차라리 남의 모략에 이용될지언정 자기 자신이 모략을 낼 줄은 모르는 분인 것이다. 만약에 씨로 하여금 저러한 학식과 저러한 장자풍(長者風)을 가지고 모략을 그곳에 가미해 가지고 있다고 하면 오늘의 정계를 거의 좌우했을는지도 모르는 것이다. 하나 홍씨는 모략이라고는 눈곱만치도 없는 분인 것이다. 어느 때 김성수(金性洙) 씨 일파와도 교분이 좋았고 또 김씨와 악수하여 사업도 같이 할 뻔하였으나 드디어 김씨와 멀어지고 있는 것은 역시 홍씨는 모략을 쓰지 않고 도리어 김씨를 싸고 도는 일부 인사가 모략을 쓰기 때문에 드디어 김씨와는 지금은 상당히 사이가 멀어지고 있는 것이다. 이와 같이 홍씨는 모략이 없는 것이다. 도리어 남의 모략 때문에 홍씨가 후퇴한 일은 얼마든지 있는 것이다. 이런 점은 홍씨의 성격상 물론 좋은 점이나 너무 모략에만 떨어지는 것을 볼 때에는 다른 사람으로서는 민망해하지 않을 수 없는 일인 것이다. 적어도 남의 모략만은 막아 내었으면 한다. 하나 홍씨는 남이 모략을 쓰건 말건 겸허와 관후와 인애(仁愛)로만 세인을 대하는 분인 것이다. 이런 분을 모략을 써서 후퇴시키는 것은 그들 모략을 쓴 사람이 나쁜 것만은 속일 수 없는 일이나 이편에서도 그것쯤은 방어하도록 되어야 할 것이다. 역시 군자는 모략을 쓰지 않는 것인 것을 홍씨에게도 얻어볼 수 있는 일이요 홍씨가 다른 사람보다 높이 평가되는 일면이겠으나 이런 것이 지나치면 '송양(宋襄)의 인(仁)'이 되기 쉬운 것이다.

5

홍명희 씨는 앞으로 다복할 것은 위에서도 잠깐 말했거니와 그는 왜냐하면 홍씨는 결코 난세의 인물은 아닌 것이다. 홍씨는 분명히 치세의 인물인 것이다. 홍씨로 하여금 치세에 임하게 하면 3년 이내에 화기애애한 분위기를 만들 것이다. 따라서 금일의 건국과정에 있어 홍씨가 중요하게 못 쓰이고 있는 점도 이것인지 모르겠다. 치세에 능한 분이 흔히 난세에는 간웅(奸雄)이 되는 일이 많으나 홍씨는 치세에 능할 뿐이요 난세에 간웅이 되지 않는 점에서 홍씨의 미묘한 성격이 잠재해 있는 것이다. 따라서 홍씨의 앞날은 다복할 것이 점쳐지고 있는 것이다. 앞날의 조선은 치세는 될지언정 다시 두 번 난세는 되지 않을 것이다. 한데 세상에서는 홍씨를 이용하여 당쟁에 혹은 정쟁(政爭)에 끌어넣으려고 한다. 이것은 홍씨를 모르는 자의 심한 부류라 하기에 족한 것이다. 홍씨는 먼저도 말한 바와 같이 적극적인 인물이 아니요 모략이 없는 분이요 싸움을 싫어하기 남보다 뛰어나고 있는 분인 것이다. 따라서 홍씨는 이 점에 있어서는 아무리 친절한 사이라도 노하는 분인 것이다. 그럼에도 불구하고 홍씨에게 승낙도 없이 함부로 위원장이니 회장이니 무어니 하고 추대하는 데 가만히 있기까지 관대하지는 않을 분인 것이다.

　홍씨는 조선 사람의 가장 우수한 부면의 인물을 대표한 분인 것은 속일 수 없는 것이다. 조선 사람 중에서 진보적인 인물로 관후·겸허·인애가 겸비한 분을 찾으려면 우리 홍씨가 가장 대표적인 존재인 것은 누구나 긍정할 것이다.(1946. 1. 12)

<신세대 창간호, 1946. 3>

벽 초 론

李 源 朝

　벽초(碧初) 홍명희(洪命憙) 선생론을 나더러 쓰라고 한 것은 편집자의 생각으로는 아주 적임자를 골랐다고 할는지 모르겠지마는 나로서 생각할 때는 실상 가장 부적임자를 골랐다고 아니할 수 없는 것이다.

　인물론이란 다른 평론과 마찬가지로 최후는 결론을 추출하는 것으로 목적을 삼는 때문에 이 결론을 가져오기 위한 자료로서 그 인물의 생활이나 성격이나 행동이나 업적 같은 것을 상세하게 안다는 것이 물론 필수조건이지마는 사람이란 크나 작으나 항상 발전하고 활동하는 것인만큼 현존인물론은 결론 아닌 결론을 추출하게 되므로 그런 때는 그 인물론에 대하여 너무 상세하게 알지 않는 것이 더 편리한 경우도 있는 때문이다. 물론 이것은 내가 벽초 선생을 너무 잘 알아서 인물론을 쓰기에 불편하다는 것보다 고래로 인물론의 정칙인 개관논정(蓋棺論定)이란 말에서 내 붓대가 서슴지 아니할 수 없다는 것이니 이 일문(一文)은 인물론이란 것보다 차라리 한개의 인상기라는 것을 미리 말해두는 것이다.

　벽초를 말할 때 '고절(苦節) 40년의 개결(介潔)한 지사(志士)' '지식이 박흡(博洽)한 학자' '양심적인 인텔리' 이렇게 지목하는 것은 거의 정평이다.

　그리고 사실에 있어 그의 이때까지 일생은 이 말을 듣기에 조금도 손색이 없었다. 그러나 이것만으로 벽초론이 된다거나 인상기라고는 할 수 없는 것이니, 그러면 벽초의 생장과 발전은 대체 어떠한 데서 어떠한 코스를 밟아왔는가?

　벽초의 계보를 다 따질 필요는 없지마는 그가 급역(及易)한 환경만으로도 그의 증조는 보국(輔國)이요 그의 조부도 아경(亞卿)이다. 이런 귀현(貴顯)한 집에 태어나서 어려서부터 총명했을 것이니 일가의 금지옥엽이었을 것은 우리가 상상할 수 있는데 벽초의 청년기에 그 집이 의존하던 이조왕가는 복입(覆込)되었다. 당시 매국 조신들은 나라가 망하는 대신 집일을 탄탄히 하는 화국위가(化國爲家)의 실을 얻었으나 봉건왕가의 복입(覆込)은 봉건 귀현의 몰락을 초래하지 아니할 수 없는 것이며, 더구나 그의 아버지 일완(一阮) 홍범식(洪範植) 씨가 금산 관아에서 합병 조칙이란 것을 읽지 않고 순사(殉死)한 뒤 그 일가의 몰락하는 걸음은 한결 빨랐으며 이러한 모든 사실이 감수성 빠른 청년 벽초에게 심각한 영향을 끼치지 않았을 리가 만무한 것이다.

그래서 그뒤부터 방랑과 투옥과 빈궁의 낙척한 40년을 지나는데 위에서도 말한 바와 같이 '지사'니 '학자'니 인텔리니 하는 지목을 받게 된 것은 그가 조선 신문학의 개척자의 한 사람인 문학청년으로 출발했다는 데서 출래(出來)하는 것이며, 그가 비록 『임꺽정』 같은 거작을 안 남겼다고 하더라도 벽초를 말할 때 문학을 떠나서 말할 수 없을 것이다.

그러면 문학자 벽초를 말할 때 그 특징이 어디 있느냐 하면 그는 예가 드문 리얼리스트란 것도 정평이다. 그런데 『임꺽정』을 작자의 말로는 조선 정조를 그리려 했다고 하지마는 그 소재와 구상부터가 일종의 반항정신에서 출발했으며 그 당시 모든 사회적 풍경이나 궁정·관작(官爵) 들의 묘사가 모두 그 반항 정신의 발로 아님이 없다.

그래서 이 사실을 어느 좌담회 석상에서 지적했더니마는 작자도 부정은 안 했고 김남천(金南天) 씨는 말하기를, 그것이 바로 리얼리스트의 정신이라고 했다. 사실 벽초에 있어 반항정신이란 『임꺽정』에 나타나는 것만이 아니라 그의 온갖 담론 가운데 항상 나타나는 것이다. 그리고 이러한 반항정신이란 물론 비평의 정신임에 틀림없는 것이다.

그래서 기성적인 것에 대한 반항, 권위에 대한 반항, 이 반항의 정신이 그로 하여금 고절 40년을 지켜오게 한 것인데 이 고절이란 비타협 태도는 일제의 모든 제도에 대해서만이 아니라 계급적으로는 자기의 핏줄이 당기는 봉건제에 대해서도 그러하였다.

그래서 소위 서울 북촌의 대가들과 절연을 하고 그네들로부터 경원당한 것도 그 때문이었으나 만약 우리가 일제의 침략을 안 받았다고 하면 그는 봉건타도의 계몽가로 발전해왔을 것을 여기서 짐작할 수 있는 것이다.

그러나 벽초에게 있어 반항의 정신이 비평의 태도에 그치고 행동화하지 못하는 이유는 어디 있느냐. 그가 일찍이 말하기를 "내가 다른 데는 유약해도 무엇이든지 안 하는 데는 강하지." 한 바와 같이 그가 항상 행동에 주저하고 사리고 촌탁(忖度)하는 것은 역시 그 계급적 속성을 버리지 못한 귀족 취미에서 나온 것이라고 볼 수밖에 없는 것이다. 『임꺽정』에서 그 리얼한 필력이 다른 부(副)인물은 회화와 같이 묘사했건만도 화적 임꺽정의 묘사가 손색이 있는 것도 그 때문이며, 심력을 경주한 그 작품이 맘에 안 들어 께름칙하다고 늘 말하는 것도 이러한 청교도적 귀족 취미에서 나온 것이라고 나는 본다.

그러므로 위에서도 말한 바와 같이 이것은 한개의 인상기이며, 따라서 지면의 제한도 있으나 벽초의 구상은 필시 반항정신과 귀족 취미의 상호 모순 갈등 속에 있으며 이러한 근간을 잡고서 그 언행과 작품과 서로 대조해본다면 매우 흥미 있는 일편의 인물론을 짜낼 수도 있으리라고 생각하나 나 같은 사람의 감당할 바가 못 되지마는 만약 다른 기회에 본격적인 벽초론을 쓰게 되더라도 역시 나는 이 점에 착안할 것만은 틀리지 않을 것 같다.

<新天地 제3호, 1946. 4>

제3장 『임꺽정』에 대한 당대의 논의

『임꺽정』의 연재와 이 기대의 반향

역사적 대작인 『임꺽정』, 11년간의 연재

벽초(碧初) 홍명희(洪命憙) 씨의 장편소설『임꺽정』이 본보에 연재되기 시작한 것은 햇수로 11년에 긍(亘)하고 횟수로 천여 회를 넘었다. 양으로 보아 이만한 대작이 아직 우리 문학사에 없고 또한 질로 보아 이만한 걸작이 우리 문학사에 일찍이 없었다. 그러므로 이 작품은 그 내용이 역사에 근거를 두었다는 의미에서가 아니라 본보의 역사와 더불어 함께 이야기할 역사적 작품인 동시에 우리 문학사를 이야기하는 데 있어서도 또한 역사적인 작품이라고 아니할 수 없다.

그런데 이 작품이 그동안 여러 번 휴재도 되고 연재도 되는 동안 휴재가 되면 독자의 야단이 추상(秋霜)과 같았고 연재가 되면 독자의 환영이 홍수와 같았던 것으로 보아서도 이 작품이 과연 얼마나 우리 독자의 가슴 깊이 뿌리박혔던가를 짐작할 수 있으므로 다행히 작자의 건강이 회복된 기회를 얻어 본사에서는 독자 여러분의 기대에 받드느라고 이 역사적 대작을 연재하기로 하였다. 작자도 이번에는 심혈을 다 기울여 이 작품을 완성시키려고 저사위한(抵死爲限)의 비장한 각오로 붓을 들었는데 이제 이 작품이 연재되는 데 대한 각계 인사의 선풍적인 기대의 반향을 수록하는 바이다.(一記者)

벽초의 손에 재현되어 지하에서 웃을 임꺽정

韓 龍 雲

『임꺽정』이 조선일보에 다시 연재되는 것은 반가운 일이다. 꺽정이는 소설로나 극본으로나 전기로나 무슨 형식으로든지 재현할 필요가 있는 인물 중의 뚜렷한 한 사람이다. 그런데 졸렬한 수법으로 부질없이 괴 그리고 개 그리듯이 한다면 이른바 범을 그리다가 개를 그리는 것과 같을지니, 그렇다면 그것은 도리어 꺽정이를 모욕하는 것이 될 뿐 아니라 독자에게도 아무런 효과가 없을 것이다. 그러나 꺽정이를 재현시키는 주인공이 벽초라면 모든 것에 있어서 회회언(恢恢焉) 여지가 있을 것이다. 벽초가 『임꺽정』을 쓰게 됨으로부터 꺽정이는 진실로 천재지하(千載之下)에 지기를 만난 사람으로 천년총중(千年塚中)에서 웃음을 머금을 것이다. 그런데 연재(連載) 예고 중의 작자의 말을 본다면 연재를 시작한 지 10여 년이 되었다 하였으니 무던히 오래되었다. 아마 모르면 모르되 연재 기간의 연장으로는 세계적으로 최고 기록이 되는지도 모를 것이다. 그간에는 물론 신문사의 사정도 있었을 것이요 작자의 사정도 있었을 것이지마는 작자나 신문사나 다 갑갑하지 아니하였을 수는 없을 것이요 독자는 더욱 갑갑하였을 것이나 그러나 그보다도 성미 급한 꺽정이가 앎이 있다면 무던히 갑갑하였을 것이다. 그것도 동정할 만한 일이다. 이로부터 간단(間斷)이 없이 연재되기를 바라며 워낙 장기·단기로 간단이 많은 남아이라 약간의 간단쯤은 문제가 아닐 것인즉 작자는 조급히 굴지 말고 나팔(喇叭)끝이 피게 하며 신문사에서도 다소의 불여의(不如意)가 있을지라도 송곳끝이 되지 않게 하기를 바랍니다.

조선문학의 전통과 역사적 대작품

李 箕 永

오래 중단되었던 『임꺽정』을 이제 다시 귀지에다 연재시켜서 한 작품으로 완성하게 된다는 것은 우선 독자의 한 사람으로 기뻐하는 동시에 조선문학을 위하여서 실로 축하하기 마지 않습니다. 『임꺽정』은 양으로 보아서 실로 방대한 항수(頁數)를 차지하고 있습니다. 이미 발표된 부분만으로도 나의 기억에 의하면 오륙백 회(?)인 듯하니 앞으로 또 몇회나 게재될는지 모르지만 이 작품이 완편된다면 굉장한 쾌책이 될 것이니 우리의 작품에서 이만큼 거대한 장편은 아마 『임꺽정』을 빼놓고는 다시 없을 줄 압니다.

그렇다고 나는 다만 부피가 많은 것만을 쳐드는 것은 아닙니다. 나는 『임꺽정』의 문학적 가치에 있어서는 다른 무엇보다도 역사적 의미에서 치중하고 싶습니다.

우리의 사회와 같이 문화가 뒤떨어지고 문학적 전통이 없는 데서는 문학하는 후배들로 하여금 아무 밑거름이 없이 마치 척토에서 커나는 곡식과 같은 느낌이 없지 않습니다. 그러나 조선문화가 엄연히 존재하면서 문학적 전통이 없다는 것은 그릇된 한문학이 그것을 죽인 것이 아닌지요? 사실 한문으로 기록된 문헌이나 한문학으로서는 우리에게 양식될 만한 역사적 유산이 불소(不少)함에도 불구하고 금일까지 우리에게는 진정한 역사소설 한 책을 변변히 가지지 못했다는 것은 첫째 문화민족에 대하여 다시없는 수치라 할 것이요, 둘째 우리에게 있어서는 보고를 지하에 매장해두고 파낼 줄을 모르는 것과 같은 통한사(痛恨事)라 않을 수 없습니다.

그러나 그것은 다만 역사에 통효한 사람이나 한문학에 능한 사람만으로도 될 수 없는 일이요, 또한 그렇다고 문학적 재능만 가진 사람으로도 될 수 없는 일인 술 압니다. 그것은 실로 양자를 겸전한 사학(史學)과 작가적 역량을 가진 이라야 비로소 가능할 바이니 어시호(於是乎) 『임꺽정』이야말로 시대적 요구에서 가장 적합한 작자를 만났다고 보겠습니다.

더욱 그것은 벽초 홍명희 씨의 해박한 학식과 풍부한 어휘와 아울러 건전한 사상으로 능란히 묘파할 것이니 실로 이 일편이 작품으로서 완성되는 날이면 빈약한 조선문학의 현재로 보아 더욱 획기적 대수확이라 하겠습니다. 나는 이 역사적 대작품이 하루바삐 완결되기를 바랄 뿐입니다.

동양 최초의 대작이며 우리의 생활사전

朴 英 熙

벽초 선생의 역작인 『임꺽정』은 오랫동안 중단된 채 다시 소식이 들리지 않으므로 그러면 '미완성 걸작'의 명칭을 듣고 마나보다 하였다. 그러나 돌연 속편의 연재를 예고하게 되니 이제야 완성될 것을 기대해도 좋을 줄로 생각한다.

이제 이에 대한 우견이나마 발표할 기회를 얻으매 그냥 잃어버리지 않을 양으로 촌상(寸想)을 써보기로 한다.

『임꺽정』에 대해서 선생은 몇년이나 두고 구상하였는지는 모르겠으나 발표 중의 세월도 결코 짧지 않으니 범(凡) 4, 5년이나 된 듯하다. 듣는 바에 의하면 지금까지 발표된 양으로만 하더라도 4, 5권의 서적이 되고도 남겠다고 하니 아마 조선 초유의 대작이라고 할 수 있다. 앞으로 또 얼마나 될지 모르나 전부를 합한다면 동양 초유의 대작이 될 듯싶다.

현재 조선문학은 위축과 혼란 그 가운데서 저미(低迷)하고 있는데 『임꺽정』의 계속은 그 구상에 있어서 언어에 있어서 작자의 생활 관조에 있어서 여러 가지 점에서 배울 바가 많을 줄로 안다. 다만 이번에는 『임꺽정』이 완결되기를 바라 마지않는 바이다.

巨大浩澣한 우리의 사회사

李 瑄 根

연산조(燕山朝) 당년 무오·갑자의 피비린내 나는 양대 사화(士禍)를 치르고 중종조에 이르러 전조(前朝)에 받은 상흔을 나아볼 겨를도 없이 또다시 기묘(己卯)의 사화를 치르게 된 것이라든가, 윤임(尹任)·윤원형(尹元衡)으로 대표되는 양대 외척의 추악한 알력 등에 인종(仁宗)은 재위 불과 1년으로 하세(下世)케 되고 뒤따라 일어난 명종조의 소위 을사사화(乙巳士禍)란 것은 그 어느 것이나 방가(邦家)와 인민을 안중에 안 둔 지배계급간의 무자비한 권력 쟁탈극이었다.

이즈음 서남 해안을 중심한 변경에 있어서는 무상시로 닥들리는 외적의 환(患)이 멀지 않아 국가의 운명을 좌우할 대전란의 전초쯤으로 되는 판……위로 국정을 요리하는 무리 저같이 나직(羅織) 살벌을 일삼게 되었으니 이땅의 인민들이야 그 심리적 불안과 물질적 고통이 어떠하였으랴. 정사상(正史上)에 나타난 소위 "양주(楊州) 출생의 일 화적 임꺽정(林巨正)"이 구월산(九月山)을 웅거(雄據)하여 동서로 출몰할 때 황해도로부터 경성에 이르는 요로의 교통이 일시 두절될 쯤이었고 이 한 사람을 나포키 위하여 양도의 병마

가 수없이 움직였다 함은 그 당시 군정(軍政)의 기능이 얼마나 부패 쇠잔하
였던 것을 말하는 것인 동시 한 임꺽정을 통하여 후인으로 하여금 당시의
시대상을 넉넉히 짐작케 하는 것이었다. 바꾸어 말하면 명종 17년 구월산에
서 포살(捕殺)된 임꺽정은 단 한 사람이었을는지 모르지만 잡히지 않고 인민의
마음속에 수백 수천의 임꺽정이 그 시대에 있었음을 누구라 부인할 것이랴.

　이러한 임꺽정을 몇 세기 지난 현대에 있어 우리의 선배 벽초 홍명희 씨
의 붓끝을 통하여 나날이 읽어보던 기억은 어설픈 정사(正史)란 것을 읽는
몇배의 취미와 실익을 우리에게 주었던 것이니, 이 대작을 통하여 그 시대
그 사회의 각양각색을 우리는 배우고 짐작할 수 있었던 것이다. 저자 되시는
분의 건강으로 일시 이 대작이 중단되었을 때 나의 가장 애독되던 사회사(社
會史) 한편을 중도에 저버린 듯…… 형언할 수 없는 적막을 느끼었던바 이제
다시 연재의 소식을 들으니 괄목(括目) 고대한다.

어학적으로 본 『임꺽정』은 조선어 鑛區의 노다지

李 克 魯

　무엇이나 한가지 물건을 가지고도 그 보는 점을 따라서 달리 말할 수가
있다. 그런데 이 『임꺽정』의 내용이 의협심을 일으키는 위대한 힘을 가진 것
은 내가 여기에서 길게 말하고자 아니하는 바이다. 다만 나는 어학적 견지에
서 다음의 두어 가지 점을 들어서 적어볼까 한다.

　첫째로 훌륭한 맨 조선말의 어휘가 많은 것이다. 나는 연래에 조선어사전
편찬의 사명을 가지고 지나는 것만큼 무슨 책이거나 조선말로 된 책이면 거
기에 새로운 어휘가 있나 하고 살핀다. 마치 광부가 금광 속에서 금덩이를
살피듯이 주의한다. 그런데 이 『임꺽정』이라는 '어광구' 안에는 깨끗한 조선
말 어휘의 노다지가 쏟아지는 것을 종종 발견할 수 있다. 요사이 젊은 사람
의 글에 흔히 조선말 같지 아니한 순전하지 못한 어휘가 섞이어 글이 탁하
여지는 그런 데에 견주어본다면 천양지간의 다름이 있다.

　둘째로 구상이 전체적 연락이 있으면서도 편편이 독립한 딴 책을 읽는 느
낌을 준다. 이 점은 참 읽는 사람으로 하여금 많은 재미를 보게 한다. 마치
화원을 볼 때에 거기에 각종 화초가 아무 정리가 없이 산란하게 심어졌다면

그 화원은 보는 사람에게 매우 지리한 느낌을 줄 것이다. 그러나 이와 반대로 화원에는 모든 화초를 분류 정리하여 심었으므로, 처음으로부터 끝까지 늘 새로운 느낌을 얻게 된다. 이와 같이 글도 그러한 것이다. 『임꺽정』이란 글에는 편편이 새로운 힘과 느낌을 얻게 된다.

　이상에 말한 두 가지 점은 확실히 이 책의 가치라고 보겠다. 그러므로 조선말을 많이 배우려거든 또 글짓는 법을 잘 알려거든 누구나 이 『임꺽정』을 읽지 아니할 수 없을 것이다.

<조선일보 1937. 12. 8>

『임꺽정』의 삽화 그리던 回憶

응석같이 조르고 교정까지 보던 일

安 夕 影

내가 지금까지 신문 고대소설에 흥미있게 읽은 것은 『임꺽정』밖에 없었고 삽화를 그리던 중에 이 『임꺽정』 삽화같이 어려운 것은 없었습니다. 조선일보에 이 『임꺽정』이 연재된다 하오니 반갑기도 하려니와 옛일이 회상됩니다.

조선일보에 이 『임꺽정』이 실리게 될 때에도 벽초 선생이 주저하시는 것을 그 당시 신문사 간부 제씨가 강권하다시피 하였으나 겄쮀기로 내가 응석같이 졸랐고 소설 원고를 급사를 보내어 찾아오는 것이 항례로되 내가 벽초 선생 앞에 지켜 앉아서 받아가지고 신문사로 와서 교정까지도 본 때가 있었던 일이 생각납니다.

하루라도 이 소설이 휴재되는 때는 전화로 투서로 독자의 불평이 잦았고 이 소설을 읽는 사람마다 그 문장에 무릎을 치며 "잘 쓴다" 하고 예찬하는 이도 많이 보았습니다.

신문소설은 흔히 가정 부인이 많이 보아 발자크의 "먼저 부인 독자를……." 하는 격이 되는지는 몰라도 이 『임꺽정』은 가정 부인은 물론 사나이들의 독자가 많았고 부인 독자라도 노마님까지도 이 『임꺽정』을 애독하는 것을 보았습니다. 더구나 이 『임꺽정』이 길거리에 앉은 병문 친구에게까지 잘 읽히던 것을 보아서 걸작이요 문헌으로서도 영구히 남을 것으로 생각합니다. 그러나 이 『임꺽정』이 다시 연재된다 하올 때 전일에 졸렬한 이 사람의 삽화가 이 소설을 더럽힌 거나 같아서 맘이 떨립니다.

내가 이 『임꺽정』의 삽화를 그릴 때 다른 이는 고대소설의 삽화를 그린다면 여러 가지 참고물을 수집해다 놓지만 나는 붓 한개와 흰 종이 한 장으로 꾸려갔습니다.

　신문사에서 어느 면의 편집을 담당한 때라 삽화 그리는 데 긴 시간을 잡지 못하고 또는 벽초 선생이 병환이 계신 때라 소설도 늦게 오는 때가 많아서 15분 10분에도 시간 맞춤으로 삽화를 그릴 때면 내 맘이 괴롭던 일도 생각이 납니다. 신문소설의 삽화는 그 소설의 평가를 올리는 데보다 그 소설에 상처를 내기에는 쉬운 것인 고로 아직도 조선의 신문 삽화가 작자의 마음을 괴롭게 하는 때가 많을 줄 압니다. 벽초 선생도 아마 마음이 불편하신 때가 많으셨으리라고 생각하오니 지금에 다시금 제 낯이 뜨거움을 느낍니다.

임꺽정 다니던 길 지도로 들은 설명

具 本 雄

　그때도 벌써 옛날입니다. 벽초 선생의 위작(偉作) 『임꺽정전』에 한미한 독학생인 내가 감히 삽화를 하였었음을 지금 생각하오니 두려운 일이라 않을 수 없습니다. 졸필 미련으로 실로 우리 문단에 다시 찾아볼 수 없는 광휘웅자로운 『임꺽정』을 윤장하겠다고 하였었으니 나이 비록 어렸었던 터라 하겠으나 한낱 공축할 일이었음은 이제 다시 벽초 선생과 및 여러 독자 제위에게 사하옵나이다.

　이번에 다시 벽초 선생께서 『임꺽정』을 계속하신다 하오니 반갑기 한이 없사오며 새삼스러이 벽초 선생께서 『임꺽정』에 그 노력하시던 것이 눈에 어리어집니다. "내가 선생의 『임꺽정』에 삽화를 그리게 되었습니다."고 선생의 서재를 찾으니 선생께서 서재에 붙여놓으신 지도를 지적하시며 『임꺽정』의 걷던 길을 일일이 설명하시고 또한 그 시대의 모든 생활 형식이며 인심 여하를 골고루 일러주시는 나머지 선생 자신이 『임꺽정』에 혹하여지신 듯하옵더이다. 나는 선생의 태도에 크나큰 짐을 졌음을 느끼어 어찌하면 선생의 『임꺽정』을 손상치 않으며 삽화할 수가 있을까 걱정이 되어 가슴이 답답하였습니다.

　삽화는 순수 회화와 달라서 어디까지고 객관적 설명의 충실을 기하게 되어 순수 회화 부문에서 중시되는 소위 화가의 개성 등은 차치되는 것이요 모름지기 그 소설작품에 나오는 인물 하나하나의 개성이며, 또한 그 작품이 가지고 있는 시대성·지방색 등 다시 말씀하면 풍속·습관·생활양식 등의

회화적 해석에 실적해서 임꺽정이면 임꺽정의 풍채가 완연히 나타나야 될 것
이니, 그리하려면 삽화가의 각자가 그 표현 방법이 다를 것은 물론이겠으나
삽화 형식 그것부터가 시대성과 지방색을 가져야 할 것이니, 말하자면 고대
소설에 현대적 형식의 화면 묘사법은 부당할 것이요, 남상을 그리는데 여성
적 필기(筆技)가 역시 좋지 않은 것입니다.

　삽화에 대해서 이러한 견지를 감히 가지고 나는 당사하였었습니다마는 그
도 생각뿐이요 미숙한 운필은 여러분 독자께옵서 보신 바와 같이 삽화로서의
무가치이었음은 말씀할 것도 없고 서투른 필묵은 귀한 지면을 더럽히고 보배
같은 『임꺽정』에 티끌이 되었었음을 또다시 공축하옵나이다.

〈조선일보 1937. 12. 8〉

세태소설론

林　和

1

　최근 발표되는 소설들의 매력이 부족하다는 말은 실상 근자의 조선문학 전반이 특색을 잃고 있다는 말인데, 이 상태는 여러 가지로 음미할 가치가 있는 것이 아닌가 한다.

　우리가 아무리 순연(純然)한 비평의 직업 심리를 가지고 소설을 읽는다 하더라도 온전히 작품의 잡아당기는 범위에서 벗어나기란 용이치 않은 일이다.

　그러므로 동시인의 비평이란 그 시대의 작품과 같은 흥미는 있으면서도 그 시대의 문학을 정확히 평가하기가 어려운 것이다.

　오히려 지나간 시대를 회고한다든가, 벌써 앞서가는 시대를 전망한다든가 하는 것이 용이한 일이며 동시대인이 보지 못한 그 시대 문학의 고유한 특색을 발견할 수가 있다.

　그러므로 우리가 혼돈이란 두 자(字)를 놓고 생각해본다 할지라도 우리 자신에 있어서는 우리의 시대 심리를 이야기하는 하나의 형용이 되는 듯싶으면서도 다음의 시대가 우리 시대의 문학을 관찰할 때 과연 혼돈의 시대란 표현으로 만족할 것이냐 하면 심히 의심스럽다고 아니할 수 없다.

　혼돈이란 우리의 시대에 있어선 이미 '터부'가 되다시피 한 무의미한 말이다.

　요컨대 전부를 표현하는 듯하면서도 실상은 아무것도 의미하지 않는 말이다.

　정돈의 대립개념인 한에서 혼돈은 무엇을 의미하는 것 같으나, 결국은 우리의 시대에 대한 우리의 성찰 자체가 혼돈되고 정돈되어 있지 않다는 절망의 심리의 표백에 불과할 것이다. 그것은 또한 우리가 작품으로부터 매력을 느낄 수 없다는 말과도 같다.

예하면, 『천변풍경(川邊風景)』『탁류(濁流)』「소년행(少年行)」「제퇴선(祭退膳)」『신개지(新開地)』『임꺽정(林巨正)』「남생이」 등과 같은 소설을 한움큼 집어다놓고만 본다 하더라도 우리 시대의 문학은 혼란의 세계인 것을 직감할 수 있으나, 혼돈이란 한말을 가지고 이 소설들 개개가 소유한 개성이나 주장하고 있는 작가정신을 또한 개괄할 수 있느냐 하면 아무도 할 수 있다고는 생각지 않을 것이다.

그렇다고 무슨 이 시대의 문학을 꼭 집어서 옮겨놓을 만한 적절한 말을 생각해낼 수 있느냐 하면, 그것은 더욱 가망 없는 말이다.

우리가 한말로 그 전성격을 이야기할 수 있는 발자크 같은 작가를 놓고도 대비평가 테느는 적절한 개념을 얻지 못한 일을 생각지 않을 수가 없다.

그러므로 결국 할 수 없어 쓰는 혼돈이란 개념에 이 이상 더 집착할 필요가 없다.

그러면 결국 우리는 우리의 시대의 문학을 암만해도 알 수 없다는 의미의 독백을 자꾸만 되풀이하는 데 지나지 않을 것이니까, 차라리 우리는 전시대(全時代)의 부감(俯瞰)으로부터 한걸음 내려와 일찍이 우리가 작품을 읽을 때 받던 단순한 인상이나 이것저것 품어왔던 회의를 정리하고 분석해보는 편이 낫지 않을까 생각한다.

요컨대 성급히 전체를 평가해 보려는 비평의 이상(理想)으로부터 좀더 숙고를 깊이기 위하여 얼마간 더 작품의 소리를 다시 듣고 작품들의 말로써 이 시대를 귀납해보고 싶다는 것이다.

이렇게 각오를 정하고 최근 수삼년간의 소설을 돌아본다면 우선 연래로 보편화되어온 판단의 하나인 사상성의 감퇴라는 것을 절실히 느낄 수가 있다. 물론 작품이 이젠 사상적 매력을 잃었다는 말은 결국 최근의 소설들이 일반으로 문학으로서의 매력이 적어졌다는 것을 의미하나, 아직도 조선소설이(일반으로 문학이) 현대 청년들이 자기의 정열을 토로하고 의탁하는 주요한 영역의 하나임은 이유가 있지 않을 수가 없다.

그러나 이것이 재래 우리가 불러오던 바와 같은 '사상'이란 것으로 작품 위에 표현되지 않는 것도 대부분의 경우에 있어 진실이다.

그러면 어떠한 형태로 현대 조선청년이 문학을 생활 정열의 주요한 가탁물로 선택하는 이유가 표현되는가?

정히 이것이 우리가 최근의 소설을 읽어오면서 천착하고 찾아내려고 하는 궁극의 요점이 아닌가 한다.

다시 말하면 사상성의 감퇴 대신에 새로이 소설을 특징짓고 있는 특색은 무엇인가?

그것은 선악간 현대의 독자가 아직도 소설을 버리지 않고 읽어가는 즉 오늘날의 소설 고유의 매력이, 다시 말하면 재래의 의미에 대신하는 매력이 되는 것이다.

2

나는 이런 몇개 요소 중의 하나로 세태묘사에의 길을 든다.

뿐만 아니라 이것은 최근 조선소설의 압도적 조류가 되어가는 문학적 경향의 하나라고 생각할 수가 있다.

세태묘사의 소설이란 직접으로는 내성(內省)의 소설과 대척되는 것으로 김남천(金南天) 씨의 소설과 채만식(蔡萬植) 씨의 소설 또는 고(故) 이상(李箱)의 소설과 박태원(朴泰遠) 씨의 소설을 비교하면 이 특색은 명백히 나타난다.

더욱이 세태묘사의 소설은 내성의 소설과 유기적인 대척관계를 가졌을 뿐만 아니라 양자가 한꺼번에 두각을 나타내었다는 데 또한 의미가 있다.

마치 조이스가 프루스트와 더불어 서구의 가장 신선한 문학적 요소인 것처럼 김남천·채만식·이상·박태원 씨 등은 현대 우리 문단에 있어서 가장 프레시한 소설을 제작하는 이들이다.

그러면 외부로 향하는 작가의 정신과 내부로 파고드는 작가의 정신과의 사이에 어떤 공통한 관계란 것을 연상치 않을 수가 없다.

다시 말하면 외향과 내성은 본래 대립되는 방향임에도 불구하고 한 시대의 두 경향이 한가지로 발생하는 때는 그 종자들을 배태하는 어떤 기초에 단일성을 생각하지 않을 수 없는 것이다.

나는 이것을 작가의 내부에 있어서 말하려는 것과 그리려는 것과의 분열에 있지 않은가 하고 생각한다.

더 자세히 말하자면, 작가가 주장하려는 바를 표현하려면 묘사되는 세계가 그것과 부합되지 않고, 묘사되는 세계를 충실하게 살리려면, 작가의 생각이 그것과 일치할 수 없는 상태다.

지난 정초 조선일보 좌담회 석상에서 유치진 씨가 작자의 희망을 살리려면 리얼리즘을 버리고 로맨티시즘을 취하지 않을 수가 없다고 술회한 바는 이 사실의 좋은 예증이 되지 않는가 한다.

현실을 있는 대로 그리면 작품 가운데 선 작자가 인생에 대하여 품고 있는 희망이란 게 살지 못할 뿐만 아니라, 오히려 암담한 절망을 얻게 되는 것이다.

그러므로 자연 작자의 생각을 살리려면 작품의 사실성을 죽이고 작품의 사실성을 살리려면 작자의 생각을 버리지 아니할 수 없는 딜레마에 빠지는 것이다.

이것은 작가에게 있어선 창작 심리의 분열이고, 작품에 있어선 예술적 조화의 상실이다.

그러므로 민촌(民村)의 근작이나 설야(雪野)의 근작에서 보는 바와 같이 작가는 부절(不絶)히 이 양자의 중간을 방황하고, 제 생각에 지배되지 않는 묘사의 세계 때문에 또는 작품의 구조 가운데 동화되지 않는 제 생각 때문에 실로 통설한 고통을 맛보고 있는 것이다.

이런 현상은 말할 것도 없이 우리의 사는 시대의 이상과 현실이 너무나 큰 거리로 떨어져 있는 현실 자체의 분열상의 반영일 것이다.

그러나 중요한 것은 우리 소설가들이 이 분열 가운데서 고통하고 발버둥치는 이외에 아무런 능력도 없다는 것이다. 다시 말하면, 시대의 이상과 현실을 연결시키는 결대(結帶)는 그 시대인이며 양자의 거리를 축소시키고 나중엔 이상을 현실로, 현실을 이상으로 전화시키는 오묘한 능력까지가 우리들에게 부여되어 있음에 불구하고 우리들 자신은 현재 영점하(零點下)를 상하(上下)하고 있는 것이다.

더욱이 분열이 희유(稀有)의 거리를 가진 시대의 성격에 반하여 인간의 힘은 어떤 시대에 비하여서나 약화되어 있을 때 실로 시대의 생활은 하나의 비극이 되는 것이다.

정신생활의 영역에나 작가들의 가슴속에 저미(低迷)하는 가장 깊은 구름이 패시미즘임이 현재엔 조금도 불가사의한 일이 아니다.

동시에 암운의 한가운데서 작가들이 비록 태양에 비할 바 되지 못한다 하더라도 일점의 별빛을 쫓으려 하는 원함도 또한 당연한 일이다.

성격과 환경과의 하모니가 본시 소설의 원망임에 불구하고 작가들이 이런 조화를 단념한 데서 내성에 살든가 묘사에 살든가의 어느 일방을 자연히 택하게 된 것이다.

내성의 문학을 통하여 수직적으로 자기 가운데로 들어가는 작가는 자기 자신의 개조란 것이 궁극에선 문학하는 이유가 되는 것으로 자기의 소설을 자기고발의 형식이라 생각한 김남천 씨에게서 다시 설명할 여지 없는 예를 볼 수가 있다.

어떤 이는 이상을 보들레르와 같이, 자기분열의 향락이라든가 자기 무능의 실현이라 생각하나, 그것은 표면의 이유다.

그들도 역시 제 무력, 제 상극을 이길 어떤 길을 찾으려고 수색하고 고통한 사람들이다.

3

그러면 외부로 즉 묘사의 세계로 향하는 작가들은 대체 어떠한 곳에서 문학하는 이유, 보람을 찾을 것인가?

예하면, 박태원 씨의 소설 『천변풍경』을 통하여 우리는 얼른 작자의 문학하는 이유가 무엇인지를 찾아낼 수 있을까?

이 소설에 대하여는 최재서(崔載瑞) 씨의 논문을 위시하여 2, 3의 비평이 씌어졌으나, 결국은 『천변풍경』이 리얼리즘의 확대가 아니냐 하는 도그마론에 머물러버렸다.

오히려 문제는 리얼리즘이 작자의 생각을 떠나 존재할 수 있느냐 없느냐에 있었다.

왜 그러냐 하면, 「소설가 구보씨의 일일」을 쓴 심리주의자 박태원 씨가 『천변풍경』을 쓴 리얼리스트 박태원 씨 —— 그것은 어떤 리얼리즘이든 간에 —— 로 변하는 데는 어떤 정신적 이유가 따랐는가를 당연 들어야 할 것이었음으로이다.

그러나 나는 「구보씨의 일일」과 『천변풍경』과의 사이에는 작자 박태원 씨의 정신적 변모가 잠재해 있다고는 생각지 않는다.

똑같은 정신적 입장에서 씌어진 두 개의 작품이라고 보는 게 가장 타당한 관찰일 것이다.

「구보씨의 일일」에는 지저분한 현실 가운데서 사체가 되어가는 자기의 하루 생활이 내성적으로 술회되었다면, 『천변풍경』 가운데는 자기를 산송장을 만든 지저분한 현실의 여러 단면이 정밀스럽게 묘사되어 있다.

그러므로 이 두 소설이 훌륭한 의미에서 조화 통합되었다면 우리는 어떤 본격적인 예술소설을 연상할 수가 있다. 그러나 「구보씨의 일일」에 나타난 작자는 『천변풍경』의 세계의 지배자가 될 자격이 없었고, 『천변풍경』의 세계는 「구보씨의 일일」의 작자를 건강히 살릴 세계는 또한 아니었다.

즉 양개가 다 작자의 예술적·정신적인 비상을 위하여는 각각 하나의 중하(重荷)이었다.

그러므로 박태원 씨는 아직도 두 개의 경향을 양수(兩手)에 들고 좀처럼 놓지 못하며 양자의 조화를 시험해보려는 1, 2의 단편에선 작자의 자기 무력은 저조한 감상으로 변하고 마는 것이다.

그러나 작자가 제 눈을 사진기의 렌즈처럼 닦아가지고 현실생활의 각부를 노리는 데 자기를 약하게 만든 보이지 않는 세계에 대한 한개의 보복 심리가 들어 있다.

그것은 지저분한 실로 너무나 지저분한 현실을 일일이 소설 가운데 끄집어내다가 공중 앞에 톡톡히 망신을 시켜주려는 꼬챙이 같은 악의다.

마치 청계천변에 모인 빨래꾼 여인들이, 남이 보기엔 솟을대문을 달고 인력거를 타고다니는 훌륭한 민주사의 가정은 그실 이렇게 이렇게 지저분한 게라고 입을 쫑긋거리며 속살대는 심리와 비슷하다.

그러므로 우리들에게 있어 중요한 것은 묘사하는 배후에 흐르는 작자의 정신이고, 묘사에는 반드시 묘사 이상의 묘사하는 의식이 잠재해 있음을 발견하는 데도 있다.

『천변풍경』을 관류하는 작자의 의식은 아까도 말한 바와 같이 「구보씨의 일일」의 그것과 본질상으로 구별할 수는 없는 것이다. 역시 우리가 문제삼을 것은 외향적인 길이 작자나 작품상에 있어 여하한 의의를 갖느냐 하는 데 있다.

나는 현실을 시련의 장소로 삼자는 말을 한 일이 있다. 그러나 박씨에게 있어 자기나 혹은 작중의 주인공이 생사의 운명을 만들어가는 장소로서 『천변풍경』은 씌어지지 않았다.

그러나 소설 가운데서 작자의 생각이 사는 방법이 오직 묘사되는 현실을 통해야만 예술로서 형성된다는 것을 생각할 제 우리는 소설 가운데 묘사되는 현실의 막대한 주요성을 재인식하지 않을 수가 없다. 그런 때문에 작자의 생각이 묘사되는 현실과 조화되지 않을 때 비극을 경험한다고까지 말하지 않는가?

더욱이 소설은 묘사의 예술, 산문의 문학이다.

소설은 시가 할 수 없는 것을 해낼 수 있는 특이한 예술이다.

시는 지저분한 현실에 대한 악의를 이렇게까지 교묘·섬세하게 표현할 수가 없다.

그러므로 소설은 시가 절망하는 곳에서 교묘하게 활동할 수 있는 것이다.

이래서 세태묘사의 소설은 풍자시와 같이 작자 자신의 자태를 그렇게 똑똑히 내놓지 않고 단지 묘사되는 현실 그것을 통하여 독자에게 현실의 지저분함을 능히 전달할 수 있는 것이다.

그런 때문에 묘사되는 현실이란 실로 하나의 정신적 가치를 갖는 것이며 세태소설이란 순전히 소설의 이런 측면에다만 작자가 자기를 의탁하려는 문학이다.

세태소설이 소설 가운데서 그중 산문적인 문학인 이유가 이곳에 있다.

또한 내성문학과 더불어 세태적인 소설이 점차로 문단에 세력 있는 조류를 이루고 있는 이유도 현대 작가들의 정신적 능력이 자기 무력의 증명이나 제가 사는 환경에 대한 경멸과 악의의 한계를 넘기가 어려운 데 있다.

이것은 현대 작가의 한계인 동시에 우리 시대의 특색이기도 하다.

채만식 씨의 『탁류』나 『태평천하』, 고 김유정(金裕貞)의 소설, 금년 조선일보의 당선소설 「남생이」 등 최근 흥미있다고 읽은 소설의 대부분이 이런 작품들이다.

심지어 홍명희 씨의 『임꺽정(林巨正)』까지가 이런 데 치중하고 있지 않은가 한다.

4

『임꺽정』을 세태적인 소설로 일괄하여버린다는 데는 약간의 이의가 있을 줄 아나 우리가 세태소설이란 것의 양식상 특성을 가장 산문적인 데 두었다면 아마 조선소설 중에 『임꺽정』만치 초산문적인 소설의 예는 없을 줄 안다.

우리가 소설의 세계를 현대로부터 과거에 옮긴다는 데는 실로 홍미 이상의 이유가 있다고 나는 생각한다.

홍미만의 이유로 무대를 옮기는 것은 야담의 일이고 문학의 일은 아니다. 그렇다고 소설에 취급되는 단순한 장소의 이동이 아닌 것도 주지의 일이다.

무엇 때문에 역사적 현실 가운데 소설구조의 무대를 구하느냐 하면, 역사적 현실이 우리들의 문학의식과 어떤 유기적인 관계를 가지고 있는 때 작가는 제 소설을 역사의 현실을 빌려서 구성한다.

이 관계가 현대에 없는 것을 과거에 구하려 할 때 스코트와 같은 낭만주의가 나타나기도 한다.

이태순 씨가 『삼천리문학(三千里文學)』 창간호 좌담회에서 뚜렷한 성격과 장대한 기구를 가진 픽션을 구하려면 과거의 현실을 찾을 수밖에 없다고 말한 것은 다분히 이런 점이 있다. 춘원의 역사소설도 전부가 이런 부류에 속한다 할 수 있으나, 등삼성길(藤森成吉)의 『도변화산(渡邊華山)』이나 귀사산치(貴司山治)의 『양학연대기(洋學年代記)』, 또는 임방웅(林房雄)의 『청년(靑年)』 등은 결코 그런 것이 아니다.

현대의 성격과 환경을 소설 가운데 구성할 조건이 불편해질 때 그들은 역사와 유사한 과거의 한 시대를 택한 데 불과한 것이다.

그러면 『임꺽정』은 어떤 종류의 역사소설이냐? 그것은 춘원(春園)의 그것과는 결정적으로 틀림은 물론 야담에는 비할 수 없는 예술성을 가지고 있으며, 『도변화산』 등과도 또한 구별되지 않을 수가 없다. 그러나 역시 『도변화산』 등과 가장 많은 유사성을 가지고 있다 아니할 수 없다. 임꺽정 일당이나 그때 세상의 여러 면모가 어딘지 한개 사회성으로서 우리의 시대와 비슷한 듯한 느낌을 받을 수가 있는 때문이다.

그러나 『도변화산』이나 『청년』 같은 소설에서 받는 것과 같은 직통하는 공감을 『임꺽정』 가운데서 구할 수는 없다.

우리들과 같은 성격이나 우리가 탐내는 뚜렷한 성격도 없고, 그 성격과 환경과의 비비드한 갈등도 없으며, 따라서 작품을 관류하는 일관한 정열도 없다.

단지 『임꺽정』의 매력은 그 시대의 여러 가지 인물들과 생활상의 만화경과 같은 전개에 있다.

그러면 화제를 일전하여 지금 우리가 세태소설이라고 부르는 『천변풍경』 『탁류』 「남생이」 들의 매력이 순전히 진부한 일상세계의 전개에 있음을 생각할 필요가 있다.

『천변풍경』 가운데도, 『탁류』 가운데도, 「남생이」 가운데도, 김유정의 소설 가운데도, 탁마(琢磨)된 성격이 우리를 끄는 힘은 없으며, 그 성격과 환경이 어우러져 만들어내는 줄기찬 플롯이 우리를 끄는 힘도 없으며, 따라서 작가의 사상이나 정열이 우리를 매료해버리지도 못한다.

조밀하고 세련된 세부묘사가 활동사진 필름처럼 전개하는 세속생활의 재현이 우리를 즐겁게 하는 것이다. 그러므로 세태소설 가운데선 작가는 주의를 한군데 집중시키는 법이 없다. 현실의 어느 것이 중요하고 어느 것이 중요치 않은가 —— 이것을 구별하는 것이 진정한 리얼리즘이다 —— 가 일체로 배려되지 않고 소여의 현실을 작가는 단지 그 일체의 세부를 통하여 예술적으로 재현코자 한다.

이 세 점 즉 세부묘사, 전형적 성격의 결여, 그 필연의 결과로서 플롯의 미약 등에서 『임꺽정』은 현대 세태소설과 본질적으로 일치된다.

동시에 『임꺽정』의 지면을 흐르는 작가의 의식을 우리는 연상할 수가 있다. 그러나 세태소설로서 역사소설이 가능하느냐는 별개의 과제가 아닐 수가 없다. 왜 그러냐 하면, 묘사되는 현실이 한개의 정신적 실체로서 독자에게 작용하는 마당에 있어 역사상 현실은 현대의 현실의 가치를 분명히 추종키 어려운 때문이다.

그러므로 현대의 세태적인 소설에서 발견하기 어려운 유락성(愉樂性), 일종 파노라마를 보는 듯한 미감을 『임꺽정』 가운데서 발견함은 즐거운 일이나,

그것이 소설의 예술성으로부터 오는 미적 유락성인지 혹은 일종의 오락성인
지는 재고할 과제인 것 같다.

이 점은 『임꺽정』과 현대의 세태소설과의 구조가 전자는 파노라마인 데
비하여 후자는 모자이크적인 데 더욱 명백히 볼 수가 있다.

왜 그러냐 하면, 전형적 성격과 운명적 치열미를 가진 플롯이 불가능한 세
부묘사의 문학은 자연히 모자이크적이 아닐 수가 없기 때문이다.

이 모자이크의 대표적인 것이 『천변풍경』이고 조각보와 같은 비심미적 체
재(體裁)를 피하려 한 『탁류』 같은 소설이 불가피적으로 통속미를 가미하여
플롯을 굵게 하고 있는 사실을 우리는 성찰해야 한다.

결국 세태적 소설은 꼼꼼한 묘사와 다닥다닥한 구조, 느린 템포와 자그만
씩한 기지(機智)로밖에 씌어지지 않는 것이다.

김유정·현덕 그리고 『탁류』 등 비교적 최근에 호평을 듣는 작가의 문장
·구성 등이 전부 이런 점에서 특이하다.

그러나 모자이크가 좀 떨어져 보면 한개 하모니를 표출하듯 세태소설은
아주 평판(平板)한 것이라고 하더라도 우리들에게 일종 유락을 주는 것이다.

5

끝으로 우리는 자꾸만 만연되어 가는 조선소설의 세태소설화의 경향을 어
떻게 평가할 것이냐는 문제를 처리하지 않을 수 없다.

요컨대 세태소설은 발전시킬 것인가 어찌할 것이냐의 문제다.

그러나 이미 소설의 일방을 지배하기 시작한 이 조류는 아무도 새삼스럽
게 어찌하지 못할 것이다.

차라리 우리는 세태소설 가운데 작가들이나 우리 문학이 최량의 것을 수
득할 준비를 게을리하지 않는 게 본무가 아닌가 한다.

그러나 내성소설이 심리묘사를 심화하고 세태소설이 현실묘사를 확대하여
서로 각각 소설의 영역을 깊이고 혹은 넓혀 문학에 비익(裨益)한다고는 보지
않는다.

그런 것은 문학이 아니고 문학의 한 부분 조그만 측면에 악착(齷齪)하고
있는 슬픈 상태를 너무나 안일하게 긍정해버리는 태만한 비평정신의 하는 일

이다.

물론 장래의 문학은 심리소설에서나 세태소설에서나 각기 유용한 유산을 끄집어낼 수가 있을 것이다.

그러나 우리의 시대는 결국 소설이 와해된 시대, 문학이 궤멸된 시대인 것을 생각지 않을 수가 없다.

조이스와 프루스트를 평하여 어느 비평가가 소설 예술의 사멸과 붕괴의 산물이라 하였음은 연유 없는 말이 아니다.

가령 조이스를 디킨즈에 비하면 묘사의 기술상으로 별반의 진화가 없고 단지 구조상의 차이가 있을 따름이며, 오히려 성격의 운명에 의하여 시추에이션을 연속시키지 못한 치명적 결함이 있을 뿐이다.

단지 조선에 있어서 세태소설이 어딘지 청신(淸新)하게 보이고 존재 이유가 있는 듯한 것은 서구는 물론, 동경문단의 전통과도 달라 조선소설사가 아직 묘사의 기술을 완성해본 단계를 가지고 있지 못했기 때문일 것이다.

동경문단만 해도 이만한 묘사는 자연주의문학이 완성하였다고 볼 수가 있다.

그러나 조선 신문학상에 있어 가장 정밀한 묘사가라는 상섭(想涉)·동인(東仁) 등은 현대의 세태적 소설의 묘사 기술을 분명히 따를 수 없는 것이다. 이런 의미에서 세태소설에게 하나의 지위를 줄 수가 있고, 묘사되는 현실의 가치를 중시함으로써 우리는 묘사 기술의 성장을 기대할 수가 있다 할 수 있다.

그러나 묘사를 전부 세부묘사에 국한하고, 소설을 시추에이션의 집합물로 짜개버리는 결과를 반성하지 않을 수가 없다.

소설의 구조가 시추에이션으로 분리되어버리면 세태소설적 묘사란 결국 모래알 같은 세부묘사의 집합에 불과하고 만다.

이것은 현실을 있는 그대로 파악함을 목적으로 하는 진정한 묘사의 기술과 분명히 구별되지 않을 수가 없다.

이곳에 나는 어떤 유효한 구제책을 생각하느니보다 세태소설적 묘사가 스스로 규정하는 소설 장르상의 한계를 의식하는 것이 필요할 줄로 안다.

다름아니라, 세태소설은 일견 그 정신적 질의 심오함에 장점이 있는 것이 아니라 묘사되는 현실의 양(量)의 풍다(豊多)함에 가치가 있는 거와 같이 생각되어 자연히 장편을 택해야 할 성싶으나, 나는 이것을 심히 의심한다.

왜 그러냐 하면, 『천변풍경』 『탁류』 등이 모두 장편소설이고, 또 그것으로서 흥미가 있는 듯싶으나 기실 자세히 생각해보면, 이 작품들은 자체가 단편의 집합이었고, 흥미도 한 토막 한 토막의 시추에이션 위에 걸려 있었다.

인물 자체나 또는 인물이 자꾸만 체험하는 사건에나 또는 그런 속에 만들어지는 줄거리에나 모두 우리는 긴장한 적이 없다.

만일 있었다면 『탁류』에서와 같이 통속소설의 수법을 끌어들인 덕택이거나 설화조의 매력에 있었을 것이다.

다시 말하면, 세태소설은 합리적 구조와 소설구조의 내적 필요성에 의하여 장편을 구성한 것이 아니라, 명백한 비장편적인 억지의 구성이나, 그렇지 않으면 인위적 연결이나, 비예술적 구성으로 겨우 장편이 된 것이다. 이것은 세태소설의 특성인 묘사되는 현실의 양적 풍다성에 반하여 단편소설을 주장하는 것 같으나, 그것과 모순한다는 것은 하나의 형식적 관찰에 불과하다.

본시 문학이란 어느 것을 물론하고 묘사되는 생활상의 양의 과다로 우월이 좌우되지 않는 것쯤은 일개의 상식이다.

그러면 시는 소설에 비하여 열등한 예술임을 영원히 면치 못할 것이다.

오히려 단편소설을 통하여 우리는 지저분한 현실에 대한 경멸과 악의를 날카롭게 해서 표현할 수 있는 것이며, 그것을 날카롭게 하기 위하여는 현실 가운데 어느 부분이 가장 그것을 표현하기에 전형적인가를 탐색하게 되는 것이다.

이 탐색이 우리는 무엇을 결과하리라고 예단할 수 없다. 그러나 작가의 이러한 의식이 장대한 기구와 운명의 긴박성을 가진 장편소설에 해당치 못하는 것과 단편 가운데 칩거하지 않을 수 없는 한계를 가질 것은 의식하게 될 것이다.

동시에 작가의 의식의 방향이 현실 가운데를 탐색하고 있는 한, 즉 회색빛 패시미즘이나 가십데일리적 악의를 넘어 생활세계를 찾는 한, 세태소설 가운데를 방황하는 자기의 문학하는 이유를 모두 다른 곳에서 찾을 가능성도 기대할 수가 있는 것이다.

좌우간 세태소설 내지는 세태적인 문학의 성행은 무력의 시대의 한 특색이라 할 수 있다.(1938년 4월)

<동아일보 1938. 4. 1~6>

『임꺽정』에 관한 소고찰

李 源 朝

　벽초(碧初) 선생의 역작인 『임꺽정』이 이미 신문에 발표된 횟수가 천여 회를 넘고 그동안 시일이 걸리기를 10여 년간이나 된다고 하니 소설로서의 이만한 대작은 그 유례를 세계적으로 찾지 아니하면 안 될 것이다.

　이러한 의미에 있어서도 이 작품은 벌써 우리의 연구대상이 되기에 충분하지만 불행히 그동안 이 작품은 여러 번 발표가 중단되었으므로 아마 어느 독자라도 이 작품이 전부 합권으로 간행되기 전에는 이 작품의 내용을 계열적으로 기억조차 하는 이가 드물 것이다.

　그러므로 누구나 이 작품에 대한 이야기를 하려 할 때 당연히 발표된 전부를 문제삼아야 할 것이지만 필자 역시 이 작품의 전부를 읽지 못하였을 뿐 아니라 단편으로 읽는 것조차 9분이나 망각되었으므로 다만 최근에 조선일보 지상에 발표된 부분만을 가지고 몇가지 소감을 이야기하려는바, 만약 이것이 일반으로 전모를 알게시리 된다면 큰 다행이라고 아니할 수 없다.

　그러나 이 작품이 새로 발표되기 시작해서도 벌써 신문 횟수로 백여 회가 넘었으니 보통 장편에 비하면 거의 대단원에 가까워올 때가 되었건마는 이 작품의 체격으로 보아서는 아직도 발단을 겨우 지난 셈밖에 되지 않았으므로 이 작품을 지금에 무엇이라고 이야기하는 것은 더 한층 어려운 일이다.

　그런데 세인들이 이 작품을 말할 때 역사소설이라고 부르는 것이 보통이다. 그리고 또한 역사소설임에도 틀림없다. 다만 임화(林和) 씨가 월전 동아일보 지상에 세태소설론을 쓰면서 이 작품 이야기를 빈삭(頻數)히 하였더라고 기억되는데 그 일문을 통독하지 못하였으므로 씨는 이 작품을 세태소설로 취급하였는지 역사소설로 취급하였는지는 모르겠으나 이 작품을 가지고 한편에서는 역사소설이라고 하는데 다른 한편에서는 세태소설이라고 한다면 그것은 결코 무리한 말이 아니라는 데서 일종의 흥미를 느끼지 아니할 수 없다라고 하는 것은, 역사소설이란 제재를 역사적 사실에서 취해온 것이라는 것으로서 제일 조건을 삼는 것이다. 그리고 그러한 의미에서 이 작품은 역사소설임에 틀림없는 것이다. 그러나 역사란 말은 어떠한 의미를 가지는 것이냐하면, 첫째 시간적이라는 것이 그 특징인 것이다. 말하자면 직선적이요 연속적인 것이다.

그러나 이 작품은 그러한 시간적이요 직선적이요 연속적인 것보다는 더 많이 공간적이요 환경적이요 연포적(延布的)인 것은 그 극단의 예를 들면 작중 인물들의 활동하는 지리적 거리에 대해서는 이 작자가 지극히 세밀하게 용심(用心)하면서도 그 인물들의 연대에 관해서는 비교적 등한한 것도 그 일례가 아닐까 한다. 그리고 또 한가지는 언제인가 이 작자에게서 사담으로 들은 것이라고 기억하는데, 물론 이 작품은 임꺽정이라는 한 인물을 중심으로해서 실록(實錄)에 나타난 것을 근간으로 하지마는 그와 동시대의 사건으로서 구비(口碑)나 전설로 돌아다니는 것이라도 근리(近理)만 하면 이 작품에서 취급하겠다는 말씀을 들었는데 이러한 점으로 추찰해보더라도 이 작품이 시간적인 것보다도 공간적인 데 더 치중된 것만은 사실이며, 또한 이 사실을 인정한다면 그 말이 정확하냐 않느냐는 별문제로 하고라도 공간적이라는 의미에서 세태소설이라고 할 수도 없지는 아니할 것이다.

하여간 큰 삼림과 같은 이 대작을 뚫고들어가는 첫걸음으로 화두(話頭)를 공간적인 작품이라고 정하는 것이 가장 중요한 것임은 앞으로 이 작품의 특징을 이야기하는 데 늘 연관을 가지게 되는 때문이다. 위에서 나는 역사란 시간적인 데 비해서 이 작품은 더 많이 공간적이라고 하였지마는 또 한가지 역사의 특징은 언제든지 제 자신이 이데아를 가진다는 것이다. 그러므로 작가가 취재를 역사에서 할 때 벌써 그 발상은 어떠한 이데아의 충동에서 일어난 것이 사실인만큼 역사소설의 십중팔구는 항상 이상주의에 떨어지는 것은 결코 우연한 일이 아니다.

가령 이러한 적례를 우리 문단에서 찾는다면 춘원(春園) 같은 작가를 들 수 있으며 춘원의 다른 작품보다도 일반의 역사소설이 항상 강렬한 작가의 이상이 전면에 나타난 것을 볼 수 있는 것이다.

그러나 이 작품을 볼 때 취재를 역사에서 한 것은 이 작자의 말에 의하면 다만 역사적 인물로서 임꺽정이란 사람을 통해서 조선의 정서가 무르녹는 작품을 하나 써보겠다는 것이라고 한다. 그러므로 이 작자는 춘원과 같이 역사의 이데아와 자기의 이상이 통일되는 것을 작품의 주안으로 삼는 것이 아니라 어떠한 사실에서든지 이 작자의 이상은 조선적 정서를 표현한다는 것이 주안이 된 것이다. 그렇다면 조선적 정서를 표현한다는 것도 작가의 이상이 아니냐고 할 수도 있지마는 작가가 작품을 통해서 자기의 이상을 표현한다는 것은 곧 그 작품을 주관적인 것으로 끌고나가는 동시에 취재부터도 그 주관을 위해서 선택되지 아니치 못하는 것이다. 그러므로 이러한 경우에 작자는 작품을 떠날 수가 없는 것이다. 그러나 조선적 정서라는 것은 작자의 주관이 아니라 독자의 것이므로 이 작자가 작품에서 조선적 정서를 표현하겠다는 것은 작자가 자기의 주관을 우리에게 설명하는 것이 아니라 실상인즉 우리가 가지고 있으면서도 의식하지 못한 것, 정리되지 못한 것을 우리에게 의식시키고 정리해주는 것이니까 여기에는 작자가 자기 주관대로 선택할 필요가 없는 것이다. 따라서 작자는 작품과 떨어져 있을 수 있는 것이다. 그러므로 춘원과 이 작자를 비교해본다면 춘원은 취재부터도 자기의 주관적인 것을 고르지마는 이 작자는 서술에 있어서도 주관적인 것이 나오지 않는다. 춘원의 『단종애사』는 그 제재가 벌써 춘원적인 데서 취재되었으며 동시에 그 묘사가 육신(六臣)의 처형이나 단종의 최후에 이를 때 그 정경을 그리는 것보다 우선 작자 자신의 동정과 감격과 비분이 지면에 나타나 있지마는, 이 작자는 임꺽정의 영웅적 행동이라든지 조신(朝臣)들이나 방백들의 비정(秕政)을 그릴 때도 추호도 흥분을 하지 않을 뿐 아니라 작자는 종시 작품 속에 나오지 않는다. 그러므로 우리는 춘원의 작품을 읽을 때 그 작품 속에서 춘원을 만나지 않는 곳이 없지마는 이 작품을 읽으면서는 한번도 작자와 대면하는 기회가 없는 것이다.

이것이 작가로서 춘원과 벽초는 서로 대척적인 양극단에 서 있어 전자가 철저한 이상주의자라면 후자는 철저한 사실주의자인 때문이다. 그러므로 춘원에게 『임꺽정』을 쓰이고 벽초에게 『단종애사』를 쓰인다고 하더라도 작품의 성격은 오늘날 이 두 작품이 서로 다른 것과 마찬가지로 다를 것이다.

이러한 의미에서 역사란 제 자신이 시간적인 동시에 이데아를 가지는 것이므로 역사소설이란 아무래도 작자의 주관이 작품의 척주(脊柱)가 되는 것인데, 이 작품은 작자의 주관이 나타나지 않았다는 의미에서도 역사소설이란 것보다는 사회소설이라고 할까. 하여간 사실소설로서 체격을 더 갖추었다고 볼 수 있다. 사실에 있어 만약 이 작자가 작품 속에 자기의 주관을 강조한다거나 자기의 이상을 담기 시작하였다면 아무리 『실록』을 있는 대로 다 베낀다고 하더라도 결코 분량으로 이만한 작품을 쓰지 못할 것이다라고 하는 것은 작자가 작품에 자기 주관을 강조한다는 것은 어느 정도에 이르면 첫째 피곤해서 작품을 쓰지 못하는 것이다. 그러나 작자가 작품 속에 나오지 않고 뒤에 앉아서 이야기하듯이 하는 작품이란 재료만 있으면 얼마라도 쓸 수 있는 것이니, 이 작품이 우리 문학사에서 유례를 볼 수 없는 대작이라는 것은 물론 이 작자의 작가적 역량이나 수완이나 역사적 지식이나 이러한 것이 원인도 되겠지마는 그것보다도 더 중요한 것은 작자가 작품과 떨어져 있는 사실적인 창작태도를 들지 아니할 수 없는 것이다.

이상주의의 소설이 시간적이요 주관적인 데 비해서 사실주의 소설이 공간적이요 객관적이라는 것은 위에서 말한 바이고 또한 이 작품은 후자에 해당하는 것이라고 하였지마는, 그렇다면 이 작품의 사실주의란 어떠한 것인가.

여기서 우리가 한가지 주의해야 할 것은 이때까지 우리가 사실주의라고 하면 그것은 단순히 묘사 문제의 것만 국한하면서 서구적인 창작수법으로 알아온 것이다. 그러나 이 작품에 있어서 사실주의란 것을 이러한 사실주의로서만 본다면 규구준승(規矩準繩)에 맞지 않는 것이 있는 것은 무슨 까닭일까?

사실 이 작품의 구성을 이야기할 때 우리가 이때까지 소설의 본종으로 생각해오던 서구적인 소설개념으로 생각한다면 실상 말할 수 없는 여러 가지 난관에 봉착하게 되는데 이 난관이란 무엇이냐 하면, 이 작품의 구성에 관한 문제이다라고 하는 것은 이 작품의 묘사적 수법은 자연주의적 수법 그대로이다. 그러나 이 소설의 구성은 결코 불란서의 자연주의소설과 같이 교주고슬(膠柱鼓瑟)엣 것이 아니고 훨씬 더 자유자재한 동양소설, 주로 원·명·청(元明淸)의 소설적 구성이라는 것이다. 이야기를 구체적으로 하자면, 말하는 우리부터도 이 원·명·청 삼조의 동양소설에 대한 어느 정도의 조예가 있어야 할 것이나 불행히 필자 역시 그 방면에 소매하므로 단정적인 말은 할 수가 없으나 이 작품의 구성이 확실히 『수호지』나 『삼국지』에 유사하면서 다만 묘사만 자연주의적 수법이라는 것만은 단언할 수 있는 것이다. 그리고 이러한 소설 체재란 아직 우리 문학사에서 유례를 보지 못한 것인만큼 이 작품의 문학사적 지위란 우선 이 점에서 특기해야 할 것인 동시에 우리 작가들의 숙고해야 할 문제가 아닌가 한다.

그러면 무엇으로써 이 작품의 구성이 동양적이냐 하면, 적어도 19세기 이후의 서구소설이 그 구성에 있어서 가장 성격적인 근간은 캐릭터(성격)에 있었다. 극에 있어 운명 비극에 대한 성격 비극이 근대에 이르도록 왕좌를 점령하듯이 르네상스 이후 소설의 주류가 성격에 있었다는 것은 부정할 수 없는 사실이다. 다시 말하면 서구의 소설은 성격 중심이었다. 그러나 동양소설의 주류는 성격이 아니라 사건이라는 데 이 두 가지 소설 형태는 서로 절연(截然)한 차이가 있는 것이다. 가령 『삼국지』나 『수호지』를 보더라도 물론 거기에도 작중 인물의 성격이 없는 바는 아니지마는 역시 전면적으로 나타난 것은 성격이 아니라 사건이다. 다시 말하면 사건 중심의 소설이다.

가령 이 사실을 백보 양보해 생각하더라도 서구의 소설은 성격을 통해 사건이 진전되는 데 비해서 동양소설은 사건을 통해서 성격이 엿보인다는 것만은 숨길 수 없는 사실일 것이다.

그런데 이 작품을 보면 임꺽정이나 또는 부하 중요한 인물의 성격이 어느 정도로 나타나 있지 아니한 것은 아니지마는 그래도 이 작품의 중점은 이러한 작중 인물의 성격보다도 이 작품의 사건에 놓여 있는 것이 사실이다. 이러한 의미에 있어서도 이 작품의 구성은 동양적인 동시에 또한 시간적이요 직선적인 작품이 아니라 공간적이요 환경적인 작품이라는 것을 증명할 수 있는 것이니, 사건이라는 것은 시간적으로 계기하는 것보다도 공간적으로 연포(延布)하는 데 더 많은 흥미가 있는 것이며, 또한 이 작품의 사건은 실상 시간적으로 계기하는 것보다도 공간으로 연포하는 양이 훨씬 더 많다는 것도 간과할 수 없는 사실이다.

그러나 흔히 사건에 중점을 두는 작품이란 생경하여서 소설로서 혈육적 흥미를 느끼지 못하는 것인데 이 작품은 사건에 중점을 두면서도 소설로서의 홍미를 느끼게 하는 것은 지극히 미세한 데 이르기까지 극명한 묘사가 있는 때문일 것이다. 그리고 이러한 점이 진실로 작자의 대가다운 풍격이라고 아니할 수 없을 것이다. 그런데 이 소설이 성격 중심이 아니고 사건 중심이라는 것과 성격을 통해 사건이 진전되는 것이 아니고 사건을 통해 성격이 엿보인다는 것은 위에서도 말한 바 있지마는 그러면 이 작품에서 사건은 항상 어디서 발생하느냐. 결국은 사건이 발생한다는 것은 그 사건에 가담하는 사람의 성격의 발로가 아니냐 하는 질문이 나올 수도 있다. 물론 이 작품이 아무리 사건 중심이라고 하더라도 수많은 사건이 주인공 임꺽정의 고집강의(固執强毅)한 성격 때문에 발생한 것이었다. 가령 봉산 군수를 경친 사건이나 근자에 와서 파옥 계획 같은 것은 임꺽정의 성격의 발로이다. 그러나 그것보다 더 많은 사건은 임꺽정의 성격 소치보다도 서림이라고 하는 중요 인물의 계책에서 발생하고 진전된다. 이것이 이 작품의 구성에 있어 동양적이라는 것의 예하면 『삼국지』의 제갈량과 같이 원인이 되지마는 사건의 발생과 진전이 주인공의 성격에서보다도 더 많이 부인물(副人物)의 계책에서 수행된다는 것은 정히 성격적이 아니고 사건적이라는 것의 증좌인 것이다.

그러므로 이 작품의 대부분이 서림이라는 책사적 인물의 계책으로 진전된다는 의미에서 서림이는 임꺽정에 못지않은 중요한 인물이지마는 이 인물에 대한 또 한가지 홍미는, 위에서 나는 이 작품 속에서 작자와 대면할 기회가 전혀 없이 작자는 항상 작품의 뒤에 숨어 있다고 하였지마는 그것은 작품에 작자의 주관이 나오지 않는다는 말이었지 실상 이 작품에는 작자가 왕왕 나온다. 그것은 다른 사람이 아니고 서림이다. 임꺽정 한 사람으로서 처리하지 못하고 발전시키지 못할 문제를 해결하는 책사적 존재인 서림이는 곧 작자이다. 다시 말하면, 이 작품을 쓰는 작자인 벽초와 이 소설을 만드는 서림이는 동일한 사람이라는 것이 이 작품에서 특히 홍미있는 점이다. 물론 서구소설에도 어떠한 대작이든지 그 작품 속에 어느 한 사람은 늘 그 작자라는 것을 문학사가들은 지적한 것이다. 그러나 서구소설에 있어서 작가가 작중 인물이라는 것은 역시 성격상으로 보아 감식하는 것인데 이 작품에 있어서 서림이가 작자라는 것은 서림의 성격보다도 서림의 견식이나 책략으로 보아 작자의 현현이라고 단정하는 상이점을 가진 것이다. 이러한 점에서도 이 작품은 사건 중심적인 동양적 소설이라고 보겠는데 이 사건 중심은 묘사에 있어서 어떠한 특색을 가지느냐 하면 사건의 파문과 계기가 반드시 일정한 인과관계를 가져서 간불용발(間不容髮)의 결구로 짜여나가자니 묘사는 어디까지 세미(細微)하고 주밀(周密)하여서 격동적인 억양은 없다. 다시 말하면, 사건의 발생과 발전과 소멸이 반드시 일정한 계획 밑에서 짜이게 되므로 무리라는 것이 추호도 보이지 않는 것은 작자의 노심하는 바 거의 반분 이상이 이 점에 집중되는 때문이 아닐까 한다. 그러므로 이 작품의 인상적인 느낌은 어디까지 정확한 사실주의적 작품의 고담(枯淡)한 맛은 있지마는 로맨틱하고 윤택한 맛이 부족한 것은 사실이다. 그러나 작자의 붓이 한번 남녀관계에 이를 때, 더구나 여자를 그릴 때 이르러서는 이때까지의 고담한 필치를 떠나 흐무르 녹는 풍운(風韻)이 임리(淋漓)한 지경에 이를 때가 많으니 송악산 굿구경을 갈 때 백손 어머니를 그린 것이나 굿구경터에서 황천왕동의 여편네가 왈짜패들에게 능욕을 당할 뻔하다가 겨우 살아나서 눈을 뜨면서 그 남편에게 하소연하는 장면이나 광복산에서 백손 어머니가 원씨·김씨의 잡혀갔다는 말을 듣고 송악산서 대왕당 그네를 뛴 보람이라고 은근히 기뻐하는 시앗 보는 심리 묘사 같은 것은 편중에도 백미(白眉)이다. 그러나 여자의 묘사에 있어서 그처럼 풍운 임리한 이 작자가 작중에서 제일 중요한 주인공 임꺽정이를 그리는 데에서는 아직 한번도 입신(入神)의 경지에 이르지 못하였다라고 하는 것은 임꺽정이 제아무리 풍채가 괴위하고 여력(膂力)이 절륜하고 부하 졸개에게 절대적 위압으로 군림한다고 하더라도 결국은 일개의 녹림객이라 위엄 가운데도 야생적이요 조포(粗暴)한 요소가 있어야 할 것인데, 이 작자의 그리는 임꺽정에게는 이러한 요소가 나타나 있지 않다. 뿐만 아니라 어느 때는 그 성벽(性癖)이나 위의(威儀)가 마치 공경 재상의 그것과 비슷한 인상을 줄 때가 많은 것은 일하(一瑕)라고 아니할 수 없는데, 이러한 점에서 보더라도 작가란 아무리 다각적이라고 하더라도 결국은 그 생장이나 체험이나 성격 같은 데서 어느 일정한 제한을 받지 아니치 못하는 것은 사실인 듯하다. 이밖에 흥미있는 인물로서 노밤이라든지 주목할 사실로서 조정묘사에 있어 이 작자의 특수한 견식이라든지 여러 가지 말하고 싶은 것이 많으나 뒤 기회로 미루는 것은 아직 이 작품에 대해서는 구체적으로 말할 때가 아닌 때문이다.

그러므로 이것은 일종의 연구노트 비슷한 정도에서 그치기로 하겠으나 망언이 도리어 선생에게 누덕(累德)이 된다면 본의 아닌 작죄(作罪)라 심히 두려워하는 바이다.

<朝光 4권 8호, 1938. 8>

약동하는 조선어의 大樹海

天才 조선의 위대한 巨步! 전 독서층을 풍미하는 大豪勢!

『임꺽정전』 제1권이 발매되자 조선의 전독서계는 취한 듯 미친 듯 그 인기는 비등하여 조선 출판계 미증유의 성황을 이루었다. 『임꺽정』은 마치 일국 국운을 한몸에 걸고 선전용투(善戰勇鬪)하여 적군을 격멸하고 개선하는 장군과 같이 조선인의 환호를 한몸에 모으게 되었다. 그 영예는 말할 것도 없거니와 이렇게 임꺽정을 재생시킨 벽초 선생의 위대한 재화(才華)는 오인(吾人)의 경탄을 사기에 족하다. 천재 조선의 위대한 거보를 우리는 이에서 발견하고 기뻐하는 바이다. 이제 제2권이 출간되어 점입가경으로 일반의 인기는 마치 대해(大海)를 휩쓰는 구풍(颶風)과 같다. 굴곡이 많고 파란이 많고 그리고 진진(津津)한 내용은 역사소설의 태양인 동시에 대중소설의 최고봉이다. 그리고 풍부한 조선어의 내용은 100권의 조선어문을 읽느니보다 더 훌륭하다. 감히 천하에 권하는 바이다.

전문단의 우레 같은 찬사

조선문학의 대유산(소설가 李箕永)

『임꺽정』전이 상재(上梓)된다는 말을 듣고, 나도 기다리던 사람 중의 하나올시다. 이제 8권의 단행본으로 우선 제1권이 발행된 데 대하여는 실로 조선문단의 획시적(劃時的) 대수확인 줄 압니다.

이 『임꺽정』은 방대한 양과 아울러 질적으로 가장 우수한 역사소설로 추거(推擧)하기에 누구나 주저치 않을 것입니다. 뿐만 아니라 이 책의 내용은 교훈적 의미에 있어서도 그 어느 책에 볼 수 없는 시대 양심이 번뜩이어 독자의 심(心)을 찌릅니다. 더욱 그의 풍부한 어휘와 지리(地理)의 소상함은 문학적 전통이 없는 이땅의 신문학도(新文學徒)들이 많은 유산을 얻게 될 줄 압니다. 그밖에 누구거나 조선 사람으로서는 다 읽을 필요를 느끼는 점에서 나는 인후(人後)에 서지 않고, 강호 제위에게 추천하겠습니다.

조선어휘의 大言海(大同工專 李孝石)

『임꺽정』전은 이번 기회에 통독해보려고 합니다. 이제 외람히 그 문학적 가치를 운위(云謂)할 수는 없으나 큰 규모 속에 담은 한 시대의 생활의 세밀한 기록이요 민속적 재료의 집대성이요 조선어휘의 일대 어해(語海)를 이룬 점에서도 족히 조선문학의 한 큰 전적(典籍)이 되리라고 믿습니다. 문학권 내외의 인이 모두 이 일편에서 얻음이 많을 것입니다.

미증유의 대걸작(평론가 朴英熙)

홍벽초 선생의 대작 『임꺽정』전이 출판됨은 참으로 경하할 일이다. 『임꺽정』전은 조선문단 초유의 대작이며 역작이다. 오히려 세계문단에 자랑할 만하다. 그 구상의 광대함과 어휘의 풍부함과 문장의 유려함이 전무한 대작이니 조선문학의 보고라고 할 수 있다. 따라서 그 양과 질이 아울러 조선문단의 자랑이다.

조선어의 풍부한 보고(梨專 金尚鎔)

『임꺽정』은 조선뿐 아니라 거의 세계에서 유(類)를 못 볼 장편이며 조선어의 가장 섬부(贍富)한 보고로 저는 이 대작이 널리 퍼지기를 원합니다.

조선어와 생명을 같이할 천하의 大奇書(春園 李光洙)

벽초의 『임꺽정』전은 천하의 기서입니다. 조선어와 생명을 같이하여 영구히 전할 문자인가 하옵니다. 누구에게나 재미있는 이야기인 동시에 조선의 사생(寫生)이요 지나간 조선의 레코드라고 믿습니다.

천권의 어학서를 능가(소설가 韓雪野)

벽초 선생의 『임꺽정』은 우리 역사소설의 백미(白眉)요 또 우리 문단의 최대의 수확이다. 나는 작가의 한 사람으로서 또는 충실한 독자의 한 사람으로서 선생께 여러 번 그 출판을 종용한 일이 있으나 선생은 늘 그 뜻이 없음을 말씀하셨는데 이제 출판되게 되었다 하니 그 기쁨은 남달리 더 깊은 바 있다. 단순히 조선말이라는 견지로 보더라도 이 거편 『임꺽정』은 천권의 어학서를 읽는 것보다 오히려 나을 것이니, 그러므로 문필을 업(業)하는 사람이고 아니하는 사람이나를 물론하고 이것은 꼭 읽어야 하리라고 나는 생각한다.

흥미와 실익의 역사소설(어학자 金允經)

근자에 역사적 사실을 골자로 삼은 소설이 많이 출현됨을 기쁘게 여기는 바외다. 임꺽정은 명종 때 양주 백정으로서 당시 조관의 수령들의 탐학(貪虐)과 주구(誅求)로 양민이 도탄에 침륜(沈淪)됨에 자극되어 일어난 적당의 괴수가 되어 경기·황해로 횡행하면서 민호(民戶)를 분탕하고 관옥(官獄)을 파괴함과 같은 난폭한 악행으로 5, 6년간 나라를 어지럽게 하다가 마침내 명종 17년 정월 3일에 황해도 토포사 남치근(南致勤)에게 포살된 이 사실이 한말 3재사(三才士)의 한 분으로 존경받아 오는 홍명희 선생의 밝고 곱고 힘있는 붓끝으로 소설화되어 출판되게 되었습니다. 여러 가지 점에서 독자에게 흥미와 실익이 클 것을 믿어 의심하지 않는 바외다.

이 시대의 대걸작(『삼천리』金東煥)

50 평생을 혹은 신문사장으로 혹은 중학교장으로 또 어떤 때는 뜻을 감춘 일 방랑객으로서 남양과 대륙 등지를 외롭게 거닐던 벽초 선생이 이제 사상(史上) 의중(意中)의 인(人)인 의분 남아 '임꺽정'에 탁(託)하여 그 심중에 감아 오던 만곡(萬斛)의 정열과 경륜을 퍼부어 지은 이 명작이 이제 나옴을 바라볼 때 우리는 다시 한번 옷깃을 바로잡고 '이 시대의 서'를 찬탄하여 맞이할 바인가 하노라.

조선문학의 大樹海(평론가 金南天)

모모하는 대가들처럼 표면에 드러나지 않고 숨어서 30년 문학사의 첫페이지에 공헌한 분은 벽초 홍명희 씨다. 그것을 아는 이는 적다. 그리고 그것을 기록에 올릴 문학사가(文學史家)도 드물는지 알 수 없다. 그러나 그의 웅편(雄篇)은 씨의 50년을 일관하는 고고(孤高)한 절개와 함께 우리 문학사상의 1만2천봉이다. 사실주의문학이 가지는 정밀한 세부묘사의 수법은 씨에 있어 처음이고 그리고 마지막이 되어도 무방할 것이다. 작은 논두렁길을 걷던 조선문학은 비로소 대수해(大樹海)를 경험하였다. 일방 『임꺽정』은 역사문학(歷史文學)의 진품이 어떠한 것인지를 우리 속류(俗流) 역사소설가들 앞에 제시하였다. 『임꺽정』의 출판은 거대한 유산의 정리인 동시에 금후의 문학의 굳건한 토대요 답대(踏臺)이다.

웅대한 규모(延專 교수 鄭寅燮)

역사는 반성과 동경을 주는 것입니다. 그러나 사화(史話)란 것이 잘못하면 오전(誤傳)된 전설이든지 저급한 야담이 되기 쉽지마는 훌륭한 작가에 의해서는 사옹(沙翁)의 『햄릿』, 괴테 작의 『파우스트』도 될 수 있는 것입니다. 조선문단의 선배 홍명희 선생은 『임꺽정』에 심혈을 다하여 그 웅대한 규모와 세련된 필치를 보여주었으니 이것은 조선 현대문학 중의 거탑이라고 하겠습니다. 각 가정의 비품이 될 줄 압니다.

汪洋한 바다 같은 어휘(소설가 朴鍾和)

선배 벽초 선생의 풍부한 소설적 어휘는 마치 '바다'와 같이 왕양(汪洋)하여 그의 문장을 읽을 때마다 항상 부러움을 금치 못한 바이거니와 내가 한 회도 빼놓지 않고 선생의 『임꺽정전』을 애독한 것은 어휘보다도 그 묘사, 그 구상이 혼연(渾然)히 조선적인 때문이다. 조선 사람으로 잊어버릴 수 없는 구수한 '조선 냄새'는 마치 우리가 토장국과 흰무리떡과 김치 깍두기를 안 먹고 못 배기는 것과 같다. 더욱이 선생은 이것을 필생의 대작으로 하여 각고조탁(刻苦彫琢) 온 정력을 아낌없이 다 바친 듯하다. 비록 간단(間斷)이 있었으나 근 10년을 두고 수천여 회에 뻗친 이 방대한 대작은 근세 조선의 큰 자랑이라 아니할 수 없다. 출판을 즈음하여 삼가 선생에게 감사한다.

『임꺽정』 제1권

『임꺽정』 제1권은 이미 강호(江湖)의 백열적(白熱的) 환영을 받고 낙양(洛陽)의 지가(紙價)를 올리고 있다. 이 책은 조선사상 처음 되는 대걸작으로 양으로나 질로나 세계에서 거의 유(類)를 볼 수 없는 대장편이다. 문학적 가치는 물론이요 조선어의 가장 풍부한 보고로서 한 시대의 생활을 가장 세밀한 기록 속에 담아는 대기록이다. 그 어휘의 풍부한 것은 조선어의 대언해(大言海)로서 지식인은 반드시 1책을 궤상(机上)에 비치하라.

전8권 『임꺽정』 내용

제1권 의형제편(義兄弟篇) 상
제2권 의형제편 하
제3권 화적편(火賊篇) 상
제4권 화적편 중
제5권 화적편 하
제6권 봉단편(鳳丹篇)
제7권 갖바치편(갓밧치篇)
제8권 양반편(兩班篇)
　　　조선일보사 출판부 발행

<조선일보 1939. 12. 31>

『임꺽정』 연구

제1장 한국 근대문학에 있어서 『임꺽정』의 위치

참석자 : 염무웅(廉武雄, 영남대 독문과 교수)
　　　　임형택(林熒澤, 성균관대 한문교육과 교수)
　　　　반성완(潘星完, 한양대 독문과 교수)
사　회 : 최원식(崔元植, 인하대 국문과 교수)

최원식 : 올해는 벽초 홍명희(洪命憙)가 태어난 지 100주년이 되는 해이며 그의 기념비적 업적인 소설 『임꺽정』의 연재가 시작된 지 60주년이 되는 해입니다. 그럼에도 홍명희가 월북작가라는 점 때문에 그의 사상이나 문학에 대한 본격적인 논의가 활발하지 못했던 데 대해 국문학도의 한 사람으로서 부끄럽게 생각합니다. 오늘 좌담은 분단 이후 홍명희의 『임꺽정』에 대한 최초의 본격적인 논의의 자리가 될 것 같습니다.

우선 여러 선생님들께서 그동안 지하로 유통되어 왔던 홍명희의 『임꺽정』을 어떻게 접했는가에 대한 개인적인 체험부터 들어보도록 하겠습니다.

벽초 홍명희의 소설 『임꺽정』을 명성으로만 듣다가

염무웅 : 제가 중·고등학교를 다닌 것이 1950년대인데, 그때만 하더라도 대학입시의 경쟁이 지금처럼 심하지 않은 탓이었는지 무척 소설을 많이 읽었습니다. 주로 문화원 도서실이나 대본서점에서 빌려 보았어요. 『삼국지』 『수호지』 『금병매』 같은 중국소설들, 『옥루몽』 같은 고전, 이광수의 연애소

설과 윤백남의 『흑두건』, 김내성의 『청춘극장』 따위들을 밤새워 탐독한 기억이 납니다. 서양 소설들은 번역판을 구하기가 쉽지도 않았지만 어쩌다가 손에 잡아도 잘 읽히지 않았어요. 『임꺽정』의 명성을 들은 건 아마 그 무렵이었을 겁니다. 그런데 제가 먼저 접하게 된 『임꺽정』은 벽초의 작품이 아니라 조영암이라는 사람이 완전히 흥미 위주로 쓴 통속적이고 외설적인 작품이었습니다. 몰래 읽으면서 가슴이 뛰고 얼굴이 빨개졌던 기억이 생생합니다. 그후 대학에 와서야 벽초의 것을 간헐적으로 한두 권 어쩌다 빌려 보게 됐지요. 그러나 그땐 관심이 딴 데 쏠려 있어서 깊은 감명을 받지도 못했고 또 전질을 구해 볼 기회도 못 가졌습니다. 최인욱 씨의 『임거정전』을 읽은 건 60년대 말이 아닌가 하는데, 역시 별다른 감흥을 느끼지 못했어요. 그러다가 황석영 씨의 『장길산』을 신문 연재로 읽기 시작하면서 이 방면에 새로운 눈이 뜨이게 되고 관심도 새로워졌습니다. 특히 여러 해 전 벽초 임꺽정의 봉단편·피장편·양반편 신문 연재를 복사해서 한권으로 묶은 책을 읽으면서 느낀 재미와 감동은 대단한 것이었습니다. 처음엔 복사 상태가 좋지 않아서 꽤 짜증도 나고 힘들었으나 금방 소설에 빨려들어가고 말았어요. 물론 봉단편부터 화적편까지 순서대로 통독한 것은 사계절출판사에서 9권으로 나온 다음이지요. 한마디로 굉장한 작품이다, 민족문학의 고전이다 하는 실감을 확실하게 가질 수 있었습니다. 언제 아무 데를 펼쳐도 금방 거기에 빨려드는 작품이예요.

임형택: 저 역시 6·25 이후 학교를 다녔기 때문에 『임꺽정』을 접할 수는 없었습니다. 다만 어른들로부터 홍벽초의 명성은 들었던 듯합니다. 고교 시절 어느 국어선생으로부터 『임꺽정전』을 봐야 우리말의 풍부함을 알 수 있다는 말씀을 듣고 동경하는 대상으로까지 생각되었지요. 그러다 대학에 들어와서 국문학을 공부하는 사람으로서 당연히 읽어보아야 할 텐데 어떻게 구해 볼 수 없을까 하던 차, 3학년 때 우연히 전주의 어느 고서점에서 조광사(朝光社)의 초판 『임꺽정』 4권 가운데 첫째권이 빠진 세 권을 입수했습니다. 그걸 밤새워가며 통독했던 것은 물론이었지요. 그리고 한참 후에 어렵사리 첫째권을 구해서 전질을 갖추게 되었고 저의 아끼는 장서가 되었습니다. 그런데 소설의 첫머리는 박유복이 나오는 장면부터 시작되고 있지

요. 또 읽어가다 보면 앞에 많은 이야기가 있었던 듯합니다. 그래서 '참 이상하다, 앞에 뭐가 있을 텐데.'하면서도 당시 저의 지식으로는 앞부분이 따로 있는 걸 몰랐습니다. 그러다가 해방 후 나온 어느 잡지의 광고란에서 봉단편·피장편·양반편의 세 부가 있었는데 간행이 미처 안 된 사실을 비로소 알았지요. 이걸 꼭 읽어봐야 할 텐데 했지만 신문 연재만 되고 책자로 나오지 않은 걸 읽어볼 도리가 없었지요. 그런데 구하면 길은 없지 않은가 싶어요. 대학원 시절에 스승 한 분이 조선일보에 게재된 부분을 스크랩해둔 자료가 묘하게도 하버드대학 도서관에 있어 그걸 복사해 가지고 계셔서 빌려 볼 수 있었습니다. 복사 상태가 좋지 않아서 아마도 제 시력을 급격히 나빠지게 했지만, 아무튼 이 앞의 3부는 먼저 읽었던 부분과 흐름이 약간 다르다고 느끼면서 더욱 감명 깊게 읽었던 것입니다. 그러면서 저 자신 우리 문학을 공부하려는 사람으로서 『임꺽정』에 대해 학문적인 탐구의 의욕을 높여주었습니다. 관심은 줄곧 가져온 셈이지만 현대문학을 직접 전공하는 것도 아니고 또 그것에 대한 글을 발표할 계제도 아니고 해서 자료만 이것저것 찾아보고 심심할 때마다 꺼내서 아무 대목이나 펼쳐보곤 했지요.

  『임꺽정』을 처음 대했을 땐 사실 가벼운 실망을 느끼기도 했습니다. 굉장한 무엇이 있을 줄 알았는데 그런 것도 안 나오고 무엇보다 스케일이 작다는 것이었습니다. 『삼국지』니 『수호지』니 하는 것과 비교되어서 그랬던 듯합니다. 조선땅이 좁으니 소설의 스케일도 좀더 웅대하게 될 수 없구나 하는 실망감이죠. 이건 물론 당시 저의 안목이 치졸했던 소치라고밖에 할 수 없겠지요. 이 소설은 반복해서 다시 읽을수록 전에 발견하지 못했던 다른 면을 많이 발견하게 됩니다. 보통 소설들이야 두번 읽으면 벌써 흥미가 떨어지는데『임꺽정』은 오히려 읽을수록 흥미가 배가되고 전에 못 보던 새로운 면모를 발견하고 진미를 느끼게 됩니다.

조선시대 사회상의 이해를 위해서도 꼭 읽어야

  그리고 이 작품은 소설적 흥미만이 아니고 공부삼아 읽을 가치가 있다는 점을 강조하고 싶습니다. 저 자신 『임꺽정』에서 많은 것을 배우고 또 중요한 착상을 얻어내기도 했지요. 특히 조선시대 역사 내지 사회상을 이해하는 데 있어서는 다른 수백 권의 사료를 읽는 것보다 큰 도움을 받을 수도 있다고 봅니다. 전체적으로 이해하면서 구체성을 볼 수 있으니까요. 저는 조선조의 역사를 공부하는 친구에게 조선시대의 사회상을 실감하려면 반드시 『임꺽정』을 읽으라고 충고한 적도 있습니다.

　최원식 : 제가 대학 다닐 때는 국문과에서도 이상하게 외서 바람이 불었습니다. 그래서 모두들 외서방을 열심히 찾아다녔습니다. 그러다가 대학원에 들어가 옛날책을 봐야 한다는 일종의 의무감에서 헌책방에 다니면서 옛날책을 모으기 시작했습니다. 그때 을유문화사에서 출판한 6권짜리 『임꺽정』 가운데 5권을 구했는데 당시 그 작품을 읽고서 너무 놀랐습니다. 사실 그전까지는, 우리 작품을 읽으면서 톨스토이의 문학을 읽을 때 쏙 빠졌던 느낌과는 달리 항상 뭔가 부족하다 하는 생각을 가졌었는데 『임꺽정』을 읽고 우리나라에도 이런 작품이 있었구나, 이런 뛰어난 문학이 우리나라 말로 씌어졌다는 데에 자부심까지 느꼈던 기억이 납니다.

　앞에서 말씀하신 두분 선생님의 경험을 통해서 알 수 있듯이 이제까지 공간되지 않았던 봉단편·피장편·양반편이 나왔다는 것은 『임꺽정』의 출간사(出刊史)에서 굉장히 중요한 의미를 갖는다고 생각합니다. 사실 의형제편·화적편이 매우 뛰어나면서도 한편 아쉽게 생각되는 것은, 역사소설이란 루카치의 유명한 개념을 빌리자면 중도적 주인공을 통해서 한 사회의 총체성 즉 상층과 하층의 모두를 함께 보여줌으로써 한 사회의 본질적 모순을 드러내 줘야 하는 것인데 의형제편과 화적편에서는 물론 상층사회가 안 나오는 것은 아니지만 주로 하층사회가 중심이 되었던 것입니다. 상층사회의 모습을 생생하게 그린 앞의 세 편이 공간됨으로써 『임꺽정』은 이제 완전한 형태로 독자들에게 그 모습을 드러내게 됐습니다. 저도 사실 공간되지 않았던 앞의 세 편을 구해서 읽고서야 역사소설 읽는 재미를 온전하게 맛보게 되었고 나아가 『임꺽정』이야말로 동서양을 막론하고 역사소설이 보여줄 수 있는 최고의 전범(典範)을 보여주는구나 하는 생각까지 했었습니다. 이런 점에서 『임꺽정』 출간사에 있어서 사계절출판사가 했던 역할은 주목해야 할 것입니다.

요즈음 젊은 출판인들이 고서를 본격적으로 출판해내는 바람에 고서방에서 비명을 지른답니다. 사실 고서방이라는 게 분단시대에 있어 공식 문화권에서의 문화적 단절을, 지하 유통을 통해서 부분적으로나마 보완해왔던 긍정적인 역할을 해왔습니다. 그러나 고서방을 통한 지하 유통은 작품에 대한 전설을 낳게 되어 본격적이고 과학적인 논의를 매개하지 못하고 있기 때문에 공개 출판의 의의는 매우 크다고 봅니다. 저희들 세대가 고서방을 찾아다니며 옛날 사람들의 작품, 특히 월북작가의 작품을 애써서 구해 봤던 세대로서 막내 같은 느낌이 듭니다. 저희 세대들이 가졌던 고서방 문화에 대한 체험과 애정이 없는 젊은 세대들은 갑자기 출간된 월북작가의 작품들을 접하곤 적지 않은 실망감을 토로하기도 합니다. 이제야말로 『임꺽정』에 대한 본격적이고 과학적인 논의가 활발히 진행돼야겠다는 생각이 드는군요.

　반성완 : 앞에서 말씀하신 분들의 체험에 비하면 저의 체험은 훨씬 짧고 미미한 것이라고 생각됩니다. 우리 세대의 문학적 체험이 대체로 50년대 말과 60년대 초에 이루어졌고 그 당시 우리가 읽었던 역사소설이 박종화의 『금삼의 피』, 이광수의 『단종애사』 등이었습니다. 60년대에 들어와서는 풍문으로나마 홍명희의 『임꺽정』이라는 작품이 있었다는 이야기만 들었을 뿐 그것을 실제로 접하지는 못했습니다. 그러다 60년대 말에서 70년대 중반에 이르는 독일 유학기간 동안 한국문학으로부터 거의 소외되었다가 다시 『임꺽정』의 이야기를 듣게 된 것이 70년대 후반인데 저의 경우는 서양의 문학과 이론, 특히 루카치의 역사소설 이론에서 출발하여 다시 관심을 갖게 되었습니다. 그러나 책을 구해 보진 못하고 83년 미국 하버드대에서 신문에 연재된 것을 몇회 읽은 정도였습니다. 이 책을 완전히 읽게 된 것은 사계절 출판사에서 『임꺽정』 전집이 나오면서라고 할 수 있습니다.

　당시 제가 『임꺽정』을 읽었던 동기는 이 작품에 대한 풍문이나 신화로 인한 호기심도 크게 작용하였지만 그것보다는 서구의 역사소설과 우리의 역사소설의 차이가 무엇이며, 서구의 문학이론가들이 말하는 역사소설론에 비추어 이 소설은 역사적 소재를 어떻게 형상화시키고 있는가라는 다분히 이론적인 관심에서 출발한 것이라고 할 수 있습니다. 그런데 이 작품을 읽고 내가 받은 인상은 앞에서 여러분들이 이야기한 바와 같이 우리 문학에도 이런 훌륭한 역사소설이 있었구나라는 놀라움이었습니다. 그래서 루카치의 역사소설 이론을 가지고 홍명희의 『임꺽정』을 한번 분석해보고자 시도한 적이 있습니다. 결국 그 작업을 해내지 못했습니다만 이 작품을 제대로 연구하지 않고는 우리나라 근대문학사를 온전하게 정립하기가 어렵지 않을까 하는 생각을 하였고, 그래서 문학연구가들이 이 작가와 작품을 좀더 본격적으로 다루어야 한다는 생각을 해왔습니다.

『임꺽정』을 통해 문화적 식민상태에서 깨어나 우리 문화를 발견

염무웅 : 우리 세대의 공통된 체험입니다만, 우리는 5, 60년대의 서구지향적인 학문풍토 속에서 서양문화에 휩쓸려 있다가 거기서 점점 깨어나오면서 비로소 자기를 발견하고 자기 문화의 전통을 재발견하는 과정을 겪었어요. 일종의 문화적 식민지 상황에서 우리의 문학 교양이 이루어졌다는 각성을 하고 그로부터 자신의 안팎에 존재하는 식민주의를 극복·청산하는 싸움에 돌입한 셈인데, 『임꺽정』 같은 작품의 독서 체험은 그 계기로서 우리에게 큰 역할을 해주었습니다. 사람에 따라서는 판소리를 새로 발견한다든가 탈춤을 새로운 눈으로 보게 된다든가 하는 그런 계기가 있는데, 자기 문화의 발견이 그런 충격을 통해 이루어진다는 것 자체가 비극이지요. 요즘은 아마 상당히 달라져 있겠지요.

반성완 : 아주 중요한 지적이라고 생각합니다. 우리가 지금까지 우리 문학에서 느꼈던 체험과 전혀 다른 어떤 체험, 그리고 서구의 문학작품을 읽고서 느낀 감동에 전혀 손색없는 감동을 줄 수 있는 작품이 우리에게 있다는 것을 확인시켜 주었던 것이 이 작품이 아닌가 생각합니다. 물론 판소리나 탈춤과 같은 다른 장르도 있지만 문학을 공부하는 사람들에게 『임꺽정』은 매우 중요한 작품이 아닌가 합니다.

임형택 : 『임꺽정』을 우리 근대문학에 있어 대단히 중요한 작품이며 문학적인 성과가 또한 높은 작품이라는 것은 당시부터 지금까지 누구나 공감하고 있는 사실입니다. 그런데도 이런 작품이 아직까지 본격적으로 논의되지 않고 전설 속에 묻혀 있으며, 독서대중들로부터도 이미 거리가 멀어져 있었다는 사

실은 바로 우리 국문학이 처한 상황을 그대로 반영한 것이지요. 38선이 우리의 땅만 갈라놓은 것이 아니고 우리의 마음에도, 우리의 문학에도, 학문 연구에도 38선은 쳐져 있는 것입니다. 이제야 이 작품을 논의하는 것이 만시지탄의 감은 있으나 분단을 극복하는 운동의 차원에서도 의미를 갖는 일입니다.

반성완 : 같은 이야기겠습니다만 고착된 분단상황이 어떻게 해서든지 해결되어야 한다는 전체적인 시대적 분위기 속에서 우리의 논의를 생각해볼 수 있겠고, 이와 결부하여『임꺽정』같은 작품이 씌어진 지 불과 60년밖에 되지 않았는데도 우리의 문학적 체험 속에 깡그리 잊혀져 있었다는 것은 우리가 얼마나 문화적 전통과 단절되어 있는가, 그리고 좀더 중요하게는 정치적 분단이 민족의 남북 분단만을 초래한 것이 아니라 우리의 문화적 전통과의 올바른 접맥 자체를 어떻게 단절시키고 있는가를 새삼 생각케 하여주고 있습니다.

좌우합작의 결정판, 문화적 분단 극복의 고리로서도 『임꺽정』 주목해야

최원식 : 참고로 이 작품이 발간되었을 때 당시 지식인들이 이 작품을 어떻게 평가했는가를 살펴볼 필요가 있을 것 같습니다. 조선일보 1939년 12월 31일자를 보면 『임꺽정』에 대한 문인들의 짤막한 독후감들이 게재되어 있는데, 그 면면을 보면 이기영(李箕永) · 이효석(李孝石) · 박영희(朴英熙) · 김상용(金尙鎔) · 이광수(李光洙) · 한설야(韓雪野) · 김윤경(金允經) · 김동환(金東煥) · 김남천(金南天) · 정인섭(鄭寅燮) · 박종화(朴鍾和) 등 좌우파를 막론하고 찬사를 바치고 있습니다. 홍명희의 『임꺽정』이야말로 좌우합작의 결정판이 아닐까 생각합니다. 따라서 정치 · 경제 · 군사적 분단의 극복과 함께 문화적 분단의 극복에 있어서 홍명희의 『임꺽정』이 갖는 위상이 이 점에서 얼마나 중요한 것인가를 우리에게 시사해주고 있습니다.

염무웅 : 흔히들 『임꺽정』이란 작품에 구사된 어휘의 풍부함에 대해 지적합니다. 저는 어휘뿐 아니라 문장 · 문체에 있어서도 이 작품이 하나의 위대한 모범이 되고 있다고 생각합니다. 알다시피 분단 40여 년을 거치는 동안 남북의 언어가 엄청나게 이질화되었고 특히 외세의 영향이 상대적으로

강한 남쪽의 언어는 말할 수 없이 오염되어 있습니다. 이런 점에서 『임꺽정』의 언어는 남북이 공유할 수 있는 언어이고 훌륭한 출발점이 될 수 있는 언어입니다. 이 점은 뒤에 다시 얘기하기로 하지요.

　최원식: 여러 선생님들께서 『임꺽정』이 문화적 분단 극복의 기초가 될 수 있다고 말씀하셨는데, 『임꺽정』에 대한 이해를 위해서 그것이 씌어졌던 시대적 상황 특히 신간회(新幹會) 운동을 살펴봤으면 합니다. 『임꺽정』이 문화적 분단 극복의 기초가 될 수 있다는 지적은 그 작품이 씌어진 당시의 신간회 운동과도 깊은 연관이 있을 것입니다. 다 아시다시피 『임꺽정』은 1928년부터 조선일보에 연재되기 시작했는데 당시 조선일보는 신간회의 기관지의 역할을 했다고 합니다. 1927년에 결성된 신간회는 비타협적 민족주의자와 사회주의자가 결합한 민족 협동전선인데, 그러면 왜 이처럼 비타협적 민족주의자와 사회주의자가 결합하게 되었는가? 여기엔 우선 3·1 운동 이후 이광수를 그 이론가로 한 동아일보 계열의 자치론이 대두된 점을 지적할 수 있겠습니다. 3·1 운동 이후 민족주의 세력이 분열되어 일부가 자치론을 표방하면서 일제에 타협적인 태도를 드러내기 시작하자 일제와의 타협을 거부했던 세력들은 상당한 위기의식을 느끼게 되어 좌우합작을 모색하게 된 게 아닌가 생각합니다. 한편 사회주의 세력은 1925년 치안유지법이 실시되면서 사회주의 운동에 대한 철저한 탄압이 가해지는 외적 상황의 악화 속에서 민족해방 문제에 대한 중요성을 인식하면서 비타협적 민족주의자와 연합을 모색하게 됩니다. 이것이 크게 보아 신간회 창립의 배경이라고 할 수 있는데, 그 과정에서 홍명희가 핵심적인 역할을 했다는 점에 주목할 필요가 있습니다.

　창립 당시 조선일보 사장이었던 이상재(李商在)가 회장으로 선출되고 벽초는 부회장에 선출되었으나 그가 고사하여 권동진이 부회장이 됩니다. 그리고 회장 이상재가 곧 별세하여 벽초가 후임 회장에 선출되나 그는 또 고사하여 권동진이 회장이 됩니다. 여기서 재미있는 것은 결코 어떤 일에서건 앞장서지 않는 벽초의 성품입니다. 그는 8·15 이후 조선문학가동맹이 결성되었을 때도 위원장으로 선출되었지만 어찌된 일인지 메시지만 보내고 회의장에는 나오질 않습니다. 여하튼 『임꺽정』은 1920년대 말 좌우합작 운동과 일정한 관련 속에서 출현한 것입니다.

『임꺽정』은 일제시대 우리 민족문화의 한 정점

임형택 : 최선생님이 주로 신간회와의 관련 속에서 언급하였는데 저는 보다 근본적인 배경을 말해 보겠습니다. 1920년대의 시대상황을 살펴보면 3·1운동이 새로운 단계를 열어놓았지요. 문학상에서는 신문학운동이 전개되고 그것이 사회주의 사상을 섭취해서 프로문학으로 자기전환을 하게 됩니다. 사회적으로는 노동운동·농민운동이 광범위하게 전개되는데 1923년경 백정계급의 인권해방을 부르짖는 형평운동도 그 하나지요. 말하자면 우리 역사에서 다른 어느 시기보다도 사회의식이 고양되고 민중 중심의 운동이 활발해진 시기입니다. 이러한 흐름이 20년대 후반의 신간회운동으로 집약된 것 같습니다. 20년대의 광범위한 우리 민족의 정신사적 변화과정에서 벽초는 진보적인 작가로서 역사 주체로서 민중에 대한 근원적 해석 내지 우리의 현실을 역사적으로 조망할 수 있는 작품을 구상하였을 것이고 이러한 그의 의식이 『임꺽정』이라는 대작으로 나타났다고 보고 싶습니다. 그리하여 이 작품은 일제 식민지 억압하에 우리 민족문학의 한 정점을 이루었던 것입니다.

최원식 : 요즈음 흔히 이야기되듯이 우리 문단에서 20년대 이래 좌우 대립이 분명히 존재했지만, 저는 우리 문학에서의 좌우 대립을 우리 문학사가 너무 과장해서 이야기하고 있다는 생각입니다. 그 당시의 문인들 사이에는 좌우파를 막론하고 식민지 조선의 지식인으로서 동질적 연대감이 밑바탕에 깔려 있었다고 생각됩니다. 그런 면이 8·15 이후 특히 6·25를 고비로 분단이 고착화되면서 분단의식 또는 좌우 대립의식이 일제시대 문학사 서술에 거꾸로 투영되어 오히려 실상을 당시보다 과장시키고 있다고 여겨집니다.

반성완 : 그 당시 좌우 세력간에 노선에 있어서 일정한 차이점이 있긴 했습니다만 그 차이점보다는 오히려 3·1운동을 통해 전민족적으로 확인된 민족해방을 지향하는 민족주의라는 공통분모가 더 크게 작용했다고 봐야 할 것입니다. 물론 아까 최선생님께서 잘 지적하셨습니다만 일제에 대하여

타협적인, 그래서 결국 진정한 의미의 민족주의 노선을 견지하지 못한 개량주의 세력이 대두합니다만 그들을 제외한 좌우 세력간의 합작의 가능성은 충분히 있었고 또 그 필요성도 절실했던 것이라고 해야 할 걸로 봅니다. 이와 결부하여 서구의 경우를 보면 여러 면에서 상당한 차이가 있긴 합니다만 2, 30년대에 폭넓은 통일전선을 결성하려는 정치적 노력이 계속되고 이러한 흐름의 일환으로 30년대 후반 이래 전세계적인 반제 반파쇼 인민전선의 결성이 이룩되지 않습니까? 홍명희의 경우 그런 흐름 가운데서 좌와 우를 민족적인 지향으로 통합하려는 입장이었던 것 같고 실제로 신간회 결성을 통하여 그것을 담아내는 그릇의 역할을 했던 것으로 봐야 할 것입니다.

　　최원식 : 8·15 직후 홍명희에 대한 인물평이 나오는데 그걸 살펴보면 상당히 흥미롭습니다. 조선에서 좌도 아니요 우도 아닌 중간적 존재로서 좌·우에서 다 이용하려는 그런 존재가 바로 홍명희라는 겁니다. 따라서 조선에서 민족통일을 구한다면 홍씨만한 인물이 없다고 했습니다. 그는 유물사관이나 유물론의 학설에 대한 이해가 깊은데 그렇다고 그가 공산주의자냐 하면 결코 그렇지는 않다는 겁니다. 이 자료를 보면, 홍명희는 중간파 또는 민족주의 좌파로 볼 수 있는데 한편 공산주의자라는 지적도 없지 않습니다. 강영주 씨가 밝힌 바와 같이, 일제의 관헌자료에서는 그를 조선공산당의 신간회 세포조직 책임자라고 하고 있으며 조공 간부였던 김준연도 벽초를 가리켜 조공의 비밀당원이라고 한다는 점을 들어 그가 공산주의자라는 주장이 제기되는 것입니다.

일제시대 지식인의 사명은 좌든 우든 민족해방

　　염무웅 : 글쎄요. 그쪽으로 자료를 찾아보지 않아서 잘 모르지만, 중요한 것은 벽초가 조공의 비밀당원이었느냐 아니냐가 아닐 겁니다. 또 일제시대에 있어 공산주의자라는 것이 무엇을 의미하는지 정확하게 따져보는 것이 중요하다고 생각합니다. 다들 알다시피 벽초는 전통적인 사대부 가문의 분위기에 푹 젖어서 자랐습니다. 어느 글에 보니까 벽초는 자신을 소부르조아적 인텔리겐차라고 자책하고 있어요. 그런가 하면 그가 맑스주의 사상에 대

해 상당한 수준의 이해와 공감을 가지고 있었던 것 또한 명백합니다. 제 생각에는 이런 여러 측면들이 모두 벽초의 행동과 세계관을 규정하는 데에 일정하게 관련이 있을 것입니다. 그러나 일제 식민지시대를 살았던 인간을 판단함에 있어 무엇보다 결정적인 기준이 되는 것은 그가 식민지 체제를 철폐하고 민족의 해방을 이룩하려는 움직임의 편에 서 있었느냐 아니면 식민지 체제에 투항·타협하여 적극적이든 소극적이든 민족을 배신하는 편에 서 있었느냐 하는 것일 겁니다. 물론 사람에 따라서는 사회주의야말로 민족해방을 달성할 수 있는 유일한 사상적 무기라고 믿을 수도 있었겠지요. 어쨌든 벽초는 공산주의자가 아니라 공산주의자와 손잡을 수 있는 민족주의자, 봉건 선비의 미덕과 진보적 의식을 두루 갖춘 애국지사였던 것으로 믿어집니다. 중요한 것은 좌냐 우냐가 아니라 애국이냐 매국이냐일 겁니다.

　최원식: 여기서 참고로 강영주 씨가 조사한 홍명희의 연보를 말씀드리겠습니다. 홍명희는 1888년 충북 괴산에서 태어났습니다. 그의 집안은 염선생님께서 방금 말씀하셨듯이 풍산 홍씨 명문 사대부 가문이었습니다. 증조부는 이조판서, 조부는 참판을 지냈고, 아버지는 금산군수 홍범식이었는데, 그는 1910년 대한제국이 멸망했을 때 자결했습니다. 벽초는 1902년 상경하여 숭교의숙이란 학교를 다니면서 신학문을 접했고 1906년 일본에 건너가서 대성중학(大成中學)을 다녔습니다. 1910년 귀국했다가 대한제국의 멸망을 보게 되고 아버지의 상까지 당했습니다. 3년상을 마치고 대한제국의 멸망에 통분 출국하여 오랫동안 중국 등지를 방랑하면서 망명 지식인들과 교유했습니다. 1918년에 귀국하여 3·1 운동 때 괴산에서 3·1 운동을 주도하고 투옥되어 1년여 동안 영어생활을 했는데 이때까지는 사회주의와는 관련이 없었던 것 같습니다. 여기서 주의할 것은 1921년 즈음 홍명희가 맑스주의 서적을 탐독했다는 점입니다. 제 생각에는 3·1 운동으로 투옥되면서 날카로운 각성을 하게 되어 구체적으로 어떤 방법으로 민족해방을 쟁취할 것인가를 진지하게 모색하는 가운데 아마도 맑스주의에 빠져들어갔던 게 아닌가 합니다. 그는 동아일보 기자를 하던 1923년에 이미 신사상연구회(24년 화요회로 발전)의 중요 회원 가운데 하나였습니다. 이 시기에는 분명하게 좌파였습니다. 그뒤 시대일보 사장, 민족주의 교육의 중심이었던 오산학교

교장을 지내고, 1927년에 신간회 결성에 핵심적인 역할을 하면서 사회운동의 표면에 나서게 됩니다. 여기서 그가 신간회의 핵심으로 참여하기 직전 시대일보 사장과 오산학교 교장을 역임했다는 경력에 주목해야 합니다. 이 속에서 그는 민족해방의 쟁취를 위해서는 좌파만이 아닌 비타협적 민족주의자와의 제휴가 절실하다는 점을 깨달았으리라고 추측됩니다. 1929년 광주학생사건이 일어나 그 사건의 진상보고 민중대회를 개최하려다 사전 발각되어 여러 사람들과 함께 투옥되어 4년간 수감생활을 합니다. 그는 신간회 활동을 하면서 그의 유일한 작품인 『임꺽정』을 연재하기 시작했는데 그 당시 인기가 너무 좋아서 옥중 집필이 허락됐다는 일화가 있습니다. 수감에서 풀려나와 그는 공식적으로 사회운동에서 완전히 은퇴하게 되는 셈입니다.

8·15 이후 조선문학가동맹 위원장으로 추대되었고 1947년 민주독립당을 결성했는데 이것은 중도좌파 계열이라고 할 수 있습니다. 그후 1948년 남북분단을 눈앞에 두고 월북하여, 월북한 사람들 대부분이 숙청당했음에도 불구하고 그는 부수상까지 지내고 1968년에 사망했다고 전해집니다.

염무웅 : 벽초를 이해하는 데에 그가 명문·거족 출신이라는 점을 유의할 필요가 있습니다. 증조부 아래 고모·대고모·아버지 등등 많을 때는 50명, 적을 때도 30명이나 되는 대가족의 틈에서 그는 사랑을 받고 컸습니다. 이 점에서 극단적으로 대조되는 인물이 이광수라고 할 수 있습니다. 그는 고아 신세로서 뿌리 없는 존재입니다. 벽초와 이광수의 역사에 대한 대응양식의 차이는 이 점과 무관하지 않을 겁니다. 가령 이 무렵 일본유학 등을 통해 신사상·신문물에 접한 젊은이들이 구식 결혼제도를 비판하고 심지어 자기 가정을 파괴하는 데까지 나아가기도 했지요. 이 점은 좌우익이 마찬가지였던 것 같은데, 벽초는 개인의 가정생활에서나 공적 사회적 활동 영역에서나 덮어놓고 과거 부정적이었던 것이 아니고 변화를 지향하면서도 튼튼한 뿌리를 아울러 지니고 있었던 것 같습니다. 물론 봉건적인 가족제도에 비판적인 눈을 보냈을지 모르나 가족 자체를 부인하거나 떠난 적은 없습니다. 여기서도 우리는 벽초의 심성의 경향이 전통과 새로운 사상 사이에 일정한 조화를 모색하고 있었던 점을 볼 수 있습니다.

임형택 : 그는 명문 가정에서 태어났을 뿐만 아니라 그의 고향에 지주로

서 상당한 물적 기반을 가지고 있었는데, 그 시기가 언제인지는 모르지만 소작인들을 모아놓고 토지를 모두 나누어주었다는 이야기를 들었습니다. 그러고 나서 처자를 데리고 서울로 올라와서 "우리는 이제 문필로 먹고 살아야 한다"고 했다 합니다. 말하자면 봉건적 제도와 지주적 기반을 스스로 청산 결별하고 근대적 인텔리겐차로 자기전환을 실천한 셈입니다. 그 점이 그 뒤의 벽초를 이해하는 데 중요한 사실이라고 생각합니다.

　반성완 : 염선생님께서 말씀하신 대로 그는 이런저런 사상을 두루 수용하였고 어느 한 사상에 부분적으로 경도하기는 했지만 그것이 그 사람의 모든 행동을 좌우하는 결정적인 요소로 작용하지는 않았던 것 같습니다. 수많은 지적 편력을 거쳤음에도 불구하고 홍명희의 인격 자체의 뿌리는 19세기 사대부 계층의 윤리의식과 문화의식에 바탕을 두고 있었다고 볼 수 있으며, 그러한 자기의 무게 중심을 갖고서 20세기의 민족적 위기상황에 직면해서 새로운 이념과 문화를 주체적으로 수용해서 하나의 민족적 대응책을 마련하려고 노력했던 것이 아닌가 생각됩니다. 그가 조직면에서 통합의 인물로 간주되는 것도 이러한 점과 관련이 있는 듯합니다.

　이 점은 앞서 이광수의 이야기도 나왔습니다만 최남선이나 이광수와 좋은 대조를 이루고 있습니다. 최남선은 중인 출신이고 이광수는 조실부모한 평민이었습니다. 이들은 새로운 것을 수용하는 과정에서 자기의 뿌리를 갖지 못하고 자기를 간단없이 부정하면서 새로운 것에 맹종하는 성향을 보였습니다. 반면에 홍명희는 자기 뿌리가 매우 튼튼했던 것 같습니다. 이 점은 그의 문학작품에서도 나타나는데 이런저런 외부의 영향을 민족적인 것을 향해 한곳으로 수렴하려는 자세를 보이는 것도 여기서 연유한다고 볼 수 있겠습니다.

　염무웅 : 그의 아들 홍기문이 쓴 글을 보니까 아버지가 1910년대 중국을 방랑하다 돌아올 때 베르그송이나 오이켄 등의 책을 가지고 왔다고 합니다. 만해가 그러했듯 벽초 역시 전통 학문의 튼튼한 토양을 지니되 서구사상과의 접촉을 통해 일종의 계몽주의 시기를 거치는 듯합니다. 단지 만해가 불교의 길을 택한 데 비해 벽초는 현실에 발을 딛고 좀더 사회주의 쪽으로 기울어진 듯합니다만.

제1장　한국 근대문학에 있어서 『임꺽정』의 위치　299

최원식 : 그렇다고 봐야겠습니다. 홍명희의 초기 호가 가인(假人)인데 이 것은 그가 바이런에 경도되었을 때 바이런의 시 '카인'이 좋아서 그걸 따서 '가인'이라고 했다고 합니다. 이광수의 회고에 의하면 이광수가 인도주의가 어떠니 해서 뭐라고 이야기하면 홍명희는 씩 웃으면서 바이런의 시집을 주 며 이런 걸 보라고 했답니다. 이광수가 항상 세간의 화려한 각광 속에 있으 면서도 홍명희에게 느꼈던 주눅의 정체도 뿌리의 문제와 일정한 관련을 가 집니다.

홍명희가 과연 맑스주의자인가는 의문

임형택 : 벽초 자신의 사상적 지주가 무엇이었는가는 밝혀야 할 과제입니 다. 그가 과연 맑스주의자며, 만약 그렇다면 어떤 내용을 담은 것이었는지 하는 문제는 간단치 않습니다. 이 문제는 앞으로 더 검증하고 이해해야 할 점이며, 이 자리에서 결론을 내리기는 어렵다고 봅니다. 그런데 그의 내면 적인 주의·주장이 무엇이었는지, 이것이 아예 문제가 안 되는 것은 아니 겠지만, 한편으로 생각하면 그의 내심의 주의·주장은 반드시 신앙 고백을 듣듯 캐낼 필요가 없을 것 같군요. 요는 그가 남긴 작품, 그의 객관적 활동 입니다. 이들을 살펴볼 때 그는 기본적으로 민족주의적 입장에 서서 민족의 해방과 민족의 바른 진로를 고민했던 것으로 보입니다.

염무웅 : 그가 기본적으로 민족주의자라는 데는 이론의 여지가 없어 보 입니다. 그런데 일제시대에 있어 민족주의가 민족해방을 그 내용으로 한 다는 것 또한 명백합니다. 다만 벽초의 경우 자신의 입장을 관철하는 방법 으로 적극적인 정치투쟁이나 무장투쟁이 아니고 신간회 활동을 상한선으 로 하는 사회활동과 문필활동이 선택된 것으로 보이며, 이러한 그의 체질 은 8·15 이후에도 크게 변화되지 않은 것 같습니다. 중요한 것은 그가 자 신의 방법 안에서는 최대의 성실성과 유연성을 실천적으로 발휘했다는 것 이 아닐까요.

반성완 : 그가 1948년 월북하는 것은 상황의 변화 속에 어쩔 수 없이 하 게 된 선택이 아니었던가 여겨집니다. 마지막까지 남북통일을 위해 나름대

로 자기 역할을 수행하다 더 이상 어쩔 수 없는 상황이 전개되자 스스로의 정치적 입장을 선택 내지 강요당할 수밖에 없었던 것으로 봐야겠지요.

　　최원식 : 반선생님께서 홍명희의 기본적인 정서나 사상의 뿌리가 19세기 적인 것이라고 하셨는데, 이것을 일단 봉건적인 것이라고 한다면 그에게 있어서는 이 봉건적인 것과 봉건적인 것에 대한 반역이라는 것이 항상 긴장 관계를 이루고 있었다고 생각됩니다. 가령 그가 전통적인 사대부 집안에서 태어나 자라다, 신학문에 접하게 되고 동경에 갔을 때 바이런에 빠졌다는 것은 양반가문의 봉건적인 멍에로부터의 전면적인 반역을 말하는 것입니다. 이처럼 그는 봉건적인 것 같으면서도 상당히 반봉건적인 양상을 보입니다. 요컨대, 그는 매우 탁월한 평형감각을 가지고 있는데, 그것은 맑스주의와의 관계에서도 드러납니다. 그는 좌파 같으면서도 실제로는 좌우합작 노선을 밀고 나갑니다. 이 점에서 3·1운동 후 동아일보와 시대일보 시절 그리고 오산학교에서의 체험은 그에게 있어서 단순한 것만은 아니었을 겁니다. 아마 그 경험 속에서 신간회를 구상하지 않았을까 생각됩니다. 민족해방이 최고의 과제이며, 이것은 좌익의 힘만으로는 달성될 수 없다는 인식을 갖게 된 거지요. 그래서 민족의 해방을 위해서는 우익세력과 연합해야 한다는 생각으로 신간회에서 활농하게 된 것으로 여겨집니다. 그는 계급보다는, 계급을 포괄하면서 민족을 더 우선시하여 거기에 최고의 가치를 두었던 것으로 보이며, 이것이 민족협동전선 단계에서의 그의 선택이었다고 할 수 있겠습니다.

　　그러면 이제 역사적으로 실재했던 임꺽정 사건이 어떠했는지 살펴봤으면 합니다. 이에 대해 먼저 임선생님께서 좀 말씀해 주시지요.

임꺽정 사건은 중세사회 농민저항이 군도 형태로 나타난 것

　　임형택 : 소설 『임꺽정』은 역사적으로 있었던 사건을 작품 형상으로 만든 것입니다. 우선 역사상 임꺽정 사건이 어떤 성격을 띤 것이었던가부터 얘기해보죠.

　　기본적인 성격은 중세사회 농민저항의 한 형태라고 할 수 있는데 임꺽정

사건의 경우 그것이 군도(群盜)의 형태로 나타났다는 점이 큰 특징일 것입니다. 군도라는 게 어떤 것이냐 하면, 임꺽정 사건이 일어났을 당시의 사관(史官)이 실록기사(實錄記事)에 쓴 사평(史評)에, "聚則盜 散則民"이라고 규정하고 있습니다. 즉 백성이 모여 있으면 도적이고 흩어지면 백성이라는 것입니다. 다시 말해서 군도란 민(民)의 한 존재 형태라고 할 수 있습니다. 조선 봉건사회가 백성을 토지에 묶어두고 있으나 봉건적 억압과 수탈을 견디다 못해 백성이 그들의 생활 근거지로부터 이탈하여 집단을 이루어 일정하게 봉건 지배층을 향해 무력적 저항활동을 벌일 때 이것이 이른바 군도입니다. 이러한 군도는 세계사적으로 볼 때 봉건사회에 보편적으로 있어왔습니다. 우리의 경우 신라 말에 치열하게 일어나서 왕조의 붕괴로까지 발전한 이래 줄곧 끊이지 않았는데 사회 정치적 모순이 격화될 때 확대되고 극성스러워짐을 볼 수 있습니다. 조선조시대로 들어와서 초기에는 별로 나타나지 않습니다. 임꺽정의 반란이 일어난 때가 16세기인데 16세기가 시작되는 그때 홍길동의 저항이 있었고 그후에도 계속 빈발하다가 조선조 전기 최대의 농민저항으로 볼 수 있는 임꺽정의 반란이 일어납니다. 이 사건이 사료상 맨 처음 보이는 것은 1557년(명종 12년)인데 이때 기사에는 임꺽정이란 이름은 안 나오고 그냥 '해서광적(海西獷賊)'이라고만 씌어 있습니다. 그러다 '해서광적 임꺽정'으로 나오기 시작한 것이 1559년(명종 14년)이고 임꺽정이 체포되어 죽게 된 것이 1562년 정월달입니다. 그러니까 그가 본격적인 활동을 한 기간은 만 3년이 되는 셈이죠. 물론 이 3년은 자료상에서 그렇게 확인된다는 말이지, 실제상에 있어서는 오래 전부터 세력을 확장하는 준비기간이 있었겠죠. 그런데 그 규모를 보면 그전에 있었던 다른 어떤 사건보다 광범하고 치열했던 것이어서 황해도·강원도·경기도·평안도에 걸쳐서 일어났습니다. 군도 형태의 농민저항으로 가장 최고조에 달했던 것이 아닌가 봅니다. 임꺽정은 이 3년 동안 중앙정부에서 임명한 관리인 5명의 수령을 죽였고, 그를 토벌하기 위해 서울에서 여러 차례 토포사를 파견했던 것입니다. 지방의 치안행정 능력으로는 도저히 이를 진압할 수 없어서 중앙에서 직접 토벌대를 특파할 정도였다는 것이죠. 임꺽정이 체포되기 전해 겨울에 토포사 남치근(南致勤)이 황해도로 내려가고, 김세한(金世澣)이 강원도로 내려가 그 토벌작전이 성공을 해서 겨우 진정되었습니다. 이로써 임꺽정의 반란은 일단락됐지만 농민저항의 문제는 근본적으로 해결된 것이 아니었습니다. 민의 존재 형태로서 군도는 그후 임진왜란이 일어나기까지는 뚜렷이 부각되지는 않습니다. 봉건적 지배체제로부터 이탈한 농민들이 각처에 군도의 형태로 산재해 있다가 임꺽정과 같은 역량 있는 인물에 의해 큰 세력으로 결집되면 그야말로 한번 난리를 치다가 일단 진압되면 그것은 결코 소멸되지 않고 잠재적 힘으로 저류하게 됩니다.

그런데 하나 주목할 사건은 임꺽정으로부터 30년 후에 일어난 임진왜란입니다. 임란의 과정에서는 농민저항의 역량이 의병으로 집결됩니다. 즉 민족 내부의 모순이 심화될 때 군도의 형태로 나타났다가 외적 모순이 몰아닥치자 의병의 형태로 승화되는 거지요. 그러나 간과할 수 없는 문제점은 임란 7년을 거치는 동안에도 농민반란이 발발한 것입니다. 의병 출신의 용사가 군도를 규합해서 반기를 든 송유진(宋儒眞) 사건이 전쟁이 소강된 상태에서 일어났고, 또 이몽학(李夢鶴)이 "백성을 물불 속에서 구하자"고 외치자 농민들이 호미를 들고 호응했던 것입니다. 이런 경우도 왜적에게 총부리를 겨누고 싸우다가 결국 지배층에 배반감을 심각하게 느끼고 마침내 외부로 놀렸던 총무리를 다시 내부로 겨눈 것입니다. 이러한 흐름이 조선조 후기로 와서 다시 폭발한 것으로 장길산(張吉山)을 들 수 있고 이러한 저항은 봉건 말기까지 이어진 것 같습니다. 홍명희는 작가로서 16세기 최대의 농민저항으로서 임꺽정 사건을 주목하였을 것입니다.

반성완 : 그러면 조선 초기를 지나 연산군 때 와서 이런 현상이 두드러지게 나타난 배경과 구체적인 저항의 규모, 그리고 이런 이야기가 왜 설화(說話)로 계속 남아 있고 야사(野史)로 이어져 이야기의 소재가 되고 있는지를 한번 살펴봤으면 합니다.

홍길동·임꺽정 등의 군도가 민중의 우상이 된 배경은

임형택 : 우선 임꺽정으로 오기까지 농민저항의 발전과정을 보면 성종 말년인 1489년에 김막동부대가 등장하여 평안도를 중심으로 7년간 활동한 것

이 나타납니다. 그리고 1496년에 이것이 토벌되고 1500년경에 홍길동이 경기·충청과 경상 북부에 미치는 지역에 상당한 규모로 활동을 하며, 그후 1530년경 순석(順石)부대가 나타나 전라·충청·경기 삼도에 걸쳐 지방적 연계를 맺고 투쟁했는데, 그 규모는 일당 39인이 관군에게 붙잡히고 다시 연루되어 체포된 숫자가 무려 170여 명이라고 합니다. 이 정도면 상당한 규모로 발전했던 모양입니다. 그 다음에 임꺽정이 등장하게 되지요. 그러면 하필 이 시기에 군도 형태의 농민저항이 격화되었던가를 저 나름으로 설명해 보겠습니다.

조선왕조는 주지하는 대로 양민(즉 농민)의 기반 위에 세워진 국가입니다. 국가를 유지하는 부(富)는 전적으로 농업생산에 의존해야 하고 또 국방 및 기타 인력 역시 주로 농민을 동원해야 했습니다. 따라서 농민을 체제 속에 안착시키는 문제는 매우 중대한 사안이었으며 세종은 이 정책을 가장 효과적으로 수행했다고 생각됩니다. 가령 우리의 소중한 문자인 한글은 세종의 농민에 대한 정치적 배려에서 나왔다고 볼 수 있죠. '훈민정음'이란 개념이 곧 이런 뜻을 담고 있습니다. 세종 다음에 세조·성종 같은 군주들도 세종의 훈민정책의 방향을 대체로 계승하려 했을 것입니다. 그러나 정치권력의 담당자 —— 양반층과 농민 사이에는 기본적으로 대립관계가 놓여 있습니다. 양반과 농민은 이해가 같을 수 없죠.

관료 양반층의 이익이 확대되는 방향으로 진행이 되면 될수록 농민은 영락의 길을 걷게 마련입니다. 즉 15세기 후반부터 양인 농민층의 몰락이 현저하게 되는 것입니다. 양반들의 토지의 과다 겸병과 관료들의 과도한 수취로 농민들은 견디다 정 견딜 수 없으니까 앞서 말씀드린 바와 같이 포망(逋亡)을 하면 되는 것입니다. 여러 자료들이 증언하는 바 15세기에서 16세기로 들어와서 국가가 파악하는 호구가 격감하여 16세기 중엽에 이르면 "백리 사이에 연기가 보이지 않는다."고 표현될 정도입니다.

국가의 파악으로부터 이탈한 농민이 도대체 어디로 가느냐, 거지가 되어 떠돌아다니든지 아니면 몽둥이를 들고 떼를 지어 자신의 생존을 위해 싸울 수밖에 더 있겠어요. 이게 군도거든요. 조선왕조의 정치 모순의 뚜렷한 징표로 연산군이 출현하였으며 이 시기에 홍길동이 등장한 현상 또한 우연이 아닐 것입니다.

　이런 데 대한 관변측의 기록은 거의 무시하는 편이며 기껏 씌어지는 것은 정부적 차원에서 이에 대응할 때이죠. 그러므로 도적이며 험악한 무리들이고 반역자로 규정됩니다. 그러나 저들도 외적과 다른 이 나라의 백성이라고 보는 정도의 생각은 가지고 있었고, 그래서 과잉 대응을 하는 데 대해서는 반대를 합니다. 요즘보다는 훨씬 유화적이고 동포애도 엿보이는 것이죠. 그런데 민중의 기억 속에서 도리어 영웅적·신화적 인물로 살아남아서 전승됩니다. 그 전형적인 예를 홍길동에서 보게 돼요. 홍길동만 해도 실록을 보면 홍길동이 체포되었을 당시 조정에서는 삼정승이 모여 국가적 경사로 축하해 마지않았습니다. 이는 바로 그만큼 홍길동 사건이 비중이 컸음을 말해주는 것입니다. 뒤에 허균(許筠)이 『홍길동전』을 창작할 때는 문자적 기록에 의거하지 않고 민중의 구전에 의거해서 작품화했던 것 같습니다. 홍길동은 분명 체포되어 처형되었습니다. 그러나 원망을 홍길동에 붙였던 민중들은 그를 하나의 민중의 구원자로 추억하며 '활빈당 행수 홍길동'으로 새로운 형상을 만들었던 것입니다. 그래서 우리 영웅은 죽을 수 없으니까 처형당한 사실을 차치해 두고 율도국으로 가서 제삼의 세계를 건설하는 것으로 만듭니다. 그리고 가령 지금도 "저마다 홍길동이다."는 속담을 쓰고 있죠. 이것도 『홍길동전』이 읽혀져서라기보다는 홍길동의 이야기가 구전되는 과정에서 이런 속담까지 형성된 것입니다. 그럼 "저마다 홍길동이다."는 말의 의미가 무엇이냐 하면, 『홍길동전』을 보면 홍길동 자신의 초인 여덟 개를 만들어 팔도에 하나씩 보내는데 이들이 홍길동으로 활동합니다. 소설 속에서는 이처럼 신비화되어 있지만 사실은 홍길동부대가 실제로 전국 각처에 파견되어서 작전을 한 것입니다. 각처의 홍길동부대가 각기 홍길동을 자처하며 활동하니 그야말로 여기저기서 홍길동이 출현한 꼴이 되었습니다. 그것이 민담에서 홍길동이 마치 분신술을 한 것처럼 엮어져서 드디어 "저마다 홍길동이다"는 속담이 성립되었을 것입니다.

　반성완 : 홍길동은 허균에 의해서 문자로 정착되고 형상화되기도 했는데 임꺽정은 야사 같은 데서 문자로 정착된 기록이 있습니까?

　임형택 : 홍길동과 같이 통일적인 작품으로 형상화된 것은 없지만, 견문

기록이나 야담 등 단편적으로는 있습니다. 워낙 큰 사건이어서 실록에도 비교적 자세히 나와 있고 사료에도 종종 보입니다.

최원식 : 임꺽정 사건에 대해서 우리 역사학계에서는 아직 연구논문이 없는 것 같고 일인 학자 시택강우(矢澤康祐)가 쓴『임꺽정(林巨正)의 반란(反亂)과 그 사회적 배경』이 있는데 그 내용이 얼마나 사실과 부합되는 건지 살펴볼 필요가 있겠습니다. 그는 임꺽정부대가 서해 갈대밭을 중심으로 한 수공업자 및 농민·소상인의 연합부대라고 하고 있습니다. 임선생님께서는 주로 농민저항의 형태라고 말씀하셨는데 시택(矢澤)의 경우는 농민보다는 갈대밭을 중심으로 한 수공업자·소상인이 주류였다는 입장입니다.

임형택 : 우리 역사학계에서는 임꺽정 사건뿐만 아니라 군도 형태의 농민저항에 대해서는 별로 연구적 해명이 안 되어 있는 상태입니다. 임꺽정 사건의 성격을 실증적 방법으로 규정하기에는 어려운 점이 있어요. 시택(矢澤)이 수공업자와 연결시키는 것은 임꺽정부대의 중심인물 가운데 한 사람인 이춘동(李春同)이 대장장이로 나오기 때문인 것 같습니다. 그밖에 자료상으로는 임꺽정이 백정 출신이라는 것 외에는 나머지 사람들의 출신 배경을 전혀 알 수 없습니다. 그러므로 자료를 가지고 그 성격을 실증적으로 분석하는 것은 거의 불가능한 일입니다. 다만 제가 농민저항으로 규정하는 것은, 첫째 군도 형태에 속하며 그것은 역사적으로 볼 때 농민저항의 중세기 범세계사적 현상의 일환으로 파악되는 것이고, 둘째 당시 사관의 관점 역시 '모이면 도적, 흩어지면 백성'으로 보아 민(民)의 존재 형태로 인식했습니다. 이때 민란이란 다름 아닌 농민이 주류였기 때문입니다.

조선시대 군도 형태 농민저항의 지향은

염무웅 : 홍길동·임꺽정 등 군도 형태의 농민저항이 봉건왕조 체제와의 관련에서 갖는 성격은 어떤 것이었을까요. 그들이 봉건체제에 완전히 복속된 것도 아니고 그렇다고 체제 전반을 부정하고 나선 것도 아닐 텐데, 말하자면 그들이 지녔던 이데올로기의 역사적 성격은 어떻게 규정될 것이냐 하는 것이죠. 그리고 그들의 무장활동의 수준과 농민들을 비롯한 민중들과의

관련성도 좀더 구체적으로 밝혀져야 하리라고 봅니다.

임형택 : 그렇지요. 문제의 핵심입니다. 임꺽정측 입장에서의 기록은 전무하기 때문에 임꺽정의 지향이 어디에 있었던지 파악하기 어렵습니다. 다만 관변측의 자료를 역으로 유추해볼 수 있겠습니다. 홍길동의 경우도 그 사건을 담당한 곳이 의금부입니다. 의금부에서 처리했다는 사실은 말하자면 국사범으로 인색했음을 의미합니다. 그냥 강도가 아니라 체제적 문제로 느낀 것이죠. 임꺽정의 경우는 더욱 심각하게 받아들입니다. 물론 대부대로 전열을 갖추고 통치체제를 향해서 정면으로 공격해온 것은 아니었지만 당시 국왕은 적세가 워낙 대단하니까 적국과 같다면서 일종의 전쟁 사태로 인지합니다.

그래서 통치체제가 총력을 기울여서 대응했던 것입니다. 즉 임꺽정측에서 주관적으로 국가 전복의 의도가 있었는지 없었는지 알 수 없지만 대응하는 정부측에서는 국가적인 위기로 파악하고 있는 겁니다. 요컨대 객관적으로 체제 도전이었다고 보겠습니다.

최원식 : 그럼 임꺽정의 활빈활동은 어떠했습니까?

임형택 : 당시 자료에는 그런 활동에 대한 기록이 없는 것으로 압니다.

반성완 : 활빈활동이 없다는 것은 이 사건의 역사적 성격을 말해주는 하나의 중요한 단서가 되겠군요.

임형택 : 당시 기록뿐만 아니라 소설에서도 그런 대목은 별로 나오지 않습니다.

최원식 : 자료에서도 소설에서도 안 나타난 점에 미루어 임꺽정 사건이 봉건체제에 정면으로 도전한 농민저항이라고 보기는 어려운 점이 있을 것 같습니다. 그러니까 임꺽정이 단순한 도적은 아니었겠지만, 또 전봉준(全琫準)과 같은 그야말로 혁명가도 아니었다는 것입니다.

임형택 : 군도 형태를 민중운동사의 발전과정에서 어떻게 보느냐의 문제죠. 그들이 정치세력과 연결됐을 때는 혁명적인 색채를 띠게도 되겠지만 그렇지 않을 때는 명백히 자기 한계를 가졌다고 봅니다.

염무웅 : 홍경래(洪景來)의 경우는 어떻습니까?

임형택 : 홍경래는 성격이 다릅니다. 조선조 후기에도 군도 형태의 농민

저항은 지속되지만 다른 한편으로 새로운 형태의 저항이 일어나기 시작합니다. 군도란 농민들이 자기들의 생활기반을 벗어나서 싸우는 형태인데 그 틀에서 이탈하지 않고 생활기반을 고수하면서 생존을 위해 싸워나가는 형태, 곧 민란이 발발하는 겁니다. 이것의 가장 전형적인 사례가 1862년의 임술민란입니다. 임술민란에서는 각 지역마다 농민들이 결집해서 자기들의 주장을 정면으로 관에 제출하고 그것이 안 받아들여질 때 수령을 고을 밖으로 내몰거나 악질 아전이나 토호를 응징하게 됩니다. 이러한 움직임이 갑오농민전쟁으로 발전한 것입니다. 군도 형태도 국가적 지배체제로부터 이탈했다는 점에서 저항은 저항이고 또 집단적인 무장항쟁을 했다는 점에서 적극적 저항이며 국가적인 위기를 몰고 오기까지 했습니다. 그렇지만 그 저항방식 자체가 농민적이 아니고 이미 대중기반을 상실했으므로 곧 대변혁을 이루게 하기는 어렵습니다. 오히려 농민들이 자기의 생활터전을 고수하면서 생활상의 문제를 둘러싸고 결집되어, 그것이 지역적으로 확산되고 상호 연계되어 나갈 때 엄청난 혁명의 물결을 이루게 됩니다. 이러한 혁명의 물결은 조선조 후기 봉건사회 체제의 모순이 전반적으로 격화되어가는 것과 궤를 같이하여 일어나게 됩니다. 그러니 군도 형태는 민란 형태에 비해 역사적 의미에 있어서 부차적이며 민란을 양성하는 역할로 평가받을 것으로 생각됩니다.

임꺽정이 혁명가란 도식은 역사적 리얼리티를 결여

최원식 : 홉스바움은 그의 『의적의 사회사』에서 의적은 농민사회를 위한 강령을 제출하는 것이 아니라 농민사회를 탈출하기 위한 자기구제의 한 형태라고 했습니다. 그래서 의적은 단순한 행동자이지 사회조직이나 정치조직에 관해서 새로운 비전을 제공할 수 있는 혁명가는 아니라는 겁니다. 임꺽정의 경우도 조선 후기에 발전하게 되는 농민운동의 지도자라기보다는 의적의 최고 형태 가운데 하나라고 봐야 할 것 같습니다. 그런데 요즈음 『임꺽정』을 읽는 독자들이 이 점을 오해하고 있습니다. 임꺽정을 혁명가로 생각하고 책을 읽고서 왜 임꺽정이를 혁명가로 그리지 않았느냐는 겁니다.

그러나 그렇게 그리지 않은 홍명희의 필치야말로 가장 리얼한 것이라고 해야 하겠습니다.

임꺽정부대가 겨울에 토벌당하는데 마지막 구월산(九月山) 싸움에서 임꺽정의 최후가 어떻게 되었습니까?

임형택 :『임꺽정』은 미완성 작품으로 끝을 보지 못해서 아쉽고 끝이 대체 어떻게 될까 궁금합니다. 사실로써 임꺽정의 최후가 어떠했는지 이야기해 보죠.

현재 출간된 『임꺽정』의 마지막은 평산싸움입니다. 평산싸움의 시기는 실제 사실과 일치하는데 1560년 겨울, 평산싸움에서 관군이 무참히 당하고 나서 중앙에서 토포사를 파견하는 게 그 다음 해인 1561년 10월입니다. 관군은 본진을 재령에 두고 있었고 임꺽정은 마지막에 구월산성으로 들어갔는데 가장 정예의 심복만 따라갔다고 합니다. 관군은 포위망을 차츰 좁혀들어가서 부하들이 많이 투항하고 최후엔 5, 6명밖에 남지 않았습니다. 이들마저 관군의 유인에 넘어가 죽고(서림의 꾀임에 빠졌던 듯) 마지막으로 임꺽정만 탈출하여 살아남자 임꺽정을 붙잡기 위한 마지막 총력전을 벌이는데, 당시 기록을 보면 황주에서 해주 사이의 민정(民丁)들을 모두 동원하여 인성(人城)을 이루고 문화에서 재령까지 모든 집 한 채 움막 하나까지 샅샅이 수색하였지요. 임꺽정은 눈이 쌓인 겨울에 궁지에 몰려 더 이상 어쩔 도리가 없이 되었습니다. 그래 막판에 어느 촌가에 뛰어들었지요. 관군이 그 촌가로 접근해 오자 이번에는 그 집 노파를 죽인다고 협박해서 "도적이야." 하고 외치며 문 밖으로 뛰쳐나가게 합니다. 이때 임꺽정이 군인 복색으로 변장을 하고 칼을 뽑아들고 그 노파의 뒤를 쫓아나오며 "도적이 이미 도망쳤다."고 하니 아무도 그가 도적 대장인 줄 몰랐다는 겁니다. 한참 어수선한 판에 임꺽정은 한 군사의 말을 빼앗아 타고 관군 속에 뒤섞여 있었습니다. 이런 중에 한 사람이 전열에서 벗어나 산모롱이를 돌아서며 "갑자기 몸이 아파서 좀 누워야겠다."고 말하니 다른 사람이 "아프다고 진에서 이탈한단 말이냐? 수상한 놈이다." 하고 그를 추격하는데 이때 서림(徐林)이 멀리서 보고 "저게 임꺽정이다."고 지시하여, 임꺽정은 마침내 집중사격을 받고 어지러운 화살에 쓰러지고 말았습니다. 그의 마지막 투쟁은 참으로 치열하고 마지막 죽음은 아주 처절하죠.

　최원식 : 그럼 의금부에 잡혀서 처단되는 기록도 없겠네요. 현장에서 즉결처분된 셈이군요. 홍길동은 의금부에 잡혀 취조받은 내용이 있다는데…….

　임형택 : 홍길동의 경우도 의금부에서 취조받은 데 관한 기록은 남은 것이 없습니다. 다른 언급은 없고 다만 임꺽정을 처형했다는 기록만 보입니다.

　반성완 : 일본 학자 시택(矢澤)이 쓴 논문에서 임꺽정부대의 주류가 농민뿐만 아니라 그 지방의 수공업자와 소상인들이라고 했는데 그것이 당시의 사회경제적 상황을 토대로 한 실증적 데이터에 근거한 것입니까?

　최원식 : 실증적인 자료에 근거했다기보다는 잡기 중에 임꺽정부대가 임진나루에서 상인으로 변복하고 배 안에 들어와 병장기를 꺼내서 도적질을 하는 장면이 나오는데 이것은 상인으로 변장한 것이 아니라 상업적 활동과 긴밀한 연관관계를 갖고 있었던 것이라고 추측함으로써 나온 결론이지요.

　반성완 : 작품에서도 이와 비슷한 장면이 나오지요?

　임형택 : 작품에선 봉산군수로 부임하는 윤지숙을 복수하기 위한 작전으로 임꺽정부대가 일시 상인으로 위장한 걸로 꾸며져 있지요.

　최원식 : 임꺽정부대에서 상인은 소금장수 길막봉이뿐입니다.

　임형택 : 임꺽정 집단 내부에는 상인 출신이 미약하지요. 다만 개성이나 금교역말 서울의 상인들과도 연계가 있었던 것으로 작품은 그리고 있습니다. 문제는 상인·수공업자가 당시 얼마만큼 주체적 역할을 담당할 수 있었는가입니다. 임꺽정 시대에 상인·수공업자가 운동의 중심이 되었다고 하는 것은 제 생각으로는 좀 무리한 견해 같습니다. 시기상조가 아닐까요.

　반성완 : 그건 아마 일본 역사에 나타나는 상인계급의 등장, 상업활동의 활성화를 유추해서 적용시킨 데서 나타난 견해가 아닐까요. 그런데 재미있는 것은 이 시기에 유럽과 러시아 같은 곳에서도 농민반란이 대규모로 일어난다는 것입니다. 우리가 익히 알고 있는 독일 농민반란도 시기적으로는 16세기 초인 이때입니다.

　임형택 : 임꺽정의 반란 역시 세계사적 현상인 농민저항의 한 형태로 봐야겠지요.

역사소설로서 『홍길동전』과 『임꺽정』의 공통성과 차별성

최원식 : 『임꺽정』은 근대 역사소설인데 이 소설이 나오게 되기까지 우리나라에 있어 역사소설의 전통과 더 위로 올라가 의적 모티브로 이루어진 『홍길동전』과의 관계를 논의해봤으면 합니다. 우선 『홍길동전』과 『임꺽정』은 어떤 공통성과 차별성을 갖고 있는가를 살펴보도록 하지요.

임형택 : 우리 문학사에서 역사소설이 하나의 장르로서 뚜렷하게 확립된 것은 신문학 이후지요. 가령 소재적으로 유사성이 있는 『홍길동전』의 경우 16세기 초의 농민저항을 소재로 하여 17세기 초에 허균이라는 작가에 의해서 작품화되었습니다. 그 경우 『홍길동전』을 역사소설로 규정할 수 있느냐가 문제가 됩니다. 역사적 사실을 소재로 했다는 점에서 일단 역사소설이라고 부를 수도 있겠습니다만 그러기에는 몇가지 문제점이 있습니다.

우선 역사소설이라고 한다면 상당 부분이 구체적인 역사사실과 합치해야 합니다. 그런데 『홍길동』의 경우는 거리가 있습니다. 우선 시간 배경을 보더라도 실제 사실은 연산군 때인데 작품에서는 세종 때로 하고 있고 또 역사적 사실로서의 홍길동과 아주 다르게 꾸며져 있습니다. 앞서 언급한 대로 체포되어 처형되는 홍길동이 작품에서는 율도국으로 가서 유토피아를 건설한다든지 홍길동이 국왕과 회담하는 장면이라든지 하는 내용은 역사소설적인 허구를 넘어선 것이죠. 동양의 전통적인 역사소설의 개념에 걸맞지 않은 것입니다. 그러면 허균은 왜 작품에서 얼토당토않은 조작을 감행했는가? 왜 시대를 연산군 때로 하지 않고 세종 때로 했는가에 대해서 간단하게 설명하기는 어렵습니다. 추정해 본다면, 작품에서는 처음부터 끝까지 홍길동은 국왕의 권위를 수긍하고 우리의 훌륭한 임금으로 생각하고 있는데 연산군 때를 시대 배경으로 했을 때는 아주 곤란하게 됩니다. 이 점은 좀전에 이야기했던 농민저항의 성격 문제와도 관련이 있는데, 임금은 어디까지나 훌륭한 임금이며 세상이 잘못된 것은 오직 탐관오리 때문이라고 믿었던 겁니다. 그런 관점에서 이야기를 만들려고 하니까 연산군은 안 되겠고 성군으로 손꼽히는 세종 때로 하는 편이 가장 무난하지 않았을까 생각됩니다. 그리고 앞에서도 말이 나왔습니다만 율도국의 설정은 민중의 뇌리에서 나온 것이지요. 실제의 홍길동은 죽었지만 민중들의 의식 속에서 그네들의 소망을 대변한 존재로 형상화된 영웅은 죽을 리가 없다, 즉 스스로 패배를 인정하면 환멸하고 절망하게 마련인데 좌절하지 않은 전투정신이 죽은 홍길동을 살려서 제3국으로 가는 것으로 변용시키지 않았나 하는 거죠.

홍경래의 경우, 홍경래도 마지막 정주성이 함락될 때 죽은 것이 사실인데 민간의 이야기에는 그는 결코 죽지 않고 어딘가 살아 있다는 겁니다.

소설이 홍길동이란 영웅 형상을 신출귀몰한 그야말로 초능력을 부리는 것처럼 묘사한 것도 이런 소박한 민중의식과 깊이 관련됩니다. 요컨대 역사사실에서 취재는 했지만 이야기는 사실의 구체성이 아니고 추상으로 나타났고, 다분히 신비적인 요소를 전면에 깔아 진정한 의미의 역사소설과는 달리 규정해야 할 것입니다. 굳이 규정하자면 낭만적인 경향이 농후한 작품이 되었지요.

구성상으로 보더라도 홍길동 자신이 활빈당에 입당함으로써 적극적인 활동을 벌일 수 있었지요. 그러니 활빈당이란 집단 속에서 힘이 나온 것인데 작품에서는 활빈당의 내부에 전혀 시선을 주지 않고 오직 홍길동 일인의 영웅적·신비적 행동으로 일관되어 있을 뿐입니다. 활빈당투쟁은 홍길동이란 한 영웅 형상 안에 집약되어 있는 것입니다. 때문에 소설 자체도 낭만적 영웅설화로 각색이 되어 일대기적 구성을 취할 수밖에 없었지요.

반성완 : 그것은 바꾸어 말하면, 단순히 역사적인 테마나 모티브를 가지고 소설을 썼다고 다 역사소설이 아니라는 것이지요. 그래서 『홍길동전』의 경우는 엄격한 의미에서의 근대적 역사소설이라고 보기는 어렵습니다. 근대적 역사소설이 생겨나기 위해서는 일정한 역사의식과 민중의식이 형성되어야 하고 또 이를 리얼리즘적 시각으로 그려내는 작가의식이 성숙해야겠지요.

최원식 : 『홍길동전』을 낭만적이라고 하셨는데 바로 그 점이 이 작품의 한계이면서 또 『임꺽정』과 대비할 때 리얼리즘의 한 전사(前史)가 되고 있다고 봅니다. 임선생님께서 말씀하신 바와 같이 『홍길동전』에서는 국왕의 권위에 대해서는 도전하지 않고 있으며 그 시대적 배경이 세종 때로 되어 있습니다. 성군이 있었는데도 홍길동과 같은 큰 도적이 있었다는 것 자체는 봉건체제의 모순이 심각하다는 것을 역으로 보여줍니다. 그런데 『임꺽정』

에서는 왕에 대한 충성 같은 것은 전혀 없습니다. 그럼에도『홍길동전』에서는 홍길동의 형상화가 훨씬 적극적으로 되어 있고 율도국을 내세워 민중들의 유토피아 사상을 보여주고 있는 점에 주목해본다면『홍길동전』이『임꺽정』보다 오히려 적극적인 면이 강합니다.

임형택 : 말하자면 민중적 승리를, 작품은 제시하고 있는 셈이지요.

반성완 : 이러한 작품에 나타나는 유토피즘은 민중적 승리와 같은 역사적 비전을 선취해서 제시한다는 면도 있지만, 다른 한편에서는 당시의 역사적 상황이 지니는 한계나 민중적 역량의 한계를 관념적·낭만적으로 처리한 점도 있지요.

최원식 : 그럼에도 불구하고『임꺽정』을 보다 근대적 역사소설이라고 하는 것은 의적이 갖고 있는 사회적 조건이 농민전쟁의 지도자로서가 아니라 하나의 의적에 머무르고 있다는 점을 잘 묘사하고 있다는 점 때문일 것입니다. 그래서『홍길동전』이 낭만적이라는 지적은 정확한 지적인 것 같고 그런 의미에서『임꺽정』의 리얼리즘과 더욱 대비가 됩니다.

반성완 : 그런 비교는 근대적 역사소설이 생겨나기 전의 로빈훗 이야기에도 적용될 수 있을 것 같습니다. 로빈훗 이야기가『홍길동전』과 어느 정도 대비가 되는지 모르겠습니다만, 활빈적 요소가 많고 또 유토피아적인 요소가 많다는 것은 바꾸어 말하면 저항하는 세력, 즉 민중의 의식이나 역량이랄까 하는 것이 아직도 미흡하다는 것을 말해주는 것이라고 할 수 있습니다.

염무웅 :『홍길동전』을 그 시대의 다른 공상적인 소설들과 비교해 보면 근대 리얼리즘적 기법으로 홍길동의 생애와 투쟁을 묘사하진 않았지만 분명히 역사적 근거를 가지고 있는 작품이고, 또 한 시대의 사건과 인간을 역사과정의 일환으로 파악하려는 적극적 의식이 내재된 작품입니다. 따라서 근대적 의미의 역사소설은 아니지만 역사소설의 전단계적인 특징을 갖고 있다고 봐야 할 것 같습니다.

임형택 : 물론 중요한 역사적 사실에 작품의 근거를 두었던 것은 크게 의미를 갖는 일이며 역사소설의 출발로서 마땅히 주목해야 하겠죠.『홍길동전』이후『임진록』이 있는데 이 역시『홍길동전』과 유사한 성격이라고 봅

니다. 여기서 한가지 유의할 대목은 중국을 배경으로 한 소설들입니다. 가령『창선감의록』은 17세기 말에 창작된 소설인데 16세기 중엽의 명나라 역사에 근거를 둔 것입니다. 중국 배경의 소설들에 대해서 지금까지는 으레 사대주의적 발상에서 나온 것으로 현실성을 전혀 띠지 못한 것으로 치고 있습니다. 그렇게 지탄해서 안 된다는 말은 아닙니다. 다만 싸잡아 넘겨버리지 말고 따질 건 따져봐야 된다는 생각이죠. 시공이 남의 땅의 과거라 하더라도 실은 체제면에서 기본적으로 상통하는 세계이며 현실성이 투영된 경우도 없지 않다는 겁니다. 비록 중국 이야기이지만 여기서 우리의 양반가문을 발견하게도 되고 당쟁으로 엎치락뒤치락하는 이쪽 조정의 상황이 투영된 모습을 느끼기도 합니다. 이 역시 본격적인 역사소설이라고 볼 수는 없지만 근대 역사소설의 전단계로서의 우리 문학사의 발달과정으로 일정하게 평가할 필요가 있습니다. 즉『홍길동전』에서는 낭만적·신비적으로 착색되어 있는 데 비해서 여기 와서는 세계 인식이 보다 더 구체화되고 합리성의 기반을 확대해서 그런 만큼 기법도 보다 현실주의로 진일보한 면을 볼 수 있지요.

애국계몽기 전기소설과 이해조의 작품들이『임꺽정』에의 징검다리

최원식 : 근대 역사소설의 전단계로서 또 하나 애국계몽기에 나온 일련의 역사전기소설도 주목해야 될 것 같습니다. 신채호의『을지문덕』『이순신전』『최도통전』, 우기선의『강감찬전』, 박은식의『천개소문전』등등 이들은 본격소설이라고 할 수는 없지만 외세를 물리쳤던 민족영웅의 전기체소설로서 애국계몽기에 등장합니다. 이 작품들을 비판한다면『홍길동전』으로부터 일정하게 후퇴하여 위인전의 수준으로 떨어졌다는 점입니다. 그러면 왜 애국계몽기의 역사전기가 구한말의 민족적 위기 속에서 날카롭게 깨어 있던 역사의식에 뒷받침되어 있으면서도 위인전 수준에 머물렀는가? 루카치가 이야기한 바 역사가 상층부터 하층에 이르기까지 빈틈없이 삼투되는 역사의식의 민중화까지는 아직 도달하지 못했던 것이 애국계몽기의 역사의식이었습니다. 민족운동이 개명한 양반층에 의해 주도되었던 당시에 있어서 민중

들은 이것이 우리 역사다라는 인식에까지 이르지 못했던 사정이 거기에 반영되어 나타난 것으로 저는 봅니다.

한편 애국계몽기의 치열했던 민족의식이 후퇴한 시기인 1910년대에 이해조의 『홍장군전』 『한씨보응록』이라는 작품이 나오는데 이것은 1918년에 나온 것으로 모두 세조정변의 일등공신들을 소재로 한 것입니다. 『홍장군전』은 홍윤성을, 『한씨보응록』은 한명회를 다루고 있어요.

세조 쿠데타는 조선왕조의 지식인 사회에 최초의 전반적 충격이었습니다. 임형택 선생님은 「조선 전기 한문학」에서 체제의 바깥으로 떨어져나간 방외인문학의 범주를 설정하셨는데, 방외인문학이 세조정변을 획기로 해서 나타납니다. 김시습의 『금오신화』, 남효온의 『육신전』, 임제의 『원생몽유록』 등이 모두 그렇습니다. 우리나라에서는 세조정변이 그 현실적인 정치적 역학이 어떠했든간에 문학사에서는 명분론적으로 철저한 비판의 대상이 되어왔습니다. 세조의 공신을 다룬 이해조의 두 편의 역사소설은 그의 민족의식의 일정한 후퇴의 산물로서 나온 것이 분명합니다만 한가지 흥미로운 것은 홍윤성이나 한명회란 인물을, 나아가서는 세조정변을 유교적 명분론으로 재단한 것이 아니라 권력을 향해 질주하는 인간의 갈등과 투쟁이라는 관점에서 바라보고 있습니다. 그리하여 정변의 필연성이, 불충분하긴 하지만 역사적 필연성의 문제가 처음으로 제기되고 있습니다. 바로 이 점이, 애국계몽기의 영웅주의 사상에 입각한 위인전 수준의 역사소설이 3·1 운동 이후 근대 역사소설로 발전되는 징검다리 역할을 했던 것 같습니다.

그리고 또 하나 『홍장군전』 『한씨보응록』에는 『수호지』와 유사한 내용이 대거 삽입되어 있습니다. 『홍장군전』의 전반부는 거의 무송과 무대의 이야기가 번안되어 채워져 있습니다. 『한씨보응록』에서는 낙척시절 한명회가 전국을 돌아다니면서 8명의 영웅들과 결의하는 장면이 나옵니다. 그중 하나가 강릉에서 8장수와 술을 먹다 거간 주인 최치운을 엎는 장면이 나오는데 이것은 『수호지』에서 송강과 이규가 강변에서 술을 먹다가 이규가 거간 주인 장순에게 혼나는 장면을 그대로 따온 것임을 쉽게 알 수 있습니다. 결국 이 작품들은 『수호지』와 우리나라 역사소설이 연관을 맺는 징검다리의

역할도 하고 있음을 볼 수 있어요. 『임꺽정』은 『수호지』 모델의 한 선구가
됩니다. 결론적으로 한국 근대 역사소설은 『홍길동전』을 모계로 하고 민족
의식에 바탕한 애국계몽기의 영웅전기를 징검다리로 하면서 이해조의 역사
적 필연성에 대한 문제제기를 거친 가운데 3·1 운동 이후 본격적으로 등
장하는 것입니다.

　반성완 선생님께서 루카치의 역사소설론에 입각하여 20년대 한국 근대
역사소설의 출현을 3·1 운동을 통한 민중적·민족적 역사의식의 심화과정
과 깊은 관련이 있는 것으로 말씀하셨는데, 그것은 3·1 운동에 의해서 우
리나라의 민중적인 역사의식이 그 구체적인 모습을 드러낸다는 것과 관련
이 있다고 봅니다. 앞에서 『임꺽정』을 신간회와만 연관시켜 이야기했는데,
신간회의 경험보다는 더 근원적으로 3·1 운동의 역사적 체험과의 관련 속
에서도 살펴야 할 것 같습니다. 3·1 운동에 의해서 민중이 우리 역사 창조
의 주체라는 자각이 비로소 확립되었기 때문입니다.

　염무웅 : 저는 최선생님께서 말씀하신 내용의 작품들을 거의 읽지를 못했
는데 방금 얘기하는 것을 들으면서 이런 생각이 듭니다. 애국계몽기 작품들
은 과거 구국영웅들을 중심으로 한 것으로서 소설적으로는 아주 미숙하고
전기의 수준으로 후퇴한 것이지만 의식에 있어서는 민족적 감정을 불어넣
으려는 것이었다. 그에 비해 이해조의 작품은 그런 측면이 없어지고 권력을
향한 적나라한 투쟁을 소설로서 실감 있게 그리고 있다. 그런 점에서 근대
역사소설로의 교량 역할을 했다는 지적인데요. 그렇다면 그것은 우리나라
의 국권이 일제에 의해 강점되고 정의니 민족이니 하는 것이 모두 허무하
게 보이는 시대의 리얼리즘이 아닌가 생각된다는 겁니다. 다시 말해 그것은
민족적인 이념이 파산한 모습으로서의 도착된 현실주의, 즉 허무주의가 아
니겠는가 합니다.

　최원식 : 그렇습니다. 이해조는 애국계몽기의 열렬한 계몽주의자로서 대
한제국의 멸망으로 심각한 고민을 안게 됩니다. 그 당시 택할 수 있는 길은
몇가지가 있었는데 그것은 자결하느냐, 망명하느냐, 그렇지 않으면 국내에
남아서 지하운동을 전개하느냐의 세 가지였습니다. 그 가운데 어떤 길도 택
할 수 없었던 그로서는 결국 요즈음 말로 참여하여 개혁의 길을 걷게 됩니

다. 그러면서 세조정변에 대한 그때까지의 지식인사회의 평가를 역전시키는 데 자신의 역사적 허무주의에서 본 리얼리즘이 깔려 있는 거죠. 즉 애국계몽기의 낭만주의가 패배하는 모습을 바라보면서 현실 또는 권력의 실체를 본 것입니다. 이것은 적극적인 것은 아니지만 물론 타협의 논리인데 그러면서도 거기에서 성취한 부분은 있다, 즉 애국계몽기의 영웅주의로서는 도저히 새로운 민족운동이 이루어질 수 없다는 인식이 그것입니다. 그런 의미에서 일정한 의의를 갖는 것으로 생각됩니다.

반성완 : 그러니까 애국계몽운동의 좌절로 인해 방황과 허무주의를 깔고 냉엄한 현실에 대한 인식이 심화되면서, 결정적으로 3·1 운동을 전기로 하여 이해조식의 역사적 허무주의가 극복되어 민족주의에 대한 새로운 자긍심과 의식이 고취됨과 동시에 이해조에게서 나타났던 냉엄한 현실에 대한 인식 또한 심화되었다고 봐야겠지요.

이 점을 루카치와 결부시켜 생각해본다면, 루카치는 불란서혁명과 불란서혁명이 가져다 준 나폴레옹 전쟁이, 민중이 역사의 주체가 될 수 있다는 것을 맨처음 일깨워준 결정적인 계기였다고 합니다. 그래서 서구에서 최초의 근대적 역사소설이 이 시기를 전후해서 월트 스코트 같은 사람에게서부터 나오기 시작했다고 이야기하고 있습니다. 3·1 운동을 전후한 시기의 역사적 소설이 어떤 성격을 띠었든간에 본격화하기 시작했다는 것은 이 시기의 역사적 상황과 관련이 있다고 생각됩니다.

3·1 운동은 근대 역사소설 성립에 결정적 계기

임형택 : 3·1 운동은 문학혁명의 결정적 계기를 마련한 것이지요. 신문학운동이 3·1 운동 이후 일어난 것은 결코 우연이 아닙니다. 신문학운동이 민족현실을 발견하면서 사회적 내용을 확보하고 전환을 하게 되는데 문학사적으로 말하면 신문학의 전개과정이 『임꺽정』에서 성장한 셈입니다.

반성완 : 그리고 신간회 성립과 더불어 민족적 역량에 대한 자신감이 동시에 작용한 것이 아닌가 생각합니다. 이것은 앞에서 이야기했던 벽초의 사상적 편력, 그리고 그의 개인사적인 체험과 서로 맞아떨어지는 대목이 아닌

가 생각됩니다.

최원식 : 그런데 이해조가 꼭 권력만을 그린 것은 아닙니다. 사육신을 보는 눈에서도 상당한 균형감각을 갖고 있습니다. 『한씨보응록』에 성삼문이 아주 고민하는 대목이 있습니다. 성삼문의 친구 문종렬이가 중앙정계에서 권력암투가 심하다는 말을 듣고 상경(上京)하여 성삼문에게 자네 목숨이 경각에 달려 있으니 나와 함께 시골로 내려가자고 하니까, 성삼문이 내가 다 안다, 그러나 지금 내가 어찌 몸을 빼서 떠나겠느냐고 합니다. 그리고 성삼문이 죽는 대목이 아주 비장하게 그려지고 있어요. 또 『홍장군전』에서는 안평대군이 죽자 모란이라는 기생이 와서 장사지내 주는 대목이 나오는데 강화도 쪽으로 석양이 떨어지는 장면이 아주 절묘해요. 그러고 보면 이해조란 사람이 참 복잡하고, 뭔가 고민을 많이 해본 사람 같아요. 그런 점에서 『임꺽정』은 한편으로 『홍길동전』이나 애국계몽기의 역사전기소설이 갖고 있는 낭만주의·영웅주의 또는 민족의식들과, 이해조에게서 나타나는 현실주의를 하나로 통일한 소설입니다. 이해조의 소설에서 처음으로 상층 지배층이 그렇게 간단치 않다, 권력이 왜 그처럼 폭력적인가, 권력을 향해서 왜 그처럼 싸우지 않으면 안 되는가, 권력이 왜 그처럼 필연적으로 지배적일 수밖에 없는가에 대한 이해가 나오는데 『임꺽정』의 처음 세 편에 얼마나 그것이 적나라하게 잘 표현되고 있습니까. 『임꺽정』 전사에 나오는 이와 같은 여러 경향들을 3·1운동을 통과한 『임꺽정』 하나로 통일시킴으로써 『임꺽정』은 우리나라 근대 역사소설의 진정한 출발이며 기념비적인 업적이 되었습니다.

이와 같은 내재적 원천과 함께 『임꺽정』을 이야기할 때 제일 중요한 외재적 원천인 『수호지』에 대한 논의가 필요합니다.

『임꺽정』 전개방식의 연원은

임형택 : 작가 자신이 처음부터 『수호지』를 하나의 모델로 염두에 두었다는 술회도 나오죠. 그리고 『임꺽정』을 읽어보면 구체적으로 『수호지』에서 영향 받았음직한 대목들을 지적해낼 수 있죠. 예컨대 서림이 평양감사의 진

상 봉물 터는 장면과 같은 이런 부분적인 측면보다 전체적으로 작품의 구성 방식에서 수호지적인 수법이 응용된 측면을 저는 주목하고 싶습니다. 『임꺽정』은 굉장히 긴 스토리로 엮어지는데 거기에 이야기의 핵이 있고 그 핵은 인물입니다. 즉 한 중심인물로 이야기가 쭉 펼쳐지다가 대충 마무리지어갈 때 새로운 인물이 등장을 하고 그러면서 이야기의 핵이 바뀌며 새로운 인물을 중심으로 다시 이야기가 엮어지는 것이다. 그러므로 부분을 적절히 떼어내면 그런 대로 독립된 작품으로 보입니다. 『임꺽정』이 앞의 3부나 빼놓고 중간부터 불쑥 찍어 내놓아 별 무리없이 독자에게 받아들여졌던 것은 이런 구성수법의 특징 때문이 아니었던가 합니다.

　『수호지』에 앞서 사마천(司馬遷)의 『사기(史記)』까지 말이 올라가야겠습니다. 『사기』는 흔히 알려진 대로 역사서술에 있어 기전체(紀傳體)의 전범이 되었습니다. 편년체가 시간에 사건을 연결시켜 나가는 방식인 데 대해 기전체는 '이인계사(以人繫事)' 즉 인간에다 사건을 연계시켜 서술하는 방식 아닙니까?

　말하자면 인간의 주체성이 고도로 강조된 인간 본위의 역사인식이죠. 인간 중심의 역사 서술방식이 『사기』에서 고전적으로 탁월하게 완성이 되어 문학과 역사에 지대한 영향을 끼쳤던 것은 물론입니다. 후세에 광범하게 이루어진 '역사의 소설화'는 이미 『사기』에서 충분히 기반을 다져놓았다고 할 수 있죠. 한편 중국이 세계문학에서 유례를 찾아볼 수 없을 만큼 조기에 소설이, 그것도 거작이 발달할 수 있었던 이면에는 무엇보다 '설화인(說話人)'의 역할이 컸지요.

　설화인이란 다름아닌 이야기꾼입니다. 청중 앞에서 이야기를 재미나게 구연(口演)하는 전문적인 설화인들이 이미 송(宋)대에 도시를 배경으로 활동하여 제법 성황을 이루게 됩니다. 이들에 의한 구두 창작이 오랜 세월의 적층을 거쳐 집성된 것이 유명한 『삼국지』『수호지』『서유기』 이런 것들입니다. 서구에서 근대소설이 19세기에 와서 성립된 데 비해 동양에서는 이미 14, 5세기에 거대한 장편소설이 출현했던 거죠. 그런데 가령 『수호지』의 경우 맨처음 임충이 등장하고 그가 한참 활동을 하다가 중심인물이 다른 사람으로 바뀝니다. 부분부분이 독자성을 가지면서 꼬리에 꼬리를 물어 전체가 하나로 꿰어지는 방식입니다. 그 한부분은『사기』의 열전을 방불케 합니다. 말하자면 '임충전' '사진전' 이런 식으로 분리시켜도 과히 무리하지 않을 지경이죠. 이런 특징은 실은 설화인의 이야기 방식과도 관련이 깊죠. 한자리에서 기나긴 이야기를 한정없이 할 수 없을 테니까 대개 어느 한대목을 잘라서 하게 되죠. 어느 자리서 어떤 대목을 하다가 그 이야기를 마무리짓는 곳은 다음이 궁금하게 만듭니다. 요즘 신문 연재처럼(웃음) 이른바 장회(章回)로 자연스럽게 구분이 됩니다. 하여튼『임꺽정』은 이러한 수호지적 수법과 상통하고 있습니다.

　반성완 : 그 점은 그간 우리나라 문학연구에서 가장 소홀했던 부분인 것 같습니다. 흔히 소설이라는 장르를 이야기할 때 일단 서구에서 발달된 소설의 모델이나 이론을 전범으로 삼게 되고 동양문화권에서 중요한 역할을 해왔던 소설의 전통에 대해서는 별로 고려하지 않았던 것이 아닌가 하는 생각이 듭니다. 우리의 경우 근대소설이 발달하기 이전 단계에서는 소설적 체험이란 것이 상당 부분『삼국지』나『수호지』에 의존했던 것이 아니었던가 합니다. 그래서 이번 기회에『삼국지』나『수호지』 등이 언제부터 우리나라에 전해졌으며 또 어떤 식으로 수용되어 우리나라 소설사에 영향을 미쳤는지를 간단히 살펴봤으면 합니다.

　임형택 :『수호지』도 진작 들어와서 읽혀졌을 것으로 봅니다. 그 증거의 하나로 허균 주변의 인물들이『수호지』 주인공들의 별호를 따서 자기네들의 칭호를 삼았다는 기록이 남아 있죠. 그러나 자세한 것은 알 수 없습니다.『삼국지』는 선조 연간에는 벌써 들어와 있었습니다. 선조가 하는 말 가운데『삼국지연의』의 어느 사건이 들어가 있는 것을 지적해서 기대승(奇大升)이 연의소설 같은 것은 읽지 말고 정사를 읽어야 한다고 충고한 사실이 나와 있습니다.

　그 이후에 어느 정도 읽혔는지에 대해서 통계적으로 밝힐 수는 없지만 대단히 폭넓게 읽혀졌던 건 사실인 것 같습니다. 아직도 어린 소년들에게까지 가장 재미나게 읽혀지는 소설의 하나로『삼국지』가 꼽히는 것 아닙니까? 이조시대에 한문본『삼국지』는 상업적인 출판으로 완질이 누차 간행되었는데 우리말의 번역은 아주 축약된 형태로 간행되었습니다. 그중에서 매우 흥미로운 사실은 판소리소설에 「화용도」가 있습니다. 「적벽가」라고도 하는 것이죠. 이것은 『삼국지』의 이야기를 적벽대전을 중심으로 압축한 것인데 광대들에 의해 완전히 재창작된 것입니다. 방대한 『삼국지』를 아무리 샅샅이 찾아봐도 병정들이 뭘 생각하고 뭘 이야기했는지 전혀 안 비치는데, 이 『적벽가』를 보면 병정들 하나하나가 저마다 신세 한탄하는 장면이 나옵니다. 적벽대전이란 대드라마에 자의건 타의건 등장해 있는 병정들 각 개인의 입장과 인생이 그들 자신의 목소리로 그려진 것이죠.

최원식 : 그러니까 「화용도」, 즉 「적벽가」는 『삼국지』의 단순 번역이 아니라 『삼국지』에 대한 민중적 재해석인 셈입니다.

반성완 : 우리의 생활, 우리의 상황에 맞추어 새로 창작한 것이군요.

임형택 : 적벽대전의 민중적 해석이며, 새로운 창작이라고 보아 당연하죠.

염무웅 : 『임꺽정』이 그 작품구성에서 『수호지』의 틀을 빌려왔고 또 몇몇 장면이나 인물에서, 예컨대 진상봉물 터는 장면이라든가 걸음 빠른 주인공을 등장시킨다든가 하는 것은 『수호지』와 연관성이 있습니다만, 그러나 『임꺽정』 전편에 걸쳐서라기보다는 의형제편과 화적편에서 주로 그런 것 같습니다. 봉단편·피장편·양반편으로 이어지는 전반부는 『수호지』와 전혀 다릅니다. 물론 『삼국지』와도 다르지요. 그래서 저는 이렇게 생각해봤습니다. 벽초가 처음 『임꺽정』을 연재하기 시작할 때 염두에 둔 것은 근대적인 역사소설이라기보다 조선 중기의 역사를 연의체로 푸는 것이었고, 그러다가 의형제편을 쓰면서 『수호지』를 구체적인 모델로 설정하게 된 것이 아닌가 하는 겁니다. 분명히 벽초의 『임꺽정』은 전반부와 후반부가 여러 모로 매우 다릅니다. 그가 후반부만을 단행본으로 간행한 것은 결코 단순한 결정이 아니었고, 전반부도 기회가 오면 좀더 소설적으로 형상화하기 위해 일단 보류해둔 것이 아니었나 짐작됩니다.

『임꺽정』의 전체 구도는 야담의 전통에서

임형택 : 그 점에 대해 저는 이렇게 생각합니다. 『임꺽정』이 『수호지』에서 기본적인 구성수법을 배워왔다고 하지만 지금 염선생님 지적처럼 모두 그

렇게 설명할 수는 없다고 봅니다. 그러면 『임꺽정』 전체의 구도는 어디에서 왔느냐? 저는 그것을 일차적으로 우리나라 야담(野談)의 전통에서 찾고자 합니다. 벽초 자신도 어떤 자리에서 조선 초기부터의 중요한 역사사실을 가지고 단편을 만들어 그것을 엮으면 역사소설로서는 어떨지 모르지만 '소설형식'의 역사가 될 것이라고 말했었지요. 말하자면 한 시대의 대드라마를 이야기 형식으로 구성해보려는 생각을 가지고 있었던 것 같습니다. 그러다 나중에 16세기로 범위를 축소시킨 것이 『임꺽정』으로 나온 것이지요.

우리 문학사에서 야담의 전통은 매우 주목해야 할 것입니다. 저는 이조 후기에 이야기가 행해진 방식을 몇가지 유형으로 구분하여 파악해본 바 있었는데 하나는 북장단에 맞추어 이야기에 창(唱)을 곁들여가는 방식으로 판소리가 그것입니다. 다른 하나는 담화조로 하는 이야기의 방식으로 사랑방 같은 데서 벌어지는 이야기판이 그것인데 그중에 제법 전문화된 이야기꾼도 출현하였지요. 또 하나는 이야기책, 즉 소설책을 낭송하는 형태인데 이 역시 전기수(傳奇叟)라고 해서 시가(市街)에서 청중을 모아놓고 연행을 하는 경우도 있었습니다. 『임꺽정』과 관련이 깊은 것은 두번째로 든 이야기의 방식인데 이러한 이야기 방식으로부터 야담이 발달하게 됩니다. 저는 이런 이야기꾼을 다른 두 가지 형태와 구분짓기 위해서 강담사(講談師)라고 이름붙여 보았습니다. 중국의 설화인에 해당하는 것이죠. 강담사의 이야기 형태는 전문성이 부족한 대신 적응력이 좋았던 듯합니다.

사람들이 모여 있는 자리, 양반의 사랑방이건 점방이건 봉노건 어디든지 언제든지 사람만 둘러앉았으면 이야기꽃을 피울 수 있기 때문이지요. 또 그것을 담당했던 층 역시 한정되어 있었던 것은 아니었던 것 같습니다. 대개 중간의 어정쩡한 층들, 그러니까 대가집도 출입하고 시정도 드나들면서 지배층 내부에서 일어나는 이야기를 물어다가 서민들 편에 들려주고 시정과 사회 저변에서 발생한 이야기를 가져다가 저편에 전해주는, 그래서 이들의 이야기의 폭, 바꾸어 말하면 문학세계는 대단히 넓고 풍부했습니다.

반성완: 그러니까 그게 계층간의 커뮤니케이션의 역할을 한 셈이군요. 커뮤니케이션의 매개역할을 하다보니까 이야기하는 소재도 확대되고 기법도 다양화되었겠군요.

임형택 : 그렇습니다. 그런데 다음에 이야기가 기록화의 과정을 거치게 됩니다. 구두의 이야기가 문자로 옮겨진 것을 중국에서는 화본(話本)이라고 하는데 우리나라에서도 그런 과정이 지속적으로 여러 사람들에 의해 이루어집니다. 그래서 '야담(野談)'이란 양식이 성립됩니다. 이 야담이 집성된 것이 『청구야담(靑邱野談)』입니다. 『청구야담』에는 거의 260편 정도 수록되어 있는데 거기에는 위로는 왕 또는 높은 관인이나 학자들의 이야기에서부터 아래로는 하류의 천민의 이야기까지 총망라되어 있고 또 그만큼 내용도 다양하고 풍부합니다. 그리고 그 이야기들은 단편으로 소박하지만 그 가운데는 이야기로서의 형태를 완전히 갖춘 것도 있고 그냥 단편적인 일화에 그친 것도 있습니다. 여기에서 중요한 현상의 하나는 우리가 이야기니 야담이니 하면 으레 옛날이야기 그야말로 현실성이 없는 회고적인 내용으로 생각되는데 『청구야담』에는 당시 사회현실이 생생하게 담겨 있습니다. 경제활동, 신분 동요, 여성의 갈등 등등 목전의 현실과 세태가 동적으로 반영되어 있는 것입니다. 『청구야담』의 작품 하나하나 성격이 그렇다는 말은 아니며, 그 가운데 상당 부분이 18, 9세기 우리나라 당대 현실을 내용으로 담고 있다는 것이죠. 대략 18세기로부터 『청구야담』까지를 야담의 창조적인 시대며, 야담의 고유한 의미는 여기서 찾아야 하는 것으로 봅니다. 다음 『청구야담』보다 약간 뒤에 편찬된 『동야휘집』으로 오면 내용이 통속화되는 경향을 보입니다. 통속화의 징표로 당대 현실의 생생한 내용이 복고적으로 변질되는 모양을 지적할 수 있습니다. 야담의 경향은 『동양휘집』이 나온 19세기 중반 이후 현저히 흥미 본위로 빠져 타락의 길을 걸었던 것으로 생각됩니다. 이러한 야담의 흐름은 일제시대로까지 연장되어 1930년대에는 새삼스럽게 야담이 부활합니다. 그 당시 야담의 전문잡지도 두 종류나 나오고 야담을 소설화시킨 것도 수다하지요.

야담 전문작가까지 출현하는데, 김동인도 야담작가로 전락하니까요. 1930년대의 때늦은 야담의 부활은 바로 군국주의체제와 밀접한 연관이 있는데 야담 하면 흥미 본위의 회고조 통속물로 굳어지게 되었습니다. 이처럼 야담의 회고조의 통속화로의 계승에 대항하여 야담의 본래적 의미를 살려서 계승한 것이 『임꺽정』이라고 볼 수 있겠습니다. 역사 설화를 저속한 홍미에 영합해서 현실의식의 망각제로 사용하느냐, 그렇지 않고 당대 현실에 재현시켜 현실의식을 심화시키는 각성제로 만드느냐는 것이죠. 역사 설화라면 이야기꾼이 만들어낸 것도 있고 야사 내지 야승을 소재로 한 것도 있는데, 벽초는 이런 풍부한 야담·야사 들을 『임꺽정』을 구성하는 바탕으로 삼았을 뿐만 아니라 소설의 전개방식 또한 야담의 이야기투를 적절히 이용한 것이라고 봐야지요.

　염무웅 : 임선생님 이야기를 듣고보니 『임꺽정』의 근원이 어느 정도 밝혀진 것 같습니다. 그런데 『임꺽정』에는 야담만이 아니라 당대의 내막이나 조정의 비리에 관한 이야기도 많이 있지 않습니까? 기묘사화 같은 부분에서는 당대의 정치사가 거의 정면으로 다루어지기도 합니다. 그러니까 결국 『임꺽정』의 전체적인 틀은 야담들을 꿰는 데서 이루어졌는데 그것을 꿰는 실은 역사를 연의하는 그런 방식이 아니었을까요?

　임형택 : 그렇습니다. 『수호지』식의 이야기 전개방식(실은 야담의 전개방식도 통하지만)을 축으로 놓고 풍부한 재료들을 가지고 구성하는 것입니다.

　반성완 : 그것은 야담이나 야사를 격상시켜 문학사적으로 재조명해야 한다는 얘기도 되겠습니다. 야담의 소재나 이야기 방식을 수용해서 이를 다시 서술하는 것이 이야기체 소설이 될 텐데 그러한 형태가 근대 서구소설에서는 거의 보이지 않지만 동구나 러시아의 근대소설을 보면 서구의 시민소설과는 다른 민중적인 삶의 여건 속에서 나오는 이야기체 소설이 굉장히 많습니다. 소설이라는 장르의 이러한 민중적 요소는 오늘날 바흐찐과 같은 문예학자의 서사이론에 영향을 받아 새롭게 조명을 받고 있는 듯합니다.

　이 점을 벽초와 관련시켜 생각해보면 그가 19세기적 사람이고 또 봉건적인 대가족제도 속에서 성장하였다는 것은 이야기가 많은 삶 속에서 살았다는 것을 의미하는데 그것이 『임꺽정』에서의 풍부한 야담의 수용으로 나타났다고 볼 수 있겠습니다. 그리고 벽초는 일찍부터 문자생활을 할 수 있었기 때문에 동양의 소설들을 섭렵하게 되어 이 두 가지가 적절하게 조화되었고 그 위에다 근대 서구소설의 영향이 가미되지 않았나 생각됩니다. 이 점은 그의 언어나 문체에서도 나타나 근대적 의미의 서구소설에서 보는 언어나 문체가 아니라 민중의 다양한 언어나 이야기식의 문체라는 특징을 갖는 것 같습니다.

　임형택 : 그 이야기와 연결시켜 작품구성에서 사료와 야담을 어떻게 배합 시켰는가를 살펴보죠. 작가는 임꺽정에 관한 사료가 부족하다고 말한 바 있지만 사실은 군도 형태 가운데 임꺽정만큼 자료가 풍부한 경우도 없는 셈이지요. 실록에도 다른 어떤 경우보다 임꺽정에 관한 기사는 비교적 풍부한 편입니다. 실록에 나오는 기사를 보면 임꺽정이 서울에 잠입했다가 기생 소홍이 집에서 잡힐 뻔한 이야기, 그래서 포도대장이 해직되고 이어서 서림이가 붙잡힌 사건, 그뒤 평산전투의 과정, 또 토포사 남치근이 파견되는 사실이 쭉 나옵니다. 또 실록에 없는 내용은 『기재잡기』 『패관잡기』 등 임꺽정의 시대와 거리가 멀지 않은 때 기록된 자료가 있기 때문에 사건 전체의 윤곽은 잡혀집니다. 벽초는 작품구성을 하면서 이런 자료들을 필시 치밀하게 분석하여 기본틀을 세운 것 같습니다. 즉 기본사료에다 야담·야사 등등의 잡다한 이야기나 잡록류의 자료를 배합시킨 거지요. 이야기는 하나의 민중 영웅 임꺽정을 등장시키기 위한 실로 거창한 준비과정이 있습니다. 마치 한 송이 국화꽃을 피우기 위해 봄에 언 땅이 녹고 여름에 비오고 우레 치고 하듯, 이장곤 이야기에서 시작합니다. 그런데 이장곤 이야기도 실은 야담으로 전승된 것이죠. 그리고 성희량이란 존재 역시 여러 기록들에 보입니다만 야사 내지 야담에서 특이하게 형상화되었던 인물입니다. 이장곤을 통해서 소설의 핵심에 가까워진 인물로 양주팔, 즉 갖바치를 끌어내고 또 정희량과의 관련으로 갖바치가 특이한 존재로 부각됩니다. 이 갖바치는 실재의 인물인지 여부조차 확인이 안 되는 그야말로 야담에서 창조된 전설적 존재지요. 이 갖바치가 임꺽정을 만들어놓은 것이죠. 요컨대 임꺽정을 등장시키는 배경은 이장곤→갖바치→임꺽정을 기본 축으로 하면서 정희량이 막후에 놓여져 있습니다. 그 다음 스토리는 실록의 기사와 『기재잡기』의 기록을 정리해서 골격을 잡았지요. 전체적인 구성의 틀을 이렇게 짜고 거기에 『대동야승』 『연려실기술』 등등 각종 자료에서 이러저러한 이야기 및 적절한 설화를 취택해서 기본 골격에 살을 붙이고 치장을 하고 멋을 내고 익살을 부리고 해서 된 것이 소설 『임꺽정』입니다. 좀 과장해서 말하면 벽초가 자작으로 만들어낸 이야기는 거의 없다 할 정도입니다. 그러니까 어떤 대목이든

대개 어딘가 꼬투리가 있어 그것을 가지고 이야기를 엮어놨다는 겁니다. 그렇게 보면 그의 상상력과 창조력이 결여된 것이 아니냐고 타박할지도 모르겠습니다만 사실은 그게 대단한 역량이라고 할 수 있지요. 잡다한 재료를 적절히 채택해서 천의무봉으로 맞추어내는 그 수단이 작가의 풍부한 독서의 힘이요, 창조력과 상상력이 무한하게 발휘된 것이지요.

　최원식 : 임선생님께서 『임꺽정』은 『수호지』를 모델로 하면서도 더 기본적으로는 우리의 야담을 창조적인 토대로 했다고 하셨는데, 여기서 이런 문제를 한번 논의해봤으면 합니다. 뭐냐 하면 『수호지』와 『임꺽정』 가운데 어느 것이 더 뛰어난 것인가, 하나는 봉건시대 중국에서 만들어진 작품이고 하나는 식민지시대 조선에서 생산된 작품인데, 판단을 잘 못 내리겠어요. 『임꺽정』이 단순히 『수호지』의 한국판이냐? 임선생님의 설명을 통해보면 그건 결코 아니란 말입니다. 그렇다면 『임꺽정』은 『수호지』의 한국화냐?

『임꺽정』과 『수호지』의 차이점

　반성완 : 『임꺽정』을 우리나라 야담이나 중국소설과의 관련 속에서만 봤는데, 사실 벽초는 가장 먼저 근대교육을 받은 사람이고 또 서구의 근대문학을 가장 일찍 접해본 사람으로서 서구문학의 수용이 일정하게 이 소설에 영향을 끼치지 않았겠는가 하는 생각입니다. 제가 『임꺽정』을 읽고 받은 느낌은 근대 서구소설의 리얼리즘적 요소가 매우 강하다는 점입니다. 기본적인 틀과 기법은 앞에서 말씀하신 바와 같이 상당한 부분 전통적 소설에서 영향을 받았겠지만, 이 작품의 기조를 이루고 있는 것은 현실을 바라보는 근대적인 시각과 의식이 아닌가 생각됩니다. 구태여 『수호지』와 비교해 본다면 『수호지』의 경우 당시의 시대적 상황을 반영하는 리얼리티가 없는 것은 아니지만 인물과 사물을 묘사하는 태도와 의식이 다른 것 같습니다. 『수호지』를 읽으면 어쩐지 옛날이야기를 읽는 느낌이 많이 들지만 『임꺽정』은 그런 생각이 전혀 안 들어요.

　염무웅 : 반선생님 말씀을 조금 다른 각도에서 하는 이야기가 됩니다만, 『수호지』와 『임꺽정』의 단순 우열 비교는 어렵기도 하거니와 별로 중요한

것도 아닌 것 같습니다. 『수호지』의 경우엔 영웅들의 활약상이 많이 나오고 당시 사람들의 모습이 나오긴 하지만 사소한 일상생활이 자세하게 묘사되는 부분은 찾아보기 힘듭니다. 그런 부분이 나온다 하더라도 사건의 전개를 위해 필요한 정도에 그치고 있을 뿐이지 생활의 실감이 풍부하게 제시되지는 못하고 있습니다. 그러나 『임꺽정』의 경우 어떤 사건을 직접 묘사하기 위한 것도 아니면서 사람들의 일상생활이 아주 실감 있게 구체적으로 묘사됩니다. 무수한 실례를 들 수 있지만, 가령 임꺽정의 누이와 아내가 토닥거리며 애기를 주고받는 장면이나 봉단의 어머니가 사위 이장곤을 윽박지르는 장면 따위들은 소설적 문맥에서 떼어놓고 보더라도 이 나라 민중들의 생활의 역사를 뚜렷이 전해주는 탁월한 문학적 형상입니다. 『임꺽정』을 읽는 재미 중에는 민중적 영웅들의 활약상을 보는 시원함도 있겠지만, 사소한 사건들과 보잘것없는 인물들의 형상화에 나타나는 실감과 묘미를 즐기는 재미가 더 클 것입니다. 이런 디테일의 재미랄까 일상생활의 풍성한 묘사가 『수호지』에는 없어요. 이 점도 『임꺽정』의 근대소설적 성격을 증명하는 요소일 겁니다. 그런데 이런 근대 리얼리즘적 요소가 어디서 온 것이냐? 제가 보기엔 서구문학의 영향이라기보다——물론 그런 영향이 배제될 수는 없겠지만——우리나라 사람들의 일상생활을 충분히 관찰한 데서 온 것이 아닐까 합니다.

　반성완 : 물론 『임꺽정』이 서구의 근대소설로부터 직접적인 영향을 받아 씌어진 것은 아니지만, 작가의 근대적 의식이랄까 리얼리즘 정신이라는 것이 서구문화 수용과 어떤 식으로든 관련이 된 것은 부인하기 힘들겠지요.

　최원식 : 굉장히 중요한 지적을 해주셨습니다. 『수호지』는 매우 리얼하면서도 영웅주의가 전면에 깔려 있고 생활이 사건에 종속되는 그런 느낌이 드는데 『임꺽정』에는 생활의 실감이 풍부하게 실려 있습니다. 이것은 단순히 생활의 실감이라기보다는 근대소설의 육체성이라고 할 수 있겠습니다. 즉 『임꺽정』은 근대소설의 육체성이 구비되어 있다, 이 점이 바로 『수호지』와 『임꺽정』을 구분짓는 가장 중요한 징표라고 생각합니다.

　임형택 : 서두에서 제가 『임꺽정』을 처음 읽었을 때 기대와 달리 작품이 왜소하게 느껴졌다는 말을 했습니다. 특히 『수호지』처럼 거대한 스케일과

통쾌한 맛이 『임꺽정』에는 없으니까요. 그러나 만약 벽초가 『수호지』의 그 것처럼 꾸며놓았다면 굉장히 허황되고 허무맹랑한 이야기가 됐을 겁니다. 벽초가 『수호지』에 심취했으면서도 『수호지』처럼 만들지 않았다는 것은 그만큼 벽초가 우리 현실에 밀착해 있었다고 할 수 있겠습니다.

반성완 : 그렇지요. 민중의 생활상을 자세하게 묘사한다든가, 전국 각지방의 지역과 지역간의 거리까지도 마치 자로 재듯 정확히 우리 실정에 맞게 공간 처리를 했다는 점을 봐도 현실감각이 매우 뛰어납니다.

임형택 : 벽초 자신이 동양의 고전에 심오한 소양을 가지고 있었지만 그의 문학창작의 기본적인 바탕은 서구 근대문학을 충분하게 섭취한 데서 온 것 같습니다. 그런데 다른 사람들과는 달리, 자연주의에서 출발하여 낭만주의를 통과했고 그후 한때 탐미주의에 심취했다 합니다. 이처럼 서구 근대문학을 두루 섭렵했지만 자신의 문학의 최종의 입각점은 리얼리즘에 있었다고 봅니다. 리얼리즘에 철저했던 것이죠. 리얼리즘에 철저하게 되니 서구문학의 정신을 바탕으로 깔았으면서도 이를테면 '환골탈태'할 수 있었겠지요. 『수호지』와의 대비도 역시 그의 리얼리즘에서 설명될 수 있는 것으로 봅니다.

최원식 : 『임꺽정』이 『수호지』와 다른 점으로 이런 면도 생각해볼 수 있지 않을까요? 『삼국지』와 『수호지』는 그 다루는 대상이 서로 다릅니다. 그러니까 『삼국지』가 민중 출신이지만 상층부로 진입한 영웅들의 투쟁에 초점을 맞췄다면 『수호지』는 하층민들의 영웅주의가 강조되고 있는데 『임꺽정』에서는 다루는 대상에 있어서 『삼국지』와 『수호지』가 통합되는, 즉 한 사회의 상하계층이 모두 포괄되고 있다는 점에서도 근대 역사소설의 중요한 조건의 하나를 갖추고 있지 않나 하는 겁니다.

임형택 : 이런 측면도 볼 수 있을 것 같아요. 『수호지』에서는 등장인물들을 어쨌건 영웅으로 미화시키고 있는 데 반해 『임꺽정』에서는 작가가 등장인물을 미화하지 않고 항상 일정한 거리를 두고 비판적 관점을 견지하고 있습니다. 예컨대 곽오주나 길막봉이를 보면 결함투성이의 모습으로 그려지고 있는데 『삼국지』는 물론 『수호지』에서도 만날 수 없는 인물들이라고 하겠습니다.

최원식 :『임꺽정』에 나오는 여러 두령들의 인간적인 약점이 가차없이 드러나고 있지요. 그러니까 지금까지의 이야기를 종합해보면 결국『임꺽정』은 위대한 소설이라고 할 수 있겠네요.(일동 웃음)

반성완 : 화자의 입장에서 보면『임꺽정』에서는 처음부터 끝까지 시종일관 등장인물과의 사이에 일정한 객관적 거리가 유지되고 있습니다. 즉 서사적 거리를 지켜가고 있습니다.

염무웅 : 그런 점에서 보면 좀 예외적인 존재가 갖바치가 아닌가 생각됩니다. 개인적인 결함 같은 것이 거의 안 보이는 아주 이상화된 존재로 묘사됩니다.

반성완 : 작품에서 갖바치가 실수하는 모습이나 인간적 약점은 한번도 안 보이지요.

임형택 : 왜 갖바치를 그렇게 신통력을 갖춘 이상적인 인물로 만들었을까? 참 풀리지 않는 점입니다. 천상천하의 일을 다 알고 미래의 일까지도…….

염무웅 : 그런데 그렇게 한 결과 소설에 무슨 결함이 생겼다기보다 참 재미있어졌다는 느낌이 들지요?(웃음)

임형택 : 홍벽초는『임꺽정』에서 사주 따위를 제법 신빙성이 있는 것처럼 묘사하고 있습니다. 벽초는 그렇게 분별력이 없는 사람이 아닌 건 물론인데 왜 그랬을까? 이 점도 참 풀리지 않는 의문입니다.

반성완 : 그렇게까지 할 필요는 없었을지 모르지만, 그 당시의 삶을 정확히 재현한다는 점에서 보면 조선시대 우리 삶을 지배해온 중요한 요소 가운데 하나가 아니었겠나 하는 관점에서 볼 수도 있겠지요.

염무웅 : 벽초 자신이 사주나 굿 같은 걸 편협한 과학주의(?)가 아닌 의식으로 보고 있었던 것 같습니다.『임꺽정』에서의 또 다른 경우를 보면 토정선생의 묘사는 갖바치보다 훨씬 더 고수급 인물로 묘사하고 있거든요.

최원식 :『임꺽정』에는 역사상 유명한 인물들이 잠깐 나오는데 모두 빛나지요. 하나같이 생생하고.

임형택 : 저도 그 점을 해명할 뾰족한 생각이 없긴 합니다만 몇가지로 추측해 보자면, 하나는 이야기의 구성을 위해서, 즉 작가로서 작품을 엮어나갈 때 사건의 진전과 결구를 위해서 빌려온 측면이 있지 않나 하는 겁니다. 예

컨대 김덕순 부부의 비극적인 운명이 사주가 맞는 식으로 나타나는 경우라든지 임꺽정의 아들 백손의 미래를 점치는 것과 같은 경우 이런 요소를 끌어들임으로써 결구가 치밀해지고 아까 염선생 말씀같이 재미있게 되는 효과를 거두었다고 봅니다. 또 하나는 조선적인 정조를 살리려는 의도에서 그렇게 하지 않았는가 하는 점입니다. 벽초 자신이 그런 것을 믿느냐 안 믿느냐는 별문제로 치고 당시 그런 것이 조선 사람들의 생활을 지배한 부분이 컸음이 사실이니까, 당시의 정조를 살려낸다는 측면에서 이해해 볼 수 있지 않을까 합니다.

　반성완 : 강영주 교수는 『한국 근대 역사소설 연구』에서 갖바치의 역할을 상층계급과 하층계급을 연결시키는 중요한 인물로서 설명하고 또 사주나 음양술수가 많이 나오는 것은 야사와 같은 기록에 너무 충실하려고 하기 때문이라고 말하고 있습니다.

　최원식 : 무작정 좋게만 보는 경향이 있는 것 같습니다.(웃음)

　루카치의 역사소설의 개념 중에 가장 핵심적인 것이 중도적 주인공의 문제 아닙니까? 루카치에 의하면 역사적인 실제 인물들은 잠깐 잠깐 등장할 뿐이고 이야기는 중도적 주인공에 의해 이끌어져나간다고 하는데 그 중도적 주인공이 갖춰야 할 조건 중의 하나가 허구적인 인물일 것, 그리고 그가 중간에서 한 사회의 상층과 하층을 다 매개할 수 있을 것 등이라고 합니다. 그런데 사실 중국의 경우도 그렇고, 우리나라에서도 『임꺽정』이나 기타의 작품에도 그런 것이 많은데 모두 역사적 인물을 주인공으로 삼는 관행을 어떻게 설명해야 될까요?

동양의 역사소설은 서구의 역사소설 이론으론 설명 안 돼

　임형택 : 동양의 경우는 역사소설의 발전과정이 저쪽과 다르기 때문에 루카치의 역사소설 이론이 『삼국지』를 비롯한 역사소설을 설명하는 데 맞지 않는 면이 있습니다. 동양문화권에서 역사소설의 발전은 강사(講史) 즉 연의(演義)에 바탕을 두어 이루어진 것입니다. 연의란 역사의 소설화인데 앞서 설화인의 이야기 종목에 강사가 중요한 비중을 차지하고 있습니다. 이는

역사를 대중이 흥미롭고 쉽게 읽을 수 있도록 각색한 것이지요. 그러므로 동양의 역사소설은 자연히 역사 사실 자체에 충실하면서 이야기를 흥미롭게 엮어갈 수밖에 없는 겁니다. 『삼국지』가 대표적인 예이고 각 시대마다 그런 식의 연의소설이 나왔습니다.

염무웅 : 서양에는 『삼국지』 같은 소설이 없지요?

반성완 : 거기에 어느 정도 비견될 수 있을지 모르지만 중세의 기사소설을 들 수 있습니다. 예컨대 아더왕 이야기나 성배를 찾아가는 기사들의 이야기가 그런 것들이지요.

최원식 : 그것은 결국은 허구 아닙니까?

반성완 : 중세적 질서나 현실을 반영한 허구지요. 그러니까 왕을 둘러싼 기사들이 전쟁 이야기나 성배를 찾아가는 과정에서 일어나는 숱한 모험들이 주된 내용이지요.

임형택 : 결국 동양의 역사소설은 연의의 전통 위에 서 있는데, 벽초 자신도 소설을 쓸 때 역시 역사 사실에 충실한 소설이 돼야 한다는, 동양적 문학관으로 보면 작가의 정직한 태도로 출발했던 것 같습니다. 그러나 『임꺽정』에서 갖바치 같은 인물은 실제 인물이라 할 수 없는 것이고 그밖에 주요인물의 경우도 임꺽정이라는지 서림 등을 빼놓고는 거의 모두 작가가 창작해낸 인물이지요. 『삼국지』 같은 연의소설과는 다른 수법입니다. 말하자면 『임꺽정』은 연의류의 전통을 받아들이면서 작가 자신이 의식했건 안했건 서구 근대 역사소설의 범주에서도 크게 벗어나지 않는 작품이 되었다고 생각됩니다.

염무웅 : 결론적으로 『임꺽정』이 동서양의 문학전통을 독창적인 민족적 형식으로 승화시킨 작품이라고 말할 수 있겠군요.

최원식 : 지금까지의 논의로 『임꺽정』이 근대 리얼리즘 역사소설의 획기적인 면모를 가지고 있다는 점이 밝혀진 것 같습니다. 오늘 좌담은 『임꺽정』의 전설화를 깨고 과학적인 논의를 하자고 했는데 전설화를 넘어서 신비화에까지 이르른 느낌입니다.(웃음)

반성완 : 전설화를 과학화하고 있지 않습니까.(웃음)

최원식 : 염선생님께서 『임꺽정』의 앞의 세 부분 즉 봉단편·양반편·피

장편과 의형제편·화적편을 비교해볼 때 앞의 세 편은 의식은 뛰어난데 소설적으로 기법이 아주 미숙한 부분이 있고 뒤로 갈수록 기법은 발전하는데 의식은 후퇴하는 면이 있다고 말씀하셨는데 그 얘기를 좀더 부연해주시지요. 이 점은 홍명희의 개인사와도 일정한 관련이 있으리라고 생각됩니다만……

『임꺽정』전·후반 사이의 긴장감 차이는 작가의식의 후퇴

염무웅 : 예, 사석에서 최선생과 그런 얘기를 나눈 적이 있었지요. 그런데 왜 그런 생각을 하게 됐느냐를 얘기해보도록 하지요. 앞서도 말했듯이 저는 이 『임꺽정』이 뚜렷이 구별되는 두 부분으로 나누어지는 것으로 느꼈습니다. 우리가 처음 작품을 접한 것은 물론 뒷부분 그러니까 책으로 먼저 공간됐던 의형제편과 화적편입니다. 제 개인으로서는 의형제편을 먼저 읽었습니다만, 하여튼 제가 의문을 가졌던 것은 왜 벽초가 봉단편·피장편 같은 앞부분을 신문에 연재하고서도 단행본으로 출판하는 것을 미루었느냐 하는 점이었습니다. 우선 추측할 수 있는 것은 전반부가 소설로서 충분히 육화되지 못했다고 생각되었기 때문에 기회가 오면 전면적으로 다시 쓰고자 했던 것이 아닐까 하는 것입니다. 전반부에서의 벽초는 소설가로서 말하자면 아마추어인 듯하고, 반면에 후반부에서는 전문가적 기량이 능숙하게 발휘되었다고 할 수도 있습니다. 이것은 자기 작품에 대한 벽초의 자의식을 제 나름으로 짐작해본 겁니다.

그러나 저는 '사계절'에서 새로 출판한 아홉 권을 통독하고서 그동안 몰랐던 것을 몇가지 느꼈습니다. 그게 뭐냐 하면, 첫째 지금 얘기한 대로 형상화의 정도나 소설의 진행 속도 및 인물을 다루는 작가의 태도 등에 있어 이 『임꺽정』이 전·후반으로 뚜렷이 구별된다는 점이고, 둘째 임꺽정의 출생 배경을 다룬 전반부가 단지 주인공의 등장을 알리기 위한 예고편이 아니라 어떤 점에서는 의형제편이나 화적편보다 더 흥미진진하게 읽혀졌다는 점입니다. 그리고 셋째로 임꺽정이 서울 와서 오입을 하고 여기저기 첩살림을 차리면서부터 작품을 지탱해오던 긴장감이 현저히 이완된다고 느껴졌다는 것입니다.

가령 여기서 여성 문제만 가지고 살펴봅시다. 저는 『임꺽정』을 읽으면서 벽초가 봉건적 대가족제도하에서 성장한 인물답지 않게, 아니 어쩌면 바로 그런 인물답게 여성 문제에 대해 매우 선진적이고 예민한 의식을 가진 사람이라고 느꼈습니다. 가령 이장곤이가 장모에게 구박을 받고 쫓겨나 양주 팔네 집에 잠시 머물 때 봉단이와 몰래 만나 나누는 대화를 읽어보세요. 또 이장곤의 신분이 드러난 뒤 봉단이와 나누는 얘기를 보아도 알 수 있는데, 여기서 벽초는 단지 양반과 천민간의 신분적 장벽에 대해서만 문제삼고 있는 것이 아니라 남녀간의 성적 차별에 내재된 사회적 문제성을 심각하게 지적하고 있습니다. 제가 『임꺽정』 전체에서 가장 좋아하는 부분은 꺽정이가 갖바치 선생을 따라 백두산에 갔다가 운총이를 만나 사랑을 나누고 결혼을 하게 되는 대목인데, 저는 남녀간의 사랑이 이렇게 아름답고 천의무봉하게 묘사된 예를 잘 알지 못했습니다. 반상의 구별도 모르고 예의범절도 모르는 채 들판의 야생마처럼 자란 운총이라는 인간 형상은 모든 종류의 지배와 억압관계로부터 해방된 원초적 인간상입니다. 그것은 소설적 공간 속에서나 가능한 이상화된 존재이겠지요. 벽초는 그런 인물의 설정을 통해 봉건 중세의 인간관계, 즉 계급관계와 남녀관계 전체를 극히 부드럽게 그러나 매우 통렬하게 비판적으로 부각시키고 있습니다. 곽오주 아내의 불행한 운명에서도 우리는 봉건왕조의 모든 사회적 모순들이 성적 모순을 매개로 집약되어 있음을 보게 됩니다. 요컨대 성문제에 대한 벽초의 의식이 그의 사회의식·역사의식과 통일되어 있음을 확인할 수 있습니다.

그런데 화적편에서의 임꺽정 여성 편력은 그 자체로서는 무척 재미있게 읽히고 또 완력과 재력을 갖춘 봉건시대의 호걸 남아가 능히 할 만한 일이기도 합니다. 그러나 그동안의 소설 진행을 예의 추적해오던 독자들의 기대를 깨는 것도 틀림이 없습니다. 여성묘사만이 아니라 소설이 전체적으로 풀어지는 듯한 느낌을 줍니다. 그렇다면 이 문제를 어떻게 해명할 것인가? 저는 그 문제를 소설이 씌어진 연대와 관련지어 생각해보았습니다.

홍명희 연보를 보면 첫부분, 그러니까 봉단편이 1928년에 씌어졌고 1930년대 초에 양반편·의형제편이 씌어지고 30년대 말 40년대에 화적편이 씌어진 것으로 돼 있습니다. 그런데 신간회가 결성되어 민족운동이 활발하게 전개되던 시기에 씌어진 부분과 30년대 초 신간회가 해체될 뿐만 아니라 카프라든가 기타의 운동조직이 와해되고 민족운동이 지하화되면서 전체적으로 침체되어가는 시기, 그러니까 벽초 개인으로서는 자기의 사적 생활로 침잠하여 주위로부터 처사라는 말을 들으며 살던 시대에 씌어진 부분이 그 의식면에서 상당한 차이가 있는 것으로 보여진다는 거죠. 즉 식민지시대 역사의 전개과정이 작품 자체에도 어느 정도 반영되어 드러나는 것이 아닌가 하는 것입니다. 그래서 저는 일제의 탄압이 보다 강화된 30년대 말 40년대 초에 씌어진 부분이 작가의 사회의식의 약화를 불가피하게 노정하고 있는 게 아닌가 생각한 것입니다. 그리고 이에 대한 예술적 보상으로서 작품의 기법이 훨씬 능숙해지고 세부묘사가 풍성해지는 것이 아닌가 하는 겁니다. 초기 소년시절이나 청년시절의 임꺽정, 갖바치와 교류하던 시절의 임꺽정을 그릴 때는 그가 단순한 도적이 될 사람이 아니고 분명히 이 세상의 잘못된 질서에 대해 저항의식을 가진 사람으로 묘사됩니다. 그런데 임꺽정이 청석골에서 도적 두령으로 마치 왕위에 등극하듯이 의자에 앉은 이후부터는 그런 의식이 거의 잘 나타나지 않습니다. 저는 이 점이 임꺽정이라는 인물에 대한 실감을 주려는 작가의 의도에서라기보다는 작가 자신이 사회에 대한 긴장이 이완되는 데서 연유한 것이라고 생각합니다.

　임형택：지금 염선생께서 제기한 문제점은 작품의 전체적인 주제 및 성과와 관련해서 중요한 사안이죠. 저는 먼저 작가가 임꺽정이라는 인물을 어떻게 설정하고 어떤 방향으로 끌고가려고 했느냐를 살펴볼 필요가 있다고 봅니다. 작품에서 임꺽정이 도적의 두령이 되는 과정을 보면 어떤 확고한 의식을 가져서라기보다는 상황이 그렇게 만든 것으로 나타납니다. 임꺽정은 청석골패와 내통한 사실이 드러나서 곤경에 빠지게 됩니다. 이때 그는 자신이 가야 될 길은 세 갈래가 있다, 그 가운데 자수하는 길이 하나요, 가족을 감옥에 남겨둔 채 도망하는 길이 또 하나인데 앞의 두 길은 어느 쪽도 마땅치 못하다고 생각합니다. 그러니 마지막 도적이 되는 길을 택할 수밖에 없는 거죠. 여기서 그는 "도둑놈이 힘으로 악착한 세상을 뒤짚어엎을 수만 있다면 꺽정이는 벌써 도둑놈이 되었을 사람이다. 도둑놈을 그르게 알거나

미워하거나 아니하되 자기가 늦깎이로 도둑놈 되는 것도 마음에 신신치 않거니와 외아들 백손이를 도적놈 만드는 것이 더욱 마음에 싫었다."고 독백을 합니다. 이 대목에서 분명히 나타나듯 임꺽정의 사상 경향은 '도둑이 되면 안 된다.'는 식의 윤리의식을 갖진 않았지만 도둑이 돼봤자 별수 없다고 여겨왔습니다. 군도의 정치적 실천의 한계를 그 스스로 인식했던 셈이죠. 군도의 대장이 된 다음 서림의 건의를 받아들여서 좀도둑의 차원을 넘어 전략적 차원의 계책을 수립하고 그것을 실행에 옮기게 됩니다. 임꺽정 집단은 정치적 지향을 혁명적 방향으로 노선을 일단 정리한 셈입니다. 작가는 군도와 같은 부류들의 노선갈등을 암시하고 있습니다. 박연중과 만났을 때 대화 장면이죠. 박연중은 꺽정이를 보고 "너 그렇게 객기 부리지 말아라. 억압받은 인생이 일신의 안락만 획득하면 될 것 아니냐."는 식으로 충고합니다.

박연중의 인생 자세에 대해서 서림은 명철보신을 잘하는 인물이라고 칭찬하는데 임꺽정은 '홋기없는 늙은이'라고 타박합니다. 임꺽정은 민중의 혁명성을 관철해보고자 했던 셈이죠. 그런데 여기서 문제가 되는 것은 정작 하나의 세력으로 집결을 해서 이제 무언가 대사업을 벌여야 할 판에 그가 서울로 가더니 오입질이나 하여 결국 그 자신이 전열을 해이하게 만든 겁니다. 이 부분을 우리가 어떻게 해석해야 할 것인가. 작가의식의 퇴색이냐, 아니면 보다 차원 높은 작가의 의도냐? 염선생님께서는 전자로 해석을 하셨는데 저는 견해를 달리합니다. 문제를 생각하는 데 있어서 한가지 고려해야 할 것은 이 대목의 구성이 실제 사실에 바탕을 두고 있다는 점입니다. 장통방(長通坊)에서 임꺽정을 놓친 사실과 임꺽정의 처 셋을 잡았다, 그리고 전옥을 깨뜨리고 구금된 여자를 구출하려고 장수원에 집결했다는 일련의 내용이 실록에 보입니다. 이런 몇가지 사실을 근거로 상상력을 동원해서 꾸며낸 것이 바로 문제의 초점이 된 대목입니다. 작가는 도적 두목인 꺽정이가 서울 도성 안에 처를 셋씩이나 두고 있었다는 이 사실을 소설로서 그럴듯하게 만들어내야 했겠지요. 지금 저의 지적이 작가를 위한 창작동기적 변명은 되겠지만 전체적 평가의 문제는 그대로 남겠죠.

그러면 작가가 노린 것은 무엇이었느냐? 저는 작가가 작중의 인물에 대해서 시종 비판적 거리를 유지하고 있다는 점을 다시 상기할 필요가 있다고 생각합니다. 그래서 벽초는 임꺽정이 뭔가 큰일을 해야겠다는 의식은 가졌지만 강고하지 못했을 뿐 아니라 근본적으로 군도 집단을 이끌고서 혁명사업을 실천하는 데 역사적 한계가 있었다는 것이 객관적으로 명백했었지요. 임꺽정 집단의 내부를 보더라도 신분질서가 엄연하게 존재하여 신분계급 문제로 내부갈등이 종종 노출됩니다. 졸개들은 농민의 처지보다 과연 얼마나 향상된 생활을 누리고 있는지 자못 의문이 가지요. 임꺽정은 그 세계에서 군왕처럼 군림하려는 태도가 역력하게 비칩니다. 이러한 측면들을 살펴보면 결국 작가는 군도 형태의 저항이 안고 있는 한계를 부각시키고 독자로 하여금 비판적 안목으로 보게 한 것입니다.

작가의식의 후퇴라기보다는 작가의 의도

염무웅 : 도적의 괴수가 처첩을 서넛씩 거느리는 것이 그 당시로서 이상한 일이라는 것은 결코 아닙니다. 문제는 임꺽정이 서울에 와서 마치 계획을 세우기라도 했던 것처럼 여기서 한 여자 저기서 한 여자 하는 식으로 축첩과정이 그동안 임꺽정에 대해 갖고 있던 독자들의 기대와 너무 어긋난다는 겁니다. 평소에 여자에게 자주 눈길을 보냈던 임꺽정이가 그렇게 묘사됐으면 당연한 것으로 받아들여질 수도 있었을 텐데 임꺽정이 상경하면서부터 사람이 달라지거든요. 그리고 이러한 임꺽정의 변화가 작가의 일관된 계획의 산물로 느껴지지 않는다는 겁니다. 임꺽정이 한계를 지닌 인물이라는 데엔 이의가 없고 그것을 소설적으로 부각시키려 했던 작가의 의도 역시 전적으로 타당하지만, 문제는 그러한 작가의식이 소설의 처음부터 끝까지 일관되게 지속되고 있지 못한 듯하다는 것입니다.

반성완 : 이를 요즈음의 문학적 용어로 말하면, 문학적 텍스트와 독자의 '기대지평'과의 간극에서 나오는 것이겠지요. 오늘날의 젊은 독자층은 근대적 윤리의식에서 임꺽정의 여성관계를 보고자 하지만, 당시의 상황으로는 임꺽정 자신도 당시의 지배적인 봉건적 윤리의식을 벗어나기는 힘들었다고 봅니다.

임형택 : 저는 변화된 그 모습이 바로 인간이 처지가 달라졌을 때 어떤

식으로 변질되는가를 냉철하게 그린 것으로 이해합니다. 임꺽정은 한 산채의 두목에 불과하지만 권위주의로 내부를 통치하면서 물질적인 향락을 누리게 됩니다. 체제 자체를 전복시킨다는 것은 요원한 일이므로 눈앞에 투쟁목표가 보이지 않고 강고한 의식을 당초 소유하지 못했으므로 타락할 소질을 십분 지녔던 셈이죠. 꺽정이와 운총이가 부부싸움을 대판으로 하는 장면이 나오는데 거기서 꺽정의 여성관이 여지없이 폭로됩니다. 임꺽정이는 사내가 어른이면 계집은 아이고 계집을 종으로 치면 사내는 상전이라고 주장합니다. 임꺽정의 의식 속에는 종은 종이고 졸개는 졸개고 여자는 남성의 부속물이라는 봉건적인 의식을 전혀 바꾸지 않고 있는 거죠. 그것은 현실이요, 작가는 비판적으로 제시한 겁니다.

　최원식 : 소설 속에 나타나는 임꺽정의 모습에는 몇개의 고비가 있습니다. 앞부분에 나타나는 임꺽정의 모습은 장래의 혁명가의 모습, 그러니까 스스로 분명히 의식하고 있진 않지만 자신의 계급적 조건으로부터 말미암은 사회적 불만 그것도 단순한 불만이 아닌 혁명적 불만을 내부에 갖고 있는 인물로 여러 곳에서 그려지고 있습니다. 예컨대 임꺽정이 백두산에 가서 운총이를 만나게 되는데 그가 백두산에 가는 것도 단순한 것이 아니고 혁명적인 내적 에너지를 충전하는 계기로 묘사되고 있습니다. 그후 이러한 혁명적 의지가 여러 가지 사회적 조건에 의해서 실현되지 못하는 과정이 이어지는데 그 첫번째가 봉물을 받는 바람에 할 수 없이 적굴에 들어가는 길을 택하는 것입니다. 이때 임꺽정은 적굴에 들어가서는 혁명을 할 수 없다는 것을 알고, 들어가고 싶어하지 않았지만 당시의 상황이 들어가지 않으면 안 되었습니다. 그리고 우리가 주목해야 할 장면의 하나가 남산에 올라가 장안 만호를 내려다보면서 "내 세상이 아니다. 재미없다. 내려가자."고 하는 대목입니다. 여기서도 분명히 주관적으로는 혁명적 의지를 가지고 있으면서도 자신이 도적에 지나지 않는다는 자의식 사이에서 고민하는 모습으로 임꺽정은 묘사되고 있지요. 그러고 나서 뒷부분에 가서 임꺽정이는 오입에 빠지게 됩니다. 그런데 결정적으로 오입쟁이가 되는 것은 꺽정이가 관군을 치러 가자고 할 때 서림이 지금은 때가 아니니 조직을 확대하고 만반의 준비를 갖춰야 한다고 하면서부터, 그리고 그가 그 의견을 받아들여 정식으

로 도둑의 두령이 되면서부터입니다. 이때부터 임꺽정이 세상 보는 눈이 흐려지기 시작하고 있습니다.

이처럼 임꺽정의 변모하는 모습에 대해 염선생님께서는 홍명희의 작가의식의 후퇴라고 말씀하셨고 임선생님께서는 작가의 본래의 의도가 아니었겠느냐는 말씀이십니다. 그런데 임꺽정이라는 인물은 의적에 불과합니다. 의적은 혁명가로서는 일정한 한계를 가질 수밖에 없다는 점에 비추어 과연 이것이 홍명희의 작가의식의 후퇴냐, 아니면 더욱 투철한 리얼리즘에 연유한 것이냐는 한 쟁점입니다.

임형택 : 임꺽정의 사상적 한계를 작가는 꺽정이 자신의 일과 그 처의 항변을 통해서 제시·비판한 것으로 보았습니다만, 한편 작가는 그의 지도자로서의 한계도 드러내줍니다. 임꺽정이 부하들을 이끌고 서울의 전옥에 갇힌 세 처를 구출하기 위해 장수원에서 집결한 장면을 보죠. 이 작전이 개인적인 일에 부하를 위험한 마당으로 끌고들어가는 것이므로 당초 명분이 서지 않을 뿐 아니라, 섶을 지고 불속에 들어가듯 무리가 짝없는 짓이었습니다. 정상갑이 이 작전에 참여하기를 거부한 것은 합리적 판단이라고 보아야죠. 그런데 꺽정이는 자기 말에 복종을 않는다고 폭력을 가해 살해를 합니다. 그의 무모함이 여지없이 노출되며, 잔혹성에 독자는 대개 오싹한 느낌이 들 겁니다. 그는 지도자로서 중대한 과오를 범했으며, 그것은 무엇보다 그 자신의 성격적 결함과 의식의 한계에 기인한 것을 독자는 알게 되겠지요. 그밖에도 임꺽정의 인간적 결함이나 성격적 모순이 여러 곳에서 다각도로 다루어지고 엿보입니다. 그는 자기 과오를 부하들 앞에서 솔직히 시인하는 도량을 보이지는 못하지만(보다 권위주의로 임하기 때문에) 자기 행동의 잘못된 편차를 대개 스스로 교정하는 편이죠. 요컨대 작가는 임꺽정을 한동안 서울서 놀게 함으로써 조선의 심장부인 서울의 이런저런 분위기와 정황을 펼쳐내고 동시에 주인공의 인간적 면모를 약점까지 드러내 보다 풍부하게 그려가면서 군도 형태의 저항이 갖는 한계도 암시했다고 생각합니다. 앞서 벽초의 문학의 자세가 리얼리즘에 입각했음을 언급했습니다만, 작가는 임꺽정을 아무리 영걸이라도 제 푼수에 맞게, 16세기라는 시대에 백정 신분으로 도둑의 수괴가 된 인물에 어울린 인물로 그리려 하였지요. 그러니까

인물이 작가의 주관적 지향에 의해 움직이는 것이 아니라 냉철하게 객관적 현실의 논리에 따라서 움직이도록 배려했던 셈입니다. 저는 임꺽정의 형상화에 현실주의가 관철되고 있으며, 서울의 임꺽정도 그런 작가의 계산의 소산으로 보는 거죠.

　반성완 : 영웅이란 개인적 의지와 시대적 상황이 맞아떨어지는 경우에 생겨난다고 합니다. 이런 면에서 보면 임꺽정의 초기의 변혁의지와 객관적인 현실 사이에는 엄청난 간격이 있는 것이 사실입니다. 벽초는 이러한 간격을 어떻게 형상화하느냐 하는 문제를 놓고 화적편 이후 매우 고심했을 것으로 짐작됩니다.

　염무웅 : 임꺽정이라는 인물이 어떤 일관된 계획성을 가지지 못한 것은 당연히 있을 수 있는 것입니다. 그러나 그것을 그려내는 작가는 일관된 계획을 가지고 처음부터 끝까지 동일한 긴장을 유지해야 한다고 봅니다. 그런데 그가 서울에 올라오기 전의 과정에서는 그의 인간적인 실수와 결함들이 묘사되면서도 동시에 그 실수나 결함들이 그의 막강한 장점들과 하나로 이어져 있다고 느껴져 그가 실수하는 게 미워지기보다는 미소를 머금게 되고 이런 실수와 성격적 결점이 다른 뛰어난 면의 불가결한 일부라는 생각을 하게 됩니다. 그러나 그가 서울에 온 이후 외도하는 모습을 보면 그동안의 임꺽정하고는 별개의 인물이라는 느낌을 줍니다. 물론 서울의 방탕한 사회를 충실하게 보여주려는 의도도 있을 수 있겠지만 임꺽정이라는 인물에 초점을 맞추어보면 그렇게 외도할 인물로 충분한 복선을 깔아오지는 않았던 게 아닌가 하는 생각이 듭니다. 그리고 임꺽정이 적당을 모아 청석골에서 도둑의 두령으로 등극하여 각 부서를 정하는 대목에서도 임꺽정의 달라진 모습이 분명하게 드러납니다.

　반성완 : 저도 사실 『임꺽정』을 읽어가면서 부분부분 일종의 단절 내지 불연속성을 느꼈습니다. 그게 왜 그런가? 예컨대 『전쟁과 평화』를 보면 형식의 통일성이 지켜지고 작품 전체의 혼이 계속 이어지고 있는 데 비해 『임꺽정』은 뭔가 끊어진다는 느낌이 드는 것은 작가가 긴 시일에 걸친 창작과정에서 단속적으로 글을 쓰게 된 사정과도 관련이 있겠지만 창작기간 동안의 시대적 상황과 실천과정 속에서 작가가 겪었던 체험과도 중요한 연

관이 있는 게 아닌가 하는 생각이 듭니다. 어쩔 수 없이 좌절로 끝날 수밖에 없는 주인공의 변혁의지와 작가가 처해 있던 당시의 암울한 분위기 사이에는 연관성이 있다고 봅니다. 그러나 벽초가 그걸 어느 정도 의도적으로 썼느냐 하는 것은 분명치 않습니다. 한가지 분명한 점은, 의적 집단으로 결집하는 과정과 이를 통한 당시의 풍속이나 생활상의 묘사가 처음에는 일종의 평형상태를 이루다가 나중에 가서는 후자 쪽으로 기울어지고 있다는 사실입니다. 보다 엄격한 리얼리즘을 고수하는 비평가가 『임꺽정』을 당시의 세태소설과 관련지어 이 소설의 한계를 비판하는 것도 이러한 점을 염두에 두고 한 것으로 여겨집니다.

『임꺽정』 전후반 사이의 변조를 어떻게 볼 것인가

최원식 : 이번 좌담이 지금까지는 전원 합의제로 이루어지다 처음으로 논쟁이 벌어졌습니다.(웃음)

『임꺽정』 연구자들이 조선의 정조를 그리겠다는 벽초의 말을 있는 그대로 받아들여 이 작품이 마치 조선 정조를 그린 향토소설처럼 이야기하는데 그것만 가지고 『임꺽정』을 평가할 수는 없을 것 같습니다. 제 생각으로는 군도가 주관적으로는 혁명적 의지를 가졌다 하더라도 당시의 사회적 조건 속에서는 의적의 봉기나 군도의 저항으로는 진정한 혁명적 변화가 일어날 수 없다는 점을 강조하고자 했던 게 아닌가 합니다. 말하자면 홍명희의 작가의식의 후퇴라기보다는 의적 형태의 저항이란 그렇게 될 수밖에 없다는 모습을 부각시킨 것으로 봐야 할 것으로 생각됩니다. 우리나라 역대 왕조사도 그렇습니다만 중국 역대 왕조사의 교체도 그렇게 설명되지 않습니까? 광범한 농민반란의 물결을 타고 혁명의 지도자가 등장하지만 새로운 왕조가 들어서게 되면 농민들을 배반하고 문신지식인들을 수성의 파트너로 잡아서 해이되었던 봉건체제를 재정비하는 것으로 끝나버리는 과정으로 말입니다. 그런 맥락에서 본다면 벽초의 의도는 전봉준 수준도 안 되는 의적 수준의 임꺽정반란이란 그렇게 될 수밖에 없다는 것을 말하고자 했던 것이라고 봐야 할 것입니다.

반성완 : 작품이 씌어지는 과정을 보면 벽초 자신이 완결되었다고 생각지 않고 계속 써야 한다고 생각하면서도 3, 40년대에는 다 쓰지 못하고 1945년 이후에까지 결말을 다시 미룬 것을 보면, 벽초 자신이 미흡하다고 느꼈던 부분을 해방 후의 새로운 시대의식이나 정치적 비전에 의해 보완하려고 한 것은 아닌지 모르겠습니다. 아무튼 역사소설은 비록 과거의 역사를 대상으로 하고 있지만 자기가 살고 있는 당대의 현실에 의해 강한 영향을 받는 것은 분명한 듯합니다. 여러 선생님들께서 지적하셨지만, 소설의 초반부와 후반부 사이에 일종의 불협화음이 존재하는 것을 부인하기 힘듭니다. 이 문제는 앞으로 구체적인 연구를 통해 밝혀져야 할 부분이라고 생각합니다.

임형택 : 글쎄요, 작품이 일관된 톤으로 나가지 못한 면은 없지 않다고 봅니다. 그러나 단절감을 준다는 것은 달리 봐야 되지 않을까요. 구성수법의 특징에서 오는 것으로.

최원식 : 처음에는 안 그랬지요. 특히 운총과의 결연과정에서 잘 보이듯이 여성에 대해서도 어떤 동지적인 연대를 발견하는 임꺽정의 모습이 보입니다. 그리고 임꺽정이 노밤이와 노는 모습도 참 못마땅하지요. 임꺽정이가 다른 사람에게는 그렇게 엄격하면서도 노밤이에게는 터무니없이 관대하여 결국 자기 집단을 파괴하는 데 일조하지 않습니까?

임형택 : 그게 일종의 복선이죠. 작가는 임꺽정 성격의 모순되는 면을 그리면서 동시에 다음 사건의 복선을 깔아놓은 겁니다.

최원식 : 지금까지 『임꺽정』에 대해 일방적으로 찬사만 보냈습니다만, 사실 찬찬히 살펴보면 임꺽정사건의 역사적 성격이 농민저항임에도 불구하고 작품에서는 농민적인 것이 없다는 큰 결함을 갖고 있지요. 임꺽정부대의 주류라고 할 수 있는 농민들의 형상화가 세밀하게 되어 있지 않다는 것이 이 소설의 한계라고 봅니다. 말하자면 『수호지』와 다르면서도 『수호지』적인 것이 아직 크게 남아 있다고 생각됩니다. 「화용도」와 「적벽가」가 『삼국지』에 대한 민중적 재해석을 해냄으로써 새로운 경지를 개척했는데 『임꺽정』에서는 졸개들의 주류를 이루었을 농민층의 형상화가 아주 부실하다는 점에서 작가의식의 한계를 보여주는 것이 아닌가 하는 생각입니다.

임형택 : 곽오주는 머슴살이하던 사람이므로 농민적 인물로 일단 볼 수 있습

니다. 그러나 농민의 전형으로는 약하지요. 농민층에 대한 묘사가 왜 그렇게 간과돼버렸는가는 의문점의 하나이며, 중요한 결점으로 지적할 수 있겠지요.

염무웅 : 사실 벽초가 농민들의 삶에 대해 별로 이해가 없었던 게 아닐까요?

반성완 : 그 점은 황석영의 『장길산』을 두고도 자주 지적되는 점이지요.

최원식 : 작가가 도적생활을 해봐서 도둑들의 생활을 그렇게 세세하게 묘사했던 것은 아니지 않습니까.

임형택 : 우선 농민을 형상화시킨 소설의 전통이 거의 없었다는 점도 그 원인 가운데 하나로 지적할 수 있을 것 같아요. 그리고 농민저항에 있어서 물론 농민이 그 기반을 이루고 있긴 하지만 농민의 목소리는 항상 그 지도자를 통해서만 반영된다는 특성에도 더욱 중요한 원인이 있지 않을까 생각합니다. 다시 말하면, 농민은 아직 자기의 독자적 개성적인 얼굴을 드러내지 못했던 거죠.

반성완 : 일반 농민이란 어떤 계기에 의해 촉발되지 않으면 결코 쉽게 움직이지 않는, 항상 토지에 긴박되어 있는 매우 보수적인 삶의 모습을 보입니다. 그래서 착취와 억압이 가중되어도 스스로 새로운 움직임의 선두에 나서지 않는 속성을 갖지요. 독일 농민전쟁의 경우에도 농민들의 불만이 고조되지만 정작 그것을 일정한 움직임으로 이끌어내는 작업은 종교적 지도자라든가 정신적 지도자, 그러니까 농민하고는 다른 계층에 의해서 주도되지요.

임형택 : 농민저항의 발전적 형태인 임술민란이나 심지어 갑오농민전쟁의 단계에서도 지도자로서 바로 농민이 뚜렷하게 부각된 사례란 거의 찾아보기 어렵지요. 임술민란에서도 대개 서민지식인이 큰 역할을 하게 됩니다. 갑오농민전쟁에서 전봉준만 하더라도 서당 훈장이었으며, 그밖의 다른 지도자들도 농투성이는 아니었던 것으로 알고 있습니다.

반성완 : 벽초의 작가의식의 한계를 보여주는 또 다른 대목으로 임꺽정이 서울에서 활동하는 장면을 주목해볼 수 있을 겁니다. 서울의 생활 모습을 묘사하고자 한 것이라면 임꺽정이 서울에 와서 여러 여자들과 외도하는 모습은 한두 회로 끝내고 당시의 서울의 모습을 평민층이나 빈민층의 삶과

관련시켜서 재현시키는 노력이 필요했던 것이 아닌가 합니다. 임꺽정이 외도하는 대목의 비중이 적었더라면 그 부분이 살아날 수 있는 여지가 더 많았을 것으로 보입니다. 그러니까 정치적인 좌절이 에로스적인 것에서 그 출구를 찾는 모습은 우리가 흔히 볼 수 있는 것이고, 그런 면에서 보면 일정한 리얼리티를 갖는 것이긴 합니다만 그런 부분이 불필요하게 많았다는 지적을 할 수 있을 겁니다.

염무웅: 작품의 전체적인 효과를 떠나서 본다면 그런 부분들조차 기막히게 재미있고 당대의 현실에 대해 시사하는 바가 많습니다. 어떻게 본다면 『임꺽정』이란 소설은 마치 판소리가 그러하듯이 부분들의 예술적 독립성이 강한 그런 작품이고, 그래서 아무 데를 펼치더라도 한동안 재미있게 읽을 수 있는 그런 작품인지 모르겠습니다. 그런 점에서 이 작품은 서양문학사의 이른바 피카레스크 소설과 닮은 데가 많다고 여겨집니다. 이와 관련된 딴 얘기입니다만, 이 작품의 또 한가지 흥미로운 점은 주인공들이 국토의 이곳저곳을 여행하면서 당대의 수많은 주요인물들과 만나도록 설정해놓은 것입니다. 사실 우리는 이 작품을 읽으면서 우리나라의 웬만한 명산 대찰을 두루 구경할 수 있어요. 그야말로 백두에서 한라까지 국토기행을 하게 됩니다. 그런가 하면 퇴계·남명·토정·화담 등등 당대의 일류명사들과 고루 인사를 나누고 그들의 인품과 철학을 한귀퉁이 접하게 됩니다. 어떤 사람은 이것이 작품구성상의 산만함을 초래했다고 보는 모양이지만 나는 그렇게 생각지 않습니다. 이것은 벽초의 용의주도한 배려의 결과입니다. 그는 사실 면밀한 계획을 통해 국토와 조국에 대한 사랑, 민족의 연면한 전통에 대한 탐색을 호소하고 있어요. 물론 당대의 유명인사들이 너무 고루고루 많이 나와서 소설적으로는 좀 작위적이라는 느낌도 없지 않지요. 하지만 짧은 삽화적 묘사를 통해 벽초의 인물평은 지극히 날카로워서 그의 심오한 역사 해석을 엿보게 합니다.

임형택: 특히 평산과 봉산지방 선비들이 청석골로 붙잡혀오는 전후에 그 선비들의 모습을 참으로 생생하고 뛰어나게 그리고 있지요. 송악산 무당의 굿하는 장면은 민속자료로서도 훌륭한 가치가 있습니다.

반성완: 그리고 조선시대 권력투쟁이 구체적으로 어떻게 일어났던가 하

는 모습은 양반편의 윤씨들 이야기에서 아주 생생하게 드러나지요.

　임형택 : 그 부분은 요즈음 작가들이 좀처럼 따라가기 어려운 곳이죠. 근래 호평을 받는 역사소설들을 읽어보더라도 하층인물들은 비교적 잘 그리는데 상층부의 인물, 문인학자나 벼슬아치들은 영 제대로 그려내지 못합니다. 궁중 내부의 생활, 양반 대가의 생활 모습, 그리고 그들의 권력을 둘러싼 암투 같은 것은 역사물에 노상 나오지만 억지투성이어서 들여다보고 있으면 짜증이 납니다. 벽초 아니면 그렇게 리얼하게 형상화시키기 어렵지요.

벽초가 우리말을 다듬고 고르는 노력에 고개 숙여져

　염무웅 : 소설가로서 벽초의 가장 뛰어난 재능은 인물들간의 대화를 꾸려나가는 솜씨가 아닐까 합니다.

　반성완 : 그 점은 『임꺽정』의 문체가 우리의 전통적인 이야기 형식을 담고 있고 우리 언어가 갖는 자연스러운 톤과 음악성을 잘 살려내는 데서 드러나는 장점 가운데 하나라고 생각됩니다. 『임꺽정』을 읽다보면 언어적인 질감에서 느껴지는 말재미가 상당하거든요. 흔히 지적되는 것처럼 우리가 오늘날 쓰고 있는 문체는 전통적인 우리의 언어감각이나 일상적인 언어와 너무 차이가 나지 않습니까? 그것은 근대교육 이후 서구적인 문자생활에 강하게 영향을 받아 실제 말하는 것과 문자로 표현되는 것 사이에 큰 괴리감을 느끼게 된다고 할 수 있을 겁니다. 그런데 『임꺽정』을 보면 우리말을 무리없이 그대로 옮기고 있어 글이 살아 있고 우리의 전체적인 삶과 생생한 관계를 맺고 있다는 느낌을 강하게 받습니다.

　우리의 문학연구에서 문체연구가 거의 이루어지지 않고 있습니다만, 독일어의 경우를 보면 오늘날의 문체가 50년 내지 100년 전의 문체 또는 괴테시대의 문체와 비교해서 거의 변화가 없는 데 반해 우리의 경우는 몇십년만 격차를 두고 봐도 문체의 변화가 급격한 편입니다. 벽초의 『임꺽정』은 전통적인 우리의 언어생활과 20세기의 언어 사이를 연결시켜주는 중요한 매개고리의 역할을 한다고 할 수 있겠습니다. 이러한 측면과 관련하여 벽초가 『임꺽정』에서 구사했던 우리의 언어와 문체를 체계적으로 공부해서 우리의 문화나 언어생활을 재정립하는 데 활용해야 된다는 생각이 절실해집니다.

임형택 : 전적으로 동감입니다. 저는 한두 가지 사실만 덧붙이죠. 벽초는 상황 상황에 따라 각기 그 경우에 가장 합당한 문장 표현을 쓰고 인물묘사도 그 사람의 그때의 처지와 그때의 심경을 눈앞에 보듯 포착하는 솜씨가 놀랍지요. 그러면서도 전체적으로는 우리에게 자연스레 와 닿는 문장이 되고 있어요. 우리 신문학이 구어체를 채용했다고 하지만 실제 언중의 말씨와 견주어 작품의 언어가 생경하고 부자연스런 면이 많지 않아요? 벽초 자신이 언어구사에 얼마나 세심한 배려를 하였는가는 그가 어떤 좌담 석상에서 이야기한 것을 보면 알 수 있습니다. 벽초는 우리나라 농민들의 언어 가운데 문학적으로 훌륭한 표현이 많다고 하면서 그 예로 "놀란 흙이 눈으로 뛰어들었다." "웃는 듯한 분홍빛" 같은 표현을 들고 있습니다. 그는 일반 민중들의 언어에 깊은 관심을 갖고 있었던 겁니다. 그래서 작품 전면에 걸쳐서 민중의 언어를 살려냄으로써 민중적 미의식을 확보해낼 수 있었다고 생각됩니다.

염무웅 : 저는 이런 이야기를 들었던 적이 있습니다. 누가 벽초를 방문하여 같이 이야기를 나누는데 벽초가 방석 밑에 원고를 넣어놓고 있다가 이야기 도중 문득 생각난 듯이 원고를 꺼내서 한 단어 고치고 또 한참 후에 그렇게 하더라는 겁니다. 내방객과 담소를 하면서도 소설 쓰는 일을 염두에 두고서 적당한 말이 생각나면 다시 고쳐 쓸 만큼 언어의 선택에 노심초사했다는 좋은 증거이지요.

반성완 : 우리의 경우 일상적으로 쓰고 있는 말과 문자생활에서 쓰여지는 언어의 격차가 엄청나다고 생각합니다. 옛날에는 말은 우리말로 문자는 한문으로, 즉 문자생활을 하는 사람은 극소수였고 언어생활은 대부분 일상적인 말로 했기 때문에 우리의 고유한 생활언어가 풍푸하게 사용될 수 있는 여지가 많았지만, 교육이 확대되어 문자생활을 하는 사람이 늘어나면서 그리고 외국의 영향을 받은 문자생활이 확대되면서 전통적으로 우리가 가지고 있었던 다양한 생활언어가 급속히 소멸되는 과정을 겪었던 것입니다. 『임꺽정』에 나타나는 어휘가 불과 몇십년 전의 것인데도 우리가 모르는 말투성이

인 것은 이러한 사정에서 연유한 것 같습니다. 이게 사실 대단히 심각한 문제지요.

최원식 : 흔히 하는 말로 푸시킨이 나오기 이전의 러시아말은 문학어가 될 수 없다고 하지 않습니까? 푸시킨이 나타남으로써 러시아어는 민족언어로 발전했는데, 우리나라의 경우는 이런 과정을 제대로 겪지를 못했던 것입니다. 중세 봉건사회의 언어는 계급언어라고 할 수 있습니다. 계급계층에 따라 또 직업에 따라 말이 다 다르다고 할 만큼 계급언어로 분화된 상태였지요. 근대 시민혁명을 거쳐서 민족국가를 건설하였으면 계급언어가 민족언어로 통일되었을 것인데 우리는 그런 과정을 겪지 못했지요. 말하자면 자주적인 근대화의 과정을 겪지 못함으로써 우리 언어와 문자도 식민지화되는 현상을 겪게 됩니다. 이런 과정의 그 두드러진 현상으로 우리 문장의 번역투를 들 수 있고 그 대표적인 예가 김동인의 문체라고 할 수 있습니다. 김동인의 문체가 짧고 간결한 것으로 정평이 나 있지만 그것은 기실 우리 말투가 아니라 번역투입니다. 김동인의 문장에는 주어·목적어·서술어가 꼭 들어 있는데 우리말은 흔히 주어를 생략하지요. 그래서 염상섭이 김동인에게 이런 소리를 했다고 합니다. "자네는 소설 잘 쓰려면 마누라라도 이광수처럼 서울 여자를 얻게, 자네 서울 여자 안 얻으면 앞으로 소설 못 써……."『임꺽정』에서는 민중언어에 대한 관심도 컸지만 양반언어 가운데 좋은 말들을 끌어내어 민중언어들과 통합시켜냄으로써 민족언어의 전형을 보여주고 있다고 할 수 있겠지요. 그래서 홍명희의『임꺽정』이 널리 읽힌다면 우리 언어생활에 획기적인 변화가 있을 것이라고 생각합니다. 한국의 푸시킨이나 괴테의 역할을 충분히 할 수 있을 거예요.

임형택 :『임꺽정』을 보면 전혀 방언이 구사되지 않고 있습니다. 운총이나 봉단이, 양주팔이 등 모두 출신지가 다른데도 사투리를 쓰지 않고 대체로 서울말을 쓰고 있어요. 또 벽초가 민중의 언어를 구사했다고는 하지만 전체적으로 보면 상당히 격조 있는 말을 썼어요. 상사람이 나온다고 해서 막된 상말을 쓴 것은 아닙니다. 당시 임꺽정이 그렇게 아(雅)한 말을 썼을 리 없겠는데……

최원식 : 요즈음 소설은 너무 상소리를 막무가내로 쓰는 경향이 심하지요.

346

임형택 : 벽초가 왜 상소리나 방언을 쓰지 않았느냐 하는 문제는 민족언어로 언어를 재통합해야 한다는 각도에서 그랬을 가능성이 크다고도 생각됩니다.

최원식 : 끝으로 『임꺽정』에 대한 연구사적 검토를 했으면 합니다. 『임꺽정』이 발표되었을 때 대부분이 찬사를 아끼지 않았는데 임화는 「세태소설론」에서 비판을 하고 나섰지요. 임화의 비판은 주관과 객관의 변증법적인 통일이라는 서구 리얼리즘의 기본법칙에 근거한 것으로 『임꺽정』이라는 작품도 결국 세태소설로 떨어지고 말았다는 겁니다. 즉 백두산도 나오고 기생 이야기도 나오고 해서 당시의 조선사회의 정조를 훌륭히 재현하고 있지만, 그것을 근본적으로 관통하고 있는 정신이 없는, 말하자면 주관이 거세된 객관의 나열이라고 했습니다.

그후 이원조도 「임꺽정에 관한 소고찰」에서 기본적으로 임화의 입장에 동조합니다. 이원조에 의하면 『임꺽정』의 묘사가 자연주의적인 면을 갖고 있어 세태소설이라고 할 수도 없지는 않다는 겁니다. 이렇게 임화의 입장에 기본적으로 동조하면서도 『임꺽정』을 조직하는 소설의 구성원리는 서구적 리얼리즘과는 다른 어떤 동양소설의 모형이 여기에 있다고 하여 그 독자성을 인정하고 있습니다. 이 점이 『임꺽정』에 대한 기본적인 쟁점인 것 같습니다. 그런데 해방 후 백철이나 이재선 등은 오히려 『임꺽정』을 계급의식을 고취하는 혁명소설로 봤습니다. 요즈음 연구자들이 몇편의 논문을 발표했는데 대체로 임화의 관점에 동의하고 있지요. 오늘 이 좌담에서는 결과적으로 임화의 관점에 대한 전면적인 재조정이 되었는데 이 점을 염두에 두면서 한마디씩 해주십시오.

『임꺽정』에 대한 좌우 편향적 평가보다 민족문학의 튼튼한 유대를 뜨겁게 확인하는 일이 중요

염무웅 : 벽초 홍명희의 작품이니까 으레 계급의식을 고취한 혁명소설이겠지 하는 선입견을 가지고 이 작품을 읽으면 누구나 실망할 겁니다. 물론 수많은 역사상의 인물들 가운데 바로 임꺽정 같은 존재를 주목한 것은 무

심한 일이 아니지요. 그러나 조선왕조사회가 엄연한 계급사회이고 당대의 모순과 문제점이 여기에 응축되어 있다는 것은 아무도 부인 못할 역사적 진실입니다. 문제는 이 역사적 과거를 보는 벽초의 관점이 과연 계급주의적이었느냐 하는 데 있을 터인데, 앞에서 누누이 얘기했듯이 벽초의 입장은 보편적 인간해방을 지향하는 애국적·민족주의적인 것이었음이 분명합니다. 도리어 그런 입장이 작품 전편에 걸쳐 철저히 관철되지 못한 면이 아쉽다면 아쉽다고 해야겠지요. 그러나 그렇다고 해서 임화처럼 세태소설 수준으로 격하해서 평가한다면 그것이야말로 지나치게 편협한 도식주의이고 관념주의지요. 저는 임화뿐만 아니라 3, 40년대의 좌익 평론가들에게 일반적으로 그와 같은 좌익 편향이 있었다고 생각합니다. 그렇기 때문에 그들은 예컨대 현덕(玄德) 같은 작가를 옳게 평가하지 못하고 다만 묘사에 능하다는 그 기술적 측면만 인정하고 말아요. 똑같은 묘사지만 현실과의 정면대결을 포기한 결과로서의 자연주의도 있는 반면에 도식화의 유혹을 이겨낸 참된 리얼리즘도 있는데, 임화 등은 이것을 변별하지 못하고 있어요. 아무런 매개과정 없이 문학을 정치에 이용하려는 안일성이 문학과 정치 모두를 옳게 판단하지 못하게 만든 것 같습니다. 위대한 문학작품은——위대한 정치적 행동도 그러하지만——임화나 백철 같은 좌우 편향적 해석을 멀리 벗어나 인간과 역사의 진실을 힘차게 보여줍니다. 『임꺽정』은 그런 위대함에 근접한 작품이지요.

　돌이켜보면, 이 작품이 신문에 연재되기 시작한 지 60년이 됐습니다. 그 동안 엄청난 역사적 격변을 겪었고 벽초의 이름을 입에 올리는 것조차 겁을 내야 했던 불행한 시대를 살아왔습니다. 민족문학의 자산이라 해야 할 이런 작품을 몰래 숨어서 읽어야 했다니 이 얼마나 통절한 민족적 비극이었습니까. 그러나 그러는 가운데서도 역사는 발전하고 민족은 해방을 향해 전진해왔습니다. 문학사적으로도 우리는 허다한 우여곡절을 겪으며 많은 발전을 이룩했습니다. 그리하여 이제 우리는 벽초의 『임꺽정』과 대등한 위치에 놓이는 작품들을 민족문학의 범주 안에서 적잖이 거명할 수 있게 되었습니다. 가령 역사소설로서 황석영의 『장길산』 같은 대작을 예로 들 수 있지요. 이 『장길산』이 선배의 작품을 어떤 점에서 넘어섰고 어떤 점에서 아직 넘어서지 못했느냐——냉정하고 엄밀하게 따져보는 자리가 따로 마련되어야 할 줄 압니다. 그러나 단순한 우열 비교는 중요하지 않다고 생각합니다. 중요한 것은 민족문학의 피어린 전선에서 이 작품들이 앞서거니 뒤서거니 튼튼한 유대로써 힘있게 맺어져 있음을 뜨겁게 확인하는 것입니다. 그 확인의 자리에 서서 우리는 『장길산』을 좀더 가차없이 비판할 수도 있을 것이며, 민족문학의 다가올 승리를 뿌듯이 예감할 수도 있을 것입니다.

　반성완：임화와 벽초의 근본적 차이점은, 전자가 엄격한 계급성을 전제로 한 리얼리즘 문학관을 주장하였다면 후자는 보다 폭넓은 민중성을 염두에 두고 리얼리즘을 실현하고자 노력했다는 점입니다. 그리고 임화가 다분히 서구문학의 논리를 앞세워 소설의 보다 완벽한 짜임새, 예컨대 계급성이 선명한 전형적 인물의 부각이나 보다 필연성을 지니는 이야기의 구성, 그리고 보다 분명한 역사적·정치적 비전의 형상화를 요구하고 있다면, 벽초는 '조선 정조의 일관성'에 바탕한 전통적 서사장르의 짜임새나 기법, 그리고 있는 그대로의 역사적 사실이나 인물에 충실하려고 하고 있다고 할 수 있습니다. 이러한 차이는 원칙론적으로 서로 배치되는 차이라기보다는 당시의 시대적 상황과 결부된 문학의 전술적 차이라고 봅니다. 저의 견해로는, 그 시대의 정지적 요구를 일단 후퇴시키면서도 조선시대의 정조나 민중적 생활상을 일관되게 또 총체적으로 그려냄으로써, 당시 식민화하는 문화적 현실에 대응해서 민족문학의 연속성과 민족의 동질성을 창출하려고 했다는 점에서 서구적 모델에 입각한 엄격한 리얼리즘을 고수하는 것보다도 민족문학사라는 거대한 시각에서 보면 훨씬 더 큰 효과를 거두었다고 생각합니다.

　임형택：두 분이 적절히 지적하셨습니다만, 임화는 벽초의 『임꺽정』에서 안으로 흐르는 의미를 읽지 못한 듯합니다. 임화가 그의 명쾌한 필치로 지적한 바 『임꺽정』의 특징이 현대의 세태소설이 '모자이크'적인 데 대해 '파노라마'적이라든지, 한 시대의 인물과 생활상의 만화경과 같은 전개에서 매력을 느낀다는 등의 발언에 저 역시 동의합니다. 그러나 시대상의 만화경적 제시만 있지 주제사상의 긴장된 표현이 사상되었느냐 하면 저는 그렇지 않다고 봅니다. 인물을 형상화하고 사건전개를 해나가는 가운데 그 시대 역사가 안고 있는 사회적 문제와 생활하는 인간의 고뇌가 담겨 있습니다. 다만

충분히 용해되고 배어 있어서 튀어나오지 않을 따름이지요. 역시 같은 논리로 '조선적 정조'로 이 작품을 총괄하려는 견해에도 반대합니다. '조선적 정조'의 탁월한 표현이 이 소설의 더없는 미덕이며, 작가 자신도 이 점에 치중했던 것은 사실이지만 그것은 어디까지나 주제를 구성하는 살이요 색채이지 진수는 아니라는 거죠. 수박의 껍질만 씹는다든지, 찬장에서 숟가락 줍기 식의 표피적 이해로 만족할 수는 없지 않겠어요. 끝으로 하나만 말하겠습니다. 우리는 한번쯤 벽초로 돌아갈 필요가 있다는 것입니다.『임꺽정』을 쓸 때의 벽초로 말입니다. 우리는 일제 식민지를 거치고 분단의 시대를 살아오면서 서구적 편향 속에 우리의 눈도 부지불식간에 상당히 왜곡되어 있다고 생각됩니다. 벽초를 제대로 이해하고 그가 가지고 있었던 좋은 점을 배우는 것이 지금 우리의 병을 치유하는 처방이 되지 않을까요. 이대로 가다간 서구적 편향에 의해서『임꺽정』까지 왜곡시켜 놓을 우려도 없지 않겠어요.

  최원식 : 저는『장길산』이『임꺽정』이후 최대의 역사소설이라고 생각합니다. 그러나『장길산』이『임꺽정』을 넘어섰느냐 하는 물음에는 선뜻 긍정할 수 없습니다. 단적으로 홍명희는, 임꺽정은 결국 도적에 지나지 않는다는 점을 날카롭게 그리고 있는 데 대해 황석영은 장길산을 혁명가로 그리고 있습니다. 홍길동이든 임꺽정이든 장길산이든, 주관적인 혁명적 의도에 무관하게 그들은 결국 의적에 지나지 않고, 냉정히 말하면 의적은 혁명가가 될 수 없는 것입니다. 이제 의적의 시각이 아닌 새로운 역사소설의 모형이 개발되어야만 하리라고 생각합니다.

  임형택 : 분단시대 이후 황색본『임꺽정』이 판을 치고 유행하게 되는 상황, 나아가 현대사회의 통속화된 문화풍토에 대해서도 생각할 점이 많다고 봅니다. 악화가 양화를 구축하는 꼴이 되고 말았거든요.

  반성완 : 하나의 역사적 소재는 시대에 따라 다르게 형상화됩니다. 그러나 우리의 경우, 현대사의 파행적 단절로 인해 모든 분야에 걸쳐 전통의 굴절과 왜곡이 심합니다. 이는 문학뿐만 아니라 우리 삶의 모든 현상에도 그대로 적용됩니다. 이러한 현상을 극복하고 올바른 방향으로 나아가기 위해서도 벽초의『임꺽정』은 문학을 훨씬 넘어서는 역사적 의미를 지닌다고 생

각합니다.

　　최원식 : 오늘 좌담은, 만시지탄은 있지만, 홍명희와 『임꺽정』에 대한 본격적인 논의의 실마리를 어느 정도 풀었다고 생각합니다. 역시 토론은 좋은 것입니다. 이 기회에 강조되어야 할 것은 월북작가의 작품 모두가 해금되어야 한다는 점입니다. 그것은 단순히 문학사의 단절을 막는 소극적인 면뿐 아니라 오늘의 우리 문학이 창조적으로 발전하는 데 토대가 되기 때문입니다. 장시간 진지한 토론에 임해주신 여러 선생님께 감사드립니다.(이 좌담은 1988년 5월 20일 사계절출판사 회의실에서 열렸던 것임을 밝혀둔다.)

제2장 홍명희와 역사소설 『임꺽정』

강 영 주

1. 홍명희의 생애와 『임꺽정』

벽초(碧初) 홍명희(洪命熹)는 작가로서보다는 주로 저명한 언론인이자 사회운동가로서 알려져 있는 인물이다. 그가 남긴 작품으로는 대하 장편 역사소설인 『임꺽정』이 있을 뿐이므로, 그는 당시의 문단에서도 대체로 직업적인 문인으로 간주되지 않았던 듯하다. 더욱이 광복 이후의 정치적 행적으로 말미암아 그의 존재는 최근에 이르기까지 문학사적인 논의에서 역시 거의 도외시되어왔다. 그러나 그는 동경 유학시절부터 육당(六堂) 최남선(崔南善), 춘원(春園) 이광수(李光洙) 등과 더불어 조선 삼재(三才)[1]로서, "우리 문학을 창조하신 〔……〕 세 분"[2] 중의 한 사람으로 손꼽혀온 인물이다. 예컨대 작가 정비석(鄭飛石)은 벽초와 그의 작품 『임꺽정』에 대해 다음과 같이 격찬한 바 있다.

> 씨의 해박한 지식과 풍부한 어휘는 실로 경탄을 마지못하려니와, 향토미가 풍부한 순조선식 문장의 미와 절실한 묘사의 진실성은 천의무봉한 바가 있다. 발표된 분량만으로도 『임꺽정』은 조선 최대의 장편이요, 어휘의 풍부한

---

1) 「洪碧初·玄幾堂 對談」, 『朝光』, 제7권 7호(1941. 8), p.104.

2) 李泰俊·李源朝·金南天, 「벽초 홍명희 선생을 둘러싼 文學談議」, 『大潮』, 제1호 (1946. 1), p.70.

점으로나, 문장의 투철한 점으로나, 또는 내용의 예술적 향기로나 『임꺽정』
은 이미 우리 문학의 고전이다. 씨는 육당·춘원 등과 더불어 3천재라는 칭
호를 받아 왔거니와, 『임꺽정』과 같은 걸작은 실로 천재가 아니고서는 범부
의 감히 생념조차 내지 못할 위대한 작품이다. 〔……〕 씨가 앞으로 문학활동
을 완전히 포기한다 치더라도 『임꺽정』 한 질만으로도 문학사상에 뚜렷한 빛
을 영원히 발휘할 수 있을 것이다.[3]

이와 같이 벽초의 『임꺽정』은 연재 당시부터 오늘날까지 많은 찬사를 받
고, 한국 근대문학사상의 일대 거봉으로 고평되기도 하였다. 뿐만 아니라
1970년대의 대표적인 역사소설로 손꼽히는 『장길산』이나 『객주』 등이 『임
꺽정』의 영향을 받았다는 것은 자주 거론되는 사실이다. 그러므로 벽초와
그의 작품 『임꺽정』은 온전한 한국 근대문학사의 기술을 위해서뿐 아니라
오늘날의 역사소설을 논의하기 위해서도 반드시 검토되지 않으면 안 될 대
상이라 생각된다. 그런데 현재 벽초의 생애에 대한 문헌자료는 극히 단편적
인 것들밖에 남아 있지 않으므로, 그의 생애에 대해서는 『임꺽정』을 이해하
는 데에 필요한 한도 내에서만 간략히 살펴보고자 한다.

　홍명희(호는 假人·可人·碧初)는 1888년 충북 괴산에서 풍산 홍씨(豊山洪
氏家)의 장남으로 태어났다. 그의 집안은 대대로 명문 사대부가로서, 증조
효문공(孝文公) 홍우길(洪祐吉)은 이조판서를 역임했고, 조부 홍승목(洪承
穆)은 참판을 지냈으며, 부친 홍범식(洪範植)은 금산 군수로서 후에 경술국
치를 당해 자결한 인물이었다.[4] 유년시절부터 기억력이 비상하고 문재가
뛰어나던 벽초는[5] 5세 때부터 한학을 수학하여 8세 때 이미 한시를 짓기
시작했으며, 11세 때부터 『삼국지』 등 중국소설들을 애독했다고 한다. 14세

---

3) 정비석, 「현대작가총람」, 『小說作法』(신대한도서주식회사, 1946), pp.308~309.

4) 朴殷植, 『韓國痛史』, 『朴殷植全書』 上(단국대학교 동양학연구소, 1975), p.351 ;
　　宋相燾, 『騎驢隨筆』, 『韓國史料叢書』 권2, 국사편찬위원회(탐구당, 1971),
　　pp.162~63 참조. 그의 雅號의 유래에 대해서는 「홍벽초·현기당 대담」, 앞의 책,
　　p.103 참조.

5) 洪起文, 「아들로서 본 아버지」, 『조광』 제2권 5호(1936. 5), pp.182~83, p. 189.

때인 1901년 상경하여 이듬해부터 1905년 봄까지 서울의 중교의숙(中橋義塾)에서 신학문을 공부한 뒤,[6] 그해 여름 도일하여 동경 대성(大成)중학교에서 공부하였다. 동경에서 그는 일본과 서양의 문학서적을 비롯하여 다방면에 걸친 폭넓은 독서를 하면서, 호암(湖岩) 문일평(文一平), 춘원 이광수, 육당 최남선 등과 친밀한 교우를 맺었다.[7]

1910년에 그는 중학을 졸업하고 귀국했으나, 경술국치와 그로 인한 부친의 자결에 충격을 받고 3년상을 마친 1912년 말 다시 출국하여 만주·북경·상해·남양 등지를 방랑하였다.[8] 그곳에서 역시 많은 독서를 하는 한편, 호암 문일평, 단재(丹齋) 신채호(申采浩), 위당(爲堂) 정인보(鄭寅普), 민세(民世) 안재홍(安在鴻) 등과 교우하였다.[9] 수년 뒤인 1918년 귀국한 그는 이듬해 3·1 운동 당시 괴산에서 만세시위를 주도한 관계로 투옥되어, 일년여 동안 수감되었다. 출옥 후에는 1924년 동아일보 편집국장으로 재직하다가 이듬해 시대일보로 옮겨 1926년 시대일보 사장이 되었으며,[10] 그해 시대일보가 경영난으로 폐간되자 정주 오산학교 교장으로 취임하였다.[11]

---

6) 홍명희, 「자서전」, 제1회, 『삼천리』 창간호(1929. 6), 현대사 영인본 p.7.

7) 홍명희, 「자서전」 제2회, 『삼천리』 1929. 9. pp.26~29. 특히 벽초보다 네살 연하이던 춘원은 문학수업을 하는 데 있어서 그로부터 많은 영향을 받은 것으로 알려져 있다. 이광수, 「다난한 반생의 도정」, 『이광수 전집』 제14권(삼중당, 1964), pp.392~93.

8) 홍기문, 앞의 책, pp.181~84.

9) 특히 벽초는 이들 중에서 단재를 가장 뛰어난 인물로 보아 '천재'라고까지 평가하고 있다(「홍벽초·현기당 대담」, 앞의 책, pp.105~106). 『단재신채호전집』에는 후에 단재가 벽초에게 보낸 세 편의 서간이 실려 있다. 그중 마지막 서간은 단재가 1930년 大連 감옥에서 10년형을 언도받고 旅順 감옥으로 이감되기 직전에 역시 옥중에 있는 벽초에게 쓴 것으로서, 자신의 생의 최후를 예감하는 듯한, 매우 절실한 사연으로 되어 있음을 볼 수 있다.(申采浩, 「洪碧初氏에게」, 『단재 신채호 전집』, 別集, 개정판, 형설출판사, 1977, pp.357~58.)

10) 홍기문, 앞의 책, pp.185~86.

11) 스칼라피노·이정식, 『한국공산주의운동사』 1권, 한홍구 역(돌베개, 1986), p.152.

한편 그는 1923년 좌익 사상단체인 신사상연구회의 조직에 참가했으며, 1924년 신사상연구회가 행동단체인 화요회로 그 명칭과 성격을 바꾼 뒤에도 계속 간부로 남아 있었다.[12] 이어서 1927년 창립된 "공산주의자와 비타협적 민족주의자들의 민족통일전선"인 신간회(新幹會)에 발기인의 한 사람으로 참여하여, 총회에서 조직부 간사로 선임되었다.[13] 그후 신간회 간부들은 1929년 12월 광주학생사건의 진상 보고를 위한 민중대회를 개최하여 '민중선언서'를 발표하려다가 거사 직전에 검거되어, 벽초도 1932년 1월까지 수감생활을 하였다.[14]

벽초는 호암과 함께 당시 지식인들 중 제일의 독서가로 정평이 나 있었으며, 장차 대작을 쓸 문인으로 기대되고 있었다.[15] 그러면서도 좀처럼 붓을 들지 않던 그는 1928년 11월 21일부터 조선일보에 『임꺽정』을 연재하기 시작하였다. 이후 신간회 관계로 검거된 뒤에도 유치장에서 일시 집필을 계속했으며,[16] 건강상의 이유 등으로 몇 차례의 중단을 겪으면서도[17] 1940년까지 『임꺽정』의 집필을 계속하였다. 광복 직후에 벽초는 좌익 문학단체인 조선문학가동맹에서 중앙집행위원장으로 추대되었다.[18] 또한 1947년 서울에서 민주독립당을 결성하여 그 지도자가 되었으며, 이듬해인 1948년 김구(金九)·김규식(金奎植) 등과 함께 남북소선 제성낭 사회단체 대표자 연석회의에 참가차 평양에 갔다가 그곳에 남았다. 그후 그는 북한에서 부수상,

---

12) 서대숙, 『한국공산주의운동사연구』 현대사연구회 역(禾多, 1985), pp.68~69.

13) 처음에는 벽초가 부회장에 당선되었으나, "개인 사정과 會勢의 미묘한 사정도 있어" 사임하고 다시 전형하여 조직부 총무 간사에 머무르게 된 것으로 알려져 있다. 조지훈, 「신간회의 창립과 해소」, 『신간회연구』(동녘, 1983), pp.11~12 ; 박경식, 「한국민족해방운동과 민족통일전선」, 같은 책, p.35.

14) 조지훈, 앞의 책, p.22 ; 홍기문, 앞의 책, p.188.

15) 白華, 「文人印象互記」, 『개벽』 제5권 2호(1924. 2), pp.103~04 ; 「홍벽초·현기당 대담」, 앞의 책, p.104.

16) 조선일보, 1929. 12. 30.

17) 「학예 특집—역사적 대작인 『임꺽정』 11년간의 연재」, 조선일보, 1937. 12. 8.

18) 洪九 편, 『건설기의 조선문학』(조선문학가동맹, 1946) 참조.

과학원 원장, 최고인민회의 상임위원회 부위원장 등을 지내다가 1968년 사망한 것으로 알려져 있다.[19]

그의 장남인 홍기문(洪起文)의 술회에 의하면 벽초는 1921년 이전에 이미 맑스주의에 관심을 가져, '원서'들과 더불어 하상조(河上肇)·산천균(山川均) 등 일본 맑스주의자들의 저서를 탐독했다고 한다.[20] 또한 신간회에서 활동하던 당시의 벽초에 대해 관헌사료에서는 조선공산당의 신간회 내 세포조직의 책임자였다고 규정하고 있고,[21] 뒤에 김준연도 벽초를 가리켜 '조선공산당의 비밀당원'이라 밝힌 바 있다.[22] 그러나 벽초는 신간회활동 중 검거되었음에도 불구하고 공산주의자로 기소되지는 않았으며, 당시 그의 태도 역시 민족주의적이었다고 일컬어지고 있어,[23] 사회주의에 공명하는 민족주의자로 보는 것이 타당할 것이라 보는 견해도 있다.[24]

작가로서의 벽초와 그의 작품 『임꺽정』에 대한 본격적인 연구는 거의 전무하다시피 한 실정이다. 1930년대 평단에서 단편적으로나마 최초로 『임꺽정』에 대해 논의한 것은 임화(林和)의 「세태소설론(世態小說論)」이라 할 수 있다. 당시의 대표적인 단편소설들의 유형을 '세태소설'이라 규정한 임화는 "세부묘사, 전형적 성격의 결여, 그 필연의 결과로서 플롯의 미약 등에서 『임꺽정』은 현대 세태소설과 본질적으로 일치된다."[25]고 하여, 『임꺽

---

19) 스칼라피노·이정식, 『한국공산주의운동사』 3권, 한홍구 역(돌베개, 1987), p.600, p.611.

20) 홍기문, 앞의 책, p.186.

21) 京畿道 警察部, 『治安槪況』(1929. 5), pp.102~09 ; 梶村秀樹, 「신간회 연구를 위한 노트」, 『신간회연구』, p.203에서 재인용.

22) 스칼라피노·이정식, 앞의 책 1권, p.153.

23) 「옥중의 인물들」, 『彗星』, 제1권 6호(1931. 9), p.55.

24) 필자는 이 논문을 쓴 뒤 벽초에 관한 더욱 본격적인 연구에 착수하여, 그중 일부가 이미 발표되었다. 강영주, 「벽초 홍명희」 1~5부, 『역사비평』 18·24·25·30·31호(1992. 봄호~1995. 겨울호).

25) 임화, 「세태소설론」, 『문학의 논리』(학예사, 1940), p.357. 이밖에 임화는 「현대소설의 주인공」에서도 『임꺽정』에 대해 유사한 비판을 가하고 있다.(위의 책, pp.414~15)

정』을 세태소설의 일환으로서 비판하고 있다. 이원조(李源朝)도 「임꺽정에 관한 소고찰」에서 당시에 연재된 화적편의 일부를 중심으로 이 작품을 간략히 고찰하면서, 『임꺽정』이 '시간적'이기보다는 '더 많이 공간적'인 소설이며, "이 작품의 묘사적 수법은 자연주의적 수법"이라는 점에서 "세태소설이라 할 수도 없지는 아니할 것"이라 보고 있다.[26]

이와 같이 이 작품의 가장 중요한 특징을 자연주의적 세태묘사라 규정하고 있는 당시 비평가들의 논의에서와는 달리, 해방 후의 문학사연구에서『임꺽정』은 전혀 상반되는 경향의 작품으로 해석되고 있다. 백철(白鐵) 교수는 『조선신문학사조사』에서『임꺽정』을 "현실적인 의미에 역점을 두고 사실(史實)을 무시"하려는 역사소설이라 규정하면서, 이 작품이 계급의식을 고취하려는 의도에서 씌어진 것이라는 점을 암시하고 있다.[27] 이러한 논지를 계승한 이재선(李在銑) 교수는『한국현대소설사』에서『임꺽정』을 '역사적 우의법'을 통해 "역사소설을 계급적 관점에서 원용"한 작품으로 간주하고 있다.[28]

한편 김윤식(金允植) 교수는 「우리 역사소설의 4가지 유형」에서 1930년대 한국의 역사소설을 네 유형으로 분류하면서, 『임꺽정』은 "서민계급 및 천민계층이 권력자를 향하여 품고 있는 저항의식"이라는 '의식성'을 지니고 있으며, 이를 치밀한 풍속묘사와 결합시킴으로써 '균형 감각'을 취한 점에서 '의식형 역사소설'에 속한다고 보아 절충적인 견해를 취하고 있다.[29] 그리고 「1920~30년대 한국 역사소설 연구」에서 해당 시기의 역사소설들을 두 가지 유형으로 분류 고찰한 신재성(申載聖) 씨는『임꺽정』을 "주관을 거세한 채 풍속적 역사에 함몰"한 '삽화적 풍속사'라 규정하여, 임화의 「세태소설론」의 논지로 되돌아가고 있다.[30]

---

26) 이원조, 「임꺽정에 관한 소고찰」, 『조광』, 제4권 제8호(1938. 8), pp.259~61.

27) 백철, 『조선신문학사조사 — 현대편』(백양당, 1949), p.328.

28) 이재선, 『한국현대소설사』(홍성사, 1979), pp.394~95.

29) 김윤식, 「우리 역사소설의 4가지 유형」, 『소설문학』, 제11권 6호(1985. 6), pp.157~58.

30) 신재성, 「1920~30년대 한국 역사소설 연구」(서울대학교 대학원 석사학위 논문, 1986), p.91.

이상에서 살펴본 바와 같이 『임꺽정』에 대한 기존의 논의는 가치판단에 있어서뿐 이니라, 작품의 기본적인 해석에 있어서조차 극단적으로 상이한 견해를 보여주고 있다. 그리고 그 대부분이 단편적인 논의에 그치고 있어, 방대한 스케일의 작품 전체를 대상으로 충분한 검토를 거쳤다기보다는, 극히 인상적인 작품의 일부분이나 작자의 말 등을 중심으로 성급하게 결론을 내리고 있는 경우가 대부분이다. 그러므로 여기에서는 보다 세밀하고 다각적인 논의를 통해 역사소설로서의 『임꺽정』의 성과와 한계를 살펴보고자 한다.

2. 야사의 소설화—봉단편·피장편·양반편

벽초의 『임꺽정』[31] (조선일보, 1928. 11. 21~1939. 3. 11 ; 『조광』, 1940. 10)은 식민지시대에 발표된 역사소설 중 가장 규모가 큰 대하 장편 역사소설이다. 이 작품은 한국 근대 역사소설의 초창기에 해당하는 1928년부터 조선일보에 연재된 이후, 몇 차례의 연재 중단을 거듭하다가 1940년 조선일보가 폐간되자 『조광』지로 발표 지면을 옮겼으나, 결국은 완결되지 못하고 말았다. 따라서 『임꺽정』은 미완성작이긴 하나, 이미 발표된 것만도 원고지 13,000매 이상 되는 방대한 양이며 미완성 부분은 전체의 10분의 1정도라 추측되므로, 이를 제외하고도 충분히 그 전체적인 윤곽을 파악할 수 있는 상태이다.

신문 연재 당시의 순서에 의하면, 『임꺽정』은 봉단편·피장편·양반편·의형제편·화적편의 다섯 편으로 구성되어 있다. 그중 출판된 것은 의형제편과 화적편의 일부이며, 뒤이어 미완성 부분인 화적편의 마지막 부분과 봉단편·피장편·양반편이 차례대로 간행될 것임이 예고된 바 있다.[32]

---

31) 이 작품의 표제는 연재 초기에는 『林巨正傳』이었으나, 1937년 12월 12일 그간 중단되었던 연재가 화적편 '송악산' 장에서부터 속개되면서 『林巨正』으로 바뀌었다.

32) 조선일보 1939. 12. 31일자에 게재된 조선일보사 간 『임꺽정』의 광고 및 『學風』 창간호(을유문화사, 1948)에 실린 해방 후 을유문화사 간 『임꺽정』의 광고 참조.

　이와 같이 집필과 발표 순서는 물론 작중 스토리의 진행으로 보아서도 서두에 놓여야 할 봉단편·피장편·양반편이 마지막으로 출판될 예정이었던 것을 보면, 작자가 그 부분을 수정하여 출판하려는 의도였던 것으로 추측된다. 이 점은 이 세 편이 의형제편·화적편에 비해 전체적으로 플롯이 산만하고, 서술의 필치가 이질적인 사실로 미루어서도 짐작할 수 있다. 그렇다면 신문에 연재된 봉단편·피장편·양반편의 내용은 작자가 그 상태로 출판하기를 주저하고 수정을 가할 예정이었다는 점에서 텍스트로서 문제점을 지니고 있다 하겠다. 그러나 수정본이 끝내 출판되지 못하고 말았으며, 신문 연재분도 어쨌든 작자에 의해 집필되어 일단 발표된 내용이므로, 여기에서는 신문 연재 때의 순서와 내용에 의거하여 이 세 편을 작품에 포함시켜 고찰하기로 한다.

　봉단편은 연재 당시에는 '편명이 없이 72회에 걸쳐 발표된 내용으로서,[33] 임꺽정이 태어나기 이전의 시기를 배경으로 하고 있다. 연산조 때 유배당한

　　1930년대 말 조선일보사에서는 『임꺽정』이 전8권으로 간행될 예정이었으나, 그중 의형제편 上·下, 화적편 上·中의 4권만이 출간되었으며, 제5권 화적편 下 및 제6권 봉단편, 제7권 갖바치편, 제8권 양반편은 간행되지 못하였다. 해방 후 을유문화사에서는 전10권으로 간행 예정이었으나, 의형제편 1·2·3권, 화적편 1·2·3권이 출간된 뒤, 제7회 배본 예정이었던 화적편 4권과 제8회 봉단편, 제9회 피장편, 제10회 양반편은 간행되지 못하였다. 본고에서는 의형제편·화적편은 조선일보사판을, 단행본으로 출간되지 않은 봉단편·피장편·양반편은 조선일보 연재본을 텍스트로 하였다.

33) 신문 연재 때 봉단편과 피장편의 말미에는 각각 '第一編 終' '第二編 갖바치 종'이라 밝혀져 있다. 그러므로 봉단편과 양반편의 편명은 단행본 출간시에 붙여진 것이며, 제2편은 신문 연재시에는 갖바치, 조선일보사판에서는 갖바치編, 을유문화사판에서는 皮匠編으로 되어 있다. 또한 이 세 편은 연재 당시에는 여러 장으로 세분되어, 봉단편이 9장, 피장편이 8장, 양반편이 7장으로 이루어져 있다. 그러나 광고에 의하면 해방 후 을유문화사판에서는 봉단편을 '李校理'와 '反正'의 2장, 피장편을 '交遊'와 '分散'의 2장, 양반편을 '國喪' '士禍' '倭變'의 3장으로 크게 구분하여 의형제편·화적편과의 조화를 꾀하려 했음이 드러난다(『學風』 창간호의 광고 참조). 이 점에서도 작가가 이 세 편을 수정·출판할 예정이었음을 짐작할 수 있다.

홍문관 교리 이장곤은 배소(配所)를 탈출한 후 신분을 숨긴 채 함흥 고리백정의 사위가 되어, 아내 봉단과 금슬 좋은 부부생활을 하게 된다. 그러던 중 중종반정이 일어나자 상경하여 동부승지로 승진하는 한편, 왕의 특지로 숙부인에 봉함을 받은 봉단을 정실로 맞아들인다. 본래 학식 있는 백성으로서 이장곤의 청으로 함께 상경한 봉단의 숙부 양주팔은 묘향산 구경을 갔다가 그곳에서 도인 이천년을 만나 천문 지리와 음양 술수를 전수받고 돌아온 뒤, 이장곤의 주선으로 재취하여 서울에서 가정을 이루고 소일삼아 갖바치 일을 하게 된다. 뒤이어 상경한 봉단의 외사촌 임돌이도 양주팔의 주선으로 양주 소백정의 데릴사위가 되어 그곳에 눌러 살게 된다.

피장편은 역시 편명이 없이 73회부터 180회까지 연재된 내용으로서, 그 편명에서 짐작할 수 있는 바와 같이 대부분 갖바치가 된 양주팔을 중심으로 스토리가 전개된다. 이장곤의 연줄로 대사헌 조광조 등과 교유하게 된 갖바치는 정변을 예견하고 조광조에게 낙향할 것을 권유하나, 망설이고 있던 조광조는 기묘사화를 당해 사사(賜死)되고 만다. 임돌이의 딸이 갖바치의 아들과 혼인하게 되자, 누이를 따라 상경한 장사 소년 임꺽정은 한 동네에 사는 이봉학·박유복과 함께 갖바치에게서 글을 배우면서 이들과 의형제를 맺는다. 그러던 중 이봉학은 활쏘기에 비상한 재능을 발휘하게 되고, 박유복은 창던지기의 명수가 되며, 임꺽정은 검술을 배워 뛰어난 검객이 된다. 그뒤 임꺽정은 입산하여 병해대사가 된 갖바치를 따라 각처를 유람하다가 백두산에 사는 운총과 혼인을 맺고 양주로 돌아오며, 병해대사는 죽산 칠장사에서 생불로 추앙을 받으며 지내게 된다.

양반편은 181회부터 302회까지 연재된 내용으로서, 역시 그 편명에서 알 수 있듯이 중종 말년으로부터 명종대에 이르는 양반사회의 정쟁을 주요 내용으로 하고 있다. 중종 승하 후 즉위한 인종이 일년이 못 되어 의문의 죽음을 맞이한 뒤 이복동생 경원대군 명종이 즉위하고 대왕대비인 문정왕후가 수렴청정을 하게 되자, 실권을 장악한 외척 윤원형 일파는 을사사화를 일으키는 등 계속 정계에 파란을 초래한다. 한편 중 보우는 불교를 신봉하는 대왕대비의 신임을 빙자하여 불사를 크게 일으키는데, 양주 회암사에서 재를 올리던 그의 앞에 홀연 병해대사가 임꺽정을 거느리고 나타나 꾸짖고

사라진다. 그 사이 장년의 가장이 된 임꺽정은 이봉학으로부터 을묘왜변의 소식을 듣고 함께 출전하고자 하나, 백정이라는 신분 때문에 군총에 뽑히지 못하여 홀로 전장으로 향한 뒤, 뛰어난 활솜씨로 군중에서 두각을 나타낸 이봉학이 상관을 구하려다 위기에 빠진 순간 이들을 구출해주고 사라진다.

이상과 같이 봉단편·피장편·양반편은 임꺽정을 중심한 화적패가 아직 결성되기 이전인 연산조의 갑자사화로부터 명종조의 을묘왜변에 이르는 50여 년간의 시대상황을 광범하게 묘사하고 있다. 즉 도처에서 화적패가 출몰하지 않을 수 없도록 어지러웠던 그 시대 지배층의 정치적 혼란상을 소상히 그리는 한편, 임꺽정의 특이한 가계와 성장과정을 보여주고 있는 것이다.

주지하다시피 연산조로부터 명종조에 이르는 시기는 지배층 내부에 있어서는 사화의 시대이며 민중사적인 측면에서는 화적의 시대, 민란의 시대였다. 조선 초기에 강력한 왕권을 바탕으로 확고한 성장을 이룬 양반사회는 이 시기에 와서 새로운 분열의 조짐을 드러내기 시작하여, 일찍부터 중앙 정계에 군림해온 훈구파와 성종 때 대거 등용된 사림파간의 대립으로 네 차례에 걸친 사화를 초래하였다. 한편 훈구세력이 독점한 농장의 확대는 국가의 수입을 줄이고 농민의 생활을 곤궁하게 하였으며, 그 위에 공물의 과중한 부담과 방납의 폐단, 군포의 과중 등으로 농민의 토지이탈이 급격히 증가해갔다. 이로 인해 농촌이 황폐해가자, 유망(流亡)한 일부의 농민들은 도적떼가 되어 각지에서 횡행하였는데, 이러한 군도의 활동이 가장 심한 지역은 군역의 부담이 특히 과중하던 평안도와 황해도 일대였다. 그중에서도 명종 14년(1559)부터 17년(1562) 1월까지 황해도 일대를 중심으로 활약하던 임꺽정 일당은 이를 대표하는 존재라 할 수 있다. 그러므로 임꺽정의 활약은 16세기의 사회적 모순의 분출이자 당시 민중의 변혁에 대한 열망을 상징적으로 보여준 사건이었으며, 나아가서는 임꺽정의 사후인 명종 20년(1565) 훈구파 정권의 붕괴와 사림파 정권의 탄생에도 영향을 미쳤다고 보는 견해도 있다.[34]

---

34) 矢澤康祐, 「임꺽정의 반란과 그 사회적 배경」, 『전통시대의 민중운동』 上(풀빛, 1981) 참조.

그런데 작가가 봉단편·피장편·양반편에서 이와 같은 당시의 정치적 현실을 일견 장황할 정도로 폭넓게 그려 보인 것은, 역사적 인물인 임꺽정의 등장을 위해 필요불가결한 사전준비를 한 것이라 하겠다.[35] 스코트의 역사소설이 그 훌륭한 선례를 보여주듯이, 위대한 역사적 영웅들을 등장시키려면 이에 앞서 그 이전에 일어난 사회 각 계층의 투쟁들을 광범하게 묘사해 둘 필요가 있다. 이러한 신중한 준비를 통해 독자로 하여금 그러한 인물들의 역사적 발생사를 체험하게 해야만 그들을 사회적 갈등의 진정한 대표자이자 필연적으로 나타날 수밖에 없었던 존재로 부각시킬 수 있기 때문이다.[36] 뿐만 아니라 일반적으로 군도(群盜)를 소재로 한 작품이라면 하층의 생활묘사에 치중하기 쉬운 데 반해, 봉단편·피장편·양반편은 상·하층의 생활을 아울러 그리고 있는 점에서도 이 작품 전체에 있어 중요한 의의를 지니고 있다.

일반적으로 역사소설에 있어서는 배경이 되는 시대의 민중생활에 대한 묘사가 핵심적인 역할을 하지만, 그렇다고 해서 상층의 세계를 전적으로 배제한 채 하층생활의 묘사에만 국한되어서는 역사적 진실성을 포착할 수 없게 된다. 다시 말해 상·하층간의 복잡한 상호작용 속에서 역사를 총체적으로 그려내는 가운데서만 하층생활도 객관적으로 형상화될 수 있다. 만약 상층과의 아무런 연관 없이 하층생활만을 묘사하고자 한다면 당시의 민중생활에 관한 구체적이고 직접적인 인상을 표현할 수 있을지는 모르나, 이러한 민중생활의 동향, 곧 역사의 방향성을 집약하는 정치적·사회적 정점이 결여됨으로써 작중의 역사는 평범한 인간의 일상생활에 관한 에피소드의

---

35) 작자 역시 「임꺽정전에 대하야」란 글에서 임꺽정에 대한 史蹟이 "그렇게 소상하게 남아 있지 아니하여 상상으로 스토리를 이어나가야 될 경우가 많습니다마는 역사적 사실인 바에는 그 연대에 치중하여 거의 연대순에 가깝게 사건전개에 지금까지 노력하여왔습니다. 그래서 우선 102회까지는 임꺽정을 싸고 도는 그때 사회의 분위기를 전하기에 소비하였는데 이제부터는 정말 임꺽정이가 나타나게 됩니다." 라고 말하고 있다(『삼천리』 창간호, 1929. 6. p.27).

36) G. Lukács, "Der historische Roman", *Probleme des Realismus* Ⅲ (Newied : Luchterhand, 1965), p.46.

집합으로 전락하고 말 것이다.[37]

이렇게 볼 때 봉단편·피장편·양반편에서 궁중과 사대부사회의 풍속을 여실히 묘사하고 있는 점은 크게 주목될 만하다. 예컨대 윤원형의 첩 난정이가 침전으로 대비를 찾아뵙고 갖은 아양을 떨며 비위를 맞추는 대목이나, 뒤이어 경복궁에 대화재가 발생하여 온 궁중이 소란에 빠진 장면을 보면, 궁중의 법도와 형태, 내부구조 등에 관한 적실한 묘사에 놀라지 않을 수 없다.[38] 그리고 사대부계급의 생활상 역시 대단히 치밀하게 그려져 있는데, 동부승지 이장곤의 집안살림에 대한 다음의 묘사는 그 단적인 사례가 될 것이다.

이 승지가 거처하는 큰사랑에 대병풍 소병풍이 둘러치이고 방 윗목에 이른 매화분까지 놓일 뿐이 아니라 안으로 들어가서 아직 주인도 없는 세간살이가 미비한 것이 없이 갖추었다. 부엌에 큰 솥·작은 솥이 늘비하게 걸리고 장독간에 대독·중두리·항아리가 보기 좋게 놓이고 대청에 뒤주와 찬장이 쌍으로 놓였는데 뒤주 위에 용중항아리까지 쌍을 지어 놓고 안방에는 문채 좋은 괴목장과 장식 튼튼한 반닫이가 겉자리 잡아 놓였는데 장 위와 반닫이 위에는 피죽상자·목상자기 주섬주섬 얹혀 있고 이불장 위에는 이부자리기 보에 싸여 있고 재판 위에는 요강·타구·화로뿐이 아니라 놋촛대·유기등경까지도 놓여 있다. 그리하고 집에 있는 사람들이 수가 적지 아니하여 큰 집이 커 보이지 아니한다. 안에는 의복을 맡은 침모 중에 관복을 짓는 관디 침모가 따로 있고 살림의 권을 쥔 차집의 아래 원반빗아치·곁반빗아치와 원동자치·곁동자치가 갖추어 있고, 그외에 상직꾼, 아이종, 다듬이꾼, 솜 피는 할미까지 있어서 안방 외의 여러 방에 주인 없는 방이 없고 사랑에는 세간 청지기, 수청 청지기와 큰 상노, 작은 상노가 두 수청방에 나뉘어 있고 차차로 드나드는 문객들이 작은사랑에 모여 있어서 사랑에 쓰지 않는 방이 없다. 행랑에 내외 가진 종들과 행랑 사람이 있고 하인청에 교군을 메고 말을 모는 구종(驅從)들과 교군 뒤나 말 뒤를 따라다니는 별배(別陪)들이 있는 중에 안

---

37) Ibid., pp.58~64, pp.252~62.

38) 『임꺽정전』 연재 254~259회, 조선일보, 1930. 10. 11~16.

에 드나들며 안심부름하는 안별감이 따로 있는 것은 말할 것도 없다.[39]

또한 이 봉단편 · 피장편 · 양반편에서 작가는 상층 풍속묘사의 일환으로, 상층의 인물이 등장할 때에는 그 대화나 지문에 있어 철저히 그 계층의 언어를 구사하는 용의주도한 배려를 하고 있음을 볼 수 있다. 예를 들면 백정의 사위가 되어 숨어 지내던 이장곤이 중종반정 이후 함흥 원(員)을 만나 자기의 본래 신분을 밝히자 그전까지 하대하던 사또가 그에게 조정의 소식을 이야기하는 어투가 이렇게 달라지는 것이다.

주상 전하께옵서는 진성대군(晉城大君)으로 잠저에 계실 때부터 성덕이 드러나신 터이지만 우선 폐주(廢主) 연산군(燕山君)을 처치하옵신 것만 보더라도 요순의 자품이 백왕(百王)에 탁월하옵신 것을 알겠습니다. 정국공신(靖國功臣)들 중에 그중에도 더욱이 폐주에게 총애를 받다가 반정 당일에 반연으로 돌아붙은 공신들이 폐주에게 사약(賜藥)하자고 주장했더라는데 위에서 말씀이 의(義)로는 군신이요 정(情)으로는 형제라 그리할 수 없다고 하옵셔서 교동(喬桐)에 안치하게 되었답디다.
서울 안에 그 많던 기생들을 더러는 공신에게 나눠주시고 나머지는 모두 고향으로 내려 쫓으셨답디다. 선성(先聖) 위패를 다시 성균관에 봉안하시고 또 언문(諺文) 금법과 삼년상(三年喪) 금법 같은 부당한 금법을 모두 폐지하셨답디다. 무오년과 갑자년에 화를 당한 사람들은 대개 다 신원(伸寃)이 되었다는데 노형도 지금 무사히 생존한 것을 위에서 아시게 되면 특별한 은전(恩典)이 계실 것이오.[40]

이밖에도 윤원형이 그의 형 윤원로에게 같은 형제지간이라도 제 직품이 더 높으니 남 앞에서는 존대말을 쓰라고 하여 말다툼을 벌이는 장면[41] 등을

---

39) 『임꺽정전』 연재 44회, 조선일보, 1929. 1. 9.(이하 원문은 필자가 현대 표기로 고쳐 인용했다.).
40) 『임꺽정전』 연재 33회, 조선일보, 1928. 11. 29.
41) 『임꺽정전』 연재 228회, 조선일보, 1929. 9. 2.

보면, 작가가 조선시대 양반 사대부사회의 세부 사정에 통달하여 이 방면의 지식을 작중의 대화에서 능숙하게 활용하고 있음을 알 수 있다.

이와 같이 봉단편·피장편·양반편에서 상층의 인물들과 그 생활상을 탁월하게 묘사할 수 있었던 데에는 작자의 출신이나 성장 배경이 큰 힘이 되었을 것이다. 앞서 말한 바와 같이 벽초는 구한말에 명문 사대부가의 자제로 태어나 식민지화되기 전의 조선시대 풍속을 몸소 체험한 인물이었다. 특히 그는 3세 때 모친을 잃어 효문공의 미망인인 증조모의 손에 주로 자라났으며,[42] 한말에 참판을 지낸 그의 조부 홍승목은 1920년대 초까지도 생존해 있었다.[43] 뿐만 아니라 그의 집안은 부친의 사후 가세가 기울기는 했으나 여전히 권솔이 50여 명이나 되는 전통적인 대가족을 이루며 살고 있었다고 한다.[44] 그러므로 벽초는 유년시절은 물론 1920년대까지도 조선시대 사대부가의 풍속과 분위기 속에서 생활하고 있었으리라 짐작된다. 이러한 가문과 생활환경이 벽초로 하여금 자신있게 조선시대 상층계급의 생활을 그려낼 수 있도록 하였을 것이다.

의형제편과 화적편이 거의 하층생활의 묘사에만 국한되다시피 한 것과는 달리, 봉단편·피장편·양반편은 상·하층을 아울러 그리고 있으며, 특히 상층의 생활을 매우 소상하게 묘사하고 있다. 그러나 지배층 내부의 사건을 민중생활의 동향과 유기적으로 관련시켜 그려내는 서구의 고전적 역사소설들에 비한다면, 여기서는 두 계층의 생활상이 다분히 인위적으로 연결되어 있는 느낌을 준다. 즉 봉단편·피장편·양반편에서는 전 홍문관 교리로서 고리백정의 사위가 되었다가 반정 후 다시 정계에 나아간 이장곤과, 그의 인척인 연줄로 최상층의 사대부와 교류를 갖게 된 백정 출신 갖바치의 존재에 의해 두 계층간의 연결이 간신히 이루어지고 있는 것이다.

이 작품에 등장하는 이장곤은 실재 인물로서, 거제도에 귀양갔다가 도주하여 함흥 양수척의 사위가 되었다가 반정 후 복직했다는 사실은 널리 알

---

42) 홍명희, 「자서전」, 앞의 책, pp.96~97.

43) 홍승목은 1925년에 사망하였다. 홍기문, 앞의 책, p.186 참조.

44) 위의 책, p.183.

려져 있으나, 후에 백정 출신인 그 아내가 정실로서 숙부인을 제수받았다든가 학식 있는 처숙이 있었다든가 하는 등의 기록은 찾아볼 수 없다. 또한 조광조가 피장 노릇을 하는 은군자를 찾아가 학문에 관해 묻곤 했다는 기록은 있어도, 그 은군자의 성명이나 내력은 알 수 없었딘 것으로 되어 있다.[45] 이렇게 볼 때 작자는 당시인으로는 예외적으로 천민층과 지배층 사이를 오르내린 실제의 두 인물을 작품 속에 등장시키고, 이들을 주인공 임꺽정과 관련시킴으로써 작중에서 상·하층의 생활을 연결하는 접합점으로 삼으려 했음을 알 수 있다.

그런데 이장곤은 상·하층을 넘나드는, 당시로서는 극히 희귀한 체험을 한 인물로서 그 성격의 형상화도 잘 되었거니와, 이를 통해 작자가 의도하는 계층의식의 부각에도 적절한 인물이라 할 수 있다. 이에 비하면 두 계층의 연결에 더욱 지속적이고 크게 기여하고 있는 갖바치 양주팔의 형상화에는 적지 않은 무리가 따르고 있다.

처음의 봉단편에서 그는 백정치고는 상당한 학식이 있고 지인지감(知人之鑑)이 있는 인물로 소개되어 있으나, 작중에서 미미한 역할을 맡아 그다지 선명하게 그려져 있지 않은데다, 어떻게 해서 그러한 자질을 지닐 수 있게 되었는지도 납득할 수 있게 처리되어 있지 않다. 그리고 고향을 떠난 그가 묘향산에서 도인 이천년의 지도하에 김륜과 함께 도술을 연마하는 대목도, 비록 이천년이나 김륜 등의 존재가 야사에 등장한다고는 하지만[46] 전반적으로 이 작품의 사실적인 필치에 비해 매우 환상적으로 묘사되어 있다. 더욱이 묘향산에서의 수도 이후 환속하여 갖바치 노릇을 하며 지내면서도 당대의 명유(名儒)들과 교유할 만큼 도저한 학문과 인품의 소유자로 설정되어 있다든지, 출가한 후에는 요승 보우를 혼내주고 미래사를 정확히 예언하는 등 생불 대접을 받는 존재로 그려져 있는 것은 너무도 과장이 심하여 진실성이 부족하다고 하겠다.

이와 같이 황당무계할 정도로 이상화된 갖바치가 의형제편에 이르면 유

---

45) 李肯翊, 『燃藜室記述』 권8, 中宗朝故事本末 己卯黨籍 趙光祖·李長坤條.

46) 위의 책, 권6, 燕山朝故事本末 戊午黨籍 鄭希良條.

야무야해지다가 끝내는 사망한 것으로 처리되고 마는데, 이는 앞서 상층과 하층의 연결을 위해 필요했던 그의 존재가 이제부터는 별반 소용이 없게 된 때문일 것이다. 요컨대 갖바치가 이 작품에 등장하는 주요인물로서는 거의 유일하게 현실감이 부족한 존재로 형상화되고 만 것은, 봉단편·피장편·양반편에서 상·하층의 연결을 극소수의 예외적 인물의 삶을 통해 이루려고 한 결과 그에게 너무도 과중한 부담이 지워진 탓이라 할 수 있다.

한편 당시의 사회를 폭넓게 그려보이고자 한 작가의 의도 때문이겠으나, 봉단편·피장편·양반편에서는 당대의 유명 인물들이 망라될 정도로 지나치게 많은 인물들이 등장하여 어지러이 사건이 전개되고, 북으로는 백두산에서 남으로는 한라산에 이르는 광범한 지역이 무대로 됨으로써 전체적으로 플롯이 산만해진 점이 없지 않다. 즉 작가는『연려실기술(燃藜室記述)』에 나오는, 연산조에서 명종조에 걸친 시대의 온갖 종류의 인물과 흥미로운 일화들을 대거 작중에 수용하여 이를 갖바치나 임꺽정과 결부시키고 있다. 그리하여 가령 기묘사화를 일으킨 심정(沈貞)의 아우 심의(沈義)나, 그때 화를 당한 대사성 김식(金湜)의 아들 김덕순(金德純)을 갖바치와 절친한 인물로 설정하여 임꺽정과도 교섭을 갖게 한다든지, 갖바치나 임꺽정이 유람 중 노저에서 이황·서경덕·황신이·성희양·이시함·보우 같은 유녕 인물들과 마주치게 해놓았다. 그 결과 당시의 사회상을 다양하게 묘사할 수 있는 이점은 있을지 모르나, 이장곤·심의·김덕순 같은 주요인물들의 경우를 제외한 대개의 인물들은 불충분하게 형상화된 채로 등장하여 주인공과 작위적으로 연결되어 있을 뿐이다. 또한 그러한 대목들에서는 사건 전개가 지나치게 빠르고 광범하여 당시 현실에 대한 사실적인 묘사의 효과가 적잖이 감소되고 말았다.

이상의 문제점들과 아울러 봉단편·피장편·양반편은 부분적으로 왕실을 중심한 지배층 내부의 암투를 주로 다룬 궁중비화적인 성격을 띤 점 역시 지적되어야 할 것이다. 물론 지배층 내부의 음모와 복수로 점철된 역사의 이면을 그려보이는 궁중비화적 성격이 전편에 관철되어 있지는 않으나, 이러한 성격이 봉단편·피장편·양반편에 부분적으로나마 나타나게 된 것은 이 세 편이『연려실기술』을 위시한 야사의 기록에 지나치게 의존한 때

문이라 생각된다. 즉 당시의 정치적 현실을 재현하기 위하여 야사의 기록을
대폭 수용한 결과 당쟁과 사화의 내막을 즐겨 다루는 야사의 성향이 작품
에도 그대로 반영되고 만 것이다. 또한 의형제편·화적편에 비해『임꺽정』
의 이 세 편에서는 묘사보다도 서술이 상대석으로 큰 비중을 차지하고 있
다든가, 음양 술수·방술(方術) 등 조선조 소설에 흔히 등장하는 황당무계
한 이야기가 적잖이 나오는 것도 야사의 기록을 거의 그대로 차용한 데서
유래한 폐단이다.
　　물론 봉단편·피장편·양반편이 그와 마찬가지로 야사에 크게 의존한 김
동인의『운현궁의 봄』이나 박종화의『금삼의 피』같은 동시대의 작품들에
비할 때, 야사의 기록에 상세하고 사실적인 디테일을 추가하여 매우 훌륭한
형상화를 보여주고 있는 측면도 간과되어서는 안 될 것이다. 예컨대 연산군
의 폭정과 중종반정에 관한 일화들이『금삼의 피』에서는 야사의 기록을 베
끼다시피 하여 서술되고 있음에 반해, 봉단편에서는 이장곤이 함흥 원(員)
및 상경 후 사대부들과 주고받는 대화를 통해 환골탈태되어 전달되고 있다.
그리고 심의가 부모의 유산을 분배받고자 꾀를 내어 형 심정에게 죽은 부
모가 꿈에 나타나 그렇게 지시했다고 거짓말을 하는 대목도『연려실기술』
에 의하면, 꿈속의 부모가 심의에게 "아무 데 있는 밭과 종 누구누구를 네
게 주려 했던 것인데, 그대로 하지 못하고 죽어서 끝내 잊을 수 없구나."고
말한 것으로 소략하게 되어 있을 뿐이나,[47] 피장편에서는 이렇게 자상한 표
현으로 바뀌어 있다.

　　아버지 어머니가 오셔서 나를 보시고 너의 형은 땅도 사고 집도 사고 자꾸
　사는데 너는 아무것도 없이 어떻게 산단 말이냐? 양주 고든골 땅 이십석 자
　리와 광주 너더리 땅 오십석 자리와 왕십리 미나리논 열마지기와 방아다리
　배추밭 사흘갈이와 천쇠 어미와 상길이 내외는 너의 형더러 달라고 말을 해
　라. 영절스럽게 말씀을 하시더니 어젯밤 꿈에 또 두 분이 같이 오셔서 형더

---

47) 위의 책, 권9, 中宗朝故事本末 中宗朝相臣 沈貞附沈義條 "父母言, 汝是小子, 吾
　　甚念之, 某田某奴, 吾欲與汝, 未及而死, 竟不能忘也."

러 말하라니까 왜 말을 아니하느냐고 꾸중하십다.[48]

이와 같이 동시대의 다른 역사소설들에서 찾아보기 힘든 치밀한 디테일의 구사는, 야사의 기록을 사실적인 근대소설의 일부로 수용하는 데 있어 매우 중요한 역할을 하고 있다. 그러므로 야사에 지나치게 의거한 결과 궁중비화적인 성격을 띠게 되고, 묘사 아닌 서술 위주의 문체에다 황당무계한 신비적 요소들이 개입되었다는 비판은, 어디까지나 작가의 기량이 더욱 원숙해진 의형제편과 화적편에 대비했을 때의 평가이다.

후자의 두 편에 이르면 거의 불식되어 있는 그러한 폐단과 관련하여 봉단편·피장편·양반편에서는 지배층에 속하는 등장인물들이 대체로 선인 대 악인의 대립으로 설정되어 있는 점도 문제시되어야 할 것이다. 『임꺽정』의 이 세 편에서는 사림파에 속하는 인물들은 대개 선인이고, 이들에 적대적인 남곤이나 심정·윤원형 일파와 문정왕후 및 보우 등 소위 훈구파에 속하는 인물들은 철저한 악인으로 형상화되어 있는 것이다. 그리하여 사건의 전개도 이광수의 『단종애사』나 박종화의 『금삼의 피』와 유사하게 선인이 악인에 맞서다가 모함을 받아 파멸하는 것으로 되어 있다. 뿐만 아니라 작자는 지배층 내부의 이러한 윤리적 대결에 갖바치와 주인공 임꺽정을 끌어들여, 임꺽정이 갖바치의 명으로 윤원형 일파를 징계한다든가, 사림파나 이를 신임하는 인종에게 호의적으로 대하게 하고 있다. 그러나 이 작품의 전체적인 성격상 천민 출신의 반역아인 임꺽정에게 있어서는 사림파이건 훈구파이건 똑같은 지배계급으로, 모두 부정의 대상이 되지 않을 수 없다. 따라서 봉단편·피장편·양반편에서 사화를 다룬 부분은 역사상의 갈등을 지배층 내부의 암투로 환원시켜 개인적인 선악의 문제로 파악하는 오류에 부분적으로 빠져들고 있음을 말해준다.

이상에서 살펴본 바와 같이, 『임꺽정』의 초반부를 이룬 봉단편·피장편·양반편에서 작가는 상·하층을 포괄하는, 당대 현실에 대한 극히 사실적인 묘사를 통해 역사적 인물인 임꺽정의 등장을 위한 신중한 준비를 갖

---

48) 『임꺽정전』 연재 108회, 조선일보, 1929. 4. 1.

추어놓았다. 그러나 아직 상·하층의 유기적인 관련이 부족하고, 궁중비화적인 성격을 불식하지 못한 점에서 초기작다운 미숙성을 드러내고 있다고 하겠다. 이제 이러한 한계가 의형제편에서는 어떻게 극복되어 새로운 성과에 이르고 있는지를 살펴보기로 한다.

3. 민중성과 리얼리즘의 성취 ─ 의형제편

의형제편은 단행본으로 3권 분량에 해당하는 방대한 내용으로서 '박유복이' '곽오주' '길막봉이' '황천왕동이' '배돌석이' '이봉학이' '서림' '결의'의 8장으로 이루어져 있다. 여기에서는 임꺽정의 휘하에서 두령이 된 주요 인물들의 내력과 화적패에의 가담 경위를 다루고 있다.

제1장 '박유복이'에서 장년이 된 박유복은 부친을 무고하여 죽게 한 노첨지를 살해하여 원수를 갚고 관가에 쫓기던 중, 덕적산 최영장군 사당의 장군 마누라로 뽑힌 최씨 처녀를 만나 인연을 맺고 함께 도주하다가 도둑 오가의 수양딸 내외가 되어 청석골에 눌러 살게 된다.

제2장 '곽오주'에서 청석골 인근 마을의 머슴인 총각 장사 곽오주는 장꾼들을 털던 오가를 때려 눕힌 뒤, 보복하러 나온 박유복과 힘자랑을 하다가 화해하고 의형제를 맺게 된다. 그후 주인집의 주선으로 이웃마을의 젊은 과부에게 장가를 들었다가 아내가 해산 끝에 죽고 말자 동냥젖으로 아기를 키우던 곽오주는, 배고파 밤새 보채는 아기를 달래다 못해 순간적으로 태질을 쳐죽이고 청석골 화적패에 합류하게 된다.

제3장 '길막봉이'에서 소금장수인 천하장사 길막봉은 자형을 불구로 만든 청석골 도둑 곽오주를 때려잡아 관가에 넘기려 하나, 평소 길막봉과 안면이 있는 임꺽정이 청석골에 와 이들을 화해시킨다. 다시 소금장수 길을 나선 길막봉은 안성 처녀 귀련과 정을 통하여 그 집안의 데릴사위가 되나, 장모의 구박으로 처가를 떠나 청석골에 들어오게 된다.

제4장 '황천왕동이'에서 백두산 태생이라, 나는 듯이 걸음이 빠른 황천왕동은 매부인 임꺽정의 집에서 장기로 소일하던 중, 장기의 명수 봉산 백이방을 찾아나섰다가 천하일색인 딸의 배필을 구하려는 백이방의 까다로운

사위 취재를 통과하여 장가를 들고 그 덕분에 봉산에서 장교(將校)가 된다.

제5장 '배돌석이'에서 김해 역졸의 아들로 태어나 비참한 생활을 전전하던 배돌석은 뛰어난 솜씨의 돌팔매로 호랑이를 잡은 덕분에 경천역 역졸이 되고, 호환(虎患)으로 과부가 된 여자를 재취로 맞은데다가 황천왕동과 친해져 자주 내왕을 하게 된다. 그러던 중 부정한 아내를 살해하고 도망하다가 체포되었으나, 때마침 황천왕동에게 와 있던 박유복이 구해주어 청석골로 도피하고, 황천왕동은 이에 연루되어 제주로 귀양을 가게 된다.

제6장 '이봉학이'에서 왜변 후 전라감사로 부임한 이윤경의 휘하에서 비장이 된 이봉학은 왜선을 퇴치하는 등의 공로로 제주의 정의(旌義) 현감으로 승진한 뒤, 전주에서 사랑을 맺은 기생 계향을 부실로 맞아들여 행복한 나날을 보낸다. 그후 한성 우윤이 된 이윤경의 주선으로 상경하여 오위부장이 되었다가, 우여곡절 끝에 결국은 임진별장으로 좌천된다.

제7장 '서림'에서 아전 출신인 서림은 평양 감영 수지국 장사로서 진상품을 관장하였으나, 본래 교활하여 자주 포흠을 내다가 들키자 도주하던 끝에 청석골 화적패를 만나게 된다. 그들에게 평양 진상 봉물의 내막을 알리고 계책을 내어 이를 탈취하게 하는 데 성공한 서림은 그 공로로 청석골에서 두령이 된다.

제8장 '결의'에서 양주 임꺽정의 집에 평양 진상 봉물이 있다는 것이 탄로나 가족들이 투옥되자, 임꺽정은 청석골 두령들과 함께 가족들을 구해낸 뒤 화적패에 입당하고, 뒤이어 사건에 연루된 임진별장 이봉학과 귀양에서 풀려난 황천왕동도 이에 가담하게 된다. 청석골에 모인 일당은 아내를 데리러 간 길막봉이 투옥되자 그를 구해낸 뒤, 칠장사에 들러 세상을 떠난 병해대사의 불상 앞에서 의형제를 맺는다.

이상과 같이 의형제편은 각각 한 사람의 두령의 이야기를 중심으로 하여 그 자체가 독립된 한 편의 중편소설이라고 보아도 좋을 만큼 완결된 장들로 이루어져 있다. 그러면서도 각 장의 주인공을 중심으로 전개되는 사건은 거기에 등장하는 다른 두령의 이야기와 자연스럽게 연관되고, 그리하여 마지막장인 '결의'에서 일곱 두령들이 의형제를 맺는 데에 이르기까지 각 장은 서로 유기적으로 연결되어 있다. 그러므로 의형제편은 봉단편·피장편·양반편에 비해 훨씬 짜임새 있게 구성되어 있다고 할 수 있다.

뿐만 아니라 야담식의 서술이 상대적으로 큰 비중을 차지하고 있던 앞의 세 편에 비해 '의형제편'은 구체적인 묘사 위주로 전개되고 있으며, 지배층의 이야기가 적어진 반면 하층민의 일상생활에 관한 묘사가 대부분을 차지하고 있다. 물론 여기서도 죽산 칠장사에 놀러온 안진사 일행이 지나친 양반행세로 박유복에게 봉변을 당한 뒤 대책을 숙의하는 장면이나, 그후 화해하여 병해대사로부터 그의 전력을 듣는 대목과 같이 상층의 언어와 형태가 잘 그려져 있음은 사실이다.[49] 그러나 의형제편에서는 임꺽정과 그 휘하의 두령들이 화적패에 가담하게 된 경위를 중심으로 사건이 전개되는만큼, 전체적으로 보아 당시 하층민의 생활묘사에 치력하지 않을 수 없는 것이다.

그런데 의형제편에서 우선 주목할 것은 각 장의 주인공 격인 두령들이 다종다양한 신분의 하층민들로 설정되어 있는 점이다. 주지하다시피 두목 임꺽정은 양주의 백정이고, 이봉학은 종실 서자로서 옥당 하인이 된 이학년의 아들이며,[50] 박유복은 농민의 유복자로 태어나 양반댁 행랑어멈인 편모 슬하에서 성장했고, 곽오주는 빈농 출신의 머슴이었다. 그리고 길막봉이는 소금장수로 그의 형은 등짐장수요 그의 자형 형제는 사기장수이고, 황천왕동과 임꺽정의 아내인 그의 누님 운총은 도망한 관노비의 자식이며, 배돌석은 역졸이요, 서림은 아전이었다. 이와 같은 각양각색의 하층민들을 주요 등장인물로 설정한 데서, 이들을 통해 당시의 민중생활을 폭넓게 묘사하고자 한 작가의 의도를 엿볼 수 있다.

뿐만 아니라 작가는 이러한 인물들이 화적이 되기까지의 인생역정을 사건 위주의 직선적인 필치로 서술해나가는 것이 아니라, 그 사건들의 도중에

---

49) 『임꺽정』 제1권(조선일보사 출판부, 1939), pp.59~69.

50) 李鶴年은 실재했던 인물로서, 『연려실기술』 권8, 中宗朝故事本末 辛巳安處謙獄條에 "鶴年, 宗室宿倡之子而未贖身者, 上言, 移屬爲弘文館奴"라고 소개되어 있다. 그러므로 이 작품에서 그의 아들로 설정되어 있는 이봉학이 설령 을묘왜변에 출전하여 戰功을 세움으로써 贖良되었다고 가정하더라도, 후에 그의 벼슬이 현감에까지 이른 것으로 되어 있는 점은 당시의 신분과 관직제도상 무리한 설정이 아닌가 한다.

등장인물들이 스쳐지나가는 사소한 일상적 장면들을 놀랍도록 면밀하고 생생하게 그려내고 있다. 즉 의형제편에서는 황천왕동의 장인인 봉산 백이방댁의 규모 있는 살림살이라든가, 전라감사의 총애를 한몸에 받고 있던 공방비장 이봉학과 그를 시샘하는 여러 비장들간의 알력, 그리고 평양 감영의 아전으로 발탁되자 다시금 갖은 꾀로 포흠질을 일삼는 서림의 행실 등을 통해 말단 벼슬아치들의 생태가 여실히 묘사되어 있는가 하면, 보다 하층의 천민이나 장사치·좀도둑 들의 옹색한 생활상 역시 도처에서 사실적으로 그려지고 있다.

예컨대 박유복이 부모의 면례를 치르기 위해 상경하던 도중에 도적 신불출이를 만나 그를 굴복시킨 뒤, 아내도 없이 홀어머니와 어린 자식을 데리고 간신히 호구하는 그의 집에서 하룻밤을 유숙하는 장면이라든가, 또한 박유복이 부모의 원수를 갚으러 노첨지를 찾아가 그 이웃의 머슴방에 묵으면서 우연히 그 방 머슴들의 대화를 엿듣게 되는 대목이라든지, 청석골 오가와 터싸움을 벌이던 인근 탈미골 도적 강가의 집안이 오가 일당의 반격과 뒤이어 관군의 토색을 당해 풍비박산이 나게 되는 이야기, 그리고 황천왕동이를 만난 배돌석이 역졸의 아들로 태어나 부랑아로 전전하다가 양반댁 비부쟁이 노릇을 하던 끝에 결국은 그 자신도 역졸이 되기에 이른 기구한 반생을 회고하는 대목 등을 보면, 밑바닥 인생들의 애환이 실감나게 묘사되어 있는 것이다.

그런데 이와 같이 당시 민중들의 생활상을 재현하는 데 치중하다보면, 자연히 그와 관련된 전래의 민담이나 전설, 관혼상제 및 세시풍속의 묘사, 그리고 한문투 아닌 고유의 인명이나 지명, 토속적인 고어와 속담들이 작중에 유입되지 않을 수 없다. 작가 역시 이 점에 특별히 유의하였음을 다음과 같이 밝히고 있다.

〔……〕 나는 이 소설을 처음 쓰기 시작할 때에 한가지 결심한 것이 있지요. 그것은 조선문학이라 하면 예전 것은 거지반 지나문학(支那文學)의 영향을 많이 받아서 사건이나 담기어진 정조들이 우리와 유리된 점이 많았고, 그리고 최근의 문학은 또 구미문학의 영향을 많이 받아서 양취(洋臭)가 있는

터인데 『임꺽정』만은 사건이나 인물이나 묘사로나 정조로나 모두 남에게서는 옷 한벌 빌려 입지 않고 순 조선거로 만들려고 하였습니다. '조선 정조(朝鮮情調)에 일관된 작품' 이것이 나의 목표였습니다.[51]

이러한 작가의 의도로 인해 『임꺽정』의 전편이 '조선 정조에 일관'되었다고 볼 수 있지만, 그중에서도 의형제편에서는 그와 같은 특색이 더욱 두드러지게 나타나고 있다. 가령 임꺽정의 누이가 들려준, 개와 고양이가 서로 앙숙이 되기에 이른 유래담이라든지 도둑 오가가 이야기한 홍합에 관한 외설적인 야담이나 여편네 맛에 관한 해학담, 그리고 예전 부인들이 아이의 울음을 그치게 하려고 하던 '곽쥐 온다.'는 말의 유래에 관한 전설이나, 임꺽정 일당이 다르내재를 넘을 때 서림이가 들려준 그 지명 전설 등등 흥미로운 옛날이야기가 적재적소에 삽입되어 있다.

또한 당시의 각종 풍속에 대해서도 도처에서 극히 다채로운 묘사가 이루어지고 있다. 즉 황천왕동이가 봉산 백이방의 사윗감으로 발탁되자 "상사람은 혼인 때 사모관대를 못 하는 것이 국법이라" "신랑의 복색은 이방의 의견을 좇아서 초립을 쓰고 단령을 입고" 신부만 양반의 집 본을 떠서 화관에 원삼차림으로 결혼식을 올린다든지,[52] 청석골의 배돌석 두령이 재상가의 혼인 절차를 흉내내어 성대한 결혼식을 치른 뒤 그 첫날밤에 여러 두령들이 몰려와 신랑 신부에게 짓궂은 장난을 해대고 다음날 아침 자리보기, 곧 남침(覽寢)을 하는 등 혼인과 관련된 전래 풍습이 자주 묘사되고 있다.

한편으로 황해도 덕적산의 최영 장군 사당에서 무당들이 장군 마누라를

---

51) 홍명희, 「임꺽정전을 쓰면서」, 『삼천리』, 제5권 9호(1933. 9), 현대사 영인본, p.665. 또한 홍명희·유진오, 「문학대화편(下) — 신진의 今昔과 문학 수준」(조선일보, 1937. 7. 18)에서도 "그 작품에 대해서 나대로 무슨 생각이 있었다면 그것은 막연하게나마 조선 정조나 그려볼까 한 것이지요."라 하였으며, 李泰俊·李源朝·金南天, 「벽초 홍명희 선생을 둘러싼 文學談議」(『大潮』, 1946, 1. p.70)에서도 작가는 이 작품을 쓸 때 "될 수 있는 대로 조선적인 정조를 잃지 않으려" 노력했다고 거듭 밝히고 있다.

52) 『林巨正』 제1권, p.638.

새로 맞이할 때 부정풀이로부터 시작하여 신을 청하는 가망청배거리·산마
누라거리 등을 거쳐 뒷전놀이로 끝나는 열두굿거리의 큰 굿을 벌이는 광경
등 당시의 무속들이 세밀하게 묘사되기도 한다.[53] 이밖에도 도둑 오가가
'장내기' '뜨내기' '집뒤짐' '원뒤짐' '까막뒤짐' 같은 도둑질의 행태를 이야
기한다든가, 청석골로 초치된 상쟁이가 '자궁'이니 '누당'이니 '처첩궁'이니
하는 상법의 전문용어를 써가며 두령들의 관상을 보는 장면[54] 등에서도 그
당시의 특이한 풍속이 잘 드러나 있다.

　이처럼 다채로운 풍속묘사와 아울러 주목되는 것은 무명값이나 곡가 같
은 당시의 물가라든지, 관가의 제도와 각종 고사에 관한 치밀한 기술이다.
화폐 대신으로 무명을 쓰던 그때의 경제현실에 따라 의형제편에서도 가령
박유복이 상두 도가에서 면례를 위한 물건값과 일꾼의 품삯을 흥정하여 일
정한 길이의 무명을 끊어주는 장면을 소상히 그리고 있으며, 장날에 새경으
로 받은 쌀을 팔러온 곽오주가 싸전에서 가격을 다투는 대목을 '산따다
기'니 '액미'니 '말강구(監考)' '되수리'니 하는 용어를 써서 실감나게 묘사
하고 있음을 볼 수 있다.[55]

　그리고 평양 감영에서 바치는 진상품의 물목을 상세히 기술한다든가, 신
임 전라감사의 부임행차를 구체적으로 묘사하고 있으며, 임꺽정 일당에게
살해당한 불상(佛像)장이의 시체를 안성 현감이 친히 검시하는 장면에서도
'건검(乾檢)' '앙면(仰面)' '합면(合面)' '심감(心坎)' '필사(必死)' '속사(速
死)' '복검(覆檢)' 등의 전문용어를 구사하여 묘사하고 있다.[56] 뿐만 아니라
감사의 조석상은 두 상인데 이중의 하나는 음식에 독이 들었을까봐 먼저
맛보게 할 목적으로 예방비장에게 준다는 사실이라든가, 봉산장교 황천왕
동이 호랑이를 잡으러 가는 대목에서 장교가 병기를 들고 이웃 고을로 월

---

53) 위의 책, p.152～57. 그외에 화적편의 '송악산'장에서 청석골 두령들 내외가 송
　　악산의 단오굿 구경을 간 장면에서도 나라 혼인의 여탐굿이 소상히 묘사되고 있다.
54) 위의 책, p.206 및 『임꺽정』 제2권(조선일보사 출판부, 1939), pp.493～97.
55) 『임꺽정』 제1권, p.212.
56) 『임꺽정』 제2권, p.604～05.

경해서는 안 된다는 사실이 언급되고 있는 등 당시의 관청제도와 제반 고사에 대해서도 해박한 지식을 보여주고 있다.

이외에도 등장인물, 특히 하층민에게는 '신불출이'니 '삭불이' '팔삭동이' '길막봉이' '삼봉이' '김억석이' '배돌석이' 등 그 사람의 성격에도 길맞는 고유의 우리식 이름을 즐겨 붙이고 있다.[57] 그리고 고을 이름에 있어서도 '신뱃골' '탈미골' '다르내재' '너더리' '가사리' 등 토착적인 지명을 주로 사용하고 있으며, 우리말 특유의 표현이라든가 속담의 구사는 그 예를 들기가 번거로울 정도로 풍부한 실정이다.

요컨대 『임꺽정』, 그중에서도 특히 의형제편에서는 동시대의 다른 역사소설들에서는 거의 그 유례를 찾아보기 어려울 정도로 당시의 민중생활이 충실하게 재현되어 있다. 이와 같이 이 작품에서 민중들의 일상생활을 구체적으로 묘사하고 조선의 정조를 살리기 위해 다양한 노력을 기울인 데 대해, 발표 당시의 반응들은 대단히 긍정적이었다. 국어학자 이극로(李克魯)는 어학적으로 볼 때 『임꺽정』은 "조선어 광구(鑛區)의 노다지"라고 극찬하였으며,[58] 김남천(金南天)은 "사실주의 문학이 가지는 정밀한 세부묘사의 수법은 씨에 있어 처음이고 그리고 마지막이 되어도 무방할 것"이라고 높이 평가하였던 것이다.[59]

그러나 이 작품이 지닌 위와 같은 특색에 대하여, 논자에 따라서는 역사소설에서 어느 정도는 필요불가결한 아나크로니즘(notwediger Anachronismus)의 원칙에 위배되는 것으로 볼 수도 있을 것이다. 다시 말해 『임꺽정』은 "묘사되어지는 시대를 재현하기 위해, 현재의 생활감정이나 언어의식에 전혀 맞지 않는 생소한 풍속이나 단어 및 어투를 끄집어내는 소설"로서 비판될 여

---

57) 이밖에 화적편의 '청석골'장에 묘사된 졸개들의 點考 장면에서도 상민들의 특유한 우리식 이름이 많이 나온다(『임꺽정』 제3권, 조선일보사 출판부, 1939, pp.389~92).

58) 이극로, 「어학적으로 본 임꺽정은 조선어 광구의 노다지」, 조선일보, 1937. 12. 8. 참조.

59) 김남천, 「조선문학의 大樹海」, 조선일보, 1939. 12. 31.

지가 있을지도 모른다.[60] 그런데 여기서 우선 분명히 해둘 필요가 있는 것은, 역사소설을 논함에 있어 필요불가결한 아나크로니즘이 강조되는 그 이론적 배경에 대해서이다.

역사소설이 과거의 시대를 다룬 이야기이긴 하나, 이러한 과거의 시대에 대해 오늘날의 독자에게 이야기하는 것은 다름아닌 오늘날의 작가이기 때문에 작가는 과거의 시대를 오늘의 풍속과 언어로 번역함으로써 오늘날의 독자에게 가까이 다가오게 하지 않으면 안 된다. 뿐만 아니라 역사소설에 있어서의 역사적 진실성이란 곧 역사상의 거대한 충돌이나 위기, 전환점 들의 충실한 문학적 반영을 말하는 것이다. 따라서 이러한 역사의 전체적이고 현실적인 제반 연관에 대한 인식을 문학적으로 적절하게 표현하기 위해 필요하다면, 작가는 개개의 역사적 사실들로부터 어느 정도는 자유로워도 된다. 과거시대의 사회적·인간적 관계의 본질이 오늘날의 독자에게 진실로 가까이 다가와지기만 한다면, 고어의 모방이나 디테일에 대한 고고학적 충실성은 불필요하다고 할 수도 있다.

그런데 1848년 이후의 서구 역사소설에 있어서는 플로베르의 『살람보』로 대표되는 자연주의적 경향의 작품들이 일대 조류를 형성하여 역사의 전체적인 연관의 파악과는 무관하게 장식적이고 이국적인 디테일의 정확한 재현이나 관용어투·방언·고어 등의 모방에만 힘씀으로써, 단순히 개개의 사실들에만 충실하는 '사이비 역사주의'를 지향하여왔다.[61] 그러므로 서구의 역사소설론에서 필요불가결한 아나크로니즘이 특히 강조되고 있는 것은, 이와 같은 서구 역사소설의 뿌리 깊은 편향성 때문이라 할 수 있다.

이렇게 볼 때 서구의 역사소설처럼 과거 사실의 실증적인 재현에 지나치게 집착하는 전통 대신에, 과거의 언어와 풍속·제도 등에 대해 자의적인 묘사를 서슴지 않는 우리 역사소설의 일반적인 풍토에서는 벽초의 『임꺽정』이 보여준 이 방면의 노력이 각별하게 높이 평가되어야 할 것이다. 뿐만

---

60) 潘星完, 「루카치의 역사소설 이론과 우리의 역사소설」, 『외국문학』 3호(1984. 겨울), pp.47~48.

61) G. Lukács, op. cit., pp.201~02, pp.237~41.

아니라 『임꺽정』에 있어서는 이러한 노력이 진정한 역사적 진실성과는 무관한 채 이색적인 풍속과 고어의 재현에 그치고 있는 것이 아니라, 등장인물들을 살아 있게 하고 당시의 현실을 현대의 전사(前史)로서 추체험할 수 있도록 하는 데 결정적인 기여를 하고 있는 점이 간과되어서는 안 되리라 본다. 뿐만 아니라 벽초는 『임꺽정』에서 얼핏 보기에는 과거시대 언어와 풍속의 자연주의적 재현에 치중하고 있는 것 같으나, 실은 서구의 고전적 역사소설들과 마찬가지로 필요불가결한 아나크로니즘의 원리에 의거하고 있다. 즉 그는 임꺽정이 생활했던 조선 중기의 분위기를 동시대의 독자들에게 환기시키기 위해 선택된 대상들을 해당 시대의 실상과 배치되지 않는 범위 내에서 자신이 체험했던 시대의 풍속과 언어로 바꾸어 표현하고 있음을 볼 수 있다. 『임꺽정』에 묘사되고 있는 언어와 풍속은 대체로 명종조의 그것이라기보다는 벽초가 태어나 성장하던, 그리고 당시의 대다수의 독자들이 직접적으로든 간접적으로든 체험하여 알고 있던 구한말의 언어와 풍속에 가까운 것이다.

이상과 같이 의형제편은 조선 고유의 풍속과 언어를 통해 당시 민중들의 삶을 충실히 묘사하고 있을 뿐 아니라, 이와 관련하여 등장인물들을 개성 있게 형상화하는 데 있어서도 뛰어난 기량을 보여주고 있다. 앞서 봉단편·피장편·양반편에서의 신중한 사전준비를 거쳐, 의형제편에 이르면 장년이 된 임꺽정이 등장하지만, 여기서도 그는 주인공이라기에는 미흡할 정도로 자주 출현하지도 않고 전면에 부각되어 있지도 않다. 즉 의형제편에서도 사건은 임꺽정의 주도적 활동을 중심으로 해서가 아니라, 청석골의 두령이 화적패에 가담하기까지의 개별적인 경위를 중심으로 전개되고 있는 것이다. 이처럼 임꺽정이 그 작품명과는 달리 주인공의 생애 위주로 전개되는 전기적인 형식에서 철저히 벗어나 있다는 사실은 이 작품이 지닌 또 하나의 장점으로 주목될 필요가 있다.

이광수의 작품들을 비롯한 식민지시대 우리 역사소설들의 대부분이 역사상 유명 인물인 주인공의 전기 형식을 취하고 있지만, 일반적으로 역사소설이 전기 형식을 취할 경우 바람직한 예술적 성과에 도달하기 어렵다는 지적이 있다. 즉 위대한 인물의 생애를 중심으로 역사를 그리려다보면, 역사적 진보의 담당자를 민중이 아닌 고립된 위대한 개인으로 파악하게 되기 쉬우며, 이에 따라 거대한 역사적·사회적 제반 연관을 객관적으로 반영하기보다는 특출한 천재나 영웅의 심리묘사에 탐닉하는 경향이 있다는 것이다. 그러므로 전기적 형식의 역사소설에 있어서는 사적이고 심리적인 특성들이 과대한 비중을 차지하기 쉬운 반면, 민중의 동향을 통해 드러나는 역사의 거대한 추진력은 전기의 중심인물과 관련해서만 극히 단편적이고 개괄적으로 나타나게 된다.

뿐만 아니라 이러한 역사소설에서는 주인공이 구현하는 역사적 사명의 진정한 객관적 근거들을 형상화하지 못하고, 그가 지닌 사소하고 우연적인 개인적 특성을 통해 그의 위대한 역사적 사명을 형상화해내야 하므로 그의 위대성을 낭만주의적으로 과장하지 않을 수 없게 된다. 서구의 고전적 역사소설들이 대체로 전기적인 형상 방식을 피하고 역사적으로 위대한 인물들을 작품의 주인공으로서가 아니라 부인물로 그리고 있음은 이 때문이다. 이러한 고전적 역사소설들에 있어서는 위대한 인물들이 역사의 무대에 등장하기 이전의 개인사는 거의 묘사되지 않으며, 그들은 언제나 그 시대 민중의 동향이 그러한 역사적 대인물의 출현을 필연적으로 요구하는 중요한 상황에서만 등장하고 있는 것이다.[62]

이와 같은 견지에서 보자면 『임꺽정』이 철두철미하게 반전기적인 형식을 취하고 있는 점은 높이 평가될 만하다 하겠다. 즉 이 작품에서는 주인공의 출생과 성장과정에서부터 이야기를 시작하지 않고 홍문관 교리 이장곤이 유배가는 이야기를 실마리삼아, 당대 현실을 포괄적으로 묘사한 연후에 장년의 주인공을 등장시키고 있을 뿐 아니라, 여기에 등장하는 주인공 임꺽정을 포함한 거개의 주요인물들이 역사적 대인물이라기보다는 기껏해야 야사에 간략히 언급되어 있을 뿐인 무명의 인물들이다. 그리고 의형제편과 화적편에서는 청석골의 여러 두령들이 주인공 임꺽정 못지않게 커다란 비중을 지니고 작품의 전면에 나서 활약하고 있으며, 성격묘사에 있어서도 오히려 더욱 뚜렷하고 생동감 있게 형상화되어 있음을 볼 수 있다.

---

62) Ibid., pp.368~94.

더욱이 이 작품에서 임꺽정은 결코 영웅주의적으로 미화되어 있지 않다. 의형제편에서 임꺽정은 사내답고 화적패의 대장이 될 만한 기상을 갖춘 인물로 설정되어 있기는 하지만, 그 성격이 다소 애매하게 그려져 있다. 그가 본격적인 활약을 벌이게 되는 화적편에 이르러 임꺽정의 성격은 좀더 구체화되는데, 여기에서 그는 저돌적이고 화를 잘 내며 부하들에게 독재적으로 군림하는가 하면, 다른 한편으로는 인자하고 어눌하며 고지식하여 "서로 뒤쪽되는 성질이 많았"던 인물로 되어 있다.[63] 뿐만 아니라 장물을 처분하러 상경한 임꺽정이 탈선하여 외도를 일삼는다든가, 그를 만류하고자 찾아온 황천왕동이나 자신의 아내를 마구 구타하고, 체포된 첩들을 구출하기 위한 전옥(典獄) 파옥에 비협조적인 군소 도둑패의 두목들을 잔인하게 타살하는 등 도저히 영웅시되기 힘든 부정적인 면모가 적나라하게 그려져 있는 것이다.

이러한 임꺽정의 성격묘사에 비하면, 그를 에워싸고 있는 주요 등장인물들의 성격은 매우 인상적이고 일관성 있게 묘사되어 있다고 하겠다. 싹싹하고 날렵한 황천왕동이, 기품 있고 총명한 이봉학, 고지식하고 효성스런 박유복, 눈치 없고 우악스런 곽오주, 구변 좋고 교활한 서림 같은 청석골 두령들과, 야생녀답게 활달하고 때로는 어처구니없을 만큼 지각 없는 임꺽정의 아내나, 총기 있고 야무지며 우스갯소리 잘하는 임꺽정의 누님 같은 여인들의 경우를 보면 그 개성이 뚜렷이 부각되어 있는 것이다. 이밖에도 작가는 임꺽정의 부친 돌이와 이복동생 팔삭동이, 아들 백손, 조카딸 애기, 화적편에 나오는 어릿광대 같은 졸개 노밤이 등등 비교적 단역을 맡은 인

---

63) 『임꺽정』 제3권, p.24. 『寄齋雜記』의 기사를 인용한 『연려실기술』 권11, 明宗朝 故事本末 捕强盜 林巨正條에서는 "巨正, 楊州白丁也. 性狡黠且驍勇, 與其徒數十皆 極趫捷……"이라 하여, 임꺽정이 매우 교활한 인물로 기록되어 있음에도 불구하고 이 작품에서 작가는 그를 우직한 성격의 인물로 그려놓았다. 그런데 이와 같이 지략이 부족하고 어눌한 임꺽정이 화적편의 '청석골'장에서 임선달로 행세하여 기생과 첩들을 무난히 속여넘긴다든지, '소굴'장에서 황해감사의 從弟 柳都事를 자처하고 양반들의 언행을 그럴 듯하게 흉내내며 각 읍에서 사기행각을 벌인 것으로 그려진 것은, 그의 성격묘사에 있어 일관성이 결여된 부분이라 하지 않을 수 없다.

물들의 성격까지 세심하게 그려놓고 있다.

그런데 『임꺽정』에서 이와 같이 인물묘사가 탁월하게 이루어진 데에는 작가가 등장인물들의 심리묘사를 가능한 한 억제하고 일상적인 장면을 중심으로 그들의 대화와 행동만을 그려나갔기 때문이라 할 수 있다. 일반적으로 소설이 드라마보다 대상을 더욱 포괄적으로 형상화하므로, 역사소설 역시 그리고자 하는 시대의 모든 사건들을 낱낱이 묘사해야만 역사적 진실성에 도달할 수 있는 것으로 생각하기 쉽다. 그러나 이는 우선 거의 불가능한 일일뿐더러, 역사소설이 오늘날과는 여러모로 판이하게 다른 과거의 시대를 배경으로 하는만큼 작가는 그 시대를 오늘날의 독자들이 생생하게 추체험할 수 있도록 배려하지 않으면 안 된다.

따라서 사건들을 몇개의 장면들에 집약시키고 대화의 비중을 증대시키는 등 작중에 극적 요소를 도입함으로써, 등장인물 상호간의 직접적인 대립을 통해 당시의 현실을 입체적으로 형상화해야 한다. 그리고 이를 위해서는 사소한 일상적 사건들이 역사상의 기념비적인 대사건들보다 작품의 소재로서 더 적합하다. 왜냐하면 이러한 사소한 사건들은 역사적 대사건들에 비해 그 사회적 의미가 쉽게 조감될 수 있고, 작가의 개입 없이 직접 등장인물들의 행위로 전환되어 표현될 수 있으며, 그에 대한 등장인물들의 인간적 반응이 자명하게 나타나기 때문이다.[64] 그러므로 『임꺽정』의 작가가 지극히 일상적인 장면에서 작중인물들의 대화나 행동을 통해 그들의 성격을 형상화하고 있는 것은, 역사소설에 있어서 묘사의 이러한 집약적인 본질을 잘 터득한 것으로 평가될 수 있을 것이다.

이상에서 의형제편을 중심으로 『임꺽정』에 나타난 민중생활의 묘사 및 등장인물들의 형상화에 있어서의 사실주의적 특성들에 대해 살펴보았다. 그런데 『임꺽정』에서 이와 같이 식민지시대의 다른 역사소설에서는 보기 힘들 만큼 탁월한 사실주의적 표현이 가능했던 것은 이 작품이 지닌 민중적 성격과도 무관하지 않을 것이다.

『임꺽정』에서 작가는 공식적인 대사건들과 위대한 역사적 인물들을 작품

---

64) G. Lukács. op. cit, pp.48~52.

의 중심에 놓지 않고 민중들의 구체적인 생활상의 에피소드를 통해서 그 시대의 전반적인 동향을 부각시키고 있다. 또한 이 작품의 주인공 임꺽정은 낭만주의적 영웅숭배와는 무관하게 주위의 여러 두령들과 별반 차이 없는 무지한 하층민으로 그려져 있으나, 바로 그 때문에 그는 민중에게 잠재화되어 있으면서 역사적인 일대 전환기에 표출되는 영웅적 가능성을 체현한 인물로서 형상화될 수 있는 가능성을 지니게 된 것이다.『임꺽정』의 여러 편 가운데서 의형제편은 이 작품이 지닌 이러한 사실주의적이고 민중적인 특성을 가장 잘 구현하고 있는 부분이라 하겠다.

4. 난숙한 세부묘사와 닫혀진 전망—화적편

화적편은 4권 분량으로 간행될 예정이었으나, 결국 마지막 권이 완성되지 못하여 그중 제3권까지만 출간되었다. 이는 '청석골' '송악산' '소굴' '피리' '평산쌈' '구월산성'의 6장으로 구성되었는데, '구월산성'장이 조선일보와 『조광』지에 일부 연재된 후 중단되어 간행되지 못하고 만 것이다. 화적편은 그 편명에서 짐작할 수 있는 바와 같이 임꺽정을 중심한 화적패가 본격적으로 결성된 이후의 활동을 그린 것으로서, 작품 내에서 가장 핵심적인 위치를 차지하는 부분이다.

제1장 '청석골'에서 청석골 화적패의 대장으로 추대된 임꺽정은 상경하여 서울 와주(窩主) 한온의 집에 머물면서 기생 소홍과 정을 맺고 빚에 몰린 양반의 딸 박씨를 구해내어 첩으로 삼는다. 게다가 원판서의 딸을 훔쳐내어 둘째첩으로 삼고, 이웃의 사나운 과부 김씨와 싸운 끝에 그녀 역시 첩으로 삼고 지내다가 처자의 성화에 못 이겨 귀가하게 된다.

제2장 '송악산'에서 송도 송악산에 단오굿 구경을 간 청석골 두령들은 그곳에서 납치당한 황천왕동의 아내를 구해낸 끝에 살인을 저질러 관군의 쫓김을 받게 된다. 그러나 서림의 계책으로 치성하러 와 있는 상궁을 인질로 삼고 시간을 끌다가, 부하들을 거느리고 기세당당하게 진군한 임꺽정의 구원을 받아 위기를 모면한다.

제3장 '소굴'에서 임꺽정 일당은 가짜 금부도사 행세를 하며 봉산군수를

체포하려 한다든가, 신임 군수의 도임 행차를 습격한다든가, 황해감사의 사
촌을 자처하고 각 읍을 돌며 사기행각을 벌이는 등으로 지방 관원들을 괴
롭힌다. 그후 상경한 임꺽정은 기생 소홍의 집으로 습격해온 포교들을 물리
치고 무사히 서울을 탈출하나, 그의 첩들은 체포되어 관비로 박히고, 임꺽
정을 따르려는 소홍은 그의 첩이 되어 청석골에서 지내게 된다.

제4장 '피리'에서 청석골을 지나다가 화적패에게 붙들린 종실 서자 단천
령이 신기에 가까운 솜씨로 피리를 불어 그들을 감동시키자, 임꺽정은 그
보답으로 단천령에게 자신의 신표를 주어 다른 화적패의 습격을 받지 않도
록 보호해준다.

제5장 '평산쌈'에서 청석골 두령들은 신임 봉산군수를 살해하고자 평산
이춘동의 집에 머물면서 기회를 엿보던 중 서울에서 체포된 서림이 목숨을
보전하고자 그 계획을 자백하는 바람에 근읍(近邑) 군사 오백여 명의 습격
을 받게 되나, 접전 끝에 이를 물리치고 무사히 청석골에 돌아오게 된다.

제6장 '구월산성'[65]은 수세에 몰려 구월산으로 들어간 임꺽정 일당이 관
군에 저항하다가 포살되기까지의 이야기를 다룰 예정이었던 것으로 추측되
나, 조선일보와 『조광』지를 통해 발표된 것은 그중 일부에 불과하다. 청석
골 화적패를 소탕하고자 소성에서 관군을 파견한다는 소문에 임꺽정 일당
은 오가와 졸개들만을 남겨두고 해주 재령으로 도피했으나, 거처가 옹색하
여 다시 자모산성에 근거를 마련하고 지내게 된다. 한편 고집을 피워 청석
골에 남은 오가가 죽은 아내만을 생각하며 적막하게 지내는 가운데, 임꺽정
에게서 버림을 받은데다가 관군의 습격소식에 동요된 졸개들은 하나하나
청석골을 버리고 떠나간다는 데서 작품은 중단되고 있다.

봉단편에서부터 의형제편에 이르기까지 등장하는 인물과 사건들이 거의

---

65) 제6장의 소제목은 연재 당시에는 '자모산성'이었으며, '구월산성'은 을유문화사
    판의 광고에 예고된 소제목이다. 작자가 화적편의 마지막 권을 봉단편·피장편·
    양반편의 경우와 마찬가지로 '자모산성'을 비롯한 여러 장으로 세분했다가 단행본
    출간시에 '구월산성' 한 장으로 통합하려 한 것인지 혹은 단순히 그 소제목만을
    '자모산성'에서 '구월산성'으로 바꾸려 한 것인지는 불분명하다.

전적으로 허구임에 반해, 화적편에서 다루어진 사건들은 그 골격의 대부분이 사료에 의존하고 있다. 즉 '소굴'에서 임꺽정이 사기행각으로 수령들을 농락한 사건과 '평산쌈'에서 평산 이춘동의 집에 모여 봉산군수 이흠례를 살해하려 모의하고 살인과 방화를 자행한 사건 등은 『명종실록(明宗實錄)』에 기록되어 있다.[66] 또한 '소굴'에 등장하는 가짜 금부도사 행세와 임진나루에서 봉산군수 윤지숙의 행차를 습격한 사건, '피리'에 등장하는 단천령 일화 그리고 '구월산성'에서 다루어질 예정이었던, 임꺽정이 서림의 배신으로 구월산성에서 포살된 사건 등은 『기재잡기(寄齋雜記)』에 언급되어 있다.[67] 이렇게 볼 때 '화적편'에서 다루어진 큰 사건 중 허구에 의한 것은 '청석골'과 '소굴'에서 묘사된 임꺽정의 외도 및 그로 인한 파란과 '송악산'에서 묘사된 송악산 단오굿 정도로, 대부분의 사건이 문헌기록에서 취재된 것임을 알 수 있다.

그러나 작가는 매 사건마다 몇 줄에 불과한 간단한 기록을 바탕으로 극도로 치밀한 디테일을 구사하여, 빈약한 소재로부터 대단히 구체적이고 생생하며 빈틈없이 짜여진 이야기를 만들어내고 있다. 예컨대 '피리'장의 단천령 이야기는 『기재잡기』에 언급된 극히 간략한 기사를 바탕으로 한 것이다. 이에 의하면 피리의 명수인 단천령이 개성 청석령에서 도적들에게 붙잡혀 강제로 피리를 불게 되었는데, 그가 우조를 부니 도적들이 이에 격동되

---

66) 『명종실록』에 인용되어 있는 병조판서 權轍 등의 啓에는 임꺽정 일당이 官號를 사칭하고 거리낌없이 列邑에 출입하여 수령들 중에는 알지도 못하고 대접한 자도 있다는 기록(『명종실록』 권26, 明宗 15년 10월 甲寅條)이 있으며, 徐林의 말에 의하면 평산 남면 마산리의 일당인 이춘동의 집에서 신임 봉산군수 이흠례를 살해할 것을 논의했다는 기록(同年 8월 癸丑, 10월 丙戌條)과 도적들이 평산 지역에서 횡행하여 민가 30여 채가 불타고 인명이 살상되었다는 기록(『명종실록』 권27, 明宗 16년 10월 甲子條)이 있다. 이렇게 볼 때 '평산쌈'은 시기적으로 약 1년 가량의 相距가 있는 평산에서의 두 사건을 결합하여 하나의 사건으로 형상화한 것이라 하겠다.

67) 『大東野乘』 권51, 『寄齋雜記』 3, 歷朝舊聞 明宗朝. 이밖에 구월산성에서 임꺽정이 체포되는 사건은 『星湖僿說』 권14, 人事門 林巨正條에도 언급되어 있다.

어 날뛰다가 계면조를 불자 탄식하고 눈물을 흘렸으며, 임꺽정이 그 보답으로 장도(粧刀)를 신표로 준 덕분에 상경길에 도적들을 만났어도 무사할 수 있었다는 것이다.

그런데 화적편의 '피리'장에서는 우선 과거에 낙방 후 귀향하던 선비들이 탑고개 주막에서 한담을 나누는 장면을 매우 여실하게 묘사한 다음, 청석골에 붙들려와 문초를 받게 된 이들 중 비굴하게 구는 자는 살해당하고 꿋꿋하게 버틴 자는 무사히 놓여나는 대목을 설정해놓았다. 그리하여 작가는 이러한 사건을 통해 청석골에 때로는 강탈당할 재물이 없는 자도 붙들려오는 수가 있다는 것과, 임꺽정이 끌려온 자들을 그 사람됨에 따라 처우한다는 것을 보여줌으로써 단천령의 출현에 대비한 치밀한 사전준비를 갖추어놓고 있는 것이다. 뿐만 아니라 종실 서자인 단천령의 가계와 집안 사정 및 피리의 명수가 되기에 이른 내력을 소상히 밝히고 피리에 관한 해박한 지식을 구사하여 그의 신기에 가까운 피리 솜씨를 묘사하고 나서, 풍류 남아인 그가 가야금에 뛰어난 영변 기생 초향과 음률을 통해 사랑을 맺게 되는 에피소드를 대단히 구체적이고 흥미있게 피력하고 있다.

이와 같이 작가는 야사에도 없는 허구적인 이야기들을 빌려 단천령의 성격을 충분히 형상화해놓은 연후에야 비로소 그가 청석골에 붙들려와 피리를 불게 되는 이야기를 시작하고 있다. 그리고 여기서도 단천령이 임꺽정과 만나 임꺽정의 스승 병해대사와 종실 서자로 인척관계가 되는 이봉학의 내력에 대해 이야기를 나누고 청석골 두령들과 상면하는 장면이라든가, 그의 피리 솜씨를 보기 위해 성대한 잔치를 벌이는 장면 등등 원래의 기록에 없는 풍부한 디테일을 보충하여 사건을 입체적으로 형상화해놓고 있다.

아울러 화적편에서는 의형제편에 비해서도 더욱 등장인물 개개인의 성격이 뚜렷하게 부각되어 있다. 즉 의형제편에서 개성적으로 묘사된 주요 등장인물들은 화적편에 와서도 모든 사건과 장면에서 제각기 그 인물에 적실한 언행을 취함으로써 그 성격이 한층 구체화되고 있는 것이다. 가령 외도에 빠진 임꺽정을 만류하러 상경했던 황천왕동이 냉대만 받고 돌아오자 청석골의 두령들이 보인 반응을 통해 그들의 성격이 잘 드러나고 있음을 볼 수 있다.

"그것 보시요. 세상에는 영웅이 더 염려라구 내 말하지 않습디까?"
서림이가 먼저 한마디 하고
"대장 형님 기집에 곯아죽었더면 서종사는 퍽 신통할 뻔했소."
곽오주가 뒤받아 한마디 하고
"우리 대장이 기집질에두 대장일세."
늙은 오가도 한마디 하고
"사생동고하자구 맹세하구 갈 눔은 누구며 가랄 눔은 누구야?"
배돌석이도 한마디 하고
"시골 안해 한분에 서울 안해 셋이면 대장 형님두 배두령 형님과 같이 사취 장가까지 드신 셈이군."
길막봉이도 한마디 하여 이 사람 저 사람이 다들 한마디씩 지껄이는데 이봉학이와 박유복이는 입들을 다물고 말참례를 하지 아니하였다.[68]

또한 의형제편이 하층민들의 다양한 생활상을 묘사하고 있는 데 비해 화적편은 대부분의 묘사가 청석골 내부의 생활에 국한되어 있어, 매우 제한된 범위에서이긴 하나 화적패의 일상생활뿐 아니라 그들의 활동과 관련된 여러 계층의 생활과 당시의 풍속들도 탁월하게 묘사하고 있다. 예를 들면 당시의 봉산군수 박응천이 일 처리에 두서가 있었으므로 도적들이 그를 꺼려 했었다는 『기재잡기』의 짤막한 기록을 근거로, 작가는 청석골 두령 배돌석을 우연히 목격하게 된 봉산 수교가 군수에게 이 사실을 은밀히 보고하러 간 대목을 설정하고, 때마침 뒷간에 갔던 사또가 인궤를 든 동자를 앞세우고 방에 들어가 앉은 다음, 그 인궤를 다시 한번 열어 확인한 뒤 좌우의 통인들을 다 물리치고 나서야 비로소 응수하는 장면을 세밀하게 묘사하고 있다.[69] 이러한 장면묘사를 통해 작가는 무슨 일에도 당황하지 않고 침착하게 일을 처리하는 봉산군수의 성격을 잘 형상화하고 있으며, 가짜 금부도사 서림 일당이 그를 체포하는 데 실패하게 되는 사건의 복선을 마련해 놓고 있는 것이다.

---

68) 『임꺽정』 3권, pp.321~22.
69) 위의 책, pp.579~80.

이밖에도 화적편에서는 삼대째 서울에서 와주 노릇을 하며 양반집 종들과 매파·뚜쟁이·무당 등 각종 하천배들을 제 부하나 다름없이 부리는 한온의 집안 풍경을 통해 도시 뒷골목의 생태를 보여주고 있으며, 임꺽정과 한온의 기방 출입 장면을 통해서는 서울 기생집들의 풍경과 오입쟁이들의 행태를 사실적으로 묘사하기도 한다.

그러나 다른 한편 화적편에서는 임꺽정 일당이 대규모의 화적패로서 청석골에 정착하여 약탈로 풍족하게 살게 된 시기를 다루고 있기 때문에, 앞서의 의형제편에서와 같은 민중의 일상생활에 밀착된 묘사는 찾아보기 힘들다. 그리고 이는 화적편에서 임꺽정 일당이 민중생활과 직접 연관된 의적 활동을 벌이지 않은 것으로 그려진 이 작품의 중대한 문제점과도 관련이 있을 것이다. 이 작품에 대한 작자의 말에서 벽초는 자신이 임꺽정을 소재로 역사소설을 쓰게 된 동기를 다음과 같이 말하고 있다.

내가 임꺽정이라는 인물에 대하여 흥미를 느껴온 지는 이미 오래였습니다. 임꺽정이란 옛날 봉건사회에서 가장 학대받던 백정계급의 한 인물이 아니었습니까. 그가 가슴에 차넘치는 계급적 ○○의 불길을 품고 그때 사회에 대하여 ○○를 든 깃민 하여도 얼마나 징한 쾌거였습니까. 더구나 그는 싸우는 방법을 잘 알았습니다. 그것은 자기 혼자가 진두에 나선 것이 아니고 저와 같은 처지에 있는 백정의 단합을 꾀하였던 것입니다. 원래 특수 민중이란 저희들끼리 단결할 가능성이 많은 것이외다. 〔……〕 이 필연적 심리를 잘 이용하여 백정들의 단합을 꾀한 뒤 자기가 앞장서서 통쾌하게 의적 모양으로 활약한 것이 임꺽정이었습니다. 그러이러한 인물은 현대에 재현시켜도 능히 용납할 사람이 아니었으리까.[70]

이와 같이 작자는 백정인 임꺽정이 백정계급의 단합을 통해 반봉건투쟁을 시도하고 의적활동을 벌인 인물로서 현대의 민중운동의 선구자로서의 의의를 지닐 수 있을 것으로 보았다. 그리하여 이 작품을 논한 해방 후의 문학사 연구자들은 이러한 작자의 말과 그의 이념적 성향을 근거로 해서

---

70) 홍명희, 「임꺽정전에 대하야」, 『삼천리』 창간호(1929. 6), p.27.

『임꺽정』을 계급의식을 고취하려는 의도에서 씌어진 목적의식적 역사소설로 단정하였던 것이다. 그러나 작품 자체를 놓고 볼 때『임꺽정』은 이들의 견해와는 달리 오히려 저항적인 계층의식을 충분히 표출하고 있지 못한 실정이다.

해방 후 다른 작가들에 의해 씌어진 몇편의『임꺽정』을 비롯하여 군도를 소재로 한 많은 역사소설들이 당시로서는 상상조차 할 수 없는 조직적이고 대규모의 의적활동을 벌이게 한다든가, 작중인물들에게 현대적 이념을 주입하여 그들로 하여금 수시로 정치적인 웅변을 토로하게 함으로써, 사실적인 시대묘사로부터 이탈하여 역사의 지나친 현대화를 자행하고 있는 것이 사실이다. 이 점을 감안할 때 조선시대 민중운동의 극히 초기에 해당하는 임꺽정 일당의 활약을 그린 이 작품에서 적극적인 의적활동이나 반봉건적 정치이념의 표출을 발견할 수 없다는 것이 반드시 이 작품의 결함으로 지적될 것만은 아니다. 오히려 그 시대의 현실을 있었던 그대로 포착한다는 사실주의적 역사소설의 관점에서는 이와 같이 작자의 주관의 개입을 피한 시대묘사가 역사적 진실성에 더욱 가까운 것으로 평가될 수 있는 면도 있을 것이다. 그러나 문제는 화적편이 반봉건적 의적활동의 형상화로 나아가지 않음으로써 당시의 사회현실을 폭넓게 묘사하고 그 핵심적 갈등을 포착할 수 있는 가능성으로부터 멀어지게 된 점에 있다.

화적편에서는 청석골 화적패의 본격적인 활동시기를 다루고 있는만큼, 상·하층을 막론한 사회의 여러 계층과 화적패간의 적대적 또는 우호적인 관계가 부단히 다루어져야 할 것이며, 이를 통해 청석골의 주요인물들에게도 뚜렷한 현실인식과 저항의식이 자연스럽게 싹터가는 것으로 그려지지 않으면 안 되었을 것이다. 그런데 이러한 기대와는 달리 화적편에서는 우선 청석골패가 이들의 생업이라 할 수 있는 화적질하는 장면이 거의 묘사되고 있지 않다.『임꺽정』전편을 통해 약탈 장면이 비교적 상세히 묘사된 것은 의형제편에서 평양 감영의 진상 봉물을 탈취하는 대목이 고작이며, 화적편에서는 이와 유사한 장면조차 찾아볼 수가 없다.[71] 따라서 화적패들이 부유

---

71) 다만 화적질의 내막에 관한 간단한 설명이 몇 군데 나올 뿐이다.(『임꺽정』제3

한 양반지주계층의 인물들과 이해관계상 대립하는 장면이 거의 없어 당시 사회의 계층적인 갈등이 심도 있게 묘사될 수 없게 되었으며, 임꺽정을 비롯한 주요 등장인물들의 계층의식의 성장을 기대하기 어렵게 되었다.

뿐만 아니라 임꺽정 일당이 해서 일대의 봉건관료들과 여러 모로 대결을 벌이는 '소굴'장에서도 그들이 관과 대립하게 된 필연적인 계기가 충분히 설정되어 있지 못하다. 즉 이들은 관과, 나아가서는 봉건지배체제 전반에 대해 적대적일 수밖에 없는 자신들의 사회적 처지로 말미암아 불가피하게 그러한 저항을 했다기보다는, 예컨대 신임 봉산군수가 사석에서 임꺽정을 욕한 적이 있어 괘씸하던 차에, 또는 그들을 징계하면 화적패의 위신이 높아질 것이라는 동기에서 저지른 행위로 되어 있는 경우가 적지 않은 것이다.

또한 화적편에서는 임꺽정 일당과 일반 민중들간의 관계가 비중 있게 다루어져 있지 않다. 당시 황해도에서는 공납과 군역의 부담이 특히 과중하여 이 지역의 일부 농민들은 흉년을 만나면 유망(流亡)하여 일시 도적이 되었다가 형편이 나아지면 다시금 양민으로서 생활하는 실정이었다. 이 때문에 『명종실록』에서도 임꺽정 일당이 "모여서는 도(盜)가 되고 흩어져서는 민(民)이 되니 출몰이 무상하여 구포(驅捕)할 수 없다."[72]고 했던 것이다. 그리고 이들이 삼년이라는 장기간에 걸쳐 광범한 지역에서 활동할 수 있었던 것도 농민층과의 유대 없이는 불가능한 일이었으리라 추측된다. 이밖에도 당시의 기록들을 살펴보면 임꺽정 일당은 수공업자나 상인층 및 하급관리들과도 일정한 연결을 지녔던 것으로 보인다.[73]

관변측에서는 "황해도의 각 관의 이민(吏民) 중에서 도적을 고포(告捕)한 자는 역시 적배(賊輩)에 의해 수살(讎殺)"[74]되기 때문에 민중들은 보복이 두려워 화적패에게 동조하는 것으로 보았다. 그러나 이들이 관의 공격을

권, p.576 및 제4권[조선일보사 출판부, 1940], p.232 참조)

72) 『명종실록』 권25, 明宗 15년 12월 癸巳條.

73) 矢澤康祐, 앞의 논문, pp.137~41.

74) 『명종실록』 권25, 明宗 14년 4월 壬戌條.

받으면 민중 속으로 흩어져 일반 민중들과 구별할 수 없었다는 것은, 이들이 그만큼 민중들과 혼연일체가 되어 그들의 지지를 받고 있었기 때문이라 보지 않을 수 없다. 그렇다면 청석골의 화적패가 당시 민중들에게는 적어도 관보다는 민중 편에 가까운 존재로서 인식되고 있었으며, 민중의 이익에 부합되는 활동을 어느 정도는 하고 있었으리라 추측된다.

이 작품에서도 임꺽정 일당이 장사치들이나 아전 및 인근 지역의 주민들과 맺고 있는 관계가 간헐적으로 시사되고 있기는 하다.[75] 그러나 화적편에서 민중들이 임꺽정 일당에게 협력하는 이유가 그들의 계층적 이해관계에도 부합되기 때문이라는 점은 거의 부각되어 있지 않다. "지금 황해도 이십사관 관하 백성들더러 황해감사가 무서우냐 꺽정이가 무서우냐 물어보면 열의 아홉은 꺽정이가 무섭달걸."[76]이라는 한 군졸의 말에서도 드러나듯이, 이 작품에서 민중들은 화적패와의 정신적 유대나 물질적 이해관계보다는 주로 보복이 두려워 그들에게 협조하는 것으로 되어 있는 것이다. 따라서 임꺽정의 화적패가 그처럼 대규모로 성장하여 장기간 활동할 수 있었던 사회적 기반이 거의 해명되어 있지 못하다.

더욱이 이 작품에서는 당시 해서지방의 전형적인 현실이었던 유망 농민의 도적화 과정이 거의 묘사되어 있지 않다. 물론 '피리'장의 서두에서 거듭된 흉년으로 유망한 농민들이 청석골에 졸개로 입당하는 사실이 언급되고 있으며, '청석골'장에서도 농민들이 과중한 공물과 군역을 견디다 못해 도적이 되는 이야기가 나오긴 하나, 이러한 대목들은 모두 추상적인 설명으

---

75) 예컨대 서울의 한온 일가와 송도의 김천만, 금교역말의 어물전 주인 등 청석골과 내통한 부유한 장사치들이 등장하기도 하며, 각지의 주막들이 화적패의 약탈에 협조하고 있는 것으로 되어 있다. 그리고 의형제편의 '결의'장에서 길막봉이를 구출한 임꺽정 일행이 진천 이방의 집에 피신해 있었다든가, 화적편의 '소굴'장에서 임꺽정이 황해감사의 從弟를 詐稱할 때 평산에서는 청석골과 내통하고 있던 그 고을 이방이 협조한 것으로 되어 있다. 또한 의형제편의 '길막봉이'장에서는 평소에 청석골과 한통속이 되어 지내던 탑고개 동네 주민들이 길막봉이에게 붙잡힌 곽오주를 살리는 데 협조하고 있는 것을 볼 수 있다.

76) 『임꺽정』 제4권, p.579.

로 처리되어 있을 따름이다.

뿐만 아니라 청석골 두령들의 화적패 입당 경위를 그린 의형제편에서도, 그들은 근본적으로 하층계급의 사회경제적 상황을 불만스럽게 여겨서라기보다는 매우 사사롭고 우연적인 계기로 도적패에 가담한 것으로 되어 있다. 가령 곽오주의 경우 아내가 죽지 않고, 따라서 그가 어미 없는 젖먹이를 우발적으로 죽이게 되지 않았다든가, 길막봉의 경우 사나운 장모를 만나지 않아 처가살이가 견딜 만했더라면, 그들은 자신들의 평범한 삶에 자족하며 살아가게 되었을지도 모른다. 요컨대 『임꺽정』에는 가난으로 인해 유망한 농민이 도적으로 전락해가는 당시의 가장 전형적인 현실이 형상화되어 있지 않은 것이다.

이와 관련하여 『임꺽정』에서는 주인공 임꺽정으로 대표되는 백정계급의 생활과 의식이 과연 충분히 형상화되어 있는지도 검토의 여지가 없지 않다. 백정은 원래 북방 유목민 출신으로 애초에는 수렵생활을 하다가 후에 유기제조와 도축에 종사하며 때로는 군도로서 활약하기도 했는데,[77] 어느 경우건 집단적인 생활을 했던 것으로 알려져 있다. 그러므로 임꺽정이 백정 계급의 단합을 꾀하여 조직적인 저항운동을 벌인 것으로 본 앞서의 작자의 말은 어느 정도 근거가 있는 것이라 하겠다. 그러나 실제의 작품을 보면, 청석골의 화적패에는 임꺽정을 제외하고는 단 한 명의 백정 출신도 발견되지 않으며, 따라서 백정계급의 단합이니 그들의 계급의식이니 하는 것은 기대할 수 없게 되어 있다.

이 작품에서 임꺽정은 "백정의 자식으로 아이 적부터 창피를 보고 설움을 받은 것이 뼈에 맺힌 까닭에 천참만륙할 도둑놈이란 말은 오히려 웃고 들을 수가 있어도 백정놈의 자식이란 말은 듣기만 하면 언제든지 온몸의 피가 일시에 끓어"[78]오르는 인물로 되어 있다. 그리고 기생 소홍에게 자신의 정체를 밝히는 대목이나, 현감인 이봉학에게 박유복이 도적이 된 사실을 옹호하는 대목에서도 자신이 천민으로서 학대받은 설움과 양반지배층에 대

---

77) 姜萬吉, 「鮮初白丁考」, 『史學研究』 제18호(1964) 참조.

78) 『林巨正』 제3권, pp.621~22.

한 증오심을 토로하고 있다.[79]

그러나 이러한 그의 작중 발언들은 자연발생적이고 소박한 계급적 감각의 표현에 가까우며, 성숙한 계급의식과는 거리가 먼 것이라 하지 않을 수 없다. 그리고 상층 양반사의 인척으로 설정된 임꺽정의 가계부터가 백정으로서는 매우 예외적인 경우인데다, 임꺽정은 은군자인 갖바치의 덕분으로 김덕순·심의·이장곤 등과 같이 반상차별의 계급의식을 지니지 않은 예외적인 양반들과 신분적 한계를 벗어난 교유를 갖게 되어, 백정으로서 천대를 받거나 그로 인해 계급의식에 눈뜰 기회가 더욱 적게끔 그려져 있는 것이다.

뿐만 아니라 『임꺽정』은 백정생활의 묘사 자체에 있어서도 일정한 한계를 드러내고 있다. 봉단편에서 함흥의 고리백정인 봉단이네 집의 경우, 주위의 백정이란 가까운 친척인 양주팔과 돌이네 집 정도가 고작으로 백정들이 집단생활하는 것으로는 그려져 있지 않다. 그리고 돌이가 양주에 정착하여 소백정의 사위가 된 뒤에도 그의 장인이 소 잡는 시범을 보이는 장면이 단 한번 묘사되고 있을 뿐, 관푸주로서 생업을 삼는 이들의 일상생활은 더 이상 구체적으로 묘사되고 있지 않으며, 이들과 교유하고 지내는 다른 백정 집안도 거의 등장하지 않고 있다. 양반편 말미에서 돌이가 중풍으로 누워 지내게 된 이후로는 장남인 임꺽정이 소 잡기를 싫어하여 생활이 극히 곤란하다고 되어 있으나, 작중에 묘사된 임꺽정의 집안 풍경은 상민들의 평균적인 생활수준이지, 최하층 천민인 백정의 집으로서 가업인 푸주일을 하지 않아 수입이 끊긴 상태라 보기는 어렵다. 이와 같이 이 작품에서 임꺽정이 백정이라는 사실은 다분히 관념적으로만 설정되어 있을 뿐, 그는 실제로는 당시의 일반적인 백정들에 비해 경제적·사회적 곤란을 별반 겪고 있지 않은 것처럼 그려져 있다. 그러므로 이 작품에서 임꺽정이 백정계급의 전형으로 충분히 형상화되었다고 하기는 어려울 것이다.

앞서 언급한 바와 같이 벽초의 『임꺽정』이 전기적인 형상 방식을 탈피하여 주인공 임꺽정을 청석골의 여러 두령들보다 결코 더 두드러지지 않은 인물로 형상화한 것은 높이 평가되어야 할 것이다. 그러나 문제는 이 작품

---

79) 『임꺽정』 제4권, pp.1~2, 제2권, pp.221~22.

에서 이와 같이 거의 부인물에 가깝게 또는 다수의 주인공 중의 한 사람으로 형상화된 임꺽정이 서구의 고전적 역사소설에서 볼 수 있는 이른바 세계사적 개인(das welthistorische Individuum)으로서의 의의를 지닐 수 있느냐 하는 점이다.

헤겔에 의하면 세계사적 개인이란 "그들 자신의 특수한 목적이 세계정신의 의지인 바의 실체적인 것(das Substanzielle)을 지니는 역사상의 위대한 인간들"로서, 그들은 민중의 동향 속에 이미 존재하는 역사적 조류에 명백한 의식과 방향을 부여한다는 의미에서 역사적 진보의 의식적인 담당자로 간주된다. 그런데 서구의 고전적 역사소설들에 있어서는 이러한 세계사적 개인의 역할을 반드시 역사적으로 널리 알려진 상층의 위대한 인물들만이 맡고 있는 것은 아니다. 스코트의 역사소설에서는 흔히 로빈 훗이나 롭 로이와 같이 역사적으로 별로 알려져 있지 않은 하층 출신의 인물들도 세계사적 개인의 역할을 훌륭히 수행하고 있다. 즉 이들은 민중 가운데서 민중운동의 지도자로 부상한 특출한 인간들로서 역사적으로 유명한 인물들보다 더욱 위대한 인물로 부각되어 있으며, 여기에 그의 역사소설이 지닌 민중성이 있다고 할 수 있다.[80]

이렇게 볼 때 임꺽정은 미미한 백성 출신으로 대규모 화적패의 지도자까지 성장한 인물로서 세계사적 개인이 될 수 있는 가능성을 지니고 있기는 하나, 이 작품에서 그가 과연 당시 민중의 동향을 집약하면서 그러한 움직임에 명확한 의미와 방향을 부여하는 존재로까지 고양되어 있는지는 의문이다. 화적패를 결성한 후에도 임꺽정은 약탈로 풍족한 생활을 하며 졸개들의 시중을 받고 청석골에서 기를 펴고 산다는 것 이상의 목표를 추구하고 있는 것 같지 않다.

예컨대 청석골 화적패의 점고(點考) 장면을 보면, 임꺽정은 봉건군주와 같이 금관을 쓰고 홍포를 입고 나타나며,[81] 상경하여 한온의 집에 기거할 때에는 양반 첩을 셋씩이나 두고 밤낮으로 기방출입을 하는 것으로 되어

---

80) G. Lukács, op. cit., pp.45~48, p.63, p.124.

81) 『임꺽정』 제3권, p.387.

있다. 이런 반면 임꺽정은 양반지배층의 수탈에 맞서 도탄에 빠져 있는 민중들을 돕겠다든가, 나아가서는 그들과 힘을 합해 봉건체제에 반기를 들려는 의지를 거의 보이지 않고 있다. 물론 화적편의 몇몇 대목에서는 임꺽정 일당이 역모에 뜻을 두고 있는 것이 시시되고 있기는 하지만,[82] 작품 전체를 놓고 볼 때 이들이 그러한 목표를 향해 의식적으로 꾸준히 일을 추진하고 있는 흔적은 찾아보기 어렵다.

이상과 같이 이 작품에서 임꺽정 일당은 의적활동이나 반란과 같은 단순한 도적패로서의 활동을 넘어선 미래에의 전망을 지니지 못하고 있다. 이러한 문제점은 역사소설 『임꺽정』의 한계라기보다는 역사적 인물로서의 주인공 임꺽정의 한계에서 기인한 것이라 할는지도 모른다. 그리고 그것이 그 시대의 역사적 실상에 보다 부합된다면, 작가는 그러한 현실을 있었던 그대로 묘사하는 것이 당연하다고 할 수도 있겠다. 임꺽정은 민중운동이 아직 본격화되기 이전인 조선 중기에 활동하던 인물로서, 민중운동의 지도자라 하기에는 미흡할 만큼 일개 도적의 괴수로서의 한계를 벗어나지 못한 것이 어느 정도 사실이었으리라 생각된다. 그러나 작가는 그러한 그의 존재를 미화시키지 않고 그대로 그려보이면서도, 이를 통해 사회적 전망이 결여된 화적활동의 문제점이라든지, 민중과의 괴리 등 그들이 끝내 패배할 수밖에 없었던 요인들을 드러낼 수도 있었을 것이다. 그리하여 민중과의 굳건한 유대를 통해서만, 나아가서는 민중 자체의 힘에 의해서만 봉건체제는 전복될 수

---

82) 예컨대 '청석골'장의 서두에서 서림이 임꺽정에게 "앞으루 큰일을 하실라면 순서가 있습니다. 먼저 황해도를 차지하시구 그 다음에 평안도를 차지하셔서 근본을 세우신 뒤에 비로소 팔도를 가지구 다투실 수가 있습니다." 운운하자, 임꺽정이 이에 솔깃해 하는 장면이 나온다(『임꺽정』 제3권, pp.14~15). '자모산성'장에서도 청석골에 홀로 남게 된 오가가 임꺽정에게 "대장께서 소원 성취하시는 날 나를 송도 유수루 승차나 시켜주시우."라고 농담하는 장면이 있다(『임꺽정』, 『조광』(1940. 10, p.232). 또한 병해대사가 임꺽정에게 남긴 유서에도 "……天子旌旗在眼中"이라는 시구가 있어(『임꺽정』 제2권, p.553), 작가가 처음에는 임꺽정 일당이 역모에까지 나아간 것으로 그리려고 했던 듯하나, 결국 실제의 작품은 그러한 작가의 의도와는 어긋나게 되고 만 셈이다.

있다는 역사적 전망하에 실패로 끝난 임꺽정 일당의 활동이 궁극적으로는 조선조 말 민중운동의 선구로서의 의의를 지닌다는 점을 부각시킬 수도 있었지 않을까 한다.

요컨대 화적편은 청석골 화적패들의 일상생활을 사실적으로 묘사하고 사료에 언급된 임꺽정 일당의 활약을 생생하게 형상화하기는 했으나, 결국 이들은 별다른 정치적 의식이나 지향을 지니지 못한 일개 도적패에 불과한 것으로 그려지고 말았다. 그 결과 임꺽정은 서구의 고전적 역사소설들에서 볼 수 있는 바와 같은 세계사적 개인으로 간주하기에는 다소 미흡한 인물로 되어 있으며, 또한 이 작품은 임꺽정 일당의 활약을 통해 그 시대의 핵심적인 사회적 갈등을 형상화함에 있어서도 만족할 만한 성과에 이르지 못하고 만 것이라 하겠다.

5. 『임꺽정』의 문학사적 의의

이상에서 벽초 홍명희의 생애에 대해 간단히 살펴본 다음, 그의 『임꺽정』을 봉단편·피장편·양반편과 의형제편 및 화적편의 세 부분으로 나누어 고찰해보았다. 그런데 『임꺽정』의 각 편에 대한 이와 같은 구분은 방대한 분량의 이 작품을 논의하기 위한 편의상의 조치에 불과하며, 따라서 어느 한 부분에서 집중적으로 논의된 예술적 성과나 한계는 다른 부분들에도 역시 다소간 해당되는 것임은 물론이다.

『임꺽정』의 봉단편·피장편·양반편은 임꺽정을 중심한 화적패가 결성되기 이전의 시대를 배경으로, 도처에서 화적패가 출몰하지 않을 수 없도록 어지러웠던 당시의 정치적 혼란상을 폭넓게 그리고 있다. 이와 같이 상·하층을 망라한 사회 각 계층의 투쟁들을 광범하게 묘사함으로써, 작가는 장차 임꺽정을 이러한 사회적 갈등의 대표자로서 역사의 무대에 등장시키기 위한 신중한 사전준비를 갖추고 있는 것이다.

그런데 일반적으로 군도를 소재로 한 역사소설이 하층생활의 묘사에 국한되기 쉬운 데에 반해, 『임꺽정』의 이 부분은 상·하층의 생활을 아울러 그리고 있기 때문에 작품 전체 안에서 그 나름의 중요성을 지니고 있다. 특히 궁중과 사대부 사회의 풍속과 언어를 탁월하게 재현하고 있는 점은 동시대의 다른 역사소설들에서는 유례가 드문 성과로서 높이 평가되어야 할 것이다. 그러나 지배층 내부의 사건을 민중생활의 동향과 관련하여 파악함으로써 그 민족의 생활을 전체적으로 묘사하는 서구의 고진적 역사소설들에 비한다면, 여기서도 두 계층의 생활상이 충분히 유기적으로 연결되지 못하고 있는 것은 사실이다. 즉 이 작품에서는 고리백정의 사위인 이조판서 이장곤과 그 인척으로 당대 명유(名儒)들과 교유를 갖게 된 갖바치의 존재에 의해 두 계층간의 연결이 간신히 이루어지고 있으며, 이로 인해 갖바치의 성격형상화에 있어서도 상당한 무리를 초래하고 있다.

뿐만 아니라 봉단편·피장편·양반편은 당시 사회를 폭넓게 그려보이고자 한 작자의 의도 때문이겠지만, 당시의 유명인물들이 대거 등장하고, 광범한 지역을 배경으로 어지럽게 사건이 전개되어 전체적으로 플롯이 산만해진 점이 없지 않다. 그리고 야사의 기록에 지나치게 의존한 결과 부분적으로 궁중비화의 성격을 띠는 등 의형제편과 화적편에 비해 초기작다운 미숙성을 드러내고 있다.

임꺽정 휘하의 두령들이 화적패에 가담하게 된 경위를 그린 의형제편은 앞의 세 편에 비해 훨씬 더 짜임새 있게 구성되어 있을 뿐 아니라, 하층민의 일상생활에 관한 구체적인 묘사 위주로 전개되고 있다. 즉 의형제편 각 장의 주인공격인 두령들은 다양한 신분의 하층민들로서 작가는 이러한 인물들이 화적이 되기까지의 인생역정을 사건 위주의 직선적인 필치로 서술해나가는 것이 아니라, 그 사건들 도중의 사소한 일상적 장면들을 면밀하고 생생하게 그려내고 있는 것이다. 이와 같이 각양 각색의 민중들의 생활을 충실히 재현하기 위해 의형제편에는 그와 관련된 민간풍속의 묘사와 전래설화 및 고유의 인명이나 지명, 토속적인 고어와 속담들이 작중에 풍부하게 유입되어, '조선의 정조(情調)'를 살리고 있다.

또한 의형제편에서 볼 수 있는 바와 같이 『임꺽정』은 식민지시대 대부분 역사소설들과는 달리 주인공의 생애 위주로 전개되는 전기적인 형식에서 벗어난 결과, 역사적 진보의 담당자를 특출한 개인이 아닌 전체 민중으로 파악하여 거대한 역사적·사회적 여러 연관을 좀더 객관적으로 반영할 수 있는 가능성을 지니게 되었다. 뿐만 아니라 작가는 등장인물들의 심리묘사를 가급적 억제하고 일상적인 장면에서 대화와 행동을 통해 그 성격을 묘사함으로써 등장인물들을 개성 있게 형상화하는 데에 있어서도 원숙한 기량을 보여주고 있다.

이와 같이 의형제편이 탁월한 사실주의적 표현을 성취하고 있는 것은, 민중들의 구체적인 생활상의 에피소드를 통해 그 시대의 전반적인 동향을 부각시킨 이 작품의 민중적 성격과 밀접한 관련이 있다. 요컨대 의형제편은 『임꺽정』이 지닌 사실주의적이자 민중적인 특성을 가장 잘 구현하고 있는 부분이라 하겠다.

임꺽정을 중심한 화적패의 본격적인 활약상을 그린 화적편은 그 골격의 대부분을 사료에 의존하고 있다. 그런데 작가는 매 사건마다 빈약한 역사적 기록을 바탕으로 극도로 치밀한 디테일을 구사하여 대단히 구체적이고 생생하며 빈틈없이 짜여진 이야기를 만들어내고 있다. 그리고 화적편에서는 의형제편에 비해서도 더욱 묘사가 큰 비중을 차지하여 등장인물 개개인의 성격이 매우 뚜렷하게 부각되고 화적패의 일상생활과 그 시대의 풍속이 탁월하게 묘사되고 있다.

그러나 다른 한편 화적편에서는 임꺽정 일당이 대규모의 화적패로서 청석골에 정착하여 풍족하게 살게 된 시기를 다루고 있기 때문에, 앞서의 의형제편에서와 같은 민중의 일상생활에 밀착된 묘사는 찾아보기 어렵다. 이는 '화적편'에서 그들이 민중의 이해관계와 직접 연관된 의적활동을 벌이지 않은 것으로 그려진 이 작품의 문제점과도 관련이 있을 것이다.

우선 화적편에서는 임꺽정 일당이 화적질하는 장면 자체가 거의 그려지지 않아 그 시대 사회의 계층적인 갈등이 심도 있게 묘사될 수 없게 되었으며, 특히 당시 해서지방의 전형적인 현실이었던 유망 농민의 도적화 과정을 중심한 화적패와 일반 민중들간의 유대관계가 비중 있게 다루어지지 않고 있다. 뿐만 아니라 임꺽정 일당은 단순한 도적패로서의 활동을 넘어서 의적활동이나 반란과 같은 미래에의 전망을 갖지 못한 결과, 임꺽정은 세계사적 개인으로 평가되기에는 다소 미흡한 인물로 되고 말았으며, 이에 따라 이 작품은 임꺽정 일당의 활약을 통해 그 시대의 핵심적인 사회적 갈등을 형상화함에 있어서도 만족할 만한 성과에 이르지 못하고 만 것이다.

『임꺽정』이 지닌 이와 같은 문제점을 의식한 임화는 앞서 언급했듯이 이 작품을 세태소설로 규정하였다. 그에 의하면 '사상성의 감퇴'를 특징으로 하는 1930년대의 한국소설은 세태소설과 내성 심리소설의 양대 경향으로 분화되는바, 『임꺽정』은 그중 전자에 해당한다는 것이다. 이어서 그는 다음과 같이 『임꺽정』을 비판하였다.

[『임꺽정』에는—인용자] 뚜렷한 성격도 없고 그 성격과 환경과의 '비비드'한 갈등도 없으며, 따라서 작품을 관류하는 일관한 정열도 없다. 단지 『임꺽정』의 매력은 그 시대의 여러 가지 인물들과 생활상의 만화경과 같은 전개에 있다.[83)]

이러한 임화의 견해는 당시에 연재중이던 화적편의 일부 내용만을 대상으로 검토한 결과라 추측되는데,[84)] 그러한 범위 내에서 『임꺽정』에 대해 부분적으로는 타당한 지적을 하고 있는 셈이다. 그러나 이는 동시에 화적편에서 이루어진 중요한 예술적 성과들을 무시하고 있으며, 더욱이 사실주의적이고 민중적인 특성이 가장 잘 구현된 의형제편을 포함하여 이 작품의 전편에 해당되는 보편타당한 비판이라 하기는 어려울 것이다.

홍명희의 『임꺽정』은 이광수의 작품들로 대표되는 식민지시대 대부분의 역사소설들과는 그 유형을 달리하는 역사소설이라 할 수 있다. 후자가 현실도피적인 의도에서나 교훈적인 이념의 제시를 위해 흔히 역사의 실상을 왜곡하는 낭만주의적 역사소설의 유형에 속한다면, 이 작품은 거의 유일하게도 지나간 시대를 현대의 전사(前史)로서 진실되게 묘사하려는 사실주의적

---

83) 임화, 앞의 책, pp.345~56 ; 拙稿, 「1930년대 평단의 소설론」, 『한국근대문학사론』, 林熒澤·崔元植 편(한길사, 1982), pp.487~94 참조.

84) 『임꺽정』의 봉단편에서부터 의형제편까지가 연재 중이던 1930년을 전후한 시기에 임화는 동경유학과 옥고 등으로 이 부분을 통독하기 어려운 상황이었으며, 그의 「세태소설론」은 1938년 4월에 발표된 글인 점을 감안하면 아직 단행본이 출간되기 이전인 당시에 있어 그가 전작품을 통독하였을 가능성은 매우 희박하다.

역사소설의 유형에 속하다고 할 수 있는 것이다.

뿐만 아니라 이 작품은 식민지시대 역사소설의 주류가 봉건지배층 내부의 시각에서 역사를 파악하는 왕조사 중심의 역사소설인 데 반해, 민중의 동향을 통해 역사를 파악하려는 민중사 중심의 역사소설이라는 점에서도 독특한 의의를 지니고 있다. 이러한 점에서 『임꺽정』은 최근에 몇몇 역사소설들에 의해 그 비판적인 계승이 시도되고 있는, 한국 근대 역사소설사상 기념비적인 작품이라 하겠다.

(『한국 근대 리얼리즘 작가연구』, 김윤식·정호웅 편, 문학과지성사, 1988)

　‘임꺽정’사건에 관련한 왕조실록 기사는 빈발했던 ‘군도’ 형태의 농민저항 가운데 다른 어떤 경우보다 상세한 편이다. ‘강적 임꺽정(林巨叱正)’의 이름이 처음 보이는 명종 14년(1559) 3월부터 시작해서 임꺽정부대가 관군에 의해 소탕되고 그 자신이 처단을 당한 명종 17년(1562) 1월까지 걸쳐 있다.

　임꺽정의 이름이 실록상에 등장한 연유는, 그가 이끄는 세력이 상당한 문제를 일으켰고, 중앙정부로서 그에 대처할 필요성이 제고된 데 있었다. 그리고 줄곧 ‘국가의 권위’에 대한 무장항쟁을 감행하여 그의 존재는 도전적 행동이 상승하는 데 정비례해서 부상하였다. 지배체계의 최고의 정상인 국왕은 마침내 ‘임꺽정 세력’을 적국에 준하는 것처럼 의식하기에 이른다. 실록의 임꺽정 기사 역시 그에 따라 차츰 비중이 커지게 된 것은 물론이다. 요컨대 실록 소재의 기사는 임꺽정 집단과 적대적인, 그것에 위협을 받고 그것을 압살한 측의 견지에서 정리된 것이다. ‘임꺽정 집단’을 이해하려는 감정을 당조 갖고 있지 않았음은 물론 그 집단 내부를 조명하지도 않으며 사태의 전모를 그려내지도 못하고 있다. 그렇지만 ‘임꺽정사건’을 파악하는 데 가장 신빙성이 있고 풍부한 기본사료임은 부인할 수 없는 사실이다. 그에 대응하는 정부나 관군의 동향은 사건의 전체를 이해하는 데 결코 무시할 수 없는 부분이며, 또 관변측의 보고나 동향을 통해서 저쪽의 정황을 엿볼 수도 있다. 또 한편 지배층의 내부에도 ‘임꺽정 집단’을 생각하는 의식의 차이가 있었으니, 실록의 편찬자인 사관(史官)에 의해 붙여진 사평이 그것이다.

　『임꺽정』의 작가는 이 실록기사를 면밀히 검토하고 분석하여 작품구성의 기본골격을 만들었던 것으로 추정된다. 작중에 임꺽정이 활동한 시간 설정이나 주요사건은 실록기사와 거의 맞먹고 있으며, 특히 중앙의 동향에 대한 묘사는 실록의 내용을 요약한 것이다. 여기에는 임꺽정이 언급되어 있거나 그 사건에 다소간 관련이 있는 부분을 뽑아서 번역해 실었거니와, 당시 정황을 살피는 데 도움을 주는 자료도 약간 포함시켰다.

　『임꺽정』은 임꺽정을 중심으로 해서 이야기를 엮었지만, 전후에 수다한 인간군상이 출현하고 있다. 특히 16세기 역사상 등장했던 인물들이 다수 등장하며, 이들 인물에 의해서 사건이 만들어지는 것이다. 혹은 등장인물이 바로 실재한 사람은 아니로되 실재했던 어느 누구에 연계를 시켜서 가공한 경우가 있다. 여기는 주인공 임꺽정 및 소설의 전체 구성상에 요긴한 길목에 놓인 인물의 전기자료 및 그에 관련한 이런저런 일화나 삽화 따위를 수집해서 정리해놓은 것이다. 동원한 문헌이 사뭇 잡다하다. 문인 학자들이 자신의 견문을 잡기한 야승(野乘) 내지 필기(筆記)가 대종을 이루고 있는데, 개중에 역사기록의 성격을 갖춘 것도 있고 민간에서 전승되던 이야기가 야담으로 옮겨진 것도 있다. 따라서 여기 수록된 내용들은 하나로 규정지을 수 없는 것이다.

　실제 사건이나 인물의 시대와 시차를 별로 두지 않은 기록은 비교적 사실에 가까울 듯하지만, 거기에도 견문의 차이를 허다히 보이고 있다. 더구나 구연(口演)의 적층과정을 거쳐서 기록화된 것은 실제 사실로부터 일정한 변형이 불가피한 노릇이다. 이들 기록들은 사실의 정확성이란 측면에서는 모두 꼭 확언할 수 없는 것이다. 이 작가는 역사소설로서 사실에 충실을 기하고 있으나 사실과의 개별적인 정확성을 반드시 생명으로 생각하지 않았던 것 같다. 보다 역사적 진실성을 추구하였으며, 역사적 진실성을 견문잡기 및 야담에 저류하는 속에서 많이 모색했던 것 같다.

　『임꺽정』 가운데 자료적 근거를 이룬 것을 찾아내자면 여기 제시된 이외에도 아직 더 많다. 삽화로 들어간 대목이나 주변적 인물의 경우까지 일일이 포괄하지 못했음을 밝혀둔다. 또 한편 실린 내용 중에 중복이 없지 않다. 일부 중복되면서 다른 내용이 들어가 있거나 차이점을 보이기도 하며, 혹은 한 기록 내용이 뒤에 어떻게 수용·변모하는가를 살필 수도 있는 것이다. 글의 각기 제목은 원래의 표제가 있어서 그대로 따온 것도 있지만, 대부분 독자의 이해를 돕기 위해 편의상 달아놓았다.

제1장 임꺽정사건 관계『명종실록』기사

1. 명종 14년(己未, 1559) 기사

황해도 民情 — 1559년(명종 14) 3월 6일(무인)

상(上)이 조강(朝講)에 나아갔다. 대사간 박영준(朴永俊)이 아뢰기를,

"황해도 옹진현(瓮津縣)이 극도로 잔파되어 요사이 조정에서 소생시킬 계책을 한창 강구하고 있다고 합니다.

신이 본도 감사로 있을 때 대략 살펴보았는데, 본읍의 제색 군정(諸色軍丁)이 모두 흩어져 온 고을이 텅 비어 있으므로 보기에 매우 참담하였습니다. 중국 사신이 왔을 때, 접대하는 데 그런 대로 어려움이 없었던 것은 관속(官屬)이 약간 남아 있었기 때문입니다. 그런데 요사이는 관속조차 흩어져버렸으니, 만약 소생시킬 계책을 제때에 세우지 못한다면 버린 고을이 되어 구제할 수 없을 것입니다.

이 고을뿐이 아닙니다. 신이 보았던 장연현(長淵縣)은 도내의 큰 고을인데 역시 매우 피폐되었습니다. 현재 옹진만큼 다급하지는 않으나 백성들이 절반 이상 흩어졌습니다. 또 그 지방 장련곶(長連串)에서는 소나무가 많이 나기 때문에 집을 짓거나 배를 만드는 서울 사람들의 청구가 끊이지 않으며, 무쇠 또한 그곳의 토산이므로 모리배들이 세력을 등에 업고 요구합니다. 수령은 대체로 훈련원 6품직(六品職)에서 옮겨간 사람들인 고로, 만약 뜻대로 요구에 응해주지 않으면 훼방이 뒤따라 그 자리에 있을 수 없으니 요구대로 응해주는 실정입니다. 재목이 그곳에서 많이 나지만 배로 운반하는 데 많은 비용과 인력이 소모되므로 주민들이 안착하지 않습니다. 만약 이대로 계속된다면 텅

빈 고을이 되고 말 것이니, 참으로 염려됩니다. 전번에 이문형(李文馨)이 그곳 현감으로 있을 때, 정성껏 무휼(撫恤)하여 소생시킬 계책을 극진히 했기 때문에 흩어졌던 사람들이 많이 귀환하였습니다.

그런데 지금은 적을 방비하는 것이 긴급하다는 이유로 모두 무반인(武班人)을 차임해 보내고 있으니, 미편한 듯합니다. 만약 무재(武才)가 있는 문신(文臣)을 가려 보내 안집(安集)시키는 계책을 다하도록 한다면 소생시킬 희망이 있습니다.

또 관군(館軍 : 도로에 30리마다 院을, 50리마다 館을 설치하여 여행하는 관원들의 숙소로 삼았는데 이 관에 소속된 군인)은 전에 5년을 연한으로 하여 교체시키다가 근래에 본도 감사(愼希復—원주)의 계청에 의하여 3년으로 개정하였습니다. 이는 반드시 군인들이 긴박한 사정을 간절히 호소하므로 감사가 그들의 고생스러운 상황을 직접 보고 그렇게 계청한 것일 것입니다. 신이 보건대, 본도는 인구가 많지 아니하여 양남(兩南 : 영남과 호남)에 비할 바 아닙니다. 그런데 한번 관군의 군역을 겪고 나면 파산하여 흩어지는 자가 자못 많기 때문에 다음번 차례가 더욱 자주 돌아와 고통이 더욱 심하므로 도저히 지탱할 수가 없습니다. 수령들 역시 멀지 않아 체직될 것이라 여겨 횡포가 심합니다. 원역(元役)을 마쳤는데도 잡역(雜役)을 마구 독징(督徵)하니, 궁한 백성이 어떻게 살아 남겠습니까. 평안도에는 관군이 아무 폐단 없이 복무한다고 합니다. 이곳도 영정관군(永定館軍 : 관군을 영구히 驛人으로 정한 것)으로 한다면 억울한 경우가 전혀 없다고는 할 수 없겠지만 여타 군정(軍丁)들은 거의 안착할 수 있을 것입니다. 조정에서 처리할 일을 의론해 정하였으니, 신의 말로써 다시 고칠 수는 없겠으나, 신의 소견이 이와 같기 때문에 감히 아룁니다.”
하였다. 이어 영경연사 안현(安玹)이 아뢰기를,

“관군에 관한 일을 전번에 분명히 의론드리지 못하였습니다. 대저 관군의 폐단은 교체하는 날에 더욱 심합니다. 새로 입마(立馬)하는 즈음에는 침독(侵督)이 더욱 심해 온 가산을 파산하고도 오히려 감당하지 못하여 마침내 집까지 태워버리고 도망하는 실정입니다. 그 원망과 고통이 막심하니, 자주 교체시켜 해를 끼치게 해서는 안 됩니다. 평안도는 영정제도로 인하여 지금까지 폐단이 없으니, 장구한 계책으로는 영정 제도만한 것이 없고, 연한을 10년으로 하는 것이 그 다음입니다. 5년이나 3년으로 하자는 것은 우악한 백성들의 우선 편해보자는 호소에서 나온 것입니다. 우선 시험해보고자 하나, 30년이 지나지 않아서 백성들이 다 흩어지고 말 것이니 그때에는 후회해도 소용이 없을 것입니다."

하니, 상이 이르기를,

"각 고을의 쇠잔·피폐함이 곳곳마다 모두 그렇지만 옹진이 더욱 심하다. 장연도 역시 진폐하였으니, 아울러 소생시킬 계책을 강구해야 한다. 관군에 대한 일은, 나 역시 깊이 생각해보았으나 좋은 계책이 없어 우선 민원(民願)에 따라 시험해보기 위하여 3년으로 개정한 것이다. 멀리 내다보고 계획한다면 영정제도가 적합할 것이다."

하였다.　　　　　　　　　　　　<명종실록 권25, 國編版 제20책, 504면>

황해도 도적에 대한 대책 — 1559년(명종 14) 3월 13일(을유)

삼공·영부사·병조·형조가 함께 의계(議啓)하기를,

"황해도의 적세(賊勢)가 흉포하여 사람을 약탈·살해할 뿐 아니라, 심지어 대낮에도 관문(官門)을 포위하고 수령의 나졸(羅卒)을 사살하며 옥문을 부수고 수감된 일당을 빼앗아가는 실정입니다. 혹 사자(士子)나 관인(官人)으로 그들의 종적을 말하면 모조리 잡아다 배를 갈라 위엄을 보입니다. 또 영후사신(迎候使臣 : 중국 사신을 영접하기 위해 파견한 관원)의 관군을 살해한 뒤에 그 패자(牌字)를 아문(衙門)에 걸어놓고 관에 고발한 사람을 겁초(劫招)하며, 서울에서 가까운 지역을 횡행(橫行)하면서 일찍이 대장(大將)을 역임한 사람을 추축(追逐)하는 등 조금도 두려워하거나 꺼리는 기색이 없이 흉포가 극심합니다. 그들을 모조리 잡아죽여서 생령(生靈)에 해를 끼치지 못하도록 해야 합니다. 그런데 그 지방의 수령들이 이를 막지 못하고 그들이 출몰하는 대로 놓아두고 있으며, 살육하고 약탈하는 환란을 보고도 그들의 보복이 두려워 직무를 유기하고 도리어 숨겨주어 적세가 그처럼 창궐하게 되었으니, 앞으로 제어하기 어렵게 되었습니다. 또 전략을 잘못 세위 양민을 몰아다가 적류(賊類)에 빠뜨렸으니, 어찌 통탄할 일이 아니겠습니까. 추포(追捕)하는 전략을 조금도 늦출 수 없지만, 회유하는 계책도 병행(並行)하여 한편으로는 조정의 위엄을 펴고 다른 한편으로는 위협에 굴종한 백성들의 마음을 안정시켜야 합니다. 그 계책을 다음과 같이 열거하겠습니다.

1. 도내(道內)의 수령 중에 계책을 세워 도적을 포착(捕捉)할 수 있는 자는 그 고을 군정(軍丁)의 다소(多少)를 헤아려 30~40명 혹은 50~60명의 용맹스런 자를 엄밀히 뽑아 각기 거느리고서 서로 약속을 정하고 있다가, 적괴(賊魁)의 소재를 들으면 특별히 피아(彼我)를 논하지 말고 번거로이 군사를 동원시키지 말며 기관(機關)을 설치해 체포할 것이요, 만약 적당이 소굴에 모여 있으면 때맞춰 병력을 합쳐 공격할 것.

2. 사정을 잘 아는 사람을 뽑아 항상 신변보호를 해주어 해를 입지 않도록 한 뒤에 도적의 자취를 탐지하게 하여 도적을 포획하게 되면, 양인은 나만세(羅萬世)의(일찍이 큰 적당을 포착하여 軍職이 주어졌다.─원주) 전례에 의하여 군직에 붙이고 천인(賤人)은 면천(免賤)·면역(免役)해주며 또 도적의 재산을 지급할 것.

3. 각 고을의 수령들은 무재(武才)와 재간이 있는 자를 가려 포도장(捕盜將)으로 차정(差定)하여 요해처(要害處)를 지키다가 만약 도적이 나타나면 서로 은밀히 연락하여 즉시 힘을 합쳐 하나도 빠짐없이 체포하게 하고, 힘껏 쫓아가 체포하여 현저한 공이 있는 자는 포고(捕告)한 자의 전례에 의하여 논상(論賞)하며, 적당의 소재를 알고도 즉시 심포(尋捕)하지 않는 자는 엄중히 정치(懲治)할 것.

4. 수령으로서 마음을 다해 조치하여 괴수(魁首)를 잡게 되면 품계를 올려주고, 궁한 자는 특별히 당상(堂上)으로 승진시키며, 혹 미루거나 태만하여 심포하지 않은 자는 계문(啓聞)하여 잡아다가 중벌로 다스릴 것.

5. 적당 중에 혹 가난에 쪼들리거나, 침탈을 견디지 못해서 마지못해 들어갔거나, 죄가 두렵고 부역을 피하기 위해서이거나, 저들의 위협에 의하여 도적이 된 자가 그 일당을 설득하여 함께 돌아오면 그 와주(窩主)까지도 이전의 범죄를 불문에 부치고 안착을 허가하여 무휼(撫恤)을 힘쓸 것.

6. 잘못을 뉘우치고 자수하는 자는 면죄(免罪)와 아울러 본업으로 돌아가도록 하고, 그 일당을 죽였거나 혹 죽이지 못했더라도 즉시 고발하여 적당을 체포하게 한 자는, 양인(良人)일 경우 상직(賞職)하되 포(布)를 받기 원하면 법에 의해 지급해주고, 향리(鄕吏)·역졸(驛卒)과 공사천(公私賤)일 경우 면역·면천과 아울러 도적의 재산을 분급할 것.

이상과 같이 열거 진술한 내용을 황해도 감사에게 하유하여 힘껏 조치해서 군민(軍民)을 효유하고 적당을 모조리 무마하거나 체포하도록 하며, 큰 길거리의 원우(院宇)나 깊은 산 사찰(寺刹)에도 이를 해자(楷字)로 써서 게시하게 하여 적당으로 하여금 화복(禍福)을 모두 알도록 하는 것이 어떻겠습니까?"

하니, 아뢴 대로 시행하라고 전교하였다. <명종실록 권25, 제20책, 505면>

황해도 감사의 교체 — 1559년(명종 14) 3월 25일(정유)

사헌부가 계(啓)에 이르기를,

"황해도의 흉악한 대도(大盜)의 무리는 숫자가 점점 불어 그 피해가 더욱 심하니, 소위 복심(腹心)의 깊은 병은 서서히 치료할 수 없다고 하는 말과 같습니다. 본도(本道)의 관찰사 신희복(愼希復)은 부모의 무덤과 전장(田莊)이 평산(平山)에 있기 때문에 그들의 보복을 염려하여 절제사(節制使)에게 호령해 체포하도록 독촉하지 않고 있으니, 그를 속히 체직하고 특별히 다른 사람을 택차(擇差)하여, 계책을 세워 모조리 체포할 것을 기약하도록 하소서."

하니, 아뢴 대로 하라고 답하였다.

사신은 논한다 : 신희복이 방면(方面)을 전담하고도 적의 보복이 두려워 체포하려 나서지 않았으니, 용렬하고 나약하여 직무를 수행하지 못함이 심하다. 그러나 이로써 감사를 체차한다면 조정이 도적에게 허약함을 보이는 것이 아니겠는가. 더구나 신희복 자신도 체면(遞免)을 바라는 마음이 없지 않았을 것이니, 그렇다면 언관은 마땅히 논박하고 그로 하여금 도적을 잡는

데 마음을 다하도록 해야 옳은데 도리어 체차할 것을 아뢰었으니, 이는 그의 뜻을 맞추어 그를 비호한 것이다.　　　　<명종실록 권25, 제20책, 508면>

임꺽정(林巨叱正) — 1559년(명종 14) 3월 27일(기해)

상이 조강에 나아갔다. 영의정 상진(尙震), 좌의정 안현(安玹), 우의정 이준경(李浚慶), 영중추부사 윤원형(尹元衡)이 함께 의론하여(조강 때 김개(金鎧)가 아뢴 것을 인하여 대신에게 의론하라고 명하였기 때문에 이와 같이 의론하였다. — 원주) 아뢰었다.

"개성부 도사(開城府都事)를 무신으로 뽑아보내라는 상교(上敎)가 지당하나, 무신을 뽑아보내더라도 별다른 조치 없이 범상하게 해나간다면 오히려 이익됨이 없을 것입니다. 삼가 듣건대, 요사이 많은 강적(强敵)들이 본부(本府)의 성 밑으로 몰려들어 주민을 살해하는 일이 매우 많은데도 사람들은 보복이 두려워 감히 고발하지 못하고, 관리들은 보고 듣는 바가 있어도 매복을 해 체포할 계획을 세우지 못한다고 합니다. 지난날 임꺽정(林巨叱正 : 황해도 도적으로 본부의 땅에 살고 있었다. — 원주)을 추적할 적에 패두(牌頭)의 말을 듣지 않고 군사 20여 명만을 주어 고단하고 서툴게 움직이다가 마침내 패두가 살해당하게 되었는가 하면(패두 李億根은 일찍이 도적 수십 명을 잡은 적이 있었다. 이때 본부가 新溪의 첩정으로 인하여 군사를 동원해 적을 포위하였는데, 이억근이 군사를 거느리고 가서 새벽에 賊所로 들어갔다가 일곱 대의 화살을 맞고 죽었다. — 원주), 제때에 적을 끝까지 추격하지 않음으로써 마침내 적들이 멋대로 날뛰게 하였으니 매우 놀라운 일입니다.

그러므로 지금 무신을 보내 체포할 방법을 강구해서, 혹은 군사를 거느리고 추격하기도 하고 혹은 문견(聞見)을 근거로 추적하기도 하여 반드시 체포할 것을 기약하게 해야 합니다. 만일 태만하여 잡지 못하거나 겁이 나서 추적하지 못한다면 군법으로 죄를 논하겠다는 것을 각별히 일러서 내려보내고, 유수(留守)에게도 이러한 뜻으로 하유(下諭)하는 것이 어떻겠습니까? 도사의 직무는, 평시에는 본부를 다스리는 것이 그 소임이나 병무(兵務) 또한 그의 소관이므로, 이같은 도적의 변이 있을 적에는 군법으로 처리해야만 합니다. 『대전(大典)』에 경내(境內)의 도적을 잡지 못하면 수령 또한 죄가 있다고 하였기에 감히 아룁니다."

사신은 논한다 : 도적이 성행하는 것은 수령의 가렴주구 탓이며, 수령의 가렴주구는 재상이 청렴하지 못한 탓이다. 오늘날 재상들의 탐오한 풍습이 한이 없기 때문에 수령들은 백성의 고혈(膏血)을 짜내어 권요(權要)를 섬겨야 하므로 돼지와 닭을 마구 잡는 등 못하는 짓이 없다. 그런데도 곤궁한 백성들은 하소연할 곳이 없으니, 도적이 되지 않으면 살아갈 길이 없는 형편이다. 그러므로 너도나도 스스로 죽음의 구덩이에 몸을 던져 요행과 겁탈을 일삼으니, 이 어찌 백성의 본성이겠는가. 진실로 조정이 맑고 밝아서 재물만을 좋아하는 마음이 없고, 수령을 모두 한(漢)나라의 공수(龔遂)와 황패(黃覇)와 같은 사람을 가려 차임한다면, 칼(劍)을 잡은 도적이 송아지를 사서 농촌으로 돌아갈 것이니, 어찌 이토록 기탄없이 살생을 하겠는가. 그렇게 하지 않고, 군사를 거느리고 추적하여 체포하려고만 한다면 아마 체포하는 대로 뒤따라 일어나 끝내 모두 체포하지 못할 지경에 이르게 될 것이다.　　　　　　　　　　　　　　　<명종실록 권25, 제20책, 508면>

신임 감사의 도적에 대한 대책 — 1559년(명종 14) 4월 19일(경신)

상이 조강(朝講)에 나아갔다. 상이 인하여 사정전에 나아가 황해도 관찰사 이탁(李鐸)을 인견하고 전교하기를,
"경이 오랫동안 승정원에 있었으니, 어찌 나의 뜻을 모르겠는가. 요즈음 도적이 몹시 성하니 체포할 방법을 특별히 조치해야 할 것이다."
하니, 이탁이 아뢰기를,
"본도의 방비가 허술한 점이 매우 많으나, 상께서 체포하라고 전교하셨으니, 감히 마음을 다하여 여러 방법으로 조치하지 않겠습니까. 처음 도적이 일어난 연유를 신이 알지 못하겠습니다만, 필시 가난에 쪼들렸거나 수령의 정치가 도를 잃어 살 곳을 잃고 떠돌아다니다가 스스로 흉악한 당(黨)에 들어간 자가 매우 많을 것입니다. 그런데 도적을 추적하여 잡을 적에 불

러서 타이르는 데는 힘쓰지 않고 그저 신문하는 형벌만 엄히 하며 연루된 제빈 문제를 지세히 조사하여 가리지 않음으로써 횡액에 걸려 죽는 폐단을 초래하였습니다. 때문에 어리석은 백성들이 스스로 의혹하여 도적의 무리에 들어가게 된 것입니다. 지금은 살해(殺害)하는 짓을 멋대로 하니 사람마다 그들의 보복을 두려워하여, 촌민(村民)은 도적에게 침략을 당하고서도 보고하지 않고 수령은 도적이 횡행함을 듣고서도 체포하지 않습니다. 끝내 도적을 두려워할 줄만 알았지 국가를 두려워할 줄은 모르는 지경에까지 이르렀으니, 지극히 한심스럽습니다. 수령 가운데 도적들이 경내에 있음을 듣고도 체포하지 않고 놓아보내거나 겁을 먹고 물러나 뒤쫓지 않음으로써 기회를 잃게 한 자는 군법으로 논죄해야 합니다. 그런 뒤에야 거의 도적을 근절시킬 수 있게 될 것입니다."

하자, 상이 이르기를,

"백성에게 삶을 누리는 즐거움이 있은 뒤라야 도적이 없어지는 것인데, 지금 살 곳을 잃고 떠돌아다니는 까닭에 이와 같은 지경에 이르렀다. 다만 평민을 도적으로 취급해 심하게 다스려 '옥과 돌이 모두 타는〔玉石俱焚〕' 걱정이 있게 되면 매우 옳지 않다. 추문하여 조사할 때에 자세하게 나누어 분간하여야 한다. 경은 도적을 체포한 수령과 체포하지 못한 수령을 치계(馳啓)하여 상과 벌을 분명히 하게 하라."<명종실록 권25, 제20책, 511면>

개성 포도관 이억근—1559년(명종 14) 4월 21일(임술)

삼공이 검상(檢詳)을 시켜 아뢰기를,

"개성부의 포도관(捕盜官) 이억근(李億根)은 평상시 도적을 추적하여 체포하는 일에 힘을 다하였기 때문에, 도적들의 미워하는 대상이 되었었습니다. 그러다가 임꺽정을 추적하여 체포할 즈음에 뭇도적의 노리는 바가 되어 죽음을 당하였는데, 극히 참혹하였으니 몹시 가련합니다. 이도 국사(國事)에 죽은 사람이므로 은혜를 내리는 특전을 시행하지 않을 수 없으며, 그 아랫사람으로서 그 난에 함께 죽은 사람도 본부(本府)로 하여금 아울러 방문하도록 하며 특전을 시행해야 됩니다. 또 황해도 각 지방의 이민(吏民)으로서 도적을 밀고하여 체포하게 한 자도 도적들의 복수로 죽음을 당하였으니 모두 지극히 참혹합니다. 본도의 감사를 시켜 낱낱이 찾아내어 따로 표창하소서.

또 듣건대, 한 백성이 적당(賊黨)을 고발한 일이 있었는데, 하루는 들에 나가 나무를 하다가 도적들에게 붙잡혀 적들이 살해하려 하였습니다. 그때 그 아들이 산 위에 있다가 바라보고는 달려와서 적들에게 말하기를 '너희들을 고발한 것은 나요 아버지가 아니니, 아버지를 대신하여 죽기를 바란다.' 적들이 곧 아비를 놓아주고 아들을 결박하여 촌가(村家)에 데리고 가서 밥을 짓게 하고는 빙 둘러앉아 배를 갈라 죽인 뒤에 떠나갔다고 합니다. 이 사람은 나라를 위하여 적을 고발했을 뿐만 아니라 아비를 위하여 대신 죽음으로써 아비의 죽음을 면하게 하였으니, 그의 충성과 효도가 지극히 아름답습니다. 본도 감사에게 아울러 찾아내 치계하도록 하여 포상하소서." 하니, 아뢴 대로 하라고 답하였다.

사신은 논한다 : 도적이 몹시 성함을 보고 보복을 두려워하지 않고 관가에 나와 고발하였고, 아비가 죽을 상황에 처해 있는 것을 보고는 급히 달려와서 구원하고 죽음을 내신하였으니, '삶을 버려 의(義)를 취하고, 사신을 죽여 인(仁)을 이룬 자'라 하겠다. 아, 이는 시골의 한 어리석은 백성이니 어찌 일찍이 배운 바가 있어서 그렇게 하였겠는가! 타고난 천성(天性)은 사람마다 똑같은 것으로 언제든지 없어지지 않음을 알 수 있겠다.

<명종실록 권25, 제20책, 511면>

2. 명종 15년(庚申, 1560) 기사

長通坊 사건 — 1560년(명종 15) 8월 20일(계축)

사간원 계에 이르기를,

"국가가 포도청을 설치하여 좌우 대장을 두었으니 그 휘하의 인원들이 많지 않은 것이 아니며 절목도 매우 상세합니다. 지금 대장의 책임을 맡은 자는 철저하게 찾아서 포획하는 일을 게을리하며 자신의 임무를 전혀 알지도 못하고 있습니다. 전에 경기의 지경에 큰 도적떼가 오랫동안 점거하고 있었는데, 그들을 포위하여 잡을 즈음에 그들이 군관을 사살하고 매〔鷹〕를 어깨에 얹고서 처자를 이끌고 공공연히 달아나는데도 목을 움츠리고 방관만 할 뿐 감히 제어하지를 못하였으니, 그 책임은 전적으로 군율이 엄하지 않고 조치가 적당함을 잃은 데에 있습니다. 지난번 장통방(長通坊)에 흉포한 도적들이 모였을 적에 대장인 자가 마땅히 계책을 꾸며 다 잡았어야 했는데, 큰 도회지 넓은 거리에서 도적이 관군에게 대항하여 부장(部將)을 쏘아맞히기까지 하였으니, 이는 근고(近古)에 없던 변입니다. 적의 화살이 한 번 날아오자 군졸들이 사방으로 흩어져 큰 괴수를 탈주하게 하고는 겨우 그 처자와 위협에 굴종한 몇 사람을 잡았을 뿐이니 매우 놀랍습니다. 좌변대장(左邊大將) 남치근(南致勤)은 먼저 파직하고 뒤에 추고하소서. 그리고 포획하는 데 실수한 부장·군관 등을 모두 금부에 내려 엄중하게 다스리소서. 우변대장 이몽린(李夢麟)은 연로할 뿐 아니라 다리에 종기가 있어 집안에서도 다니지 못하니, 더욱 임무를 감당할 수 없습니다. 체차하라 명하소서."
하니, 답하기를,

"남치근을 파직하는 것은 지나칠 듯하니, 대장을 체직한 뒤에 추문하여 다스리도록 하라. 포획할 때 적을 놓친 군관들은 금부에 회부하라. 이몽린을 체차하는 일은 모두 아뢴 대로 하라."

황해도 도적을 잡기 위한 여러 조처 — 1560년(명종 15) 10월 21일(계축)

사인(舍人)이 삼공의 뜻으로 아뢰기를,

"다른 때에 영호군(迎護軍)(성절사 柳灌 등이 돌아오다 關外 高嶺에 이르러 獷賊을 만났는데, 역관 姜英 등이 해를 입었다. 평안병사 金秀文이 장계하기를 '요동의 영호군 중에 뒤에 처진 사람이 많다.'고 하였다. ─원주) 한두 명이 미처 따라오지 못한 적은 있었지만 30명이나 되는 사람들이 오지 못한 적은 없었으니, 이는 단련사(團鍊使)가 필시 군사들에게 뇌물을 받아서 그런 것입니다. 절도사(평안병사를 가리킴)는 특별히 정확하게 검거(檢擧：起用)하여 선발에 빠뜨림이 없어야 할 것입니다. 그런데 막연하게 모르고 있다가 일이 일어난 뒤에야 이같이 아뢰었으니 매우 잘못된 일입니다. 절도사·단련사를 모두 추고하여 치죄하소서.

황해도에 도적이 매우 치열한데 관리나 재민(齋民)들이 모두 해를 당할까 두려워하여 그들이 마음대로 하도록 내버려두고 감히 단속하지 못한다고 합니다. 감사는 군사의 임무도 겸하는데 열읍(列邑) 도적을 체포하는 일을 조치하였다는 말을 듣지 못하였으니, 매우 의당하지 못합니다. 수령 중에 절제에 따르지 않고 전일에 하던 대로 위축되어 도적을 내버려두는 자가 있으면 군령에 의해 처단하고 도적을 남김없이 섬멸하여 백성들이 편안히 살도록 할 것을 감사에게 글을 내려 명하소서.

또 7참(七站)은(金郊로 곧바로 가는 길이다. ─원주) 일로(一路)의 요충지라서 도적들이 항상 이 길로 왕래하니, 찰방을 적합한 사람에게 맡기면 기회를 보아 잡기도 어렵지 않을 것입니다. 강려(姜侶)는 무반 중에서 쓸 만한 사람이니 그 도(道) 찰방을 제수하시고, 연로 각 고을의 정병(精兵)의 수를 헤아려 뽑아주어 전적으로 도적 잡는 일을 책임지우는 것이 어떻겠습니까?

봉산(鳳山)은 흉포한 도적 괴수들의 소굴이 있는 곳이니, 본군의 수령은 무반으로 가려 차임하여야 합니다. 이흠례(李欽禮)가 신계현령(新溪縣令)

이 되어 도적을 잡으려고 마음을 단단히 먹고 앉으나 누우나 활을 몸에서 떼어놓지 않는다고 사람들이 모두 칭찬합니다. 바라건대 이 군의 수령으로 올려 제수해서 전적으로 도적 잡는 일을 책임지우고 새 현령도 잘 가려 보내소서."

하니, 모두 아뢴 대로 하라고 답하였다.   <명종실록 권26, 제20책, 570면>

도적이 재물을 개성부에서 팔다 — 1560년(명종 15) 10월 22일(갑인)

병조판서 권철(權轍) 등이 아뢰기를,

"황해도의 사나운 적을 잡는 방책은 삼공이 이미 아뢰었습니다. 근래에 들으니, 적의 기세가 날로 점점 치솟고 확장해서 심지어 관을 사칭하고 열읍을 출입하며 기탄없이 방자하게 굴어 어떤 수령은 모르고 접대한 자도 있었다고 하니, 지극히 놀랍습니다. 도적들은 본도에서 추격하여 잡으려 한다는 소문만 들으면 으레 평안도의 성천(成川)·양덕(陽德)·맹산(孟山)과 강원도의 이천(伊川) 경계로 들어가버리는데, 양도(兩道)의 감사와 병사가 조치하여 포착하였다는 소리를 듣지 못하였으니 매우 잘못되었습니다. 속히 명령을 내려 비밀히 잡게 하소서.

또 흉악한 큰 도적떼가 황해도에서 재물을 빼앗아서 개성부에다 판매하기도 하고 도성 안의 여염에 들어와 거처하면서 마음대로 겁탈하므로, 포도대장에게 비밀히 뒤밟아 잡으라고 하였는데도 조치하여 포착했다는 말을 듣지 못하였으니 지극히 마땅하지 못합니다. 대장과 종사관 등을 추고하여 게으름을 징계하고, 부장과 군관 등은 사목에 의하여 치죄하며, 금군(禁軍)은 각별히 가려 정하여 내려주소서."

하니, 아뢴 대로 하라고 답하였다.   <명종실록 권26, 제20책, 570면>

감사의 일가로 사칭하고 — 1560년(명종 15) 10월 28일(경신)

사간원 계에 이르기를,

"황해도 온 도내가 도적의 소굴이 되어 대낮에도 사람을 죽이므로 도로

가 막혔습니다. 그네들의 물화를 싣고 서울에 소굴을 만들어놓고는 심지어 조정의 관원이나 감사의 일가라고 사칭하면서 허실을 정탐하기도 하니, 그 지모는 헤아리기 어려울 지경입니다. 이는 고금에 없는 변괴이니 어찌 놀랄 일이 아니오리까. 뒤밟아 찾아서 잡아들이는 책임은 비록 수령에게 있다지만, 호령을 내는 것은 방백에게서 나오는 것입니다. 관찰사 유지선(柳智善)은 전제할 것을 위임받고 깨끗이 소탕하는 책임을 졌는데, 황해도에 내려온 뒤로 지금까지 3~4개월 동안 도적을 체포하는 방략에 대해 전혀 조치한 것이 없습니다. 그리하여 끝내 도적떼로 하여금 감사의 족속이라 사칭하고 횡행하게 하였으며, 또한 이유를 갖추어 치계하였다는 말도 들어보지 못했으니, 여론이 지극히 온당치 못하게 여깁니다. 속히 체차하소서. 그리고 문무의 재주를 겸하고 위엄과 명망이 평소에 드러난 자를 각별히 가려 보내 도적을 섬멸하고 한 지방을 편안히 하기를 기하소서."

하니, 아뢴 대로 하라고 답하였다.　　　　　<명종실록 권26, 제20책, 571면>

徐林이 붙잡혀서 ― 1560년(명종 15) 11월 24일(병술)

포도대장 김순고(金舜皐)가 아뢰기를,

"들자옵건대, 황해도의 광적(獷賊) 임꺽정의 일당인 서림(徐林)이란 자가 엄가이(嚴加伊)로 변명을 하고 숭례문 밖에 와서 머문다 하므로, 정탐하여 붙잡았습니다. 그가 범법한 사실에 대하여 추문(推問)하니 그는 말하기를, '지난 9월 5일 그 무리가 장수원(長水院)에 모여 궁시(弓矢)와 부근(斧斤)을 가지고 밤을 틈타 성 안에 들어가서 전옥서(典獄署)의 옥문을 부수고 두목 임꺽정의 처를 구출해 내어(전날 長通坊에서 엄습하여 잡으려 할 때, 임꺽정은 달아나고 그의 처 3인만 잡았다. ― 원주) 오간수구(五間水口)를 부수고 나오면 그곳을 지키는 군사들에게 혹 발각이 되더라도 모두 잔약한 졸개들이기 때문에 화살 하나면 충분히 겁을 줄 수 있다고 하였다. 그런데 그 무리 중에 반대하는 자가 두 사람 있어 그들을 다 죽였다. 후에 두목의 처가 형조의 전복(典僕 : 관아 소속 노비를 관장하는 곳)에 소속될 것이라는 말을 듣고 중지하였다.' 하고 또 말하기를 '오는 26일에 평산(平山) 남면(南

面) 마산리(馬山里)에 사는 같은 무리인 대장장이(冶匠) 이춘동(李春同)의 집에 모여서 새 봉산군수(鳳山郡守) 이흠례(李欽禮)를 죽이기로 의논하였다. 이는 대체로 흠례가 신계군수(新溪郡守)로 있었을 때 우리 무리를 많이 잡아들였는데 지금 본직에 올랐으니, 번서 이 사람을 해치면 위임을 세울 수 있을 뿐만 아니라 우리도 후환이 없을 것이기 때문이다.' 하였습니다. 이런 말을 다 믿을 수는 없지만 그 정상을 살펴보면 지극히 흉악하고 참혹합니다. 부장(部將) 1인, 군관 1인이 말을 타고 기일에 맞추어 속히 달려가서 봉산군수 이흠례, 금교 찰방(金郊察訪) 강려(姜侶)와 함께 몰래 잡게 하는 것이 어떻겠습니까?"

하니, 전교하기를,

"아뢴 대로 하고, 선전관(宣傳官) 정수익(鄭受益)에게도 아울러 말을 주어 급히 보내라."

하였다. <명종실록 권26, 제20책, 572면>

평산 어수동에서 관군의 패전 — 1560년(명종 15년) 11월 29일(신묘)

선전관 정수익(鄭受益)이 계(啓)에 이르기를,

"신들이 이 달 25일에 황해도 지경으로 들어갔는데, 금교 찰방 강려가 '나는 거느린 군사가 없으니 평산(平山)으로 가서 부사 장효범(蔣孝範)과 함께 의논하여 출군해서 곧장 어수동(御水洞 : 平山 北面에 있다. — 원주)으로 갈 터이니, 당신들은 속히 봉산으로 가서 군수 이흠례와 함께 병사들을 모아가지고 와서 힘을 합해 토벌하자.'고 하였습니다. 신들이 빨리 달려서 26일에 봉산에 도착하였고 27일에 어수동에 모였는데, 양쪽 군사가 약 5백여 명이었습니다. 마산리(馬山里)에 도착하니 도적 7인이 벌써 먼저 산이 높고 물이 깊은 골짜기로 올라가 있었습니다. 들고 날고 추격할 즈음 도적들은 계곡을 따라 아래로 도망하였습니다. 연천령(延千齡)이 강려의 빠른 말로 바꾸어 타고 봉산 군사 1인과 산 아래에서 곧바로 나아가 도적의 귀로를 지키고 있었는데, 천령과 군사 둘 다 도적에게 죽고 천령의 말도 빼앗겼습니다. 신들이 뒤밟아 찾으려고 하였으나 날이 이미 어두워졌고 산세도 험하였으므로, 머뭇거리는 사이에 적의 계략에 빠질까 염려되어 부득이 회군하여 평산에 이르니 새벽닭이 울었습니다."
하니, 알았다고 전교하였다.　　　　　　　　　<명종실록 권26, 제20책, 572면>

조정의 비밀회의 ― 1560년(명종 15) 12월 1일(임진)

승정원에 전교하기를,
"삼공, 영부사, 병조·형조의 당상, 좌우 포도대장에게 비밀히 하유하여 고병조(古兵曹)에 모이게 하라."
하고, 이어서 봉서(封書)로 내리기를,
"부덕한 내가 외람되게 왕위를 이어 밤낮으로 조심하고 두려워하며 지낸 지 16년에, 해마다 흉년이 들어 뭇백성들이 유리(流離)하고 황해도 도적이 극성하다는 말을 들은 지 이미 오래되었다. 조치를 이미 엄히 하였으나, 거리낌없이 마음대로 행하여 이흠례를 해치려 하고 전옥서를 부수려 한다는 말까지 나왔으니, 매우 놀라운 일이다. 그런데 어제 정수익 등의 계사를 보니, 부장 연천령이 적에게 살해당하였고 역마까지도 빼앗아갔다니, 어찌 이런 일이 있는가. 전에 도적이 서울 도성 안에서 일어나 관군이 욕을 당한 것이 한두 번이 아니었는데, 지금 또 이런 일이 발생했으니 국위를 손상시키고 기강을 크게 훼손하였다. 한심한 노릇이다.

근본을 돌이켜 찾아보면, 나같이 불민한 임금이 위에 있어서 교화가 밝혀지지 않고 은택이 아래까지 미치지 못한데다가 여러 고을의 수령들이 백성들을 침학한데다 이어서 군적(軍籍)이 다사다난하며, 그들이 생업에 편안히 종사하지 못하고 흩어져 도적이 된 것이다. 우선 눈앞의 생존만을 다행으로 여기고 끝내 죽게 되는 줄은 생각하지 못하니, 불쌍한 우리 백성들이 형세가 이렇게까지 되었단 말인가. 한편으로는 불쌍하고 한편으로는 부끄럽다. 다만 세월이 점점 흘러 이미 큰 우환이 되었으니 참으로 작은 걱정이 아닌지라 심상하게 처리해서는 안 된다. 추포(追捕)의 계책은 매번 전례만 따라 별로 크게 소탕하는 일이 없으니 완악한 백성이 어찌 징계되기 두려워서 그만두겠는가.

　내 뜻은 이렇다. 황해도·평안도·함경도·강원도·경기 등지에 각각 대장을 1원씩 정하되 용맹하고 노련한 사람을 가려서 차정하여, 각기 날쌔고 용감한 군관 7~8인을 거느리고 도적잡는 것을 그들의 임무로 삼게 하는 것이 어떻겠는가? 이들은 서절구투(鼠竊狗偸)에 비할 바가 아니니 진실로 특별히 조처를 더해야 한다. 그러므로 경들에게 의론하는 것이다. 백성들을 잘 어루만져 안집(安集)하게 할 계책과 위엄을 보여서 도적을 막을 방도를 상의하여 아뢰라."

하니, 대신들은 의계하기를,

　"도적이 어느 세상이고 없었던 적은 없지만 오늘날과 같이 극성스러웠던 적은 없습니다. 이들은 심상한 서절구투에 비할 바가 아니요, 바로 반역의 극적(劇賊)입니다. 부장을 활로 쏘는 등 앞뒤로 잇따라 일어나니 나라를 욕보이고 위엄을 손상시키는 것이 이보다 심할 수가 없습니다. 그러니 기회를 타서 적을 섬멸하여 뿌리째 뽑아버리지 않고는 안 됩니다. 다만 경기·황해 평안·함경·강원 등 5도에 각각 대장을 차정하게 되면 소요스러워지는 폐단이 없지 않을 것이니, 병조로 하여금 종2품 무신 2원을 가려서 순경사(巡警使)라고 이름하여 황해도·강원도 두 도에 내려보내게 하소서. 황해도는 경계가 평안도와 닿아 있고 강원도는 경계가 함경도와 이어져 있으므로 도적의 종적을 찾기만 하면 도계를 넘어가서 잡을 수 있으며, 경기는 서울과 아주 가까워서 자연히 도적의 기별을 들을 것이며, 즉시 개성으로 나가면 도사(都事)가 무관으로 군사를 맡고 있으니 끝까지 추적하여 잡을 수 있을 것입니다.

　흉포한 도적 괴수가 재민(齋民)들을 불러모아 드디어 큰 무리를 만들었으니, 만일 괴수를 잡을 것 같으면 추종한 무리들은 용서해도 됩니다. 더구나 무고한 백성들이 얽혀서 관련된 자가 많으니 역시 불쌍히 여겨야 합니다. 정상을 철저히 조사하되 마땅히 어루만져주어야 할 것입니다. 궁벽한 마을의 백성들은 도적의 보복을 두려워하여 거역하지 못하고 할 수 없이 도적이 되었을 것입니다. 그러나 서울 도성 안에서 국법을 두려워하지 않고 재물을 나누어 가지는 것만 이롭게 여겨 적당을 받아들이고 숨겨준 자들이 허다히 있으니, 형조로 하여금 찾아내 끝까지 추문하여 치죄함으로써 보고 듣는 사람들이 두려워하도록 해야 합니다. 각 지방의 경우 도적을 숨겨주거나 접대한 자들은 그 도의 감사로 하여금 비밀리에 조사하여 찾아내도록 해서 율에 의해 엄하게 다스리도록 해야 합니다. 도적의 종적을 찾아 진고(陳告)하는 자와 기발한 계책을 내어 포획하는 자는 논상하고, 도적으로서 뉘우치고 자수한 자는 죄를 다스리지 말고 복호(復戶 : 조세나 부역을 면제해주는 것)하여 안정하도록 해주어야 합니다. 기타 미진한 조목은 병조·형조·순경사(巡警使)로 하여금 함께 의론하여 마련하게 해서 팔도에 하유하는 것이 어떻겠습니까?"

하고, 이준경은 집에 있으면서 의론드리기를,

"신의 뜻도 이와 같습니다. 다만 선전관을 별도로 파견했던 것은 힘을 다해 추격해 체포하도록 한 것인데, 처치하는 것이 느리고 계획하는 것이 엉성하여 동행한 부장이 살해되기에 이르렀으니, 국가를 욕되게 함이 더할 수 없이 심합니다. 선전관은 중히 다스리고 함께 일한 수령들도 감사로 하여금 결벌(決罰)하도록 하여 그들로 하여금 공을 세우는 데 스스로 힘쓰게 하소서."

하였다. <명종실록 권26, 제20책, 572~3면>

巡警使를 파견하는 데 대한 반대 토론 — 1560년(명종 15) 12월 2일(계사)

사헌부 계에 이르기를,

"지금 도적을 잡는 일은 평범하게 조치해서는 안 되고 군대를 보내서 엄하게 토벌하는 일은 형세가 그만둘 수 없습니다. 그러나 모이면 도적이 되고 흩어지면 백성이 되어 출몰이 무상(無常)하므로 몰아붙여서 잡을 수 있는 일이 아닙니다. 만일 수령을 시켜 기회를 틈타 힘을 다하게 한다면 도모하여 잡을 수도 있습니다. 더구나 감사는 문무의 재능을 다 갖추고 있으니 여러 고을에 엄하게 신칙하여 일심으로 잡게 한다면 또한 어렵지 않은 일인데, 하필 특별히 순경사를 보내서 한갓 민폐만 만들려고 하십니까. 금년의 흉황은 양도(강원도와 황해도이다.—원주)가 더욱 심한데, 분주하게 순경사를 지공(支供)하는 사람들은 모두 굶주린 백성들이니, 차라리 도적을 만나지 순경사를 만나지 않겠다는 원망의 말이 있을까 염려됩니다. 만일 부득이하다면 건장한 사람을 가려서 포도장(捕盜將)이란 이름을 주어 그곳에 가서 수령과 함께 일을 하게 하는 것은 혹 괜찮겠지만, 순경사는 도적을 잡는 데는 도움이 없고 폐단만 크게 끼칠 것입니다. 보내지 마소서.

연천령(延千齡)은 경솔하게 앞장서서 나아갔다가 스스로 적의 손에 몸을 던져 국가에 수치를 끼쳤으니 거론할 것도 없으며, 함께 일하던 사람들은 응당 그곳에 진을 치고 머물러 밤을 지새우며 뒤밟아 쫓아가 꼭 붙잡고야 말겠다고 해야 옳겠거늘, 먼저 겁을 먹고 시체를 거두어가지고 내처 밤새워 달려왔으니, 왕명(王命)을 두려워하지 않고 국위를 손상시킨 것이 이보다 더 심할 수가 없습니다. 선전관 정수익, 부장 이의식(李義植), 평산부사 장효범, 봉산군수 이흠례, 금교 찰방 강려를 모두 율에 의해 엄히 다스리소서."
하니, 임금이 답하기를,

"황해도 도적은 형세가 매우 놀라우니 응당 장수를 보내 토벌하여 섬멸할 것을 기약해야 할 것이다. 그 때문에 어제 회의에서 순경사를 보내기로 한 것은 부득이하여 결정한 것이다. 나라의 대사를 한갓 농사가 흉년든 것 때문에 가벼이 정지할 수 있겠는가. 사세상 계획을 바꾸기는 어려우나, 마땅히 다시 대신, 병조·형조와 의론하여 처리해야겠다. 정수익·이의식은 이미 하옥하여 추문해 다스리라고 명하였고, 장효범 등도 감사로 하여금 결벌하도록 하여 그로 하여금 공을 세우는 데 스스로 힘쓰게 하였다. 장효범 등은 도적을 잡는 일에 맞는 자들이니 대뜸 율에 의해 다스려서는 안 된다. 그리고 이흠례는 도적 5인을 잡았기 때문에 공과 실이 맞먹는다. 그러므로 윤허하지 않는다."
하였다.

영의정 상진(尙震)이 의론드리기를,

"황해도 도적은 왜인이나 야인(野人)과 달라서 의복·언어가 일반 백성들과 다름이 없고 모이고 흩어짐이 무상하므로 사람들의 고발이 없으면 아무리 수천의 병사를 동원하더라도 손을 쓸 곳이 없을 것입니다. 별수없이 정상을 잘 아는 사람으로 하여금 몰래 엿보아 밀고하게 한 연후에 수령이 날쌘 군사로써 엄습하여 치면 그 일은 성취될 수 있습니다. 만약 장수를 보내게 되면 소문이 앞서서 그곳에 이르렀을 때는 도적떼가 벌써 새처럼 흩어졌을 것이므로 군민만 수고롭힐 뿐 섬멸할 기약이 어렵게 될 것입니다. 어리석은 신의 생각은 이와 같았는데, 어제 모여 의론할 때에는 상의 하교가 간절한데다 일이 적의 행동에 분개하는 데서 나왔기 때문에 여러 사람들의 의견을 따랐던 것입니다. 지금 사헌부가 아뢴 것을 보니 신의 본뜻과 같습니다. 전적으로 방백·수령에게 맡겨서 공을 세운 자는 상을 중하게 주고 게을리하여 힘쓰지 않은 자에게는 벌을 중하게 내리면, 오래지 않아 궁해진 도적들을 소탕할 수 있을 것이니, 장수를 보내지 않더라도 실책이 아닐 것입니다."

사신은 논한다 : 상진은 이미 불가한 줄 알면서 어찌 여러 사람의 의견을 따랐던가. 이미 따랐으면 그만이지 또 어찌 다른 말을 하는가. 『서경』에 '너는 면전에서는 복종하다가 물러가서 뒷말을 하는 짓을 하지는 말라.' 하였다. 이 어찌 대신으로서 국정을 도모하는 길인가.

좌의정 이준경(李浚慶)은 논의하기를,

"사헌부가 아뢴 말을 보니, 수령으로 하여금 뒤밟아 추적하여 잡게 하고 감사로 하여금 엄하게 신칙하게 하자는 뜻은 대개 질고사명(秩高使命)이 군민(軍民)에게 폐를 끼칠 것을 염려했기 때문입니다. 그 뜻이 이치가 없는 것은 아니지만 도적의 기세가 창궐하여 토벌하러 간 관원을 죽이기까지 하는 등 꺼리지 않고 방자한 짓을 하는 것이 이토록 극도에 달했는데, 조정이 어찌 태연히 별일 아닌 듯 내버려둔 채 염려하지 않을 수 있겠습니까. 순경사가 이미 차출되었고 구획 또한 정해졌으니 다시 계획을 수정할 필요는 없습니다. 요는 명을 받고 나가는 자에게 신칙하여 자신들에 대한 제반 접대 절차를 간략히 하도록 힘써 폐단을 없애도록 해야 합니다."
하고, 우의정 심통원(沈通源)은 논의하기를,

"황해도 도적은 국가를 무시하여 왕명으로 나간 자를 쏘아죽였으니 보통 도적들에 비할 것이 아니라 바로 반역 도당들입니다. 그러므로 추격하여 잡는 방도를 범상하게 해서는 안 됩니다. 이번 출행(出行)에 만약 젊고 명망이 가벼운 사람을 보낼 것 같으면 여러 고을의 수령들은 이름과 지위가 대등한 사람들이니 그다지 두려워하지 않을 텐데, 어떻게 호령을 발하여 절제할 수 있겠습니까. 부득이 순경사가 내려간 뒤에야 온 도 안에 소문이 크게 나서 도적들이 두려워할 것이며, 국위를 떨쳐서 쥐 같은 도적 무리들을 섬멸할 수 있게 될 것입니다. 순경사는 유식한 노장인데 어찌 감히 스스로 폐단을 만들어서 한 도를 병들게 하겠습니까. 만일 폐단이 있는 것으로 말하면 순경사나 포도장이나 마찬가지입니다. 모여 의론해 이미 정하였으니 바꾸기 어려울 듯합니다."

하고, 윤원형(尹元衡)은 논의하기를,

"사헌부가 아뢴 것은 그 뜻이 매우 마땅합니다. 다만 연천령이 살해된 일은 근래에 없었던 변입니다. 전에 서흥(瑞興)의 죄수를 탈취해 간 일도(辛輔商이 서흥 부사로 있었을 때, 도적들의 처자를 府獄에 가두었다. 도적들이 말을 타고 혹은 도보로 대낮에 쳐들어와 관사를 포위하고는 한 떼가 곧장 옥으로 달려가서 자물통을 부수고 처자들을 싣고 도주하였다.—원주) 또한 매우 놀라운데, 그때는 마침 초목이 무성한 철이라 뒤밟아 잡지 못했습니다. 그러므로 사나운 무리들이 오히려 반란을 일으켜 심지어 왕사(王使)를 살해하기까지 하였으니, 국가를 욕되게 함이 극에 달했습니다. 지금 또 범상하게 조치하면 백성들이 받는 피해가 아마도 분주하게 공억(供億)하는 폐단보다 심할 것입니다. 이제 노장을 보내며 순경사라고 일컬으면 소문만 크게 나니, 결과는 아무런 이로움도 없을 듯합니다. 젊고 용맹한 장수를 가려 보내어 수령과 마음을 같이하고 힘을 다해 꼭 잡기를 기약하도록 하소서."

하니, 임금이 전교하기를,

"나라의 대사를 모여 의론해 이미 정했으니 군사의 위엄을 크게 떨쳐 나라의 치욕을 한번 씻지 않을 수 없는 것이다. 순경사는 내려보냄이 옳다."

하였다.
<명종실록 권26, 제20책, 573면>

兩道에 순경사를 보내다 — 1560년(명종 15) 12월 4일(을미)

황해도 순경사 이사증(李思曾), 강원도 순경사 김세한(金世澣)이 배사(拜辭)하니, 전교하기를,

"경들은 맡은 임무가 가볍지 않으니 마땅히 구종들을 간략히 두고 자봉(自奉)을 사치하게 하지 말며 군관을 신칙하여 작폐함이 없도록 하라. 여러 고을을 순행하여 반적들의 종적을 정탐해서 몰래 매복시켰다가 등시(等時) 포획하되, 가려내는 데 힘을 써서 옥석(玉石)이 뒤섞이도록 하지 말라. 항상 감사와 비밀히 의론하여 조치할 것이며 공(功)을 바라서 가벼이 처리하지 말라. 만일 그르치는 일이 있으면 내가 용서하지 않을 것이다. 하사하는 물품은 사양하지 말라."

사신은 논한다 : 임금께서 이미 '도적을 잡는 것은 왜적을 잡자는 것과는 다르다.' 하였으니 병가(兵家)의 비기(秘機)를 통찰한 것이다. 그런데 어찌 새앙쥐 따위를 잡는 데 천균(千鈞)이나 되는 쇠뇌를 경솔히 쏘겠는가. 저들은 의복과 언어가 백성들과 같으며 관가의 동정을 알지 못하는 것이 없으니 가만히 엿보아 몰래 잡더라도 오히려 잡지 못할 텐데, 하물며 두 장수가 함께 출동하여 선전만 크게 내서 어찌겠는가. 한갓 역로(驛路)를 쇠잔하게 만들고 이바지하느라 비용만 들 뿐 그 일이 성공할는지 모르겠다.

병조 계에 이르기를,

"양도의 순경사는 각기 정예 군사 50명을 뽑아 거느리고 가서 만일 도적의 기별이 들리면 등시(登時) 추포하도록 하소서. 그리고 주둔하는 곳에서는 군사들로 하여금 민간을 침범하여 소요하지 말게 하고, 만약 오래 머무르게 되면 양식을 싸가기가 어려울 것이니 요식(料食)을 제급(題給)하여 원망과 탄식이 없도록 할 일도 순경사와 양도의 관찰사에게 하유하는 것이 어떻겠습니까?"

하니, 전교하기를,

"이 아룀은 내 뜻에 매우 맞으니 승정원은 이것을 가지고 순경사에게 이르라."

하였다.　　　　　　　　　　　　　　　＜명종실록 권26, 제20책, 573~4면＞

순경사를 돌아오게 하라 — 1560년(명종 15) 12월 25일(병진)

사간원 계에 이르기를,

"황해도 도적은 점점 불어나서 도모하기 어렵습니다. 심지어 추격하여 잡으려 할 때에 부장을 살해하기까지 하였으니, 나라를 욕되게 한 것이 심합니다. 그러나 모든 혈기 있는 사람이면 누군들 분해하지 않겠습니까. 순경사를 양도에 특별히 파견하여 섬멸하기를 기약하여 뿌리째 뽑아버려야 하는 것은 형세상 중지할 수 없습니다. 그러나 사명이 오랫동안 밖에 머무르므로 그 폐단이 많으니 역로의 고단함과 이바지하는 비용이 많을 뿐만이 아닙니다. 감사가 수령을 신칙하여 샅샅이 찾아서 모조리 잡게 하는 데 방책이 없을까 근심하지 않아도 됩니다. 그런데 순경사의 행차는 거의 한 달이 되어가는데도 돌아올 기약이 없으니, 공연히 어정거리고 있다는 비방이 있을까 걱정됩니다. 속히 돌아오라고 명하여 서도 백성들의 폐해를 없애소서."

하니, 답하기를,

"해조(該曹)에 물어서 처리하겠다."　　　＜명종실록 권26, 제20책, 574면＞

익명서 사건 — 1560년(명종 15) 12월 25일(병진)

승정원 계에 이르기를,

"밤 초경(初更)에 한 남자가 활과 화살을 차고 와서 '포도청 공사(公事)'라고 핑계대고 금호문(金虎門) 틈으로 작은 봉서 하나를 들이밀며 승정원에 올리도록 했다고 하므로, 가져다 보니 익명서였습니다. 신들이 몹시 놀라 사람을 시켜 추격하게 하였더니 이미 도망쳤습니다. 보통 때 이와 같은 일이 있었다면 그 사람을 구류(拘留)해놓고 대령해야 하는데 지금 그렇게 하지 못하였으니, 수문장과 요령군사(搖鈴軍士) 등을 아울러 추고하소서."

하니, 전교하기를,

"아뢴 대로 하라. 이런 문서는 믿어서는 안 되지만 보고 난 후에 도로 내리겠다. 그 문서를 대내(大內)로 들여오라."

하였다. 승지 등이 즉시 올리니, 전교하기를,

"이 봉서의 글을 보니 익명이라고는 하지만 혐의를 가지고 남을 해치려는 것은 아니다. 지금 한창 도적을 잡고 있는 때에 만약 제 이름을 쓴다면 보복을 당할까 두려워, 이 문서를 남에게 부쳐서 올리고 도적이 잡히기를 기다려 직접 나타나서 고하려는 생각이 아니겠는가? 아니면 도적의 동당(同黨) 중에서 기밀을 알고 고발하는 것이 아니겠는가? 익명서는 법에 본래 사실로 취하지 않는 것이나 이는 황당한 것 같으니, 이 뜻으로 병조·형조에 비밀히 물어서 아뢰라."

하였다.   <명종실록 권26, 제20책, 574면>

임꺽정을 잡았다 — 1560년(명종 15) 12월 28일(기미)

황해도 순경사 이사증(李思曾)의 도적을 잡은(도적의 괴수 임꺽정(林巨叱正)이다. — 원주) 장계(狀啓)를 내리며 일렀다.

"이 장계를 보니, 도적의 괴수가 잡혔다 한다. 나는 아름다이 여기거니와 이는 평범한 도적이 아니니, 포도 군관과 날래고 용감한 군사들로 하여금 속히 내려가게 하고, 본도의 무반(武班) 수령 2인을 차사원(差使員)으로 정하여 엄히 호위하여 잡아다 추고하도록 병조에 이르라."

<명종실록 권26, 제20책, 575면>

3. 명종 16년(辛酉, 1561) 기사

체포해온 임꺽정은 조작임이 판명되다 — 1561년(명종 16) 1월 3일(갑자)

황해도 순경사(黃海道巡警使) 이사증(李思曾)과 강원도 순경사 김세한(金世澣)이 복명하고, 적괴 임꺽정(林巨叱正)을 체포하였다고 입계하니(실은 임꺽정이 아니고 적당 加都致이다. 이사증이 형장으로 협박하여 허위 供草를 받고 꺽정이라고 지목하였다.—원주), 전교하였다.

"대적(大賊)을 잡았으니, 내 매우 가상히 여기노라."

의금부가 아뢰기를,

"서림(徐林)을(임꺽정의 일당이다.—원주) 잡아다가 임꺽정과 대질시키니, 서림이 '임꺽정이 아니고 꺽정의 형 가도치인데, 또한 대도이다.' 하였습니다. 그 진위 여부를 가리기 어려우니, 그의 처자식을 잡아다가 빙열(憑閱)하게 하는 것이 어떻겠습니까?"

하니, 아뢴 대로 하라고 전교하였다.

사신은 논한다 : 심하다, 장신(將臣)이 임금을 속임이여! 당초 파견할 때, 상이 단단히 마음먹고 반드시 체포하라고 위임해 맡김이 융숭하였거늘 저 또한 어찌 진력하고자 아니하였겠는가. 그러나 그들이 그 지경에 들어갔을 때는 칼 대신 소를 몰아야 할 백성들이 새처럼 산림에 숨어 때없이 출몰하고 있으니, 진실로 뛰어난 지혜를 가진 사람이 아니면 어떻게 알아낼 수 있겠는가. 군대가 출동한 지 오래되어 공이 없는 것을 부끄러워한 나머지 일단 수상쩍은 사람을 잡으면 진위를 따지지 않고 중장(重杖)으로 협박해 자복을 받음으로써 위임받은 책임을 때우고 외람되이 상을 받으려 하였던 것이다. 그 거짓이 극도에 이르렀다. 하찮은 좀도둑들은 수령 한 사람의 힘으

로도 잡을 수 있는데, 지금 외적이 침입해 온 듯이 장수에게 명하여 군대를
동원하였으므로 소문이 굉장하였다. 도적들이 매우 어리석다 하더라도 어
찌 앉아서 포박을 당하겠는가. 아아, 조정의 조처가 마땅함을 잃었으니, 무
식한 무장들을 탓할 것이 뭐 있겠는가.

또 사신은 논한다 : 윤원형과 심통원은 척리(戚里) 거실로서 물욕(物慾)
을 한없이 부려 백성의 이익을 빼앗는 데는 못하는 짓이 없었다. 대도(大
盜)가 조정에 도사리고 있어 하류들도 모두 휩쓸려 이를 추구함에 남에게
뒤질세라 야단이요, 오직 자기만 있는 줄 알고 임금이 있음을 생각지도 않
게 되었다. 백성들이 곤궁하여 재물이 떨어지게 되면 서로 모여서 도둑이
될밖에 없다. 하나가 나서 창도하자 100 사람이 호응하여 서쪽 변방이 소란
스럽게 되었고 양민이 해를 입고 인가의 연기가 보이지 않을 지경이 되었
으니, 아, 참혹스럽다.　　　　　　　　　　<명종실록 권27, 제20책, 576면>

범인 조작에 대한 문책 — 1561년(명종 16) 1월 7일(무진)

사헌부 계에 이르기를,
"도적의 두목 꺽정이 흉악한 무리들을 불러모아 사람을 죽이고 재물을
빼앗는 등 못하는 짓이 없더니, 심지어 관군(官軍)에 대적하여 왕사(王使)
를 죽이기까지 하였습니다. 나라를 배반한 도적으로 이보다 더한 자가 없으
므로 순경사(巡警使)를 특파하여 부월(斧鉞)을 들고 위엄을 보이게 한 지
얼마 안 되어 도적의 괴수를 사로잡았다고 복명하니, 천심(天心)이 기뻐하
셨습니다. 그러나 이제 의금부(義禁府)가 추국한 말을 들어보면 그가 꺽정
이 아닌 것이 분명합니다.
처음에 추관(推官) 강려(姜侶)가 자기의 공으로 삼고자 하여 속여서 첩
보(牒報)하였더라도, 순경사가 된 자는 널리 고을 사람들에게 보여 진위를
분명히 변별한 다음 실상대로 계문하여야 했습니다. 그런데 그 첩보에 따라
공을 탐해 상을 기만하였으니, 죄가 이미 극도에 이르렀습니다. 심지어 승
정원에 하문하셨을 때에도 상세히 분별하지 못한 연유를 바로 아뢰지 않고,

도리어 더 의심할 만한 것이 없다고 함으로써 상의 면전에서 부정직하게 아뢰었으니, 그 죄가 더욱 큽니다.

또 처음 추문할 때 실정을 알아내려고 힘쓰지 않고 마구 때려 상처를 입혔기 때문에 상경하여 질문할 적에는 징(杖) 한 대도 치기 전에 먼저 죽어버렸습니다. 만일 도중에서 죽었다면 사람들이 모두 그 술책에 빠져 그가 가도치인 줄 몰랐을 것입니다. 중장(重杖)으로 위협하여 무복(誣服)하게 한 것이 의심의 여지가 없습니다. 나랏일이 이 지경에 이르렀으니 매우 해괴하고 경악스럽습니다. 최초의 추관 강려는 하옥(下獄)하여 추고하고, 이사증은 먼저 파직시킨 다음 추고하소서."

하니, 답하기를,

"이사증과 강려를 모두 추고하여 다스리라."

하였다. <명종실록 권27, 제20책, 576면>

봉산군수 이흠례 — 1561년(명종 16) 2월 13일(계묘)

사헌부가 아뢰었다.

"황해도의 도적 괴수가 잡아 죽이려 해도 벗어나서, 국가의 치욕을 씻지 못할 뿐 아니라 포악을 부림이 날로 심하고 인가가 적막해지고 있습니다. 간간이 붙잡히는 자가 있지만 위협에 못 이겨 추종한 무리에 불과합니다. 봉산군수(鳳山郡守) 이흠례(李欽禮)는 몇 등급을 올려 발령한 뜻과 공을 세워 그 죄를 갚으라는 것이 어디 나타났습니까? 진실로 죄 주기에 겨를이 없어야 하는데 도리어 중가(重加)를 주었으니, 중외(中外)에서 보고 듣는 이들이 누가 해괴하게 여기지 않겠습니까. 적도(賊徒)들이 들어도 반드시 비웃고 업신여겨 더욱 기탄없이 날뛸 것입니다. 이흠례의 통정대부(通政大夫) 가자를 빨리 개정하도록 명하소서." <명종실록 권27, 제20책, 578면>

金澍를 황해도 관찰사로 — 1561년(명종 16) 8월 19일(병자)

황해도 관찰사 김주(金澍)가 배사(拜辭)하니, 전교하였다.

"맡은 바 모든 일은 마음을 다해 처리하라. 또 큰 도적이 법망을 피하여 형벌을 주지 못한 지 오래되었다. 내가 항상 분하게 여기니, 특별히 조치하여 기필코 붙잡도록 하라."

사신은 논한다 : 당당한 국가의 위엄으로 한 도적에게 꺾였으니, 조정에 기강이 있다고 말할 수 있겠는가. 황해도 백성들로 하여금 도적이 두려운 줄은 알고 국가가 있는 줄은 모르게 하였으니, 방백(方伯) 중에 그 사람이 있었다고 말할 수 있겠는가. 관찰사는 한 지방을 순찰하고 경계시키기 위하여 보내는 것인데, 임금을 속여 요행히 상을 받으려는 마음을 가지고 도리어 군대를 적의 손에 죽게 하였으니, 국가를 욕보인 죄는 사형을 받을 만하다. 더구나 김주의 유약함은 이미 전라도 왜변에서 드러나 벌벌 떨며 두려워한 정상이 지금까지도 전하여 웃음거리가 되고 있는데, 위세를 떨치고 국가의 수치를 씻으려 하나 어려운 일이다. <명종실록 권27, 제20책, 600면>

평안도 의주서 임꺽정 체포— 1561년(명종 16) 9월 7일(갑오)

승정원이 평안도 관찰사 이량(李樑)의 계본(啓本)(義州牧使 李壽鐵이 대적 임꺽정(林巨叱正)과 韓溫 등을 붙잡았다.—원주)의 일로 아뢰니, 전교하였다.
"이 치계(馳啓)와 임꺽정의 공초한 바를 보니, 놀랍기 그지없다. 임꺽정과 한온 등은 영거(領去) 선전관으로 하여금 다치지 않게 하여 속히 잡아오게 하라."
영부사·좌의정·우의정 및 금부 당상과 양사(兩司)의 장관들을 불러 전교하였다.
"내가 임꺽정의 공초를 보니, 그 흉측한 꾀와 반역의 정상이 극히 놀랍다. 이 공초 내에 관련된 자가 많다. 서울은 이미 내관(內官)과 선전관으로 하여금 수색하여 붙잡으라 하였다. 지방은 금부 낭청을 나누어 보내 속히 잡아오게 하고, 임꺽정 등이 올라오면 경들이 궐정에서 심문하라."
<명종실록 권27, 제20책, 601면>

임꺽정의 연루자—1561년(명종 16) 9월 11일(무술)

승정원이 유신현(惟新縣) 죄인(金世俊 등 임꺽정의 공초에 나온 자들이다.—원주)을 잡아온 일로 입계(入啓)하니, 전교하였다.

"우선 단단히 가두어두었다가 임꺽정이 올라오면 대질(對質)시키도록 하라."

<명종실록 권27, 제20책, 601면>

가짜 임꺽정에 대한 추국—1561년(명종 16) 9월 21일(무신)

승정원이 의주(義州) 죄인들을 잡아온 일로 입계하니, 추관들을 불러 전교하기를,

"분군기(分軍記)와 한온(韓溫)의 공초를 보니 매우 놀랍다. 그 무리가 반드시 많을 것이며, 그들의 흉악무도한 역모는 참으로 말로 형용하기가 어렵다. 차근차근 세밀히 추고하라."

하였다. 추관 등이 아뢰기를,

"임꺽정이라고 하는 자를 추문해보니, 사실은 임꺽정이 아니었습니다. 그 자신이 '이름은 윤희정(尹熙鼎)이며, 해주(海州)의 군사로서 의주에 가서 변경을 방비했다.'고 말하므로 임꺽정을 아는 사람들에게 보이고 물어보니 모두들 임꺽정이 아니라고 하였으며, 봉산(鳳山) 사람도 임꺽정이 아니라고 하였습니다."

하니, 전교하기를,

"도적은 으레 이름을 수없이 바꾸는 것이니, 서림(徐林)을 불러 빙문(憑問)해보라."

하였다. 추관 등이 아뢰기를,

"도적이 이름을 바꾸는 것은 신들도 알고 있습니다. 그러나 모두들 임꺽정이 아니라고 하며, 서림도 또한 '의주목사가 의복과 신발 등을 후하게 주며 꾀고, 또 엄한 형벌로 위협했기 때문에 임꺽정이라고 말했지만, 실은 임꺽정이 아니다.'라고 말했습니다."

하니, 전교하기를,

"큰 도적 무리를 어찌 평문으로 승복을 받겠는가. 한온도 빙문하라."

하였다. 추관 등이 아뢰기를,

"한온을 추문하니, 그 또한 '나는 윤세공(尹世恭)이며, 의주목사는 이조 낭관으로 있을 적에 알았다.'고 스스로 말하므로, 각사(各司)의 오래된 서리를 불러 물어보니, 모두 한온이 아니라고 하였습니다. 그러나 이 사람이 한온은 아니지만 범법이 많으므로 지금 한참 추고하고 있습니다."

하니, 전교하기를,

"상세히 추고하여 아뢰라."

하였다. 추관 등이 아뢰기를,

"임꺽정과 한온을 반복해서 심문해보니, 임꺽정과 한온이 아니었습니다. 그러나 그들의 정상을 살펴보건대, 두 사람 모두 행동이 황당하고, 의주에 있을 때 공초받은 내용으로 물어보니 입으로는 차마 말할 수 없는 말을 모두 자신들이 말했다고 하였습니다. 이들은 바로 역적이니, 임꺽정과 한온이 아니라고 하여 가볍게 처리할 수 없습니다. 우선 형추(刑推)하소서. 의주목사 이수철(李壽鐵)은 이처럼 중대한 일에 대해 그 출처를 세밀하게 갖추어 기록하지 않았으니, 매우 잘못한 것입니다. 추고하소서."

하니, 전교하기를,

"그들이 비록 임꺽정과 한온인지 확실히 알지는 못하지만, 흉악한 말을 모두 그들이 했다고 하니, 참으로 역적들이다. 아뢴 대로 하라."

하였다. 추관 등이 아뢰기를,

"죄인들의 공초를 보니, 반역의 정상이 모두 그들의 입에서 나왔습니다. 죄가 막중하니, 마땅히 가형(加刑)해야 합니다. 그러나 이제 새벽이 되었고 이들은 모두 용렬하고 천한 자들이어서 궐정(闕庭)을 더럽혀가면서 추국할 것은 못 되니, 내일 삼성교좌(三省交坐 : 의정부·사헌부·의금부가 함께 추국하는 것―역주)로 추국을 끝내는 것이 어떻겠습니까?"

하니, 전교하기를,

"아뢴 뜻이 타당한 듯하나, 난역(亂逆)사건은 용렬하고 천한 자라 하여 소홀히 할 수 없다. 어찌 갑자기 삼성교좌하겠는가. 경들은 밤을 새워 수고

하였으니, 우선 물러가 조금 쉬었다가 오후에 들어와 한두 차례 가형하고,
추국하지 않은 자들을 아울러 추국하여 아뢰라."
하였다.   <명종실록 권27, 제20책, 602면>

재차 추국—1561년(명종 16) 9월 22일(기유)

추관 등이 추국청(推鞫廳)에 모여 아뢰기를,

"지금 이 죄인의 이름이 확실하지는 않으나 흉악한 말을 모두 스스로 했
다고 하니, 이는 역적입니다. 이같은 옥사(獄事)를 신들이 어찌 심상히 추
국하였겠습니까. 반복하여 심문하고 여러모로 살펴보아도 임꺽정과 한온은
아닌 듯합니다."

하니, 전교하기를,

"윤희정과 윤세공이 국가를 배반하고 흉모를 꾸민 것이 공초에 나타났으
니, 임꺽정과 한온에 결부시킬 것 없이 윤희정과 윤세공으로 가형하라."

하였다. 추관 등이 아뢰기를,

"윤희정과 윤세공은 이미 승복하였으니, 조율(照律)하소서. 또 윤세공의
사람됨이 헤아릴 수 없이 사특하여 관계되지 않은 사람도 모두 사혐(私嫌)
으로 인하여 거짓으로 끌어대었습니다. 신언(信彦) 등 8명과 임꺽정의 아
내라고 하는 자와 서림(徐林)의 일이 모두 실제가 아니니, 어떻게 해야겠습
니까? 전일 유신현(惟新縣) 등에서 잡아온 자들도 모두 관계되지 않은 사람
들이니, 아울러 놓아보내소서."

하니, 전교하기를,

"윤희정과 윤세공은 조율하고, 공초에 관련된 신언 등은 큰일에 관련된
자들이니 금부로 하여금 추고하게 하라. 그밖에는 모두 놓아보내라. 서림은
전일과 같이 사람을 임명하여 황해도로 데려가게 하되 폐단을 일으키지 말
라고 엄하게 경계하여 보내라."

하였다. 윤희정과 윤세공이 사형을 당하였다.

                                          <명종실록 권27, 제20책, 602면>

임꺽정을 조작한 의주목사 — 1561년(명종 16) 9월 24일(신해)

양사(兩司)의 계에 이르기를,

"의주목사 이수철은 처음에 윤세공을 붙잡아 한온인 줄 알고, 심지어는 이조 낭관으로 있을 적에 그의 얼굴을 자세히 알았다고 하며, 온갖 형구들을 갖추어놓고 몹시 참혹한 형벌을 기히여 한온이라고 거짓 승복을 하게 하였습니다. 또 윤희정을 붙잡아 임꺽정이라 하였는데, 처음에 승복하지 않자 혹독한 형벌을 마구 가하고, 심지어 상자 속에 넣고 그물로 씌워 임꺽정이라고 거짓 승복하게 하였습니다. 처음에 잘못 알았다고 하더라도 봉산(鳳山) 사람과 면질시켰을 때 진짜가 아니라고 했으면 자세히 분별했어야 옳았는데, 한갓 엄한 위세만을 보여 곤장을 마구 쳤고, 서림과 면질했을 때도 또한 그와 같이 했습니다. 그래서 사람마다 두려워하여 잠시라도 목숨을 지탱하려고 모두 거짓을 진실이라고 하였으니, 이는 이치로 보아 그럴 수밖에 없었던 것입니다. 서림에게 물건을 후하게 주고 처음부터 끝까지 변하지 말라고 꾀인 것은 말할 것도 없고, 그가 임꺽정의 아내라고 말한 자는 백발이 된 늙은 할미이며, 의붓자식과 사위라는 자를 불로 지지기도 하고 사지를 비틀기도 하였으며, 의주에서 곤장을 맞아 죽은 자도 또한 한둘이 아닙니다. 이수철은 지식 있는 문관으로서 도리어 공명(功名)을 좋아하는 무부(武夫)와 같은 짓을 하였으니, 국가를 기만한 죄가 매우 큽니다. 파직하고 나서 추고하소서."

하니, 답하기를,

"추고는 아뢴 대로 하라. 파직은 지나친 듯하므로 윤허하지 않는다."

하였다. 뒤에 여러 번 아뢰니, 아뢴 대로 윤허하였다.

사신은 논한다 : 심하도다. 이수철의 임금을 기만한 것이며, 윤세공과 윤희정을 붙잡았을 때 사람들이 만약 임꺽정과 한온이 아니라고 하면 반드시 성을 내어 감히 말도 못하게 하고 강제로 임꺽정과 한온이라 하여 거짓 공초를 올리게 하였으니, 이 무슨 마음이었던가. 아아! 부귀영화를 얻으려고 하면 하지 못하는 짓이 없는 것이다. 무릇 임꺽정은 대적이거늘 오래도록

천벌을 피하였으니 상의 노여움이 대단하였다. 또 관서지방의 감사와 병사(兵使)는 모두 왕비의 친정붙이니, 만일 역적을 잡으면 지휘한 공로와 조처한 수고로움으로 실로 같은 상을 받을 것이다. 이수철은 임금의 의중을 헤아려 특별한 은전이 있을 것이라 생각하고 역적을 잡은 공로를 요행으로 차지하려고 하여 형벌로 위협하고 이익으로 꾀어 끝내 거짓으로 승복하게 했을 뿐만 아니라, 심지어는 얼굴을 자세히 안다고 하여 임금을 기만하였으니 그 죄는 마땅히 사형에 처해야 하는데, 대사(臺司)에서는 다만 파직시키라고만 청하였다. 아아! 신하가 임금을 기만한 죄가 어찌 파직에 그칠 뿐이겠는가. 근래 국가에 기강이 없고 사람들은 붕당을 지어 어떻게든 혐의를 피하여 묵묵히 따르기만 하는 것이 풍속이 되어버렸는데, 이른바 언책(言責)을 맡은 자들도 또한 이와 같으니, 그 죄는 이수철과 다를 것이 없다.

<명종실록 권27, 제20책, 603면>

황해도 토포사로 南致勤을 — 1561년(명종 16) 10월 6일(임술)

승정원이 황해도 관찰사 김주(金澍)의 계본으로(적들이 海州에서 平山지방으로 들어가 대낮에 민가 30여 곳을 불태우고 많은 사람을 살해하였다. —원주) 입계하니, 상이 삼공·영부사·병조와 형조의 당상관 및 포도대장 등을 불러 전교하기를,

"적변(賊變)이 이와 같으니, 매우 놀라운 일이다. 지난해 순경사(巡警使)가 갔을 때 만약 오래 머물렀으면 적을 거의 섬멸하였을 것인데, 잠깐 갔다가 즉시 돌아와 다만 도적에게 비웃음만 당했으니, 조정에서 잘 조처하지 못한 듯하다. 지금 서림(徐林)에게만 맡겨놓고 예사롭게 보고 있어서는 안 된다. 경들은 의론하여 아뢰라."

하였다. 이준경 등이 아뢰기를,

"하찮은 적들이 오래도록 천벌을 피해 다니며 살인과 약탈을 멋대로 자행하여 하나의 적국(敵國)처럼 되었습니다. 그 도의 수령은 보고도 위축되어 감히 단속하지 못하며, 그 도의 백성들은 도적이 있는 줄만 알고 나라가 있는 줄은 모릅니다. 기강이 이 지경에 이르렀으니 몹시 통분스럽습니다.

436

생각건대, 황해도에는 본래 주장(主將)이 없습니다. 비록 감사(監司)가 있지만 으레 모두 유신(儒臣)이라서 조치가 잘못되고, 백성을 통솔하는 자가 없어 도적들이 횡행하게 되었으니, 부득이 경장(京將) 중에서 위망(威望)과 지략(智略)이 있는 자를 가려 보내고, 굳세고 용맹스러운 자들을 뽑아 거느리게 해야 합니다. 또 한 도의 군대를 동원하여 그중에서 도적의 실정을 잘 아는 자를 통부(統部)에 나누어 배정해 이목(耳目)을 삼아서 도적의 자취를 알아내어 사방으로 포위·공격하면 도적은 하나도 살아남지 못하게 될 것입니다. 그런데 황해도에서 작전을 하려면 반드시 경기·함경·강원도에 먼저 조치하여 모든 일을 준비하게 하고, 경장(京將)도 즉시 황해도로 내려 보내야 합니다. 경장의 보고를 기다려서 이 네 도가 서로 기약하여 일제히 군대를 일으켜 철저히 수색하고 잡아서 하나도 빠져나가지 못하게 한 뒤에야 일을 이룰 수 있을 것입니다."

하니, 전교하기를,

"지금 도적의 세력이 크게 성하여 적국과 같다. 지금 만약 힘을 다하여 엄히 다스리지 않으면 이는 몇도의 백성들을 모두 적의 손에 넘겨주는 꼴이 된다. 후환이 이루 말할 수 없을 것이니, 특별히 조치하여 기필코 소탕하도록 하라."

하였다. 이준경 등이 경장(京將)의 망단자(望單子)로(황해도에 南致勤, 강원도에 金世澣, 이를 討捕使라고 하였다. ─원주) 입계하기를,

"군관(軍官)은 이들이 스스로 천거해서 거느리고 가도록 하며, 내일 좌우 포도대장과 병조·형조 당상을 패초하여 함께 사목(事目)을 의론하고 떠나보내는 것이 어떻겠습니까?"

하니, 아뢴 대로 하라고 전교하였다.

사신은 논한다 : 국가에 선정(善政)이 없고 교화가 밝지 않아 재상들의 횡포와 수령들의 포학이 백성들의 살과 뼈를 깎고 기름과 피를 말려 손발을 둘 곳도 없고 호소할 곳도 없으며 기한(飢寒)이 절박하여 하루도 생명을 보존하기 어려워 잠시나마 연장을 시키기 위해 떠돌다 도적이 되었은즉, 도적이 된 까닭을 따져보면 당정의 잘못이요, 그들의 죄가 아니다. 그

러니 어찌 측은하지 않은가. 근본을 생각해보면 해결하기 어려운 것이 아닌데, 이준경은 외람되이 재상 지위에 앉아서 인(仁)을 행하는 방도를 궁구하여 힘써 교화(敎化)를 일으키는 정치를 행하지는 아니하고, 도리어 조그마한 새앙쥐를 잡자고 천균(千鈞)의 쇠뇌를 쓰려고 하니, 어찌 그리도 그릇되었는가. 황해도의 도적이 비록 방자하다고 하지만 그들의 괴수는 8~9명에 지나지 않으며, 모이면 도적이고 흩어지면 백성이다. 깊은 산골에 나누어 숨어 붙잡을 만한 자취도 없고, 적국(敵國)이 진을 치고 대오를 갖추어 침입하여 교전할 수 있는 것과도 다르다. 비록 네 도의 병력을 합하여 일시에 책응(策應)하려고 하지만 어디서부터 착수하겠는가. 흉년에 조세·부역에 지친 나머지 민력이 시들 대로 시들어 저절로 쓰러질 판인데, 게다가 군대를 일으켜 경계선상에 오래 머무르게 하여 비용을 소비하고 곤돈(困頓)하게 해서 공사(公私)간에 모두 고갈이 들고, 또 거기다가 주장(主將)의 횡포와 군졸(軍卒)의 침탈을 더한다면 백성이 어떻게 살아나겠는가. 이는 네 도의 백성을 모두 도적으로 만드는 것이다. 임꺽정을 비록 잡더라도 종기가 안에서 곪아 위태로운 일이 장차 생길 것인데, 더구나 임꺽정을 꼭 잡는다고 단정할 수도 없지 않은가. 전일의 군대가 공적을 이루지 못한 것이 이미 본보기가 되는데도, 이준경은 임금의 뜻만 따르고 상진(尙震) 등은 구차히 동조하며 간관(諫官)들은 입을 다물고만 있다. 나랏일이 날마다 그르게 되어가는데도 구원하는 자가 없으니, 탄식하며 눈물을 흘릴 뿐이다.

<명종실록 권27, 제20책, 604면>

강원도 순검사로 白惟儉을 — 1561년(명종 16) 10월 7일(계해)

전교하기를,
"금년 군적(軍籍)에 대한 일을 이미 결정했으나, 도적을 잡는 일과 군적에 대한 일을 동시에 시행하면 아마도 소란스러운 폐단이 있을 것 같다. 병조에 의론하라."
하였는데, 병조가 아뢰기를,
"황해·강원·평안·함경·경기는 도적을 잡는 일로 소란스러울 것이니 군적의 기한(期限)을 뒤로 물리는 것이 합당하고, 전라·경상·청홍도는 그대로 시행하는 것이 무방합니다. 또 토포사(討捕使) 김세한(金世澣)은 병들어 책임을 감당하지 못합니다. 전 첨사(僉使) 백유검(白惟儉)은 아비 대상(大祥)을 치르고 담제(禫祭)를 지내기 전이지만, 토포사의 임무를 감당할 자는 이 사람보다 나은 자가 없으니, 순검사(巡檢使)로 호칭하여 보내소서. 대신들의 뜻도 또한 이와 같습니다."
하니, 모두 아뢴 대로 하라고 전교하였다.

　사신은 논한다 : 좀도둑 때문에 장수를 보내고 군대를 일으키는 의론을 하니, 조정에 기강이 없음을 알 수 있다. 또 담제를 지내지 않은 사람에게 도적을 잡는 책임을 맡기려고 대신들의 의론이라 핑계하니, 아아! 대신이라 하는 자가 과연 어떤 사람인가. 조정에 기강이 없게 하였으니, 대신들의 죄가 매우 크다. 어찌하여 또 27개월의 복제(服制)를 무너뜨려 예의 있는 풍속을 오랑캐 풍속으로 만들려고 하는가. 아아! 인물의 등용을 이와 같이 하였으니, 나랏일이 날마다 잘못되는 것은 조금도 이상할 것이 없다.

　도적을 모두 잡으라는 일로 쌀노의 감사(監司) 병사(兵使)와 개성 유수(開城留守)에게 하유하였다.　　　　　<명종실록 권27, 제20책, 604면>

토포사 출정에 임금의 당부 — 1561년(명종 16) 10월 8일(갑자)

　토포사 남치근 순검사 백유검에게 전교하였다.
　"황해도 도적들이 해마다 성하여 점차 큰 우환이 되었다. 조그마한 폐단을 걱정하여 도적을 섬멸하는 일을 하지 않을 수 없다. 그러므로 특별히 경들에게 토포의 책임을 맡기어 보내는 것이다. 경들은 은혜와 위엄을 함께 베풀고 지략을 다하여 기필코 모두 잡되, 그중에 옥석이 함께 타는 격정도 없지 않을 것이니, 십분 자세히 살피고 정성을 다해 처리하라. 그리하여 황해도 백성들을 편안히 베개를 베고 지내게 해주고 또 밤낮으로 분하게 여기는 나의 마음을 풀도록 하라."　　　<명종실록 권27, 제20책, 604면>

도적들이 개성부로 옮겨왔다 — 1561년(명종 16) 10월 15일(신미)

삼공·영부사·형조가 함께 의론하여 아뢰기를,

"도적의 무리가 개성부(開城府) 등처에 옮겨 들어왔다는 소문이 있습니다. 장단(長湍)은 바로 적과 맞부딪치는 곳인데 바야흐로 적을 잡는 때를 당하여 갑자기 무관(武官 : 李藦를 가리킨다.—역주)을 체직시키고 재략(才略)이 없는 문관(鄭裕를 가리킨다.—역주)으로 대신하니, 매우 잘못된 계획입니다. 더구나 전 부사(府使)는 백성을 잘 다스렸으므로 백성들은 그가 체직된다는 것을 듣고 마치 부모를 잃은 것처럼 여긴다고 합니다. 그대로 있게 하소서."

하니, 아뢴 대로 하라고 전교하였다.

  사신은 논한다 : 삼대(三代) 이후로 백성들로 하여금 부모처럼 여기게 한 자가 몇 사람이나 되겠는가. 이의(李藦)는, 백성들을 각박하게 수탈하는 자가 아니라면 반드시 아첨이나 하여 명성을 낚는 자일 터인데, 도리어 백성을 가장 잘 다스린 것으로 칭하였다. 아아! 임금은 속일 수 있지만 어찌 민심을 속일 수 있겠는가. 정유(鄭裕)가 나약하지만 어찌 이의만 못하겠는가. 그런데 또 잘못된 계획이라고 하였으니 매우 망령된 말이다. 대저 근년 이래로 왜적(倭賊)을 막거나 도적을 잡느라 내외(內外)의 열읍(列邑)에 으레 무관을 임명하니, 약탈 침학하여 백성들로 하여금 이반케 하여 도적을 잡기도 전에 백성들이 도리어 도적이 된다. 이것이 유식한 자가 눈물을 흘리며 탄식해 마지않는 바이다. 당시 간관들이 명확하게 알면서도 입을 다물고 남의 일 구경하듯 무관심하였다. 아아! 대신들이 이와 같고 간관들도 이와 같으니, 나라가 언제 망할지 알 수 없는 일이다.

<명종실록 권27, 제20책, 605면>

도적이 발생한 원인 — 1561년(명종 16) 10월 17일(계유)

경기 관찰사 심수경(沈守慶)이 배사하니, 전교하였다.

"관찰사가 할 일은 교유서(敎諭書)에 이미 나와 있다. 도적을 잡는 모든 일을 각별히 잘 조처하여 해이함이 없도록 하라."

사신은 논한다 : 근래 지방관이 배사할 때에 상의 교유는 으례 도적을 잡는 것을 위주로 하니, 이는 병이 아픈 것만을 알고 병이 생기는 근본을 생각하지 않는 것이다. 저 도적이 생긴 것은 도적질하기를 좋아해서가 아니라 기한(飢寒)이 절박하여 부득이 도적이 되어 하루라도 연명(延命)하려고 하는 자가 많기 때문이니, 그렇다면 백성을 도적으로 만든 자가 과연 누구인가. 권세가의 문전은 시장을 이루어 공공연히 벼슬을 팔아 무뢰한 자제들을 주군(州郡)에 나열(羅列)하여 백성들을 약탈하게 하니, 백성이 어디로 간들 도적이 되지 않겠는가. 상은 이런 것을 알지 못하고 도적 잡는 한가지 일만 매번 간곡히 부탁하니, 탄식을 이루 금할 수 있겠는가?

<명종실록 권27, 제20책, 606면>

토포하는 일로 군사와 백성이 얼어 죽고 — 1561년(명종 16) 10월 23일(기묘)

전교하였다.
"각처(各處) 산꼭대기의 군보(軍堡)에 있는 군사들을 추운 기간 동안은 낮은 곳에 내려와 지내게 하라."

사신은 논한다 : 이 전교를 자세히 보면 인애(仁愛)한 마음이 끝이 없다. 저 황해도의 토포(討捕)하는 일은 도적을 잡는 데는 도움이 없고 평인(平人)에게 피해만 주어, 얼어 죽은 군사와 백성이 수없이 많고 가는 곳마다 고달파하여 백성이 편하게 살지 못하니, 그 피해가 어찌 한 군보(軍堡)뿐이겠는가. 임금의 마음이 이에 이르렀으니 말할 수 있는 기회가 생긴 것인데 위로는 정승, 아래로는 대간, 안으로는 홍문관, 밖으로는 수령들이 한 사람도 이것으로 아뢰는 자가 없었으니, 애석함을 이루 금할 수 있겠는가?

<명종실록 권27, 제20책, 606면>

도적 무리가 서울에 많이 은닉해 있다─1561년(명종 16) 10월 28일(갑신)

전교하였다.

"황해도 도적의 세력이 지금까지 성하므로 토포사를 보내어 잡게 하였는데, 들리는 말에 의하면, 도적의 무리가 서울에도 많이 은닉해 있다고 한다. 만약 도성(都城)의 모든 문을 닫고 각방(各坊) 거리의 의심나는 곳을 빠짐없이 수색한다면, 잡지는 못하더라도 도적들이 그 소문을 듣고 서울에 숨어드는 것을 어렵게 여길 듯하다. 이 뜻을 삼공·영부사·병조당상·포도대장 등에게 의론하여 아뢰라."

영의정 상진(尙震) 등이 의론하여 아뢰었다.

"도적이 모였다 흩어지면 반드시 각자 행동하고 늘 민가가 조밀한 곳에 붙어 있는데, 개성과 평양이 바로 그들의 소굴이요, 서울에도 매우 심하다 하니, 전교대로 성문을 닫고 수색하는 것이 안 될 것은 없습니다. 다만 성 밖에 숨어 있는 자들이 비웃을까 염려되니, 도적 잡는 일을 맡은 자로 하여금 신고를 받거나 탐문하여 확실히 도적이 숨어 있는 곳을 알고 나서 등시 포획하는 것만 못합니다."　　　　　　　　＜명종실록 권27, 제20책, 607면＞

서울 도성 내 토포를 위한 비망기─1561년(명종 16) 10월 29일(을유)

전교하였다.

"이것의 내용을 보니, 내 뜻과 맞다. 지금 조목(條目)을 내리니 완급(緩急)을 헤아려 차례차례 시행하라."

비망기는 다음과 같다.

1. 도적을 잡는 기간 동안은 도성의 문을 인정(人定) 전에 닫고 천명(天明) 후에 열되, 병조에서는 자주 적간하여 근무자가 나오지 않은 경우에는 수문장 5명 등을 엄히 다스릴 것.

2. 인정 후부터 천명 전까지는 아무도 통행할 수 없다는 것을 우선 공고하고, 오부(五部)에 명하여 각방(各坊)에 알린 뒤에 시행할 것.

3. 대궐문을 열고 닫는 것은 평상시의 규정을 바꾸어 일이 없는 날에는 평명(平明) 후에 열고 해가 지면 닫을 것.

4. 도성 각 문의 수문장은 성실하고 재간이 있으며 용맹스러운 무신으로 임명하고, 황당인(荒唐人)의 출입을 항시 살필 것.

5. 사산(四山) 석성(石城)에 도적이 넘어올 만한 곳에는 우선 군대를 매복시켜 살필 것.

6. 도성 각 문에는 특별히 선전관을 보내어 표신(標信)을 가지고 수문장들과 함께 지키되 출입하는 황당인을 더욱 잘 살피게 하고, 별도의 오부의 4도에 수포장을 정하여 각자 포도부장과 군관들을 거느리고 많은 군사를 이끌고서 도성 안팎을 일시에 수색하되 오래 비어 으슥한 크고 작은 집들을 우선 수색하고, 재상·조신 및 유식인의 집은 일을 맡아보는 노비에게 엄히 일러 황당인을 보거나 들으면 즉시 붙잡아 보고하게 할 것.

전교하였다.

"바야흐로 도적을 잡느라 지방과 서울이 소란한 이때에 아울러 군적(軍籍)을 피하는 자가 반드시 도적의 소굴로 들어갈 것이다. 군정(軍丁)을 얻으려고 하다가 도리어 잃게 될 듯하니, 도적들이 잠잠해질 때까지 우선 정지하라."   <명종실록 권27, 제20책, 607면>

서울 성내 대수색 — 1561년(명종 16) 10월 30일(병술)

전교하였다.

"오늘 두 대궐문의 수문장을 정원 이외에 더 정하여 평상시보다 갑절 세밀히 조사하라. 또 오늘 다사하니 정시(停市)할 일을 해조의 낭청을 불러 비밀리에 말하여 보내라."

사신은 논한다 : 국가에 대신이 죽으면 정시를 하는 법이니, 이는 그의 죽음을 애도하기 때문이다. 지금 도적을 잡는 일 때문에 정시까지 하니 이는 예전에 없었던 일이다. 아아! 서절구투를 잡는 일이야 무사(武士) 한 사람의 수고만 빌리면 될 터인데, 위아래가 모두 허둥지둥하여 온 나라 사람

들이 모두 피해를 받고 있다. 기강이 해이하고 국가의 근본이 이미 흔들렸으니, 흙이 무너지듯 허물어져버리게 될까 매우 두렵다.

도성의 안팎을 대대적으로 수색했는데, 해가 저물어서야 파하였다. 이날 사경(四更)이 되면서부터 특별히 선전관 등을 보내어 도성의 각 문을 나누어 지키게 하고, 성의 안팎에 군대를 겹겹으로 매복시켰으며, 또 별장(別將) 등을 보내어 군대를 거느리고 네 도로를 나누어 지키게 하고는 안팎을 일시에 수색하였다. 그리하여 대소 여염들이 떨고 두려워하고 뒤숭숭하여 어떻게 할 줄을 몰랐다. 게다가 장졸들이 탐욕 포악을 부려 민가를 출입하며 약탈을 자행하고, 놀라서 도망치는 자를 도적이라 지적하여 평민을 마구 잡아 많이 잡는 것을 공으로 여기니, 결박된 사람이 줄을 이었다. 그들의 부모와 처자들은 엎드려 울부짖고 거리에는 원성이 가득하였으며, 길에는 행인이 끊겼다. 종일토록 이러하였다.   <명종실록 권27, 제20책, 607면>

황해도의 전세 요역을 면해주다 — 1561년(명종 16) 12월 8일(계해)

승정원에 전교하였다.

"백성은 국가의 근본이니 근본이 안정되어야 국가가 편안하다. 근년 이래로 해마다 흉년이 든데다가 임금은 부덕하고 우매하여 백성을 제대로 사랑하지 못하고, 수령들은 어질지 못해 여러모로 백성을 침해하여 도적들이 일어나 끝내 국가를 배반하게 되었다. 말이 여기에 미치니 어찌 한심스럽지 않은가. 내가 생각건대, 황해도는 도적의 소굴로서 큰 도적들이 아직까지 남아 오래도록 법을 피하고 있어서 마땅히 토벌을 늦출 수 없겠다. 지난해에 순경사(巡警使)를 보냈더니, 그 때문에 백성들이 이미 곤궁해졌다. 또 금년에 토포사(討捕使)를 보내 경내에 오래 머물렀으니 백성들의 재해를 없애려는 것이나, 도리어 백성들에게 폐단을 끼쳤다. 더구나 금년에는 흉년이 들어 백성들이 울부짖고 있는데, 서울 장수들은 많은 군대를 거느리고 순찰할 때에 백성의 곡식을 빼앗아 말을 먹이고 백성의 식량을 빼앗아 군량을 삼았다. 원수(元帥)가 금지해도 봉행하지 않는 자가 많았다. 군대와 백성은 산과 들판에서 추위와 굶주림을 참고 있으며 마을은 도적들에게 분탕되었다. 이미 흉악한 도적의 피해를 받았는데 잇따라 도적을 잡는 고역을 당하니, 불쌍한 우리 백성들은 형세가 장차 유리할밖에 없겠구나. 황해도는 폐단이 더욱 심하니, 국가의 액운(厄運)과 백성의 불행이 지금 같은 적이 없었다. 내가 매우 안타까이 여겨 밤낮으로 마음 아프게 생각한다. 황해도는 전세(田稅)와 요역(徭役)을 모두 면제해주고, 평안도의 초면(初面) 또한 도적을 잡는 일로 폐단이 없지 않으니 전세와 요역을 반감(半減)해주어, 나의 백성을 가엾게 여기는 정성을 보여주라. 이 뜻으로 황해도와 평안도의 백성에게 효유하여 나의 백성을 구휼하는 뜻을 알게 하라."

<명종실록 권27, 제20책, 609면>

逋租의 탕감 — 1561년(명종 16) 12월 15일(경오)

전교하였다.

"황해도 인민의 곤궁함이 심하니 5~6년 포조(逋租 : 납부하지 않은 조세)를 탕감해주어 다시 소생할 수 있도록 하라."

<명종실록 권27, 제20책, 609면>

도적 방비를 위한 대책 — 1561년(명종 16) 12월 18일(계유)

전교하였다.

"우리나라는 3면(面)으로 적의 침입을 받게 되어 있으니, 평온할 때에도 위태로움을 잊지 말아 무비(武備)를 닦고 족식족병(足食足兵)의 도(道)를 항시 강구해야 할 것이다. 그런데 근래 무비가 해이해졌다. 지난 을묘년(1555) 왜변이 있었던 뒤로 비록 무예를 단련하는 일이 더러 있었지만 세월이 오래되어 으레 거행하지 않는다. 요즘의 일로 말하건대, 임꺽정은 하찮은 도적으로 죄악이 가득찼는데도 오래도록 하늘의 벌줌을 피할 뿐 아니라 국가에 치욕이 되고 있다. 그럼에도 용이하게 잡지 못하니, 이는 오로지 경외(京外)가 무비를 닦지 않았기 때문이다. 뒷날 또 을묘년 같은 변고가 있으면 어떻게 할지 한심스러운 일이다. 전에 만든 절목(節目)을 세밀히 살펴 밝히고, 이 조목을 가지고 삼공·영부사·호조·병조·비변사가 함께 의론하여 다시 자세히 검토한 뒤에 마련하여 서계(書啓)하되, 미진하고 소루한 점이 없도록 하라."

절목은 다음과 같다.

1. 경외(京外)의 문음(門蔭)으로 처음 입사(入仕)한 사람은 음직에만 등용할 것이 아니라, 무재(武才)가 있는 자를 시험하여 합격한 자는 혹 찰방(察訪)에 의망할 것.

2. 경외의 양반자제 및 각사(各司)의 서리 전복(典僕), 향리·관속·제색군사(諸色軍士)와 보인(保人)·양인(良人)·공천(公賤)·사천(私賤)으로서 나이가 젊고 활을 잡을 줄 아는 자를 모두 뽑아 매월 날짜를 정해놓고 장편전(長片箭)을 별도로 시험하고, 기사(騎射)할 수 있는 자는 기사를 하게 하며, 그중에 능하지 못한 자는 또한 창(槍)을 익히게 하되, 영구히 규칙을 세워 태만하지 못하게 하며, 별도로 시관을 정하여 재능을 시험하고 연말에 합산하여 우열을 가릴 것.

3. 외방에 항상 검찰을 받아 많은 성과가 있는 자와 검찰을 받지 않아 성과가 없는 자가 있으니, 감사·병사·수사는 순찰하여 전최(殿最 : 고과를 하는데 우등과 열등) 매기는 데 상고하고, 혹 특별히 어사와 경차관을 보내 잘하고 못하는 것을 시험하여 상을 주거나 승진을 시키거나 파직을 시킬 것.

4. 경외의 잔약한 민가 이외에 군기(軍器)를 마련할 수 있는 집에는 화살과 장편전 등을 비치하게 하고 간혹 점검할 것.

<명종실록 권27, 제20책, 609면>

대적 金山 — 1561년(명종 16) 12월 20일(을해)

전교하였다.

"평양서윤(平壤庶尹) 홍연(洪淵)이 대적(大賊) 김산(金山)을 붙잡았으니, 예에 따라 가자하여 안주목사(安州牧使)로 승진시키라."

<명종실록 권27, 제20책, 609면>

임꺽정의 주력이 꺾이다 — 1561년(명종 16) 12월 22일(정축)

삼공 영부사·병조·형조의 계에 이르기를,

"토포사가 군대를 거느리고 오래 머물러 군민(軍民)들이 피폐하여 한 도가 아무것도 없이 텅 비게 되어 원망하는 소리를 귀로 차마 들을 수 없습니다. 거괴(巨魁)는 비록 잡지 못했지만, 그들 무리 중에 사납고 날랜 자들은 거의 섬멸하여 남아 있는 자가 얼마 되지 않습니다. 거괴를 잡는 계책은 양도(兩道)의 감사와 병사에게 맡겨도 추심하여 잡을 수 있습니다. 더구나 봄철의 농사일을 할 시기가 임박하였으니, 오래 머물러 거듭 백성에게 피해를 끼치는 것은 옳지 않습니다. 토포사에게 속히 명하여 올라오게 하소서. 그리고 특별히 조처하여 꼭 붙잡을 일로 양도의 감사와 병사에게 하유하소서."

하니, 아뢴 대로 하라고 전교하였다.　　　<명종실록 권27, 제20책, 610면>

순검사도 돌아오도록 — 1561년(명종 16) 12월 25일(경진)

형조 계에 이르기를,

"토포사에게는 군관들과 함께 모두 돌아오라고 명하였는데, 순검사와 그 군관들은 강원도에 머물러 두는 것이 사체에 이상한 듯합니다. 아울러 돌아오게 하고 도적 잡는 계책을 전적으로 감사가 책임지도록 하유하는 것이 어떻겠습니까?"

하니, 아뢴 대로 하라고 전교하였다.　　　<명종실록 권27, 제20책, 610면>

4. 명종 17년(壬戌, 1562) 기사

임꺽정의 포획 — 1562년(명종17) 1월 3일(무자)

승정원이 황해도 토포사(討捕使) 남치근(南致勤)의 서장(書狀)을(대적 임꺽정 등이 瑞興 땅에 머물러 있는 것을 軍官 郭舜壽·洪彦誠 등이 포착한 내용 — 원주) 입계하니, 전교하였다.

"선전관(宣傳官)·금부낭청(禁府郎廳)·포도군관(捕盜軍官) 등을 속히 보내어 잡아오도록 하라."　　　　　　　　　　　<명종실록 권28, 제20책, 611면>

나라에 반역한 대적 임꺽정 — 1562년(명종 17) 1월 8일(계사)

전교하였다.

"나라에 반역한 대적 임꺽정 등을 이제 모두 체포하였으니 내 마음이 매우 기쁘다. 토포사 남치근, 군관 곽순수·홍언성 및 전 사복(司僕) 윤림(尹霖)에게 각각 한 자품씩을 더해주고, 종사관(從事官) 한홍제(韓弘濟)·박호원(朴好元)에게는 각각 말을 내려주라."　<명종실록 권28, 제20책, 611면>

남치근의 비행 — 1562년(명종 17) 1월 9일(갑오)

사간원 계에 이르기를,

"하찮은 서절구투가 오래도록 황해도 땅에 붙어서 점점 그 세력이 불어나 도모하기가 어렵게 되었으니, 그 형세로 보아 토포(討捕)하는 일을 그만둘 수 없었습니다. 따라서 이 명을 받든 자는 마땅히 은혜와 위엄을 같이 써서 만전의 계책을 꾀해야 했을 것입니다. 그런데도 토포사 남치근은 평소 엄하고 포악한 장수로서 오로지 위무(威武)만을 능사로 삼아 살육을 자행하면서 애석히 여기는 마음은 조금도 없었고 의관을 갖춘 양반에 대해서도 함부로 매를 때려 위엄을 세웠습니다. 그리하여 백성들이 두려워하여 한시도 마음을 놓지 못하게 하였으니, 그들이 일을 그르쳐 변란을 일으키지 않은 것이 다행입니다.

저번 남정(南征 : 을묘왜변시 출정한 것)할 때에 잔인하게 억울한 사람을 죽인 일이 있어서(을묘년에 남치근이 전라도 방어사가 되었을 때, 사소한 혐의로 羅州牧使 崔渙을 杖殺했다. 최환은 밀양 사람인데 청렴하고 부지런하며 독실한 인물로 평이 나 있었다. 일찍이 서장관으로 중국에 갔을 때에도 가져온 물건이 하나도 없어서 조정에서도 그의 청렴함을 인정해준 터였다. 남치근이 일찍이 제주목사로 있을 때에 좋은 말을 구해 명사들에게 두루 선물로 보냈는데, 최환은 그것을 물리쳤다. 이 일로 남치근은 최환에 대해서 분한 마음을 품게 되었다. 그러다가 을묘년에 남쪽 변방에서 변란이 생겼을 때 남치근이 나주에 도착하였는데, 최환이 갑자기 흉복통을 앓게 되어 직접 나가 영접을 할 수 없었다. 남치근의 從者 蘇邈이 소주를 달라고 왔는데, 하인들이 여태 갖다주지 않자, 최막이 성이 나서 남치근에게 고해 바치니 남치근이 머리를 잡아 끌고 나오게 하였다. 최막이 내아로 달려 들어가니 처자들이 놀라 부르짖으며 서로 다투어 만류하였으나, 최막이 뾰족한 신발 끝으로 최환에게 발길질을 하며 끌고 남치근의 앞에 붙잡아왔다. 남치근이 매우 노기를 띠어 말하기를 '이런 교만하고 사나운 文官은 이번 기회에 제거하는 것이 옳다.'라고 하고, 장차 군법을 행하려고 하자, 舍人 李彦憬이 말하기를 '영공께서 죄 없는 文士를 죽이고 나서 조정에 뭐라고 보고하겠는가. 이 사람은 더욱이 명망이 있는 선비이고 또 남쪽 고을 백성들에게 사랑을 받고 있으니, 영공께서 만약 그를 죽인다면 三軍의 마음이 해이해질 것이다.' 하였다. 남치근이 그를 참형하지 못하고 군관으로 하여금 몽둥이로 치게 했는데, 마침내 죽게 되었다. 나주 백성들은 모두 그것을 슬퍼하였고, 남도의 선비로서 분노와 억울한 감정을 갖지 않은 사람이 없었다. 남치근이 스스로 공론에 용납되지 못할 것을 알고 서울로 돌아오자마자 이언경을 보고 말하기를 '사인은 나를 살려달라.'고 하였다. 그때에 兩司에서 모두 차자를 올려 논죄하려고 하였는데, 남치근이 뇌물을 주어 윤원형과 결탁하고 또 趙士秀와 사돈관계를 맺기도 하였다. 윤원형이 뇌물을 많이 받았을 뿐만 아니라 평소부터 乙巳의 名流들을 미워하고 있던 터에, 최환도 乙巳人에 끼여 있었기 때문에 그가 죽은 것을 달갑게 여겨 치지도외하고 불문에 부쳐버렸다. 한때의 공론이 윤원형의 위세에 눌려 끝내 발론하지 못했으니, 참으로 탄식할 만한

일이었다.—원주) 여론이 시간이 갈수록 더욱 격렬해졌으니, 두려운 마음가
짐으로 경계하여 전날의 실수를 고쳤어야 마땅합니다. 지금 이 일을 당해서
도 아직 그 버릇을 고치지 않고 있습니다. 만약 훗날에 지금보다 큰 일이
벌어져서 그로 하여금 군대를 시휘하게 할 경우가 있게 된다면 더욱 꺼리
는 것이 없게 될 것이니, 그 우환은 이루 말할 수가 없을 것입니다.

　도적의 괴수가 죽기는 하였으나 죽고 다친 군민(軍民)의 수가 과연 얼마
나 되는지 알 수도 없을 정도여서 황해도 백성들의 원한과 고통은 이미 극
에 달했으니, 듣는 자 그 참혹함을 이길 수 없을 지경입니다. 그리고 적을
잡을 때에 남치근은 평안도에 있었기 때문에 장수로서 절제(節制)한 일이
조금도 없으니, 무슨 공이 있다 하겠습니까. 그런데도 그에게 책벌(責罰)은
가하지 않고 오히려 중가(重加)를 주시니 지극히 온당치 못합니다. 그를 파
직시켜 잘못을 징치하시고 상가(賞加)하라는 명을 도로 거두소서."
하니, 답하기를,

　"지금 군령이 해이해졌으니 장수 된 자가 위엄을 세우지 않는다면 어떻
게 일을 이룰 수 있겠는가. 비록 중도를 잃은 실수가 있었다고 할지라도 그
의 공이 허물을 덮을 만하다."
하고 윤허하지 않았다. 사헌부가 또한 아뢰니, 답하기를,

　"중도(中道)를 잃은 실수가 있었다고 하는 것은 전파된 말이니, 어찌 모
두 사실로 보겠는가. 추고하여 스스로 그 사실을 알도록 하면 될 뿐이
다."
윤허하지 않았다. 오래 아뢰니, 다만 가자(加資)를 개정하라고 명하였다.

　사신은 논한다 : 죄가 있는데도 벌을 주지 않고 공이 없는데도 상을 남발
하니 이것이야말로 군령이 해이해지는 연유이다. 남치근이 호남지방에서
왜구를 막을 때에 머뭇거리다가 실기(失機)한 죄가 있는데도 형벌이 가해
지지 않았고, 해서(海西)지방에서 도적을 토포할 때에 아무런 방략(方略)이
나 지휘한 공이 없는데도 벼슬과 상이 외람되이 주어졌다. 장수를 대우하는
것이 이 모양이면서 군령이 어그러지지 않기를 바란다면, 이 또한 어려운
일이 아니겠는가.　　　　　　　　　　＜명종실록 권28, 제20책, 611～2면＞

왕이 황해도에서 공을 세운 자들을 인견하다 — 1562년(명종 17) 1월 10일(을미)

황해도 토포사 남치근 등이 입경(入京)하였다. 승정원에 전교하기를,

"지금 토포사 등을 비현합(丕顯閤)에서 인견하고자 한다. 곽순수(郭舜壽)·홍언성(洪彦誠)·윤림(尹霖)은 각기 그 의장(衣章)을 갖추고(곽순수는 가선대부로, 홍언성과 윤림은 통정대부로 승진했다. 여기서 말하는 의장이란 바로 가선과 통정의 의장이다.—원주) 들어오게 하라. 그리고 토포사는 지금 논핵을 받고 있는 중이니, 들어와도 되는지의 여부를 승정원은 의론해서 아뢰도록 하라."

하였다. 승정원이 회계(回啓)하기를,

"남치근은 현재 중한 논핵을 받고 있으니, 복명(復命)만 하는 것이 타당하고 인견에 참여시키는 것은 사체에 온당치 못합니다. 종사관들만 만나셔도 도적을 토포한 전말을 알 수 있을 것입니다."

하니, 전교하기를,

"내 의견도 그러하다. 토포사는 늘어오지 말게 하라."

하였다.

상이 비현합에 나아가 토포사의 종사관인 곽순수·홍언성·한홍제(韓弘濟)·박호원(朴好元) 및 윤림에게 이르기를,

"도적은 생활이 빈궁한 데서 생기는 것이다. 최근 몇년 동안 계속해서 흉년이 들었고 수령들 또한 백성을 사랑하는 마음이 없었기 때문에 이런 반적(叛賊)이 일어나게 된 것이다. 위에서도 매우 한심스럽게 여겼다. 이제 잡기 어려웠던 적을 포획하여 백성들이 베개를 높이 베고 편안히 잘 수 있게 되었으니, 매우 잘한 일이다. 도적을 잡은 전말에 대해서 자세히 계달하라."

하니, 곽순수 등이 잇따라 도적을 잡게 된 정상을 아뢰었다. 상이 이르기를,

"해서(海西) 한 지방이 이 조그만 도적들로 인해 상민들이 해를 입어 장차 버린 땅이 될까 싶어 무척 가슴이 아팠었다."

하고, 이에 술을 내리고 각각 차등 있게 상을 하사하였다.(박호원은 문관으로 종사관이 된 자인데 남치근이 저지른 참혹한 일의 실상을 잘 알고 있으면서도 상의 물음에 대해 사실대로 답하지 않았다.—원주)

<명종실록 권28, 제20책, 612면>

서림에 대한 처리 문제—1562년(명종 17) 1월 13일(무술)

영의정 상진(尙震), 좌의정 이준경(李浚慶), 우의정 심통원(沈通源), 영부사(領府事) 윤원형(尹元衡), 병조판서 정응두(丁應斗), 참판 성세장(成世章), 참의 유잠(柳潛 : 외모는 중후한 듯하나 속마음은 탐욕스럽고 비루한 자이다.—원주) 참지 박대립(朴大立), 형조판서 권철(權轍 : 외모는 위엄과 무게가 있어 보이나 속은 연약하기 짝이 없는 인간이로서 말년에 李樑에게 빌붙어 사람들이 더러운 인간이라고 침을 뱉었다.—원주), 참판 강사상(姜士尙 : 천품이 簡重하고 취향이 바른 쪽에 가까우나 다만 謹愼함이 지나쳐 너무나도 침묵 일변도여서 사람들이 小尙震이라 일컬었다.—원주), 참의 유순선(柳順善 : 겉모양도 약게 생겼지만 속마음도 탐욕스러워 시장의 장사치들과 많이 결탁하여 그 집에는 뇌물이 가득하였다.—원주)이 모여 서림(徐林)을 처리하는 일을 의론하였다.(叛賊 栗伊가 '서림이 다시 임꺽정과 몰래 통했다.'고 하여 禁府가 서림을 형신할 것을 청했다. 이에 상이 명하여 어떻게 처리할 것인지를 수의하도록 하였다.—원주) 상진은 논의하기를,

"서림의 흉사(凶詐)한 정상이 꼭 없다고 할 수는 없습니다. 극형(極刑)을 적용하지 않는다 하더라도 참작해서 처리하는 것이 타당할 듯합니다."
하고, 이준경은 논의하기를,

"흉악한 인간의 본성은 끝내 변화시킬 수 없습니다. 지금 놓아주더라도 끝내는 극악한 도적이 될까 염려됩니다. 따라서 단서를 가지고 끝까지 추문하여 실정을 밝혀 뒷날의 근심을 제거하는 것도 안 될 것은 없습니다. 다만 생각건대, 나라에서 이미 그를 살려주었고 또 그의 한패거리들을 잡는 데에 조금이나마 공로가 있었으니, 특별히 호생지덕(好生之德)을 베푸는 것이 어떻겠습니까?"
하고, 심통원은 논의하기를,

452

"서림이 처음엔 적당(賊黨)에 들어 있었지만 그 도적들을 배신하고 귀순해왔으며(심통원의 이 의론은 그르다. 서림은 체포된 것이지 귀순한 것이 아니다. ─ 원주), 그가 해온 일이 모두 적도들에게 해를 끼친 것이어서 적도들이 서림을 원망하고 미워하여 원수로 여긴 지가 오래 되었는데, 어떻게 그들과 몰래 통하면서 감싸줄 수가 있었겠습니까. 조정이 신의를 잃는 것은 곤란할 듯합니다."

하고, 윤원형은 논의하기를,

"서림이 지난 10월부터 오랫동안 남치근을 따라 행동을 했으니, 어느 겨를에 도망가 숨어 있는 적도들과 비밀히 내통할 수 있었겠습니까. 나라에서 사형을 감해준 은혜에 보답하고자 도적들을 잡는 것을 지도(指導)해줬으니, 그 도적의 무리들이 분개하고 미워하여 해치려고 하는 것은 이치상 당연한 일입니다. 지금 만약 그를 형신한다면 도적들의 술수에 빠지는 것이 될 듯합니다."

하고, 정응두 등 7인은 논의하기를,

"이미 죽이지 않겠다고 허락해준 터에 이제 자세히 살피지도 않고 느닷없이 형신을 가한다면, 신의를 잃을 뿐만 아니라 아마도 뒤에 귀순해오는 자들을 막는 결과가 될 것입니다."

하니, 전교하기를,

"이 의론들을 살펴보니 모두 타당하다. 자세히 살펴서 회계(回啓)하라고 의금부에 이르라."

하였다. 의금부가 회계하기를,

"서림을 그 무리들과 면질(面質)시켜 보았는데, 별로 밝힐 만한 게 없습니다."

하니, 서림은 분간(分揀)하여 도로 방면하라고 전교하고, 이어 전교하기를,

"서림이 포적(捕賊)한 공이 없지 않으니, 포도청에 속하게 하여 대장의 명령을 듣게 하고 마음대로 출입을 하지 못하도록 하라."

하였다. <명종실록 권28, 제20책, 612~3면>

임꺽정 처단 —1562년(명종 17) 1월 17일(임인)

형조 계에 이르기를,

"적괴(賊魁)는 이제 이미 처단하였습니다. 그러나 황해·평안 양도에 혹 그 잔당으로 그물에서 빠져나간 자들이 있을 것입니다. 하지만 그들도 스스로 두렵고 불안한 마음이 없지 않을 것이니, 수령들에게 신칙하시어 그들을 진정(鎭定)시키고 또다시 침요(侵擾)치 말게 하여 안정된 생활을 할 수 있도록 하라는 뜻으로 양도의 감사·병사에게 하유하는 것이 어떻겠습니까? 이는 곧 대신의 뜻입니다."

하니, 아뢴 대로 하라고 전교하였다.　　　<명종실록 권28, 제20책, 613면>

제2장 사건 및 등장인물의 逸話·傳記

1. 임꺽정 및 그와 관련된 이야기

임꺽정

강적 임꺽정(林巨正)은 양주(楊州) 백정이다. 그는 성격이 교활하고 날쌔고 용맹스러우며, 그 도당 몇명도 모두 아주 날래고 민첩했는데 몇명의 친한 무리들과 함께 봉기하여 도적이 되었다. 민가를 불사르고 우마를 닥치는 대로 약탈하였는데, 만약 반항하는 사람이 있으면 살을 도려내고 사지를 찢어죽여 잔인하기가 그지없었다.

경기도·황해도 일대의 이민(吏民)들이 그와 비밀리 결탁하여 관에서 조치하여 잡으려고 하면 바로 정보가 흘러들어갔다. 이 때문에 거리낌없이 날뛰었으나 관에서는 금할 수가 없었다. 조정에서 선전관으로 하여금 정탐하게 하였는데, 도적들은 미투리를 거꾸로 신고 다녀 보는 사람으로 하여금 들어간 경우는 나간 것이라고 생각하게 하고 나간 경우는 들어간 것이라고 생각하게 하여 그들의 발자취를 혼란케 하였다. 선전관이 구월산에 갔다가 그들의 발자국을 보고 나간 줄 알고 바로 돌아오는데, 도적들이 후면에 있다가 관군을 쏘아죽였다.

조정에서 장연(長淵)·옹진(瓮津)·풍천(豐川) 등 4, 5 고을의 무관 수령을 시켜 군사를 거느리고 가서 잡게 하였다. 이들이 서흥(瑞興)에 모였는데, 이민들이 벌써 그들에게 내통하여 밤에 60여 명이 말을 타고 높은 데 올라가 내려다보며 활을 비오듯 쏘아대니, 다섯 고을의 군사들이 지탱하지 못하고 분산되었다. 그리하여 더욱 거리낌없이 날뛰게 되었다.

우리 큰아버지(朴應川)가 마침 봉산군수(鳳山郡守)로 있었는데, 일처리에 두서가 있었으므로 도적들이 꺼려하였다.

젊은 아족(衙族 : 관가에 소속된 족속) 한 사람이 봉산에서 서울로 돌아가고 있었다. 안성참(安城站) 고개 아래에 도달하자 길가에 잠복하고 있던 도적이 침범하려 하였는데 뒤에서 말을 탄 어떤 사람이 달려오며 외치기를, "그 사람은 봉산에서 오는 사람이니 범하지 말라." 하였다. 그러나 그들은 마음대로 행동할 수 없음이 괴로워서 자기들 도당의 하나를 금오랑(金吾郎 : 금부도사)으로 가장하고 역마를 바꾸어 타고 급히 봉산군으로 달려가, 군수는 빨리 나와서 명을 받으라고 외쳤다. 그러나 큰아버지께서 벌써 알아차리시고 몰래 군사들을 집결시키니, 도적이 또한 눈치를 채고 달아났다.

이에 무신 윤지숙(尹之淑)으로 봉산군수를 대신케 하였다.

윤지숙이 임진강에 이르러 배를 타는데, 6, 7명의 장사치들이 물건을 싣고 몰려와 밀치면서 돌아보지도 않고 배에 올랐다. 윤지숙이 노하여 잡아다가 다스리려고 하자 그 사람들이 짐을 푸는데, 모두 활·화살·칼·창이었다. 윤지숙이 비로소 그들이 도적임을 알고 말에 채찍질하여 배에서 내려 달아나자 여러 도적들이 뒤쫓았으나 겨우 위기를 모면하였다.

종실(宗室) 단천령(端川令)은 피리를 잘 불었다. 여행을 하여 개성(開城) 청석령(靑石嶺)을 지나다가 도적들에게 붙잡혔다. 도적이 묻기를, "너는 누구냐. 피리를 잘 부는 단천령이 아니냐?" 하여 그렇다고 했더니, 피리를 불라고 명하였다. 그때 달이 마침 밝았는데, 도적들 수십 명이 빙 둘러 앉아 들었다. 피리는 학경(鶴脛 : 학의 다리뼈)이었는데, 길이는 짧으나 소리가 맑고 가락이 높았다. 소매 속에서 꺼내어 흥겹게 우조(羽調)를 부니, 도적들이 그 소리를 듣고 모두 이리 뛰고 저리 뛰며 어지럽게 춤을 추어 하늘을 찌를 듯한 기세가 있었다. 그 다음 서서히 가락을 바꾸어 계면조(界面調)를 불어대니, 가락이 끝나기도 전에 모두 한숨을 내쉬며 탄식하여 눈물을 흘리는 자도 있었다.

임꺽정이 여러 도적들의 동정을 보더니 급히 손을 저어 피리를 멈추게 하면서 말하기를, "종실은 여기에 머물러 두었자 소용이 없으니 돌려보내야 한다." 하고는, 이어 자신이 차고 있던 작은 칼을 풀어주면서 말하기를, "길을 가다가 만일 막는 자가 있거든 이것을 보이라." 하였다.

이튿날 장단(長湍)에 도착하니, 과연 말을 탄 몇명이 범하려 하다가 그 칼을 보고 "이것을 어디서 얻었을까?" 하며, 저희들끼리 지껄이며 흩어졌다.

이로부터 그들의 세력은 크게 확장하여 수백 리 사이에 도로가 거의 끊어졌고, 어떤 사람은 도적의 무리가 서울에 가득하다고까지 말하였다. 조정에서는 5부(서울 동·서·남·북·중앙 다섯 부로 나눈 것)로 하여금 통(統)을 만들어 순찰하게 하고, 남치근(南致勤)으로 토포사(討捕使)를 삼아 재령군(載寧郡)에 나아가 진(鎭)을 설치하게 하였다. 그러자 도적은 무리들을 거느리고 구월산(九月山)으로 들어갔는데, 모두 분산해 보낸 다음 날쌔고 건장하며 아주 친한 자만을 데리고서 험악한 곳을 분담하여 점거해 체포에 대항하는 계책으로 삼았다.

남치근이 군마를 굉장하게 모집하여 점점 산 밑으로 좁혀들어가 한 명의 도적도 감히 산에서 내려오지 못하게 하니, 도적떼의 모주(謀主)인 서림(徐林)이 결국 죽음을 면치 못할 것을 알고 드디어 산에서 내려와 투항하였다. 그리하여 도적들의 허와 실의 상황을 모두 말하여주었다. 이에 군사를 전진시켜 숲과 늪을 뒤지며 올라가니, 도적들이 대부분 항복하였다. 오직 5, 6명만 처음부터 끝까지 임꺽정을 따랐는데, 서림을 시켜 유인해오게 하여 오사마자 모두 베어 죽였다.

임꺽정은 골짜기를 넘어 도망하였는데, 남치근이 황주(黃州)에서 해주까지의 모든 장정들을 동원하여 사람으로 성을 쌓고, 문화(文化)에서 재령(載寧)까지 한 집 한 초막 할 것 없이 샅샅이 뒤지게 하니, 임꺽정이 비로소 할 수 없게 되어 한 촌가에 뛰어들어갔다.

남치근이 나아가 포위하니, 임꺽정이 그 집 주인인 노파를 위협하기를, "네가 급히 외치면서 뛰쳐나가지 않으면 죽이겠다." 하므로, 드디어 노파가 '도적이야.' 하고 외치며 문 밖으로 뛰쳐나가자, 임꺽정이 활과 살을 휴대하고 군인차림으로 칼을 빼어들고서 그 노파를 쫓아오며 말하기를, "도적은 벌써 달아났다." 하니, 군사들이 그가 도적의 괴수임을 알지 못하고 일제히 외치며 뛰어갔다.

그러는 북새통에 한 군사를 끌어내리고 그가 탄 말을 빼앗아 타고 군중 속으로 휩쓸려 들어가니, 또한 누가 빼앗아갔는지 몰랐다.

이윽고 한 사람이 천천히 진중에서 나와 산 뒤를 향하여 가면서 말하기를, "갑자기 아프니 좀 누워서 치료해야겠다." 하자, 다른 한 사람이 말하기를, "어찌 한 걸음이라도 진에서 벗어난단 말인가? 저놈이 의심스럽다." 하고, 5, 6명의 발반 군사가 그를 추격하였다.

서림이 멀리서 외치기를, "저게 도적이다." 하자, 군사들이 그를 향해 마구 활을 쏘아대어 상처가 심했다.

이에 임꺽정이 말하기를, "나의 계책은 모두 서림이 꾸민 것이다. 서림아, 서림아, 끝내 투항할 수가 있느냐." 하였다.

이는 대체로 그가 먼저 투항하여 꾀를 내어 살육을 당하게 한 것을 분하게 여긴 때문이었다.

도적들이 발동한 3년 동안에 다섯 수령이 해침을 받았고 관군이 패하여 분산되었다. 여러 도(道)의 병력을 동원하여 겨우 한 명의 도적을 잡았는데, 죽은 양민은 한이 없었다. 그 당시 군정(軍政)의 해이함은 참으로 한탄할 만한 것이었다.　　　　　　　　　　　　　　　　　　<寄齋雜記>

『기재잡기(寄齋雜記)』: 선조·인조 연간의 학자 박동량(朴東亮 1569∼1635)이 지은 책. 조선 초기부터 명종 무렵까지 유명한 인사들의 일화 및 중요한 사건들을 기술한 내용으로 자신의 직접적인 견문도 많이 포함되어 있다. 특히 임꺽정난 전후의 관련된 기록으로는 비교적 자상하고 중요한 정보를 담고 있다. 『대동야승(大東野乘)』『패림(稗林)』 등에 수록되어 전한다.

남치근(南致勤)

서흥부(瑞興府)의 백정(白丁) 임꺽정(林巨正)이 무리들을 끌어모았다. 처음에는 명화적(明火賊)이 되어 도적질을 했는데, 나중에는 대낮에 길을 차단하고 도적질을 하며 심지어는 옥문을 부수고 형리(刑吏)들을 난도질하였다. 그리하여 수령들은 그들을 체포할 힘이 없었다.

그 무리가 서울에 잠입하여 일의 기미를 알아내 통지해주기 때문에 그들의 거처가 일정치 않았다. 어떤 경우에는 도성 근처에서 도적질을 하고 어떤 경우에는 관서지방의 변경에서 도적질을 하였다. 조정에서는 부득이하여 남치근(南致勤)을 보내 진을 치고 공격해 체포하게 하였는데, 두 달이 지난 뒤에야 겨우 체포하여 죽였다.

당시 의론이, 남치근이 행군하는 데 너무 엄혹하게 하였다고 하였다. 그러나 남치근이 아니었으면 끝내 체포하지 못하였을 것이다. <南判尹遺事>

『남판윤유사(南判尹遺事)』: 남치근(南致勤)의 사적을 수록한 내용으로 그의 방계 후손인 남학명(南鶴鳴)이 엮은 책이다. 남치근의 가계(家系), 각종 문헌기록에 보이는 그에 관련한 내용과 편자 자신의 견문을 정리해서 싣고 끝에 남구만(南九萬)이 지은 묘지(墓誌)를 붙여놓았다. 남치근의 생애에 있어서 을묘왜변(乙卯倭變)에 공을 세운 일과 임꺽정 반란을 정벌한 일이 최대의 공훈이므로 반란을 정벌한 일이 최대의 공훈이므로 이에 관계된 기록이 가장 비중이 크다. 특히 임꺽정 반란에 관계된 내용이 대부분을 차지하고 있다. 다른 전기류의 기록에서처럼 개인을 미화시키거나 반란을 토벌한 쪽의 입장에서 서술한 것이 아니며, 사실과 기왕의 자료를 객관적으로 소개하는 방식을 취하고 있는 점이 특색이다. 그래서 임꺽정에 관한 사료로서는 비교적 풍부한 내용을 담고 있으며 사료적인 가치도 인정되는 것이다. 모두 41장 1책으로 숙종 연간에 간행되었다.

서림(徐林)

임꺽정이 죽음을 당하기 전에, 형조에서 그의 무리 서림(徐林)이란 자가 도성 근처에 출입하고 있다는 소문을 듣고, 은밀히 포도청(捕盜廳)을 시켜 수색하여 잡아가지고 관아로 데려왔다.

서림에게 신문하기를, "네가 도적의 괴수를 지도하였으니, 그의 소재를 밝히면 너의 죄를 사면해 주고 후한 상도 내릴 것이다." 하니, 서림이 말하기를, "힘을 다 바치겠습니다." 하였다.

그뒤에 임꺽정이 평산부(平山府) 어느 산에 은신하고 있었는데, 서림으로 향도를 삼아 그 소굴에 당도하였지만 도적을 잡지 못하였다. 서림이 힘을 바친 것은 단지 이 한가지 일뿐인데 오히려 상을 주었고, 순청(巡廳: 야간 순라를 맡는 기관)의 관우(官宇)에서 보병 한 자리를 주어 지금까지 편안히 삶을 누리고 있다.

옛날 유분자(劉盆子)[1]가 토지와 민중을 가지고 와서 항복하였을 적에도 광무제가 단지 죽음을 면해주는 것으로 대접해주었는데, 하물며 서림이란 자는 애당초 투항한 것이 아닌데도 이와 같이 대우해주니 의론하는 사람들이 지나치다고 생각하였다. 그러나 이는 또한 조정에서 반측(反側)하는 사람을 믿음으로 포용하는 뜻이었다.　　　　　　　　　　<南判尹遺事>

　＊ 위의 두 편은 어숙권(魚叔權)의 『패관잡기(稗官雜記)』에 함께 나온다.

임꺽정의 무덤

　무인년(선조 11 : 1578) 여름 족손(族孫) 남학명(南鶴鳴)[2]이 서쪽 지방을 유람할 적에 연안부(延安府)에서 해주(海州)로 향하는데, 청단역(青丹驛)과 평산(平山) 접경지방의 길가에 큰 무덤이 우뚝이 산기슭에 있는데 그 고장 사람들이 '임꺽정의 무덤'이라고 전해온다 한다.　　　　<南判尹遺事>

박장명(朴長命)

　기미(명종 14 : 1559) 연간에 사나운 도적 임꺽정(林巨叱正)이 누이동생의 남편인 박장명(朴長命)과 함께 해서(海西)지방에서 무리를 불러모아 집단을 이루니, 조정에서 편히 밥을 먹지 못할 지경이었다. 선전관 1명이 도리어 그들의 흉봉에 죽었다. 마침 박장명이 연안부의 산적사(山寂寺)에 와 있었는데 진사 목경우(睦慶祐)가, 그가 군주를 업신여긴 것을 분하게 여겨 시골 사람들을 이끌고 가서 포위한 뒤 꾀를 써서 체포하였다. 조정에서는 가상히 여겨 특명으로 참봉(參奉)에 제수하였다. 목경우는 사람됨이 의기를 좋아하였다.　　　　　　　　　　　　　　　　　　<南判尹遺事>

　＊ 이상은 『연안지(延安誌)』에 실린 것이다.

---

1) 유분자(劉盆子) : 왕망(王莽)이 한(漢)나라를 찬탈하자 적미적(赤眉賊)이 일어났는데, 그들이 허수아비로 세웠던 천자이다. 뒤에 후한(後漢) 광무제(光武帝)에게 항복하였다.(『後漢書』 41卷)

2) 남학명(南鶴鳴) : 남구만(南九萬)의 아들로 자는 자문(子聞), 호는 회은(晦隱). 저서에 『회은잡설』이 있다.

임꺽정의 웅거처

해주(海州) 북쪽에 사발을 엎어놓은 듯한 산이 있는데, 높이는 스무 길 쯤 되어 보이고 그 위에 돈대(墩臺)가 있다. 옛날 대적 임꺽정(林巨正)이 그곳에 웅거하고 있으면서 자기 도당을 풀어 길 가는 나그네들을 털었다. 나그네 중에 적두(赤豆) 20말을 지고 곧장 그 돈대까지 오를 수 있는 자는 자기 무리로 삼았고, 그렇게 하지 못하는 자는 가진 것만 빼앗았다고 한다. 길 곁에는 띄엄띄엄 왜총(倭塚)이 있었다.　　　　　　　　＜靑莊館全書＞

『청장관전서(靑莊館全書)』: 이 책은 이덕무(李德懋, 1741~1793)가 저술한 총 25책의 방대한 양으로, 저자의 생애와 사상 및 18세기의 정치·사회·사상·문학 등을 이해하는 데 중요한 자료를 제공해주는 내용들이 수록되어 있다.

임꺽정 토벌 후

○ 공(남치근)은 임꺽정을 토벌한 뒤에 조정에서 노비 100명, 농토 50결(結)을 하사받았다.

○ 공이 임꺽정을 토벌한 뒤에 임꺽정의 식구들을 추쇄(推刷)하였다. 그의 아들 손자 3, 4세 된 어린아이들까지도 남김없이 잡아들여 뜰 아래에서 모조리 죽였다. 공은 상을 앞에 놓고 식사를 하면서도 평상시와 조금도 다름이 없었다.　　　　　　　　＜南判尹遺事＞

＊ 이상은 모두 조원현(趙元鉉)의 구전(口傳)이다.

서림(徐霖)의 투항

옛날 태평무사했던 때에 장영기(張永起)·임꺽정 같은 무리들이 연이어 일어났다. 장영기는 이극균(李克均)에게 패해 호남에서 죽었다. 임꺽정은 방어사(防禦使) 남치근을 파견해 한 도의 병사들을 동원하여 사방에서 포위해 체포하는 데까지 이르렀으니, 만약 서림(徐霖)이 투항하여 향도가 되지 않았더라면 1년 안에 도적의 괴수를 쉽게 잡지 못하였을 것이다.

＜南判尹遺事＞

＊이는 참의 안방준(安邦俊)의 「우산소차(牛山疏箚)」에 나온다.

서흥(瑞興) 강적(强賊)

가정(嘉靖) 41년(명종 17 : 1562)에 황해도 서흥(瑞興)에 강적 임꺽정이 길을 막고 사람을 죽이며 옥문을 부수기도 하였다. 관에서 막을 수 없어 남치근을 파견해 진을 치고 포획하여 죽였다.　　　　　　　　<南判尹遺事>

＊ 이는 『대방기문(帶方記聞)』에 부록된 역대요람(歷代要覽)에 나온다.

임꺽정의 형세

기미년(명종 14 : 1559) 광적(獷賊) 임꺽정이 해서(海西)지방에서 발호하였다. 처음에는 명화적(明火賊)으로 살인하는 정도였는데, 나중에는 대낮에 길을 막고 사람을 죽이며 관아의 옥문을 부수고 형리(刑吏)들을 난도질하기도 하였다.

서울에서 관서에 이른 일로(一路)의 이민(吏民)들이 은밀히 결탁되지 않은 사람이 없었다. 그 당여로 몰래 서울에 잠입하여 숨어 있는 자가 많았다. 그들은 조정의 동정을 엿보면서 정보를 수집하여 상호 연락을 취하였다. 선전관이 어명을 받들고 그들의 자취를 따라가다가 구월산(九月山) 아래에서 사살되기도 하였다. 또한 장연(長淵)·풍천(豐川) 등 4, 5읍 관병(官兵)을 동원하여 장수에게 명해 가서 체포하게 하였다. 그들이 서흥(瑞興)에다 진을 쳤는데, 밤에 적들이 습격하여 관병이 흩어져 달아나니 적들은 더욱 기세를 부려 거리낌이 없었다. 그리하여 수백 리 사이의 도로가 거의 끊이었다.

공(南致勤)이 경기·황해·평안 3도의 토포사(討捕使)를 겸임하여 재령(載寧)에 나아가 진을 쳤다. 먼저 도적의 모사(謀士)를 잡아 그들의 허실을 모두 파악한 뒤 군마를 성대하게 모집하여 도적의 소굴을 포위하고 호령을 엄중하게 하니 한 명의 도적도 도망갈 수 없었다. 곤궁하고 다급하게 된 무리들은 와서 항복하는 자를 잡는 대로 처형하였고, 마침내 도적의 괴수를 죽였다.

돌아와서 노비 100명과 전토 50결을 상으로 받았다. 당시 도적들이 발호한 3년 동안 한 도가 탕패되어 조정에서 제어할 수 없게 되었다. 그들의 세력이 점점 널리 퍼져 거의 장각(張角)[3]의 형세와 같이 되었다.

당시 의론하는 사람들이 "공의 위엄과 지략이 아니었던들 도적의 괴수를 체포하는 일은 끝내 기필할 수 없었을 것이다."라고 하였다.

<南判尹遺事 : 南九萬 作, 南判尹墓誌>

홍길동으로부터 장길산에 이르기까지

옛날부터 서도(西道)에는 대적이 많았다. 홍길동(洪吉童)이란 자가 있었는데, 오래 전의 일이므로 그 실정이 어떠했는지 알 수는 없으나 지금까지 시정 아이들의 맹세하는 말에까지 들어 있다.

명종 때에 이르러 임꺽정이 가장 큰 괴수였다. 그는 원래 양주(楊州) 백정인데, 경기(京畿)로부터 해서(海西)에 이르기까지 일로(一路)의 아전들이 모두 그와 은밀히 내통하고 있어서 관아에서 잡으려 하면 그 기밀이 먼저 누설되었다.

조정에서 장연(長淵)·옹진(甕津)·풍천(豐川) 등 4, 5 고을의 군사를 동원하여 가서 체포하게 하였다. 이들이 서흥(瑞興)에 군사를 집결시켰는데, 적도(賊徒) 60여 명이 높은 데 올라가 내려다보면서 화살을 비 퍼붓듯이 쏘아대므로, 관군이 무너지고 말았다. 이로부터 수백 리 사이의 길이 거의 끊어졌다.

이에 남치근(南致勤)으로 토포사(討捕使)를 삼아 재령(載寧)에 주둔시키자 적은 구월산(九月山)에 들어갔고 험악한 지형에 점거해서 대항하였다. 남치근이 군마를 집결하여 산 아래를 철통같이 포위하니, 적의 모주(謀主) 서림(徐霖)이 마침내 벗어나지 못할 것을 알고 나와서 항복하므로, 적의 허실과 정상을 모두 알게 되었다. 드디어 군사를 진격시켜 소탕전을 벌이는 한편, 서림을 시켜 적당 가운데 용맹한 혈당(血黨) 5, 6명을 유인하여 죽이

---

3) 장각(張角) : 후한(後漢) 영제(靈帝) 때 민중봉기를 일으켰던 사람으로 그의 무리가 수십만 명에 이르렀다. 당시 사람들이 이들을 황건적(黃巾賊)이라고 하였는데, 황보숭(皇甫嵩)이 토평하였다.(『後漢書』 101卷)

니, 임꺽정이 골짜기를 건너 도망쳤다.

남치근이 명을 내려 황주(黃州)에서 해주(海州)에 이르기까지 장정들을 모두 징발하여 철통같이 포위하고 문화(文化)에서 재령까지 낱낱이 수색하자 임꺽정이 어느 민가로 들어갔다. 관군이 바로 포위하니, 임꺽정이 한 노파를 위협하여 "도둑이야." 하고 외치면서 앞장서서 나가게 하였다. 그리고 자신은 활과 화살을 휴대하고 관군차림으로 노파의 뒤를 따라 나오면서 "도둑은 벌써 달아났다."고 외치니, 관군들이 갈팡질팡하였다.

임꺽정이 이 틈을 타 말 한 필을 빼앗아 타고서 관군에 섞여 있었다. 잠시 후에 아프다고 핑계하고 진중에서 빠져나가니, 서림이 발견하고 "저 자가 바로 꺽정이다." 하였다. 이에 사로잡히게 되자 큰 소리로 외치기를, "이는 모두 서림의 술책이었다."라고 하였다.

3년 동안에 몇 도(道)의 군사를 동원하여 겨우 도적 하나를 잡았을 뿐인데, 양민 가운데 죽은 자가 이루 헤아릴 수도 없이 많았다.

그후 숙종 때에 할적(黠賊) 장길산(張吉山)이 해서(海西)지방에서 횡행하였다. 장길산은 원래 광대로 공중제비(筋斗)를 잘하는 자이니 용맹이 비상하게 뛰어나서 드디어 괴수가 되었던 것이다.

조정에서 이를 걱정하여 신엽(申燁)을 감사(監司)로 삼아 체포하게 하였으나 잡지 못했다. 그후에 한 도당을 잡았는데, 그 자가 장길산이 숨어 있는 곳을 고해 바쳤다. 무사 최형기(崔衡基)가 모집에 자원하여 도적을 잡으러 나가 파주(坡州)에 당도하니, 상인 수십 명이 말을 몰고 지나갔다. 어떤 사람이 고하기를, "저들은 모두 도둑의 무리이다." 하므로 모두 잡아 가두었는데, 그들이 타고 있던 말은 모두 건장한 암컷이었다. 밀고한 사람이 다시 말하기를, "적의 말은 모두 암컷이므로 유순하여 날뛰지 않는다." 하였다.

다시 여러 고을의 군사를 징발하여 각기 길목을 지키다가 밤을 타 쳐들어갔는데, 적들이 이미 염탐해 알고 나와서 욕설을 퍼붓다가 모두 도망쳐 아무 자취도 없어졌다. 그후 병자년(丙子年 : 숙종 22 : 1696)에 이르러 한 역적의 초사(招辭)에 그의 이름이 또 나왔으나 끝내 종적을 알 수 없었다.

이 좁은 국토 안에서 몸을 숨기고 도적질하는 것이 마치 새장 속에 든 새와 물동이 안에 든 물고기에 지나지 않는데, 온 나라가 온갖 힘을 기울였

으나 끝내 잡지 못했으니, 우리나라 사람들의 꾀가 없음이 예로부터 이러한
다. 어찌 외군의 침략을 막고 이웃나라에 위력을 과시하기를 논하겠는가?
슬픈 일이다.   <星湖僿說>

　　『星湖僿說』: 성호 이익(李瀷:1681~1763)이 지은 책. 천지문(天地門)·만물문
(萬物門)·인사문(人事門·경사문(經史門)·시문문(詩文門)으로 내용이 분류되고
있는데, 각 분야에 걸쳐 해박한 견문과 통찰한 지식으로 서술된 것이다. 이 책의
성격은 필기 잡록에 속하지만 학자적인 저술로서 실학의 고전으로 평가된다.

안정복의 '임꺽정사건' 기사

　　명종 17년(1562) 봄 정월에 해서(海西)지방의 광적(獷賊) 임꺽정(林巨正)
이 복주(伏誅)되었다. 임꺽정은 양주(楊州)에서 도살업을 하던 자이다. 성
격이 교활하고 영리하며 날래고 용감하였다. 무리배들을 불러 모아 도적떼
를 만든 것이 오래되었다. 처음에는 명화적(明火賊)이 되었지만, 나중에는
대낮에 돌아다니며 약탈을 하였으며, 옥문을 부수고 형리(刑吏)를 난도질
하기까지 하였다. 그리하여 수령들의 힘으로는 체포할 수가 없게 되었다.
그의 무리가 서울에 잠입하여 일의 기미를 알아내어 통지해주기 때문에 그
들의 거처가 일정치 않았다. 이 때문에 거리낌없이 횡행하였다. 조정에서
선전관을 보내 적의 형세를 초탐(哨探)하게 하였는데, 적들은 신발을 거꾸
로 신고 다녀 보는 자로 하여금 들어간 경우를 나간 것이라고 생각하게 하
고 나간 경우는 들어간 것이라고 생각하게 하여 그들의 자취를 혼동케 하
였다. 그리하여 선전관이 구월산(九月山)에 갔다가 그들의 발자취를 보고
나간 것이라고 생각하여 곧장 돌아오기도 하였다.
　　경신년(명종 15 : 1560) 겨울에 포도대장 김순고(金舜皐)가 숭례문 밖에서
적당을 체포하였는데, 그의 공초(供草)에 "대장장이 이춘동(李春東)과 더
불어 봉산군수(鳳山郡守) 이흠례(李欽禮)를 죽이기로 의론하였다."하였다.
이는 그가 신계현령(新溪縣令) 시절에 적당을 많이 체포하였기 때문이었다.
　　김순고가 아뢰어 선전관 정수익(鄭受益)을 보내 이흠례 및 금교 찰방(金
郊察訪) 강려(姜侶)와 함께 5백여 군사를 거느리고 추적하여 체포하게 하

였다. 그러자 구월산으로 들어가 웅거하면서 관군과 서로 대치하였다. 그때 부장(部將) 연천령(延千齡)이 적에게 사살되었고 역마도 빼앗겨 정수익이 부득이 돌아오고 말았다. 이에 도적들은 더욱 기탄없이 날뛰어 민가에 불을 지르고 우마를 약탈하였으며, 조금이라도 반항하는 사람이 있으면 잔혹하게 사지를 찢어죽였다.

장연(長淵)·풍천(豐川) 등 4, 5고을의 무관 수령들이 병사를 거느리고 서흥(瑞興)에 모였는데, 적들이 높은 곳에 올라가 화살을 비 오듯 퍼부어대므로 관군들이 모두 궤멸되어 흩어졌다. 그리하여 수백 리 도로가 단절되었다. 어떤 사람은 적당이 도성에 가득하다고 하였다. 조정에서는 서울 5부(部)로 하여금 호수(戶數)를 계산해 통(統)을 만들어 살피게 하였다. 상(上)이 시임대신(時任大臣) 원임대신(原任大臣) 및 병조·형조의 당상관과 좌우 포도대장을 불러 의론하여, 종2품 무신 2명을 택차(擇差)하여 각기 날래고 용감한 7, 8명의 군사를 거느리고 순경사(巡警使)라고 호칭하여 황해도·평안도·강원도·함경도에 내려보내 계책을 내서 체포하도록 하였는데, 아무 소득 없이 돌아오고 말았다.

신유년(명종 16 : 1561) 가을에 남치근(南致勤)을 토포사(討捕使)로 삼아 재령(載寧)에 나아가 주둔하게 하고, 백유검(白惟儉)을 순검사(巡檢使)로 삼아 평산(平山)에 주둔하게 하였다. 남치근이 성대하게 군마를 모집하여 구월산 아래에다 진을 치고 적으로 하여금 하산하지 못하게 하여 곤궁해지게 하였다. 적의 모사(謀士)인 서림(徐霖)이 벗어나지 못할 것을 알고 하산하여 투항하였다.(서림이 도성에 들어오자 형조가 은밀히 포도대장으로 하여금 수색해 잡아오게 하였다. 잡아다 신문하기를, "네가 적의 괴수를 지도했으니 그가 있는 곳을 말하면 너의 죄를 사면해줄 뿐더러 후한 상을 줄 것이다."하니, 서림이 말하기를 "힘을 다 바치겠습니다."하였다. 그리하여 서림으로 향도를 삼아 적의 소굴에 당도하였으나 오히려 적을 체포하지 못하였는데, 서림에게는 먼저 상을 주었다고 한다. 어느 설이 옳은지 자세하지 않다.— 원주)

서림이 허실을 모두 고하자 남치근이 드디어 진군하여 산림과 숲을 샅샅이 수색해 올라가며 적을 모두 체포하였고, 서림으로 하여금 피를 바르고 맹세한 적당 5, 6인을 유인하여 죽이니 임꺽정이 계곡을 넘어 도망하였다.

남치근이 장정들을 모두 징발하여 빠짐없이 하나하나 수색해 들어가니, 임꺽정이 촌가로 뛰어들어가 관군이 포위하였다. 임꺽정이 그 집의 한 노파를 위협하여 도적이라고 소리치며 나가게 하고, 자신은 화살을 휴대하고 관군 차림으로 칼을 뽑아 들고서 노파를 뒤따라나오며 "도적은 벌써 도망갔다."고 하자, 군사들이 갈팡질팡하여 혼란을 일으켰다. 이에 임꺽정이 말 한 필을 빼앗아 타고 관군 속에 섞였다. 얼마 뒤에 임꺽정이 병을 핑계하고 군진을 이탈하여 산으로 향하였는데, 뒤따라오던 군사들은 소란스런 와중에서 그가 적의 괴수인지를 알지 못하였다. 서림이 멀리서 보고 소리치기를 "도적이다." 하자, 관군이 활을 마구 쏘아대었다. 이에 임꺽정이 체포되었는데, 소리치기를 "이는 서림이 계획한 일이다." 하였다.

　대체로 3년 동안 몇도의 군사를 동원하여 겨우 체포하였는데, 양민으로 죽은 자가 무수히 많았다. 금부도사(禁府都事)와 선전관을 보내 잡아다가 효수하였다.　　　　　　　　　　　　　　　　　　　　　　　　＜列朝通紀＞

　　『열조통기(列朝通紀)』: 『동사강목(東史綱目)』의 저자 안정복(安鼎福)이 지은 조선조시대 역사기록. 이 저자는 우리나라 역사를 고려시대까지는 강목체(綱目體)로 기술히였던 비 지신이 살고 있는 왕조의 역사에 대해시는 일차적으로 사실을 징리하는 의미에서 이 책을 엮은 것으로 추정된다. 임꺽정에 관계된 사적 역시 야사(野史) 및 개인의 기록에서 관련 내용을 뽑아 정리한 것이다.

임꺽정과 윤지숙·단천령[4]

　임꺽정(林巨正)은 양주(楊州) 백정(白丁)이었다. 성격이 영리하고도 효용(驍勇)한 사람이어서 그를 추종하던 수십의 날래고 민첩한 축들과 함께 봉기해서 군도(群盜)가 되었다. 인가에 불을 지르기도 하고 소와 말을 빼앗아 가기도 하였다. 만약 그들에게 항거하는 자가 있으면 무참하게 살상해서 그 잔혹함이 이루 형언할 수 없었다. 경기지방으로부터 황해 일대에 이르기까지 아전과 지방민들이 그들과 은밀하게 결탁해 있어 관(官)에서 사찰, 체

---

4) 이 기록의 원제는 '吹鶴脛丹山脫禍'이다.

포하려 하면 어느새 먼저 정보가 새어나가서 이 때문에 그들이 거리낌없이 횡행해도 제지하지 못했던 것이다.

정부에서 선전관(宣傳官)으로 하여금 정탐해오도록 내려보낸 적이 있었나. 임격정은 구월산(九月山)이 거점이었다. 선전관이 산채에 집근하였다가 이내 돌아서 나오는데, 그들이 매복해 있다가 뒤에서 활을 쏘아 선전관을 죽였다.

또 정부에서 옹진(甕津) 등 5, 6 고을의 무관 수령들에게 명하여 군사를 거느리고 가서 토벌하도록 한 일이 있었다. 각 고을의 군사들이 서흥(瑞興) 땅에 집결했는데, 아전과 지방 인민들이 그들에게 이미 선통을 하였다. 임격정은 부하 백여 명을 거느리고 먼저 고지에 올라서서 내려다보며 마구 활을 쏘아대었다. 화살이 비 오듯 쏟아져서 5, 6 고을의 군사들이 지탱하지 못하고 그만 전열이 무너져 돌아가고 말았다.

윤지숙(尹之淑)이 봉산군수가 되어서 행차가 임진강(臨津江) 나루에 다다랐다. 십여 명의 웬 장사꾼들이 물건을 싣고 달려오더니 원님의 행차가 있는 것도 불구하고 밀치고 달치며 배에 오르는 것이었다. 윤지숙이 노하여 그들을 잡아다가 징치하려 하였다. 장사꾼들이 짐을 푸는데 보니 모두 활과 창·칼 등 병장기였다. 윤지숙은 그제야 도둑들인 줄 알았다. 그가 배에서 내리자마자 도둑들이 추격해왔으나 간신히 화는 면할 수 있었다.

단산수(丹山守) 주경(周卿) 이억순(李億舜)은 종실(宗室)로 옥적을 잘 불어서 이름이 났었다. 그가 무슨 일로 황해도에 갔다가 개성(開城) 청석령 (青石嶺)을 넘게 되었다. 활과 칼을 든 도둑 수십 명이 길을 막아서서 짐바리와 함께 단산수를 붙잡아갔다. 좁은 계곡을 따라 수십 리를 들어가니 한 곳에 채색 장막이 장관이었다. 위의를 갖추어 인원들이 각각 기구를 차리고 무기를 들어 옹위한 가운데 한 대장이 주관(朱冠)에 금포(錦布)를 입고 홍 교자에 앉아 있었다. 그가 곧 임격정이었다.

임격정이 영을 내려 땅에 꿇린 다음,

"너는 누구이냐?"

하고 묻는 것이었다.

"나는 종실 단산수요."

임꺽정이 웃으며 말하였다.

"그러면 금지옥엽(金枝玉葉)이구려. 바로 피리 잘 부는 단산수 아니오?"

"그렇소."

"행장 중에 피리가 있소?"

"있지요."

임꺽정이 좌우에 명해서 술상을 올리게 하는데 육물·해물의 진수로 상이 그득하였다. 금술잔을 들어서 술을 권하며 피리를 한 곡 청하는 것이었다.

마침 달이 매우 밝았다. 단산수의 피리는 학경골(鶴脛骨)로 만든지라 길이는 짧아도 소리가 맑고 높게 나는 것이었다. 단산수는 부득이 소매 속에서 피리를 꺼내어 먼저 웅장한 우조(羽調)를 불렀다. 모두들 둘러앉아 듣는데 곡조가 용솟음치듯 날아 움직이매 하늘에 대지를 기세가 있더니, 서서히 변해서 슬픈 계면조(界面調)로 넘어갔다. 곡조가 끝나기도 전에 온통 흐느낌과 함께 탄식소리가 들려왔다.

임꺽정도 추연히 눈물을 흘렸다. 대개 정부에서 자기를 붙잡으려고 몹시 서두는지라 비록 얼마간의 목숨을 연장하고는 있으나 필경 면치 못할 운명임을 생각했던 즈음이라, 가락이 비장해지매 비감(悲感)이 절로 솟아남을 억제하지 못했던 것이다.

곡(曲)이 끝나자, 이어 술을 여러 잔 권하였지만 단산수는 마시지 못한다고 사양하였다. 임꺽정은 부하들에게

"이 사람은 붙들어 두고 보았자 쓸데가 없는 사람이니 돌려보내게 하라." 하고, 차고 있던 조그만 장도를 끌러서 단산수에게 주면서 말했다.

"길에 혹시 가로막는 무리들을 만나면 이걸 내보이시오."

이튿날 한 길목에 다다랐더니 과연 몇놈들이 덤벼들었다. 그 장도를 내보이자, 혀를 내두르고 물러서면서

"그걸 어디서 얻으셨습니까?"

라고 묻는 것이었다.

정부에서 남치근(南致勤)을 토포사(討捕使)로 삼아 군마를 거느리고 임꺽정의 산채 밑으로 진군케 하였다. 적을 포위하여 하나도 빠져나가지 못하도록 하였다. 임꺽정의 모주(謀主) 서림(徐霖)이란 자가 벗어나지 못할 줄

알고 손을 들고 산에서 내려왔다. 서림이 그들의 허실과 상황을 낱낱이 말하여서 이에 군사를 풀어 산 속을 뒤지고 덤불을 헤치며 올라갔다. 임꺽정도 골짝을 넘어 도주하여 민간에 숨었다가 필경 쏟아지는 화살 아래 쓰러졌다.

<東野彙輯>

『동야휘집(東野彙輯)』: 이원명(李源命 1807~?, 벼슬은 이조판서까지 지냄)이 편찬한 책. 여러 야담집이나 잡록류의 책에서 자료를 광범하게 취하여 소설체로 엮은 것이다. 모두 242편이 실려 있는데 유현부(儒賢部)·방술부(方術部)·인사부(人事部)·부녀부(婦女部)·잡지부(雜誌部) 등으로 내용을 분류하고 있다. 편찬 시기는 1869년 무렵이다.

2. 李長坤 이야기

이장곤전(李長坤傳)

이장곤은 갑오생(1474)이고, 자는 희강(希剛)이다. 을묘년(1495) 생원시에 장원하였고, 임술년(1502)에 대과에 급제하여 벼슬이 우찬성 겸 병조판서에 이르렀다가 파직되었다.

보(補) : 공은 스스로 금재(琴齋)라 호하였다. 용모가 헌걸찼으며 재주는 문무를 겸하여 젊어서부터 장수의 재질이 있다고 일컬어졌다. 연산조(燕山朝)에 홍문관 교리로서 거제(巨濟)에 유배되었다. 연산은 항상 공이 어지러운 정사를 뒤엎을 뜻이 있는가 의심하였고, 공은 또 죄를 더하지 않을까 두려워서 바다를 건너 도망쳤다.

쥐처럼 숨고 새처럼 달아나서 마침내 함경도 지경에 이르렀다. 현상금을 걸고 날마다 급박하게 수색하여 더 이상 계책을 낼 수가 없었으므로 수척(水尺 : 고리백성)의 무리에 의탁하였다. 수척들은 공이 그네들의 하는 일에 능하지 못함을 비웃었다. 그런데 그중 한 사람이 공의 용모를 기이하게 여기고 형에게 권해서 딸을 주어 공의 아내가 되게 하였다. 노역(勞役)을 할 때는 반드시 게으름쟁이 사위라고 일컬었는데, 그 딸이 노역을 분담하면서 잘 섬겼다. 그리하여 안주한 지 거의 1년이 되었다.

하루는 어떤 사람이 와서 말하기를,

"임금이 새로 들어섰는데, 옥문을 열어 죄수를 놓아보내고, 여러 가지 노역도 철폐하였으므로 즐거워하는 소리가 길가에 잇닿았다."

하였는데, 공은 듣고 안색이 변하였다. 평소부터 친하게 지내던 자에게 의관을 빌려 차리고 그 사람과 함께 부중(府中)에 갔다. 반정한 기별을 분명히 확인한 다음에 작은 종이쪽지를 그 사람에게 주면서 말하기를,

"지금 감사의 하인을 보니 내가 젊었을 때 알던 자이다. 이것을 남에게 보이지 말고 조심해서 그에게 주라."

하였다.

 조금 뒤에 관인(官人)들이 사방으로 흩어져서 이교리(李校理)를 찾았으
나 찾지 못하였다. 온 부중이 소란하였고 또 명함을 통지한 자도 누구인지
알지 못하였다. 공이 베옷과 부서진 갓차림으로 문간 옆에 웅크리고 있다가
그제야 응했다. 감사와 여러 관원들이 급히 나와 맞이하고는 손을 잡고 울
었다. 각자 의관을 기증해 바꾸어 입으니 모습이 전혀 새로워졌다.

 조정에서는 공이 살아 있는 것을 알고서 특별히 홍문관 교리에 제수하는
한편, 현재 있는 고을에서 호송하도록 하였다. 이 때문에 공의 명성이 온
나라에 드높아져서 궁벽한 시골에서도 모르는 사람이 없었다.

 공은 호걸스럽고 고매하며 청렴하고 절개가 있었으며, 온갖 괴로움을 다
겪었다. 외방에 나가서는 장수가 되고 조정에 들어와서는 정승이 되었는데,
그 직에 다 알맞았다. 기묘년(1519) 11월에 병조판서로서 판의금부사(判義
禁府事)를 겸하였는데, 집이 홍인문(興仁門) 밖에 있었다. 남곤(南袞)은 공
이 집에 없는 틈을 엿보고 세 차례나 찾아가서 명함을 두고 가버렸다. 15일
저녁에 남곤이 급한 편지를 보내어 "나라에 큰일이 있으니, 말을 달려 들어
오라." 하였다. 공은 항상 초거(軺車)를 탔는데, 매우 급하므로 어찌 할 수
없어 성 안에서 말을 빌려(안장과 말을 李對出에게 빌려 板前 큰길에 나와서 기다
리게 하였다.—원주) 남곤의 집에 달려가니 남곤이 말하기를,

 "판서 홍경주(洪景舟)가 비밀교지를 받고 신무문(神武門) 밖에서 왕명(王
命)을 기다린다."
하였다.(보통 때는 궐문 여닫는 것을 승지에게 알리기 때문에 문 열쇠를 정원
(政院)에서 출납하는데, 신무문 열쇠만은 사약방(司鑰房)에 있기 때문에 남곤 심
정 들이 승지에게 알리고 싶지 않아서 신무문으로 갔던 것이다. 여러 재상이 궐
문에 나아가서 가만히 아뢰니, 상이 홍문관·승정원에 입직(入直)한 사람을 가두
도록 명하였다. 그뒤에 서문(西門)을 열게 하여 이부랑(吏部郞) 구수복(具壽福)
이 비로소 서문으로 들어올 수 있었다. 당초에 정원 서리(胥吏)들이 한갓 서문
여닫는 것만을 알았기 때문에 지금 정원에 알리지 않았던 것이다. 그러므로 특히
가만히 새어들어왔다는 것으로 윤승지에게 알렸고, 응교(應敎) 기준(奇遵)이 일
기에 적었던 것이다. 그러나 홍경주가 남곤·김전(金銓)과 더불어 어전에서 그

일에 대해서 저희들끼리 시비하면서 북문으로 들어왔다 하였으니, 초경(初更)에 입궐한 것은 신무문으로 들어온 것이 의심할 것이 없다. 시정기(時政記)는 심정의 아들인 심사순(沈思順)이 찬술(撰述)한 것이니, 믿을 것이 못 된다.—원주)

공이 남곤과 함께 홍경주를 따라 들어가니 겸 공조 판서 김전(金銓), 호조판서 고형산(高荊山)이 이미 입궐하였고, 도총관 심정(沈貞), 참지 성운(成雲)은 각기 입직했던 곳에서 왔다. 합문 바깥 남소(南所)에 초사불을 벌여놓고 앉았는데, 위졸(衛卒)들이 궁전 뜨락에 에워서서 사람들의 출입을 금하였다. 임금에게 출어(出御)하기를 청하고, 또 내고(內庫)에 있는 병기를 궁전 뜨락에 벌여놓도록 하였다.

홍경주가 남곤과 함께 차자(箚子)를 받들고 입대(入對)하였는데, 그 글에 정광필·홍경주·김전·남곤·이장곤·고형산·홍숙(洪淑)·심정·손주(孫澍)·방유녕(方有寧)·윤희인(尹希仁)·김근사(金謹思)·성운(成雲) 등은 삼가 보건대, 조광조 등이 서로 붕당을 만들어 자기들에게 아부하는 자는 진발시키고 자기들과 의견을 달리하는 자는 배척하여 성세(聲勢)를 서로 의지해 요직에 웅거하여 임금을 속이고 사의(私意)를 행하는 데 거리낌이 없습니다. 후진을 유인하여 속이고 격동시키는 것이 버릇이 되어서 젊은 사람이 어른을 입신여기고 천한 사람이 귀한 이를 업신여겨 나라의 형세가 전도되고 조정의 정사가 나날이 글러지게 하였습니다. 조정에 있는 자가 속으로는 분함을 품었으나, 그들의 세력을 두려워해서 감히 입을 열지 못하고 눈치를 보고 행동하며, 발을 모아 섰습니다. 사세가 이 지경에 이르렀으니 한심하다고 할 만합니다. 유사(有司)에게 하부(下付)하여 그들의 죄를 밝혀 바루기를 청합니다."
하였다.

또 속히 승정원과 홍문관에 입직한 관원을 가두도록 청하였다.

이때야 비로소 승정원에서 알고 승지·주서·한림이 합문에 나아왔다. 승지 윤자임(尹自任)이 앞에 나와서 말하기를,

"재상이 입궐하면서 정원에 알리지 않는 것은 무슨 일입니까?"
하고 물었으나, 좌우 사람들은 서로 눈짓하면서 말하지 아니하였다. 잠시 뒤에 내시 신순강(申順剛)이 성운(成雲)을 불러 들어가므로, 주서 안정(安

挺)이 뒤쫓아가니 신순강이 문지기를 시켜 금단하였다. 조금 있다가 성운이 나와 소매 안에서 종이쪽지를 내어 공에게 주면서 말하기를,

"이 사람들을 빨리 옥에 가두시오."

하는데, 승지 공서린(孔瑞麟) · 윤자임과 주서 안정과 검열(檢閱) 이구(李構)와 응교(應敎) 기준(奇遵)과 수찬(修撰) 심달원(沈達源)을 조옥(詔獄)에 가두라는 명이었다.

이때에 와서 궐문이 비로소 열렸고, 비밀리 계사(啓辭)에 이름이 기록된 여러 신하도 모두 예궐하였다.

특명으로 남곤을 이조판서로, 김근사 · 성운을 가승지(假承旨)로 삼았다. 김근사가 봉상시 직장(奉常寺直長) 심사순(沈思順)을 패초(牌招)하여 가주서(假注書)로 삼았다. 또 승정원 · 홍문관 · 양사(兩司) 및 한림을 갈아치우고, 다시 차출하도록 명하였다. 입시하였던 여러 사람이 모두 두렵고 놀라운 일로 크게 놀라 두려워하였다.

이어 속히 선전관(宣傳官) · 금오랑(金吾郎)에게 명을 내려 부장(部將)을 시켜서 군사를 거느리고 당여(黨與)를 잡아가지고 궐문에 와서 주살(誅殺)하도록 주청(奏請)하였다.

공이 비로소 이 밤에 이 사람들을 쳐서 죽이려는 모략을 알고 깜짝 놀라 나아가서 아뢰기를,

"임금으로서 도적이 꾀하는 방식으로 행할 수 없고 또 수상(首相)도 모르게 국가의 대사를 진행할 수 없으니, 대신과 함께 논의해서 죄를 다스리더라도 늦지 않습니다."

하면서, 반복하여 극간(極諫)하였다.

홍경주가 무엇을 아뢰려고 움직이는 기색이 있자 공이 문득 손을 저어 물리치면서 말하기를,

"공이 어찌하여 이런 지경에 이르렀소."

하며, 앉은 자리를 떠나지 못하도록 하여 간계를 부리려는 것을 막았다.

임금의 노여움이 조금 걷혀서 이에 영의정 정광필을 부르도록 명하였다. 이 때문에 일이 완화되었다. 영의정이 들어와서 임금에게 추국한 다음 죄를 정하기를 청하였다. 남곤 · 심정 · 김전이 공과 함께 죄목을 의론하여 전지

(傳旨)를 초하던 중 남곤이 핑계를 대고 나가버렸는데, 밤 4경이었다. 날이 밝자, 임금이 두 번이나 이조판서 남곤을 불렀으나 오지 않았다. 두 의정에게 명하여 대간·시종·예조·판서·형조·판서·양사·장관을 차출하도록 하였는데, 모두 특지였다.

공이 김전 및 대간·승지와 함께 조광조 등을 추문(推問)하여 시추(時推: 현재 옥에 갇힌 죄인을 심문하는 것)한 조광조 등 4명을 사율(死律)로 정하고, 세희(世熹) 등 4명을 장류(杖流)하여서 종으로 삼도록 하였다.

임금이 그 장본(狀本)을 보류하고 아직 판하(判下)하지 않았는데, 유생들은 궐정(闕庭)에서 통곡하고 약도(約徒)는 궐문에서 소장을 올렸다. 그러나 이런 일들이 도리어 두려워하는 말로 되어버렸다.

임금이 조광조와 김정에게 사사(賜死)를 명하면서 김근사에게 판부하도록 하였다. 김근사는 사관(史官)의 붓을 빼앗아 분연히 기록하였다. 봉교(奉教) 채세영(蔡世英)이 그들을 죽여서는 안 된다고 극간하고, 김근사가 빼앗아 간 붓을 도로 빼앗으니 좌우가 숙연하였다. 영상과 우상이 면대하기를 청해 극간하였더니, 사율을 감해서 장배(杖配)하도록 명하였다.

공은 오래지 않아 금부를 사직하였다.

그뒤에 대간이, 공이 전일 조광조 등을 주분할 때에 의금부 당상으로 있으면서 죄인이 성명을 자(字)로 부르는 것을 금하지 않아 능만(凌慢)하게 하였다는 것으로 파직하도록 청하였다.

공은 창녕(昌寧)에 우거하였는데 살림이 넉넉하였다. 악공(樂工)과 가희(歌姬)를 두고 술과 고기를 풍부하게 갖추어 날마다 놀이하며 매와 개를 데리고 사냥하는 것을 일삼았다. 편하고 한가롭게 세상을 마쳤으니, 일생 부귀에 모자람이 없었다. 다만 적처(嫡妻)에 자녀가 없어 공의 아름다운 행실을 후세에 전하지 못하게 되었음이 한스러우니, 매우 탄식할 만한 일이다.

<己卯錄補遺>

『기묘록보유(己卯錄補遺)』: 안로(安璐)가 지은 책. 무오사화부터 기묘사화에 이르기까지 사화에 피해를 당했던 인물들을 유별로 나누어 각각의 인품, 행적, 수단의 과정 등을 서술한 내용이다. 『대동야승(大東野乘)』에 수록되어 있다.

이학사(李學士)의 망명(亡命)

　연산조(燕山朝) 때 사화(士禍)가 크게 일어났는데 이씨 성의 어떤 사람
이 교리(校理)로 망명하여 보성(寶城) 땅에 이르렀다. 마침 갈증이 매우 심
하여 마침 한 계집아이가 냇가에서 물을 긷는 것을 발견하고는 쫓아가서
물을 달라고 하였다. 그 계집아이는 바가지에다 물을 뜬 다음 냇가에 있는
버들잎을 훑어 물에 띄워서 주는 것이었다. 마음속으로 이상하다고 생각하
여 그 여자에게 묻기를,

　"지나는 길손이 갈증이 매우 심하여 급히 물을 먹고 싶었는데, 어찌하여
버들잎을 물에 띄워서 주느냐?"
하니, 그 여자는 대답하기를,

　"제가 지나는 길손을 보건대, 갈증이 매우 심한 것처럼 보였습니다. 그러
니 혹시라도 급히 냉수를 마시게 되면 분명히 탈이 날 것입니다. 그러므로
일부러 버들잎을 띄워 서서히 마시게 하려고 했던 것입니다."
하였다. 그 사람은 깜짝 놀라 어느 집 딸이냐고 물었더니, 그 여자가 대답
하기를 "저 건너 유기장(柳器匠) 집의 딸입니다."
하였다. 그 사람은 계집아이의 뒤를 따라 유기장의 집으로 가서 사위가 되
기를 청하여 몸을 의탁하였다.

　그는 본래 서울의 귀한 집 사람인데 어찌 유기를 짤 줄 알겠는가. 날마다
하는 일이 없이 낮잠 자는 일로 일과를 삼으니, 유기장 부부가 성내서 꾸짖
기를,

　"우리가 사위를 맞은 것은 유기 만드는 일을 도와주기를 바란 것이다.
그런데 지금 새사위는 아침저녁으로 밥만 축내고 밤낮으로 잠만 자니 한개
밥주머니로구나."
하고, 그날부터 아침저녁으로 밥을 반으로 줄였다. 그의 처가 안타깝고 딱
하게 여겨서 매번 솥바닥에 눌어붙은 밥을 긁어 주었다. 부부의 정은 이와
같이 아주 두터웠던 것이다.

　이렇게 몇년을 지난 뒤에 중종(中宗)이 반정(反正)으로 즉위하니 조정이
일신되었다. 혼조(昏朝) 연산군(燕山君)이 죄를 받아 유폐되고, 침체되고

폐치되었던 무리들이 한결같이 모두 사면을 받아 다시 관직에 나아가게 되었다. 이생(李生)도 다시 관직에 제수되어 팔도에 공문을 보내 찾게 하니 전설이 자자하였다. 이생이 그 소문을 들었는데, 그때 마침 초하룻날인지라 주인 영감이 유기를 관부(官府)에 납부하려고 하였다. 이생이 장인에게 말하기를,

"이번에는 초하룻날 관가에 납부하는 유기를 제가 가지고 가서 납부하겠습니다."

하니, 장인이 꾸짖어 말하기를,

"너같이 잠충이놈이 동서도 분간 못하면서 어떻게 관문에다 유기를 갖다 바친단 말이냐? 내가 직접 가서 바치더라도 매번 퇴짜를 맞는데, 너 같은 자가 어떻게 무사히 바칠 수 있겠느냐?"

하고, 허락하려고 하지 않았다. 그때 그의 아내가 말하기를,

"할 수 있는지 시험해본 뒤에 그만두게 해도 괜찮을 것인데, 어찌 보내보지 않으십니까?"

하여, 유기장이 비로소 허락하였다. 이생이 이에 유기를 등에 짊어지고 관문 앞에 도착하여 곧바로 관부 뜰 중앙으로 들어가 가까이 앞으로 나아가서 큰 소리로 말하기를,

"아무 곳에 사는 유기장이 유기를 납부하러 와 있소."

하였다. 본 고을의 수령은 바로 이생과 평소 절친했던 무관이었다. 그의 용모를 살펴보고 그의 목소리를 듣고서는 깜짝 놀라 일어나서 당에서 내려와 손을 잡고 상좌로 맞이하였다. 수령이 말하기를,

"여보시오, 공은 어느 곳에 자취를 숨기고 있다가 이런 꼴로 이곳에 나타났소? 조정에서 자네를 찾고 있는 지 이미 오래요. 각 지방의 각처에 널리 공문을 보내 찾고 있으니, 지금 즉시 상경하는 것이 좋겠소."

하고, 이어 술과 음식을 내오라고 명하였다. 그리고 의관(衣冠)을 내와 갈아입게 하였다. 이에 이공이 말하기를,

"죄를 지은 사람이 유기장의 집에서 구차하게 살면서 지금까지 목숨을 부지해왔소. 그러니 어찌 햇빛을 다시 보리라고 생각이나 했겠소."

하였다. 본 고을 수령이 이어 이교리가 본읍에 있다고 순영(巡營)에 보고하

고, 역말을 재촉해서 그로 하여금 상경하게 하였다.

이에 이공이 말하기를,

"3년 동안 주인과 나그네로서 맺어진 정의(情誼)를 돌아보지 않을 수 없소. 또한 조강지처도 함께 있으니 나는 주인댁에 작별인사를 드리고 가야겠소. 지금 떠나고자 하니, 그대는 내일 아침에 내가 머물고 있는 곳으로 방문해주기 바라오."

하니, 본 고을 수령이 말하기를,

"알았소."

하였다. 이에 올 때 입고 왔던 옷으로 갈아입고 문을 나서 유기장 집으로 향했다. 그 집에 돌아와서 말하기를,

"이번 유기는 무사히 상납했습니다."

하니, 주인 영감이 말하기를,

"이상하구나. 옛말에 '솔개가 천년 동안 묵으면 꿩을 잡는다.'고 하더니, 참으로 빈말이 아니로구나. 우리 사위도 남들처럼 할 수 있는 일이 있구나. 기특하고 기특하도다. 오늘 저녁밥은 마땅히 더 주어야겠다."

하였다. 다음날 이른 아침에 그는 일찍 일어나 뜰을 청소하니, 주인 영감이 말하기를,

"우리 사위가 어제는 유기를 관부에 잘 바치고 오더니, 오늘 아침에는 또 마당을 청소하다니. 오늘은 해가 서쪽에서 뜨겠다."

하였다. 그는 이에 뜰에다 멍석을 폈다. 주인 영감이 보고 말하기를,

"무엇 때문에 자리를 펴는가?"

하니, 그는,

"고을 사또가 오늘 아침에 행차할 것이라 이와 같이 하는 것입니다."

하였다. 주인 영감은 비웃어 말하기를,

"지금 꿈속에 말을 하고 있는가. 사또님이 무엇하러 우리 집에 행차하겠는가. 이는 천부당만부당한 황당한 말이다. 지금 생각해보니, 어제 네가 유기를 관부에 잘 납부하였다고 한 말은 필시 길가에 다 버려버리고 돌아와 과장된 빈말을 한 것이 틀림없다."

하였는데, 이 말이 채 끝나기도 전에 본 고을의 공리(工吏)가 문채나는 자

리를 가지고 헐레벌떡 달려와 방 한가운데 펴고 말하기를,

"사또의 행차가 지금 곧 당도할 것이다."

하였다. 유기장 부부가 어리둥절하여 안색이 싹 변하더니 머리를 움켜쥐고 울타리 사이에 숨었다. 잠시 후 전도(前導)하는 소리가 문에서 들리더니 본 고을 원님이 말을 타고 왔다. 말에서 내려 방에 들어와 서로 그 사이의 인사를 나눈 다음에 이어 이생에게 묻기를,

"아주머니는 어디에 계시오? 나오시게 하시오."

하니, 그는 처를 나오게 하여 절하게 하였다. 그 여자는 가시나무 비녀에 베로 만든 치마를 입고 바로 앞에 나와 절을 하는데, 입은 옷은 초라했지만 용모는 한아(閒雅)하여 천한 여자 같지 않았다. 사또는 공경히 치하하여 말하기를,

"이학사(李學士)가 곤궁한 지경에 처했을 때, 다행히 아주머니의 힘에 의해 지금까지 보전해올 수 있었으니, 의기 있는 남자라 하더라도 이보다 낫지 못할 것이오. 그러니 어찌 흠모와 칭찬을 하지 않을 수 있으리요."

하니, 그 여자가 옷깃을 여미고 대답하기를,

"지극히 미천한 시골아낙으로 군자를 모시고, 이와 같이 귀한 분인 줄 전혀 모르고 대하였으니 주선하는 절도에 있어 무례함이 말할 수 없었을 것입니다. 죄가 크온데 어찌 감히 존귀하신 어른의 치사를 감당하오리까. 사또께서 오늘 천하고 누추한 곳에 왕림하셨으니 매우 영광이옵니다. 다만 제 나름대로 생각건대, 천한 계집의 집에 복력(福力)에 손상이 있을까 염려되옵니다."

하였다. 원님은 다 들은 뒤 하례(下隷)에게 명하여 유기장 부부를 불러들여 술을 대접하며 잘 대우해주었다. 이윽고 이웃 고을의 수령들이 계속해서 찾아왔고 순사(巡使)도 막객(幕客)을 보내 전갈을 하였다. 유기장의 집 문 밖에 인마가 가득하였고 구경꾼들이 담장처럼 둘러섰다. 그는 본 고을 사또에게 말하기를,

"저가 천한 사람이지만 내 이미 그와 정식 결혼을 하였으니 기필코 배필로 삼아야겠소. 여러 해 노고를 아끼지 않으면서도 성의가 오히려 지극하였다오. 내 지금 귀하게 되었다고 버릴 수는 없으니, 원컨대 교자(轎子) 하나

를 빌려주어 함께 가도록 해주오."

하니, 본 고을 사또는 그 자리에서 교자 하나를 준비해 행장을 꾸려서 치송해주었다.

이생이 대궐에 들어가 사은할 때에 중종은 입시(入侍)하여 떠돌아다니던 전말을 물었다. 그는 그 사이 일들을 자세히 아뢰었더니, 임금은 재삼 탄식하며 말하기를,

"이 여자는 천첩(賤妾)으로 대우할 수 없겠다. 특별히 올려 후부인(後夫人)으로 삼는 것이 좋겠다."

하였다. 그는 이 여자와 백년해로하였는데, 영화와 부귀가 비할 데가 없었으며 자녀도 많이 두었다. 이 이야기는 판서 이장곤(李長坤)의 일이라고 전한다.

<青丘野談>

『청구야담(青丘野談)』: 야담계의 한문소설을 집대성한 책으로 편자는 밝혀져 있지 않으며, 편찬 연대는 대략 19세기 헌종 연간으로 추정된다. 18~19세기의 사회 현실을 사실적으로 반영하고 있는 점이 특색이다.

3. 鄭希良 이야기

1

정희량(鄭希良)의 자는 순부(淳夫)이다. 그는 기질이 남달리 강건(强健)하여 생과일 두어 말〔斗〕을 먹어도 탈이 안 나고 또한 술도 잘 마셨다. 일찍이 말하기를,

"나는 탁주는 큰 그릇으로 세 그릇, 청주는 큰 그릇으로 두 그릇, 소주는 한 그릇을 마시는데, 양이 조금씩 줄어들기는 하지만 반드시 먼저 흉금을 씻어야 하므로, 잔으로 한잔 두잔 예절을 차리고 마시기를 즐겨하지 않고 큰 사발로 들이켜기를 즐겨할 따름이다."

하였다. 문장을 업으로 하고 시를 잘 지었으며 음양학(陰陽學)에 밝았다. 서울에서 점을 잘 치기로 소문이 난 사람에게는 반드시 찾아가서 질문해 보고 말하기를,

"망령되고 용렬하다."

하였는데, 주부(主簿) 오순형(吳順亨)에게는 굴복하고 말하기를,

"이 사람의 추산(推算)은 정밀하고 확실하여 헛됨이 없으나 세도(世道)에 겁을 내어 술법을 다하지 않는다."

하였다. 일찍이 자신의 운명을 점쳐보고 자기가 태어난 시위(時位)가 정해지지 않은 것으로 탄식하며 말하기를,

"아무 해에는 귀하고 훌륭하게 되겠지만 아무 해에는 말할 수 없이 흉할 것이다."

하며, 항상 세상을 피해 도망할 뜻이 있었다. 과거에 올라 한림(翰林)이 되었는데, 무오년(1498)의 화(禍)에 의주(義州)로 귀양가서 김해(金海)로 옮겼다가 갑자년(1504)에 석방되었다. 어머니 상(喪)을 당해 고양(高陽)에서 시묘(侍墓)하였다. 하루는 언덕을 홀로 산책하고 있었는데 종이 찾아가니 속여서 말하기를,

"너는 나를 위하여 산에 들어가서 필관채(筆管菜)를 뜯어오너라. 내가 먹고 싶다."

하여, 종이 나물을 뜯어가지고 돌아오니 보이지 않았다. 집사람들이 사방으로 흩어져 찾았으나 종적이 없었다고 하니, 필시 물에 빠져서 죽었을 것이다.

해평군(海平君) 정미수(鄭眉壽)가 연산군에게 각 군현(郡縣)에 영을 내려 찾기를 아뢰었으나, 연산군이 말하기를,

"미친 놈이 도망쳤는지 죽었는지 모르는데 찾아서 무엇하겠는가?"

하였다. 끝끝내 소식이 끊어졌는데 그때 사람들이 혹 그가 죽지 않았을 것이라고 의심하였다.

가천원(加川院) 벽에 글 쓴 것이 있었는데 그 시에,

새들은 쓰러져 가는 집의 구멍을 엿보고,
사람들은 석양녘에 샘물을 긷네.
산수(山水)로 집을 삼는 나그네,
하늘과 땅 어느 가에 머물까.
　鳥窺頹院穴, 人汲夕陽泉.
　山水爲家客, 乾坤何處邊.

하였다. 원주(院主)가 말하기를,

"장삼 입은 중이 여기를 지나다가 썼다."

하였는데, 혹 순부(淳夫)가 아닌가 하고 의심하였다.(諛聞瑣錄에서 뽑음─원주)

2

허암(虛菴) 정희량은 젊어서부터 문장으로 이름이 있었고, 시에 자못 공교하였다. 늦게 과거에 올라서 홍문관에 들어갔다. 점을 잘 쳐 사람의 길흉을 알았는데, 일찍이 말하기를,

"갑자년의 화는 무오년보다 심하다."

하며, 벼슬에 올라갈 계획을 하지 않았다. 연산조의 사화(史禍)가 일어난 것은 무오년이었고, 허암이 일찍이 용만(龍灣 : 의주)으로 귀양을 갔기 때문

이다.

덕수현(德水縣) 남쪽에서 시묘살이를 하고 있었는데, 하루는 종들을 흩어 보내어 늙은 종이 땔나무를 하고 어린 종은 나물을 뜯어서 저녁을 준비하라 하고는 혼자 빈 집을 지키고 있었다. 늙은 종이 일부러 아무도 없도록 속인 것이라 생각하고 시각을 지체하지 않고 돌아와보니 허암은 벌써 보이지 않았다. 이웃 사람들을 불러서 사방으로 나가 자세히 찾아보았으나 남강(南江:곧 祖江의 상류이다.—원주)가 모래에 벗어놓은 헌신 두 짝이 있는 것을 발견했을 뿐이었다. 그래서 강에 빠진 것으로 의심하고 뱃사공을 모아 혹은 배로, 혹은 헤엄을 치면서 강의 위아래를 두루 찾아보게 했으나 끝내 그 시체를 찾아내지 못하였다.

얼마 안 되어 연산군의 포악함이 날로 더욱 심하여 제멋대로 사람을 죽였으니 이른바 갑자사화(甲子士禍)이다. 이때 허암이 세상에 있었으면 화를 면하기 어려웠을 것이다. 그리하여 그가 종적을 피하여 스스로 숨은 것이지 죽지 않았을 것이라고 사람들이 생각하였다.

어떤 사람이 묘향산 옛절에서 한 중을 만났는데 스스로 초라하게 구걸하는 형색을 하였으나 자못 세속 중의 태도가 아니었으므로 이상하게 생각하였다. 훗날 그를 찾아 다시 방문하였으나 벌써 간 바를 알지 못하였다. 그래서 그는 그가 허암(虛菴)이 틀림없을 것이라고 믿어 의심치 않았다 한다.

어떤 이는 말하기를,

"길가에 있는 어느 원(院)의 벽에 두 절구(絶句)가 써 있는데 그 시에,

새들은 쓰러져 가는 원집의 구멍을 엿보고,
사람들은 석양녘에 샘물을 긷네.
산수로 집을 삼는 나그네,
하늘과 땅 어느 가에 머물까.

전날에는 풍우에 놀라더니,
문명의 이때를 저버렸도다.
외로운 지팡이로 우주에 노니니,

　　시끄러움 싫어 시(詩)조차 그만두노라.
　　鳥窺頹院穴, 人汲夕陽泉.
　　山水爲家客, 乾坤何處邊.
　　風雨驚前日, 文明負此時.
　　孤節遊宇宙, 嫌鬧並休詩.

하였으니, 또한 틀림없이 허암이 지었을 것이다."

하고 또 혹자는 말하기를,

　"호사자가 일부러 써넣고 가서 사람들을 의혹하게 한 것이지, 허암이 지은 것은 아니다."

하였다.

　대개 물에 빠진 자는 기운이 다하면 시체가 반드시 떠오르며, 혹 바람에 밀려서 강가에 떠밀려오기도 한다. 그러니 만약 스스로 물에 빠졌다면 가까운 근처에 나타났을 텐데 끝내 발견되지 않았던 것은 무슨 까닭인가. 헌 신발을 언덕에 남겨두어서 사람들에게 물에 빠져 죽은 흔적을 보였으니 더욱 의심스럽다.

　그는 점을 쳐서 징험한 것이 매우 기이하고, 앞일을 대부분 미리 알았으니 아마도 반드시 화가 이를 것을 짐작하고서 머리를 깎고 목숨을 보전했을 것이다. 세상에는 이런 이술(異術)을 가진 사람이 없지 않으니 반드시 죽었다고 할 수는 없다. 다만 어머니의 상(喪)을 마치지 못하였고 아버지가 집에 있는데, 과감히도 세상을 버렸으니 이를 알지 못하겠다. 아마도 서로 연루될까 염려하여 차라리 윤리(倫理)를 어지럽히는 죄를 지을지언정 우선 가문을 위하는 계책을 한 것은 아닐까. 모두 알 수 없는 일이다.

　내가 덕수(德水)에서 적거(謫居)할 적에 그가 살던 마을과 이웃하였는데, 그를 아는 이들이 모두 그렇게 말하였고, 또 말하기를,

　궤탄(詭誕)을 좋아하는 자는 진실로 상리(常理)로써 저울질할 수 없다. 더구나 황매(荒昧)한 일을 믿어 이륜(彝倫)을 잘라버리고 무고히 깊은 물 속에 뛰어들어 갑자기 죽는 것은 더욱 인정에 가깝지 않으니 이것이 죽지 않았다는 증명이 될 수 있다 하였다.(龍泉談寂記에서 뽑음―원주)

3

복자(卜者) 김륜(金倫)이 젊었을 때에 평안도 향산사(香山寺) 등지를 유람하였는데, 방외사(方外士)인 이천년(李千年)이라는 자를 따라다니며 여러 산을 유람하여 거의 6, 7년이 되었다. 요술(妖術)을 전수받아 부모를 뵈려고 작별하고서 영동(嶺東) 본가로 갔다. 이어 점을 쳐서 사람의 길흉화복(吉凶禍福)을 판단하였는데, 백에 하나도 틀림이 없었다. 이천년이 김륜에게,

"기해년에 강서현(江西縣) 구룡산(九龍山)에 와서 나를 기다리라."

말하고, 손수 시를 써서 주었는데 그 시에,

> 80살 산 속의 늙은이
> 삼팽(三彭)을 이미 쓸어버렸네.
> 인간 세상 꿈꾸지 않고,
> 학을 짝지어 뜻을 다하네.

> 구름 어린 탑에는 달빛이 차갑고
> 눈 내린 창에는 햇빛이 성근데,
> 뉘 알리 티없는 거울이,
> 만대토록 스스로 청허(淸虛)한 것을.
> 　八十山中老, 三彭已掃除.
> 　人間應不夢, 鶴伴意無餘.
> 　雲榻蟾光冷, 雪窓日影疎.
> 　誰知無累鑑, 萬代自淸虛.
> 　　　　정묘년 3월 16일 송죽처사(松竹處士) 우재(愚齋) 고(稿).

그러나 비취(祕趣)만 기록하였으므로 세상에 흘러 전할 것이 아니라고 한다.
또 단계(丹溪)에서 준 시에,

> 한가한 틈을 타 흠뻑 취함도 천년의 놀음이니

강바람 손님을 한사코 만류하네.
탁목봉(啄木峯) 높이 솟아 하늘에 닿은 듯
수림정(秀林亭) 낮게 앉아 물 위에 떠 있는 듯.

이랑(二娘)의 넋은 천년을 전해오고,
아홉 굽이 강소리 만고에 흐르네.
가슴속 오랫동안 티끌에 더럽더니
오늘 단계에서 내 시름 씻네.

　偸閑一醉是天游, 箇裏江風挽客留.
　啄木峯高天若近, 秀林亭下地疑浮.
　二娘魂魄千年事, 九曲江聲萬古流.
　胸海久牽塵累擾, 丹溪此日洗吾愁.

계사년 우재 씀.

하였다.
　그를 받들어 모시던 나이가 열서너살 가량의 아이종이 있었는데, 그에게
손수 써서 준 시에,

천지에 집 없이 산수에 노니는 나그네,
생애 한결같아 마음은 유유하네.
이끼 낀 산길에는 흰구름 잠겼는데,
달빛 맑고 시원해 대 그림자 흐르네.

　天地無家山水客, 生涯一向意悠悠.
　苔痕山路白雲銷, 月影淸凉竹影流.

하였고, 또 쓰기를,

푸른 산엔 구름이 만겹
바다는 넓어 가없다.

묻노니 무슨 일 때문인고?

돌아가는 마음 북궐(北闕)에 걸렸네.

　　碧山雲萬疊, 滄海闊無邊.

　　爲問緣何事, 歸心北闕懸.

하였다. 시격(詩格)이 고고(高古)하고 필적이 기건(奇健)하여 모시는 아이
까지도 시재(詩才)와 필법이 범상하지 않았으니, 보통 방사(方士)가 아님은
분명하다.

　정희량(鄭希良)이라는 이가 있었는데, 연산조 을묘년(1495)에 과거에 올
라서 예문관 검열이 되었는데, 무오사화에 귀양갔다가 얼마 되지 않아 석방
되었다. 어머니 상(喪)을 당하여 풍덕(豊德)지방에서 거려(居廬)하였는데,
항상 자제들에게 말하기를,

　"갑자년에 사화가 다시 일어날 것인데, 우리들도 화를 면치 못할 것이
다."

하였다. 임술년(1502) 5월 5일에 여막(廬幕) 문 밖으로 산보나갔다가 오래도
록 돌아오지 않으므로 집안 사람이 이상히 여겨 자취를 찾아 강변가서 짚
신 누 짝이 물가에 버려진 것을 발견하였는데, 간 곳이 없으므로 물에 빠져
죽은 것이라고 생각하였다.

　뒤에 서쪽 지방의 산승이 말하기를,

　"이상한 중이 여러 산에 왕래하는데 일찍이 정희량의 안면을 아는 자가
분명히 알아보았다."고 하고, 또 어떤 자는 말하기를, "머리를 기르고 방사
(方士)가 되어 자취를 비밀히 하여 왕래하며, 여러 산에 머물면서 혹 시구
(詩句)를 중에게 주어 세상에 전파돼 사람들이 다투어 구송(口誦)한다."고
하였다.

　김륜이 일찍이 따라다니며 그가 기록한 바의 생년월 일시의 오행(五行)
을 매우 자세하게 알았다. 김륜이 서울에 왔을 때 판사(判事) 신경광(申景
洸)이 복서(卜書)를 좋아하여 선비와 고관들의 오행을 기록해두고 항상 스
스로 점쳐서 징험하였는데, 정희량의 오행도 그중에 있었다. 김륜이 신경광
을 찾아가서 담화하는 사이에 그 기록을 열람하다가 정희량의 오행에 이르

러서 문득 놀라 말하기를 "이것은 우리 스승 이천년(李千年)의 사주이다."
하였다. 이 말로써 희량이 죽지 않고 지금까지 살아 있을지도 모른다고 한
다.(思齋撫言에서 뽑음 ― 원주)   <海東野言>

　『해동야언(海東野言)』: 선조 때의 문인 허봉(許篈, 1551~1588)이 엮은 책.
역사적 사실이나 인물에 관련된 견문을 기록한 내용으로, 서거정의『필원잡기
(筆苑雜記)』, 성현의『용재총화(慵齋叢話)』, 어숙권의『패관잡기(稗官雜記)』
등에서 자료를 뽑아 정리한 것이다. 권2 끝에 무오당적(戊午黨籍)과 유자광전
(柳子光傳)을 붙였다.

4. 南袞 이야기

1

남곤(南袞)이 판서 홍경주(洪景舟)와 함께 대궐 북쪽 신무문(神武門)을 경유하여 밀계한 일이 있었는데 사람들이 알지 못하였다. 그래서 밤중에 명하여 선전관(宣傳官)을 보내어 금위군(禁衛軍)을 거느리고 부제학 김정(金淨), 대사헌 조광조(趙光祖) 등 일곱 사람을 대궐 뜰에 잡아다 의금부에 하옥시켰다. 또 기묘(己卯)의 변은 지정(止亭) 남곤이 실상 그 일을 주관하였는데, 승지와 사관을 피하여 후원(後苑) 북쪽 신무문으로 통해 몰래 아뢰어 그 옥사를 이루었다. 그뒤에 소년배가 부랑자를 모아 임금의 측근을 숙청한다는 명목으로 계속 일어나 목을 서로 내밀며 죽음으로 나가면서도 오히려 그치지 않았다. 지정이 속으로 두려운 생각을 품고 매일 어두운 밤에 남이 알아보지 못하도록 미천한 옷차림을 하고 몰래 떠나 이리저리 옮겨다니며 자고 새벽이 되면 집으로 돌아왔나. 이렇게 하기를 1년이 넘도록 하다가 일이 가라앉자 그치었다.(摭言)

"이임보(李林甫)가 잠자리를 옮긴 것이나 남곤이 집을 옮겨다닌 것이 소인이 하는 일로 고금(古今)에 동일한 정상이다." 하였다.(觀物筆記)

2

"남곤은 신묘년(1471)에 출생하였다. 자(字)는 사화(士華)이고 호(號)는 지정(止亭)인데 갑인년(1494)에 급제하였다. 일찍이 문장을 화려하게 꾸미므로 사대부 사이에 이름이 높았다. 그와 교유하던 홍언충(洪彦忠)·박은(朴誾)·이행(李荇) 같은 이는 모두 한때의 훌륭한 선비였다. 그러나 마음으로 좋아하지 않았기 때문에 여러 사람들 또한 진심으로 마음을 주지 않고 다만 공명(功名)의 도구로만 기약하였다. 하루는 여러 사람들이 남곤의 집 북쪽 천석(泉石)에서 놀았는데, 남곤은 그런 천석이 있는지를 알지 못하였다. 여러 사람들이 거기에 있는 바위를 대은(大隱)이라 부르고 냇물을 만리(萬里)라 하였으니, 남곤이 명리의 길에 분망하여 산이 있어도 보지 못한 것을 조롱한 것이다. 사문 최보(崔溥)가 일찍이 남곤을 소인의 재질이라고 말하였다.

정덕(正德) 정묘(중종 2 : 1507)에 승지로서 친상을 당하여 집에 있었는데, 문사 문서구(文瑞龜)·김공저(金公著)·박경(朴耕) 등이 "유자광(柳子光)이 무오(戊午)의 옥을 일으켜 사류들을 모조리 죽임으로써 드디어 연산군으로 하여금 멋대로 살육(殺戮)을 하게 하였으니 유자광을 제거하여 지하의 원혼들을 조금이라도 위로하여줌이 낫겠다."라고 하는 말을 인하여 남곤이 문서구가 한 이런 말을 가지고 변복하고 대궐문으로 들어가 변(變)을 고하여 옥사가 이루어지자, 가선(嘉善)에 승진되었다. 그러나 대간은 남곤의 고변(告變)이 공명심에서 나온 것이라고 탄핵하고, 김공저가 처자를 빼앗은 것을 석방하기를 청하였다. 그러자 유자광이 오래지 않아 죄를 입으니 사람들이 남곤을 나쁘게 여기었다.

계유년(중종 8 : 1513)에 남곤이 대사헌이 되었다. 조야(朝野)의 분함으로 인해서 소릉(昭陵)의 회복을 청하여 윤허를 얻었다. 그러나 당시의 의론이 남곤을 가볍게 여기어 문병(文柄)을 잡는 것을 허용하지 않았다. 그런데 정민공(貞愍公) 안당(安瑭)은 말하기를 "옛날부터 재주와 행실을 겸비한 사람은 많지 않았다. 그러니 남곤의 문사(文詞)만은 버릴 수 없을 것이다." 하고 드디어 문형(文衡)을 맡게 하니 한편에서는 기뻐하였고 한편에서는 유감스럽게 여겼다.

정축년(중종 12 : 1517)에 이조판서로서 찬성에 승진하고 기묘년(중종 14 : 1519) 봄에 예조판서를 겸하였는데 이때에 대간이 정국(靖國)의 훈적(勳籍)에 외람되게 등록된 사람을 삭제하자고 청하였다. 그래서 상이 명하여 조정의 의론에 붙이게 하니 남곤은 그 의론을 피하고자 능헌관(陵獻官)이 되어 그 자리에 참여하지 않았다. 그뒤에 정암 조광조가 대사헌으로서 남곤과 함께 경연에 참석하였는데, 정암이 앞에 나와 아뢰기를 "근일에 품질이 높은 육경(六卿)이 능헌관이 되었으니, 그 사람이 반드시 조정의 큰 의론을 피하려 하여 그 임무를 구한 것입니다. 신하 된 사람으로 그 몸을 아낀다면 나머지는 보잘것이 없습니다." 하였다. 상이 묻지 않았으나 남곤이 부끄럽고 황공하여 땀을 흘리고 나왔다.

드디어 문경공(文景公) 신용개(申用漑)의 집에 가니, 문경이 병으로 집에 있다가 누워 있는 곳으로 인도하여 들였다. 남곤이 말하기를 "근일에 의론이 심히 격하다." 하니, 문경이 벌떡 일어나 "공이 어찌 이런 말을 하는가. 격하단 말은 소인이 군자를 모함하고 나라를 망치는 징조가 되는 것이다." 하였다. 남곤이 불만을 감추고 물러갔다.

당시의 의론이 바야흐로 바르게 되자 명예와 지위를 스스로 보전하지 못할까 두려워하여 꺼리고 극복하려는 마음이 날로 생겨 가시가 등에 있는 것 같았다. 이 해 겨울에 신용개가 죽자 다시 거리낌이 없었다.

11월 15일에 판의금 겸 병조판서 이장곤(李長坤)과 홍경주(洪景舟)·김전(金詮)·고형산(高荊山)을 유치(誘致)하여 초저녁에 북문으로 들어가서 정원(政院)을 속이고 비밀리에 아뢰어 당화를 구상하였으니 모두 남곤이 주장한 것이었다. 그리하여 이날 밤에 이조 판서를 제수받았다. 그리고 곧 물러나왔다. 정사 때에 두 번이나 명하여 불렀으나 병을 핑계하여 나오지 않았다.

12월에 또 35명을 석어 올려 모두 속속 귀양 보내기를 청하였다. 이때 임금이 정부와 대간에게 두루 묻기를 "이 사람들을 모두 귀양 보낼 수는 없다. 차등이 있지 않겠는가." 하고, 정광필(鄭光弼)을 체임시키고 남곤을 승진시켜 좌의정을 삼았다. 김전·이유청을 삼공(三公)에 채우고 이어 초계(抄啓)한 사람의 명부를 가지고 면전에서 경중을 의론하여 3등으로 나누어 벌을 주었다. 그리고 아뢰어 청하는 일은 모두 언관(言官)에게 맡기어하게 했다. 그의 계교는 비록 교묘하나 어찌 앞장서 꾀한 간웅(奸雄)이란 이름을 벗어날 수 있겠는가.

신사년(중종 16 : 1521)에 송사련(宋祀連)의 옥사가 구성되자 남곤이 스스로 소장을 지었는데, 일부러 형벌과 정사가 엄하지 못하느니 조정의 기강이 풀렸느니 하는 두어 조목을 들어서 당인(黨人)으로 얽어 무함하고 교묘하게 꾸며 열거하여 반역의 무리로 지목하였다. 그리고 되도록 엄한 형벌과 준엄한 법을 적용하도록 대간을 사주하여 글을 올려서 당시 사람들로 하여금 변론하고 구원하지 못하게 하려 하였으니, 그 계책이 지극히 간사하고 교묘하였다.

그뒤 5, 6년 동안에 당시 함께 일하던 사람들이 서로 이어 사망하고, 인심을 속이기 어려워 공론이 저설로 과격하여졌다. 남곤은 항상 허공에 돌돌(咄咄)이라 쓰며 근심을 품고 즐거워하지 않았다. 그리고 친족인 젊은 사람을 향하여 말하기를 "사람들이 나를 어떻다고 말할까." 하니, 그 사람이 대답하기를 "소인으로 돌리는 것을 면하지 못할 것입니다." 하였다. 드디어 심부름하는 아이를 시켜 평생에 쓴 원고를 찾아내어 모조리 불태워버렸다.

오직 유자광전(柳子光傳)만이 세상에 유행하는데 극히 자세하고 주밀하다고 한다. 소인이라야 능히 소인의 정상을 안다는 것이 참으로 거짓말이 아니다. 융경(隆慶) 무진년(선조 1 : 1568)에 많은 사림의 여론으로 인하여 관작을 추탈당하였다. 적손으로는 외손만 있고 얼자(孼子)가 뒤를 이었다.

<己卯錄續集>

『기묘록속집(己卯錄續集)』: 작자 미상. 기묘사화에 연루된 사림 쪽의 인물 및 사화를 일으킨 쪽의 인물들을 유별로 나누어 관계 기사를 자료로 붙인 기록이다.

5. 沈義 이야기

1

　좌랑(佐郞) 심의(沈義)의 자는 의지(義之)이니 심정(沈貞)의 아우이다. 문장에 능하여 이조 좌랑에 임명되고 사가독서(賜暇讀書)에 뽑힘을 받았으나, 이윽고 성품이 슬기롭지 못하여 출세하지 못하고 침체되었다. 겨우 내직으로는 전적(典籍), 외직으로는 개성 교수(開城敎授)를 지내고, 독서당은 종신토록 오히려 있었다.

　일찍이 형이 지위가 높고 권세가 성하여 전원(田園)을 많이 가지는 것을 보고는 마음속으로 달갑게 여기지 아니하여 꾀를 써서 형을 속이려고 하였다. 하루는 이른 아침에 매우 슬픈 기색을 하고 얼굴에 눈물자국이 가득한 채 심정에게 가서 말하기를,

　"어젯밤 꿈에 돌아가신 어머님이 나의 등을 어루만지면서 '너의 형은 매우 부귀한데 너만 유독 이렇게 기난하구나. 아무 곳 밭과 아무 곳 논은 사당(祠堂)을 위한 몫으로 분재했지만 네 형은 그것이 없어도 넉넉히 제사를 지낼 수 있는데 왜 네가 가져다가 짓지 않느냐.' 하였습니다."

하였다. 심정도 사람의 마음을 가지고 있는데, 이 말을 듣고 어찌 마음이 움직이지 않았으랴. 곧 눈물을 흘리면서 말하기를,

　"돌아가신 어머님의 분부가 계신데 어찌 감히 논밭을 아끼겠는가."

하고, 곧 문서를 가져다주었다. 얼마 후에 심정이 속은 것을 알아채고 전날 심의가 하던 말과 같이 대하였더니 심의가 웃고 일어서면서 말하기를,

　"형님의 꿈은 춘몽이니 믿을 것이 못 됩니다."

하여, 심정도 또한 웃고 말았다.

　심정에게 은술잔이 있었는데, 심의가 욕심이 나 심정의 집에 올 때마다 그 잔에 술을 달라고 하여 다 마시고 나서는 소매 속에 집어넣으면서 말하기를,

"형님 나 주십시오."

하였는데, 형이 말하기를,

"내 마음에 꼭 드는 것이 돼서 줄 수가 없다."

하며, 도로 내어놓았다. 이렇게 하기를 한두 번이 아니었는데 하루는 그 은 잔과 꼭 같은 납으로 만든 술잔을 소매 속에 넣고 가서 또 술을 달라 하여 다 마시고 나서는, 또 소매 속에 넣으면서 말하기를,

"나 주시오, 나 주시오."

하였다. 형이 또 좋게 여기지 않으므로, 슬그머니 납으로 만든 잔과 바꾸어 내놓고 바로 일어서면서 말하기를,

"형제간에 은잔 하나를 그렇게 아끼십니까?"

하고는, 힐끗힐끗 바라보며 사라지자 심정이 이상히 여겨 그 술잔을 가져다 가 자세히 살펴보니 과연 납으로 만든 것이었다.

또 형이 화를 면하지 못할 것을 두려워하여 누차 말리려 하였으나 자기 를 어리석다 하여 듣지 않을 것 같았다. 한번은 심정의 집에 갔다가 쥐구멍 을 보고는 그것을 가리키며 형에게 말하기를,

"이 구멍은 형이 훗날 나가고 싶어도 나가지 못할 구멍이니 오늘 시험삼 아 한번 나가보는 것이 어떻겠습니까?"

하였는데, 심정이 대답하지 않았다. 후에 형이 죄에 걸려 죽자 와서 울며 말하기를,

"쥐구멍은 저기 있는데 형은 어디로 갔는고."

하였다.

2

심의는 성세창(成世昌)과 이웃간에 살았다. 그 집 정원의 나뭇가지에 명 주 세 폭을 빨아 넌 것을 보고 가만히 걷어서 품 속에 집어 넣었는데 한 계 집종이 말하기를,

"심좌랑(沈佐郞)이 명주를 모두 걷어갔다."

하고 외쳤다. 성세창의 부인이 얼른 다른 명주 세 폭을 보내면서 말하기를,

"그것은 옷 거죽을 하려던 것이니 이 안감과 바꾸어주시오."

하자, 그는 도리어 고맙다고 인사하며 말하기를,

"이미 거죽감이 생겼는데 또 안감을 주시니 부인께서 내 마음을 알아주십니다."

하고는, 잘라 대여섯 조각을 만들어 길가는 사람들에게 다 나누어주고 말았다.

개성 교수(開城教授)를 지낼 적에 매양 여러 유생들을 모아놓고 백일장(白日場)을 열어 제술(製述)로 시험 보였는데 한 사람만을 삼하(三下)로 하고 나머지 수백 명은 모두 차상(次上)으로 하여 낙폭(落幅)들을 자신이 걷어가고 말았다.

또 언젠가는 달걀 수십 개를 삶아서 여러 교생(校生)들에게 나누어주면서 말하기를,

"봄에 병아리를 기르고 여름과 가을에 또 기르면 1년에 세번 기를 수 있으니 백여 마리가 될 것이다."

하였다. 제때가 되자 숫자를 헤아려 독촉하므로 사람들이 견디지 못하였다.

그러나 서화담(徐花潭) 및 우의정 성세창, 홍정(洪正) 등과 벗이 되었으며, 대관재(大觀齋)라 자호(自號)하고 「대관부(大觀賦)」「소관부(小觀賦)」를 지어서 자기의 뜻을 보였다. 또 우언(寓言)으로 「기몽(記夢)」이란 글을 지었는데 화담(花潭)의 「송대관자서(送大觀子序)」라는 글이 있으니 그것을 보면 그 사람됨을 알 수 있다. 성공(成公)·홍공(洪公)은 뒷동산에 올라가 달밤에 손을 잡고 종횡무진한 담론을 마구 하다가 밤중에야 파하였는데 오래도록 일과로 삼았었다. 성·홍 두 분은 함부로 벗을 사귄 사람이 아니니, 만청(曼倩)·동방삭(東方朔)처럼 완세(玩世)하는 무리가 아니었다면, 어찌 자기 자신을 더럽히면서까지 세상에 용납되려고 했겠는가.   <寄齋雜記>

6. 갖바치에 관한 자료

정암(靜菴)이 갖바치를 찾다

옛날부터 도를 마음속에 품고 세상에 은둔하여 춘추시대 은자인 장저(長沮)·걸익(桀溺)과 같은 사람이 어느 시대인들 없었겠는가. 그러나 자취가 당시에 이미 알려지지 않고 이름이 후세에 전하지 않으니, 또한 슬픈 일이다. 중종조 때에 은군자(隱君子)가 있어 피장(皮匠)들 속에 숨어 있었다. 정암(靜菴) 조광조(趙光祖)가 그의 어짊을 알고 나아가 학문을 묻기도 하고 때론 함께 잠을 자기도 하였다. 그 사람이 말하기를,

"공의 재주가 한 시대에 경국제세(經國濟世)할 만하지만 그러나 임금을 얻은 다음에라야 할 수 있겠거늘, 방금 주상(主上)께서는 비록 이름으로 공을 쓰고 있으나 실제로는 공을 알지 못합니다. 만일 소인이 이간질을 하면 공은 반드시 화를 면치 못할 것이오."
하였다. 공이 그 사람에게 벼슬하도록 권했는데 응하지 않았고, 성명을 물어도 말하지 않았다.

공이 이에 상소를 올려 물러나기를 구했으나 상이 허락하지 않았다. 그러므로 부지런히 종사(從仕)하였는데, 오래지 않아 간신 남곤(南袞)·심정(沈貞) 등이 공을 해치고자 모의하여 공중에 있는 나뭇잎에 '주초위왕(走肖爲王)'이란 4자를 꿀로 써서 산벌레가 갉아먹어 글자 모양을 이루게 하니, 도참(圖讖)과 유사하였다. 궁인으로 하여금 그 잎을 따다가 은밀히 아뢰고 그로 인하여 참살(讒殺)하였다.   <五百年奇譚>

천추에 우러러볼 인종의 성덕

인종(仁宗)께서는 충년(沖年)으로부터 천자(天姿)가 응중(凝重)하사 생지지성(生知之聖)이 계신데 일일은 강연(講筵)에 납시더니 홀연히 천안(天顏)이 참저(慘沮)하시면서,

496

"좀 들어갔다 나오겠소."

하시고 들어가시더니 곧 나오신다. 강관(講官)이 그 연고를 여쭈어보니 인종께서,

"벌이 옷 속에서 쏘길래 들어가서 옷을 벌리고 벌을 날려보내었소."

하시니, 옹용(雍容)하심이 이러하시다.

또 일일은 강관과 담론하시다가 미소하시거늘 강관이 연고를 청하니,

"북한산사 어린 중이 팥죽을 쑤어서 머리에 이고 방을 들어가다가 죽동이가 깨져서 전신이 팥죽투성이가 되었길래 좀 웃었소."

하신다. 강관들이 어떻게 아셨나 하고 곧 그 길로 사람을 북한산으로 보내어 알아보니 과연 그 시간에 그런 일이 있었다. 명견만리(明見萬里)하시는 총명이 있었다.

한번은 동궁에 불이 나서 사방으로 피하여 나가실 곳이 없다. 그러나 성인의 덕화로 나가시려면 못 나가실 것은 아니지만, 사위사정(四圍事情)으로 구태여 구차히 피하실 것이 없어서 문을 닫고 계시며 천수에 맡기시더니 홀연 문 밖에서 이애 네가 아니 나오면 내가 들어가서 너와 같이 타서 죽겠다는 말씀이 들리는데 그 목소리가 부왕 되시는 중종대왕의 음성이시라 깜짝 놀라 문을 급히 열고 마당으로 뛰어내리시니 부왕전하가 아니 계심에 급히 대전에 올라가서 불 피한 것을 주달하니 이는 효성이 지극하여 신께서 불을 피하시게 하느라고 중종의 음성으로 뫼시어 나오시게 한 것이다. 중종께오서 승하하심에 예절을 준수하여 애통해 하시니 좌우지신(左右之臣)이 감동하고, 명사(明使)가 조문차 와서 얼굴을 뵈옵고 조정 신하에게

"과연 애석한 일이오. 귀국 왕께서는 곧 요순이시오. 그러나 귀국이 복이 없어서 성자가 계시지 못하실 터이니 참 가석한 일이오."

하면서 탄식하였다.

무엄막심한 윤원형으로서 상감의 나이를 길지 못하시게 하여 하서(河西) 김인후(金麟厚)가 인종 기일을 당하면 반드시 입산 통탄을 하였다.

항상 피장(皮匠)이 성명을 쓰시고 영의정, 좌상은 서경덕, 우상 정렴(鄭磏)이라고 병풍에 쓰시고 불차탁용(不次擢用)하려고 하였다. 환후가 깊었을 때 정렴을 유의(儒醫)로 불러들이어 진찰시키니 정렴은 진찰 후 한숨을

길게 쉬고,

"한 시간만 앞서 들어왔더라면…… 지금은 할 수 없습니다."

하고 나가면서 다시는 세상에 믿을 것이 없고 할 일이 없어서 죽기를 재촉하여 42세의 일생이 어찌 그리 지리하냐 하였다. 피장이는 그리고 행위가 불명하였고 서경덕은 명망이 중하여 그후 벼슬을 시키고자 불러올리려 하였으나 사양하고 나오지 않았다.

인종께오서 재위하신 지 8개월 만에 승하하셨다. 일반 백성이 심인후택(深仁厚澤)을 사모하여 당일 내로 곡성이 팔도에 전하니 요(堯)의 여상고비(如喪考妣) 이상의 덕화가 미친 것이다.

피장(皮匠)의 시중은일(市中隱逸)

위에 기록한 피장의 이야기를 하는 사람은 드물다. 성인이라야 성인을 능히 안다고, 피장의 상전(詳傳)은 없으나 조정암은 갖바치라도 그 도덕이 일세를 족히 지배할 만한 것을 아시고, 당시 지위가 피장이보다 더 천한 백정이라도 그 도덕을 벗하기 위하여 항상 밤이면 조용히 가서 만났다. 어느 날

"여보 효직(孝直 : 靜菴의 字)이 지금 주상께서 대감의 성명만 들으시고 쓰신 것이고 실상 대감의 도학은 모르시오. 또 대감이 일을 너무 급하게 하시므로 대감을 꺼리는 사람이 많으면 다섯 소인의 참소만 있으면 대감 신변이 위태하니 이는 유학계의 위태인즉 퇴보를 생각하여보시오."

"낸들 모르는 바 아니오. 그러나 위의 은총이 융숭하시니 차마 물러나겠다는 말이 떨어지지 않네. 자네 같은 사람이 벼슬을 하여 나를 도와주어야겠다는 이유가 여기 있네."

"문과 출신의 양반이 조불려석(朝不慮夕)인데 지천이 출사한다면 뭇 발기(발길)에 제몸 보전도 힘들 지경이니 어찌 대감을 돕겠소."

하고 길게 탄식하였다. 그후 얼마 아니 되어 정암이 화를 당하게 되던 전날 밤에 문 밖에서

"대감 잘 가시오. 천고 이별이오."

하고 반가운 피장이 목소리가 난다. 정암이 뛰어나가니 피장이는 안 보인다. 인하여 그 집을 찾으니 벌써 이사한 후였다. 정암이 피화(被禍)한 지

10여 년에 인종께오서 즉위하시니 궁중에 앉으시어서 북한산사 승(僧)이 팥죽 뒤집어쓰던 것을 통촉하시는 성인이시라 어찌 피장이 있는 것을 모르시리요. 장차 정승을 시키시어 태평건곤(太平乾坤)을 만드시려 하였던 것이다.

<雨田野談叢>

『우전야담총(雨田野談叢)』: 야담집의 일종. 2권의 사본. 임경일(林耕一)이 붙인 서문에 의하면 "우전(雨田)은 진암(震庵) 이보상(李輔相)의 호이다. …… 이미 발표된 것도 있으나 구전을 기록한 것이 적지 않다."고 한다. 이보상은 일제 때 야담가로 활동한 바 있으며, 이 서문을 쓴 연대가 1945년이므로 이 야담집은 그 이전에 씌어진 것임을 알 수 있다.

7. 鄭順朋의 죽음

갑이의 상전을 위한 복수

　명종조(明宗朝) 을사사화(乙巳士禍)에 판서 정순붕(鄭順朋)이 상신(相臣) 유관(柳灌)을 죄에 얽어매어 죽인 뒤에 훈공(勳功)으로 유관의 가속과 노비를 몰수하여 자기 집의 노비로 삼았다. 그중에 한 계집종이 있었는데 이름은 갑(甲)이고 나이는 14세였다. 총명과 지혜가 남보다 뛰어나 정순붕이 매우 어여삐 여겨 의복과 음식을 자기 자녀들과 똑같이 하였다. 갑이 또한 복수할 뜻을 마음에 품고 정순붕의 호의에 영합하고 일에 따라 정성을 다하였다. 그리고 옛주인을 만나면 반드시 모욕을 주면서 말하기를,
　"네가 일찍이 나를 학대하였으므로 내가 지금 보복하는 것이다."
하니, 정순붕이 더욱 그녀를 믿고 의심하지 않았다. 하루는 갑이 보기(寶器)를 숨기니 정순붕이 힐문하였다. 갑이 울면서 말하기를,
　"제가 이곳에 온 뒤로 주인 영감님께서 주신 옷을 입고 주인 영감님께서 주신 음식을 먹고 살아 은혜가 비할 데 없는데, 무엇이 고통스러워 도둑질을 하겠습니까?"
하니, 정순붕이 의심은 하지만 우선 용서하여주었다. 갑이 그 집의 작은 종과 내통을 하고, 그 종에게 말하기를,
　"내가 방애를 하고자 하니, 너는 금방 죽은 자의 지체를 찾아오라."
하였다. 그 종이 그 말대로 전염병에 걸려 죽은 사람의 한쪽 팔을 잘라 가지고 왔다. 갑이 그것을 정순붕의 베개 속에 몰래 넣어두었는데, 오래지 않아 정순붕이 염병에 걸려 죽었다. 집안 사람들이 그 사실을 발견하고 문초를 하니, 갑이 즉시 꾸짖으며 말하기를,
　"네가 우리 주인을 죽였으니 나의 원수이다. 내가 지금 복수하였으니 여한이 없다."
하고 자살하였다.　　　　　　　　　　　　　　　　　　　<五百年奇譚>

8. 己卯士禍와 趙光祖

기묘사화

내가 일찍이 기묘 제현(諸賢) 정암(靜菴) 선생 이하 여러분들의 공사(供辭)를 보았는데, 불과 두어 마디의 말로 20여 자뿐이었다. 그 공사에,
"신이 세상에 없는 성상의 대우를 받아 배운 것을 펴서 기필코 한번 당우(唐虞)시대와 같은 정치를 이루어보려고 하였을 뿐, 특별히 사람들을 속이고 격동시키며 인심을 현혹시키고 어지럽게 한 일은 없다……."
하였을 뿐이다. 귀양가던 날 중종이 승지를 보내어 금부(禁府) 문 밖에서 유시를 전달하였는데, 그 유시에
"너희들의 요즈음 한 일이, 그 마음이 선하지 않은 것은 아니나 남을 속이고 격동시키는 것이 습관이 되었고 인심을 현혹시키고 어지럽혔으니, 여러 재신들의 아룀 또한 어찌 다른 마음이 있었겠는가?"
하였나. 아! 제현들의 공사나 임금의 유시가 천지 일월이 함께 드리우고 임한 듯하여, 천년 후에라도 진실로 남은 유감이 없게 되었건만, 뭇 간신들의 여러 가지 음모가 이리저리 날조되어 끝내 없애버리고야 말았으니 통탄스럽다.
<寄齋雜記>

10대 소년들이 역적으로 체포됨

중종 때에 어떤 사람이 "동몽교관(童蒙敎官) 아무개가 제자들을 거느리고 군사를 일으켜 반역을 꾀하려 한다."고 고변하자, 명을 내려 모두 잡았는데, 겨우 갓을 쓸 나이의 사람이 수십여 명이고, 15, 16세 된 사람이 또 수십 명이며, 12, 13세 된 자가 60, 70명이고, 10세 이상이 또한 수십 명이었다. 금부(禁府)에 있는 수갑·차꼬·쇠사슬 등이 반 이상 모자라 모두 새끼로 목을 얽어서 종루(鐘樓) 아래에 앉혀놓았다.
임당(林塘) 정유길(鄭惟吉)은 당시 나이가 열살이었는데, 같이 공부하는

여러 아이들을 따라나간 지 하루가 지나도 돌아오지 아니하므로 부모들이 찾아보니 그 속에 끼여 있었다. 문익공(文翼公) 정광필(鄭光弼)이 아뢰기를,

"신의 손사 옥수(玉壽 : 林塘)가 열살인데, 역시 죄수들 중에 끼여 있으므로 감히 와서 죄를 기다립니다. 다만 이들은 모두 철없는 어린아이들이니, 청컨대 이 옥사를 살펴 처리하소서."

하였다. 상감이 추관(推官)을 시켜 조사하였더니, 여러 어린아이들이 남산 위에서 옷을 벗어 깃발을 만들고 나뭇가지를 꺾어 창을 만든 다음 진놀이를 한 것이었다. 다른 아무 단서가 없으므로 고변한 자를 도리어 죄 주었다.

노영손(盧永孫)·정막개(鄭莫介) 이외에 유중영(柳重榮) 이하 고변하다가 도리어 죄를 받은 자들이 잇따라 나왔는데도 그런 일이 오히려 시끄럽게 발생해 그치지 아니하였으니, 그들의 심사를 참으로 헤아릴 수 없다.

<寄齋雜記>

파릉군전(巴陵君傳)

종실 이경(李瑊)은 처음에 습작(襲爵)으로 영(令)이 되었다가 재예(才藝)를 시험 보아 파릉군(巴陵君)에 봉해졌다. 기묘사화가 일어나던 날 대궐로 들어가 조광조 등의 무죄를 극력 간하고, 이장곤(李長坤)에게 간사한 무리들과 어진 이들을 해친다고 꾸짖으면서 비분의 눈물을 줄줄 흘렸다. 또 이학년(李鶴年)[1]과 함께 여러 왕자 및 군(君)들에게 청하여 함께 힘을 다해 풀어주려고 청하였으나 뜻을 이루지 못하고 해남(海南)으로 귀양갔다. 무술년(중종 33 : 1538)에 풀려 돌아와 복직(復職)하였다가 이내 죽었다.

이학년은 종실이 데리고 살던 기생의 몸에서 낳은 아들로서 아직 속신(贖身)을 못하였는데, 임금의 명으로 홍문관(弘文館)에 이속(移屬)되었다. 학문을 해득하고 문사(文士)들과 교유하였으므로 연좌되어 장형(杖刑)을 받고 귀양을 갔다가 신사년(중종 16 : 1521)에 사형을 당하였다.

<己卯錄補遺>

---

1) 이학년(李鶴年) : 소설 『임꺽정』에서 이봉학을 이학년의 아들로 설정하고 있다.

강령민전(康翎民傳)

　가정(嘉靖) 임오(壬午 : 중종 17, 1522)에 강령현(康翎縣)에서 있었던 일이다. 세 사람이 밭을 매는데 그중 한 사람이 말하기를,
　"올핸 가뭄이 이 같으니 아무래도 흉년이 들겠어. 요즘 들으니 조재상 광조(趙光祖)가 극히 청렴하여 백관들이 모두 경외하며 주군(州郡)에 청구하는 편지도 없어졌다는구려. 이 때문에 시골마을에도 또한 날뛰며 볶아대는 아전이 없어졌다지 않아요. 그런데 지금 들으니까 귀양가서 죽었다지 않소. 천재가 여기에 연유한 것 같아요."[2]
하였다. 그중 다른 한 사람이 상경하여 이를 고발하였다. 즉시 그를 붙잡아다 고문을 하고 마침내 극형에 처했다. 고발한 자는 면포를 상으로 주고 고발하지 않은 자는 죄를 주었다.　　　　　　　　　　　　　　<己卯諸賢傳>

　『기묘제현전(己卯諸賢傳)』: 일명 『기묘팔현전』 또는 『기묘록』이라고도 한다. 기묘사화에 관련된 기록으로 정광필(鄭光弼)·안당(安瑭)·이장곤(李長坤)·김정(金淨)·조광조(趙光祖)·김식(金湜)·기준(奇遵)·신명인(申命仁) 등 8인의 전기가 주 내용이며, 그밖에 사화에 관련된 여러 인물들에 대한 기록이 정리되어 있는데 서민들에 대한 이야기도 포함되어 있다. 인조 연간의 학자·정치가인 김육(金堉)이 편찬한 것인데 편자는 기묘팔현의 하나인 김식의 현손이다. 판본 1책.

---

2) 조광조가 억울하게 죽은 데 대해 가뭄이 든 것과 관련해서 말을 하다 죽은 강령 백성은 『임꺽정』에서 박유복의 아버지로 설정하였다.

9. 金湜의 망명

김식전(金湜傳)

장령(掌令) 김식은 임인생(1482)으로 자는 노천(老泉)이다. 벼슬이 대사성(大司成)에 이르렀다. 상주(尙州)로 귀양가 있던 중 변이 일어나자 도망쳐 숨었으므로 그에 연좌되어 파직된 자가 매우 많았다. 소초(疏草)를 옷속에 품고 거창현(居昌縣) 산골짜기에서 스스로 목매어 죽었다. 소초의 내용은 대개 심정(沈貞)이 나라를 그르치고 난을 꾸민 일을 지적해서 말한 것이었는데, 연루되어 죄받은 자가 또한 많았다. 그는 청풍(淸風)이 본관이며 서울에서 살았다.

보유 : 신유년(1501)에 진사가 되었고 을해년(1515)에 공천(公薦)으로 광흥창 주부(廣興倉主簿)에 제수되었다. 무인년(1518) 겨울에 벼슬이 여러 번 옮겨져 장령이 되었다. 상이 이르기를,

"김모(金某)의 사람됨은 경연에서 강론할 때에 내가 알아보았다. 진강(進講)시키고자 하였으나 대간이라는 직도 또한 중한 까닭으로 실행하지 못하였다."

하였다. 부제학 조광조가 진계하기를,

"김식 같은 사람은 문사(文士) 중에서 찾아보기 어려운 사람일 뿐 아니라, 실상 얻기 어려운 사람입니다."

하였다.

기묘년 천목(薦目)에는 "기도(氣度)가 강정(剛正)하고 재성(才性)이 총명하며, 선한 일을 즐겨하고 옛것을 좋아한다. 속됨을 벗어나 스스로 분발하여 학문이 넓고 식견이 순실하며, 재예와 기국(氣局)을 겸비하였다. 지조를 바르게 닦아 뛰어나며 학문은 연원(淵源)이 있어 유여하며, 실천하기를 독실하게 한다." 하였다. 드디어 장원으로 뽑혔다. 임금이 독권관에게 전지하기를,

"김모는 어진 사람이다. 이 사람을 꼭 얻어서 선비들의 스승이 되는 관원으로 삼으려 하였으나 뽑히는 데 참여하지 못할까 염려하였다. 이제 장원 서열에 있으니 내 특히 기쁘다."

하고, 계자(階資)를 뛰어올려 직제학(直提學)으로 임명하였다. 얼마 후에 부제학으로 승진시켰다가 대사성으로 옮겼다.

공이 어릴 때에 아버지를 여의었으므로 모친을 따라 외가에서 자랐다. 이해 11월 16일은 외삼촌 목철성(睦哲成)의 제삿날이었으므로 15일 저녁에 여러 표형제(表兄弟)들과 함께 그 집에서 재숙(齋宿)하였다. 어떤 사람이 조정의 정사를 물으니, 공이 근심스런 표정으로 말하기를,

"외람되게 분수 아닌 벼슬을 탐내다가 이미 위기에 빠졌습니다. 다시 만날 기약을 하기 어려우니 오늘은 회포나 풉시다. 정사의 이해관계는 들을 바가 아닙니다."

하자, 현헌공(玄軒公)이 말하기를,

"만약 화기(禍機)를 알았으면 왜 멀리 피하지 않는가?"

하니, 공이 말하기를,

"화(禍)의 울타리를 건드렸으니 진퇴유곡(進退維谷)입니다. 화가 조만간에 임박하였으니 슬기로운 자라도 어떻게 할 수 없을 것입니다."

하였다. 제사를 마치고 아직 밤중이 못 되었는데, 금오랑이 군사를 거느리고 추적하여 그 집 문간에 도착하였다. 드디어 옥에 갇혀서 조광조·김정(金淨)·김구(金絿)와 함께 같은 내용으로 국문을 당했다. 공이 공초(供招) 하기를,

"외람되게 천은(天恩)을 입어서 대관(臺官)으로 발탁되었고 과거에 올라서는 벼슬이 여러 번 옮겨지고 승진되어서 대사성으로 제수되었는 바, 실끝만큼이라도 도움이 되게 하려고 힘썼을 뿐입니다. 권세 있는 요직에 있지 않았으므로 인물을 진퇴시킨 일은 전혀 없었습니다. 서로서로 붕당(朋黨)을 이루어 남을 속이고 격동시키는 것이 습관을 이루고 국론(國論)을 전도시켜 조정의 정사를 나날이 그르친 일은 없습니다."

하였다. 조광조 등 4명과 같은 죄목에 들어가 사율(死律)에 해당되었다. 임금이 공과 김구는 특별히 사율을 감해서 장류(杖流)하기를 명했으나, 대신

이 고집하여서 선산(善山)으로 장배(杖配)되었다. 대개 공의 조부 김질(金
礩)이 안동부사(安東府使)로 있을 적에 공의 부친 생원 김숙필(金叔弼)이
나이 24세로서 안동부 아문(衙門)에서 죽었는데, 노속(奴屬)이 선산(善山)
백진리(柏田里)에 살았으므로 드디어 그곳에 장사하였기 때문에 그곳으로
배소를 청하였던 것이다.

12월에 죄를 더한다는 말을 듣고 크게 탄식하기를,

"들판을 태우는 불길이 사방에서 다가오니 곧 집과 함께 타서 재가 될
뿐이다."

하였다. 마침 객(客)이 있다가 말하기를,

"간인들의 일이란 예측할 수 없으니, 덧없이 죽음이 어찌 유익하리요. 틈
을 엿보고 형세를 살피다가 만약 죄를 더하는 일이 주상의 명에서 나온 것
이라면 그때 죽어도 한이 없지 않겠소."

하니, 공이 말하기를,

"흉악한 모략이 측량할 수 없는 바에 나라가 어지러운 때 앞장서서 임금
의 지우(知遇)에 보답하는 것이 내 평소의 소원이오."

하였다. 드디어 객과 술을 한껏 마시고 매우 취해서 인사를 차리지 못하였
다. 객이 꾀하기를,

"죄도 없이 간인의 손끝에 죽는 것을 어찌 차마 앉아서 보랴. 가만히 업
고 도망쳐서 요행히 보전하는 것이 낫겠다. 가동(家僮) 우음산(于音山)은
힘이 세고 건장하니 업고 멀리 갈 수 있을 것이다."

하고, 공이 취해서 잠든 틈을 타 우음산을 시켜 수십 리를 갔는데도 코를
골며 자는 것이 처음과 같았다. 새벽이 되어서야 깨어 말하기를,

"내가 이미 이 지경에 이르렀으니 어떻게 할 수 없다."

하고, 드디어 이신(李信)·우음산과 함께 영산(靈山) 이중(李仲)의 집을
향해 갔다. 공이 몸을 감춘 데 대하여 길흉을 점쳐보니 효사(爻辭)에 산인
(山人)이 훼방한다는 말이 있었으므로, 절에 들어가려 하지 않았던 것이다.
이중이 말하기를,

"이신이 본디 치도(緇徒)였으니 곧 산인이며, 성질이 순하지 못합니다.
또 사람이 많으면 수용하기 어려우니 먼저 보내는 것이 낫겠습니다."

하니, 이중의 아우 이용(李庸)이 말하기를,

"큰 일을 하는 자는 작은 일을 돌보지 않는 것입니다. 만약 의심스러우면 죽여버리는 것이 마땅한데 어찌 먼저 보내려고 하오."

하였다. 공이 말하기를,

"고발할 마음이 싹트지도 않았는데 점괘에 나오는 것으로 먼저 의심하는 것은 옳지 못하다. 양식을 후히 주고 은혜를 베풀어 좋게 작별하는 것이 좋겠다."

하고 곧 이신과 작별하면서 말하기를,

"체포하려는 것이 나날이 엄해지니 지금 형세로 보아서 우리 세 사람이 함께 행동하기는 어렵게 되었다. 네가 먼저 가면서 조보(朝報)를 탐문하다가 무주(茂朱) 오희안(吳希顔)의 집에서 모이도록 하라."

하였다. 이신은 바로 서울로 가서 고변(告變)하기를,

"김모는 지금 이중의 집에 있습니다. 그 아들 김덕수(金德秀)·덕순(德純)을 시켜 그의 문인(門人) 아무아무와 함께 대신(大臣)을 도모하려 합니다."

하였다. 금오랑이 이중의 집에 달려가니 공은 하루 앞서 떠난 뒤였다. 이때에 떠쫓이 잡으려는 것이 더욱 급하여 여염과 골목을 나 수밤(搜探)하고 길목마다 지켰다. 공이 간신히 무주 경계에 이르니, 오희안은 이미 잡혀갔다는 것이었다. 유숙할 곳이 없어 산골짜기를 경유하여 지리산에 가려고 거창현(居昌縣) 수도산(修道山) 남쪽에 이르렀는데, 밥을 먹지 못한 지가 수일이었다.

하루는 고제원(高梯院) 동북편 산기슭에 머물면서 고사리를 삶아 먹기 위해 마을로 불을 구해오라고 우음산을 보낸 후 드디어 스스로 목을 매어 죽었다. 우음산이 불씨를 가지고 돌아오니 이미 구할 수 없게 되었다. 이때가 경진년(1520) 5월 16일이었다. 우음산이 공의 옷 속에서 소초(疏草) 한 장을 찾아내어 거창현에 고하였다. 그 소초를 계문하니, 소재(所在)한 고을에 명하여 사실인가를 검증하게 하였다. 그런 뒤에 가두었던 부인을 석방하고 가산을 몰수하였다.

어떤 사람은 말하기를,

"이때 눌재(訥齋) 박상(朴祥)이 광주(光州)에 살았는데 공이 가서 망명한 사유를 말하니, 눌재가 말하기를 '남곤은 소인 중에 간웅이다. 일을 처리하는 것이 간교하여 임금을 미혹하게 하여도 그 실마리를 깨닫지 못하게 하는 자이다. 어찌 중간에 일을 꾸미는 것이 남이 엿보고 자기를 의론하도록 했겠는가.' 하니 공이 후회하고 상심하며 곧 죽기를 작정하여 드디어 자진(自盡)하기에 이르렀다."

하였다.

을사년 5월에 인종(仁宗)이 재산을 돌려주었고, 6월에는 공의 관작을 회복하였다. 현헌(玄軒) 목세칭(睦世秤)이 애사(哀辭)를 지어 학문과 행신(行身)한 사실을 밝혔고, 귀봉(龜峰) 신명인(申命仁)은 송옥(宋玉)을 조상하는 사(辭)[3]를 지어서 뜻을 나타내었다.

그 소초에 말했다.

"망명한 신(臣) 김식(金湜)은 삼가 절하고 머리 조아려 하잘것없는 신의 촌성(寸誠)을 주상 전하께 토로(吐露)하나이다. 신이 이미 전하를 저버리고 망명하였으니 참으로 무상한 꼴이 되었사온데 다시 충정(衷情)을 토로함은 한갓 쓸데없는 말을 하는 것일 뿐입니다. 그러나 신이 망명한 것은 공연히 그런 것은 아니었으니 그릇된 소견이나마 대략 토로해서 전하께서 깊이 생각하시도록 하지 않을 수 없습니다. 신이 비록 무상하오나 옛사람이 행신하던 방법을 약간은 알고 있으니 구차스러운 삶의 부끄러움과 절개를 지키는 것이 숭상할 일임을 모르는 바 아닙니다. 그런데 기어이 부끄러움을 무릅쓰고 이런 짓을 한 것은 흉적(兇賊)이 장차 종사(宗社)를 위태롭게 할 것임을 알았으므로 구구한 충의를 바치려는 것이었고 전하를 저버리려는 것은 아니었습니다. 전하께서 조금만 살피신다면 어찌 단지 신의 진정(眞情)을 아시다뿐이겠습니까.

---

3) 송옥은 전국시대 초(楚)나라 사람이다. 그의 스승 굴원(屈原)이 임금에게 물리침을 당한 다음 슬퍼하여 구변(九辨)을 지어서 자기의 뜻을 표시하였다. 여기서는 신귀봉이 김식을 굴원과 같은 처지라고 생각하여 자신이 송옥을 조상하는 형식으로 지은 글이다.

신의 당초 죄 입을 때에 화가 일어난 연유를 자세히 물었습니다. 심정(沈貞)은 본래 탐욕(貪慾)이 한이 없고 흉교(兇狡)하기가 형용하기 어려운 소인이었습니다. 청의(淸議)에 용납되지 못하게 되자, 원한이 가슴에 쌓여서 난을 꾸미려고 꾀한 지 오래였으나 틈이 없었습니다. 그런데 조광조가 성상께 지우(知遇)를 받게 되자 배우는 자가 취향(趣向)을 같이 하고 소민(小民)이 훌륭함을 칭찬하니, 떳떳하지 못한 참문(讖文)으로써 가만히 전하의 뜻을 움직이게 하였습니다. 또 기를 못 펴고 불평을 품은 두세 재상을 부추겨서 드디어 사림의 화를 얽어내었고, 사(士)로서 명성이 있으면 모두 당적(黨籍)에다가 편입(編入)시켰습니다.

드디어 완악하고 세리(勢利)를 즐기며 부끄러움도 모르는 무리를 뽑아 조정을 채웠습니다. 그의 인친(姻親) 이빈(李蘋)을 등용하여 간장(諫長)으로 삼고 대관(臺官)으로서 조금이라도 청론(淸論)이 있으면 이빈을 시켜 공격하여 쫓아내어 전하가 듣고 보지 못하게 하였습니다. 남곤과 함께 무사(武士)를 많이 모아 조석으로 문간에 가득한 것은 그 뜻이 어찌 사림을 제거하려는 것뿐이겠습니까. 그렇다면 조정은 전하의 조정이 아니라 심정의 조정이 되어버렸으니, 전하의 형세가 또한 위태하지 않겠습니까.

신은 모든 굴욕을 억지로 참고 망명해서 기다리다가 간흉(奸凶)이 임금을 위태롭게 하면 앞장서서 국난에 나아가 세상에 드문 전하의 지우에 보답하려는 것이 신의 본뜻이었습니다. 또 전하께서 조광조를 의심한 것도 본심이 아니며 신을 죄 준 것도 또한 본심이 아니었음을 잘 알고 있습니다. 까닭에 이런 구구한 행동을 한 것이오니 전하께서는 깊이 살피소서. 만약 전하께서 끝까지 깨닫지 못하시면 조종은 어떻게 되고 사직(社稷)은 어떻게 되겠습니까. 명사(名士)를 다 죽이고 나라가 보존되는 일은 예전에 없었습니다. 하잘것없는 신의 한몸은 불쌍할 것도 없지만 신의 연고로 죄 없는 자에게 죄가 미치면 곧 전하의 흠이 될 것이므로 감히 이것으로써 상달합니다."

<己卯錄補遺>

김대유(金大有)가 김식이 망명하여온 것을 거절하다

김대유는 김해(金海) 사람이니 자는 천우(天佑)요, 호는 삼족당(三足堂)

이다. 정묘년(중종 2 : 1507)에 진사가 되었고 은일(隱逸)로 전생서(典牲署)의 직장(直長)이 되었다. 또 현량(賢良)으로 천거되어 기묘년(중종 14 : 1519)에 문과(文科)에 급제하고 호조 좌랑(戶曹佐郎)이 되었다. 이 해에 기묘사화가 일어나 현량과를 파하자 청도(淸道)로 돌아가 운문산(雲門山) 우연(愚淵)에다 별장을 짓고 은거하면서 유연히 자득하였다. 명종 을사년(1545)에 복과(復科)하여 성균관 전적(成均館典籍)에 제수되었는데, 당시 나이가 74세였다. 복과의 명을 듣고서 식량을 휴대하지 않고 출발하니, 어떤 사람이 묻기를,

"길은 먼데 식량이 떨어지면 어떻게 이어 대려고 하십니까?"

하니, 공이 웃으면서 말하기를,

"국가에서 우리들을 오랫동안 폐치했다가 다시 기용하였으니, 이미 현관(縣官)에 제배된 사람이 있을 것이다. 그들에게 얻어먹으면서 서울에 도착할 수 있을 것이니, 식량이 떨어질 것을 어찌 근심하겠는가."

하였다. 사람들이 그의 의중을 헤아리지 못했는데, 하루는 100리를 달려가서 종자에게 이르기를,

"오랫동안 한가히 보내다가 갑자기 먼 길을 달려오니 병이 나서 갈 수가 없다."

하고, 드디어 돌아왔다. 그리고 오래지 않아 죽었다.(己卯錄)

동천(東泉) 김식(金湜)이 망명하여 일찍이 천한 자의 복장으로 삼족당(三足堂)의 집에 이르러서 문 밖에서 절을 하니, 삼족당이 그가 누군지 알고서도 받아들이지 않고 노복을 시켜 말을 전하기를,

"그대는 어찌하여 이처럼 구차한 짓을 하여 남의 집에 누를 끼치는가."

하였다. 남명(南冥) 조식(曺植)이 그 얘기를 듣고 말하기를,

"천우(天佑)의 이 일은 의리야 의리겠지만, 정리에 어찌 그럴 수 있겠는가."

하였다.

남명이 일찍이 삼족당과 함께 잠을 잔 적이 있었는데, 한밤중에 삼족당을 흔들어 깨우고 말하기를,

"듣자하니, 조정에서 공을 지평(持平)으로 삼는다고 하오."

하니, 삼족당이 벌떡 일어나서 말하기를,

　"이것이 누구의 말이오."

하였다. 남명이 큰 소리로 웃으니, 삼족당이 무색하여 다시 누우며 말하기를,

　"이 손이 나를 속이는구나."

하였다. 뒤에 남명이 말하기를,

　"그는 재기(才氣)가 있어 항상 쓰이길 생각했다. 그러므로 내가 이 말로 시험해보았더니, 과연 관직에 동요되지는 않았다."

하였다. 또 남명이 항상 말하기를,

　"삼족당은 낭묘(廊廟)의 재주가 있다."

하였다. (德川師錄)　　　　　　　　　　　　　　　　　　　　　　　＜大東奇聞＞

　『大東奇聞』: 강효석(姜斅錫)이 편찬한 책으로 1926년에 간행된 것이다. 조선조 시대의 일사·기문(逸事奇聞)들을 고종 때까지 왕조순으로 수록하고 있다. 역사상의 사건이나 태조조 인물에 관련된 이야기가 풍부하게 담겨 있는데 자료의 근거도 밝혀놓았다.

김덕수 형제전(金德秀兄弟傳)

　김덕수(金德秀)는 경신생(연산 6 : 1500년)으로 자는 경직(景直)이니, 대사성 김식의 맏아들이다. 그를 붙잡으러 왔을 때 여자옷으로 변복을 하고 여인들 사이에 엎드려 있었다. 벼슬아치들이 그의 생김새가 작고 연약하며 손발이 가냘프므로 처녀라고 생각하여 변을 모면할 수가 있었다. 새벽이 되자 덕순(德純)·박연중(朴連中)과 함께 도망쳐 피신하였다. 사면을 받은 후 학도들을 가르쳤는데 명사들이 많이 나왔다.

　김덕순(金德純)은 계해생(연산 9 : 1503년)으로 자는 중일(仲一)이니, 덕수(德秀)의 아우이다. 문무의 재주를 갖추었으므로 그에 대한 추적(追跡)은 다른 이의 배나 심하였다. 그의 아내 이씨가 상심한 나머지 죽었는데, 풀려 나온 뒤에 장가들지 않았다. 천거를 받아 참봉(參奉)이 되었다. 어머니 이씨는 90살이 넘어 세상을 떠났는데, 아들딸들이 그보다 먼저 죽었다. 덕순도 병으로 장례에 나가지 못하였다. 내외 손자 및 증손·현손이 모두 80여

명이나 되었다.   <己卯錄補遺>

  공의 아들 덕순(德純)은 나이 겨우 18세였는데, 용모가 기걸스럽고 용력
(勇力)이 빼어났다. 그도 도망 중에 있었는데, 남곤(南袞)과 심성(沈貞) 등
이 매우 그를 두려워하였다. 그가 집을 옮겨다니며 기숙을 하다가 하루는 밤
을 틈타 집에 돌아와 보니, 대청에다 빈소를 설치해 놓았는데 자기의 명정
(銘旌)이 보였다. 그리고 그의 아내가 자신이 죽은 줄 알고 흐느끼며 울고
있었다. 뒤에 남곤과 심정이 죽자 집으로 돌아오게 되었는데, 그의 처가 상
심하여 운명한 뒤였다. 그리하여 그는 종신토록 다시 장가들지 않고 살았다.
  그의 동생 덕무(德懋)의 아들 참판 김권(金權)은 광해군(光海君)이 인목
대비(仁穆大妃)를 폐위시키려는 폐모론(廢母論)에 반대하여 의견을 세우고
절개를 지켰다.   <野輯>

  『야집(野輯)』: 조광조(趙光祖)로부터 이이(李珥)에 이르기까지 여러 유명한 학
자·정치가·문인 들의 행적과 일화를 수록한 책. 1책으로 편자 미상의 사본.

박연중전(朴連中傳)

박연중은 김식의 제자인데 도망쳐 숨어서 나오지 않았다.
  보유 : 박연중은 학도(學徒)는 아니고 김덕순(金德純)의 아내 이씨 유모
의 의자(義子)로서 일찍이 대사성의 집에서 살던 자이다. 김덕수 등과 동시
에 도주하였다. 애초 이신(李信)이 "박연중은 효용(驍勇)하다."고 고한 까
닭에 더욱 급히 체포하려 하였다. 사면된 후에도 오히려 나오지 않았다.
                                                          <己卯錄補遺>

10. 尹元亨과 蘭貞

윤원형(尹元亨)이 쫓겨나다

을축년(명종 20, 1565) 8월에 윤원형이 삭직(削職)되어 시골로 추방되었다.(石潭日記)

윤원형은 영돈령 윤지임(尹之任)의 아들로 과거에 급제하여 벼슬길에 올랐다.(중종 계사년의 문과이다.—원주) 그러나 인물이 간사하고 외척의 세력이었기 때문에 이조 좌랑·검상(檢詳) 같은 추천에도 막히더니, 인종 때에 도승지로서 특명으로 공조참판에 올랐다. 그러나 송인수(宋麟壽)가 두 달 동안 그치지 않고 합당하지 않음을 논박하여 끝내 갈리었다. 세력을 얻은 뒤에 너댓 명 악한 무리를 심복으로 삼아 평생 원한 있는 이들을 모두 사지(死地)로 몰아넣었다. 위력과 권세가 높아지자 뇌물이 폭주하여 성 안에 집이 열여섯 채나 되었고 남의 노예와 전장을 빼앗은 것은 이루 다 기록할 수 없었으며, 살리고 죽이고 주고 빼앗는 권한이 다 그의 손에서 나왔다. 또 그 아내를 내쫓고 기생첩 난정(蘭貞)을 정경부인에 봉하니 권리를 탐하는 조신들이 그 첩의 자녀와 혼인을 하였다.(稗官雜記)

윤원형의 득세

윤원형은 사람됨이 음험하고 악독하며 이익을 탐하여 을사옥(乙巳獄)이 일어나자 사류(士類)로 그 화를 면한 이가 드물었다. 드디어 위사공신(衛社功臣)에 녹훈되었다. 또 을사사화에 대한 공론이 없어지지 않음을 두려워하여 항간에서 조금이라도 저희들과 다른 의론을 하는 이가 나오면 문득 역당으로 지목하였으므로 길가는 사람들이 눈을 흘겼다. 윤원형 세력이 날로 크게 떨치자 권력을 농락하고 이익을 취하여 못할 짓이 없었으며 의복과 거마의 참람함이 대내(大內 : 궁궐)와 다름이 없었다. 뇌물을 받고 남의 것을 빼앗는 데 첩의 도움이 또한 많았다. 생살(生殺)의 권한을 잡은 지 20년에 사림이 원한을 품고서도 감히 말을 하지 못하였다.(石潭日記)

처음에 윤원형이 봉상시정(奉常寺正)이 되었을 때, 당시의 공론이 공박을 하였으나 이준경(李浚慶)이 이를 말리며 말하기를,
"재상의 동생도 품직(品職)의 벼슬을 하는데 중전(中殿)의 동생으로서 어찌 이 벼슬을 못하겠는가."
하였다. 당상관이 되어 관압사(管押使 : 野人에게 사로잡혔다가 도망쳐 우리나라로 온 중국인을 중국으로 호송하는 사신—역주)로 북경에 가면서 혹시 죄를 얻어 살아 돌아오지 못할까 두려워하였다. 구수담(具壽聃)이 무사할 것을 보증하더니 윤원형이 과연 아무 일이 없이 돌아와서 매우 고마워하였다. 을사옥이 일어나자 이준경은 이중열(李中悅)의 숙부로 평안감사가 되어 나가고 구수담은 죄폐되었으나 진복창(陳復昌)이 상소하기를,
"구수담은 선조(先朝)의 훌륭한 사람이니 없어서는 안 될 사람이다."
하여, 곧 수용해 관직에 제수하였으니 다 윤원형의 힘이었다.(月汀漫筆)

병오년(명종 1 : 1546)에 삼공(三公) 윤인경(尹仁鏡)·이기(李芑)·정순붕(鄭順朋) 등이 아뢰기를,
"윤원형은 곧 처음 건의한 사람인데 오래도록 종2품(從二品)에 있는 것이 매우 미안하니, 빨리 승진시키소서."
하니, 비답하기를
"종사(宗社)를 다시 안정시켰으니 그 공이 어찌 우연한 것이겠는가. 다만 윤원형은 가까운 처지이므로 서서히 승진시키려 하였는데 이렇게 청하니 이 뜻을 잘 짐작하겠다."
하더니, 그 이튿날 자헌(資憲 : 정2품)의 계에 승진시켰다.(東閣雜記)

난정(蘭貞)

기유년(명종 4 : 1549) 9월에 공신들을 불러 궁정에서 연회를 베풀고, 영의정 이기(李芑) 등에게 전교를 내리기를,

"윤원형이 막대한 공이 있었으나 보답한 일이 없었으니 그 첩의 소생을
다른 집 적자와 통혼할 수 있도록 하는 것이 좋겠다."

하니, 이기 등이 아뢰기를,

"조종조(祖宗朝)에 큰 공이 있는 자는 그 첩의 자녀를 다른 이의 적자와
통혼하는 전례가 있으니 상교가 지당하십니다. 뿐만 아니라 큰 공이 있으면
서 1품이 되지 않음이 미안하니 승진시키소서."

하고, 세 번 아뢰었으나 윤허하지 않았다.

난정(蘭貞)이 쌀 몇섬의 밥을 지어 몇필의 말에 나누어 싣고 두뭇개(豆
毛浦) 등처에 나가 물에 던져서 물고기에게 먹여 그 공덕으로 복을 얻으려
고 하기를 해마다 두세 차례씩 하였다. 이를 듣는 이가 말하기를,

"백성의 식량을 빼앗아 물고기에게 먹이니 여기에서 빼앗아 저기에 주는
화가 까마귀나 솔개에게서 빼앗아 땅강아지나 개미에게 주는 관계[1]보다도
심하지 아니한가." 하였다.

을축년에 두뭇개 어부가 흰 물고기 한 마리를 잡았는데 그 크기가 배만
하였다. 조정에 바치니 모두 변이라고 하였다. 어느 한 진사(進士)가 희롱
으로 말하기를,

"큰 물고기가 스스로 먹지 못하고 상공의 먹이를 탐내다가 어부에게 잡
히고 말았으니 불쌍하다."

하였고, 어떤 사람은 말하기를,

"그 물고기가 멀리 바다에서 강에 와 죽으니 원형의 형(衡)자는 행(行)
자와 어(魚)자인 만큼 물고기의 죽음은 원형이 죽을 징조이다."

하였다.(稗官雜記)

---

1) 까마귀나 …… 관계 : 매우 편벽되고 잘못된 것을 비유하는 말임. 장자가 임종하
　려 하자 제자들이 후장(厚葬)하려고 하니 장자가 못하게 하였다. 그러나 제자들이
　말하기를 "까마귀나 솔개가 선생님의 시신을 뜯어먹을까 염려됩니다." 하니, 장자
　가 말하기를 "지상에 있으면 까마귀나 솔개의 먹이가 되고 지하에 있으면 땅강아
　지나 개미의 먹이가 될 텐데, 이쪽에서 빼앗아다 저쪽에 주는 격이니, 어찌 그리
　도 편벽된 생각을 하고 있는가." 하였다.(莊子 列御寇)

윤원형의 몰락

이때에 이르러(을축년 8월—원주) 윤원형을 죄가 있다 하여 면직시키고 이준경으로 영상(領相)을 삼았다. 이준경이 병으로 사양하므로 부축하여 전상(殿上)에 오르게 하니 국사를 간절히 말하고 원기가 병든 원인을 들어 비유하여 임금의 마음을 깨닫게 하고자 애썼으니 대개 윤원형을 지적하여 공론을 좇아 사정(私情)을 끊기를 청함이었다. 물러나와서는 상소를 올려 윤원형의 죄를 처단할 것을 청하고 이어 백관을 거느리고 3일 동안 정청(庭請)하여 윤허를 받으니 윤원형의 나쁜 정치를 바로잡음이 많았다.(東皐行狀)

문정왕후(文定王后)가 승하하자 임금이 윤원형을 죽이려 하였다. 조정의 의론이 흉흉하였지만 임금의 뜻을 알지 못하여 감히 공격하는 자가 없었다. 임금이 이를 깨닫고 하루는 경연(經筵)에서 한나라 문제가 박소(薄昭)[2]를 감히 죽인 데 대한 시비를 물으므로, 신하들이 비로소 임금의 뜻을 알고 윤원형이 나라를 그르치고 권력을 부린 죄를 논박하여 문 밖으로 추방하였다. 대사간 박순(朴淳)이 양사(兩司)에 의론하고 합계(合啓)하여 멀리 귀양보내기를 청하며 여러 날을 복합(伏閤)하고 위로 삼정승에서 아래로 낮은 벼슬아치에까지 한결같이 죄 줄 것을 청하니 이에 삭직을 명하고 전리(田里)로 방귀(放歸)하였다. 윤원형이 쫓겨나자 백성이 거리에 모여 꾸짖고 돌을 던지며 쏘아죽이려는 자까지 있었다. 윤원형이 몰래 교하(交河)로 갔다가 또 원한을 품은 집에서 찾아올 것을 두려워하여 몰래 강음(江陰)으로 옮겨 첩 난정과 날마다 분함을 머금고 마주 울었다.

이때 윤원형의 전처 김씨의 계모 강씨(姜氏)가 형조(刑曹)에 정장(呈狀)하여 난정이 김씨를 독살한 사실을 고발하니, 형조에서 "이는 강상대변(綱

---

2) 한 문제(漢文帝) …… 죽인 것 : 박희(薄姬)는 한나라 고조(高祖) 후비(後妃)로 문제(文帝)의 어머니이다. 문제가 즉위하자 박희의 동생인 박소(薄昭)를 봉하여 지후(軹侯)를 삼았는데, 그가 국권을 잡고 마구 휘두르므로 나중에 주벌하였다. 여기서는 윤원형을 박소에 비유하여 주벌할 뜻을 보인 것이다.

常大變)이니 본조에서 능히 처결할 수 있는 일이 아니다." 하고, 의금부에 넘기어 관련자 잡기를 청하였다. 양사와 옥당에서 난정을 금부에 내리기를 청하였으나 상이 차마 법대로 처결하기 어려워 오래 윤허하지 아니하였다. 난정이 듣고 몹시 두려워하였는데, 어떤 사람이 "금부도사가 온다." 하고 그릇 전하자 난정이 매우 놀라 약을 마시고 자살하였다. 윤원형이 크게 통곡하다가 오래지 않아 또한 죽으니 11월이었다. 윤원형이 죽었다는 소문을 듣는 사람들이 서로 하례하였다고 한다.

일설에는 조정에서 윤원형을 공격하는 것이 여지가 없었으나 임금이 삭직만 하여 시골로 돌려보낸 것은 사사로운 정을 보전하려는 뜻이었다. 노비들이 다 흩어져서 따르지 않으니 윤원형이 늙은 종 2, 3명과 난정만을 데리고 황해도로 갔다. 혹 밤을 틈타 도성에 들어와 몰래 조정에서 자기를 공격하는 사태를 듣고 자살할 계획으로 작은 병에 짐주(鴆酒)를 가지고 다니며 항상 난정에게 말하기를 "만약 들리는 말이 있거든 이것을 나에게 마시게 하라." 하였다. 평일에 우연히 벽제역리(碧蹄驛吏)를 알았는데 하루는 그 역리를 찾아가 말하기를 "만약 나를 잡으라는 명이 있거든 꼭 나에게 먼저 통보해 달라." 하였는데, 역리가 금부도사가 황해도로 간다고 잘못 알고 급히 고하기를 "잡으라는 명이 내려서 도사가 온다는 소식이 왔다." 하니, 이날 저녁에 원형이 짐주를 마시고 자살하였다. 대체로 죄가 하늘에 통하면 스스로 천벌이 없을 수 없는 법이니 짐주를 마시고 죽음은 신명이 그 마음을 꼬인 것이다. 난정은 도로 천한 기생의 신분을 만들었다.(石潭日記·紫海筆談)

정난정의 오라비

난정의 동복(同腹) 오라비 정담(鄭淡)이 미리 누이가 반드시 화근(禍根)이 될 것을 짐작하고 소원(疏遠)하게 지내서 청탁 왕래가 없었으며, 또 사는 집 입구(入口)에 꼬불꼬불 담을 쌓아 뚜껑 있는 가마가 드나들지 못하게 하였다. 그 때문에 난정이 또한 가보지를 못하였으니, 비록 현저하게 거절을 아니하였어도 마음으로는 깊이 끊고 거절한 것이었으므로 윤원형이 패하여도 정담은 조금도 연루됨이 없었다. 정담은 호가 물재(勿齋)이며, 문

장에 능하고 『주역(周易)』의 이치를 깊이 알았다. 무신(武臣) 청계군(淸溪
君) 정윤겸(鄭允謙)의 서자요, 찬성 정종영(鄭宗榮)의 서숙이다.(公私聞見錄)

<燃藜室記述>

『연려실기술(燃藜室記述)』: 영조·정조 때의 학자 이긍익(李肯翊 1736~1806)
이 지은 책. 조선조 태조 때부터 현종 때까지의 중요한 역사적 사실을 기사본말체
의 방식으로 편찬한 것. 작자의 견해나 비평을 가히지 않고 여러 사서에서 관계된
기사를 초출(抄出)하여 기록한 것이 특징인데 내용 단락별로 인용한 출처를 정확
히 밝히고 있다.

알랑뼈〔媚骨〕·아첨혓바닥〔佞舌〕[3]

윤원형(尹元衡)의 자(字)는 언평(彦平), 본관이 파평(坡平)이며, 문정왕
후(文定王后)의 동생이다. 을사년(명종 1 : 1545)에 사류(士類)를 죽이고 녹
훈(錄勳)을 받았다. 위세가 크게 떨쳐 뇌물이 폭주했으며, 재리(財利)를 농
간하여 못하는 짓이 없었다. 서울에 집이 열여섯 채나 되었고, 의복이나 거
마(車馬)의 참람함이 임금에 비견되었다. 남의 돈과 재물·전토를 빼앗은
것은 이루 다 기록할 수 없다. 그리하여 한 시대의 생사여탈권(生死與奪權)
이 모두 그의 마음에서 나왔다.

또 본처를 쫓아내고 기첩(妓妾)인 난정(蘭貞)을 정경부인에 봉하였다.
세력을 쫓고 이익을 탐하는 조정의 무리들이 그의 첩과 혼인을 맺었다.

난정이 몇섬의 쌀로 밥을 지어 여러 마리의 말에다 싣고 두뭇개(豆毛浦)
등처로 가서 강물에 던져 물고기에게 보시하였는데 이 짓을 매년 두세 차
례씩 하였다. 그러자 그 소문을 들은 자들이 말하기를,

"백성의 식량을 빼앗아서 강물의 물고기에게 보시하니, 이쪽에서 빼앗아
저쪽에 주는 재앙이 까마귀나 솔개에게서 빼앗아 땅강아지와 개미에게 주
는 관계보다도 더 심하지 아니한가."

하였다. 두뭇개에 사는 한 어부가 한 마리 허연 물고기를 잡았는데 크기가

---

3) 이 기록의 원제는 '貧兒學詔託衆賓'이다.

배만 하였다. 그것을 조정에 바치자 모두들 변고라고 하였다. 어떤 성균관 유생이 농담하기를,

"저 큰 물고기가 제 스스로 먹고 살 수 없어 상공(相公)의 미끼를 탐하다가 어부에게 잡혔으니 불쌍하도다."

하였고, 또 어떤 사람은 말하기를,

"그 물고기는 바다로부터 멀리 헤엄쳐와서 강에 이르러 죽었다. 윤원형의 '형(衡)'자는 행(行)과 어(魚)가 합쳐진 글자이니 물고기가 죽은 것은 곧 윤원형의 죽음을 뜻하는 징조이다."

하였다.

일찍이 병조판서가 되었을 적에 한 무인(武人)을 차임해 북도(北道)의 권관(權管)을 삼았는데 그 무인이 임지에서 화살통을 보내왔다. 그러나 윤원형이 노해서 말하기를,

"나는 활 쏘는 것을 배우지 않았으니 이 화살을 어디다 쓰겠는가."

하고 다락 위에 던져버렸다. 얼마 뒤에 그 무인이 파직하고 돌아와 윤원형을 뵈었는데 윤원형이 노기에 찬 눈으로 노려보니 그 무인이 말하기를,

"전일에 올린 화살통을 받아보셨습니까?"

하니, 윤원형이 의심하여 노비도 하여금 가져오라고 하였다. 자물쇠를 풀자마자 초피(貂皮)가 쏟아져나와 높이가 대들보까지 닿고 앉은자리 앞으로 흩어졌다. 윤원형이 놀라고 기뻐서 곧바로 그를 풍요로운 고을의 수령으로 제수하였다.

또 그가 이조판서가 되었을 적에 어떤 사람이 누에고치 수백 근을 바치어 참봉(參奉)에 제수되기를 구하였다. 그런데 윤원형이 정사(政事 : 관리를 임용 이동하는 일—역주)에 임하여 피곤해 졸다가 하품을 하며 그 사람의 이름이 떠오르지 않았다. 그러자 낭관(郎官)이 붓을 잡고 재촉을 하였는데 윤원형이 졸면서 답하기를 '고치(高致)'라고 하였다. '고치'란 누에고치의 속명(俗名)이다. 낙점(落點)을 할 때 이르러 본조의 관리들이 고치란 자를 널리 찾아보았으나 찾을 수가 없었다. 그런데 한 곳에 이르니 먼 시골에 고치(高致)라는 가난한 선비가 있었다. 그리하여 그 사람을 관직에 제수하였다. 그러나 윤원형은 그 사람이 진짜인지 거짓인지 분간하지 못하였다.

윤원형이 일찍이 밤에 후당(後堂)에 앉아 있었는데 빙 둘러 모시고 앉아 있는 문객들이 빽빽하였다. 그들은 달콤하고 아첨하는 말로 다투어 아양을 떨며 좌우에서 부축하는데 그 모양이 천태만상이었다. 잠시 뒤에 처마의 기와가 갑자기 떨어지며 요란한 소리를 내니 모여 있던 무리들이 시끄럽게 소란을 피우며 밖으로 뛰어나갔다. 밖에는 어떤 사람이 실족하여 땅에 떨어져 있었는데 불빛에 비추어보니 수없이 기운 누더기옷을 입고 말없이 멍청하게 서 있었다. 윤원형이 도둑이 아닌가 의심하여 포도청에 붙잡아두라고 명하였다. 그러자 그 사람이 앞으로 나와 무릎을 꿇고 말하기를,

"소인은 도둑이 아니라 거렁뱅이입니다."

하였다. 윤원형 말하기를,

"네가 거렁뱅이라면 무엇 때문에 이곳에 왔는가?"

하니, 그 거렁뱅이가 말하기를,

"소인에게 말 못할 사연이 있으니 만약 너그럽게 용서해주신다면 한말씀 드리고 죽겠습니다."

하였다. 윤원형이 그러라고 허락하니, 그 거렁뱅이가 말하기를,

"소인 장록(張祿)은 본래 아무 지방 사람인데 유리걸식하다가 거지가 되었습니다. 저처럼 걸식하는 거지 중에 전독자(錢禿子)라는 자가 있는데 그와 함께 시가지를 돌아다니며 구걸을 하였습니다. 그런데 그 전독자는 가는 곳마다 사람들이 바로 돈이나 쌀을 내어주었습니다. 소인도 비록 조금 얻기는 하였지만 전독자에게는 끝내 미칠 수가 없었습니다. 그래서 그에게 그 방법을 물으니 전독자가 말하기를 '우리들이 다같이 거지가 되었지만 그중에는 '알랑뼈(媚骨)'가 있는 자도 있고 '아첨혓바닥(倭舌)'이 있는 자도 있다. 너는 요령을 터득하지 못하였으니 구걸하여 얻는 데 어찌 나를 따라올 수 있겠는가.' 하였습니다. 그리하여 그에게 방법을 가르쳐 달라고 하였지만 그는 끝내 가르쳐주지 않았습니다. 그래서 생각하기를, 대감의 문하에 밤낮으로 구걸하는 자들은 '알랑뼈' '아첨혓바닥'이 전독자보다 열 배는 되리라고 여겨졌습니다. 이 때문에 먼 길을 달려와 숨어서 듣고 틈을 엿본 것이 벌써 석 달이나 되었습니다. 이제는 꽤 터득을 하여 대충 성취를 하였는데 오늘 저녁에 불행히도 꼬리를 밟혀 탄로나고 말았습니다. 원컨대 큰 은

혜를 베푸시어 너그러이 용서해주시기를 바랍니다."

하였다. 윤원형이 이 말을 듣고 깜짝 놀라더니 이어 대중들을 돌아보고 웃으면서 말하기를,

"거렁뱅이도 또한 도가 있으니, 너희들 중에 '알랑뼈' '아첨혓바닥'은 참으로 저 거렁뱅이들의 스승인 것이다."

하고 죄를 용서하여주었다. 그리고 여러 문객들에게 명하여 그 거렁뱅이를 데리고 가 아침저녁으로 돌아가며 밥을 주라고 하였다. 이로부터 장록이라는 거지는 전독자보다 훨씬 유명해졌다고 한다.

을축년(명종 20 : 1565) 문정왕후가 죽은 뒤에 윤원형은 세력을 잃었다. 그러자 조정의 의론이 흉흉하였는데 성상의 뜻을 헤아릴 수 없어 또한 감히 공격하는 자가 없었다. 상이 그런 점을 깨닫고 하루는 경연에서 한 문제(漢文帝)가 박소(薄昭)를 죽인 것에 대한 시비(是非)를 강하자 군신들이 비로소 상의 뜻을 알았다. 그리하여 드디어 윤원형이 나라를 그르치고 권력을 멋대로 한 죄를 논박하여 삭탈 관직하고 멀리 내쫓으라고 명하였다.

당시 윤원형의 전처(前妻) 김씨의 계모인 강씨(姜氏)가 형조(刑曹)에 정장(呈狀)하여 난영(蘭英 : 蘭貞의 오기인 듯—역주)이 김씨를 독살(毒殺)하였다 고발하자 형조에서 강상(綱常)에 관계된 큰 변고라고 하여 의금부로 이송할 것을 상께 아뢰었다. 난정이 이 얘기를 듣고 매우 두려워하여 독약을 마시고 스스로 목숨을 끊었다. 윤원형도 크게 두려워하여 오래지 않아 죽었다.　　　　　　　　　　　　　　　　　　　　　　　　　　　<東野彙輯>

11. 普雨와 文定王后

요승 보우(普雨)가 귀양가다(을축년 6월 : 명종 20년)

중 보우는 무차대회(無遮大會)[1]를 열어 승(僧)·속(俗)이 다 추앙하는 대상이 되었다. 궐내에 알려져서 위로 문정왕후(文定王后)를 속이어 세력을 얻고 불사(佛事)를 크게 베풀어 양종(兩宗 : 교종과 선종)의 선과(禪科)를 설치하였다. 보우는 자칭 도(道)를 얻었다 하고 궐내에 거처하였다.(石潭日記)

기유년(명종 4 : 1549)에 명하여 인수궁(仁壽宮)을 옛 정업원(淨業院) 자리에 짓게 하였다. 신해년에 다시 양종을 세워 선과를 베풀었다. 이때에 문정왕후가 불사를 숭상하자 보우가 방자히 떠벌여서 이교(異敎)가 크게 성하므로 양사와 홍문관이 해가 지나도록 간하여도 듣지 않고, 대신이 또한 백관을 거느리고 정청(庭請)하여도 윤허하지 않았다. 윤원형(尹元衡)이 홀로 시종 정청에 참여하지 않았으니 대비의 뜻을 거역하지 않으려 함이었다.(東閣雜記)

애초 궁중에서 바야흐로 불교를 숭상하니, 감사 정만종(鄭萬鍾)이 요승 보우를 천거하여 크게 불법을 펴, 봉은사(奉恩寺 : 宣陵 옆에 있다.— 원주)는 선종(禪宗)으로, 봉선사(奉先寺 : 광릉 옆에 있다.— 원주)는 교종(敎宗)으로 삼았다. 이듬해인 임자년부터 선과 초시(禪科初試)를 베풀고 회시(會試)에서는 강경(講經)과 제술(製述)로 시험하여 합격자에게는 첩(牒)을 주어 문과의 제도를 대강 모방하였다. 8도의 사찰이 일시에 새로워지니 삼사에서 간하고 대신이 백관을 거느리고 나와서 보우의 죄상을 논하였으나 듣지 않

---

1) 불교에서 행하는 행사로 중을 불러 공양(供養)을 할 때, 중의 수를 제한하지 않고 오는 대로 받아들이는 것을 말한다.

았다. 성균관(成均館) 유생이 보우를 죽일 것을 여러 차례 상소하여 청하였으나 또한 윤허하지 않아 관을 비우고 나갔다. 임금이 날마다 승지와 사관(史官)을 보내어 유생을 타일러서 출석하게 하여도 유생들이 나아가지 않으니 조정에서 조관으로 유생의 부형 된 이를 불러 각각 권유하여 자제들을 관에 나아가게 하였다. 이렇게 하기를 한 달이 넘었다.(西厓雜記)

처음에 불교에 계통이 없는 것을 염려하여, 대신들이 다시 양종(兩宗) 세우기를 의론하는데, 영상 심연원(沈連源)과 좌상 상진(尙震)은 아첨하여 어기지 못하고 한마디 말로도 그 불가함을 다투지 않았다. 임금이 대신에게 물을 때 바로 깨우칠 수 있었는데도 상진은 직언을 하기는커녕 도리어 부드러운 말로 순종하여 선과(禪科)를 다시 회복하였다.(沈連源은 경술년에 죽었다. ─ 원주)

함경도 어사 왕희걸(王希傑)의 장계에,
"북도 사람에게 들으니 중 보우가 역적 유(瑠)의 종으로 중이 된 자와 안변 황룡사(黃龍寺) 초암(草菴)에 같이 있었는데, 유가 망명해오자 굴 속에 있게 하였습니다. 대대석으로 수색한다는 소식을 듣고, 보우가 화가 미칠 것을 두려워하여 석왕사(釋王寺)로 옮겼습니다. 유의 종 무응송(無應松)이 작은 쪽지를 보우에게 주니 보우가 보고 말하기를 '요새는 길일(吉日)이 없으니 너는 수일 동안 물러가 있거라.' 하고는, 쌀을 꾸어가지고 깊은 산꼴짜기로 가서 여러 차례 재를 올렸습니다. 쌀을 꾸어준 중이 말하기를 '아직도 석왕사에 있다.' 합니다."
하였다. 정원(政院)에서 법관에게 추문(推問)할 것을 청하니 상이 이르기를,
"보우를 해치려는 자가 지어낸 말이 분명하니, 추문하지 말라."
하였다. 양사와 대신이 추문할 것을 청하였으나 윤허하지 않았다. 이조판서 송세형(宋世珩)이 홀로 아뢰기를,
"보우의 권세가 중하고 너무 교만하여 모든 국민이 다 우러러 받들기를 군부(君父)와 같이 하여도 한 사람도 말하는 이가 없으니 불측한 화가 있을까 두렵습니다."

하고, 패악한 소행을 역력히 들었으나 윤허하지 않았다.(東閣雜記)

보우가 오래 봉은사 주지로 있으면서 중종의 능을 절 곁으로 이장하여 그 절의 세력을 굳히고자 문정왕후를 씌어 말하기를,
"선릉(宣陵) 근처에 길지(吉地)가 있으니 중종 능을 그리로 옮겨 모시기를 청합니다."
하니, 문정왕후가 그 말을 믿자 윤원형(尹元衡)이 대비의 뜻에 영합하여 대신을 위협하니 대신 안현(安玹) 등이 감히 어기지 못하여 이장할 계획이 이루어졌다. 그리고 장차 문정왕후가 죽으면 역시 거기에 함께 장사하려 하였다. 그러나 지세가 낮아서 매년 강물이 넘쳐 들어오므로 문정왕후의 장지는 부득이 다른 곳에 정하였다. 공론이 다 중종의 능을 이장하려 하였으나 두번 옮겨 모시는 것이 어렵다 하여 중지되었다.(石潭日記)

명종 20년 을축(1565)에 문정왕후가 승하하니 대간(臺諫)이 태학생 김충갑(金忠甲) 등과 더불어 계속 상소하여 보우를 죽이기를 청하여 제주로 귀양보냈다. 무사 변협(邊協)이 다른 일로 매를 때려 죽이니, 사람들이 쾌히 여겼다.(石潭日記·芝峯類說)

처음에 보우가 불사를 성대하게 베풀고 거처가 참람하여 임금에 비견되었다. 또 회암사(檜巖寺)에서 무차회(無遮會)를 여는데 그 비용이 만(萬)으로 헤아렸다. 이때에 이르러 대개(臺啓)와 유소(儒疏)로 인하여 밖으로 축출하고 서울 인근의 산에 드나들지 못하게 하였더니, 포마(鋪馬)를 훔쳐 타고 달아나다가 인제(麟蹄) 땅에서 붙들려 제주로 귀양갔다.(攷事撮要)

보우가 마음대로 선전하여 불교가 크게 성하였다. 사월 초파일에 회암사에서 무차대회를 행하려 할 때에 그 비용이 국고(國庫)를 거의 다 비게 만들었다.
팔도의 승려와 백성들이 분주히 몰려드는데 때는 곧 4월 7일이었다. 문정왕후가 갑자기 이 날 승하하니 승려와 백성들이 놀라 흩어졌다. 당초에

수천 석의 쌀로 밥을 지으니 그 빛이 붉어 피로 물들인 것 같아서 사람들이
괴이하게 여기었는데 불사가 끝내 이루어지지 못하였다.(苔泉日記)

병인년에 양사에서 아뢰어 양종 선과(兩宗禪科)를 파하였다.

<燃藜室記述>

12. 乙卯倭變과 李潤慶

을묘왜변(乙卯倭變)

을묘년(명종 10 : 1555)에 왜적의 배 60여 척이 침범해 들어와 오란(於蘭)·달량(達梁) 병영(兵營)과 강진(康津)을 함락시켰으며 영암군수(靈巖郡守) 이덕견(李德堅)이 포로가 되었다. 적이 진격하여 장흥(長興)을 포위하자 9고을의 구원병이 한꺼번에 무너져 분산되었는데 병사(兵使) 원적(元績)은 패전하여 죽고 부사(府使) 한온(韓蘊)은 성이 함락되어 죽었다.

감사(監司) 김주(金澍)가 영암(靈巖)에 달려와 어찌할 바를 모르다가 우리 외조부가 전임목사로 집에 있다는 말을 듣고 급히 불러 방략을 물었다.

이에 말하기를,

"공이 한 도(道)의 주인으로 여기에 있어서는 안 될 것이니 중도(中道)에 물러가 있으면서 대응책을 강구해야 할 것입니다. 다만 장흥(長興)이 막 무너져 적의 기세가 대단히 치열하니, 만약 영암을 잃게 되면 나주(羅州) 이상의 고을이 모두 다 동요하게 되어 원수(元帥)가 내려온다 하더라도 진(鎭)을 설치하여 군대를 주둔할 곳이 없게 될 것입니다. 전주부윤(全州府尹) 이윤경(李潤慶)은 지위와 덕망이 모두 높고 또한 장수의 지략이 있으며 남원판관(南原判官) 양모(梁某)도 또한 쓸 만한 재간이 있는 사람이니 공이 그들을 급히 불러다가 영암을 지키게 하면 끝내는 적을 깨뜨릴 수 있을 것입니다."

하였다. 김주가 말하기를,

"공도 또한 이 성을 지키는 것이 어떻겠소?"

하였는데 사양하기를,

"나는 시골 사람이오. 큰일을 맡을 사람으로 자부할 수 없습니다."

하였다.

이윤경은 즉시 재인(才人) 4, 5백 명을 선발하여 모두 울긋불긋한 옷을 입히고 출발하여 영암 성안으로 들어가 방어할 계책을 세웠다. 조정에서 보고를 받고 이준경(李浚慶)을 도원수, 심수경(沈守慶)·김귀영(金貴榮)을 종사관(從事官), 김경석(金景錫)·남치근(南致勤)을 좌우 방어사로 삼아 광주와 나주에 진주하여 좌우 양쪽으로 공격해 들어가는 태세를 갖추게 하였다.

적이 영암을 포위하였는데 밤이 되자 온 성 안이 소동하므로 이윤경이 촛불을 켜들고 대청에 나와,

"헛되이 동요하지 말라."

하였다. 이렇게 하기를 하루에 3, 4차례씩 하였는데 오랜 뒤에야 성안이 안정되었다.

이준경이 편지를 보내어 성에서 나올 것을 권하였으나 이윤경이 사자(使者)를 성안에 들여보내지 못하게 하고 다시 오면 쏘라고 하였다. 그래서 다시는 오지 아니하였다.

이준경이 편지를 보내던 날 성안 사람들이 이윤경이 장차 나갈 것이라는 소문을 듣고 짐을 꾸려 흙 무너지듯 분산될 형편이었다가, 사자가 다시 오면 쏘라고 했다는 말을 듣고서 인심이 드디어 안정되었다.

남치근이 군관 소달(蘇達)을 시켜 적진에 돌진케 하였다가 말이 넘어져 피살되므로 여러 사람들이 소동하여 공포심을 갖게 되었다. 그때 이윤경이 재빠르게 복병을 설치하고 마름쇠〔菱鐵〕를 길에 깔아놓고서 광대들을 시켜 모두 색옷을 입고 복병과 마름쇠 사이를 왔다갔다 하면서 정재(呈才)하는 모양을 하게 하니, 적이 대열을 날개처럼 벌리고 쫓아오다가 혹은 복병에게 죽고 혹은 마름쇠에 부상하여 감히 더 쫓아오지 못하고 모두 향교로 들어가 대열을 정돈하고 나와 광대놀음을 다투어 구경하고 있었다.

이때 남치근 등이 군대를 좌우로 나누어 불의에 엄습하니 적이 감당하지 못하고 드디어 붕괴되므로 모조리 섬멸시켜버렸다. 해남현감(海南縣監) 변협(邊協)이 장흥에서 패하여 본 고을로 돌아와 성을 수축하고 복병을 배치하였는데 10여 명의 적이 침입하였다가 피살되고 한 명만이 도망쳐 돌아갔다. 이뒤로는 감히 다시 그 경내를 침범하지 못하였다.

조정에서는 감사 김주(金澍)가 적군과의 싸움에서 조처를 잘못하였다 하

여 파면하고 이윤경으로 대신케 하였으며, 변협은 그 성을 완전히 지켰다고
하여 장흥부사로 승진시켰으며 이덕견(李德堅)의 머리를 군중에서 베어 조
리돌렸다.   <寄齋雜記>

　가정 을묘년에 왜선(倭船) 60척이 전라도를 침범하였다. 병사(兵使) 원적
(元績)이 군사를 거느리고 달려갔는데 날이 저물어서 달량(達梁)에 주둔하
였다. 이튿날 아침에 도적의 무리가 성을 포위하자 구원병이 북쪽으로 달아
나고 관군도 많이 성을 넘어 달아났다. 원적이 갑옷과 투구를 벗고 성 밖에
몸을 던져서 항복하여 비는 모양을 하자, 적이 우리의 형세가 급박함을 알
고 군사를 독려하여 성을 치니 성이 드디어 함락되었다. 적이 원적과 장흥
부사 한온(韓蘊)을 죽이고 영암 군수 이덕견(李德堅)을 사로잡았으며 연달
아 난포(蘭浦)·마량(馬梁), 장흥부 병영, 강진현 가리포(加里浦) 등을 함
락하였는데 죽이고 노략질한 것이 말할 수 없었다. 도순찰사 이준경(李浚
慶)을 보내어 방어하게 하고 김경석(金景錫)과 남치근(南致勤)을 좌우 방어
사로 삼았다. 김경석이 영암성(靈巖城)에 주둔하였는데 때마침 전주부윤 이
윤경(李潤慶)이 군사를 거느리고 와서 구원하여 군사를 잘 기르고 격리하였
다. 남은 도적들이 옆 고을을 노략질하므로 이윤경이 김경석에게 권하여 군
사를 내어 싸우게 하였더니 적이 패해 달아나서 관군이 참획(斬獲)한 것이
2백여 급(級)이었다. 남치근이 영암에 간 지 얼마 안 되어 말하기를,
　"우리 부대는 같이 이 성에 있을 수 없다."
하고, 곧 장졸을 거느리고 갔는데, 나주에서 적과 만나 싸우자 적이 싸움이
불리함을 알고 후퇴해 달아났다. 이덕견이 적진으로부터 돌아와서 말하기를,
　"적이 '만약 군사의 먹을 것을 주면 곧 돌아가겠다.'라고 말한다."
하니, 명하여 덕견을 군중에서 목베어 돌렸다.

이윤경(李潤慶)

　정헌공(正憲公) 이윤경(李潤慶)은 갑인년(명종 9 : 1554)에 전주부윤(全州
府尹)이 되었다. 이듬해 을묘년(명종 10 : 1555)에 왜노가 변경에 침입하여
변읍이 차례로 함몰돼 영암(靈巖)까지 박두하려 하였다. 그때 관찰사가 공

528

에게 첩문(牒文)을 보내 수성장(守城將)을 삼으니, 이는 대체로 공의 위명(威名)에 의지하여 분산되고 붕괴되는 것을 제압하려고 한 때문이었다.

공이 급히 정예병을 조발하여 변경으로 들어가 웅거를 하고 부서에 호령을 다 내려놓았다. 당시 도순찰사(都巡察使) 이준경(李浚慶)이 금성(錦城)에 머물러 있었는데, 공에게 격문(檄文)을 보내 "방어사가 이미 성으로 들어갔으니 가장(假將)은 필히 본 고을로 돌아가 경내를 지키라." 하였다. 그러자 군중(軍中)이 시끄럽게 떠들며 "영공이 아침에 돌아가면 우리들은 저녁에 흩어질 것이다." 하였다. 그러므로 방어사가 안절부절하며 어찌할 바를 몰랐다. 공이 사적으로 편지를 보내 말하기를,

"장졸(將卒)들이 모두 나와 함께 싸우는 것으로 견고함을 삼으니 내가 움직이면 어떻게 될지 예측할 수 없다. 이는 바로 이른바 털끝만한 것도 모두 임금의 덕이니 항상 죽을 곳을 얻지 못할까 두려워한다는 것이니, 나는 떠나갈 수 없소."

하였다.

이미 적들이 우리나라의 포로들을 끌고 곧바로 성밑에까지 다다라 휘파람을 불며 날뛰었다. 공이 필사의 각오로 성을 지킬 태세를 갖추고서 성문을 닫고 지키는데 군사들의 기력이 탈진되었다. 이에 공이 스스로 순시를 하면서 군사들을 불러놓고 충의로써 말하기를,

"나는 대대로 국가의 은혜를 받은 몸으로 이 성주가 되었으니 기필코 이 성과 함께 존망을 같이 하리라. 너희들도 또한 태평시대의 백성들이니 어찌 이 나라의 은혜를 입지 않았겠는가, 적을 죽여 공훈을 취하자."

하니, 사졸들이 격려되어 배반할 의사가 없었다.

그리고 깃발을 눕히고 진격하지 않고서 적을 건드려 노하게 하지 말라고 경계하고 있었는데 휘하의 어떤 사람이 소수의 병력으로 적을 시험해보자고 청하였다. 그러자 공이 그 사람이 쓸 만한 사람임을 알고 잘 먹인 뒤 내보냈는데 많은 수급(首級)을 베어 전공을 바쳤다. 전공을 세우면 상을 주지 않는 경우가 없었으며 부상당한 사람이 있으면 반드시 그를 위해 눈물을 떨구었다. 이 때문에 사람들이 더더욱 분발하여 마침내 강한 왜구를 섬멸하고 끝내 외로운 성을 온전히 지켰다. 한 지방에서 강한 적을 물리침으로써

서울이 편안해진 것이 공의 힘이었다. 상이 권장하는 유시를 내리고 품질(品秩)을 더해 감사에 제수하였다.(蘇齋 盧守愼이 撰한 神道碑銘에 있음―원주)

<南判尹遺事>

당시 호남지방의 민정(民情)

을묘년 호남 왜변(倭變)에 나라가 태평시대를 누려온 지 오래여서 여러 장수 중에 법도를 잃은 자가 많았다. 남주역(南州驛) 벽에 다음과 같은 시가 씌어 있었다.

장흥 고을 백성들 부모상 당한 것 같았으니,
한공 온(韓蘊)의 정사 인자한 줄 알겠다.
구원 않은 광목(光牧 : 李希孫) 잡아먹고 싶고,
도망친 수사(水使 : 金贇) 몸뚱이를 찢어야지.
초자한 부윤(府尹 : 李潤慶)은 참다운 장부인데,
옮겨간 변쉬(邊倅 : 協)는 간사한 신하더라.
감사 김주(金澍)는 어찌하여 대책에 어두웠나?
방어사(防禦使 : 南致勤)는 무엇 때문에 사람 죽이기를 즐길까?
원수(元帥 : 李浚慶)는 나주로 물러나 굳게 버텼고,
절도사(節度使 : 趙安國)는 일부러 중로에서 머뭇거렸네.
공 세운 양달사(梁達泗)는 어디로 갔을까?
뜻 없는 유충정(柳忠貞)은 강진을 맡았네.
강진성 버린 홍언성(洪彦誠) 마땅히 먼저 베어야 하고,
진도진을 비운 최린(崔潾)도 죄가 똑같다.
나라의 녹만 축내고 자리만 차지한 이런 자들,
위태로운 지경에 다다라 각기 본색이 나타났네.
영암군수 이덕견 항복하려 한 것 문책하여 무엇하랴?
패전한 병사 원적(元績)의 경솔함은 꾸짖을 것 없네.
횡행하는 왜적 뉘 능히 당하랴!

고을과 마을 타버려 민생이 곤궁하네.
상벌이 불분명하면 공도가 소멸되니,
슬프다, 나라의 수치 씻을 길 없구나.

이 시는 어떤 사람이 지은 것이며, 그 논평 또한 모두 타당한지의 여부를
알 수 없으나 또한 하나의 시사(詩史)가 되지 않겠는가?

<淸江瑣語 詩話>

『청강쇄어(淸江瑣語) 시화(詩話)』: 이조 때의 문인학자 이제신(李濟臣)이 지은 필
기 잡록의 일종. 쇄어(瑣語)·소화(笑話)·시어(詩語)로 구분되어 있다.

벽초 홍명희 선생 연보

강 영 주

1888년(고종 25년, 戊子), 1세
- 7월 3일(음력 5월 23일) 충북 괴산군 괴산면 인산리(仁山里)에서 홍범식(洪範植)과 은진(恩津) 송씨(宋氏)간의 장남으로 태어나다. 본관은 풍산(豐山), 자는 순유(舜兪), 호는 가인(假人)·가인(可人)·벽초(碧初).

1890년, 3세
- 모친 은진 송씨 별세하다.
- 이조판서를 지낸 증조부 효문공(孝文公) 홍우길(洪祐吉) 별세하다.

1891년, 4세
- 한양(漢陽) 조씨(趙氏)가 계모가 되다.

1892년, 5세
- 『천자문』을 배우기 시작하다.

1895년, 8세
- 『소학(小學)』을 배우고 한시를 짓기 시작하다.

1898년, 11세
- 『삼국지』를 비롯하여 중국소설들을 탐독하기 시작하다.

1900년, 13세
- 참판 민영만(閔泳晩)의 딸인 여흥(驪興) 민씨(閔氏)와 혼인하다.

1901년, 14세
- 상경하다.

1902년, 15세

- 서울의 중교의숙(中橋義塾)에 입학하다.

1903년, 16세
- 장남 기문(起文) 태어나다.

1905년, 18세
- 중교의숙을 졸업하고 귀향하여 『춘추(春秋)』 4전(四傳)을 공부하고, 일본인 부부에게 일어 회화를 배우다.
- 동경 유학을 떠나다. 동경에서 문일평(文一平)·이광수(李光洙) 등과 교우하다.

1906년, 19세
- 동경상업학교(東京商業學校) 예과(豫科) 2학년에 편입하다.
- 최남선(崔南善)과 교우하다.

1907년, 20세
- 동경 대성중학교(大成中學校) 3학년에 편입하다. 서양과 일본의 근대 문학을 비롯해 다양한 분야의 독서에 탐닉하다.

1909년, 22세
- 『대한흥학보』에 논설문 「일괴열혈(一塊熱血)」(창간호 : 3월호) 등을 발표하다.

1910년, 23세
- 2월, 졸업시험을 앞두고 학업을 포기한 채 귀국하다. 그러나 평소 성적이 좋았으므로 대성중학교에서는 졸업장을 주었다 한다.
- 『소년』지에 「쿠루이로프(끄릴로프) 비유담」(2월호), 안드레이 니에모예프스키의 시를 번역한 「사랑」(8월호) 등을 발표하다.
- 8월 29일, 금산군수로 재직 중이던 부친 홍범식이 경술국치(庚戌國恥)를 당하여 순국(殉國)하다.
- 차남 기무(起武) 태어나다. 호적상 이름은 기은(起殷).

1912년, 25세
- 출국하여 그해 겨울 만주 안동현(安東縣)에 체류하다.

1913년, 26세
- 정인보(鄭寅普)와 함께 상해(上海)로 가서 박은식(朴殷植)·신규식(申

圭植)·신채호(申采浩)·김규식(金奎植)·문일평·조소앙(趙素昻) 등
과 함께 해외 독립운동 단체인 동제사(同濟社) 활동을 하다.

1914년, 27세

- 11월, 정원택(鄭元澤)·김진용(金晉鏞)·김덕진(金德鎭)과 함께 독립
  운동을 위한 재정적 기반을 구축하고자 상해를 떠나 남양으로 향하다.

1915년, 28세

- 3월, 싱가포르에 정착하여 활동하다.

1917년, 30세

- 12월, 남양생활을 청산하고 싱가포르를 떠나다.

1918년, 31세

- 상해와 북경에 체류하다. 북경에서 신채호와 재회하여 평생 지기로서
  막역한 우정을 쌓다.
- 7월, 귀국하여 향리 괴산에서 장남 홍기문의 학업을 지도하다.

1919년, 32세

- 3월 19일, 괴산에서 손수 작성한 독립선언서를 반포하고 만세시위를 주
  도하여 체포되다.
- 4월, 공주 지방법원 청주지청에서 열린 1심 공판에서 출판법과 보안법
  위반으로 징역 2년 6월을 선고받다.
- 가족들이 생가인 괴산 인산리의 저택을 팔고, 선산이 있는 제월리 365
  번지로 이주하다.
- 5월, 경성 복심(覆審)법원의 항소심에서 출판법 위반으로 징역 1년 6월
  을 선고받다.
- 6월, 경성 고등법원에 상고했으나 공소 기각되어 형이 확정되다.

1920년, 33세

- 4월 28일, 감형되어 청주형무지소에서 만기 출감하다.
- 정인보와 함께 내장산(內藏山) 일대를 여행하다.

1921년, 34세

- 쌍둥이인 딸 수경(姝瓊)과 무경(茂瓊) 태어나다.

1922년, 35세

- 서울로 솔가 이주하다.
- 중국에서 신규식이 병사하다. 『동명』(10월 1일)에 쓴 「육당께」는 서간 형식을 빌려 그의 죽음을 애도한 글이다.

1923년, 36세

- 조선에스페란토협회 주최로 중동학교에서 개최된 에스페란토어 강습에서 강사로 활동하다.
- 조선도서주식회사 편집부에 근무하다.
- 7월, 사회주의 사상단체 '신사상연구회'에 창립회원으로 참여하다.

1924년, 37세

- 5월, 동아일보 취체역(取締役) 주필 겸 편집국장에 취임하다.
- 동아일보에 「월요만화(月曜漫話)」「학예란」「학창산화(學窓散話)」라는 제하에 칼럼을 연재하다.(~1925년)
- 11월, '신사상연구회'가 맑스주의 행동단체인 '화요회'로 개편되자 '화요회' 간부로 계속 활동하다.

1925년, 38세

- 중국에 망명 중이던 신채호의 요청으로 동아일보에 그의 사론(史論) 「평양패수(浿水)고」「전후삼한고」「조선역사상 일천년래 제일대사건」 등을 연재하다.
- 2월, 병조참판을 지낸 조부 홍승목(洪承穆)이 별세하다.
- 4월, 동아일보사를 사직하고, 시대일보로 옮겨 편집국장에 이어 부사장직에 취임하다.
- 시대일보에 칼럼 「학등(學燈)」을 연재하다.(~1926년)
- 9월, 비타협적 민족주의자들을 중심으로 한 학술단체 '조선사정조사연구회' 결성에 참여하다.

1926년, 39세

- 카프(KAPF)의 기관지에 해당하는 『문예운동』 창간호(1월호)에 「신흥문예의 운동」을 기고하다.
- 3월, 시대일보 사장에 취임하다.
- 4월, '화요회'를 주축으로 한 사회주의 사상단체들의 통합체 '정우회

(正友會)'에 참가하다.
- 막내딸 계경(季瓊) 태어나다.
- 『문예운동』 2호(6월호)에 「예술기원론의 일절」을 기고하다.
- 시대일보가 자금난으로 8월부터 휴간한 끝에 결국 발행권이 취소되어 폐간되다.
- 9월, 동아일보와 시대일보에 연재한 칼럼들을 모아 조선도서주식회사에서 『학창산화(學窓散話)』를 간행하다.
- 10월, 정주 오산(五山)학교 교장으로 부임하다.
- 최남선의 시조집 『백팔번뇌(百八煩惱)』에 「발문(跋文)」을 쓰다.

1927년, 40세
- 『현대평론』 창간호(1월호)에 「신간회의 사명」을 기고하다.
- 2월, '신간회(新幹會)'가 창립되다. 홍명희는 그 준비과정에서 주도적인 역할을 했으며, 창립대회에서 부회장으로 선임되었으나 고사하고 조직부 총무간사직을 맡다.
- 오산학교 교장직을 사임하다.
- 각지의 '신간회' 지회 설립대회에 파견되어 지회 설립을 지원하다 .

1928년, 41세
- 10월, 제4차 조선공산당사건 관련 혐의로 검거되었다가 불기소로 방면되다.
- 11월 21일, 조선일보에 대하 장편 역사소설 『임꺽정』을 연재하기 시작하다.

1929년, 42세
- 『삼천리』 창간호(6월호) 및 제2호(9월호)에 「자서전」을 연재하다가 투옥된 관계로 중단하다.
- 6월 28~29일, '신간회' 복대표(複代表)대회에서 중앙집행위원으로 선임되다.
- 『신소설』 창간호(12월호)에 「창간사」를 기고하다.
- 12월 13일, '신간회' 주최로 광주학생운동에 대한 일제 관헌의 조치를 규탄하기 위한 민중대회를 개최하려던 중 검거되다.

- 경기도 경찰부 유치장에서 『임꺽정』 집필을 계속했으나, 12월 24일 구속 송치되자 26일자를 마지막으로 연재를 중단하다.(봉단편·피장편·양반편까지 연재됨).

1930년, 43세

- 1월, '신간회' 민중대회사건으로 인해 기소되다. 9월, 예심이 종결되다.

1931년, 44세

- 4월, 보안법 위반으로 징역 1년 6월을 선고받다. 상소를 포기하여 형이 확정되다.

1932년, 45세

- 1월 22일, 가출옥으로 출감하다.
- 아우 홍성희(洪性熹)와 함께 재동에서 정미소를 경영하다.
- 12월 1일, 조선일보에 『임꺽정』 연재를 재개하다.(의형제편 부분)

1934년, 47세

- 김정희(金正喜)의 문집인 『완당(阮堂) 선생 전집』(永生堂 간)을 교열하다.
- 9월 4일, 『임꺽정』 의형제편 연재를 끝내고 15일부터 화적편 연재를 시작하다.

1935년, 48세

- 신병으로 인해 금강산 등지에서 요양하다.
- 조선일보(11월 23일~12월 4일)에 「나의 본 大톨스토이의 인물과 작품」을 연재하다.
- 12월 24일, 『임꺽정』 화적편 '청석골' 장을 마치면서 연재를 중단하다.

1936년, 49세

- 조선일보(1월 4일)에 「문학에 반영된 전쟁」을 기고하다.
- 2월, 조선일보에 조선의 역사와 문화에 대한 칼럼 「양아잡록(養疴雜錄)」을 연재하다.
- 중국에서 신채호가 옥사하자 조선일보(2월 28일)에 「곡(哭)단재」를, 『조광』(4월호)에 「상해시대의 단재」를 기고하다.
- 심훈의 『상록수』에 「서문」을 쓰다.

1937년, 50세
- 12월 12일, 조선일보에 『임꺽정』 화적편 '송악산'장 연재를 시작하다.

1939년, 52세
- 홍대용(洪大容)의 문집 『남헌서(湛軒書)』(신조선사 간)를 교열하다.
- 문일평이 사망하다. 조선일보(4월 8일)에 「곡호암」을 발표하다.
- 7월 4일, 조선일보에 『임꺽정』 화적편 '자모산성'장의 서두까지 발표한 후 연재를 중단하다.
- 8월, 한용운(韓龍雲)의 회갑을 축하하는 한시를 짓다.
- 시국이 악화되어 경기도 양주군 노해면 창동 244번지로 이주하다.
- 조선일보사 출판부에서 『임꺽정』 4권(의형제편 상·하, 화적편 상·중)이 간행되다.(~1940년)

1940년, 53세
- 『조광』(10월호)에 『임꺽정』 화적편 '자모산성'장의 일부가 실리다. 그 후 『임꺽정』 연재는 영구히 중단되다.

1941년, 54세
- 서유구(徐有榘)의 『누판고(鏤板考)』(大同출판사 간)를 교열하다.

1942년, 55세
- 3월, 차남 기무가 정인보의 차녀 경완(庚婉)과 혼인하다.

1945년, 58세
- 2월, 독립운동가 조완구(趙琓九)의 부인인 고모 홍정식(洪貞植)이 사망하다.
- 8월 15일, 해방의 감격 속에서 시 「눈물 섞인 노래」를 짓다.
- 9월, '에스페란토 조선학회' 위원장으로 추대되다.
- 11월, 서울신문사 고문에 취임하다.
- 12월, '조선문학가동맹' 중앙집행위원장으로 추대되다. '조소(朝蘇)문화협회' 회장에 추대되다.

1946년, 59세
- 『대조(大潮)』 창간호(1월호)에 이태준(李泰俊)·이원조(李源朝)·김남천(金南天)과의 대담 「벽초 홍명희 선생을 둘러싼 文學談議」가 실리다.

- 2월, '조선문학가동맹'에서 주최한 제1회 전국문학자대회에 중앙집행위원장으로서 「인사 말씀」을 보내다.(이태준 代讀)
- 8월, 홍명희를 중심으로 한 민주통일당 제1회 발기회가 개최되다.
- 자유신문(10월 9일)에 「정치인의 자기비판」을 기고하다.
- 12월, 남조선 과도 입법의원 선거에서 관선(官選)의원으로 선임되었으나 수락을 거부하다.

1947년, 60세

- 장남 홍기문의 『조선문법연구』에 서문을 쓰다.
- 8월 여운형(呂運亨)이 피살되다. 여운형 인민장(人民葬)에서 장의위원회를 대표하여 봉도문(奉導文)을 낭독하다. 서울신문(8월 5일)에 한시 「곡몽양」을 발표하다.
- 10월, 민주통일당 등 5개당이 통합하여 결성된 민주독립당의 당수가 되다.
- 12월, '민족자주연맹'(주석 김규식)의 결성에 참가하여 정치위원으로 선임되다.

1948년, 61세

- 을유문화사에서 『임꺽정』 6권이 간행되다.(의형제편 1·2·3권, 화적편 1·2·3권)
- 『개벽』(3월호)에 「통일이냐 분열이냐」를 발표하다.
- 4월, 평양에서 열린 '남북조선 제(諸)정당 사회단체 대표자 연석회의'에 참가한 이후 북에 잔류하다.
- 8월, 서울에 있던 가족들이 38선을 넘어 평양에 도착하다.
- 8월, 해주에서 열린 '남조선인민대표자대회'에 참가하다. 제1기 조선최고인민회의 대의원으로 선출되다.
- 9월, 조선민주주의인민공화국 제1차내각(수상 김일성)에서 박헌영·김책과 함께 3인의 부수상 중 한 사람으로 임명되다.

1949년, 62세

- 2월~4월, 정부대표단의 일원으로 소련을 방문하다.
- 유림(儒林)의 발의로 충남 금산군 내에 부친 홍범식을 추모하는 「군수 홍공 범식 순절비(殉節碑)」가 세워지다.

1953년, 66세

- 과학원장에 임명되다.
- 11월, 정부대표단의 일원으로 중국을 방문하다.

1955년, 68세

- 평양 국립출판사에서 『임꺽정』 6권이 출판되다.

1956년, 69세

- 과학원 중앙위원회 상무위원이 되다.

1957년, 70세

- 8월, 최고인민회의 제2기 대의원으로 피선되다.
- 9월, 북조선 제2차 내각에서 6인의 부수상 중 한 사람으로 임명되다.
- 조국통일민주주의전선 중앙위원회 의장이 되다.

1958년, 71세

- 국기(國旗)훈장 제1급을 받다.

1959년, 72세

- 4월, 최고인민회의 상임위원장 최용건을 수행하여 소련을 방문하고, 귀
  국길에 동구 여러 나라를 여행하다.

1961년, 74세

- 조국평화통일위원회 위원장이 되다.

1962년, 75세

- 10월, 제3기 최고인민회의 대의원에 피선되다. 동(同) 상임위원회 부위
  원장이 되다.
- 부친 홍범식에게 대한민국 건국 공로훈장 단장(單章)이 추서되다.

1967년, 80세

- 11월, 제4기 최고인민회의 대의원에 피선되다. 동(同) 상임위원회 부위
  원장이 되다.

1968년, 81세

- 3월 5일, 노환으로 별세하다. 평양 교외 애국열사릉에 안장(安葬)되다.

찾 아 보 기

ㅇ

ㅌ

ㅍ

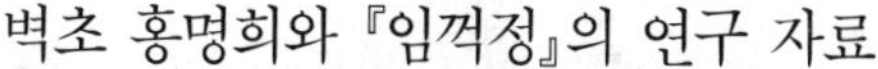

벽초 홍명희와 『임꺽정』의 연구 자료

1996년 7월 15일 1판 1쇄
1996년 12월 25일 1판 2쇄

편자 : 임형택 · 강영주
펴낸이 : 김영종 / 펴낸곳 : (주)사계절출판사
주소 : 서울시 종로구 신문로 2가 1-181
전화 : (02)736-9380(대표) / FAX : (02)737-8595
등록 : 제8-48호

잘못 만들어진 책은 구입하신 서점에서 바꾸어 드립니다

값 18000 원